图书在版编目(**CIP**)数据

20世纪中国古代文化经典在中东欧国家的传播编年/丁超主编.— 郑州：大象出版社，2019.1
(20世纪中国古代文化经典域外传播研究书系)
ISBN 978-7-5347-9677-7

Ⅰ.①2… Ⅱ.①丁… Ⅲ.①中华文化—文化传播—研究—东欧—20世纪 Ⅳ.①G125

中国版本图书馆CIP数据核字(2018)第007340号

20世纪中国古代文化经典域外传播研究书系

20世纪中国古代文化经典在中东欧国家的传播编年
20 SHIJI ZHONGGUO GUDAI WENHUA JINGDIAN ZAI ZHONG-DONGOU GUOJIA DE CHUANBO BIANNIAN

丁 超 主编

出 版 人	王刘纯
项目统筹	张前进 刘东蓬
责任编辑	杨 倩
责任校对	李婧慧 裴红燕 毛 路 张迎娟 安德华
装帧设计	张 帆

出版发行	大象出版社(郑州市金水东路39号河南出版产业园C座2层 邮政编码450016)
	发行科 0371-63863551 总编室 0371-65597936
网　　址	www.daxiang.cn
印　　刷	郑州市毛庄印刷厂
经　　销	各地新华书店经销
开　　本	787mm×1092mm 1/16
印　　张	42.75
字　　数	649千字
版　　次	2019年1月第1版 2019年1月第1次印刷
定　　价	168.00元

若发现印、装质量问题，影响阅读，请与承印厂联系调换。
印厂地址　郑州市惠济区清华园路毛庄工业园
邮政编码　450044　　　　电话　0371-63784396

本卷编写人员

主　编

丁　超

撰　稿　人

（按姓氏汉语音序排列）

鲍　捷　陈逢华　丁　超　郭晓晶

田建军　徐伟珠　杨　琳　赵　刚

国外著者

（按姓氏拉丁字母顺序排列）

Marina ČARNOGURSKÁ (Slovak Republic)

Ileana HOGEA-VELIŞCU (Romania)

Biljana SIMIĆ (Serbia)

Józef WŁODARSKI (Poland)

总　序

张西平[①]

呈现在读者面前的这套"20世纪中国古代文化经典域外传播研究书系"是我2007年所申请的教育部哲学社会科学研究重大课题攻关项目的成果。

这套丛书的基本设计是：导论1卷，编年8卷，中国古代文化域外传播专题研究10卷，共计19卷。

中国古代文化经典在域外的传播和影响是一个崭新的研究领域，之前中外学术界从未对此进行过系统研究。它突破了以往将中国古代文化经典的研究局限于中国本土的研究方法，将研究视野扩展到世界主要国家，研究中国古代文化经典在那里的传播和影响，以此说明中国文化的世界性意义。

我在申请本课题时，曾在申请表上如此写道：

> 研究20世纪中国古代文化经典在域外的传播和影响，可以使我们走出"东方与西方""现代与传统"的二元思维，在世界文化的范围内考察中国文化的价值，以一种全球视角来重新审视中国古代文化的影响和现代价值，揭示中国文化的普世性意义。这样的研究对于消除当前中国学术界、文化界所存在的对待中国古代文化的焦虑和彷徨，对于整个社会文化转型中的中国重新

[①] 北京外国语大学中国海外汉学研究中心（现在已经更名为"国际中国文化研究院"）原主任，中国文化走出去协同创新中心原副主任。

确立对自己传统文化的自信,树立文化自觉,都具有极其重要的思想文化意义。

通过了解20世纪中国古代文化经典在域外的传播与接受,我们也可以进一步了解世界各国的中国观,了解中国古代文化如何经过"变异",融合到世界各国的文化之中。通过对20世纪中国古代文化经典在域外传播和影响的研究,我们可以总结出中国文化向外部世界传播的基本规律、基本经验、基本方法,为国家制定全球文化战略做好前期的学术准备,为国家对外传播中国文化宏观政策的制定提供学术支持。

中国文化在海外的传播,域外汉学的形成和发展,昭示着中国文化的学术研究已经成为一个全球的学术事业。本课题的设立将打破国内学术界和域外汉学界的分隔与疏离,促进双方的学术互动。对中国学术来说,课题的重要意义在于:使国内学术界了解域外汉学界对中国古代文化研究的进展,以"它山之石"攻玉。通过本课题的研究,国内学术界了解了域外汉学界在20世纪关于中国古代文化经典的研究成果和方法,从而在观念上认识到:对中国古代文化经典的研究已经不再仅仅属于中国学术界本身,而应以更加开阔的学术视野展开对中国古代文化经典的研究与探索。

这样一个想法,在我们这项研究中基本实现了。但我们应该看到,对中国古代文化经典在域外的传播与影响的研究绝非我们这样一个课题就可以完成的。这是一个崭新的学术方向和领域,需要学术界长期关注与研究。基于这样的考虑,在课题设计的布局上我们的原则是:立足基础,面向未来,着眼长远。我们希望本课题的研究为今后学术的进一步发展打下坚实的基础。为此,在导论中,我们初步勾勒出中国古代文化经典在西方传播的轨迹,并从理论和文献两个角度对这个研究领域的方法论做了初步的探讨。在编年系列部分,我们从文献目录入手,系统整理出20世纪以来中国古代文化经典在世界主要国家的传播编年。编年体是中国传统记史的一个重要体裁,这样大规模的中国文化域外传播的编年研究在世界上是首次。专题研究则是从不同的角度对这个主题的深化。

为完成这个课题,30余位国内外学者奋斗了7年,到出版时几乎是用了10年时间。尽管我们取得了一定的成绩,这个研究还是刚刚开始,待继续努力的方向还很多。如:这里的中国古代文化经典主要侧重于以汉文化为主体,但中国古代文化是一个"多元一体"的文化,在其长期发展中,少数民族的古代文化经典已经逐步融合到汉文化的主干之中,成为中华文化充满活力、不断发展的动力和原因之一。由于时间和知识的限制,在本丛书中对中国古代少数民族的经典在域外的传播研究尚未全面展开,只是在个别卷中有所涉猎。在语言的广度上也待扩展,如在欧洲语言中尚未把西班牙语、瑞典语、荷兰语等包括进去,在亚洲语言中尚未把印地语、孟加拉语、僧伽罗语、乌尔都语、波斯语等包括进去。因此,我们只是迈开了第一步,我们希望在今后几年继续完成中国古代文化在使用以上语言的国家中传播的编年研究工作。希望在第二版时,我们能把编年卷做得更好,使其成为方便学术界使用的工具书。

中国文化是全球性的文化,它不仅在东亚文化圈、欧美文化圈产生过重要影响,在东南亚、南亚、阿拉伯世界也都产生过重要影响。因此,本丛书尽力将中国古代文化经典在多种文化区域传播的图景展现出来。或许这些研究仍待深化,但这样一个图景会使读者对中国文化的影响力有一个更为全面的认识。

中国古代文化经典的域外传播研究近年来逐步受到学术界的重视,据初步统计,目前出版的相关专著已经有十几本之多,相关博士论文已经有几十篇,国家社科基金课题及教育部课题中与此相关的也有十余个。随着国家"一带一路"倡议的提出,中国文化"走出去"战略也开始更加关注这个方向。应该说,这个领域的研究进步很大,成果显著。但由于这是一个跨学科的崭新研究领域,尚有不少问题需要我们深入思考。例如,如何更加深入地展开这一领域的研究?如何从知识和学科上把握这个研究领域?通过什么样的路径和方法展开这个领域的研究?这个领域的研究在学术上的价值和意义何在?对这些问题笔者在这里进行初步的探讨。

一、历史:展开中国典籍外译研究的基础

根据目前研究,中国古代文化典籍第一次被翻译为欧洲语言是在 1592 年,由来自西班牙的传教士高母羡(Juan Cobo,1546—1592)[1]第一次将元末明初的中国

---

[1] "'Juan Cobo',是他在 1590 年寄给危地马拉会友信末的落款签名,也是同时代的欧洲作家对他的称呼;'高母羡',是 1593 年马尼拉出版的中文著作《辩正教真传实录》一书扉页上的作者;'羡高茂',是 1592 年他在翻译菲律宾总督致丰臣秀吉的回信中使用的署名。"蒋薇:《1592 年高母羡(Fr.Juan Cobo)出使日本之行再议》,硕士论文抽样本,北京:北京外国语大学;方豪:《中国天主教史人物传》(上),北京:中华书局,1988 年,第 83—89 页。

文人范立本所编著的收录中国文化先贤格言的蒙学教材《明心宝鉴》翻译成西班牙文。《明心宝鉴》收入了孔子、孟子、庄子、老子、朱熹等先哲的格言,于洪武二十六年(1393)刊行。如此算来,欧洲人对中国古代文化典籍的翻译至今已有424年的历史。要想展开相关研究,对研究者最基本的要求就是熟知西方汉学的历史。

仅仅拿着一个译本,做单独的文本研究是远远不够的。这些译本是谁翻译的?他的身份是什么?他是哪个时期的汉学家?他翻译时的中国助手是谁?他所用的中文底本是哪个时代的刻本?……这些都涉及对汉学史及中国文化史的了解。例如,如果对《明心宝鉴》的西班牙译本进行研究,就要知道高母羡的身份,他是道明会的传教士,在菲律宾完成此书的翻译,此书当时为生活在菲律宾的道明会传教士学习汉语所用。他为何选择了《明心宝鉴》而不是其他儒家经典呢?因为这个本子是他从当时来到菲律宾的中国渔民那里得到的,这些侨民只是粗通文墨,不可能带有很经典的儒家本子,而《菜根谭》和《明心宝鉴》是晚明时期民间流传最为广泛的儒家伦理格言书籍。由于这是以闽南话为基础的西班牙译本,因此书名、人名及部分难以意译的地方,均采取音译方式,其所注字音当然也是闽南语音。我们对这个译本进行研究就必须熟悉闽南语。同时,由于译者是天主教传教士,因此研究者只有对欧洲天主教的历史发展和天主教神学思想有一定的了解,才能深入其文本的翻译研究之中。

又如,法国第一位专业汉学家雷慕沙(Jean Pierre Abel Rémusat,1788—1832)的博士论文是关于中医研究的《论中医舌苔诊病》(*Dissertatio de glossosemeiotice sive de signis morborum quae è linguâ sumuntur, praesertim apud sinenses*,1813,Thése,Paris)。论文中翻译了中医的一些基本文献,这是中医传向西方的一个重要环节。如果做雷慕沙这篇文献的研究,就必须熟悉西方汉学史,因为雷慕沙并未来过中国,他关于中医的知识是从哪里得来的呢?这些知识是从波兰传教士卜弥格(Michel Boym,1612—1659)那里得来的。卜弥格的《中国植物志》"是西方研究中国动植物的第一部科学著作,曾于1656年在维也纳出版,还保存了原著中介绍的每一种动植物的中文名称和卜弥格为它们绘制的二十七幅图像。后来因为这部著作受到欧洲读者极大的欢迎,在1664年,又发表了它的法文译本,名为《耶稣会士卜弥格神父写的一篇论特别是来自中国的花、水果、植物和个别动物的论文》。……

荷兰东印度公司一位首席大夫阿德列亚斯·克莱耶尔（Andreas Clayer）……1682年在德国出版的一部《中医指南》中，便将他所得到的卜弥格的《中医处方大全》《通过舌头的颜色和外部状况诊断疾病》《一篇论脉的文章》和《医学的钥匙》的部分章节以他的名义发表了"①。这就是雷慕沙研究中医的基本材料的来源。如果对卜弥格没有研究，那就无法展开对雷慕沙的研究，更谈不上对中医西传的研究和翻译时的历史性把握。

这说明研究者要熟悉从传教士汉学到专业汉学的发展历史，只有如此才能展开研究。西方汉学如果从游记汉学算起已经有七百多年的历史，如果从传教士汉学算起已经有四百多年的历史，如果从专业汉学算起也有近二百年的历史。在西方东方学的历史中，汉学作为一个独立学科存在的时间并不长，但学术的传统和人脉一直在延续。正像中国学者做研究必须熟悉本国学术史一样，做中国文化典籍在域外的传播研究首先也要熟悉域外各国的汉学史，因为绝大多数的中国古代文化典籍的译介是由汉学家们完成的。不熟悉汉学家的师承、流派和学术背景，自然就很难做好中国文化的海外传播研究。

上面这两个例子还说明，虽然西方汉学从属于东方学，但它是在中西文化交流的历史中产生的。这就要求研究者不仅要熟悉西方汉学史，也要熟悉中西文化交流史。例如，如果不熟悉元代的中西文化交流史，那就无法读懂《马可·波罗游记》；如果不熟悉明清之际的中西文化交流史，也就无法了解以利玛窦为代表的传教士汉学家们的汉学著作，甚至完全可能如堕烟海，不知从何下手。上面讲的卜弥格是中医西传第一人，在中国古代文化典籍西传方面贡献很大，但他同时又是南明王朝派往梵蒂冈教廷的中国特使，在明清时期中西文化交流史上占有重要的地位。如果不熟悉明清之际的中西文化交流史，那就无法深入展开研究。即使一些没有来过中国的当代汉学家，在其进行中国典籍的翻译时，也会和中国当时的历史与人物发生联系并受到影响。例如20世纪中国古代文化经典最重要的翻译家阿瑟·韦利（Arthur David Waley，1889—1966）与中国作家萧乾、胡适的交往，都对他的翻译活动产生过影响。

历史是进行一切人文学科研究的基础，做中国古代文化经典在域外的传播研

---

① 张振辉：《卜弥格与明清之际中学的西传》，《中国史研究》2011年第3期，第184—185页。

究尤其如此。

中国学术界对西方汉学的典籍翻译的研究起源于清末民初之际。辜鸿铭对西方汉学家的典籍翻译多有微词。那时的中国学术界对西方汉学界已经不陌生,不仅不陌生,实际上晚清时期对中国学问产生影响的西学中也包括汉学。[①] 近代以来,中国学术的发展是西方汉学界与中国学界互动的结果,我们只要提到伯希和、高本汉、葛兰言在民国时的影响就可以知道。[②] 但中国学术界自觉地将西方汉学作为一个学科对象加以研究和分梳的历史并不长,研究者大多是从自己的专业领域对西方汉学发表评论,对西方汉学的学术历史研究甚少。莫东言的《汉学发达史》到1936年才出版,实际上这本书中的绝大多数知识来源于日本学者石田干之助的《欧人之汉学研究》[③]。近30年来中国学术界对西方汉学的研究有了长足进展,个案研究、专书和专人研究及国别史研究都有了重大突破。像徐光华的《国外汉学史》、阎纯德主编的《列国汉学史》等都可以为我们的研究提供初步的线索。但应看到,对国别汉学史的研究才刚刚开始,每一位从事中国典籍外译研究的学者都要注意对汉学史的梳理。我们应承认,至今令学术界满意的中国典籍外译史的专著并不多见,即便是国别体的中国典籍外译的专题历史研究著作都尚未出现。[④] 因为这涉及太多的语言和国家,绝非短期内可以完成。随着国家"一带一路"倡议的提出,了解沿路国家文化与中国文化之间的互动历史是学术研究的题中应有之义。但一旦我们翻阅学术史文献就会感到,在这个领域我们需要做的事情还有很多,尤其需要增强对沿路国家文化与中国文化互动的了解。百年以西为师,我们似乎忘记了家园和邻居,悲矣!学术的发展总是一步步向前的,愿我们沿着季羡林先生开辟的中国东方学之路,由历史而入,拓展中国学术发展的新空间。

---

① 罗志田:《西学冲击下近代中国学术分科的演变》,《社会科学研究》2003年第1期。
② 桑兵:《国学与汉学——近代中外学界交往录》,北京:中国人民大学出版社,2010年;李孝迁:《葛兰言在民国学界的反响》,《华东师范大学学报》(哲学社会科学版)2010年第4期。
③ [日]石田干之助:《欧人之汉学研究》,朱滋萃译,北京:北平中法大学出版社,1934年。
④ 马祖毅、任荣珍:《汉籍外译史》,武汉:湖北教育出版社,1997年。这本书尽管是汉籍外译研究的开创性著作,但书中的错误颇多,注释方式也不规范,完全分不清资料的来源。关键在于作者对域外汉学史并未深入了解,仅在二手文献基础上展开研究。学术界对这本书提出了批评,见许冬平《〈汉籍外译史〉还是〈汉籍歪译史〉?》,光明网,2011年8月21日。

二、文献：西方汉学文献学亟待建立

张之洞在《书目答问》中开卷就说："诸生好学者来问应读何书,书以何本为善。偏举既嫌挂漏,志趣学业亦各不同,因录此以告初学。"①学问由目入,读书自识字始,这是做中国传统学问的基本方法。此法也同样适用于中国文化在域外的传播研究及中国典籍外译研究。因为19世纪以前中国典籍的翻译者以传教士为主,传教士的译本在欧洲呈现出非常复杂的情况。17世纪时传教士的一些译本是拉丁文的,例如柏应理和一些耶稣会士联合翻译的《中国哲学家孔子》,其中包括《论语》《大学》《中庸》。这本书的影响很大,很快就有了各种欧洲语言的译本,有些是节译,有些是改译。如果我们没有西方汉学文献学的知识,就搞不清这些译本之间的关系。

18世纪欧洲的流行语言是法语,会法语是上流社会成员的标志。恰好此时来华的传教士由以意大利籍为主转变为以法国籍的耶稣会士为主。这些法国来华的传教士学问基础好,翻译中国典籍极为勤奋。法国传教士的汉学著作中包含了大量的对中国古代文化典籍的介绍和翻译,例如来华耶稣会士李明返回法国后所写的《中国近事报道》(*Nouveaux mémoires sur l'état présent de la Chine*),1696年在巴黎出版。他在书中介绍了中国古代重要的典籍"五经",同时介绍了孔子的生平。李明所介绍的孔子的生平在当时欧洲出版的来华耶稣会士的汉学著作中是最详细的。这本书出版后在四年内竟然重印五次,并有了多种译本。如果我们对法语文本和其他文本之间的关系不了解,就很难做好翻译研究。

进入19世纪后,英语逐步取得霸主地位,英文版的中国典籍译作逐渐增加,版本之间的关系也更加复杂。美国诗人庞德在翻译《论语》时,既参照早年由英国汉学家柯大卫(David Collie)翻译的第一本英文版"四书"②,也参考理雅各的译本,如果只是从理雅各的译本来研究庞德的翻译肯定不全面。

20世纪以来对中国典籍的翻译一直在继续,翻译的范围不断扩大。学者研

---

① 〔清〕张之洞著,范希曾补正:《书目答问补正》,上海:上海古籍出版社,2001年,第3页。
② David Collie, *The Four Books*, Malacca: Printed at Mission Press, 1828.

究百年的《论语》译本的数量就很多,《道德经》的译本更是不计其数。有的学者说世界上译本数量极其巨大的文化经典文本有两种,一种是《圣经》,另一种就是《道德经》。

这说明我们在从事文明互鉴的研究时,尤其在从事中国古代文化经典在域外的翻译和传播研究时,一定要从文献学入手,从目录学入手,这样才会保证我们在做翻译研究时能够对版本之间的复杂关系了解清楚,为研究打下坚实的基础。中国学术传统中的"辨章学术,考镜源流"在我们致力于域外汉学研究时同样需要。

目前,国家对汉籍外译项目投入了大量的经费,国内学术界也有相当一批学者投入这项事业中。但我们在开始这项工作时应该摸清世界各国已经做了哪些工作,哪些译本是受欢迎的,哪些译本问题较大,哪些译本是节译,哪些译本是全译。只有清楚了这些以后,我们才能确定恰当的翻译策略。显然,由于目前我们在域外汉学的文献学上做得不够理想,对中国古代文化经典的翻译情况若明若暗。因而,国内现在确立的一些翻译计划不少是重复的,在学术上是一种浪费。即便国内学者对这些典籍重译,也需要以前人的工作为基础。

就西方汉学而言,其基础性书目中最重要的是两本目录,一本是法国汉学家考狄编写的《汉学书目》(*Bibliotheca sinica*),另一本是中国著名学者、中国近代图书馆的奠基人之一袁同礼1958年出版的《西文汉学书目》(*China in Western Literature: a Continuation of Cordier's Bibliotheca Sinica*)①。

从西方最早对中国的记载到1921年西方出版的关于研究中国的书籍,四卷本的考狄书目都收集了,其中包括大量关于中国古代文化典籍的译本目录。袁同礼的《西文汉学书目》则是"接着说",其书名就表明是接着考狄来做的。他编制了1921—1954年期间西方出版的关于中国研究的书目,其中包括数量可观的关于中国古代文化典籍的译本目录。袁同礼之后,西方再没有编出一本类似的书目。究其原因,一方面是中国研究的进展速度太快,另一方面是中国研究的范围在快速扩大,在传统的人文学科的思路下已经很难把握快速发展的中国研究。

当然,国外学者近50年来还是编制了一些非常重要的专科性汉学研究文献

---

① 书名翻译为《西方文学作品里的中国书目——续考狄之汉学书目》更为准确,《西文汉学书目》简洁些。

目录,特别是关于中国古代文化经典的翻译也有了专题性书目。例如,美国学者编写的《中国古典小说研究与欣赏论文书目指南》①是一本很重要的专题性书目,对于展开中国古典文学在西方的传播研究奠定了基础。日本学者所编的《东洋学文献类目》是当代较权威的中国研究书目,收录了部分亚洲研究的文献目录,但涵盖语言数量有限。当然中国学术界也同样取得了较大的进步,台湾学者王尔敏所编的《中国文献西译书目》②无疑是中国学术界较早的西方汉学书目。汪次昕所编的《英译中文诗词曲索引:五代至清末》③,王丽娜的《中国古典小说戏曲名著在国外》④是新时期第一批从目录文献学上研究西方汉学的著作。林舒俐、郭英德所编的《中国古典戏曲研究英文论著目录》⑤,顾钧、杨慧玲在美国汉学家卫三畏研究的基础上编制的《〈中国丛报〉篇名目录及分类索引》,王国强在其《〈中国评论〉(1872—1901)与西方汉学》中所附的《中国评论》目录和《中国评论》文章分类索引等,都代表了域外汉学和中国古代文化外译研究的最新进展。

从学术的角度看,无论是海外汉学界还是中国学术界在汉学的文献学和目录学上都仍有继续展开基础性研究和学术建设的极大空间。例如,在17世纪和18世纪"礼仪之争"后来华传教士所写的关于在中国传教的未刊文献至今没有基础性书目,这里主要指出傅圣泽和白晋的有关文献就足以说明问题。⑥ 在罗马传信部档案馆、梵蒂冈档案馆、耶稣会档案馆有着大量未刊的耶稣会士关于"礼仪之争"的文献,这些文献多涉及中国典籍的翻译问题。在巴黎外方传教会、方济各传教会也有大量的"礼仪之争"期间关于中国历史文化研究的未刊文献。这些文献目录未整理出来以前,我们仍很难书写一部完整的中国古代文献西文翻译史。

由于中国文化研究已经成为一个国际化的学术事业,无论是美国亚洲学会的

---

① Winston L.Y.Yang, Peter Li and Nathan K.Mao, *Classical Chinese Fiction: A Guide to Its Study and Appreciation—Essays and Bibliographies*, Boston: G.K.Hall & Co., 1978.
② 王尔敏编:《中国文献西译书目》,台北:台湾商务印书馆,1975年。
③ 汪次昕编:《英译中文诗词曲索引:五代至清末》,台北:汉学研究中心,2000年。
④ 王丽娜:《中国古典小说戏曲名著在国外》,上海:学林出版社,1988年。
⑤ 林舒俐、郭英德编:《中国古典戏曲研究英文论著目录》(上),《戏曲研究》2009年第3期;《中国古典戏曲研究英文论著目录》(下),《戏曲研究》2010年第1期。
⑥ [美]魏若望:《耶稣会士傅圣泽神甫传:索隐派思想在中国及欧洲》,吴莉苇译,郑州:大象出版社,2006年;[丹]龙伯格:《清代来华传教士马若瑟研究》,李真、骆洁译,郑州:大象出版社,2009年;[德]柯兰霓:《耶稣会士白晋的生平与著作》,李岩译,郑州:大象出版社,2009年;[法]维吉尔·毕诺:《中国对法国哲学思想形成的影响》,耿昇译,北京:商务印书馆,2000年。

中国学研究网站所编的目录，还是日本学者所编的目录，都已经不能满足学术发展的需要。我们希望了解伊朗的中国历史研究状况，希望了解孟加拉国对中国文学的翻译状况，但目前没有目录能提供这些。袁同礼先生当年主持北平图书馆工作时曾说过，中国国家图书馆应成为世界各国的中国研究文献的中心，编制世界的汉学研究书目应是我们的责任。先生身体力行，晚年依然坚持每天在美国国会图书馆的目录架旁抄录海外中国学研究目录，终于继考狄之后完成了《西文汉学书目》，开启了中国学者对域外中国研究文献学研究的先河。今日的中国国家图书馆的同人和中国文献学的同行们能否继承前辈之遗产，为飞出国门的中国文化研究提供一个新时期的文献学的阶梯，提供一个真正能涵盖多种语言，特别是非通用语的中国文化研究书目呢？我们期待着。正是基于这样的考虑，10年前我承担教育部重大攻关项目"20世纪中国古代文化经典在域外的传播与影响"时，决心接续袁先生的工作做一点尝试。我们中国海外汉学研究中心和北京外国语大学与其他院校学界的同人以10年之力，编写了一套10卷本的中国文化传播编年，它涵盖了22种语言，涉及20余个国家。据我了解，这或许是目前世界上第一次涉及如此多语言的中国文化外传文献编年。

尽管这些编年略显幼稚，多有不足，但中国的学者们是第一次把自己的语言能力与中国学术的基础性建设有机地结合起来。我们总算在袁同礼先生的事业上前进了一步。

学术界对于加强海外汉学文献学研究的呼声很高。李学勤当年主编的《国际汉学著作提要》就是希望从基础文献入手加强对西方汉学名著的了解。程章灿更是提出了十分具体的方案，他认为如果把欧美汉学作为学术资源，应该从以下四方面着手："第一，从学术文献整理的角度，分学科、系统编纂中外文对照的专业论著索引。就欧美学者的中国文学研究而言，这一工作显得相当迫切。这些论著至少应该包括汉学专著、汉籍外译本及其附论（尤其是其前言、后记）、各种教材（包括文学史与作品选）、期刊论文、学位论文等几大项。其中，汉籍外译本与学位论文这两项比较容易被人忽略。这些论著中提出或涉及的学术问题林林总总，如果并没有广为中国学术界所知，当然也就谈不上批判或吸收。第二，从学术史角度清理学术积累，编纂重要论著的书目提要。从汉学史上已出版的研究中国文学的专著中，选取有价值的、有影响的，特别是有学术史意义的著作，每种写一篇两三千字的书目提要,述其内容大要、方法特点,并对其作学术史之源流梳理。对这些海外汉学文献的整理,就是学术史的建设,其道理与第一点是一样的。第三,从学术术语与话语沟通的角度,编纂一册中英文术语对照词典。就中国文学研究而言,目前在世界范围内,英语与汉语是两种最重要的工作语言。但是,对于同一个中国文学专有名词,往往有多种不同的英语表达法,国内学界英译中国文学术语时,词不达意、生拉硬扯的现象时或可见,极不利于中外学者的沟通和中外学术的交流。如有一册较好的中英文中国文学术语词典,不仅对于中国研究者,而且对于学习中国文学的外国人,都有很大的实用价值。第四,在系统清理研判的基础上,编写一部国际汉学史略。"[①]

历史期待着我们这一代学人,从基础做起,从文献做起,构建起国际中国文化研究的学术大厦。

三、语言：中译外翻译理论与实践有待探索

翻译研究是做中国古代文化对外传播研究的重要环节,没有这个环节,整个研究就不能建立在坚实的学术基础之上。在翻译研究中如何创造出切实可行的中译外理论是一个亟待解决的问题。如果翻译理论、翻译的指导观念不发生变革,一味依赖西方的理论,并将其套用在中译外的实践中,那么中国典籍的外译将不会有更大的发展。

外译中和中译外是两种翻译实践活动。前者说的是将外部世界的文化经典翻译成中文,后者说的是将中国古代文化的经典翻译成外文。几乎每一种有影响的文化都会面临这两方面的问题。

中国文化史告诉我们,我们有着悠久的外译中的历史,例如从汉代以来中国对佛经的翻译和近百年来中国对西学和日本学术著作的翻译。中国典籍的外译最早可以追溯到玄奘译老子的《道德经》,但真正形成规模则始于明清之际来华的传教士,即上面所讲的高母羡、利玛窦等人。中国人独立开展这项工作则应从晚清时期的陈季同和辜鸿铭算起。外译中和中译外作为不同语言之间的转换有

[①] 程章灿:《作为学术文献资源的欧美汉学研究》,《文学遗产》2012年第2期,第134—135页。

共同性，这是毋庸置疑的。但二者的区别也很明显，目的语和源语言在外译中和中译外中都发生了根本性置换，这种目的语和源语言的差别对译者提出了完全不同的要求。因此，将中译外作为一个独立的翻译实践来展开研究是必要的，正如刘宓庆所说："实际上东方学术著作的外译如何解决文化问题还是一块丰腴的亟待开发的处女地。"①

由于在翻译目的、译本选择、语言转换等方面的不同，在研究中译外时完全照搬西方的翻译理论是有问题的。当然，并不是说西方的翻译理论不可用，而是这些理论的创造者的翻译实践大都是建立在西方语言之间的互译之上。在此基础上产生的翻译理论面对东方文化时，特别是面对以汉字为基础的汉语文化时会产生一些问题。潘文国认为，至今为止，西方的翻译理论基本上是对印欧语系内部翻译实践的总结和提升，那套理论是"西西互译"的结果，用到"中西互译"是有问题的，"西西互译"多在"均质印欧语"中发生，而"中西互译"则是在相距遥远的语言之间发生。因此他认为"只有把'西西互译'与'中西互译'看作是两种不同性质的翻译，因而需要不同的理论，才能以更为主动的态度来致力于中国译论的创新"②。

语言是存在的家园。语言具有本体论作用，而不仅仅是外在表达。刘勰在《文心雕龙·原道》中写道："文之为德也大矣，与天地并生者何哉？夫玄黄色杂，方圆体分，日月叠璧，以垂丽天之象；山川焕绮，以铺理地之形：此盖道之文也。仰观吐曜，俯察含章，高卑定位，故两仪既生矣。惟人参之，性灵所钟，是谓三才。为五行之秀，实天地之心。心生而言立，言立而文明，自然之道也。傍及万品，动植皆文：龙凤以藻绘呈瑞，虎豹以炳蔚凝姿；云霞雕色，有逾画工之妙；草木贲华，无待锦匠之奇。夫岂外饰，盖自然耳。至于林籁结响，调如竽瑟；泉石激韵，和若球锽：故形立则章成矣，声发则文生矣。夫以无识之物，郁然有彩，有心之器，其无文欤？"③刘勰这段对语言和文字功能的论述绝不亚于海德格尔关于语言性质的论述，他强调"文"的本体意义和内涵。

---

① 刘宓庆：《中西翻译思想比较研究》，北京：中国对外翻译出版公司，2005年，第272页。
② 潘文国：《中籍外译，此其时也——关于中译外问题的宏观思考》，《杭州师范学院学报》（社会科学版）2007年第6期。
③ 〔南朝梁〕刘勰著，周振甫译注：《文心雕龙选译》，北京：中华书局，1980年，第19—20页。

中西两种语言,对应两种思维、两种逻辑。外译中是将抽象概念具象化的过程,将逻辑思维转换成伦理思维的过程;中译外是将具象思维的概念抽象化,将伦理思维转换成逻辑思维的过程。当代美国著名汉学家安乐哲(Roger T. Ames)与其合作者也有这样的思路:在中国典籍的翻译上反对用一般的西方哲学思想概念来表达中国的思想概念。因此,他在翻译中国典籍时着力揭示中国思想异于西方思想的特质。

语言是世界的边界,不同的思维方式、不同的语言特点决定了外译中和中译外具有不同的规律,由此,在翻译过程中就要注意其各自的特点。基于语言和哲学思维的不同所形成的中外互译是两种不同的翻译实践,我们应该重视对中译外理论的总结,现在流行的用"西西互译"的翻译理论来解释"中西互译"是有问题的,来解释中译外问题更大。这对中国翻译界来说应是一个新课题,因为在"中西互译"中,我们留下的学术遗产主要是外译中。尽管我们也有辜鸿铭、林语堂、陈季同、吴经熊、杨宪益、许渊冲等前辈的可贵实践,但中国学术界的翻译实践并未留下多少中译外的经验。所以,认真总结这些前辈的翻译实践经验,提炼中译外的理论是一个亟待努力开展的工作。同时,在比较语言学和比较哲学的研究上也应着力,以此为中译外的翻译理论打下坚实的基础。

在此意义上,许渊冲在翻译理论及实践方面的探索尤其值得我国学术界关注。许渊冲在20世纪中国翻译史上是一个奇迹,他在中译外和外译中两方面均有很深造诣,这十分少见。而且,在中国典籍外译过程中,他在英、法两个语种上同时展开,更是难能可贵。"书销中外五十本,诗译英法唯一人"的确是他的真实写照。从陈季同、辜鸿铭、林语堂等开始,中国学者在中译外道路上不断探索,到许渊冲这里达到一个高峰。他的中译外的翻译数量在中国学者中居于领先地位,在古典诗词的翻译水平上,更是成就卓著,即便和西方汉学家(例如英国汉学家韦利)相比也毫不逊色。他的翻译水平也得到了西方读者的认可,译著先后被英国和美国的出版社出版,这是目前中国学者中译外作品直接进入西方阅读市场最多的一位译者。

特别值得一提的是,许渊冲从中国文化本身出发总结出一套完整的翻译理论。这套理论目前是中国翻译界较为系统并获得翻译实践支撑的理论。面对铺天盖地而来的西方翻译理论,他坚持从中国翻译的实践出发,坚持走自己的学术道路，自成体系，面对指责和批评，他不为所动。他这种坚持文化本位的精神，这种坚持从实践出发探讨理论的风格，值得我们学习和发扬。

许渊冲把自己的翻译理论概括为"美化之艺术，创优似竞赛"。"实际上，这十个字是拆分开来解释的。'美'是许渊冲翻译理论的'三美'论，诗歌翻译应做到译文的'意美、音美和形美'，这是许渊冲诗歌翻译的本体论；'化'是翻译诗歌时，可以采用'等化、浅化、深化'的具体方法，这是许氏诗歌翻译的方法论；'之'是许氏诗歌翻译的意图或最终想要达成的结果，使读者对译文能够'知之、乐之并好之'，这是许氏译论的目的论；'艺术'是认识论，许渊冲认为文学翻译，尤其是诗词翻译是一种艺术，是一种研究'美'的艺术。'创'是许渊冲的'创造论'，译文是译者在原诗规定范围内对原诗的再创造；'优'指的是翻译的'信达优'标准和许氏译论的'三势'（优势、劣势和均势）说，在诗歌翻译中应发挥译语优势，用最好的译语表达方式来翻译；'似'是'神似'说，许渊冲认为忠实并不等于形似，更重要的是神似；'竞赛'指文学翻译是原文和译文两种语言与两种文化的竞赛。"①

许渊冲的翻译理论不去套用当下时髦的西方语汇，而是从中国文化本身汲取智慧，并努力使理论的表述通俗化、汉语化和民族化。例如他的"三美"之说就来源于鲁迅，鲁迅在《汉文学史纲要》中指出："诵习一字，当识形音义三：口诵耳闻其音，目察其形，心通其义，三识并用，一字之功乃全。其在文章，则写山曰峻嶒嵯峨，状水曰汪洋澎湃，蔽芾葱茏，恍逢丰木，鳟鲂鳗鲤，如见多鱼。故其所函，遂具三美：意美以感心，一也；音美以感耳，二也；形美以感目，三也。"②许渊冲的"三之"理论，即在翻译中做到"知之、乐之并好之"，则来自孔子《论语·雍也》中的"知之者不如好之者，好之者不如乐之者"。他套用《道德经》中的语句所总结的翻译理论精练而完备，是近百年来中国学者对翻译理论最精彩的总结：

译可译，非常译。

忘其形，得其意。

得意，理解之始；

忘形，表达之母。

---

① 张进:《许渊冲唐诗英译研究》，硕士论文抽样本，西安：西北大学，2011年，第19页；张智中:《许渊冲与翻译艺术》，武汉：湖北教育出版社，2006年。
② 鲁迅:《鲁迅全集》（第九卷），北京：人民文学出版社，2005年，第354—355页。

> 故应得意,以求其同;
> 故可忘形,以存其异。
> 两者同出,异名同理。
> 得意忘形,求同存异;
> 翻译之道。

2014年,在第二十二届世界翻译大会上,由中国翻译学会推荐,许渊冲获得了国际译学界的最高奖项"北极光"杰出文学翻译奖。他也是该奖项自1999年设立以来,第一个获此殊荣的亚洲翻译家。许渊冲为我们奠定了新时期中译外翻译理论与实践的坚实学术基础,这个事业有待后学发扬光大。

四、知识:跨学科的知识结构是对研究者的基本要求

中国古代文化经典在域外的翻译与传播研究属于跨学科研究领域,语言能力只是进入这个研究领域的一张门票,但能否坐在前排,能否登台演出则是另一回事。因为很显然,语言能力尽管重要,但它只是展开研究的基础条件,而非全部条件。

研究者还应该具备中国传统文化知识与修养。我们面对的研究对象是整个海外汉学界,汉学家们所翻译的中国典籍内容十分丰富,除了我们熟知的经、史、子、集,还有许多关于中国的专业知识。例如,俄罗斯汉学家阿列克谢耶夫对宋代历史文学极其关注,翻译宋代文学作品数量之大令人吃惊。如果研究他,仅仅俄语专业毕业是不够的,研究者还必须通晓中国古代文学,尤其是宋代文学。清中前期,来华的法国耶稣会士已经将中国的法医学著作《洗冤集录》翻译成法文,至今尚未有一个中国学者研究这个译本,因为这要求译者不仅要懂宋代历史,还要具备中国古代法医学知识。

中国典籍的外译相当大一部分产生于中外文化交流的历史之中,如果缺乏中西文化交流史的知识,常识性错误就会出现。研究18世纪的中国典籍外译要熟悉明末清初的中西文化交流史,研究19世纪的中国典籍外译要熟悉晚清时期的中西文化交流史,研究东亚之间文学交流要精通中日、中韩文化交流史。

同时,由于某些译者有国外学术背景,想对译者和文本展开研究就必须熟悉

译者国家的历史与文化、学术与传承，那么，知识面的扩展、知识储备的丰富必不可少。

目前，绝大多数中国古代文化外译的研究者是外语专业出身，这些学者的语言能力使其成为这个领域的主力军，但由于目前教育分科严重细化，全国外语类大学缺乏系统的中国历史文化的教育训练，因此目前的翻译及其研究在广度和深度上尚难以展开。有些译本作为国内外语系的阅读材料尚可，要拿到对象国出版还有很大的难度，因为这些译本大都无视对象国汉学界译本的存在。的确，研究中国文化在域外的传播和发展是一个崭新的领域，是青年学者成长的天堂。但同时，这也是一个有难度的跨学科研究领域，它对研究者的知识结构提出了新挑战。研究者必须走出单一学科的知识结构，全面了解中国文化的历史与文献，唯此才能对中国古代文化经典的域外传播和中国文化的域外发展进行更深入的研究。当然，术业有专攻，在当下的知识分工条件下，研究者已经不太可能系统地掌握中国全部传统文化知识，但掌握其中的一部分，领会其精神仍十分必要。这对中国外语类大学的教学体系改革提出了更高的要求，中国历史文化课程必须进入外语大学的必修课中，否则，未来的学子们很难承担起这一历史重任。

五、方法：比较文化理论是其基本的方法

从本质上讲，中国文化域外传播与发展研究是一种文化间关系的研究，是在跨语言、跨学科、跨文化、跨国别的背景下展开的，这和中国本土的国学研究有区别。关于这一点，严绍璗先生有过十分清楚的论述，他说："国际中国学（汉学）就其学术研究的客体对象而言，是指中国的人文学术，诸如文学、历史、哲学、艺术、宗教、考古等等，实际上，这一学术研究本身就是中国人文学科在域外的延伸。所以，从这样的意义上说，国际中国学（汉学）的学术成果都可以归入中国的人文学术之中。但是，作为从事于这样的学术的研究者，却又是生活在与中国文化很不相同的文化语境中，他们所受到的教育，包括价值观念、人文意识、美学理念、道德伦理和意识形态等等，和我们中国本土很不相同。他们是以他们的文化为背景而从事中国文化的研究，通过这些研究所表现的价值观念，从根本上说，是他们的'母体文化'观念。所以，从这样的意义上说，国际中国学（汉学）的学术成果，其

实也是他们'母体文化'研究的一种。从这样的视角来考察国际中国学(汉学),那么,我们可以说,这是一门在国际文化中涉及双边或多边文化关系的近代边缘性的学术,它具有'比较文化研究'的性质。"①严先生的观点对于我们从事中国古代文化典籍外译和传播研究有重要的指导意义。有些学者认为西方汉学家翻译中的误读太多,因此,中国文化经典只有经中国人来翻译才忠实可信。显然,这样的看法缺乏比较文学和跨文化的视角。

"误读"是翻译中的常态,无论是外译中还是中译外,除了由于语言转换过程中知识储备不足产生的误读②,文化理解上的误读也比比皆是。有的译者甚至故意误译,完全按照自己的理解阐释中国典籍,最明显的例子就是美国诗人庞德。1937 年他译《论语》时只带着理雅各的译本,没有带词典,由于理雅各的译本有中文原文,他就盯着书中的汉字,从中理解《论语》,并称其为"注视字本身",看汉字三遍就有了新意,便可开始翻译。例如"《论语·公冶长第五》,'子曰:道不行,乘桴浮于海。从我者,其由与? 子路闻之喜。子曰:由也,好勇过我,无所取材。'最后四字,朱熹注:'不能裁度事理。'理雅各按朱注译。庞德不同意,因为他从'材'字中看到'一棵树加半棵树',马上想到孔子需要一个'桴'。于是庞德译成'Yu like danger better than I do. But he wouldn't bother about getting the logs.'(由比我喜欢危险,但他不屑去取树木。)庞德还指责理雅各译文'失去了林肯式的幽默'。后来他甚至把理雅各译本称为'丢脸'(an infamy)"③。庞德完全按自己的理解来翻译,谈不上忠实,但庞德的译文却在美国和其他西方国家产生了巨大影响。日本比较文学家大塚幸男说:"翻译文学,在对接受国文学的影响中,误解具有异乎寻常的力量。有时拙劣的译文意外地产生极大的影响。"④庞德就是这样的翻译家,他翻译《论语》《中庸》《孟子》《诗经》等中国典籍时,完全借助理雅各的译本,但又能超越理雅各的译本,在此基础上根据自己的想法来翻译。他把《中庸》翻

---

① 严绍璗:《我对国际中国学(汉学)的认识》,《国际汉学》(第五辑),郑州:大象出版社,2000 年,第 11 页。
② 英国著名汉学家阿瑟·韦利在翻译陶渊明的《责子》时将"阿舒已二八"翻译成"A-Shu is eighteen",显然是他不知在中文中"二八"是指 16 岁,而不是 18 岁。这样知识性的翻译错误是常有的。
③ 赵毅衡:《诗神远游:中国如何改变了美国现代诗》,成都:四川文艺出版社,2013 年,第 277—278 页。
④ [日]大塚幸男:《比较文学原理》,陈秋峰、杨国华译,西安:陕西人民出版社,1985 年,第 101 页。

译为 Unwobbling Pivot（不动摇的枢纽），将"君子而时中"翻译成"The master man's axis does not wobble"（君子的轴不摇动），这里的关键在于他认为"中"是"一个动作过程，一个某物围绕旋转的轴"①。只有具备比较文学和跨文化理论的视角，我们才能理解庞德这样的翻译。

从比较文学角度来看，文学著作一旦被翻译成不同的语言，它就成为各国文学历史的一部分，"在翻译中，创造性叛逆几乎是不可避免的"②。这种叛逆就是在翻译时对源语言文本的改写，任何译本只有在符合本国文化时，才会获得第二生命。正是在这个意义上，谢天振主张将近代以来的中国学者对外国文学的翻译作为中国近代文学的一部分，使它不再隶属于外国文学，为此，他专门撰写了《中国现代翻译文学史》③。他的观点向我们提供了理解被翻译成西方语言的中国古代文化典籍的新视角。

尽管中国学者也有在中国典籍外译上取得成功的先例，例如林语堂、许渊冲，但这毕竟不是主流。目前国内的许多译本并未在域外产生真正的影响。对此，王宏印指出："毋庸讳言，虽然我们取得的成就很大，但国内的翻译、出版的组织和质量良莠不齐，加之推广和运作方面的困难，使得外文形式的中国典籍的出版发行多数限于国内，难以进入世界文学的视野和教学研究领域。有些译作甚至成了名副其实的'出口转内销'产品，只供学外语的学生学习外语和翻译技巧，或者作为某些懂外语的人士的业余消遣了。在现有译作精品的评价研究方面，由于信息来源的局限和读者反应调查的费钱费力费时，大大地限制了这一方面的实证研究和有根有据的评论。一个突出的困难就是，很难得知外国读者对于中国典籍及其译本的阅读经验和评价情况，以至于影响了研究和评论的视野和效果，有些译作难免变成译者和学界自作自评和自我欣赏的对象。"④

王宏印这段话揭示了目前国内学术界中国典籍外译的现状。目前由政府各部门主导的中国文化、中国学术外译工程大多建立在依靠中国学者来完成的基本思路上，但此思路存在两个误区。第一，忽视了一个基本的语言学规律：外语再

---

① 赵毅衡：《诗神远游：中国如何改变了美国现代诗》，成都：四川文艺出版社，2013年，第278页。
② ［美］乌尔利希·韦斯坦因：《比较文学与文学理论》，刘象愚译，沈阳：辽宁人民出版社，1987年，第36页。
③ 谢天振：《中国现代翻译文学史》，上海：上海外语教育出版社，2004年。
④ 王宏印：《中国文化典籍英译》，北京：外语教学与研究出版社，2009年，第6页。

好,也好不过母语,翻译时没有对象国汉学家的合作,在知识和语言上都会遇到不少问题。应该认识到林语堂、杨宪益、许渊冲毕竟是少数,中国学者不可能成为中国文化外译的主力。第二,这些项目的设计主要面向西方发达国家而忽视了发展中国家。中国"一带一路"倡议涉及60余个国家,其中大多数是发展中国家,非通用语是主要语言形态[1]。此时,如果完全依靠中国非通用语界学者们的努力是很难完成的[2],因此,团结世界各国的汉学家具有重要性与迫切性。

莫言获诺贝尔文学奖后,相关部门开启了中国当代小说的翻译工程,这项工程的重要进步之一就是面向海外汉学家招标,而不是仅寄希望于中国外语界的学者来完成。小说的翻译和中国典籍文化的翻译有着重要区别,前者更多体现了跨文化研究的特点。

以上从历史、文献、语言、知识、方法五个方面探讨了开展中国古代文化典籍域外传播研究必备的学术修养。应该看到,中国文化的域外传播以及海外汉学界的学术研究标示着中国学术与国际学术接轨,这样一种学术形态揭示了中国文化发展的多样性和丰富性。在从事中国文化学术研究时,已经不能无视域外汉学家们的研究成果,我们必须与其对话,或者认同,或者批评,域外汉学已经成为中国学术与文化重建过程中一个不能忽视的对象。

在世界范围内开展中国文化研究,揭示中国典籍外译的世界性意义,并不是要求对象国家完全按照我们的意愿接受中国文化的精神,而是说,中国文化通过典籍翻译进入世界各国文化之中,开启他们对中国的全面认识,这种理解和接受已经构成了他们文化的一部分。尽管中国文化于不同时期在各国文化史中呈现出不同形态,但它们总是和真实的中国发生这样或那样的联系,都说明了中国文化作为他者存在的价值和意义。与此同时,必须承认已经融入世界各国的中国文化和中国自身的文化是两种形态,不能用对中国自身文化的理解来看待被西方塑形的中国文化;反之,也不能以变了形的中国文化作为标准来判断真实发展中的

---

[1] 在非通用语领域也有像林语堂、许渊冲这样的翻译大家,例如北京外国语大学亚非学院的泰语教授邱苏伦,她已经将《大唐西域记》《洛阳伽蓝记》等中国典籍翻译成泰文,受到泰国读者的欢迎,她也因此获得了泰国的最高翻译奖。
[2] 很高兴看到中华外译项目的语种大大扩展了,莫言获诺贝尔文学奖后,中国小说的翻译也开始面向全球招标,这是进步的开始。

中国文化。

在当代西方文化理论中,后殖民主义理论从批判的立场说明西方所持有的东方文化观的特点和产生的原因。赛义德的理论有其深刻性和批判性,但他不熟悉西方世界对中国文化理解和接受的全部历史,例如,18世纪的"中国热"实则是从肯定的方面说明中国对欧洲的影响。其实,无论是持批判立场还是持肯定立场,中国作为西方的他者,成为西方文化眼中的变色龙是注定的。这些变化并不能改变中国文化自身的价值和它在世界文化史中的地位,但西方在不同时期对中国持有不同认知这一事实,恰恰说明中国文化已成为塑造西方文化的一个重要外部因素,中国文化的世界性意义因而彰显出来。

从中国文化史角度来看,这种远游在外、已经进入世界文化史的中国古代文化并非和中国自身文化完全脱离关系。笔者不认同套用赛义德的"东方主义"的后现代理论对西方汉学和译本的解释,这种解释完全隔断了被误读的中国文化与真实的中国文化之间的精神关联。我们不能跟着后现代殖民主义思潮跑,将这种被误读的中国文化看成纯粹是西方人的幻觉,似乎这种中国形象和真实的中国没有任何关系。笔者认为,被误读的中国文化和真实的中国文化之间的关系,可被比拟为云端飞翔的风筝和牵动着它的放风筝者之间的关系。一只飞出去的风筝随风飘动,但线还在,只是细长的线已经无法解释风筝上下起舞的原因,因为那是风的作用。将风筝的飞翔说成完全是放风筝者的作用是片面的,但将飞翔的风筝说成是不受外力自由翱翔也是荒唐的。

正是在这个意义上,笔者对建立在19世纪实证主义哲学基础上的兰克史学理论持一种谨慎的接受态度,同时,对20世纪后现代主义的文化理论更是保持时刻的警觉,因为这两种理论都无法说明中国和世界之间复杂多变的文化关系,都无法说清世界上的中国形象。中国文化在世界的传播和影响及世界对中国文化的接受需要用一种全新的理论加以说明。长期以来,那种套用西方社会科学理论来解释中国与外部世界关系的研究方法应该结束了,中国学术界应该走出对西方学术顶礼膜拜的"学徒"心态,以从容、大度的文化态度吸收外来文化,自觉坚守自身文化立场。这点在当下的跨文化研究领域显得格外重要。

学术研究需要不断进步,不断完善。在10年内我们课题组不可能将这样一个丰富的研究领域做得尽善尽美。我们在做好导论研究、编年研究的基础性工作之外,还做了一些专题研究。它们以点的突破、个案的深入分析给我们展示了在跨文化视域下中国文化向外部的传播与发展。这是未来的研究路径,亟待后来者不断丰富与开拓。

这个课题由中外学者共同完成。意大利罗马智慧大学的马西尼教授指导中国青年学者王苏娜主编了《20世纪中国古代文化经典在意大利的传播编年》,法国汉学家何碧玉、安必诺和中国青年学者刘国敏、张明明一起主编了《20世纪中国古代文化经典在法国的传播编年》。他们的参与对于本项目的完成非常重要。对于这些汉学家的参与,作为丛书的主编,我表示十分的感谢。同时,本丛书也是国内学术界老中青学者合作的结果。北京大学的严绍璗先生是中国文化在域外传播和影响这个学术领域的开拓者,他带领弟子王广生完成了《20世纪中国古代文化经典在日本的传播编年》;福建师范大学的葛桂录教授是这个项目的重要参与者,他承担了本项目2卷的写作——《20世纪中国古代文学在英国的传播与影响》和《中国古典文学的英国之旅——英国三大汉学家年谱:翟理斯、韦利、霍克思》。正是由于中外学者的合作,老中青学者的合作,这个项目才得以完成,而且展示了中外学术界在这些研究领域中最新的研究成果。

这个课题也是北京外国语大学近年来第一个教育部社科司的重大攻关项目,学校领导高度重视,北京外国语大学的欧洲语言文化学院、亚非学院、阿拉伯语系、中国语言文学学院、哲学社会科学学院、英语学院、法语系等几十位老师参加了这个项目,使得这个项目的语种多达20余个。其中一些研究具有开创性,特别是关于中国古代文化在亚洲和东欧一些国家的传播研究,在国内更是首次展开。开创性的研究也就意味着需要不断完善,我希望在今后的一个时期,会有更为全面深入的文稿出现,能够体现出本课题作为学术孵化器的推动作用。

北京外国语大学中国海外汉学研究中心(现在已经更名为"国际中国文化研究院")成立已经20年了,从一个人的研究所变成一所大学的重点研究院,它所取得的进步与学校领导的长期支持分不开,也与汉学中心各位同人的精诚合作分不开。一个重大项目的完成,团队的合作是关键,在这里我对参与这个项目的所有学者表示衷心的感谢。20世纪是动荡的世纪,是历史巨变的世纪,是世界大转机的世纪。

20世纪初,美国逐步接替英国坐上西方资本主义世界的头把交椅。苏联社会主义制度在20世纪初的胜利和世纪末苏联的解体成为本世纪最重要的事件，并影响了历史进程。目前，世界体系仍由西方主导，西方的话语权成为其资本与意识形态扩张的重要手段，全球化发展、跨国公司在全球更广泛地扩张和组织生产正是这种形势的真实写照。

20世纪后期，中国的崛起无疑是本世纪最重大的事件。中国不仅作为一个政治大国和经济大国跻身于世界舞台，也必将作为文化大国向世界展示自己的丰富性和多样性，展示中国古代文化的智慧。因此，正像中国的崛起必将改变已有的世界政治格局和经济格局一样，中国文化的海外传播，中国古代文化典籍的外译和传播，必将把中国思想和文化带到世界各地，这将从根本上逐渐改变19世纪以来形成的世界文化格局。

20世纪下半叶，随着中国实施改革开放政策和国力增强，西方汉学界加大了对中国典籍的翻译，其翻译的品种、数量都是前所未有的，中国古代文化的影响力进一步增强①。虽然至今我们尚不能将其放在一个学术框架中统一研究与考量，但大势已定，中国文化必将随中国的整体崛起而日益成为具有更大影响的文化，西方文化独霸世界的格局必将被打破。

世界仍在巨变之中，一切尚未清晰，意大利著名经济学家阿锐基从宏观经济与政治的角度对21世纪世界格局的发展做出了略带有悲观色彩的预测。他认为今后世界有三种结局：

> 第一，旧的中心有可能成功地终止资本主义历史的进程。在过去500多年时间里，资本主义历史的进程是一系列金融扩张。在此过程中，发生了资本主义世界经济制高点上卫士换岗的现象。在当今的金融扩张中，也存在着产生这种结果的倾向。但是，这种倾向被老卫士强大的立国和战争能力抵消了。他们很可能有能力通过武力、计谋或劝说占用积累在新的中心的剩余资本，从而通过组建一个真正全球意义上的世界帝国来结束资本主义历史。

> 第二，老卫士有可能无力终止资本主义历史的进程，东亚资本有可能渐

---

① 李国庆：《美国对中国古典及当代作品翻译概述》，载朱政惠、崔丕主编《北美中国学的历史与现状》，上海：上海辞书出版社，2013年，第126—141页；[美]张海惠主编：《北美中国学：研究概述与文献资源》，北京：中华书局，2010年；[德]马汉茂、[德]汉雅娜、张西平、李雪涛主编：《德国汉学：历史、发展、人物与视角》，郑州：大象出版社，2005年。

渐占据体系资本积累过程中的一个制高点。那样的话,资本主义历史将会继续下去,但是情况会跟自建立现代国际制度以来的情况截然不同。资本主义世界经济制高点上的新卫士可能缺少立国和战争能力,在历史上,这种能力始终跟世界经济的市场表层上面的资本主义表层的扩大再生产很有联系。亚当·斯密和布罗代尔认为,一旦失去这种联系,资本主义就不能存活。如果他们的看法是正确的,那么资本主义历史不会像第一种结果那样由于某个机构的有意识行动而被迫终止,而会由于世界市场形成过程中的无意识结果而自动终止。资本主义(那个"反市场"[anti-market])会跟发迹于当代的国家权力一起消亡,市场经济的底层会回到某种无政府主义状态。

最后,用熊彼特的话来说,人类在地狱般的(或天堂般的)后资本主义的世界帝国或后资本主义的世界市场社会里窒息(或享福)前,很可能会在伴随冷战世界秩序的瓦解而出现的不断升级的暴力恐怖(或荣光)中化为灰烬。如果出现这种情况的话,资本主义历史也会自动终止,不过是以永远回到体系混乱状态的方式来实现的。600年以前,资本主义历史就从这里开始,并且随着每次过渡而在越来越大的范围里获得新生。这将意味着什么?仅仅是资本主义历史的结束,还是整个人类历史的结束?我们无法说得清楚。①

就此而言,中国文化的世界影响力从根本上是与中国崛起后的世界秩序重塑紧密联系在一起的,是与中国的国家命运联系在一起的。国衰文化衰,国强文化强,千古恒理。20世纪已经结束,21世纪刚刚开始,一切尚在进程之中。我们处在"三千年未有之大变局之中",我们期盼一个以传统文化为底蕴的东方大国全面崛起,为多元的世界文化贡献出她的智慧。路曼曼其远矣,吾将上下求索。

张西平

2017年6月6日定稿于游心书屋

---

① [意]杰奥瓦尼·阿锐基:《漫长的20世纪——金钱、权力与我们社会的根源》,姚乃强等译,南京:江苏人民出版社,2001年,第418—419页。

目　录

导　言　远望到相遇，主题与变奏
　　　　——20 世纪中国古代文化经典在中东欧国家的
　　　　译介与传播　1

凡　例　1

20 世纪中国古代文化经典在阿尔巴尼亚的传播编年　1
　　概　述　2
　　编年正文　6
　　结　语　22

20 世纪中国古代文化经典在保加利亚的传播编年　29
　　概　述　30
　　编年正文　33
　　结　语　73

20世纪中国古代文化经典在波兰的传播编年　81

概　述　82

编年正文　88

结　语　141

20世纪中国古代文化经典在捷克的传播编年　157

概　述　158

编年正文　164

结　语　212

20世纪中国古代文化经典在罗马尼亚的传播编年　221

概　述　222

编年正文　226

结　语　271

20世纪中国古代文化经典在塞尔维亚的传播编年　291

概　述　292

编年正文　298

结　语　333

20世纪中国古代文化经典在斯洛文尼亚的传播编年　347

概　述　348

编年正文　352

结　语　370

20世纪中国古代文化经典在匈牙利的传播编年　381

概　述　382

编年正文　394

结　语　491

专　论　517

波兰人意识中的中华帝国
［波兰］约瑟夫·弗沃达尔斯基/著，赵刚/译　518

中国古代经典在捷克的译介
——斯托切斯的翻译成就及对中欧文化交流的贡献

徐伟珠　528

斯洛伐克汉学研究五十年
［斯洛伐克］玛丽娜·恰尔诺古尔斯卡（黑山）/著，姜珋/译　537

孔子进入罗马尼亚文三百年考述
［罗马尼亚］伊丽亚娜·霍加-韦利什库（杨玲）/著，丁超/译　574

后　记　611

导 言

远望到相遇，主题与变奏

——20世纪中国古代文化经典在中东欧国家的译介与传播[①]

丁 超

"中东欧"，顾名思义是指欧洲的中部和东部，但作为一个区域概念，它在地理学上的疆界和在国际政治领域的特指是不完全相同的。我们在这里借用的是后一种概念，简言之就是今天政治外交方面所说的中东欧，它是冷战时期"东欧"（社会主义国家）概念的变体，是一个具有特定的地缘、政治、历史和文化内涵的区域范畴。它的出现与1989年东欧剧变有关，是20世纪90年代以后中国在对外交往中为淡化社会制度和意识形态特征而采取的一种突出地缘意义但又蕴含国际政治变迁的整体称谓，与目前国际政治学界对该地区使用的术语也相符合。按照目前中国政府和学术界对"中东欧"的划分，这一地区包

[①] 本文作为一章，另收入张西平等著：《20世纪中国古代文化经典在域外的传播与影响研究》，北京：经济科学出版社，2015年12月第1版。在本书出版时，有少量修订。

括阿尔巴尼亚共和国、爱沙尼亚共和国、保加利亚共和国、波兰共和国、波斯尼亚和黑塞哥维那、黑山、捷克共和国、克罗地亚共和国、拉脱维亚共和国、立陶宛共和国、罗马尼亚、马其顿共和国、塞尔维亚共和国、斯洛伐克共和国、斯洛文尼亚共和国和匈牙利等16个自20世纪90年代开始制度全面转型的国家。这一地区总国土面积约135万平方千米，总人口约1.23亿。

中东欧地区是世界文明的一方沃土，这里孕育了众多的民族、悠久的历史、厚重的文化、优质的教育和先进的科学，为人类文明做出了许多重大贡献。从世界文明的整体格局看，中东欧显然属于西方文明的范围，在与东方文明的交流方面有其独特的进程和丰富的内涵。其中对华夏民族和中国文化的接触有千百年的历史。进入20世纪以后，中东欧地区的许多国家都开始了对中国的研究，重视对中国古代文化经典的译介出版，通过许多思想家、文学家和汉学家的推动，取得了不凡的成就，形成了各自的特色，推动了中东欧各国人民对中国的认识和本土文化与中国文化的相互交融。

一、中东欧民族与华夏文明交往的萌发（20世纪以前）

中东欧民族与东方文明和华夏民族的接触可以追溯到久远的年代。中国和中东欧分处在亚欧大陆的东西两部，草原的游牧民族是彼此之间最早的信息传递者。自公元前2世纪中国汉代"张骞凿空"以后，中西方之间的人员往来、商队贸易和文化交流就通过"丝绸之路"逐渐增多，黑海沿岸和多瑙河流域也属于"丝绸之路"西端的辐射范围。强大的罗马帝国对东方的知识和物质产品的交换活动，对其统治下的东南欧民族产生了影响，孕育了它们对东方世界的最初意识。

（一）匈牙利民族和保加利亚民族的东方基因

中欧的匈牙利、东南欧的保加利亚等国的一些历史学家，对其先民与东方民族的关系有很多推测、考证和研究。1世纪前后，中国北方高原的游牧民族匈奴在经历强盛之后为汉朝军队征伐，在1世纪末被逐出漠北地区之后开始西迁。在中东欧史学著作中对4世纪末进入东欧的匈奴人有不少记载，中国历史学家陈序经等对北匈奴向西迁徙并进入东欧也有所论述。虽然国内外史学界对进入欧洲的匈奴人与中国史书中记载的匈奴是否为同一族源的问题还存在不同观点和争论，但匈奴人、匈牙利人的祖先都来自东方，在国际学术界得到了普遍的认同，匈牙利人在人种、语言和文化方面的东方基因也已被证实。保加利亚的东方学者多里扬·亚历山大罗夫等人在研究中认为，作为保加利亚先祖的古保加尔人源于匈奴帝国的一个部落，生活在中亚，在历史上同包括华夏民族在内的众多民族有过交流。从 4 世纪起，巴尔干地区不断受到民族大迁徙的冲击，在匈奴人之后接踵而来的是阿瓦尔人，对巴尔干半岛和匈牙利平原地区形成了长达两个世纪的控制。有观点认为，阿瓦尔人即兴起于蒙古高原上的中国古代强悍民族柔然（汉文史料又作蠕蠕、芮芮、茹茹等）。对此，张星烺在《中西交通史料汇编》中也有提及。这些研究观点都从不同的侧面折射出中东欧民族与华夏民族间最初的接触和交融。

（二）通过 13 世纪的战争和旅行认识东方

13 世纪是中东欧民族认识和了解东方的重要开端时期，出现了三件在东西方交通史上产生深远影响的大事。

一是蒙古帝国的亚欧军事远征。成吉思汗死后，术赤的次子钦察汗拔都和速不台率领 15 万蒙古精兵从 1237 年开始向俄罗斯草原上的突厥游牧部落进攻，在两次战役之后完成对其征服，之后继续向罗斯诸公国发起战争，一路破城。1241 年蒙古人攻入波兰的克拉科夫，随后与西里西亚的波兰大公亨利克二世统率的联军在莱格尼察城郊发生激战。蒙古军队又进入摩拉维亚。由拔都统率和速不台指挥的另一支蒙军分三路侵入匈牙利，攻临佩斯，匈牙利国王贝拉四世集合精锐军队出城迎战。在决战中，匈牙利军队被击败，蒙古军队攻陷佩斯城并放火焚烧，匈牙利国土惨遭蹂躏，一半居民或被屠杀或沦为奴隶。蒙古军队的征战还经过了罗马尼亚、克罗地亚等地。战争一方面给中东欧民族带来了杀戮和掠夺，另一方面也通过武力突破了东西方文明之间的隔绝和障碍。蒙古军队在作战中使用的马具、兵器、火器、战术等，在当时都优于对手；不同民族的俘虏、为服务自身而留用的工匠、通译等，在客观上都起到了促进民族和文化融通的作用。

二是波兰人本尼迪克特（Benedykt Polak）随意大利方济各会修士柏朗嘉宾（Jean de Plan Carpin）出使蒙古，到达东方。13世纪蒙古军队在中欧的战争使西欧列国陷入震惊和惶恐。为了解蒙古人的军事、政治情况，制订抵御策略，防范其再度西侵，教皇英诺森四世（Innocent IV）在法国里昂召开全欧主教会议，决定遣使蒙古汗国。柏朗嘉宾受旨出使，1245年4月从法国里昂起程，途经波希米亚（捷克）、波兰等地，次年8月抵达蒙古大汗都城哈剌和林，参加贵由大汗的登基仪式，向其递交了教皇的信件。在柏朗嘉宾东行过程中，波兰人本尼迪克特随行并充作通译，成为第一位到达东方的波兰人。

三是大旅行家马可·波罗1275年来到中国，这比柏朗嘉宾和本尼迪克特的东方之行要晚30年。长期以来，中外学术界一直称马可·波罗为出生于威尼斯商人之家的意大利人，然其出生地今天属于克罗地亚共和国达尔马提亚地区的科尔丘拉（Korčula）岛。克罗地亚人引以为豪，将"马可·波罗的故乡"塑造为本民族对外交往的重要文化符号。因此，马可·波罗及其业绩的意义，也自然延伸到中东欧国家早期对华关系方面。

（三）明清时期中东欧耶稣会士来华及其贡献

明清之际，西方为数众多的耶稣会士来华传教，他们深入中国内地，一方面传播西方宗教和科学，另一方面广泛结交官僚士大夫阶层，研习中国传统文化，直至进入京城，影响宫廷，形成了西学东渐的高潮。这些耶稣会士当中，也有多位来自中东欧地区。明朝末年，先后有达尔马提亚（南斯拉夫）人邬若望神父（Johann Ureman, 1616）、波希米亚（捷克）人祁维材神父（Václav Pantaleon Kirwitzer, 1619）等进入中国。清前期又陆续有波兰人穆尼阁神父（Jan Mikolaj Smogulecki, 1645）、卜弥格神父（Michał Boym, 1646），波希米亚人严嘉乐神父（Karel Slavíček, 1716）、艾启蒙神父（Ignác Sichelbarth, 1745），斯洛文尼亚传教士刘松龄神父（August von Hallerstein, 1738）等人来华。他们大都具有很高的科学素养，通晓数学、天文、音乐等，受到重视，为当时中国社会和学术做出多方贡献。如卜弥格，通过注译"大秦景教流行中国碑"碑文开创了世界上拉汉辞书编纂的先河，还绘制了中国各省地图，第一次将中国的中医药比较详细地介绍到了欧洲，并且作为南明永历王朝的特使前往罗马教廷，在沟通中欧的政治和宗教关系过程中也起到了特殊作用。又如严嘉乐，因精于音乐演奏而深得皇帝和宫廷显贵的宠幸，而且参与了中国的天文观测和测绘，将许多科学信息和资料传回欧洲科学界。再如刘松龄，因擅长数学而受到乾隆皇帝的赏识，在清朝钦天监任职30年，官至三品。他为清廷恪尽职守，在天文观测、历法制定、地理舆图、人口研究等方面都有重要建树。他继前任戴进贤之后，主持了《灵台仪象志》的纂修，其包含了中西两方面的天象观测成果，1757年出版后引起西欧学术界的重视。由他主持设计和制造的天球仪，被乾隆皇帝命名为"玑衡扶辰仪"，至今仍陈设在北京古观象台。1676年作为沙俄使臣来华的罗马尼亚人尼古拉·米列斯库·斯帕塔鲁（Nicolae Milescu Spătarul），以其撰写的三部有关东方之旅和中国社会的著作，对欧洲宫廷和社会了解中国也有殊功。这些杰出的历史人物，都成为本民族认识中国的先驱，在有关国家对华关系史上留下了重要的一页。

（四）17、18世纪中东欧本土文明范围的中国

在中东欧民族中，波兰、捷克等地处中欧的国家，在教育、文化和艺术等方面都有优秀的传统。12世纪以后，历史编纂学首先在波兰发端，14世纪捷克最早的编年史著作问世；到17世纪前后，匈牙利、罗马尼亚、保加利亚等民族都有自己的编年史书。这类史籍除了记载民族地理、先祖业绩、朝代延续、内外战争、宗教传播、文化创造等，也包含本民族与周边其他民族的关系和对世界的认知，其中不乏对东方和中国的最初知识。诸如罗马尼亚民族史学开创者格里戈雷·乌雷凯（Grigore Ureche，约1590—1647）在17世纪撰著的《摩尔多瓦公国史记》一书中对波兰、匈牙利、鞑靼、土耳其等民族的描写，对"鞑靼人帝国及其习俗和疆域"的叙述，就是一个例证。但是在当时包括后来相当长的一段时间里，中东欧民族对中国的了解还仅停留在十分模糊的程度上。

自17世纪下半叶至18世纪，受到在法国等西欧国家出现的"中国热"影响，在波兰、捷克、匈牙利等中欧封建国家，对东方的兴趣也日渐增长，王公贵族通过各种途径收藏辗转进入欧洲的中国工艺品，中国的建筑风格和装饰元素也受到喜爱和效仿。波兰国王扬·索别斯基三世（Jan III Sobieski，1674—1696年在位）对来自东方特别是中国的异域文化格外钟情。通过战争缴获、王世联姻和传教士的途径，他不仅接触到来自中国的工艺品，而且对遥远的"天朝上国"发生兴趣。他曾通过耶稣会士南怀仁致函康熙皇帝，表达通好之意。17世纪80年代初，他还在华沙郊区的维兰努夫行宫（Wilanów Palace）布置了一个"中国厅"，摆放来自中国的瓷器、漆器、家具、绘画和其他珍稀物品。中国的造园艺术不仅影响到波兰，而且与其邻近的捷克、匈牙利也深受影响。1785年在克拉科夫的雅盖沃大学开始有人讲授孔子思想和儒学，大约18世纪末在华沙还上演过伏尔泰的《中国孤儿》。从这些事例大体可以看到波兰人在吸收中国文化方面达到的程度。

（五）19世纪对中国的探索和文化吸纳

进入19世纪以后，中东欧民族普遍受到欧洲革命运动的影响，摆脱帝国统治、争取民族独立的意识日益觉醒，民族语言、文化和教育受到重视，这些都促进了对世界问题的关注和研究。在认识东方和吸收中国文化方面，出现了两个方面的变化。

一方面是人员的直接往来增多，促进了中东欧民族对中国的认识。早在1819年，匈牙利人科勒什·乔玛·山道尔（Körösi Csoma Sándor，1784—1842）就进入西藏进行考察，并在1834年出版了世界上第一部《藏英词典》和《藏语语法》，成为国际藏学的开山鼻祖和匈牙利人对华交往的先驱之一。1867年2月，在奥地利帝国（1804—1867）基础上建立了奥匈帝国，地跨中欧、东欧和南欧，国土面积在欧洲居第二，仅次于俄国。今天的匈牙利、捷克、斯洛伐克、克罗地亚、斯洛文尼亚等国，波兰的西里西亚地区、罗马尼亚的特兰西瓦尼亚地区等，当时都在其版图之内。奥匈帝国（旧译"奥斯马加"）与清政府在同治八年（1869）签订和约和通商章程等，之后两国互派使臣，奥匈帝国先后在中国几十个城市设领，与其他列强一起攫取了大量在华利益和特权。其政治、军事和经济实力，推动了本国人员到中国和亚洲旅行或探险，其中规模最大的是"多瑙河号"和"弗里德里希大公爵号"两艘军舰1868年10月启程前往东亚的考察，随行的有多位匈牙利人。

另一方面是中东欧地区本土的汉学研究开始起步。中东欧地区文化教育较为发达的民族，通过法国、德国等西欧大国已有的汉学研究成果，不断增加了对中国文化的了解，在传播和接受方式上呈现出多态化。在整个 19 世纪，辑译自《论语》《道德经》等经典的"东方智慧"、中国古典文学短篇和诗词及其他关于中国和东方世界的知识信息等，不时散见于各种报刊。在中东欧地区，捷克人是最早关注东方文化的民族之一，早在 16 世纪就通过拉丁文的媒介接触到中国的哲学和文学。19 世纪后期，作家尤利乌斯·泽耶尔（Julius Zeyer，1841—1901）根据阅读的中国神话和历史知识，从 1881 年开始创作"中国风格故事"，包括小说《汉宫之背叛》（Treachery in the House of Han）和诗剧《比干之心》等。另一位捷克东方学家鲁道夫·德沃夏克（Rudolf Dvořák，1860—1912）在 1887—1889 年间发表《孔子的生平和教义》，还同诗人雅罗斯拉夫·弗尔赫利茨基（Jaroslav Vrchlický，1853—1912）合作，参照英译本等，选译了《诗经》160 首，1897 年结集出版。在罗马尼亚，著名文学家蒂图·马约雷斯库（Titu Maiorescu，1840—1917）在 1880 年从德文转译了明末抱瓮老人辑著的《今古奇观》卷二十《庄子休鼓盆成大道》，发表在当年的《文学谈话》杂志上。政治家和作家瓦西列·阿列克山德里（Vasile Alecsandri，1818—1890）在 19 世纪 70 年代还创作了《满大人》和《中国风景诗》等两首中国题材诗作。民族诗人米哈伊·埃米内斯库（Mihai Eminescu，1850—1889）和小说家伊昂·斯拉维支（Ioan Slavici，1848—1925）在维也纳留学期间大量研读东方哲学，对老子、孔子的思想极为推崇，并将许多理念和价值的元素融于自身的创作。在 19 世纪下半叶的保加利亚等巴尔干国家，有关中国社会和文化的知识也零散地通过各种媒介开始流传。从这些史实中，我们或许可以管窥到中国文化最初进入中东欧地区的若干历史踪迹和特征。

二、中国文化在中东欧国家传播的奠基（20 世纪前半期）

进入 20 世纪以后，中东欧民族普遍进入了一个反抗帝国主义统治、争取民族自由独立的斗争时期。第一次世界大战后期的 1917 年，布尔什维克夺取俄国政权。1918 年，爱沙尼亚、立陶宛和拉脱维亚相继独立。同年奥匈帝国及其军队土崩瓦解，中东欧地区的政治格局发生巨大变化：捷克斯洛伐克共和国宣告成立；波兰恢复独立，重建自己的国家；"塞尔维亚人克罗地亚人斯洛文尼亚人王国"也由此诞生；而匈牙利人在1919年建立了中东欧地区最早由共产党人领导但为期短暂的匈牙利苏维埃共和国。在东南欧，奥斯曼帝国的解体使此前已经获得独立的罗马尼亚、保加利亚、阿尔巴尼亚等国进一步巩固了其民族国家地位。两次大战之间的二三十年代，中东欧国家的经济、教育和文化普遍得到较快的发展，不幸的是很快又受到第二次世界大战的严重破坏。

在20世纪前半期，中东欧国家对中国社会有了越来越多的了解，在研习中国文化方面较19世纪后期有了显著进步，我们可以从以下几个方面来考察这种变化及其成就。

1. 各类来华人员大量增加，促进了对中国及其文化从内部直接了解。这些人员来自中东欧地区不同的国家，从其来华目的、活动范围、生存状况、业绩影响等方面考察，他们大致可以分为以下几类。

第一类是因参与中东铁路修建而来华的中东欧民族工程技术人员和侨民，以及西伯利亚地区的流放者。中东铁路原为沙皇俄国在19世纪末至20世纪初为攫取中国东北资源，称霸远东地区而修建的一条铁路。1898年开工之后，大批俄国工程技术人员及其家属，以及商人、教师、医生、律师等随之来华。同期来华的还有一些波兰人[①]，当时正值俄国收购华沙到维也纳的铁路东段，波兰铁路工人大量被解聘，中东铁路的修建无疑为他们提供了工作和生存的机遇。以后波兰人来华的各类侨民不断增加，他们主要居住在哈尔滨并逐渐建立了自己的社区。到20世纪二三十年代时，波兰在哈尔滨的侨民已经超过万人。除波兰人外，还有来自捷克斯洛伐克、匈牙利、罗马尼亚、塞尔维亚等中东欧国家的侨民。后来，这批侨民中的一些人陆续回国，对于在其本土传播中国文化也起到了一定作用，如1925年出生在哈尔滨的波兰人爱德华·卡伊丹斯基（Edward Kaydanski），就是因其特殊的在华经历而形成了深厚的中国情结，在很大程度上直接影响到他的外交生涯和史学研究，使他在东方学领域尤其是波兰对华关系研究方面取得卓越成就。又如匈牙利工程师古巴尼·卡洛伊（Gubányi Károly，1867—1935）1897年来华，参加中东铁路绥芬河至哈尔滨段的修建，

---

① 1795年，经过俄国、奥地利和普鲁士三国的瓜分，波兰亡国。此后波兰大部领土处于俄国统治下，直至1918年波兰国家重建。

1904年返回匈牙利，著有《在满洲的五年》，记录了他在华的工作和生活。

第二类是部分中东欧国家派驻中国的外交和领事人员。20世纪上半叶，中华民国陆续与部分中东欧国家建立了领事、贸易、外交关系。第一次世界大战结束后，爱沙尼亚、拉脱维亚、波兰、立陶宛、捷克斯洛伐克等国先后在哈尔滨设立代表部、办事处和领事馆。1929年9月18日，民国政府与波兰政府在南京签署《中波友好通商条约》，正式建立外交关系。同年，波兰在上海设立总领事馆。1931年，中波两国互设公使馆。1930年2月12日，中华民国与捷克斯洛伐克建立外交关系，两国代表在南京签署《中捷友好通商条约》。1939年，民国政府通过外交途径向罗马尼亚王国政府建议两国建交，得到积极回应，同年向布加勒斯特委派全权公使。然而，在1932年日本侵略者在中国东北扶持建立傀儡政权"满洲国"后，罗马尼亚、保加利亚、克罗地亚、波兰、匈牙利、捷克斯洛伐克等中东欧国家都对其承认。1940年南京汪伪政府成立后，罗马尼亚、捷克斯洛伐克、克罗地亚、保加利亚和匈牙利等国也与其"建交"。今天看来，这些都是有关国家当时的亲德右翼政府在处理对华关系方面的历史错误，但在当时也有严峻的国际局势影响和各国民族利益相互交织冲突的复杂背景。

第三类是中东欧国家科学界和文化艺术界来华考察、访问或学习的人士。在科学考察方面，最为突出的大概是匈牙利人，其中一个无法绕开的人物就是原籍匈牙利的英国考古探险家和东方学家斯坦因·奥里尔（Stein Aurél, 1862—1943）。他在英国和印度政府的支持下，在1900—1901年、1906—1908年、1913—1915年、1930年，先后四次到中国新疆和河西地区进行探险。一方面，他取得了大量成果，发表了《沙埋和阗废墟记》《西域考古图记》《亚洲腹地考古图记》等著作，在国际上引起巨大轰动；另一方面，他也因盗掘破坏古遗址，从莫高窟掠走上万件写经、古写本和文物而引起人们义愤，受到中外一些学者的抨击。另一位匈牙利人利盖蒂·拉约什（Ligeti Lajos, 1902—1987），中文名字李盖提，1928—1931年间经北京前往内蒙古考察，回国后在匈牙利开创中国语言文化教学，在东方学研究方面多有建树。在文学艺术方面，捷克艺术家鲍孚斯拉夫·高崎（B. Kočí）1920年从符拉迪沃斯托克来华，1922年后侨居上海，1929年为南京中山陵创作了孙中山卧姿雕像。捷克人雅罗斯拉夫·普实克（Jaroslav Průšek, 1906—1980），1932年到中国进行了两年半的学术考察，与鲁迅、郭沫若、茅盾、冰心等文化界人士建立了深厚友情，回国后极大地推动了捷克汉学的形成和发展。波兰人维托尔德·雅布翁斯基（Witold Jabłoński，1901—1957），中文名字夏伯龙，1930年来华，担任国联中国教育改革委员会顾问，在清华大学教授法语和法国文学。这些人物及其成就，体现着那个时代中东欧国家对华科学考察和文化交流所达到的高度。

第四类是一些零散来华的传教士、旅行家和商人。这方面的事例也为数不少。在近代从中东欧地区来华的传教士中，有多位匈牙利人，其中埃尔代伊·伊格纳茨（Erdélyi Ignác，1828—1885）早在19世纪中叶就被派往中国，在华传教布道25年，其间写有信件寄回匈牙利，讲述在华情况。进入20世纪以后，又有匈牙利人孔斯特·伊琳（Kunst Irén，1869—1934）加入苏格兰传教队伍来华，传教的同时从事教育和卫生服务工作，对其在华情况及中国社会，有多篇通信和报告发表。1910年，有四位在巴黎留学的罗马尼亚青年利用法国环游俱乐部组织的比赛机会来到中国，游历了不少地方。1926年，一位名叫I. 瓦西列斯库－诺塔拉（I. Vasilescu-Nottara）的罗马尼亚人在中国进行了半年的旅行，还著有《从上海到北平穿越中国》（*Străbătând China de la Shanghai la Pekin*），记述见闻观感。在三四十年代的上海，已有一定数量的罗马尼亚侨民，并有罗马尼亚远东商会等组织。

第五类是来华支援中国人民革命斗争的国际友人。在19世纪后期的部分中东欧国家，国际工人运动兴起，社会主义思想开始传播，反抗帝国主义和争取民族解放逐渐成为社会发展的主导，也在一定程度上使中东欧民族对中国人民苦难深重的民族命运寄予了同情和声援。20世纪二三十年代，中东欧国家已经普遍建立了本国的共产党，在共产国际的领导和影响下，各国共产党人开展了大量国际性的活动。特别是抗日战争期间，一批中东欧国家的共产党人和进步人士先后辗转来到中国，支援中国革命。国际主义新闻战士汉斯·希伯（Hans Shippe，1894—1941）和伊斯雷尔·爱波斯坦（Israel Epstein，1915—2005），都出生在波兰，后来又把自己的命运同中国紧紧地连在一起。1939年，来自波兰、捷克、德国、奥地利、罗马尼亚、匈牙利、保加利亚和苏联的共产党人组成一支国际援华医疗队，直接参加了中国人民的抗日战争。战后他们陆续回到自己的祖国，成为对华友好的民间使者，也为中国文化的传播做出了许多奠基性的贡献。

2. 在 20 世纪上半期，在文化和教育基础较为雄厚的波兰、捷克和匈牙利等中欧国家，开始出现最初的东方学和汉学研究机构，以及汉语教学。由于地缘和文化关系，部分学者从事的东方学和汉学研究依托于德国、法国、英国等欧洲主流学术，有的还融入其中。

从 1919 年起，东方研究和汉学开始出现在波兰，毕业于莱比锡大学的鲍格旦·雷赫特尔（Bogdan Richter，1891—1980）在华沙大学讲授东西方关系史和远东历史，创办远东教研室，后改称远东文化教研室，1921—1932 年间，他教授汉语和日语。1932 年，华沙大学成立了东方学院，曾在巴黎攻读汉学和日本学，又在华沙大学取得汉学高级博士学位的杨·雅沃尔斯基（Jan Jaworski，1903—1945）担任助教。1933 年，东方学院设立汉语教研室。曾在中国工作、在清华大学讲学的雅布翁斯基从 1934 年起任东方学院讲师，协助雅沃尔斯基创办汉语教研室。1935 年，雅布翁斯基以论文《中国民歌研究》通过了高级博士论文答辩，20 世纪三四十年代他的学术活动相当广泛，并涉足对华外交，对波中关系有多方面的贡献。

1922 年，在捷克斯洛伐克总统马萨里克和一批早期东方学者的倡导、支持下，东方学研究所在布拉格成立，这是一个独立自主的学术机构，其宗旨是培养并建立与东方国家的科学和经济联系。1927 年，马萨里克总统任命了研究所第一批共 34 名成员，其学科领域包括赫梯学、印度学、埃及学、阿拉伯学、伊朗学等，但没有汉学，因为当时德沃夏克已经去世，普实克还年轻在学。从 1929 年开始，该所出版《东方学文献》（*Archiv Orientální*）季刊，汇集研究亚洲国家历史、文化和社会的各类成果，以英文、法文、德文发稿，在国际上受到好评，也使捷克斯洛伐克的东方学研究影响不断扩大。战后，该所自 1945 年 9 月出版《新东方》（*Nový Orient*）月刊，以学术和普及相结合的方式，介绍包括中国在内的亚洲国家各方面情况，保持发刊至今。

捷克汉学传统的继承和发展在很大程度上要归功于普实克。他 1928 年在布拉格查理大学毕业后赴瑞典，在汉学家高本汉（Bernhard Karlgren）指导下学习，后转赴德国深造，1932 年来华考察，1934 年赴日本留学。1937 年他回到捷克，在东方学研究所和查理大学工作，先后翻译了鲁迅的《呐喊》和孔子的《论语》。1939 年，德军吞并捷克斯洛伐克，捷克大学封闭，东方学研究所陷入瘫痪，但普实克仍未放弃对中国的研究。在极其困难的情况下，他开办汉语讲习班，编写了《汉语会话课本》。二战结束后，他成为查理大学教授，出任哲学院远东系主任；另外，他还在奥洛莫乌茨的帕拉斯基大学兼职讲授汉语、中国历史和文化，从多方面培养人才，极大地推动了捷克的东方学研究。

这一时期，捷克人古斯塔夫·哈隆（Gustav Haloun，1898—1951），中文名字霍古达，在中国哲学研究方面也有重要影响。他出生于捷克，无国籍。20世纪二三十年代，他先后在捷克查理大学、德国哈雷大学和哥廷根大学、英国剑桥大学任教，从事汉学研究，主要学术成就涉及中国古代典籍尤其是散逸的诸子著作的复原，中国古代典籍中有关大夏的知识整理，大月氏研究、管子研究等。

1923年，匈牙利罗兰大学建立东亚学院。20世纪匈牙利汉学的形成和发展与李盖提的名字密不可分。李盖提是国际知名语言学家、东方学家，匈牙利科学院院士、副院长、教授，尤其以对蒙古语、突厥语、满—通古斯语的研究见长。他1921—1927年在法兰西学院师从法国汉学家伯希和（Paul Pelliot）学习东方学。1928—1931年到蒙古和北满蒙古族居住地进行田野调查，1936—1937年前往阿富汗考察，1940年到日本考察。从1931年起，他先后在布达佩斯大学、巴黎东方语言学校担任教师，1938年当选匈牙利科学院通讯院士，1947年当选为院士。1947年创办《匈牙利科学院东方学报》（*Acta Orientalia Hungaricae*）并担任主编直至1976年。20世纪30年代，布达佩斯大学组建了内陆亚洲教研室，李盖提在那里任教，后担任教研室主任，开创了东方学和汉学研究。

20世纪40年代初，华人医生赵东生从上海到匈牙利，在布达佩斯行医，同时在布达佩斯大学兼授中文。

匈牙利东方学家李盖提、波兰汉学家雅布翁斯基、捷克汉学家普实克等人，都受过当时欧洲的良好教育和学术训练，因此当他们进入东方研究这个宽广领域后，就自觉地以科学的方法指导相关的考察和研究，使本国的东方学和汉学逐步获得了学科地位和应有品质。

3. 在捷克斯洛伐克、波兰、匈牙利、罗马尼亚等中东欧国家，学者和翻译家们克服了各种困难，借助已有的欧洲通行语言译本，开展对中国历史书籍和古代文化典籍的译介，取得了一批初步的成果。

捷克在1912年出版了由德沃夏克与诗人弗尔赫利茨基选译的《诗经》（*Ši-king VII-XV*）第二部。1920年出版了德沃夏克从汉语翻译的老子的《道德经》（*Lao-tsiova kanonická kniha O Tau a ctnosti [Tao-tek-king]*），另外还有雅罗斯拉夫·普谢尼奇卡（Jaroslav Pšenička，1865—1954）翻译的《中国古代诗歌选》（*Ze staré čínské poesie : [VII.-IX. stol. po Kr.]*）。博胡米尔·马泰休斯（Bohumil Mathesius，1888—1952）通过俄文、德文和法文转译了许多中国古典诗词，分别结集为《黑塔和绿壶》（*Černá věž a zelený džbán*）、《中国古代诗歌》（*Zpěvy staré Číny*）、《中国古诗新编》（*Nové zpěvy staré Číny*）等，多次重印。1936—1937年，在布拉格还出版了两卷本的《水浒传》（*Všichni lidé jsou bratři*），由诺瓦科娃（Marie Nováková）、玛多什科娃（J. Matoušková）和万丘拉（Zd. Vančura）三人参照赛珍珠的英译本转译。1940年，普实克与捷克印度学家文岑茨·莱斯尼（Vincenc Lesný，1882—1953）教授合作，从汉语翻译出版《论语》（*Hovory Konfuciovy*）。普实克还独自从汉语翻译了多种典籍，包括清人沈复的自传体散文《浮生六记》（*Šest historií prchavého života*），1944年版；选自冯梦龙的话本小说《警世通言》的《神奇的中国市井故事》（*Podivuhodné příběhy z čínských tržišť a bazarů*）；刘鹗的《老残游记》（*Putování Starého Chromce*），1947年版。他撰写的长篇序文《刘鹗及其小说〈老残游记〉》在国外相关研究中颇有影响。

波兰的对华研究和出版主要涉及中国的民族、历史、文学、社会和风俗等方面，还有若干关于中国东北的介绍，而中国古代文化典籍的翻译品种和数量不多。比较突出的研究者、译者是杨·维普莱尔（Jan Wypler），他先后翻译了《庄子思想选编》（*Czuang-dze, Myśli wybrane*），李白、李清照、杜甫的诗作，在1937—1939年间发表。

在中欧的匈牙利，也陆续出版一批介绍中国历史文化的书籍。1903年，鲁德威格·艾尔诺（Ludwig Ernő）从《笑林广记》中选译若干内容，辑成《中国故事》（*Khinai mesék*）出版。斯托伊持·伊万（Stojits Iván）1907年翻译了《道德经》，是目前我们知道的最早的匈文译本。在匈牙利学者撰著的多种世界文学史中，都有对中国古代文学的介绍。另外，还有多种中国古代诗歌译本问世，如阿格奈尔·拉约什（Ágner Lajos）选译、1937年出版的《中国诗歌一百首》（*Száz kínai vers*），收有《诗经》内容，以及陶渊明、孟浩然、王维、李白、杜甫、白居易、李商隐、韩愈、王安石、苏东坡等诗人的作品。

在东南欧的罗马尼亚，1907年，诗人和翻译家什特凡·奥克塔维安·约瑟夫（Şt. O. Iosif，1875—1913）通过德文翻译了李白的诗歌《静夜思》（*Clar de lună*）；1938年，亚历山德鲁·特奥多尔·斯塔马迪亚德（Alexandru Teodor Stamadiad，1885—1956）翻译出版中国诗歌集《玉笛》（*Din flautul de jad*）。孔子及其思想和语录继续受到关注，大约在1941—1942年，格奥尔基·迪哈尤（Gheorghe Dihoiu）从法文翻译了乔治·苏利耶·德莫朗（G. Soulié de Morant）的《孔子生平》（*Vieaţa lui Confucius [Krong Ţe]*），乔治·杜尔库（George Dulcu）转译了乔治·苏利耶·德莫朗翻译的《孔子箴言录》（*Preceptele lui Confucius[Krong Ţe]*）。1937年，塞尔维亚出版过根据英文本转译的《水浒传》。斯洛文尼亚也有对中国古代诗歌的零星译介。

4. 中东欧国家的一些著名学者都不同程度地涉足对中国古代文化的研究，其深厚的学养和独特的视角对解读中华文明和扩大其影响起到了重要的作用，对后世的研究也有示范作用。以罗马尼亚为例：历史学家、政治家尼古拉·约尔卡（Nicolae Iorga，1871—1940）对20世纪初东亚的政治与社会极为关注，他撰著的《远东的战争：中国、日本、亚洲的俄国》（*Războiul din Extremul Orient. China, Japonia, Rusia asiatică*）1904年出版，其中有不少关于中国历史、文化和传统的述评。哲学家卢齐安·布拉加（Lucian Blaga，1895—1961）在1942年出版《宗教与精神》（*Religie şi spirit*）一书，其中的《论道》（*Tao*）专门谈及中国文化和艺术。文学批评家和文学史家乔治·克林内斯库（George Călinescu，1899—1965）根据法国汉学家葛兰言（Marcel Granet，1884—1940）对中国神话、宗教和文明的著作，在1943年创作发表了以中国神话为题材的五幕话剧《舜帝——平安大道》（*Şun sau Calea neturburată*），也堪称一朵奇葩。战后以世界宗教史研究享誉国际的学者米尔恰·埃利亚德（Mirča Elijade，1907—1986），在二三十年代也对中国文化有所论述。类似的情况在其他中东欧国家也有一些。

5. 对中国文化艺术品的收藏热情持续不断，中国藏品室乃至博物馆的建立,专题展览的举办,为大众了解中国的古老文化提供了真实而神奇的窗口。在这方面,匈牙利的情况尤其突出。早在1871年,民族博物馆自然藏品厅就举办过曾参加奥匈舰队东亚科考的自然科学家克桑图什·亚诺什(Xantus János,1825—1894)的远东手工艺藏品展,其中中国艺术品807件。[①]霍普·费伦茨(Hopp Ferenc,1833—1919)多次环游世界并到过中国,其大量藏品在其逝世后捐赠给国家,成为以他的名字命名的东亚艺术博物馆的基本馆藏。在20世纪前半期,匈牙利人举办过大量有关东方的各种展览。1901年,以高加索探险活动闻名并曾到过中国的齐奇·耶诺(Zichy Jenő,1837—1906)伯爵在布达佩斯建立私人博物馆,藏品中包括中国的青铜器、瓷器等。1913年,应用艺术博物馆举办了来自柏林的收藏家韦格纳(Olga Julia Wegener)夫人的中国收藏展,有绘画、青铜器、玻璃器皿、陶器、织锦、化妆盒和珠宝等,总计172件。民族酒店在1930年举办过中国现代绘画展,有西藏唐卡、现代绘画大师齐白石等人的作品;在1938年还举办了中国工艺品和应用艺术展。

以上介绍的这些史实,都反映出20世纪上半叶中国及其古代文化在部分中东欧国家引发的兴趣和产生的影响,以及作为文化交流和学术现象的基本内容与特征。这些努力和成就,为中东欧国家1949年与中华人民共和国建交后有计划、有组织地全面研究介绍中国,构建了深厚的历史基础。

三、社会主义年代译介中国文化典籍的成就(1949—1989)

1949年10月1日中华人民共和国成立,中东欧国家是继苏联之后最早承认它的一批国家。中国与保加利亚在10月4日建交,与罗马尼亚在10月5日建交,与捷克斯洛伐克、匈牙利在10月6日建交,与波兰在10月7日建交,与阿尔巴尼亚在11月23日建交。中国与苏联、东欧等社会主义国家在共同的意识形态下进入了一个全面交往的新时期。各类代表团有组织的互访促进了国

[①] György Fajcsák, *Collecting Chinese Art in Hungary from the Early 19th Century to 1945: As Reflected by the Artefacts of the Ferenc Hopp Museum of Eastern Asiatic Arts*. Department of East Asian Studies, Eötvös Loránd University, Budapest 2007, pp. 129–154.

家间关系的发展，在文化领域，图书译介出版受到重视，各种交流活动频繁。尤其值得称道的是，中国与东欧国家建交后，在1950年即开始互派留学生，大力培养通晓对方国家语言和文化的专门人才。东欧国家的留学生主要集中在清华大学和北京大学，中国政府对他们的培养十分重视，一批中国语言、文学、历史等学科的知名教授亲自为他们授课，东欧留学生很快掌握了汉语，成为后来本国与中国交往的骨干，其中一些人还为本国的中国语言文化教学、中国研究、典籍译介等做出了重要贡献。

从战后到1989年，东欧国家经历了40多年的社会主义时期。在对华关系方面，部分国家因国际环境的影响也经历了不同程度的曲折。对这一时期的历史总结和评价是一个十分复杂的问题，我们在这里仅就其间译介中国文化典籍的情况按国别做一大致梳理。

（一）波兰

在20世纪50年代波兰的中国文化研究领域，资深的中国研究专家雅布翁斯基发挥着极为重要的引领作用。他1947年卸任波兰驻华使馆参赞回国，先后担任华沙大学汉学教研室主任、人文科学系主任、哲学系主任，兼任东方学院院长，此外他还是波兰科学院东方委员会成员，1956年出任波兰科学院东方部主任。在国际上，他多次出席国际东方学大会，50年代三次访问中国。他对中国文化和欧洲的汉学研究都有独到的见地，发表了多部论述中国历史、思想和制度的著作。他翻译的中国文化著作主要有《中国书法》（*Kaligrafia chińska*，1950）、《南华真经》（*Prawdziwa księga południowego kwiatu*，合译，1953）、《中国的智慧》（*Mądrość Państwa Środka*）和《楚辞》（*Pieśni z Cz'u*，合译，1958），此外他还与当时年轻的汉学家雅努什·赫米耶莱夫斯基（Janusz Chmielewski）等人编译出版了《中国文学选》（*Antologia literatury chińskiej*，1956）和《中国文学史选读》（*Z dziejów literatury chińskiej*，1956）等。

1953年，世界和平理事会把屈原定为世界文化名人，波兰和其他东欧国家都举行了一系列纪念活动。

在中国古典文学译介方面，波兰出版了施耐庵的《水浒传》（*Opowieści znad brzegów rzek*，1952）、杨·维普莱尔翻译的《今古奇观》（*Małżonek nikczemny i inne opowiadania chińskie*,1958)。另外,阿莱克斯·登布尼茨基(Aleksy Dębnicki)在 1955 年节译并发表过《孟子》。

20 世纪 60 年代以后,汉学家米奇斯瓦夫·昆斯特莱尔(Mieczysław Jerzy Künstler,中文名字金思德)在中国研究领域取得了一系列成果,学术影响很大。他 1972 年担任波兰科学院东方学委员会委员,1993—2006 年担任该委员会主席,1978 年成为华沙大学教授。金思德的学术涉猎广泛,包括对孔孟学说的研究,与人合译了《论语》(*Dialogi konfucjańskie*,1976),著有《孔子的事业》(*Sprawa Konfucjusza*,1983);在汉语研究方面著有《汉字》(*Pismo chińskie*)一书;史学方面著有《中华帝国的早期》(*Pierwsze wieki cesarstwa chińskiego*,1972),选译过司马迁的《史记》,还把法国汉学家葛兰言的《中华文明》(*Cywilizacja chińska*,1973)一书译成波兰文;艺术方面译有普罗丹·马塞尔(Prodan Marcel)的《中国艺术入门》(*Sztuka chińska. Wprowadzenie*,1975);哲学方面翻译了贝科夫(F.Bykow)的《中国政治思想和哲学思想起源》(*Powstanie chińskiej myśli politycznej i filozoficznej*,1978);建筑方面著有《中国建筑传统》(*Tradycje architektury chińskiej*),译有美国学者劳伦斯·斯克曼(Laurence Sickman)和亚历山大·索珀(Aleksander Soper)的《中国的艺术与建筑》(*Sztuka i architektura w Chinach*)等。

波兰译介出版的中国古代文化典籍还有蒲松龄的《聊斋志异》(*Mnisi-czarnoksiężnicy, czyli Niesamowite historie o dawnych ludziach*),波热娜·科瓦尔斯卡(Bożena Kowalska)译,1961 年版;罗贯中的《三国演义》(*Dzieje Trzech Królestw*),比利(N. Billi)译,1972 年版;吴承恩的《西游记》第二卷(*Wędrówka na zachód. tom II*),塔德乌什·日比科夫斯基(Tadeusz Żbikowski)译,1984 年版;等等。

1978 年波兰科学院增设了非欧洲国家研究中心,涵盖中国研究。在教育系统,除华沙大学外,克拉科夫的雅盖隆大学在 1987 年设立汉语教学与中国学研究,波兹南"亚当·密茨凯维奇"大学也在 1988 年建立汉语教研室。教学点和研究机构的增设,有利于中国文化在波兰的传播。

（二）捷克斯洛伐克

战后的捷克汉学在普实克领导下得到很快发展。1952 年捷克斯洛伐克科学院成立，原东方学研究所转到科学院，普实克离开查理大学，调任东方学研究所所长。同年，他当选科学院通讯院士，不久成为院士。1950 年，普实克教授率捷克斯洛伐克文化代表团访华，他利用与郭沫若等中国文化名人的友谊，争取到中国政府的一大批赠书，其中包括十分丰富的现代文学书籍和大量善本线装书，如中国二十五史、古本戏剧丛书、完整的《新青年》《小说月报》等合订本、民间文学、地方志、宗教典籍、中国现代文学的各种作品版本、系统的报刊等，使东方学研究所的"鲁迅图书馆"藏书达到 6.6 万册之多，堪称中东欧地区之最。20 世纪 50 年代，有 10 多位汉学家在该所开展工作，研究领域主要是中国历史、中国文学、汉语语言学等，取得了一批重要成果，到 60 年代时已经形成具有国际影响的"布拉格汉学学派"。

1966 年中国发生"文革"，加之中苏关系恶化的影响，中捷两国之间的文化关系几乎完全中断。1968 年苏军入侵捷克，捷克汉学研究蒙受巨大灾难，对华友好的汉学家处境十分艰难。普实克被赶出东方学研究所，被禁止参加一切学术活动，即便如此，他也始终拒绝附和反华，保持他对中国的友好感情和对汉学研究的坚定信念。

从 20 世纪 40 年代末至 80 年代末，捷克斯洛伐克的汉学家们在译介中国古代文化典籍方面主要取得了以下一些成就。

普实克译有《中国古诗第三编》（*Třetí zpěvy staré Číny*, 1948）、《孙子兵法》（*O umění válečném*, 1949）、《聊斋志异》选注本《命运之六道的故事》（*Zkazky o šesteru cest osudu*, 1955）；他早期的几种中国文学译著多次再版。他主持编写了两卷本的《亚非作家词典》（*Slovník spisovatelů: Asie a Afrika I: A-J, II: K-Ž*），1967 年在布拉格出版；后又和史罗甫（Zbigniew Słupski）等学者共同主持编写了三卷本的《东方文学词典》（*Dictionary of Oriental Literatures, I-III*），1974 年在伦敦出版。文集《抒情的与史诗的——雅罗斯拉夫·普实克的中国现代文学研究》（*The Lyrical and the Epic Studies of Modern Chinese Literature*），由李欧梵选编，1980 年在美国印第安纳州布鲁明顿市出版。

奥古斯丁·帕拉特（Augustin Palát，中文名字白利德，1923—2016）翻译了唐代绝句集《玉笛》（*Nefritová flétna*，1954），与赫鲁宾合译李白诗歌集《碧波亭》（*Pavilon u zelených vod*），还译有《水浒传》（*Příběhy od jezerního břehu*，1962）。

约瑟夫·科尔马什（Josef Kolmaš，中文名字高马士，1933— ）从中文选译了白居易诗集《黑潭龙》（*Drak z černé tůně*，1958）、《佛国记》（*Zápisky o buddhistických zemích*，1972）等。

奥尔德日赫·克拉尔（Oldřich Král，中文名字克拉尔，1930—2018）从中文辑译了《道——中国古代文选》（*Tao - texty staré Číny : Antologie*，1971），包括《道德经》在内的老子、庄子及其他中国古代哲学家的思想。从中文翻译了《儒林外史》（*Literáti a mandaríni*，1962）、曹雪芹的《红楼梦》（120 回本，1986—1988）。

达娜·卡尔沃多娃（Dana Kalvodová，中文名字高德华，1928—2003）翻译了关汉卿的戏剧《窦娥冤及其他剧本》（*Letní sníh a jiné hry*，1960）、《桃花扇》（*Vějíř s broskvovými květy*，1968）等。

玛尔塔·丽莎娃（Marta Ryšavá，1933— ）译有李白诗集《关山月》（*Měsíc nad průsmykem*，1977），包括李白诗 235 首，另外还有王维、白居易和孟浩然的作品合集《三重唱》（*Trojzvuk*，1987），寒山、拾得诗集《玉潭明月》（*Nad Nefritovou tůní jasný svit*，1987）等。

波科拉·蒂莫特乌斯（Pokora Timoteus，中文名字波科拉，1928—1985）翻译了《秦始皇帝》（*Čchin Š'Chuang-ti*）和王充的《论衡》（*Kritická pojednání*，1971）。

亚罗米尔·沃哈拉（Jaromír Vochala，中文名字吴和，1927— ）从中文翻译了中国古诗选《黄河之歌》（*Zpěvy od Žluté řeky*，1987）。

薇娜·赫尔德利奇科娃（Věna Hrdličková，中文名字何德佳，1924—2016）及其丈夫兹德涅克·赫尔德利奇卡（Zdeněk Hrdlička，中文名字何德理，1919—1999），出版了《中国古典文学》（1980）、《中国古典文学史》（1989）等。

另外，捷克汉学家米莲娜·多列扎洛娃 – 薇林格洛娃（Milena Doleželová-Velingerová，1932—2012），1969 年以后侨居加拿大，在多伦多大学讲授中国古典文学和现代文学。捷克斯洛伐克汉学家高利克（Marián Gálik，1933— ）

以研究中国现代文学而享誉国际。他们在研究传播中国文化方面都有卓越贡献。

(三) 匈牙利

在社会主义年代，匈牙利对中国古代文化的研究和译介取得了相当丰富的成就，其内容涉及中国语言、哲学、文学、历史、社会等诸多领域。李盖提1947年当选匈牙利科学院院士，1949—1969年担任科学院副院长，在他的领导下，以杜克义（Tőkei Ferenc, 1930—2000）为代表的一批中青年汉学家崭露头角，在学术研究和翻译活动方面进入旺盛高产时期，极大地推动了中国文化在匈牙利的传播。

杜克义是继李盖提之后最重要的匈牙利汉学家，也是哲学家和文学理论家。他1949—1953年在匈牙利罗兰大学文学院学习汉语，毕业后考上研究生，后获得语言学副博士、文学博士学位。早在学生时期他就对中国古代文化产生兴趣，1954年，年方24岁的杜克义在科学院出版的《东方学报》上发表论文《中国古代哲学家老子及其学说》，1956年又发表《古代中国的哲学》，在此基础上他翻译的《道德经》（LAO-ce: Az Út és Erény Könyve）于1958年出版。在1953年世界和平理事会隆重纪念诗人屈原的影响下，杜克义大学尚未毕业就开始尝试翻译屈原的诗，经他译成散文又由诗人翻译家加工的《屈原诗选》于1954年出版。此后他的专著《中国哀歌的产生：屈原和他的时代》（A kínai elégia születése: Kü Jüan és kora）也在1959年问世。由他初译，乔纳迪·伊姆雷（Csanádi Imre）等一批诗人加工润色的《诗经》（Dalok Könyve）于1957年出版，后又多次重印。在中国古代戏剧方面他翻译出版了关汉卿的杂剧《窦娥冤》和《救风尘》（Tou O ártatlan halála/Csao Pen-er, a mentőangyal, 1958），以及王实甫的《西厢记》（A nyugati szoba, 1960）等。他还为《今古奇观》（选译本）等一批中国文化书籍匈文本撰写序文或校订评注。20世纪60年代，他主持翻译了《中国古典短篇小说选》（Klasszikus kínai elbeszélések）；独力翻译了三卷本的《中国古代哲学》（Kínai filozófia: Ókor I-III.: Szöveggyűjtemény），在科学院出版社出版，首次全面系统地介绍了中国古代哲学。此外，他还著有《中国文学简史》（A kínai irodalom rövid története，合著，1960）、《中国3—4世纪文学理论——刘勰诗歌理论研究》（Műfajelmélet Kínában a III-IV. Században:

Liu Hie elmélete a költői műfajokról，1967）等。

杜克义 1969 年出任匈牙利科学院哲学研究所所长，1973 年当选通讯院士，1985 年当选院士。他领导的科学院东方学工作室和语言学研究所东方学研究室与巴拉士出版社合作，从 1985 年起合作编辑出版"历史与文化"丛书，汇集东方学和中国学研究成果，到 1998 年共出版 16 册。他本人担任主编，策划选题，组织文稿，也亲自撰写一些序言或后记。其间又发表《关于亚细亚生产方式的若干争论问题》（1981）、《论游牧生活方式问题》（1983）等重要论文，早年的一些著述也被陆续翻译成英文出版。

陈国（Csongor Barnabás, 1923—   ）毕业于布达佩斯罗兰大学，获匈牙利语–意大利语专业师资文凭。大学期间，他曾在旅匈华人赵东生的指导下学习汉语。1947 年通过汉语博士论文答辩，后留校在中国与东亚教研室任教，1963—1983 年担任主任。20 世纪 50 年代以后，他先是协助诗人沃莱什·山道尔（Weöres Sándor）翻译过屈原、杜甫和李白的诗歌（1952），后陆续主译出版了《白居易诗选》（*Po Csü-ji versei*, 1952）、《杜甫诗选》（*Tu Fu versei*, 1955）、《李白诗选》（*Li Taj-po versei*, 1961），参与两卷本的《中国古代诗歌选》（*Klasszikus kínai költők I-II*, 1967）等书的选编和翻译。由他翻译的《水浒传》两卷本 1961 年出版，经增订的三卷本（Si, Naj-an: *Vízparti történet I-III*）1977 年出版，印数近 15 万册，在东欧国家属于罕见。

陈国教授 1984 年在北京大学进行中国古典小说研究，特别是围绕《水浒传》研究撰写了多篇有影响的论文：《中国古典小说的叙事范围》（1981）、《〈水浒传〉与〈西游记〉分析比较》（英文，1975；中文，1982）、《中国小说〈水浒传〉中人物的环境背景》（1985）等。

米白（Miklós Pál, 1927—2002）是艺术史家和汉学家，毕业于罗兰大学，20 世纪 50 年代留学中国，在中央美术学院攻读艺术史，回国后担任过霍普·费伦茨东亚艺术博物馆馆长，后在罗兰大学讲授中国艺术史，出版《敦煌千佛洞》（*A tunhuangi Ezer Buddha Barlangtemplomok*, 1959）等美术论著，对齐白石、郭沫若、老舍、曹禺等都有研究，翻译了多种中国现代文学作品，与杜克义合著《中国文学简史》，学术研究还兼及佛教。

高恩德（Galla Endre, 1926—2008）最初考入罗兰大学文学院的匈德语言文学系，1950年毕业留校任教。同年12月，他作为中匈建交后首批交换的留学生来华留学，先在清华大学学习了两年汉语，后在北京大学攻读文学专业研究生。1955年毕业，他进入匈牙利外交部，后转入罗兰大学文学院中文和东亚系，曾担任系主任，在汉语教学、人才培养和中国现当代研究方面都做出重要贡献。先后参加《中国古代诗歌选》的翻译，著有《走遍世界的匈牙利文学——匈牙利文学在中国》（Világjáró magyar irodalom – A magyar irodalom Kínában，1968）等。

艾之迪（Ecsedy Ildikó，1938—2004），罗兰大学教授，罗马欧洲科学院院士（1994）。她1961年毕业于罗兰大学中文专业，出版的专著有《中国边境的游牧民族及其商旅》（Nomádok és kereskedök Kiná hátarain，1979）和《华夏国家的起源》（A kínai állam kezdetei，1987），主要论文包括《7世纪中期在中国北方的西突厥人》（Nyugati türkök Észak-Kinában a VII század közepen，1979）、《论述草原地区历史的远东文字史料》（"Far Eastern Sources on the History of Steppe Region"，1981）、《中国的编年学》（Kína időszámitása，1983）等，另外还发表了大量介绍中国社会与文化的文章。她主编《匈牙利出版的亚洲和非洲文献汇编（1950—1962）》（Magyar szerzők Ázsiáról és Afrikáról 1950-1962. Válogatott bibliográfia，1962），校注匈文版的《儒林外史》；她曾计划翻译《三国演义》并译出其中6回（A három királyság története [I-VI. fejezet]，1987），但由于出版困难等原因未能继续。

在20世纪后半期匈牙利对中国文化经典的研究译介方面，还有一些重要的成果，如：拉扎尔·哲尔吉（Lázár György）从德语转译的两卷本《红楼梦》（A vörös szoba álma I-II，1959），前后出过4个版次，影响甚广。沃尔高·伊洛娜（Varga Ilona）从德语转译的两卷本《好逑传》（Virágos gyertyák avagy egy jó házasság története: Kínai regény a XVII. századból，1961）。波洛尼·彼得（Polonyi Péter，1935—　）翻译的《儒林外史》（Írástudók，1966）。另外还有马特劳伊·托马斯（Mátrai Tamás）的《金瓶梅》（Titkos találkák: Részlet a Szép asszonyok egy gazdag házban címú XVI. századi kínai regényből，1989）节译本，基什·伊姆雷（Kiss Imre）从英文转译的《肉蒲团》（A szerelem imaszőnyege: Erotikus regény a Ming-korból，1989），以及多种《道德经》译本等。

还有一些汉学家的研究主要涉及现当代中国，其成果不在本文确定的古代文化典籍范围内，故未罗列。另外，还应当提到的是，匈牙利的东方学研究涉及领域之广，在东欧国家中最为突出，特别是在藏学和蒙古学方面具有深久的传统，涌现了一批卓有成就的专家学者，取得了丰硕的成果。

（四）罗马尼亚

中国与罗马尼亚从 1950 年开始互派留学生，在交流合作方面首先重视人才培养，为后来两国关系的全面发展和文化的相互借鉴清除了语言障碍。在 20 世纪 50 年代，罗马尼亚人对中国的了解还非常有限，认识中国的有效方式之一就是借助被译成罗马尼亚文的中国文学作品。由于罗马尼亚的汉学传统不及一些中欧国家，所以当时多是通过俄文或英文转译，内容首先是当时官方推介的那些典型的革命作品，中国古代文化典籍甚少。1953 年罗马尼亚与苏联和东欧国家一样，举行了纪念世界文化名人屈原的活动。作家杰奥·博格扎（Geo Bogza，1908—1993）还撰写了《屈原》（*Ciu-Yuan*）一文，全面介绍这位伟大的中国古代诗人。

尤塞比乌·卡米拉尔（Eusebiu Camilar，1910—1965）是位小说家、诗人和翻译家，但并不懂汉语。1954 年他来华进行了为期三个月的访问交流，曾为 1950 年首批赴罗留学生、时任外交部翻译的裘祖逖协助他选译了部分古代诗歌，1956 年结集为《中国古代诗歌选》（*Din poezia chineză clasică*）出版。后来又翻译出版了《李白诗选》（*Li-Tai-Pe*），收李白作品 54 首。

李白诗歌的另一个译本是阿德里安·马纽（Adrian Maniu，1891—1968）翻译的《李太白诗选》（*Din cîntecele lui Li-Tai-Pe*，1957），收录 101 首。

诗人罗穆鲁斯·弗尔佩斯库（Romulus Vulpescu，1933—　）主持编译的《中国古代诗歌选》（*Antologia poeziei chineze clasice*，1963）是当时罗马尼亚出版的最为完整的一个译本，所收作品自公元前 11 世纪至 1911 年，包括《诗经》作品和晚清诗人作品共 239 首。参照的蓝本之一是郭沫若与苏联汉学家费德林（N.T. Fedorenko，1912—2000）合作主编的于 20 世纪 50 年代末在莫斯科出版的四卷本《中国诗歌集》。

中国古典小说中最早被译成罗马尼亚文的是《水浒传》（*Pe malul apei*，

1963），由斯特凡娜·韦里萨尔－特奥多雷亚努（Ştefana Velisar-Teodoreanu，1897—1995）和安德烈·班塔什（Andrei Bantaş，1930—1997）根据赛珍珠的英文译本转译而成。

关于中国古代哲学，罗马尼亚在20世纪50年代出版了两部著作。一是苏联华裔汉学家杨兴顺（Ян Хин-шун，1904—1989）的《中国古代哲学家老子及其学说》（Filosoful antic chinez Lao-Ţzî şi învăţătura sa，1953），该书俄文版1950年出版后，在东欧多国都出了转译本。二是苏联阿·阿·彼得罗夫（Apollo Alexandrovici Petrov）原著，由马德莱娜·福尔图内斯库（Madeleine Fortunescu，1927—2002）等翻译成罗马尼亚文的《中国古代唯物主义者和启蒙主义者王充》（Van Ciun, materialist şi iluminist al Chinei antice，1958）。

20世纪60年代中期以后，随着一代留学中国的译者队伍逐渐成熟，以及中罗交往的增多，罗马尼亚对中国古代文化典籍的译介情况也有了较大改观。

托妮·拉迪安（Toni Radian，中文名字江冬妮，1930—1990），1950年来华，先后在清华大学和北京大学学习。回国后于1956年在布加勒斯特大学外国语言文学院创办汉语专业，长期从事教学，培养了许多人才。1966年，她选译出版了《聊斋志异》15篇，结集出版了《黄英》（Duhul crizantemei），标志着罗马尼亚人开始独立直接从中文翻译文学作品。1983年，她又出版了《聊斋志异》的增订本。她的另一部译著是《今古奇观》（Întîmplări uimitoare din zilele noastre şi din vechime，1982），另外还主持翻译了三卷本的《中国中古小说选》（Nuvela chineză medievală，1989）。

伊丽亚娜·霍加－韦利什库（Ileana Hogea-Velişcu，中文名字杨玲，1936—　），1955—1962年在北京大学学习中国语言文学，毕业回国后一直在布加勒斯特大学汉语专业执教。她的主要译著包括与伊夫·马丁诺维奇（Iv Matinovici，1924—2005）合译的《红楼梦》（Visul din pavilionul roşu，节译本，1975、1985）、《楚辞》（Qu Yuan, Poeme，1974），另外还编有《中国古代和近代文学词典》（Dicţionar de literatura chineză clasică şi modernă，1983）等。

20世纪罗马尼亚最高产的中国文学和文化翻译家当数康斯坦丁·鲁贝亚努（Constantin Lupeanu，中文名字鲁博安，1941—　），他是职业外交官，1966年毕业于布加勒斯特大学汉语专业，考入外交部，在罗马尼亚驻华使馆工作多年，从随员到公使衔参赞，后出任驻泰国、新加坡和越南大使。他和夫人、诗人米拉·鲁贝亚努（Mira Lupeanu，中文名字鲁美娜，1944—2006）一起翻译出版了大约 40 部中国文学和文化作品，其中在 1989 年以前翻译出版的文化典籍有《诗经选》（*Cartea poemelor Shijing*，1985）、《儒林外史》（*Întîmplări din lumea cărturarilor*，1978）、《金瓶梅》（*Lotus de Aur, Vaza și Prunișor de Primăvară*，1985）、《官场现形记》（*Întîmplări din lumea mandarinilor*，1986）、《水浒传》（*Osândiții mlaștinilor*，三卷，1987—1989）等。

（五）保加利亚

保加利亚与中国建交后，也在 1950 年派遣留学生来华学习。1953 年 2 月，索非亚大学开设汉语讲习班，首批学员 22 人开始学习汉语。保方邀请抗日战争胜利后随丈夫、援华医生扬托·卡耐提（Янто Канети，中文名字甘扬道，1910—2004）来到保加利亚的张荪芬女士参与教学。她与中国政府派遣的第一位汉语专家、北京大学的朱德熙先生合作，共同开创了保加利亚的汉语教学。当时，保加利亚是中华人民共和国成立后向国外派遣汉语教师的首批四个国家之一。在 20 世纪 50 年代，保加利亚文化界主要通过俄语译介了一批中国政治、文化图书，其中有许多是当时中国有政治影响的小说。在对中国古代文化典籍的译介、出版和研究方面，比较重要的人物和成果有以下这些。

博拉·贝利万诺娃（Бора Беливанова，中文名字白宝拉、白雪松，1934—　）参加了索非亚大学第一届汉语学习班，1964 年在莫斯科大学完成有关中国文学的论文答辩，获副博士学位，之后在索非亚大学担任汉语教师，讲授古代东方文学史、中国文学史等课程。她先后翻译出版了《中国中古中篇小说选》（1967）、《论中国断代史之列传〈李太白列传〉》（1972）、《远古东方的历史》、《聊斋志异》（节译本，1978）、《老子校释》（1980）、《〈山海经〉和〈天问〉》（1985）等；撰写论文《关于中国古代民歌集〈诗经〉的韵律问题——在东方文学理论问题研讨会上的报告》（1966）、《关于中国古代文学周期化过程的问题》（1974）等；编辑出版教材《中国上古文学选》（1979）、《中国文学史纲要》等。

德西斯拉娃·伊万科娃·伊万诺娃（Десислава Иванкова Иванова）完成

博士论文《〈聊斋志异〉研究》。

索菲娅·费尔迪南多娃·卡特罗娃（София Фердинандова Катърова，1943—　）1962年来华，第二年进入北京大学中文系学习，1966年因中国发生"文革"而中断学习回国。1967年，她转赴莫斯科大学东方语言学院继续学业，1970年获硕士学位。1972年再度赴莫斯科，完成论文《〈庄子〉句法》，获副博士学位。她翻译出版了中国古代神异小说《搜神记》（1986）。

（六）南斯拉夫

贝尔格莱德大学1974年设汉语选修课，1985年正式发展为汉语专业，开创人是南斯拉夫第一位汉学家德扬·拉齐奇博士（Dejan Razić，1935—1985）。20世纪80年代主要开展中文教学和中国文学译介，侧重当代文学。

20世纪80年代，南斯拉夫联邦的斯洛文尼亚也开始培养汉语人才，为后来建立汉语专业和开展中国研究做了必要的先期准备。这一时期有两位较重要的学者：一位是米蒂亚·萨热（Mitja Saje，1947—　），60年代曾留学日本，后转攻汉学。1976年他在贝尔格莱德大学学习汉语，80年代到中国进修，著有《中国明清绘画》（*Kitajsko slikarstvo dinatij Ming & Qing*，1988）等。另一位是玛雅·米利琴斯基（Maja Miličinski，1956—　），1983年作为南斯拉夫公派留学生在南京大学进修汉语言文学，1984年到北京大学学习中国哲学史，1985年在中国社会科学院世界宗教研究所研习世界宗教史。学成归国后，在卢布尔雅那大学哲学系教授中国古代哲学，译有《孔子》（*Konfucij*，1988），辑译的《中国古代智慧》（*Stara kitajska modrost*，1988）内收《孟子》《中庸》《大学》等"四书"中的古代思想。

（七）阿尔巴尼亚

1949年与中华人民共和国建交后开始介绍中国文化，翻译出版中国文学作品，扩大了对中国的认识。60年代主要有诗人安德里亚·瓦尔斐（Andrea Varfi，1914—1992）翻译的《离骚》（*Li Sao apo brenga e internimit*，1960），后来成为著名作家的伊斯梅尔·卡达莱（Ismail Kadare，1936—　）翻译的《中国唐代古典诗歌集》（1961），诗人约尔果·布拉茨（Jorgo Bllaci,1938—

2001）翻译的《吾为何心痛——杜甫诗选》(*Përse më dhemb zemra-Du Fu [vjersha të zgjedhura]*，1962)。但是由于研究基础和翻译力量不足等原因，对中国文化的译介出版非常有限。1978 年以后中阿关系趋冷，文化交流停止，中国文化淡出阿尔巴尼亚读者的视线，直到 20 世纪 90 年代以后才逐渐恢复。

四、转轨之初接受中国传统文化的特征（1990—2000）

东欧国家战后的政治体制由于其自身的缺陷与问题，加之国际上的外力作用，在 1989 年发生颠覆性改变，随之进入了一个政治、经济、文化等各个领域全面转型的时期。中国在尊重中东欧国家人民的制度选择、尊重和平共处五项基本原则的基础上，继续发展同这些国家的关系。尽管个别国家政治制度改变后，亲西方势力在涉台、涉藏和人权问题上也不时发出噪声，但发展同中国的友好合作还是中东欧各国的普遍共识。

1990 年之后中东欧国家原有的意识形态被彻底推翻，官方意志操控和禁锢文化事业、学术研究和新闻出版的状态被彻底打破，在民主政治、市场经济和回归欧洲的基本方向下，文化交流、学术研究、艺术创造、图书出版环境等，都日趋多元、开放和自由。文化、教育等领域从法规政策、组织结构、价值体系，到机构设置、人员队伍、经费来源等诸多方面进入了一个不断变化和调适的时期。中国改革开放的巨大成就和不断提升的国际影响力，在世界范围引起了新一波的"中国文化热"。中东欧各国对中国文化的关注、研究和传播，也受到这些背景和因素的影响，总体上延续了社会主义年代的传统，并且不断有所拓展，这些变化大体上反映在以下几个方面。

第一，对中国文化的研习和对中国问题的研究受到重视，大学的汉语专业、学术研究机构、民间友好组织等都有所增加，规模不断扩大，汉语教学和中国学研究进入了一个蓬勃发展时期。由于捷克斯洛伐克和南斯拉夫联邦的解体，原东欧地区的汉学或中国学研究的国别格局也随之发生变化。

捷克斯洛伐克科学院东方学研究所的中国学研究在 1968 年以后基本中断，1990 年开始全面恢复。1993 年，查理大学成立远东研究所，下设中国和日本研究部及韩国、蒙古国、越南研究部，另开设维吾尔语、满语、藏语和泰语课程。

中国部是东亚研究所中规模最大的一个部,主修中文的本科生和研究生有 100 多人,可以培养硕士和博士,侧重中国传统文化、汉语语言和文学研究。设在奥洛莫乌茨市的帕拉斯基大学也从 1993 年恢复了中断 40 年的汉语教学。

1994 年 8 月 29 日—9 月 1 日,欧洲汉学学会第十届汉学大会在捷克首都布拉格召开,由查理大学远东研究所承办,来自欧洲的近 200 名汉学家与会。

1993 年 1 月 1 日,斯洛伐克独立,对中国的研究也相对与捷克学术界脱离。斯洛伐克在 1960 年建立了第一个汉学研究机构,即斯洛伐克东方学研究室。马立安·高利克和安娜·多莱扎洛娃(Anna Doležalová,1935—1992)是最早学习汉语的斯洛伐克人,他们从 1953 年起在布拉格的查理大学学习,后主要研究中国现代文学,尤其是高利克教授的学术成果极为丰硕,为斯洛伐克汉学的奠基和发展做出巨大贡献,在国际汉学界也有重要影响。20 世纪 90 年代以后,斯洛伐克的中国研究主要在科学院东方学研究所、考门斯基大学的哲学系东亚语言和文化教研室两个机构开展。

波兰 1996 年成立"亚太学会"(the Asia-Pacific Society),克日什托夫·加夫利科夫斯基(Krzysztof Gawlikowski)教授担任首任会长。学会出版年鉴《亚太地区社会、政治与经济》(Asia-Pacific, Society-Politics-Economy)发表波兰学界对东亚地区社会、政治、文化和经济的研究论文。1997 年,在该学会的倡议下又成立了波兰亚太理事会(Polish Council of the Asia Pacific),由知名学者、政治家和与亚洲有关的机构领导人组成,加夫利科夫斯基教授任主席。该理事会以促进波兰与亚洲的关系和开展不同文明之间对话为宗旨。1998 年,波兰科学院也增设东亚研究中心。在西里西亚大学、格但斯克大学增设了汉语专业。

罗马尼亚 1990 年成立"塞尔久·阿-乔治"东方研究所,1994 年成立了以汉学家和对华友好人士为主体的"罗中友好协会",前驻华大使弗洛雷亚·杜米特列斯库(Florea Dumitrescu)担任会长。雅西大学、克卢日大学和布加勒斯特的金星大学都增设了汉语专业。

在保加利亚,保中友协 1990 年成立了汉学家俱乐部。1991 年 5 月,索非亚大学设立保加利亚第一个汉语言文学专业,并逐步达到本科、硕士和博士三个层次,建立了完整的汉语人才培养体系。在大特尔诺沃大学也增设了汉语专业。

在前南国家中,克罗地亚的萨格勒布大学、斯洛文尼亚的卢布尔雅那大学,以及波罗的海沿岸的爱沙尼亚、拉脱维亚和立陶宛三国的大学，也增加了汉语教学和中国研究。

第二，中东欧国家的部分老一代汉学家依然活跃，一批年轻的中国学学者也开始崭露头角。各国汉学家利用各种机会加强了与中国教育、文化和学术界的交流，增添图书，更新信息，拓展学术空间，加强学术自由，增多国际交流机会，改善成果出版条件，这些都为中国文化的传播提供了更为有利的条件。但由于各国的汉学传统和研究力量差异很大，所以在规模、成果和达到的水平方面也不尽相同。市场和利益的驱动，致使出版内容十分庞杂，有关中国武术、太极、针灸、按摩、生肖、风水类图书不少。重复译介、重印出版和从其他语言译本转译的书籍较多，学术性很强的研究作品与某些猎奇的出版物并存。

20世纪90年代中东欧国家对中国古代文化典籍译介的出版还是取得了许多新的成绩，这里仅举例若干。

波兰　出版了爱娃·维泰茨卡（Ewa Witecka）从英文和俄文转译的《龙女：16—17世纪的中国奇幻小说》（*Córka smoka-chińskie opowiadania fantastyczne. VII-XVII w. n.e.*，1990）。尤伊维亚克（W. Jóźwiak）等人从德文转译了《易经》（*I Cing. Księga Przemian*，1994）；胡佩芳（Irena Sławińska）等人合译了《金瓶梅》（*Kwiaty śliwy w złotym wazonie*，1994）；马热娜·史兰克-伊列娃（Marzenna Szlenk-Iliewa）翻译了《诗经》（1995）。

金思德的成就尤其突出，他选译了司马迁的《史记》，出版了《龙子：〈史记〉摘译》（Sy-ma Ts'ien, *Syn smoka, Fragmenty zapisków historyka*，2000），还出版了《中国艺术》（*Sztuka Chin*，1991）、《中国文化史》（*Dzieje kultury chińskiej*，1994）、《中国的语言》（*Języki chińskie*，2000）等多部专著，编纂了《中国艺术小词典》（*Mały słownik sztuki chińskiej*，1996）等。

捷克　汉学家米莲娜·多列扎洛娃-薇林格洛娃1969—1996年侨居加拿大，在多伦多大学讲授中国古典文学和现代文学。1996年回到捷克，在查理大学执教，兼任东亚研究所学术委员，她的《中国的理论与批评·卷二·中国前期现代戏剧与小说理论》（1994）有较大影响。

克拉尔有多种译著：《沉默之书：老子道德经》（*Kniha mlčení: texty staré Číny: Lao-c': Tao Te Ťing*，1994），《易经》（*I-ťing=Kniha proměn*，1995），《孙

子兵法》(*O válečném umění*,1995)、《文心雕龙》(*Duch básnictví řezaný do draků*,2000)。

费迪南德·斯托切斯(Ferdinand Stočes,1929—)在中国古诗译介方面出版了李清照诗集《玉桂花》(*Květy skořicovníku*,1992)、李白诗选《天地即衾枕》(*Nebe mi pokrývkou a země polštářem*,1999)等。

达娜·卡尔沃多娃以研究中国戏剧见长,她的《中国戏剧》(*Čínské divadlo*,1992)和《亚洲戏剧》两部著作颇受好评,其中包括对关汉卿、孔尚任等中国古代戏剧家的研究。

斯洛伐克 玛丽娜·恰尔诺古尔斯卡(Marina Čarnogurská,中文名字黑山,1940—),1991年政治平反后,以论文《战国时期儒学的发展和独特性》在布拉迪斯拉发的考门斯基大学获哲学博士学位。此后,她发表一系列有关中国哲学的论文,从中国古典哲学视角反思当代文明冲突和全球世界观危机。同时,还翻译出版了中斯文对照的《荀子》(*Sün c': Eseje, 1. Vol.*,2000)等。

匈牙利 科苏特奖得主、汉学家、作家考拉琼·加博尔(Karátson Gábor)直接从中文翻译了《道德经》和《易经》,后者为三卷,包含了译者从欧洲哲学视角撰写的大量评注。

杜克义翻译的《论语》(1995)出版;他主编的中匈双语系列丛书《中匈文选》,列入匈牙利文化教育部资助的"高等教育教科书和专业图书资助项目框架",第一辑包括《论语》等9种,第二辑也为9种,为《诗经》《左传》《墨子》《史记》等典籍的选译。此外,还有一批中匈双语对照的中国古代文化典籍出版,《道德经》《孟子》《孙子兵法》等典籍都有多种译本问世。

艾之迪主编出版了《古代中国社会、文化史研究入门:古代欧洲的中国研究论文集》(*Ex oriente lux: Bevezetés a régi Kína társadalmának és kultúrájának történetébe: Tanulmányok Kínáról Európa ókorában*,1992)。

罗马尼亚 在中国传统文化和哲学著作的译介方面有许多新书问世。仅《道德经》就出了6种译本,其中迪努·卢卡(Dinu Luca)译本(*Cartea despre Dao și Putere*,1993)、谢尔班·托阿德尔(Şerban Toader)译本(*Cartea despre Tao și virtuțile sale*,1994)都是直接从中文翻译。

鲁博安夫妇将《道德经》和《论语》(*Lao Zi și Confucius, Cartea despre*

Tao și virtute; analecte，1997）两部译本合集出版，此外他们还翻译了《易经》（*Cartea schimbărilor*，1997）、《肉蒲团》（*Rogojina de rugă a cărnii*，1996）等。

弗洛伦蒂娜·维尚（Florentina Vișan，1947— ）翻译出版了《玉阶——中国古代诗歌选》（*Trepte de jad. Antologie de poezie chineză clasică SHI*，1990）、《论语》（Confucius, *Analecte*，1995）和《列子》（2000）。她还将多种西方汉学著作译成罗马尼亚文出版，如法国汉学家康德谟（Max Kaltenmark）的《中国哲学》（*Filozofia chineză*，1995）、澳大利亚汉学家费子智的《中国文化简史》（*Istoria culturală a Chinei*，1998）等。

杨玲教授著有《中国与中国文学散论》（*Eseu despre China și literatura chineză*，1997）等。

保加利亚 在历史研究方面，玛丽安娜·马琳诺娃（Мариана Малинова，1965— ）出版了《欧亚与中国：青铜器时代的文化接触问题》（*Евразия и Китай. Проблемът за културните контакти през бронзовата епоха*，1995）。特奥多拉·库察罗娃（Теодора Куцарова）发表了《〈道德经〉，道与德之经》（*Лао Дзъ. Дао Дъ дзин, Трактат за Дао и Добродетелта*，1996）等论文。

塞尔维亚 汉学家拉多萨夫·普西奇（Radosav Pušić，1960— ）的中国学研究成果相当丰富，发表了论文《论早期道教》（1990）、《糖和纸：印度、波斯和中国文化的纽带》（1991）、《婴儿与水：老子的道》（1994）、《论老子的"无"》（1998）等，译有《天子——中国古典哲学选译》（1996）、《老子》（1997）等。20世纪90年代，还有《易经》《道德经》《孙子兵法》等典籍的其他译本，以及对中国古代文学的多种译介和研究问世。

斯洛文尼亚 彼得·阿玛列提（Peter Amalietti）的《〈易经〉：智慧之泉》（*Ji Čing-vodnjak modrosti*，1992）；玛雅·米利琴斯基辑译的《道家经典：老子、庄子与列子》（*Klasiki daoizma, Lao Zi, Zhuang Zi in Lie Zi*，1992），《〈易经〉：轮回转换之书》（*Yijing=Knjiga premen*，1992）。另外，还出版过《王维诗集》。在对中国古代哲学研究方面，斯洛文尼亚学者也有一些论著发表。

第三，在1989年以前，东欧国家的中国学研究作为对华关系的一个方面，在很大程度上体现着官方的态度，合作的对象主要是中国（大陆）的大学和学术机构，而转轨以后的情况有很大改变。20世纪90年代以后，中东欧国家将加入"北约"和"欧盟"作为基本国策,积极推行与欧洲一体化。在这样的背景下,中东欧国家的学者参与国际学术交流的渠道得到拓宽。汉学家们大多加入了欧洲汉学学会,参与各种国际学术会议,在国际学术交流中频繁接触,相互影响。一些汉学家特别是年青的一代,大多在价值取向和研究方法上同时受到欧美主流中国学研究的影响,他们更多地把中国作为一个客观的、纯学术的研究对象,这与20世纪50年代在中国培养的那一代汉学家有明显不同。

另外,有的汉学机构与中国台湾学术界也建立了联系,利用蒋经国国际学术交流基金会的资助到台湾访学,接受赠书和其他形式的支持。例如,捷克查理大学1997年成立了"蒋经国国际汉学中心",波兰、匈牙利等国大学的汉学系与台湾也有一定的交往。这些都反映了中东欧国家汉学研究在价值和路径上的多元取向。

五、结语

20世纪中国古代文化经典在中东欧地区的传播是中外文化交流史的一个重要组成部分,取得了丰富的成果,具有显著的特质,产生了深远的影响。从以上粗略的回顾介绍可以看到,通过中东欧国家几代汉学家和知识阶层的努力,大量中国文化典籍得到译介,中国文化逐步走入这些国家,使人们得以认识中国的古老文明和精神实质,极大地促进了不同文化之间的交流与互补,为中国与中东欧国家关系的发展提供了历史文化的支撑和思想理论的维度。这种文化选择的百年进程,再次彰显了中华文明的博大精深及其世界性影响,折射出中东欧地区无数人文学者对中华文化的仰慕情怀和为之付出的艰苦探索,书写了中欧文化交流春华秋实的历史篇章。

世纪之交只是一个时间上的节点,而非文化和学术发展分期的理由和标准。我们在回顾中国文化及典籍在中东欧国家的传布和影响的同时也应注意到,进入21世纪之后,随着中国经济的发展和国际地位的不断提高,中国文化在世界上受到越来越多的重视,特别是2004年以后孔子学院的建立和发展,为中国语言文化的国际推广提供了广阔的平台。无论是外国人在本国了解研习中国文化,还是到中国访学交流,都具有更多的机会和更好的条件。中东欧国家在吸收中国文化方面延续着原有的传统，在新的条件下蓬勃发展：汉语学习者人数大量增加，研究中国的新一代专业队伍日渐成熟，有关中国的图书翻译出版备受重视，中国文化经典的译本层出不穷。这些都从不同的侧面向我们昭示，中国文化在中东欧国家将得到更多传播，而21世纪不仅是全球化的时代，同时也是中国文化走向世界的时代。

主要参考书目

[1] 丁超：《中罗文学关系史探》，北京：人民文学出版社，2008年第1版。

[2] 丁超：《中国与中东欧国家早期关系史略》，中国－中东欧国家关系研究基金2013年度课题研究项目"中国与中东欧国家关系：源流与镜像（第一辑）"研究报告，手稿，2013年10月。

[3] 董淑慧编著、葛志强审校：《保加利亚汉语教学五十年》，索非亚：玉石（Камея）出版公司，2005年6月第1版。

[4] 符志良：《早期来华匈牙利人资料辑要（1341—1944）》，布达佩斯：世界华文出版社，2003年6月第1版。

[5] 何培忠、刘霓、王文娥：《波兰、捷克的中国研究》，载《国外社会科学》，2010年第3期。

[6] 黄长著、孙越生、王祖望主编：《欧洲中国学》，北京：社会科学文献出版社，2005年第1版。

[7] 教育部哲学社会科学研究重大课题攻关项目"20世纪中国古代文化经典在域外的传播与影响"子课题"20世纪中国古代文化经典在东欧的传播编年"成果手稿（赵刚：波兰篇；徐伟珠：捷克篇；郭晓晶：匈牙利篇；丁超：罗马尼亚篇；田建军：保加利亚篇；陈逢华：阿尔巴尼亚篇；鲍捷：斯洛文尼亚篇），2013年。

[8] 李丛：《保加利亚汉学研究》，载《汉学研究通讯》，第26卷第3期（总103期），台北：2007年8月。

[9]［斯洛伐克］马立安·高利克：《捷克和斯洛伐克汉学研究》，北京：学苑出版社，2009 年第 1 版。

[10]［斯洛伐克］玛丽娜·查尔诺古尔斯卡（黑山）：《斯洛伐克汉学研究五十年》，载《欧洲语言文化研究》第 6 辑，北京：时事出版社，2011 年 2 月第 1 版。

[11] 张西平、［匈牙利］郝清新编：《中国文化在东欧：传播与接受研究》，北京：外语教学与研究出版社，2013 年 7 月第 1 版。

[12] 张西平主编，李雪涛副主编：《西方汉学十六讲》，北京：外语教学与研究出版社，2011 年 9 月第 1 版。

[13] Fajcsák, György, *Collecting Chinese Art in Hungary from the Early 19*[th] *Century to 1945: As Reflected by the Artefacts of the Ferenc Hopp Museum of Eastern Asiatic Arts*. Department of East Asian Studies, Eötvös Loránd University, Budapest 2007.

[14] Vișan, Florentina, Bălan, Lumința, Luca, Dinu, *Studii de sinologie* (în onoarea aniversării a 50 de ani de la înfiinţarea Secţiei de chineză la Universitatea din București), Editura Universităţii din București, 2006.（弗洛伦蒂娜·维尚、鲁米尼察·伯兰、迪努·卢卡：《罗马尼亚汉学五十年》，布加勒斯特大学出版社，2006）

[15] Wasilewska, Joanna, *Poland-China. Art and Cultural Heritage*. Jagiellonian University Press. Kraków, 2011.

凡　例

一、范围

1. 本书是教育部哲学社会科学研究重大课题攻关项目"20世纪中国古代文化经典在域外的传播与影响研究"（项目批准号：07JZD0036；项目负责人：张西平；结项证书号：13JZDGG076）的成果之一。本书作为"20世纪中国古代文化经典域外传播研究书系"的分卷，是国内外第一部比较系统地介绍中国古代文化经典在中东欧国家传播情况的编年体专书。

2. 本书涉及的"20世纪中国古代文化经典"，从严格的文献学意义上，应理解为截至清朝结束（1911年）刊印的重要典籍文献及其版本。鉴于中国文化在中东欧各国译介与传播情况的差异悬殊，资料搜集整理极为不易，为使研编过程中获取的信息得以充分展示和利用，本书在内容辑录上采取了较为宽泛的标准，适当扩展到一般文化交流的信息。出于同样考虑，部分国别编年的时间范围也以20世纪为中心，在前后略有扩展。

3. 本书涉及的"中东欧"，从当今中国外交的角度，特指阿尔巴尼亚共和国、爱沙尼亚共和国、保加利亚共和国、波兰共和国、波斯尼亚和黑塞哥维那、黑山、捷克共和国、克罗地亚共和国、拉脱维亚共和国、立陶宛共和国、罗马尼亚、马其顿共和国、塞尔维亚共和国、斯洛伐克共和国、斯洛文尼亚共和国和匈牙利等16个国家。囿于这些国家的历史、政治和汉学研究的客观差异，以及本项目团队目前的实际研究能力，本书暂选取了其中部分国家作为先期研究对象加以收录，未尽研究有待国内外学者今后共同增补。

二、编排

4. 本书主要包括国别编年和专论。编年部分以国别区分，国别编年包括"概述""编年正文"和"结语"三节。专论部分收录国内外学者有关中国文化传播与影响的专题文章，以补充信息，突出重点。

5. 作为全书核心的"编年正文"，又分为"大事记""书（文）目录"和"备注"三个子项。"大事记"辑录双边关系特别是文化交流的重要事件或史实；"书（文）目录"编列中国古代文化经典的译本和相关研究著述的信息；"备注"对译著者、版本、内容和流布情况等做补充性说明。

6. 编年正文内容根据研编者实际掌握和提供的材料，逐年顺序排列，对暂未发现可记述内容的年份忽略不计。

7. 由于本书包括的国别编年涉及不同的语言，放在一起排序会使索引变得十分复杂。因此，我们未按通常做法在书后统一编附人名对照或索引，而是将此内容列在各国别编年的末尾，这样查阅起来更为直接方便。

8. 国别编年的顺序，按照有关国家译名的汉语音序排列。

三、释文

9. "编年正文"部分力求简明准确，"书（文）目录"部分为中外文混排，即释文一般用外文，对著译者、书名、媒介语和其他较重要的版本信息夹注中文。

10. 外文书名、篇名一般依据外文习惯，用斜体标示。

11. 注释采用夹注和页下注两种形式，后者每页单独编号。

四、参考书目

12. 在国别编年的各章后，附有主要参考书目，说明信息来源并供读者选读。

五、索引

13. 在国别编年的各章后，附有人名译名对照及索引。

"中文人名对照和索引"按汉字音序排列，姓在前，名在后，中间用逗号分断；括号中为原文，姓全部大写，名除第一个字母大写外，其余小写。如："阿拉毕，法托斯（ARAPI，Fatos）"。

首字相同的，按第二个字的读音分别先后，余者类推；首字为同音字的，按笔画多少排列；首字相同、调号不同的，按阴平、阳平、上声、去声顺序排列。

"外文人名索引"按相关语言字母顺序排列，姓在前，名在后，名除第一个字母大写外，其余小写；括号中为中文译名，名在前，姓在后，中间以间隔号分断。如："BLLACI, Jorgo（约尔果·布拉茨）"。

20世纪中国古代文化经典在阿尔巴尼亚的传播编年

概　述

　　阿尔巴尼亚地处欧洲东南部巴尔干半岛西侧，它西隔亚得里亚海和奥特朗托海峡与意大利相望，南面与希腊接壤，东临马其顿，东北是塞尔维亚、科索沃，北接黑山，地理位置优越，气候宜人。因以黑色双头鹰为民族象征，又被誉为"山鹰之国"。

　　据史料记载，从公元前四五世纪起，中国与欧洲就开始了贸易往来和文化交往。欧洲古代的历史学家在两千多年前就有关于中国的文献记载，当时的中国被称为赛里斯（Seres），意为"丝绸之国"。当整个欧洲为柔软的丝绸和多彩的东方文明倾倒之时，身为当时广泛分布在巴尔干半岛西部的伊利里亚人，即阿尔巴尼亚先民[①]，不可能无动于衷，他们与古代中国人存在某种直接或间接

[①] 阿尔巴尼亚学者始终把对伊利里亚和伊利里亚人的研究作为其国家早期历史研究的重要内容。尽管迄今为止的历史研究和考古挖掘为"伊利里亚人是阿尔巴尼亚的祖先"的论断提供了大量依据，但史学界仍然在这个问题上存在争议。

的接触应该是一种可能而合理的推断。

据已故阿尔巴尼亚学者荻米特尔·毕利卡（Dhimitër Pilika）的专题研究[①]，伊利里亚人与中国的交往可追溯到 3 世纪。他的专题研究列举了三个重要史实：其一，伊利里亚裔罗马皇帝戴克里先（Diocletianus，284—305 年在位）下达过一道关于在伊利里亚著名的特色服装中使用丝绸的法令，是古代伊利里亚人与中国往来的首个直接证据。该法令分为五个部分，首次向当时的欧洲人说明，丝绸并不像古罗马著名诗人维吉尔（Publius Vergilius Maro，前 70—前 19）或古罗马历史学家普利尼（Plini，生活于 2 世纪）记述的那样，是一种"中国人种植的像小麦或是水稻那样的植物"，而是另外一种东西。其二，另一位伊利里亚裔罗马皇帝查士丁尼一世（Justinianus I，527—565 年在位）曾于 552 年颁布法令，派遣一个官方使团出使中国，请求与中国"丝绸之路"的协议正常化。此次使团的中国之旅比探险家马可·波罗的东方之行还早 600 年，该法令也成为伊利里亚与中国往来的历史记载中重要的文献。其三，与查士丁尼一世同时代的一位主教还提到，当时前往中国的一个使团还把丝绸技术传播到了拜占庭帝国。此后，在伊利里亚、拜占庭乃至欧洲也开始养蚕。

历史上由于种种内外因素，拜占庭帝国对阿尔巴尼亚地区的控制始终不稳固。从 4 世纪末至 12 世纪初这段时间里，阿尔巴尼亚地区先后遭到了匈奴人、斯拉夫人、保加利亚人的入侵，俨然成了政治、军事和教会势力激烈争夺的战场。而 12—14 世纪间，阿尔巴尼亚各地的封建贵族四分五裂，互相争夺领地。所以从整体上看，阿尔巴尼亚的文化发展较之同处巴尔干的弱小国家明显滞后，迄今发现的最早的阿尔巴尼亚文文献是民族英雄斯坎德培时代的 1462 年《洗礼词》（Formula e Pagëzimit），第一本阿尔巴尼亚文书籍是 1740 年被发现的约翰·布祖库（Gjon Buzuku）写于 1555 年的《弥撒》（Meshari），被视为阿尔巴尼亚文学的开篇之作。此后，14—16 世纪的欧洲文艺复兴客观上促进了东西方的文化交流，也同样激发了阿尔巴尼亚学者对中国的兴趣。汉学家荻米特尔·毕利卡教授在专题研究中列举了一些零散的史实，比如 1694 年克里桑特·诺塔拉伊

---

① 沙班·西纳尼：《东方文化的涌入》，泰托沃：阿尔巴斯出版社，2007 年（Shaban Sinani, *Prurje kulturore orientale*, Tetovë: Albas, 2007）。

（Krisant Notaraj）完成了他的专著《勤劳的中国》（Kina punëtor），而 1710 年他在阿尔巴尼亚东南部城市沃斯科波耶得到了《中华帝国的历史》（Historia e perandorisë kineze）一书并翻译成希腊文，遗憾的是前者近百年后才得以出版，而后者则不知去向。此外，1675 年还有一个阿尔巴尼亚人在中国生活了一段时间，写了四本关于中国文化和文明的书。这些零散的历史片段由于年代久远等原因，无法逐一印证，但当时中国正处于明末清初的历史阶段，国力强盛，科技文化发达，中国的影响力使其成为许多立志复兴阿尔巴尼亚的有识之士关注的对象，或许可以算作合理的解释。

此后的 1878 年，阿尔巴尼亚的民族复兴运动为其争取民族独立的斗争翻开了新的一页。在民族复兴时期，以振兴民族和国家独立为目标，以发展语言文化和教育为途径的文化复兴活动如火如荼，而当时的中国文化界也正探索一条使国家迅速摆脱落后的面貌从而走向独立富强之路。可以说，相似的出发点在很大程度上激发了两个民族彼此了解的愿望，于是中国开始关注包括阿尔巴尼亚在内的东欧弱小民族的文学，而阿尔巴尼亚几乎所有的复兴者都很了解中国。沙班·西纳尼教授提到，在获米特尔·毕利卡的专题研究中曾指出：阿尔巴尼亚民族复兴思想家和活动家纳乌姆·韦奇尔哈尔吉（Naum Veqilharxhi, 1767—1846）在给其后代的信中把孔子与波斯的查拉图斯德①（Zoroastri）、印度的梵天②（Brahma）、希伯来教的摩西③（Moisiu）相比；阿尔巴尼亚民族复兴爱国思想家、评论家和学者萨米·弗拉舍里（Sami Frashëri, 1850—1904）在其编纂的百科全书中对中国做了大篇幅的描述；20 世纪初，阿尔巴尼亚出版了中国神话《中国公主》（Princesa e Kinës 或 Çupa e mbretit nga Kina）等。此外，阿尔巴尼亚作家、外交家、教育家和爱国者乔治·费施塔（Gjergj Fishta, 1871—1940）在 1907 年首次出版的《帕尔纳斯的胡蜂》（Anzat e Parnasit）④ 创作了对中国晚清义和团运动表示同情的诗歌《欧洲与她的信使》（Europa e lajmëtarët

---

① 查拉图斯德是古波斯帝国国教——查拉图斯德教的创始人。该教在中国称为"祆教"。
② 为印度婆罗门教三大神之一，乃是创造天地之神、众生之父。
③ 摩西是公元前 13 世纪的犹太人先知，相传是《圣经·旧约》前五本书的执笔者。
④ 乔治·费施塔：《帕尔纳斯的胡蜂》，斯库台：方济各会出版社，2007 年，第 8 版（At Gjergj Fishta, Anzat e Parnasit, Shkodër: Botime Françeskane, 2007, botimi VIII）。

e saj）。

  1912年阿尔巴尼亚艰难建国前后，又遭遇了两次巴尔干战争及两次世界大战，国内政局更迭频繁，文化事业发展缓慢，与中国的文化交流史实几无可寻。但是令人称奇的是，1934年7月国民政府中央银行经济研究处出版的《各国货币银行法规汇编》第六册，单独介绍了阿尔巴尼亚当时的货币政策，反映出当时两国政府在相对平稳的20世纪30年代在经济领域仍保持着一定的接触。

  1946年1月阿尔巴尼亚人民共和国成立，1949年10月中华人民共和国成立，严酷的国际形势和相同的社会制度与意识形态使得两国迅速建立了外交关系，文化层面的往来开始得到官方的积极推动。尤其是50年代至70年代，阿尔巴尼亚与中国的文化交往随着外交关系的迅速升温逐步繁荣起来，出版介绍与传播中国文化的书籍也一度兴盛，但是令人遗憾的是，受当时双方意识形态的制约，以及认识水平、文化交流程度等诸多的局限，介绍的文学作品多以现代作家、以社会主义现实主义题材作品为主，以转译为普遍途径，以插图故事或选集形式居多，以青少年读者为主要对象，以思想教育为根本目的，文学价值和历史价值普遍不高，而其间对中国古代经典的涉猎更是凤毛麟角、屈指可数。一些零星的资料表明，阿尔巴尼亚曾在60年代根据人民文学出版社1957年版《红楼梦》翻译了阿尔巴尼亚文节选本，但译者和译本的具体情况不详。1990年文学艺术出版社出版的《红楼梦大辞典》记录如下："《红楼梦》（阿尔巴尼亚文）译者，出版年月等均不详"[1]。此外，1978年中阿关系恶化后，双方文化交往陷入停滞状态，从而导致阿尔巴尼亚对中国的关注被迫中止，通晓中文的人才大量流失，在此后很长一段时间内未能出现专门从事中国文学或文化方面研究的专家学者。八九十年代以后，两国文化交流虽呈现缓慢复苏的迹象，但文学交流的繁荣需要漫长且持续的积累。从现有的译作来看，20世纪阿尔巴尼亚译介了以中国古代经典诗歌为代表的文学作品，虽全部为转译，但译者多为阿尔巴尼亚知名诗人、作家或翻译家，这些译作为阿尔巴尼亚人民了解中国传统文化、中国古代文学文艺成就提供了宝贵的信息，具体内容按出版年代排列如下。

---

[1] 转引自胡文彬：《中国古典文学在匈牙利、罗马尼亚、阿尔巴尼亚的流传》，载《咸阳师专学报》，1994年2月。

编年正文

公元 1949 年

大事记

11月23日,中华人民共和国同阿尔巴尼亚人民共和国建立外交关系。

公元 1954 年

大事记

两国互设大使馆，9月底，中华人民共和国同阿尔巴尼亚人民共和国签署了文化合作协定及科技合作协定。

公元 1957 年

大事记

当年阿尔巴尼亚拍摄了20部新闻片和11部纪录片。纪录片以各国代表团访问阿尔巴尼亚为主要内容，包括记录中国全国人大常委会副委员长彭真率团访问阿尔巴尼亚的纪录片《中国人民兄弟的代表在我们中间》（Përfaqësuesit e popullit vëlla kinez midis nesh）。

公元 1959 年

大事记

阿尔巴尼亚拍摄电影报道《兄弟情谊——中国代表团》（Miqësi vllazërore-delegacioni kinez），记录以国务院副总理兼国防部部长彭德怀元帅为团长的中国军事友好代表团访阿。

1957年4月成立的上海电影译制厂译制了阿尔巴尼亚第一部艺术电影《塔

娜》（*Tana*，导演 Kristaq Dhamo，1958 年在阿尔巴尼亚上映）。

公元 1960 年

一、书（文）目录

Varfi, Andrea: *Li Sao apo brenga e internimit*（《离骚》）, Tiranë: SH. Botimeve Naim Frashëri, 1960.

二、备注

屈原《离骚》的译者、诗人安德里亚·瓦尔斐（Andrea Varfi，1914—1992）为阿尔巴尼亚 20 世纪 30 年代进步作家及阿尔巴尼亚作家艺术家协会发起人之一，转译，印数 1500 册。

公元 1961 年

一、大事记

1. 阿尔巴尼亚与苏联交恶，阿苏关系中断，阿尔巴尼亚陷入困难时期。

2. 上海电影译制厂译制了阿尔巴尼亚第二部阿苏合拍艺术电影《山鹰之歌》（*Furtuna*，导演 Juri Ozerov, Kristaq Dhamo，1959 年在阿尔巴尼亚上映）。

3. 阿尔巴尼亚拍摄纪录片《来自姊妹中国的重要朋友》（*Miq të shquar nga Kina motër*）。

二、书（文）目录

Kadare, Ismail: *Poezi klasike kineze (Epoka Tan)*（《中国唐代古典诗歌集》），Tiranë: SH. Botimeve Naim Frashëri, 1961.

三、备注

为加强阿中两国读者对对方文学的了解，增进两国人民的友谊，阿尔巴尼亚翻译出版了《中国唐代古典诗歌集》，重点译介中国唐代著名诗人的诗歌作品。译者为数度提名诺贝尔文学奖的阿尔巴尼亚当代著名作家伊斯梅尔·卡达莱（Ismail Kadare, 1936—　），诗歌集收录了唐代著名诗人王勃、骆宾王、王维、孟浩然、李白、杜甫等的诗歌作品，印数 2000 册。

公元 1962 年

一、大事记

上海电影译制厂译制了阿尔巴尼亚艺术电影《他们也在战斗》（*Debatik*，导演 Hysen Hakani，1961 年在阿尔巴尼亚上映）。

二、书（文）目录

1. Bllaci, Jorgo: *Përse më dhemb zemra-Du Fu (vjersha të zgjedhura)*（《吾为何心痛——杜甫诗选》），Tiranë: SH. Botimeve Naim Frashëri, 1962.

2. Doçi, Pal: *Të njohim R.P. të Kinës: përshkrim i shkurtër gjeografik*（《中华人民共和国地理概述》），Tiranë: SH. Botimeve Naim Frashëri, 1962.

三、备注

为纪念中国伟大诗人杜甫诞辰 1250 周年，阿尔巴尼亚翻译出版了《吾为何心痛——杜甫诗选》，译者约尔果·布拉茨（Jorgo Bllaci, 1938—2001）是阿尔巴尼亚诗人和翻译家，转译自 1955 年法语版的《杜甫》（*Du Fu*），印数 3000 册。该诗选译介了 79 首杜甫的诗歌。阿尔巴尼亚诗人阿列克斯·恰奇（Aleks Çaçi, 1916—1989）在诗选序言中写道："杜甫是中国伟大的现实主义诗人之一，他的诗歌密切联系着人民群众的生活，广泛而深刻地反映了当时的现实。杜甫的诗歌不仅以其思想内容著称，而且具有高超的艺术技巧。杜甫的诗集翻译为阿尔巴尼亚文，将有助于阿尔巴尼亚人民更多地熟悉丰富多彩的中国文学艺术。"恰奇 1958 年 11 月 24 日游览过成都杜甫草堂，在他为《杜甫诗选》作的序（《伟大的诗人——杜甫》，*Poeti i madh Du Fu*）中，评价杜甫的诗是诗歌的历史，他的诗歌展现了唐帝国由盛转衰时的社会现实，表达了诗人对祖国和人民的深切热爱。

公元 1963 年

一、大事记

上海电影译制厂译制了阿尔巴尼亚艺术电影《特殊任务》（*Detyrë e posaçme*，导演 Kristaq Dhamo，1963 年在阿尔巴尼亚上映）。

二、书（文）目录

Czen, Pu: *Lulet në detin e së keqes*（《孽海花》），Tiranë: SH. Botimeve Naim Frashëri, 1963.

三、备注

阿尔巴尼亚文版清末谴责小说、曾朴的《孽海花》的译者为阿尔巴尼亚翻译家彼得罗·热伊（Petro Zheji，1929—2015），小说转译自 1960 年俄文的 *Cveti V More Zlla*，印数 4000 册。

公元 1964 年

大事记

1. 阿尔巴尼亚拍摄电影纪录片《肩并肩》（*Krah për krah*）向阿中友谊致敬。
2. 上海电影译制厂译制了阿尔巴尼亚艺术电影《我们的土地》（*Toka jonë*，导演 Dhimitër Anagnosti，1964 年在阿尔巴尼亚上映）。

公元 1965 年

一、大事记

上海电影译制厂译制了阿尔巴尼亚艺术电影《最初的年代》（*Vitet e para*，导演 Kristaq Dhamo，1965 年在阿尔巴尼亚上映）。

二、书（文）目录

Cien Po Can, Shao Hsun Ceng, Hu Hua: *Historia e shkurtër e Kinës*（《中国历史概要》），Tiranë: SH. Botimeve Naim Frashëri, 1965.

三、备注

《中国历史概要》由翦伯赞、邵循正和胡华编著,人民出版社1956年出版。

公元 1966 年

一、书(文)目录

Historia e shoqërisë primitive dhe e lindjes së lashtë(《原始社会与古东方史》), Universiteti Shtetëror i Tiranës, Tiranë: 1966.

二、备注

国立地拉那大学历史语言系从俄文节译1956年莫斯科出版的教育部师范学院通用教材《世界古代史》,改编为《原始社会与古东方史》。全书共十九章,最后一章为"古代中国",介绍了中国的文献、自然环境与古代人口、夏商周秦汉历史及古代中国文化,其中提到了古代中国历史上的重要著作《诗经》《尚书》《楚辞》《史记》《论语》,并引用了《诗经》中的名篇《硕鼠》,指出中国文化在亚洲的影响类似于古希腊对欧洲文明的影响。

公元 1967 年

大事记

上海工农兵电影制片厂译制了阿尔巴尼亚艺术电影《海岸风雷》(*Oshëtimë*

në bregdet，导演 Hysen Hakani，1966 年在阿尔巴尼亚上映）。

公元 1968 年

大事记

1. 阿尔巴尼亚拍摄电影纪录片《革命友谊》（*Miqësi revolucionare*）。
2. 上海电影译制厂译制了阿尔巴尼亚艺术电影《广阔的地平线》（*Horizonte të hapura*，导演 Viktor Gjika，1968 年在阿尔巴尼亚上映）。

公元 1969 年

大事记

上海电影译制厂译制了阿尔巴尼亚艺术电影《宁死不屈》（*Ngadhnjim mbi vdekjen*，导演 Gëzim Erebara, Piro Milkani，1967 年在阿尔巴尼亚上映）、《创伤》（*Plagë të vjetra*，导演 Dhimitër Anagnosti，1969 年在阿尔巴尼亚上映）。

公元 1970 年

大事记

1. 阿尔巴尼亚拍摄电影纪录片《革命友好访问》（*Vizite miqësise revolucionare*）、

《中阿高中生友好大联欢》（Manifestim i fuqishëm miqësie nga gjimnastët kinezë e shqiptarë）。

2. 上海电影译制厂译制了阿尔巴尼亚艺术电影《地下游击队》（Njësiti guerril，导演 Hysen Hakani，1969 年在阿尔巴尼亚上映）、《伏击战》（Prita，导演 Mithat Fagu，1968 年在阿尔巴尼亚上映）。

公元 1971 年

大事记

1. 阿尔巴尼亚拍摄电影纪录片《中国工人代表团在阿尔巴尼亚》（Delegacioni i punëtorëve kinezë në Shqipëri）、《阿中友谊万岁》（Rroftë miqësia shqiptaro-kineze）、《会见中国艺术家》（Takim me artistët kinezë）等。

2. 上海电影译制厂译制了阿尔巴尼亚艺术电影《勇敢的人们》（Guximtarët，导演 Gëzim Erebara，1970 年在阿尔巴尼亚上映）、《脚印》（Gjurma，导演 Kristaq Dhamo，1970 年在阿尔巴尼亚上映）和《天亮的时候》（Kur zbardhi një ditë，导演 Piro Milkani，1971 年在阿尔巴尼亚上映）。

公元 1972 年

大事记

1. 阿尔巴尼亚拍摄电影纪录片《中国农业代表团》（Delegacioni bujqësor kinez）、《我们的芭蕾舞在中国》（Baleti ynë në Kinë）等。

2. 上海电影制片厂译制了阿尔巴尼亚艺术电影《战斗的早晨》（Mëngjeze

lufte，导演 Kristaq Dhamo，1971 年在阿尔巴尼亚上映）。

3. 阿尔巴尼亚摄影师、阿尔巴尼亚通讯社摄影记者穆罕默德·卡尔法（Mehmet Kallfa，1913—1972）的摄影集《考古阿尔巴尼亚》在中国印刷，该影集兼具学术、教育和美学价值，为其在国内赢得了赞誉。

公元 1973 年

大事记

1. 阿尔巴尼亚拍摄电影纪录片《在我国的中国艺术家》（*Artistë kinezë në vendin tonë*）。

2. 上海电影制片厂译制了阿尔巴尼亚艺术电影《第八个是铜像》（*I teti në bronx*，导演 Viktor Gjika，1970 年在阿尔巴尼亚上映）、《绿色的群山》（*Malet me blerim mbuluar*，导演 Dhimitër Anagnosti，1971 年在阿尔巴尼亚上映）和《烈火行动计划》（*Operacioni zjarri*，导演 Muharrem Fejzo，1973 年在阿尔巴尼亚上映）。

公元 1974 年

大事记

国内译制了阿尔巴尼亚芭蕾舞剧电影《山姑娘》（*Cuca e maleve*，导演 Dhimitër Anagnosti，1974 年在阿尔巴尼亚上映）。

公元 1975 年

大事记

上海电影制片厂译制了阿尔巴尼亚艺术电影《战斗的道路》(*Shtigje lufte*,导演 Piro Milkani,1974 年在阿尔巴尼亚上映),长春电影制片厂译制了《在平凡的岗位上》(*Rrugë të bardha*,导演 Viktor Gjika,1974 年在阿尔巴尼亚上映)。

公元 1976 年

一、大事记

长春电影制片厂译制了阿尔巴尼亚艺术电影《石油赞歌》(*Shpërthimi*,导演 Muharrem Fejzo,1974 年在阿尔巴尼亚上映)、《初春》(*Në fillim të verës*,导演 Gëzim Erebara,1975 年在阿尔巴尼亚上映)和《小贝尼》(*Beni ecën vetë*,导演 Xhanfize Keko,1975 年在阿尔巴尼亚上映)。

二、书(文)目录

Gjeografi e shkurtër e Republikës Popullore të Kinës(《中华人民共和国地理概要》),Tiranë: 8 Nëntori, 1976.

公元 1978 年

一、大事记

1. 从 70 年代中期起中阿关系不断恶化，1978 年 7 月中国政府被迫停止了对阿尔巴尼亚的经济、军事援助，中阿关系陷入低谷。

2. 长春电影制片厂译制了阿尔巴尼亚艺术电影《最后的冬天》（*Dimri i fundit*，导演 Ibrahim Muça, Kristaq Mitro，1976 年在阿尔巴尼亚上映）。

二、书（文）目录

Arapi, Fatos: *Këngë të popujve*（*poezi popullore të vendeve të ndryshme*）（《民歌》，各国民间诗歌），Tiranë: SH. Botimeve Naim Frashëri, 1978.

三、备注

《民歌》（各国民间诗歌）译者为多次获得国内外诗歌奖项的阿尔巴尼亚诗人法托斯·阿拉毕（Fatos Arapi, 1930—　），印数 4000 册，其中收录了 5 首中国诗歌。

公元 1991 年

大事记

中国中央电视台译制播出根据阿尔巴尼亚当代著名作家伊斯梅尔·卡达莱的长篇小说《亡军的将领》（*Gjenerali i ushtrisë së vdekur*）改编摄制的电影《亡

军还乡》（上、下集）（*Kthimi i ushtrisë së vdekur*，导演 Dhimitër Anagnosti，1989 年在阿尔巴尼亚上映）。

公元 1992 年

大事记

9月中国作家出版社出版了阿尔巴尼亚当代著名作家伊斯梅尔·卡达莱的长篇小说《亡军的将领》（*Gjenerali i ushtrisë së vdekur*），作为"作家参考丛书"之一。同年重庆出版社还将其中的三章选入《世界反法西斯文学书系》中的阿尔巴尼亚、罗马尼亚卷。

公元 1993 年

一、书（文）目录

Meksi, Mira: *Novela Orientale*（《东方中篇小说》），Tiranë: SH. Dituria, 1993.

二、备注

《东方中篇小说》译者为阿尔巴尼亚作家、翻译家米拉·梅科西（Mira Meksi, 1960—　），曾获阿尔巴尼亚"2006年度最佳翻译奖"，在驻阿尔巴尼亚法国大使馆支持下由地拉那知识出版社出版。作者为法兰西学院第一位女院士玛格丽特·尤瑟纳尔（Marguerite Yourcenar, 1903—1987），其中收录了11篇中篇小说，第一篇为极富东方色彩的《王佛脱险记》（*Si shpëtoi Vang-*

Foja），记述了老画家王佛和弟子林在汉王朝的奇妙历险。

公元 1994 年

一、书（文）目录

Kolevica, Petraq: *Perla nga perlat*（*Përkthime nga poezia botërore*）（《珍珠集》，世界诗歌选译），Tiranë: SH. Botimeve Marin Barleti, 1994.

二、备注

《珍珠集》（世界诗歌选译）译者为阿尔巴尼亚诗人佩特拉奇·科莱维察（Petraq Kolevica, 1934—　），地拉那马林·白雷蒂出版社出版，印数1000册。其中收录了杜甫（Du Fu）的《促织》（*Bulkthi*）和李白（Li Bo）的《静夜思》（*Mendime në natën e qetë*）。

公元 1995 年

一、书（文）目录

Xhaxhiu, Muzafer：*Vesë lotësh* (*Nga poezia lirike botërore*)（《泪珠——世界抒情诗选》），Tiranë: SH. Botimeve Toena, 1995.

二、备注

《泪珠——世界抒情诗选》译者为穆扎菲尔·扎吉乌（Muzafer Xhaxhiu，1921—2012），地拉那托埃纳出版社出版，无印数。其中收录了贺知章（H. Ce-Cang）的《回乡偶书》（*Kthim*）、杜甫（Du Fu）的《月夜》（*Natë*）、刘禹锡（L. Yu-Si）的《玄都观桃花》（*Lulet*）等 9 首中国诗歌。

公元 1999 年

一、书（文）目录

1. Omari, Anila: *Histori e shkurtër e botës*(《世界简史》), Tiranë: SH. "Elena Gjika", 1999.

2. Bregu, Hysni：*Bazat e filozofisë klasike kineze*（《中国古典哲学基础》），Tiranë: SH. "Bregu-Hata", 1999.

3. Bregu, Hysni：*Konfuci dhe filozofia e tij*（《孔子与他的哲学》），Tiranë: SH. "Phoenix", 1999.

二、备注

1.《世界简史》译者为阿尔巴尼亚学者、语言学家阿妮拉·奥玛莉（Anila Omari），地拉那爱蕾娜·季卡出版社出版。该书由德文翻译，作者为英国艺术史家 E. H. 贡布里希（Ernest H. Gombrih，1909—2001），简要记述了从人类起源至第二次世界大战之间的历史，其中介绍了中国的帝王、朝代、汉语及近代中国等情况，并提及了中国的思想家老子、孔子及道教。

2.《中国古典哲学基础》译者为阿尔巴尼亚翻译家希斯尼·布雷古（Hysni Bregu），从英文转译，地拉那布雷古－哈塔出版社出版。全书分两个部分，分别译介了《易经》六十四卦和《论语》，均在开篇附有前言。《易经》前言结合该书展现人与自然、人与社会的关系，指出其在中国古典哲学思想中的重要地位，列举了该书对中国古代先贤如孔子的影响；《论语》前言则介绍了孔子的生平及儒家哲学在东西方的影响与价值。

公元 2000 年

书（文）目录

Bregu, Hysni: *Njerëzit dhe fjalët*（《人与言》），Tiranë: SH. "Bregu-Hata", 2000.

结　语

　　进入 21 世纪之后，阿尔巴尼亚与中国的文化交流日益增多，主要活动有：2012 年 3 月北京市文化局和中国驻阿尔巴尼亚大使馆联合主办了"北京之夜——献给阿尔巴尼亚人民的歌"大型文艺晚会，让阿尔巴尼亚观众近距离感受中国文化的艺术魅力。2014 年 5 月中国驻阿尔巴尼亚使馆在地拉那千年影院举办了《郑和 1405》电影招待会，该影片也成为第一部译制为阿尔巴尼亚语的 3D 动漫电影。2015 年 7 月中国驻阿尔巴尼亚使馆与阿尔巴尼亚国家历史博物馆合作举办了中国电影周活动，电影周期间展映了《十二生肖》《孔子》《中国合伙人》《花木兰》和《西游记之大闹天宫》等五部中国优秀影片，让阿尔巴尼亚观众切身体会到了中国电影业的最新成果。

　　中阿两国日益频繁的文化交流活动在很大程度上影响并促进了双方对相关文化领域的关注，近十多年来双方的文学译介硕果累累。在中国，随着 2005 年阿尔巴尼亚著名当代作家伊斯梅尔·卡达莱获首届布克国际文学奖，中国对其作品的译介日益升温。重庆出版社推出"重现经典系列"，在 2007 年及

2008 年分别出版其长篇小说代表作《破碎的四月》（*Prilli i thyer*）与《亡军的将领》（*Gjenerali i ushtrisë së vdekur*），2009 年又推出《梦幻宫殿》（*Pallati i ëndrrave*）。2012 年花城出版社推出"蓝色东欧"丛书，出版卡达莱的长篇小说《石头城纪事》（*Kronikë në gur*）、《谁带回了杜伦迪娜》（*Kush e solli Doruntinën*）和《错宴》（*Darka e gabuar*）。2015 年上海译文出版社出版了卡达莱的长篇小说《梦宫》（*Nëpunësi i pallatit të ëndrrave*）。同年花城出版社又奉上了卡达莱的经典小说作品《三孔桥》（*Ura me tri harqe*）、《接班人》（*Pasardhësi*）和《耻辱龛》（*Kamarja e turpit*）。浙江文艺出版社则同时推出了卡达莱的长篇小说《金字塔》（*Piramida*）、《H 档案》（*Dosja H*）和《雨鼓》（*Daullet e shiut*）。在多元文化并举的新世纪，重庆出版社还于 2009 年推出了另一位阿尔巴尼亚知名文学大家德里特洛·阿果里的长篇讽刺小说佳作《居辽同志兴衰记》（*Shkëlqimi dhe rënia e shokut Zylo*）。阿尔巴尼亚文学翻译家与评论家郑恩波 2013 年及 2014 年分别出版了阿果里诗选《母亲，阿尔巴尼亚》和《我与阿尔巴尼亚的情缘》。在阿尔巴尼亚，2012 年密涅瓦（Minerva）出版社出版了汉学家伊利亚兹·斯巴修（Iljaz Spahiu）编纂的《阿汉汉阿日常用语词典》（*Shqip-kinezisht, kinezisht-shqip, fjalor i gjuhës së përditshme*），2013 年欧努弗里（Onufri）出版社推出了由伊利亚兹·斯巴修从中文直译的中国诺贝尔文学奖得主莫言的代表作《蛙》（*Bretkosa*）。这一系列作品的问世，充分展现了在文学译介、词典教材等领域两国日益增长的文化交流需求，也集中体现了两国学者及译者的不懈努力与积极贡献。

新世纪随着中国文化走出去战略的不断推进，全球汉语学习热也在阿尔巴尼亚悄然兴起，两国在教育领域的合作也逐渐取得了实质性的突破。先是商务印书馆于 2010 年推出《汉语图解词典（阿尔巴尼亚语版）》《汉语图解小词典（阿尔巴尼亚语版）》，2013 年推出《汉语阿尔巴尼亚语分类词典》；华语出版社于 2010 年推出《当代中文（阿尔巴尼亚语版）》（课本、练习册、汉字本）系列教材。此后的 2013 年 11 月由北京外国语大学与阿尔巴尼亚地拉那大学合办首家孔子学院揭牌成立，同年 12 月教育部组织国内 13 所高校有关人员赴德国、塞尔维亚及阿尔巴尼亚参加"21 世纪高等教育展"等系列活动。2014 年 12 月中国驻阿尔巴尼亚使馆与阿尔巴尼亚外交部合作举办庆祝中阿建交 65 周年研讨会，一系列活动进一步明确地展现出两国在国家层面对文化教育交流的大力推动，为未来中阿两国经典作品的互译与交流营造了有利的氛围，提供了持续开拓的空间。

（陈逢华）

主要参考书目

[1] Abaz T. Hoxha, *Enciklopedi e kinematografisë shqiptare*, Botimet Toena, Tiranë, 2002.

[2] Abaz.T. Hoxha, *100 vjet kinema*, Shtëpia Botuese "Marin Barleti", Tiranë, 2002.

[3] Akademia e Shkencave e Shqipërisë, *Fjalor enciklopedik shqiptar I-II*, Tiranë, 2008.

[4] Akademia e Shkencave e Shqipërisë, *Fjalor enciklopedik shqiptar III*, Tiranë, 2009.

[5] Akademia e Shkencave e Shqipërisë, *Historia e popullit shqiptar III*, Botimet Toena, Tiranë, 2007.

[6] Akademia e Shkencave e Shqipërisë, *Historia e popullit shqiptar IV*, Botimet Toena, Tiranë, 2009.

[7] Arkivi Qendror Shtetëror i Filmit, *Filmografi e filmit shqiptar 1953-2003*, Botimet Toena, Tiranë, 2004.

[8] Shaban Sinani, *Prurje kulturore orientale*, Shtëpia Botuese Albas, Tiranë, 2007.

[9] Vjollca Hysenbegas, *Bibliografi e letërsisë artistike të përkthyera në shqip 1944-2000*, Botimet Toena, Tiranë, 2004.

[10] 陈逢华：《中国文化在阿尔巴尼亚的译介》，载《欧洲语言文化研究》

第 5 辑，北京：时事出版社，2009 年。

人名译名对照及索引

一、中文—阿尔巴尼亚文（按汉字音序排列）

A

阿拉毕，法托斯（ARAPI, Fatos）17

B

毕利卡，荻米特尔（PILIKA, Dhimitër）3，4
布拉茨，约尔果（BLLACI, Jorgo）10
布雷古，希斯尼（BREGU, Hysni）20，21
布祖库，约翰（BUZUKU, Gjon）3

F

费施塔，乔治（FISHTA, Gjergj）4
弗拉舍里，萨米（FRASHËRI, Sami）4

K

卡达莱，伊斯梅尔（KADARE, Ismail）9，17，18，22，23
科莱维察，佩特拉奇（KOLEVICA, Petraq）19

M

梅科西，米拉（MEKSI, Mira）18

N

诺塔拉伊，克里桑特（NOTARAJ, Krisant）4

O

奥玛莉，阿妮拉（OMARI, Anila）20

R

热伊，彼得罗（ZHEJI, Petro）11

S

斯巴修，伊利亚兹（SPAHIU, Iljaz）23

W

瓦尔斐，安德里亚（VARFI, Andrea）8

韦奇尔哈尔吉，纳乌姆（VEQILHARXHI, Naum）4

Z

扎吉乌，穆扎菲尔（XHAXHIU, Muzafer）19，20

二、阿尔巴尼亚文—中文（按阿尔巴尼亚文字母顺序排列）

A

ARAPI, Fatos（法托斯·阿拉毕）17

B

BLLACI, Jorgo（约尔果·布拉茨）10

BREGU, Hysni（希斯尼·布雷古）20，21

BUZUKU, Gjon（约翰·布祖库）3

F

FISHTA, Gjergj（乔治·费施塔）4

FRASHËRI, Sami（萨米·弗拉舍里）4

K

KADARE, Ismail（伊斯梅尔·卡达莱）9，17，18，22，23

KOLEVICA, Petraq（佩特拉奇·科莱维察）19

M

MEKSI, Mira（米拉·梅科西）18

N

NOTARAJ, Krisant（克里桑特·诺塔拉伊）4

O

OMARI, Anila（阿妮拉·奥玛莉）20

P

PILIKA, Dhimitër（荻米特尔·毕利卡）3，4

S

SPAHIU, Iljaz（伊利亚兹·斯巴修）23

V

VARFI, Andrea（安德里亚·瓦尔斐）8

VEQILKARXHI, Naum（纳乌姆·韦奇尔哈尔吉）4

X

XHAXHIU, Muzafer（穆扎菲尔·扎吉乌）19，20

Z

ZHEJI, Petro（彼得罗·热伊）11

20世纪中国古代文化经典在保加利亚的传播编年

概　述

　　保加利亚有着悠久的历史文化。色雷斯人是保加利亚最古老的居民。395年并入拜占庭帝国。681年，斯拉夫人和古保加利亚人在多瑙河流域建立斯拉夫保加利亚王国（史称第一保加利亚王国）。1018年被拜占庭占领，1185年重新建立第二保加利亚王国，1396年被奥斯曼土耳其帝国占领，1878年摆脱其统治独立。15—19世纪，在被奥斯曼土耳其帝国侵占期间，保加利亚的文化教育事业几乎处于停滞状态，本民族的文化和文字都几乎灭绝，无暇也无能力顾及研究东方文化。

　　西方汉学的产生本身是欧洲思想文化变迁的一个部分，16世纪以后西方传教士到中国传教，同时东方文化传入欧洲，尤其18世纪在欧洲形成了"中国热"。

　　16世纪末，俄国势力不断东扩，俄国的探险家、商旅、外交人员、学者活动的范围由西向东转移。16世纪末到18世纪初的100多年间，由西方传教士翻译的中国儒家典籍被转译成欧洲主要语言，广泛流传到葡萄牙、德国、瑞典、法国等国。这时西方的汉语研究纯粹是传教士的工作，或者说是他们从事宣传活动之余的副业，或者说是他们宣传西方文化时迫不得已才学汉语的。传教士的著述在欧洲流传开来，引起各界关注，促使更多学者转向汉语和中国文化研究。这时一门新学科产生了。①

保加利亚和中国不接壤，相距遥远，又不像法国、德国等其他欧洲国家，在明末清初有耶稣会教士到中国传教，在中国文化西传中起着巨大作用，所以保加利亚对中国的了解和汉学研究都起步很晚。1900年前，甚至到第二次世界大战前，保加利亚可以说没有什么汉学研究，对中国文化经典的传播更是少之又少。早期出版的几种关于中国的著作都为翻译作品，分别是1919年出版的《中国的传说和小说》（Китайски легенди и новели）、1934年出版的《中国的神话故事》（Китайски вълшебни приказки）、1939年的《中国的童话故事》（Китайски приказки）、1942年出版的《孔子不朽的思想》（Безсмъртни мисли на Конфуций）和1949年的《红星照耀中国》（Червена звезда на Китай）等。

第二次世界大战时期，中保两国的无产阶级政党相互支持。中国共产党领导的《新华日报》和《解放日报》，曾大量报道保加利亚人民的反法西斯斗争。保加利亚医生甘扬道（Янто Канети）等友人也参加国际援华医疗队，与中国人民一起进行抗日斗争。1944年保加利亚共和国成立。1950年9月，中国和东欧的波兰、捷克斯洛伐克、匈牙利、罗马尼亚和保加利亚5国交换学生，各派遣5名留学生。保加利亚当年派遣了5名学生到中国，他们是保加利亚最早正式学习汉语的人。这一时期保加利亚关于中国的著述和翻译作品也有所增加，如两年半以后保加利亚国内开始汉语教学。1953年到1991年，索非亚大学（Софийски университет "Св. Климент Охридски"）一直开设汉语讲习班，38年没有中断过，也正是这个讲习班培养了保加利亚第一位汉学家博拉·贝利万诺娃（Бора Беливанова），还有其他几位汉学家也是在这个课堂上开始接触学习汉语和中国文化的。可以说从这个讲习班起，保加利亚才真正有了自己的汉学研究。

20世纪60年代中期到70年代中期，中保两国关系处于紧张状态。保加利

---

① 李丛：《保加利亚汉学研究》，载《汉学研究通讯》，第26卷第3期（总103期），台北：2007年3月。

亚人学习汉语的积极性受到严重影响，但是汉学研究并没有停止。许多汉学家从苏联和中国学成归来，写了很多汉学著作。70 年代后期，两国关系逐步恢复正常。特别是 90 年代以后，两国关系迅速发展，这为保加利亚汉学进一步发展提供了有利的研究环境。

1991 年 5 月索非亚大学建立了保加利亚第一个汉语言文学专业，9 月开始招收汉语言文学专业硕士生，1999 年开始招收中国文学、汉语语言学博士。另外，大特尔诺沃大学（Великотърновски университет "Св. св. Кирил и Методий"）、普罗夫迪夫大学（Пловдивски университет "Паисий Хилендарски"）都有汉语专业，索非亚第十八中学（18-то СОУ "Уилям Гладстон", София）、鲁塞的瓦希尔·列夫斯基中学（СОУ "Васил Левски", Русе）、索非亚第一三八中学（138-то СОУ "Проф. Васил Златарски", София）等也都相继开设正规的汉语课程。

从 1952 年至 1999 年，保加利亚对中国文化经典的著述和译介从起步期逐渐进入了丰产期，主要代表人物有博拉·贝利万诺娃、列宁·迪米特罗夫（Ленин Димитров）、克鲁姆·阿采夫（Крум Ацев）、索菲娅·卡特罗娃（София Катърова）等。

进入 21 世纪，随着中国国力和影响力的增强，保加利亚人对中国的兴趣越来越浓，关于中国的出版物大量涌现，内容和题材包罗万象，但以介绍中国古代哲学和文化的居多。因这一时期不在本课题的研究范围之内，所以我们只列举几部比较有影响的作品。

由于材料有限，这里列举的 20 世纪中国古代文化经典在保加利亚传播作品肯定不全，如有疏漏敬请批评指正。

编年正文

公元 1919 年

一、书（文）目录

Димова, М.; Бояджиева, В.: *Китайски легенди и новели*（《中国的传说和小说》）.

二、备注

《中国的传说和小说》为目前保加利亚最早可见的关于中国文化和文学的著作，见于保加利亚国家图书馆《中国作品译作目录》，无版本信息。

公元 1934 年

一、书（文）目录

Симидов, Димитър: *Китайски вълшебни приказки*（《中国的神话故事》）.

二、备注

《中国的神话故事》是目前少见的出版于 1949 年之前的中国文学作品保译本之一，见于保加利亚国家图书馆《中国作品译作目录》，无版本信息。

公元 1942 年

一、书（文）目录

Славянски, Светослав: *Безсмъртни мисли на Конфуций*（《孔子不朽的思想》）.

二、备注

《孔子不朽的思想》是目前少见的出版于 1949 年之前的中国文学作品保译本之一，见于保加利亚国家图书馆《中国作品译作目录》，无版本信息。

公元 1950 年

一、大事记

本年中国和保加利亚交换留学生。5月，中国向保加利亚派遣5名留学生。9月，保加利亚向中国派遣5名留学生。这5名派往中国的留学生，是保加利亚第一批学习汉语的人，其中包括《道德经》第一个保加利亚语全译本的译者列宁·迪米特罗夫。

二、备注

列宁·迪米特罗夫（Ленин Димитров Христов, 1921—2010），男，保加利亚哲学家、汉学家。1921年4月16日出生。曾在索非亚大学法律系学习法律，两年后转入该校哲学系学习哲学，1949年毕业。中国和保加利亚建交后，两国各领域的交流蓬勃发展。在文化教育领域，两国决定互派留学生。1950年9月，迪米特罗夫被派往中国留学，在北京大学先学习汉语，后师从冯友兰、任继愈学习中国哲学史，在他们的引导下，他不但深入了解了古老的中国哲学和文化，而且直接把《道德经》从文言文译成保加利亚语。冯友兰、任继愈两位导师曾要求他不看原文，把《道德经》译本译回文言文，结果只有一两处小错。

1956年，迪米特罗夫带着《道德经》的保加利亚语译本学成回国，被分配到索非亚大学哲学系教授马克思主义哲学，同时讲授中国哲学及中保文化对比的课程。60年代初，还在该校的汉语讲习班兼课，讲授中国历史和文化。

1963年后，中保关系恶化，迪米特罗夫也受到迫害，出版的著作《中国古代文化史》被查没，后于1966年经专门委员会审查、修改，改头换面后重新出版。他被驱离中国哲学和文化讲坛，软禁在家中10多年，创作活动被禁止，心爱的藏书也被查抄、撕毁或焚毁。

1989年，迪米特罗夫重返索非亚大学教学，沉静而小心谨慎地度过了余生。2010年1月2日在索非亚去世。

他的主要著作有《老子的哲学》（1967）和《中国古代文化史》（1962，1966）。

公元 1953 年

一、大事记

1. 1953 年，索非亚大学开设汉语讲习班课程。

2. 1949 年中华人民共和国成立后，随着中国国际地位的改变，汉语在国际上的地位也有所改变，保加利亚人也开始要求学习汉语。根据《中华人民共和国和保加利亚人民共和国政府文化合作协议》，中国政府于 1952 年派遣朱德熙教授前往保加利亚开设汉语课程，培养汉语人才。

3. 朱德熙教授 1952 年 9 月来到保加利亚，与当地华侨张荪芬女士紧密合作，经过紧张筹备，于 1953 年 2 月正式在索非亚大学开设汉语课程，讲授汉语，受到广大师生的热烈欢迎。首期讲习班的学员有 200 多名，为在保加利亚本土学习汉语的第一批保加利亚人。课程由朱德熙教授用汉语讲授，张荪芬女士负责翻译成保加利亚语。虽然第一批学员中只有极少数人坚持学完了 3 年的课程，但他们都或多或少获得了一些汉语的基本知识，消除了认为汉语和汉文化难不可及的传统观念，其中一些人后来专门从事中国问题研究和汉语教学，还有一些人虽没专门从事研究，但一生中从没放弃对汉语和汉文化的爱好。著名汉学家博拉·贝利万诺娃就是他们中的代表。

讲习班每年招收新学员，学期为三至四学年，每个年级每周都有两晚上的课。

当时，汉语课讲课无可依据的教材，朱德熙教授和张荪芬女士只有自己编写。在条件极其艰苦的情况下，他们编写了保加利亚历史上第一部汉语教材——《汉语教科书》（*Учебник по китайски език*），极大地方便了以后的教学。该教材后来曾两次再版。

讲习班在其存在的 30 多年时间里，一直是索非亚大学最稳定的选修课之一，直到1991年索非亚大学成立汉学专业。

朱德熙教授和张荪芬女士共同创办的索非亚大学汉语课程，是保加利亚汉语教育、汉学研究的奠基之作，为汉语和中国文化，包括中国文化经典在保加利亚的传播做出了不可磨灭的贡献。

二、备注

张荪芬（Джан Сунфън 或 Джан Сунфън-Канети，1918—2010），女，保加利亚华侨，保加利亚汉语教学和汉学研究奠基人，被称为保加利亚汉语教学之母。

张荪芬原籍江苏泗阳，1918年10月生于北京。1935年考入北京燕京大学特别生物系（医预科），1937年抗日战争爆发后转入北京协和医学院护理科，1940年毕业，获燕京大学护理学学士学位。同年参加中国红十字会救护总队，负责培训战时卫生人员的工作。1942年与国际援华医疗队保加利亚籍医生甘扬道结婚，1945年抗日战争胜利后随夫移居保加利亚。1949年之后协助中国驻保加利亚使馆工作。

1952年应保加利亚国家文化交流委员会和国立索非亚大学之邀，张荪芬女士协助朱德熙教授在索非亚大学开设汉语讲习班，并同朱德熙教授一起编写了汉语课本《汉语教科书》[①]，于1954年由科学艺术出版社（издателство "Наука и изкуство"）出版，并于1958年和1980年先后两次再版，直到1991年才被其他教材所替代。1955年朱德熙教授回国后，张荪芬女士独自承担了汉语讲习班的教学工作，并相继编写出版了《保汉分类词典》[②]（Българско-китайски тематичен речник）、《汉语读本》[③]（Сборник текстове по китайски език）和《汉保常用词汇》[④]。以上工具书和教材均填补了保加利亚东方语言教学的空白。到退休为止，张荪芬女士从没有离开汉语教学岗位。她桃李满天下，在27

[①] 详见本编年1954年和1958年之内容及备注。
[②] 详见本编年1969年之内容及备注。
[③] 详见本编年1972年之内容及备注。
[④] 详见本编年1978年之内容及备注。

年的时间里,"直接面对面教会了400多名外国学生懂得了汉语知识"①,这些人当中有汉学家、大学教授,有的做了驻中国大使或记者,有的则成了译作等身的翻译家,为中国文化经典的传播发挥着自己的作用。

1980年,张荪芬从索非亚大学退休。

张荪芬一直支持年轻汉学家的科研工作,为他们的译作做校译工作,《唐传奇》《山海经》《天问》《艾青诗选》《青春之歌》《野火春风斗古城》《搜神记》等中国文学经典著作的保加利亚语译本,均经她校译,在保加利亚出版发行。

2004年,索非亚大学授予张荪芬女士保加利亚教育界最高荣誉——蓝带勋章,以表彰她对保加利亚汉语教学事业的突出贡献。在授勋仪式上,时任中国驻保加利亚大使谢杭生称张荪芬女士为"中保文化交流最优秀的使者"。

2010年4月24日,张荪芬女士在索非亚逝世,享年92岁。

张荪芬的主要著作有《汉语教科书》(1954,1958,1980)、《山乡巨变》(译著,1963)、《保汉分类词典》(1969)、《汉语读本》(1972)、《汉保常用词汇》(1978)、《米特科·帕劳索夫》②(2012)等。

公元1954年

一、大事记

本年,由著名语言学家朱德熙先生和保加利亚汉语教学事业奠基人张荪芬

---

① 见张辛民编《玫瑰国中汉语声》Q2页。香港:时代文化出版社,2012年。又见 http://china.edax.org/?p=920。
② 《米特科·帕劳索夫》(Митко Палаузов),载于《玫瑰国中汉语声》,张辛民编,香港:时代文化出版社,2012年。这是保加利亚作家马尔科·马尔切斯基(Марко Марчевски)的中篇小说,保译汉作品。张荪芬早在1959年就已经将其译为中文,并寄往中国,希望出版,先因为不明原因被搁置,至20世纪70年代末,重交出版社,又因政治原因而石沉大海。2012年,张荪芬女士之弟张辛民为纪念她将其付梓。

女士合编的保加利亚第一部汉语教材《汉语教科书》出版。

这部教材填补了保加利亚东方语言教学和研究的空白，为保加利亚汉语教学事业的奠基之作。它对保加利亚的汉语教学、汉学研究，包括中国文化和文学在保加利亚的传播所起的作用是显而易见的。

二、书（文）目录

1. Василева, Христиана: *Китайски народни приказки*（《中国民间故事》）. София: издателство „Народна младеж".

2. Джу, Дъси; Джан, Сунфън: *Учебник по китайски език*（《汉语教科书》）. София: издателство „Наука и изкуство". Първо издание.

三、备注

《汉语教科书》[①]为保加利亚第一部汉语教材，由朱德熙和张荪芬合著。

1952年，朱德熙教授由中国政府派往保加利亚教授汉语。朱德熙不懂保加利亚语，于是与当地华侨张荪芬女士合作。两人从1952年至1955年在索非亚大学共同探索了在保加利亚教授现代汉语的方法，开设了保加利亚第一个汉语讲习班，并于1954年出版了第一本用保加利亚语写的汉语教材《汉语教科书》，由索非亚科学艺术出版社出版，并于1958年和1980年由张荪芬女士修改补充后两次再版。

这部教材从1954年出版起一直被用作索非亚大学汉语讲习班的主干教材，直到1991年。大部分在保加利亚汉学界辛勤耕耘的汉学家都受益于这部教材，它对保加利亚的汉语教学、汉学研究，包括中国文化和文学在保加利亚的传播起到了重要的推动作用。

这部教材用保加利亚语解释汉语语法，用注音字母给汉字注音。由于当时印刷技术有限，不要说电脑，就是一部汉语打字机也找不到，为出版这部教材，

---

① 见董淑慧著《保加利亚汉语教学五十年》（索非亚：玉石出版社，2005年）和《玫瑰国中汉语声》。

制版时汉字和注音全部需要用蘸了墨汁的笔工工整整地写在特制的印刷纸上做底版，中间还要加进保加利亚文的注释，然后用特殊的技术印刷出来。整本教材中的汉字和注音都是张荪芬女士一笔一画亲手书写的，保加利亚文部分也是她亲自用打字机打上去的。

全书共 42 课，前有前言，后有目录，共 379 页。

前言部分主要介绍了三方面的内容：汉语的基本知识，汉字的有关知识，汉语声调、文言文和白话文及汉语的注音符号。

在教材主体部分，前 5 课为语音知识部分，依次介绍了声调、单韵母、声母、复合韵母、轻声和儿化音；从第 6 课到第 42 课，主要讲语法知识，每课都包括三项内容——知识讲解、生词和课文，没有练习。最后一课，即第 42 课介绍了汉语标点符号的用法。

这部教材在对外汉语教学历史研究和对外汉语教材编写历史研究中也具有特殊地位，它比中华人民共和国出版的第一部对外汉语教材[①]还早 4 年。同时它还是一部本土化的汉语教材。另外，这部教材的作者之一是朱德熙先生，他的对外汉语教学的早期理念在这部教材中得以体现。正是因为这部教材，朱德熙先生和张荪芬女士对保加利亚的汉语教学和中国的对外汉语教学都做出了开拓性的贡献。

公元 1955 年

一、书（文）目录

Друмева, Бора: *Цъу Чи дава съвет на княза на Чи*（《邹忌讽齐王纳谏》）. София: в-к „Народна младеж", 17.07.1955.

[①] 中国国内出版的第一部对外汉语教材是 1958 年商务印书馆出版的《汉语教科书》。

二、备注

1.《邹忌讽齐王纳谏》，是目前所见著名汉学家博拉·贝利万诺娃①（Бора Беливанова，1934— ）最早的译自文言文的汉译保作品。

2. Бора Друмева 是博拉·贝利万诺娃早期发表作品时使用的名字。

博拉·贝利万诺娃（以下简称博拉），中文名为白宝拉或白雪松，女，保加利亚著名汉学家、翻译家、教育家，索非亚大学教授，大特尔诺沃大学客座教授。

博拉1934年4月24日生于保加利亚古都大特尔诺沃（Велико търново）一个知识分子家庭。1956年毕业于索非亚大学俄罗斯语言文学专业和保加利亚语言文学专业（第二专业）。她是朱德熙教授和张荪芬女士于索非亚大学创办的汉语讲习班的首批学员之一，也是这批学员中唯一坚持到最后并通过结业考试的学员。

1958年，博拉任保加利亚科学院科技信息中心编辑和翻译。

1963年1月，博拉赴苏联莫斯科国立大学（Московский государственный университет）东方语言学院攻读汉学研究生，师从苏联著名汉学家 Л. Д. 波日德涅娃（Л. Д. Позднеева）教授，完成很有价值的研究《诗经》的论文，于1964年获得汉语言文学副博士学位。

1965年，博拉被张荪芬女士推荐到索非亚大学任兼职教师，与张荪芬一起从事汉语讲习班的教学工作。1966年，成为索非亚大学正式的汉语教师。1980年被聘为索非亚大学中国文学副教授。1981—1984年任索非亚大学古典与现代语言文学系轮职主任。1995年，晋升为索非亚大学中国文学教授。1997年开始，她除担任索非亚大学的教学工作外，还在大特尔诺沃大学任兼职教师；2001年从索非亚大学退休后，继续在索非亚大学和大特尔诺沃大学授课。

博拉在大学任教期间，主要讲授中国文学史、古代东方文学史、中国历史、古代东方民间文学、翻译理论与实践（汉译保）、中国文学概论、汉语形态学、汉语精读等课程。

---

① 由于译音标准不一致，或对保汉译音的不了解，中国媒体和出版物上 Бора Беливанова 的译名有多种，如博拉·贝丽婉诺娃、博拉·白丽婉诺娃、博拉·贝利万诺娃、宝拉·白丽婉诺娃等。

博拉是保加利亚翻译家协会创始人及成员。

博拉著述颇丰，共发表和出版著述及译作130余篇(部)。主要包括以下这些。

学术研究论文：《关于以〈诗经〉为基础的中国古代民歌的韵律问题——臆测》(1966)、《关于中国古代民歌的韵律问题》(1969)、《中国古代民歌〈诗经〉的韵律特征和类型考察》(1969)、《论中国断代史之列传〈李太白列传〉》(1972)、《关于中国古代文学中的"循环"问题》(1974)、《〈诗经〉中的劳动诗歌》(1974)、《〈天问〉和中国古代神话的一些问题》(1975)、《李太白的个性和作品》(1983)、《1978—1988的中国文学——至关重要的十年：诗歌》等。

译作：从现代汉语原文翻译的作品有小说集《飞行员和红领巾》(1956)、《当代中国诗歌》(1959)、张羽的《不死的王孝和》(1960)、李英儒的《野火春风斗古城》(1962)、杨沫的《青春之歌》(1965)、鲁迅的《故事新编》(1983)、王蒙的《风息浪止》(1989)、艾青的《永恒的旅程》(诗集，1987)、岛子的诗体小说《凶手》(1996)等。从古代汉语翻译的作品有《中国中古小说》(1967)、《龙的三个蛋——东方精灵故事集》(1975)、《龙》(《聊斋志异》选译，1978)、《老子校释》(1980)、《〈山海经〉和〈天问〉》(1985)；她还从俄语翻译了《远古东方的历史》(1975)等。此外，她还翻译了大量短篇小说、诗歌、评论等。

博拉辛勤笔耕，硕果累累，不仅得到了保加利亚人的赞扬和认可，也得到了中国人民的尊重。1985年，她的翻译作品获得了保加利亚翻译家协会"东方诗歌翻译奖"和保加利亚翻译界最高的奖励——"基里尔和麦托迪一级勋章"。2009年9月在第十六届北京国际图书博览会上，博拉因从20世纪50年代起不遗余力地向保加利亚介绍中国文学，获得"中华图书特别贡献奖"[①]。

1995年博拉创办了图文并茂的《神州》(*Приказни земи*)彩印杂志，任主编。后《神州》改名为《中国》(*Китай*)。

[①] 见《第四届中华图书特殊贡献奖获奖者介绍》，http://archive.wenming.cn/zt/2009-09/04/content_17601670.htm。

公元 1956 年

一、书（文）目录

1. Константинов, К.; Толчев, Н.; Неманов, Ф.: *Речни заливи*-том 1(《水浒传》上册). София: издателство „Народна култура".

2. Загоров, Димитър: *Речни заливи* - том 2（《水浒传》下册）. София: издателство „Народна култура".

二、备注

1.《水浒传》(上、下册)，译自俄语，由索非亚人民文化出版社(издателсдтво „Народна култура")出版，是20世纪中国四大古典名著唯一的保加利亚语译本。最近几年，保加利亚有汉学家开始着手翻译中国四大古典名著中的其他几部，例如，雅娜·施什科娃（Яна Шишкова）正在从汉语原文翻译《西游记》。佩特科·西诺夫（Петко Хинов）翻译的《红楼梦》第一卷已于2015年出版。

2. 雅娜·施什科娃（1976— ），中文名施雅娜，女，保加利亚年青一代汉学工作者，1976年1月出生。

1995—2001年，在索非亚大学汉语专业学习，获汉学硕士学位。2010年起在索非亚大学汉语专业攻读汉学博士，专业方向为"汉语教学法"。

2001—2008年，在索非亚大学第十八中学任汉语教师。2008—2012年在索非亚大学东方语言中心任教，教授汉语、中国文化、中国国情等课程。

2006年至今，共发表关于汉语教学法内容的论文7篇和关于中国国情的论文4篇。

雅娜·施什科娃创办了网站"中国大观园"（Всичко за китай），至今已刊登1000多篇关于中国的文章，内容包罗万象，其中包括大量关于中国古代文化经典的文章和译作。雅娜本人也在此网站发表自己的作品，如《孔子和早期儒家思想》[①]（*Конфуций и ранното конфуцианство*，2002）、《神话传说中的中国统治者（三皇五帝）》[②]（*Легендарните владетели на китай*）等。2004年中国驻保加利亚大使馆授予雅娜·施什科娃"中保友好特殊贡献奖"。

公元 1958 年

一、书（文）目录

1. Джан, Сунфън: *Учебник по китайски език*（《汉语教科书》）. София: издателство „Наука и изкуство".

2. Друмева, Бора: *За точна транскрипция на китайските имена и думи*（《谈准确译写中国人名地名和词汇》）. София: вестник „Народна култура".

3. Друмева, Бора: Ли бо: *Размисъл през нощта*（李白：《静夜思》）. София: списание „Септември", кн. 10, 1958.

二、备注

《汉语教科书》1958年版，是1954年版的修订版。

1954年朱德熙先生和张苏芬女士合著并出版《汉语教科书》后，1956年，中国国务院批准公布了《汉字简化方案》；1957年，语法学界和语文教师共同制定了《暂拟汉语教学语法系统（1957）》；1958年，中国全国人民代表大会批准公布了《汉语拼音方案》，张苏芬女士及时掌握了中国语言文字工作发展的动向，结合自己5年从事汉语教学的实践对1954年版的《汉语教科书》进行修订，增加了部分内容，于1958年出版发行。正如张苏芬女士在1958年

---

① 见 http://china.edax.org/?p=321#more-321。

② 见 http://china.edax.org/?p=2020。

版的《汉语教科书》前言中所写，这部教材"尽量采用语言文字改革领域的最新成果，采用《暂拟汉语教学语法系统（1957）》等最新方案，同时结合了自己5年的汉语教学经验"。

本版教材同1954年版的一样，制版时汉字由张荪芬手写，汉语拼音和保加利亚语文字用打字机打印。

公元 1962 年

一、书（文）目录

Христов, Ленин Димитров: *История на древнокитайската култура*（《中国古代文化史》）.

二、备注

此版本的《中国古代文化史》为该书的第一版，由于政治原因，出版后遭严格查禁，该书被全数查收、毁掉，据说只有两本留存下来，致使其出版信息不详。1966年此书经专门审查委员会修改后再版。

公元 1964 年

一、大事记

博拉·贝利万诺娃在苏联莫斯科国立大学东方语言学院（Институт Восточных Языков при МГУ）获得中国语言文学副博士学位，其博士论文为《〈中国古代民歌·诗经〉提要》（*Древная Китайская народная пясня/"Шидзин"*）。这是保加利亚第一位获得汉语言文学博士学位的汉学家。学成回国后，博拉成为索非亚大学的汉语教师，使保加利亚汉学研究水平大幅提高，具有里程碑意义。此后不久，陆续有其他汉学家在苏联攻读汉学博士，获得学位后回国，同样走上了索非亚大学汉语讲习班的讲台。

二、书（文）目录

Друмева, Бора: *Автореферат на дисертация "Древная китайская народная пясня" / "Шицзин"* （博士论文《〈中国古代民歌·诗经〉提要》）. Москва: издателство "Московского университета".

三、备注

博拉·贝利万诺娃的博士论文提要用俄语写作完成，由莫斯科大学出版社（издателство "Московского университета"）出版。

公元 1966 年

一、书（文）目录

1. Друмева, Бора: *К вопросу о ритмах древнекитайской народной песни по материалам "Книги песни" / "Шицзин" / -тезиси на доклад пред Симпозиум по теоретични проблеми на източните литератури/Москва/* （《关于中国古代民歌集〈诗经〉的韵律问题——在东方文学理论问题研讨会上的报告》）. Москва: издателство "Московского университета", Специално издание на Института на народите на Азия към АН СССР, стр. 48-51.

2. Христов, Ленин Димитров: *История на древнокитайската култура*（《中国古代文化史》）. София: издателство „Наука и изкуство". 260 страници.

二、备注

列宁·迪米特罗夫的《中国古代文化史》1962 年第一次出版，因政治原因被严禁，所印书册被尽数查没。1966 年，经专门委员会审查、修改后，这部书再版，但其与原版相比已面目全非，"令作者啼笑皆非的是，书中著名作家 Мао Дун[①]的名字全部从书中消失，后来才弄清楚，那是因为其与中共领导人毛泽东[②]名字有相近似之处"。

公元 1967 年

一、书（文）目录

1. Друмева, Бора: *Още нещо за древнокитайската култура/Рецензия на: Ленин Димитров, История на древнокитайската култура*, /（《再谈中国古代文化——评列宁·迪米特罗夫之〈中国古代文化史〉》）. София: сп. „Пламък", кн. 6, 1967.

2. Друмева, Бора: *Средновековни китайски новели*（《中国中古中篇小说选》）/съставителство, превод, предговор/. София: издателство „Народна култура".

3. Христов, Ленин Димитров: *Философията на Лао Дзъ*（《老子的哲学》）. София: издателдство „Наука и изкуство", 1967 (пълен превод) .

---

① 原文语，似应为茅盾的保加利亚语译名。
② 毛泽东，保加利亚语译名为 Мао Дзъдун。

二、备注

1.《老子的哲学》一书包括《道德经》保加利亚语译本及对老子哲学及《道德经》的分析两部分。其中《道德经》由作者列宁·迪米特罗夫全文译自文言文，这是他唯一一次将其公之于众，而 1990 年出版的署名译者 Ленин Димитров 的《道德经》保加利亚语译本则为盗版。

2.《中国中古中篇小说选》，由博拉·贝利万诺娃选编、翻译和撰写前言。译自文言文。

公元 1968 年

书（文）目录

Друмева, Бора: *Некоторые явления синкретизма и особенности ритмики древнекитайских народных песен /на материале „Шидзина"/* （《中国古代民歌〈诗经〉音韵的几个混合现象和特点》）. Годишник на Софийски университет. София: издателство „Наука и изкуство", т. 62, ч. 2, 1968, стр. 3-45.

公元 1969 年

一、书（文）目录

1. Джан, Сунфън: *Българско-китайски тематичен речник* （《保汉分类词典》）. София: издателство на СУ „Климент Охридски".

2. Друмева, Бора: *К вопросу о ритмах древнекитайской народной песни*

（《关于中国古代民歌的韵律问题》），сб.,,Теоретические проблемы восточных литератур"（载于论文集《东方文学的理论问题》）. Москва: издатество „Наука", стр. 256-261.

二、备注

《保汉分类词典》，张苏芬编，不仅在保加利亚历史上，而且在世界范围内都是第一部保加利亚语汉语工具书，也是目前唯一一部保加利亚语汉语分类词典。

本词典收入约 15000 单词、成语、惯用语和句子。词典附录中，编者整理列出了一个完整的现代汉语语法体系，根据保加利亚大学生汉语教学实践制订而成，按保加利亚语的字母排列顺序，方便学生理解和查找汉语语法项目。

词典正文中每个词条都分三部分：保加利亚语词条、对应的汉语词或词组及汉语词或词组的汉语拼音。

该词典虽针对保加利亚学生编撰完成，但它不仅适合保加利亚学生学习汉语时使用，也可供中国学生学习保加利亚语时使用。

该词典在编写过程中参考了《俄汉分类词典》《现代保加利亚语详解词典》《俄汉词典》和其他汉语词典。

该词典中的汉字均由张苏芬女士手工书写后制版。

公元 1972 年

一、书（文）目录

1. Джан, Сунфън: *Сборник текстове по китайски език*（《汉语读本》）/ с приложение китайско-български речник/. София: издателство на СУ „Климент Охридски".

2. Друмева, Бора: *Относно раздела „лие чжуан" в династийните истории на Китай/„лие чжуан" на Ли Тай-бо/*（《论中国断代史之列传〈李太白列传〉》. София: Годишник на СУ, ФЗФ, т. 65, ч. 2., стр. 253-272.

二、备注

《汉语读本》是张荪芬女士为索非亚大学汉语讲习班学生编写的汉语阅读教材。全书共分两部分：第一部分是体现中华民族特色的诗歌、故事、俗语及谜语等；第二部分主要是科普类的文章，涉及面广，包括历史、地理、语法、生物、化学、医学、科技、哲学等领域。其中还有一些课文选自文言文。

书中所选课文均为汉语原文，略有删节，但文字未加改动，目的是让学生接触原汁原味的语言，提高阅读汉语的能力，增强语感。而且，每一小部分都由几篇难易程度不同的课文组成，方便不同程度的学生选读。

编者把书中所有生词编成《汉保词汇对照表》附在书后，以方便读者查阅。

书后还附有《汉语拼音方案》，以帮助学生更好地把握汉语语音系统。

公元 1974 年

书（文）目录

1. Друмева, Бора: *К вопросу о процессе циклизации в древнекитайской литературы*（《关于中国古代文学周期化过程的问题》），сб. Problemy literatur orientanych /Materialy II Miedzynarodowego Sympozjum, Warszawa-Krakow, 22-26 maja 1972/. стр. 269-275.

2. Друмева, Бора: *Трудовые песни в древнекитайском своде,,Шидзин"*（《〈诗经〉中的劳动诗歌》). сб. Историко-филологические исследования, в памет на акад. Н. И. Конрад. Москва: издателство „Наука", стр. 172-177.

公元 1975 年

书（文）目录

1. Авдиев, В.: *История на Древния Изток*（《古代东方历史》）/превод от руски език/. София: издателство „Наука и изкуство", 32 печ. коли.

2. Друмева, Бора: *Поемата „Небесата питам" и някои въпроси на древнокитайската митология*(《〈天问〉和中国古代神话的几个问题》第一部分). София: Годишник на Софийски университет, ФЗФ, т. XVII, кн. 2/от 1973/, стр. 121-177.

3. Друмева, Бора: *Трите драконови яйца, сборник източни приказки*（《龙的三个蛋——东方精灵故事集》）/Съставителство, предговор, част от превода от китайски език/. София: издателство „Народна младеж".

公元 1976 年

书（文）目录

Друмева, Бора: *Поемата „Небесата питам" и някои въпроси на древнокитайската митология*（《〈天问〉和中国古代神话的几个问题》第二部分）. София: Годишник на Софийския университет, ФЗФ, т. L XIX, кн. 1 /от 1974/, стр. 257-288.

公元 1977 年

书（文）目录

Рецензия на: *Н.Т. Федоренко, Проблемы исследования китайской литературы*（《评 Н.Т. Федоренко 的〈中国文学研究问题〉》）. Москва:1974-сп. „Филология", кн. 1.

公元 1978 年

一、书（文）目录

1. Беливанова, Бора: Пу Сунлин： *Дракони*（蒲松龄：《龙》）/съставителство, превод, предговор, коментар/. София: издателство „Народна култура", 8,61 печ. Коли.

2. Джан, Сунфън: *Кратък китайско-български речник*（《汉保常用词汇》）. София: издателство на СУ„Св. Климент Охридски".

二、备注

1.《龙》是《聊斋志异》保加利亚文选译本，由保加利亚汉学家博拉·贝利万诺娃选译，译自汉语，共收入《聊斋志异》故事36篇。这是目前所见博拉·贝利万诺娃第一次用 Бора Беливанова 这个名字发表作品。

2.《汉保常用词汇》，编者为张荪芬，由索非亚大学出版社出版。

《汉保常用词汇》实为一部简明汉保小词典。编者在前言中写道："这个词典是为保加利亚学习汉语的学生编写的……里面的一些句子、词语直接源自汉语原文，它们都经过了索非亚大学汉语讲习班教学实践的检验。作者希望本词典能对人们在运用保加利亚语和汉语两门语言时有所帮助。"

该词典共收入汉字字条3500多个及由这些汉字组成的常用单词及词组13000个左右。这些字、词及词组都是日常生活用语，也包括一些现代书面语中常用的文言词语。

词典体例中词序按1958年制定的汉语拼音方案的字母顺序排列。每个汉字都是先标注拼音、声调及该汉字的基本意义，然后列出由这个汉字为第一个词素而组成的复合词和成语。

词典的附录部分包含以下几个内容：
- 汉语拼音字母表及其与保加利亚语字母（发音）对照表；
- 使用指南；
- 笔画检字表，汉字按笔画数量多少及笔顺排列；
- 拼音检字表，汉字按其语音顺序排列；
- 最新简体字目录（1977年12月20日公布）。

与张荪芬女士所编的其他几部汉语教材和词典一样，这部词典的汉字部分也是由张荪芬女士亲手在蜡板上刻写的。

这部《汉保常用词汇》（简明汉保词典），无论是在保加利亚，还是在中国，都是唯一一本汉保词典，其对保加利亚汉语教学所发挥的作用是十分重要的。它虽是为保加利亚学生学习汉语所编，但也可以供中国学生学习保加利亚语时使用。

公元 1979 年

一、书（文）目录

Беливанова, Бора: *Древнокитайска литература /Христоматия/* (《中国上古文学选》) /съставителство, превод, коментар, превод от китайски език/ .

София: издателство на СУ „Климент Охридски", 12,37 печ. Коли.

二、备注

《中国上古文学选》是由博拉·贝利万诺娃教授为保加利亚汉语专业的大学生编写的中国文学教材，书中按照保加利亚人对"上古"一词的理解，编选了先秦至2世纪前后中国文学的代表作品，既有原文，又有保加利亚语译文，也有对作品的解释和评论，学生或其他读者不仅可以学习了解这一时期中国的文学，也可以通过学习文学了解文学之外的文化知识。除了作为教材使用，该书也可作为一般读者学习了解中国古代文学和文化的读物。全书由博拉·贝利万诺娃选编、翻译、注释和撰写评论。1979年由索非亚大学出版社出版第一版，第二版和第三版分别于2005年和2011年经作者修订后由大特尔诺沃大学出版社（Университетско издаталство „Св. св. Кирил и Методий"）出版。

除此之外，博拉·贝利万诺娃教授还主编了《中国中古文学选》（Средновековна китайска литература/Христоматия/），由博拉·贝利万诺娃教授选编，而翻译工作则由目前活跃在保加利亚汉语教学和汉学研究领域的汉学家集体承担。该书于2012年由大特尔诺沃大学出版社出版。

公元1980年

一、书（文）目录

1. Беливанова, Бора: *Древнокитайски мислители /Лаодзъ, Лиедзъ, Джуандзъ, Уан Чун/* （《中国古代思想家——老子、列子、庄子和王充》）. София: издателство „Наука и изкуство", 20,79 печ. Коли.

2. Джан, Сунфън: *Учебник по китайски език* （《汉语教科书》）. София: издателство „Наука и изкуство".

二、备注

1.《中国古代思想家——老子、列子、庄子和王充》一书，由博拉·贝利万诺娃教授编辑翻译而成，书中包括了老子的《道德经》《列子·杨朱》《庄子》节选和王充的《论衡》，以及注释和评论等。书中所选著作由贝利万诺娃教授译自汉语和俄语，前言、注释和评论出自博拉·贝利万诺娃教授笔下。另一位汉学家索菲娅·卡特罗娃（София Катърова）担任本书编辑。

2. 这一年，《汉语教科书》经张苏芬女士修订后第三次出版，出版社为索菲亚的科学艺术出版社。

"文化大革命"后，汉语中出现了很多新词，而一些五六十年代、70年代常用的词汇则被废弃，为适应这一形势，张苏芬女士对《汉语教科书》做了第二次修订。除了更新课文内容，这次修订与前两版不同的是每课后都增加了有针对性的汉字、词语和语法练习，还有汉保互译练习。

公元 1983 年

书（文）目录

Беливанова, Бора: *On the Work and Personality of Li Taibo*（《李太白的作品和个性特点》）, in *Proceedings of the Fourth International Conference on the Theoretical Problems of Asian and African Literatures*, Bratislava: s. 55-62.

公元 1985 年

一、书（文）目录

1. Ацев, Крум: *Су Шъ, „Записки от Източния склон"* (《苏轼：〈东坡题跋〉》). София: издателство „Народна култура", 188 страници.

2. Беливанова, Бора: *Каталог на планините и моретата. Небесата питам* (《〈山海经〉和〈天问〉》). София: издателство „Наука и изкуство", първо издание, 14 печ. Коли.

3. Беливанова, Бора: *Четири десетилетия превод на китайска литература в България* (《保加利亚中国文学翻译四十年》), в сб.: Юбилейна научна сесия на Факултета по класически и нови филологии. София: издателство на СУ „Климент Охридски", стр. 62-72.

二、备注

1. 克鲁姆·阿采夫（Крум Ацев, 1945—2005），男，汉学家。毕业于索非亚大学英语专业。曾在英国的利兹和中国北京学习进修汉语和中国文学，在日本京都学习佛教文化史。生前是新保加利亚大学（Нов български университет）教师，主要讲授中国文学、文化、哲学等方面的课程，业余从事中国文学和文化作品的研究和翻译，主要作品包括译作《东坡题跋》（译自文言文，1985）、《易经》（主体部分的翻译、注释和评析，译自文言文，1989）、《荒寺》[中国"文革"时期（1966—1976）短篇小说选]、《道德经》（译自文言文，2002）、《白云——从中国古代诗歌到日本俳句诗》（2006）。另有专著《中国智慧》（2012）。

2. 《〈山海经〉和〈天问〉》由博拉·贝利万诺娃教授直接译自文言文，索菲娅·卡特罗娃担任编辑，索非亚科学艺术出版社出版。全书包括前言、《山海经》、《天问》及注释。前言由博拉·贝利万诺娃教授亲自执笔，对中国古代神话文学及《山海经》和《天问》做了全面的介绍和分析。

公元 1986 年

一、书（文）目录

1. Беливанова, Бора: *Българският прочит на Су Шъ*(《保加利亚人读苏轼》) /Рецензия на: Су Шъ, Записки от източния склон, прев. Кр. Ацев/. София: сп. „Панорама", кн. 2.

2. Беливанова, Бора: *Предговор към: Ган Бао, Издирени и записани чудновати истории*（《干宝〈搜神记〉保译本前言》）. София: издателство „Народна култура".

3. Катърова, София; Карауланов, Евгений: *Издирени и записани чудновати истории*（《搜神记》）. София: издателство „Народна култура".

二、备注

1. 索菲娅·卡特罗娃，全名索菲娅·费尔迪南多娃·卡特罗娃（София Фердинандова Катърова）（本条下称索菲娅），保加利亚汉学家。

索菲娅曾任教于索菲亚大学，现已退休。大学期间在化学系学习，1962年被选派到中国，在北京外国语学院汉语预科班学习一年后，进入北京大学中文系汉语言文学专业学习。1966年10月17日由于中国发生"文化大革命"，被迫回国。1967年她到莫斯科大学东方语言学院攻读汉语言文学专业，撰写论文《〈孟子〉句法》，1970年获硕士学位。1972年再度赴莫斯科，用三年时间完成论文《〈庄子〉句法》，获得副博士学位。

1976年索菲娅到保加利亚社会科学院工作，同时在索菲亚大学兼课。1981年，成为索菲亚大学正式的汉语教师。1987—1988年以高级进修生的身份在北京大学进修一年。

索菲娅的译著有《正红旗下》（1964）、《搜神记》（1986）、《中国古代诗歌》（2001）、《中国古代山水诗》（2003）等。

2. 埃夫根尼·卡拉乌兰诺夫（Евгений Карауланов，1953— ），汉语和中国文化爱好者，业余翻译家。1974年对中国文化和文学产生兴趣，开始业余研究、翻译和宣传。1978—1980年师从博拉·贝利万诺娃教授学习汉语，跟张苏芬女士学习古代汉语。

他与索菲娅·卡特罗娃合译了《搜神记》并于1986年出版，2012年由东西方出版社再版。他的译作还被收入博拉·贝利万诺娃教授编写的《中国中古文学选》（2012）。

在20多年的时间里，他一直坚持业余翻译中国古代文学作品，并把其译作全部刊在自己建立的网站"中国古代文学"[①]（Старинна китайска литература）上，其中包括中国古代各个时期近80位著名诗人的诗歌200多首，以及干宝的《搜神记》、吴敬梓《儒林外史》的第一回和王实甫五本杂剧《西厢记》的第一本。除了译作，他还以注释的方式介绍原文作者和作品里所涉及的文化现象，使读者不仅可以欣赏中国古代文学的魅力，也可以了解丰富多彩的中国古代文化。

公元1987年

书（文）目录

Милева, М.; Кюнслер, М.: *Митологията на Китай*（《中国神话故事》）. София: издателство „Български художник".

[①] 见 http://kitaiska-literatura.com/?oldbrowser=8-Internet Explorer。

公元 1989 年

书（文）目录

1. Ацев, Крум: *Книга на промените*（《易经》），основен текст и тълкувания, София.

2. Беливанова, Бора: *Китайская и болгарская мифология /типология или точки соприкосновения/*（《中国和保加利亚的神话——类型或接触点》），в сб.: Sixieme Congres International d'etudes du Sud-Est Europeen, /Resumes/.

3. Борхес, Хорхе; Луис Борхес: *Проникване в битието. Древнокит-айската „Книга на промените" в културата на съвременния свят*（《渗入日常生活——当今世界文化中的中国古代〈易经〉》）. София: сп. „Книгосвят", бр. 11/1989 г.

公元 1990 年

书（文）目录

1. Беливанова, Бора: *Китаистиката /Китаеведение/*（《汉学》），в сп. „Българско изтокознание", кн. 1, 1990, София, ЦИЕК-СУ, стр. 51-56.

2. Христов, Ленин Димитров: *Лао Дзъ. „Дао дъ дзин"*（《老子:〈道德经〉》），превод от китайски, Костенец, 1990 г.

二、备注

据译者家属讲，此《道德经》保加利亚语译本为盗版，译者确实为列宁·迪米特罗夫，但译者未曾出版过单行本的《道德经》，而是将其作为1967年出版的《老子的哲学》（*Философията на Лао Дзъ*）的一部分奉献给读者的。此版无出版社等信息。

公元 1991 年

一、大事记

索非亚大学汉语专业成立。

20 世纪 80 年代后期，中保关系复苏并朝着好的方向发展。1984 年两国重新签订了《中华人民共和国和保加利亚人民共和国政府间文化合作协议》，对汉语和中国文化感兴趣的人逐渐增多。1991 年，索非亚大学在业已存在近 30 年的汉语讲习班的基础上建立起了汉语言文学专业。汉语专业的成立，使汉语教学走上了正规化和制度化。其汉语专业至今为保加利亚培养了一批又一批的汉语人才，为保中交流，为推广传播中国文化做出了很大的贡献。

二、书（文）目录

Раусон, Филип; Легеза, Ласло: *Дао: тълкуване на китайската философия за живота и промяната*（《道：中国哲学对生活和变化的解释》）. София: издателство „Женифер-Хикс".

三、备注

1. 索非亚大学汉语专业成立于 1991 年，是在 1953 年张苏芬和朱德熙共同创办并一直延续下来的汉语讲习班的基础上成立的。

1952 年，朱德熙受中国政府派遣，到保加利亚教授汉语，得到旅保华侨张苏芬的支持，两人共同制定方案，共同准备教材，于 1953 年 2 月开办了索非亚大学第一期汉语讲习班[①]。讲习班一直坚持到1991年。

1991年5月，索非亚大学在讲习班的基础上建立了汉语专业。该专业现隶属于古典和现代语言文学系东亚语言文学教研室，同日语专业同属一个教研室[②]。每年招收一班学生，数量不等，一般在十二三人，但因为种种原因，每班毕业的只有五六人。除了本科生，该专业还招收硕士研究生和博士研究生。到目前为止，该专业的毕业生（包括硕士和博士）有100多人。

该专业现有专职汉语教师5名。专业负责人为艾立山（Александър Алексиев）教授。其他教师分别为安东尼娅·灿科娃（Антония Цанкова）、埃维丽娜·海因（Евелина Хайн，海丽娜）、韦塞林·卡拉斯托伊切夫（Веселин Карастойчев，中文名为费萨林）、特奥多拉·库察罗娃（Теодора Куцарова）。在该专业担任过专职教师的还有博拉·贝利万诺娃教授、斯内日娜·戈戈娃（Снежина Иванова Гогова）教授、索菲娅·卡特罗娃和鲁辛卡·鲁辛诺娃（Русинка Русинова）。

2. 斯内日娜·戈戈娃（1937—　）（下称戈戈娃）是索非亚大学汉语语言学与音韵学教授，汉语语言学理论专家，是保加利亚汉学界唯一有博士后经历的汉学家，也是世界汉语教学学会会员。现已退休。

戈戈娃是张荪芬女士汉语讲习班的学生。1961年毕业于索非亚大学保加利亚语言文学专业，获硕士学位。毕业论文为《保加利亚语和汉语的"时"和"体"的关系》。

戈戈娃1963年起在索非亚大学对外保加利亚语教学。1965年，到中国北京第二外国语学院教授保加利亚语。"文化大革命"爆发后被迫回国。1966年6月成为索非亚大学保加利亚语教师。1971年，在莫斯科国立大学东方语言学院攻读汉语语言学专业。1974年获得副博士学位，论文为《当代中国社会的语言环境》。1977年，获得博士学位。1984—1986年在北京外国语大学教授保加利亚语言文学。1999年起成为汉语语言学博士生导师，2000年担任索非亚大学汉语语言学与音韵学教授。

---

① 详见本编年1953年之内容。
② 该教研室原来还有韩语专业。韩语专业2011年从该教研室分离出去，成立独立的教研室。

戈戈娃主要的研究领域是汉语语言理论和比较语法。1983年，她撰写并出版了《当代中国社会语言环境的基本问题》一书，这是保加利亚汉学家研究中国语言学的第一部专著。2004年戈戈娃出版《汉语自由联想词词典——汉保词典》，这部词典是在她20世纪90年代所做的一项心理语言学调查的基础上编著而成的，填补了汉语自由联想词研究的空白。戈戈娃还重视中国人民族心理和语言意识的研究，著述颇丰。戈戈娃在汉语语言学方面撰写论文共50多篇。

戈戈娃的文学译著主要有《山乡巨变》（合译，索非亚，1963）和《男人的一半是女人》（索非亚，2001）。

公元 1992 年

书（文）目录

1. *Добрият път*（《正道》）. Велико Търново: Елпис, 96 страници.
2. *Традиционни китайски лечебни упражнения*（《中国传统的医疗体操》）. София: ИК „Одисей".

公元 1994 年

书（文）目录

1. Беливанова, Бора: *Божества с един крак /относно процеса на демитологизация в Древен Китай/-От Двуречието до Китай*（《独角仙（古代中国的去神话化过程）——从两河流域到中国》）. София: издателство на Софийски университет, стр. 116-124.

2. Жерар, Ед.: *Медитация и здраве според лечебните традиции на древен Китай*（《中国古代医疗传统中的健康观思考》）. София: издателство „Хемус".

3. Лао Дзъ: *Тао Те Кинг. Книга за Пътя и Неговата сила*（《〈道德经〉：关于道及道力之经》）, писмена и устна версии. София: издателство „Хелиопол".

公元 1995 年

一、大事记

《神州》（《中国》）杂志创刊。

为了更好地在保加利亚传播中国文化，索非亚大学教授博拉·贝利万诺娃收集了很多珍贵的资料，通过多方努力，精心策划，于 1995 年编辑出版了图文并茂的《神州》（*Приказни земи*）彩色杂志，受到汉学界和广大读者的称赞。中国驻保加利亚大使白寿绵先生为此题词："热烈祝贺《神州》杂志在保加利亚创刊发行！我相信，《神州》将为增进中保两国人民之间的友谊和相互了解做出贡献。"后《神州》改名为《中国》（*Китай*），聘请中国原驻保加利亚大使、中保友协会长白寿绵和保加利亚科学院院士、保中友协会长尼古拉·波波夫（Никола Попов）为首席顾问，博拉·贝利万诺娃任主编。该刊以"开创中保信息交流渠道，增进两国人民相互了解"为宗旨。其主要内容之一就是介绍中国的传统文化，不乏对中华传统文化经典的介绍，如《兵法——一部永远不会过时的书》（6/2002）、《苏州——园林之城》（6/2002）、《唐卡——无名氏的天才智慧》（4/2002）、《中国的茶道》（4/2002）、《中国自古爱天才——中国的古代艺术》（1/2002）、《大足石窟》（3/2003），等等。从 1995 年创刊至 2004 年停刊，《中国》杂志共出刊 30 多期，在保加利亚产生了巨大的影响。

二、书（文）目录

1. Конрад, Н.: *Сун Дзъ, У Дзъ–Трактати за военното изкуство*（《孙子、吴子兵法》）. София: издателство „Шамбала".

2. Малинова, Мариана: *Евразия и Китай. Проблемът за културните контакти през бронзовата епоха*（《欧亚与中国：青铜器时代的文化接触问题》）, Сб. Проблеми на древната обща история и култура. София: издателство на Софийски университет „Св. Кл. Охридски", с. 88-90.

3. Уолтърс, Дерек: *Китайска митология. Енциклопедия: митове и легенди*（《中国的神话》，百科全书：神话故事和传说）. София: издателство „Абагар холдинг".

三、备注

1. 玛丽安娜·马琳诺娃（Мариана Малинова，1965—　），女，保加利亚舒门（Шумен）市人。历史学家、汉学家、中国古代史博士。现就职于保加利亚科学院（Българска академия на науките）历史研究所，从事中国历史和文化研究。

1990年毕业于保加利亚舒门大学（Шуменски университет）保加利亚语言文学系。2003—2006年在索非亚大学历史系学习，攻读中国古代史，获得博士学位。博士论文题目为《青铜器时代中国与周边民族的文化交融》。

1994年9月至1995年7月，在北京外国语学院（今北京外国语大学）中文系进修汉语。2007年9月至2009年7月，在中国人民大学文学院学习汉语，进修中国古代史。2011年9月至2013年7月担任北京外国语大学保加利亚语专家。

马琳诺娃博士在中国历史文化领域著作颇丰，发表的论文有50多篇，著有专著《中华文明的起源和发展》（2009）。为《古代中国的神话和文明》和长篇小说《女皇》两部著作的保文本担任中国历史学术顾问（2007年和2011

年 Letera 出版社出版）。

2010 年，与北外欧洲语言文化学院保语教研室合作翻译了中国国家汉办和孔子学院的推广教材《当代中文》。

马琳诺娃博士在中国文化传播领域的主要著作有《欧亚与中国：青铜器时代的文化接触问题》（1995）、《青铜器时代钟在中华文化中的地位》（2001）、《中国古代陵墓建筑》（2004）、《汉字的创造及其语义的形成》（2005）、《神奇的中国丝绸一瞥》（2006）、《中国专有名词系统中一些名称形式的历史发展》（2009）、《中国人名字的实质和语义》（2009）、《从历史学和语言学观点看中国人名系统中的避讳现象及其后果》（2009）、《中国人姓氏的起源及其结构》（2009）、《中国传统家庭关系中的孝》（2010）等。

公元 1996 年

一、书（文）目录

1. Куцарова, Теодора: *Лао Дзъ. Дао Дъ дзин*，*Трактат за Дао и Добродетелта*（《〈道德经〉，道与德之经》），в „Proceedings of The First National Symposium on Korean Studies", Кореана: Корея-Традиции и съвременност, София.

2. Ценова, Жана: *Енциклопедичен речник на източната мъдрост*（《东方智慧百科词典》）. Будизъм. Индуизъм. Даосизъм. Дзен. Превод от немски. София, 1996.

3. Щуцки, Юрий К.: *И Дзин. Класическа китайска книга на промените*（《〈易经〉：中国经典的变易之书》），превод от старокитайски и коментари. София: издателство „Шамбала".

二、备注

特奥多拉·库察罗娃（Теодора Куцарова），《道德经》多种保译本之一的译者，1994 年毕业于北京大学汉语言文学专业，在加拿大多伦多大学中国古代哲学专业获得博士学位，目前任教于索非亚大学汉语语言学专业。她的母亲是资深汉学家斯内日娜·戈戈娃①。库察罗娃还是一位诗人，曾出版了《没有路的地方》和《从邮局来的一本书》两本诗集。她的主要汉学著译有《〈道德经〉，道与德之经》（1996）、《〈道德经〉：关于道和天生才能的论述》（2008）、《道德经》（译著，2009）。

公元 1997 年

书（文）目录

Кълинг, Луис: *Древният И Дзин. Мъдростта на древен Китай* （《古老的〈易经〉：古代中国的智慧》）. София: издателство „Аратрон".

公元 1998 年

书（文）目录

1. Александров, Дориян В.: *Следващите учения на Лао Дзъ. Даоски езотерични текстове* （《老子的下一个学说——道家秘经》），сборник, съставител и редактор.

---

① 见本编年 1991 年之备注。

София: ИК „Златен Дракон"; второ издание: София: издателство „Шамбала".

2. Лин Хоушън; Луо Пейю: *Секрети на китайската медицина. 300 въпроса за Ци-Гун* (《中医的秘密——气功 300 问》). София: ИК „Златен Дракон".

3. Ошо: *Дао: Трите съкровища. Разговори върху фрагменти от „Даодъдзин" от Лаодзъ,* 1-2 том (《道: 三宝——老子〈道德经〉讲座》, 上下册). София: ИК „Одисей".

公元 1999 年

书（文）目录

1. Беливанова, Бора: *Древнокитайски мислители /Лаоздъ, Лиедзъ, Джуандзъ, Уан Чун/* (《中国古代思想家——老子、列子、庄子和王充》), второ издание. София: издателство „ЛИК", 454 страници.

2. Вилхелм, Рихард: *Идзин-Книга на промените. Отговор на всеки ваш въпрос* (《〈易经〉——您所有问题的答案》), превод от китайски. София: издателство „Анхира".

3. Ден Миндао: *Хрониките на Дао. Тайния живот на един даоски майстор* (《道的演绎——一个道士的隐秘生活》). София: ИК „Златен Дракон".

4. Убенов, Цветан: *28 стъпки на Тайдзи Цигун* (《太极气功 28 法》). София: издателство „Шамбала".

公元 2001 年

一、书（文）目录

1. Алексиев, Александър Богданов: *Три урока, автор Лиу Дзунюен*（《柳宗元：〈三戒〉》）(превод от китайски). В сб.: „Непознатият Изток". София: Университетско издателство „Св. Климент Охридски", с.295-298.

2. Йончева, Виолета: *История на китайската мисъл*（《中国思想史》）. София: издателство „Рива". Превод от френски.

3. Катърова, София; Николова, Антоанета: *Старокитайска поезия*（《中国古代诗歌》）. София: Университетско издателство на СУ „Св. Климент Охридски".

4. Лаодзъ: *Дао Де Дзин. Размисли за всеки ден; мъдростта на древен Китай*（《〈道德经〉：日有所思——古代中国智慧》）. София: издателство „Мириам".

5. Пешев, Даниел: *Китайски лечебен масаж*（《中国医疗按摩》）. София: издателство „Лик". Превод от английски.

6. Радулов, Райчо; Григорова, Венедикта: *Изкуството на войната: Китайски трактати*（《战争的艺术：中国兵法》）. София: Книго| издателска къща „Труд".

二、备注

艾立山（Александър Алексиев, 亚历山大·阿列克西耶夫，1962— ），男，汉学博士，教授，索非亚孔子学院原保方院长，索非亚大学汉语专业负责人，欧洲熟语学会（Idiom Association of Europe）会员。

1983 年赴苏联国立列宁格勒大学（Ленинградский государственный университет）即今圣彼得堡国立大学（Санкт-петербургский государственный университет）攻读汉语言文学专业，1988 年获得硕士学位，论文为《厦门方言与北京话语法要素的比较》。

2005年在俄罗斯圣彼得堡大学获得博士学位，论文为《以从属关系语法模式描述汉语类词缀（"好""合""化""加""可"）的功能》。

1988年进入索非亚大学东方语言文化中心任图书馆馆员；1989年竞聘进入索非亚大学任汉语教师，助教职称；1996年获讲师职称；2005年晋升为副教授；2012年晋升为教授。

艾立山携论文参加了在保加利亚国内外举行的各种国际会议和学术研讨会，用保语、英语和汉语发表多篇论文和译著。

艾立山的研究方向集中于现代汉语研究领域，其主要著作有《厦门方言与北京话语法要素的比较》(1988)、《现代汉语中三重语素组合问题观察》(1998)、《汉语熟语中动物的象征意义》(2000)、《汉语中的熟语组》(2001)、《汉语熟语格式(熟语结构)》(2002)、《汉语熟语结构——欧洲熟语学社会的布告》(2002)、《以从属关系语法模式描述汉语类词缀（"好""合""化""加""可"）的功能》（博士论文，2005）、《汉语语素的多功能性》(2005)、《汉语形容词的谓语功能》(2006)、《汉语准词缀"化"》(2003)、《汉语成语中的双关语》(2010)、《汉语中的同音词和近音词》(2013)、《汉语网络语的构词和用语》(2013)、《中国庆祝生日时的符号语》(2013)、《中国熟语讲义》（教材）等。

公元 2002 年

书（文）目录

1. Ацев, Крум: *Книга за пътя и постигането (Дао Дъ дзин)* (《道与达之经〈道德经〉》). София: издателство „Кибеа".

2. Христова, Елена: *Китайски мислители* (《中国的思想家》). София: издателство „Фама".

公元 2003 年

书（文）目录

Катърова, София; Николова, Антоанета: *Поезия на планините и водите*（《中国古代山水诗》）. София: издателство „Стигмати".

公元 2004 年

书（文）目录

Ацев, Крум: *Китайска мъдрост*（《中国智慧》）. София: издателство „Кибеа".

公元 2005 年

书（文）目录

1. Беливанова, Бора: *Преводът в България-мост и към Китай /рецензия на книгата „Поезия на планините и водите"*（《将中国作品译介到保加利亚也是通向中国的桥梁——评译著〈中国古代山水诗〉》）; сп. „Панорама", кн. 5, с. 153-157.

2. Данаилова, Вера: *Изкуството да побеждаваш*（《获胜的艺术》）. София: Воено издателство.

公元 2006 年

书（文）目录

1. Ацев, Крум: *Бели облаци: От древнокитайската поезия до японските тристишия хайку* (《白云：从中国古代诗歌到日本俳句》). София: Нов български университет.

2. Беливанова, Бора: *Класически китайски новели* (《中国古典小说》). второ допълн. изд., прев. от китайски. София: издателство „ИВРАЙ", 279 страници.

公元 2008 年

书（文）目录

Куцарова, Теодора: *Лаодзъ, Даодъдзин, Трактат за пътя и природната дарба* (《〈道德经〉：关于道和天生才能的论述》), превод от старокитайски език и текстологично изследване. София: Университетско издателство „Св. Климент Охридски".

公元 2012 年

一、书（文）目录

Беливанова, Бора: *Средновековна китайска литература/Христоматия, първа част/* (《中国中古文学选》上册). Велико Търново: Университетско издателство „Св. св. Кирил и Методий", Преводач: Колектив, първо издание, 346 страници.

二、备注

这是博拉·贝利万诺娃教授主编的第二本中国文学教材，编排沿用了《中国上古文学选》的体例和思想。拟出版上、下两册，这是上册。

与《中国上古文学选》所有作品的翻译皆由博拉·贝利万诺娃完成不同的是，《中国中古文学选》上册的翻译由多位汉学家集体完成。具体为博拉·贝利万诺娃、艾立山、费萨林、艾克（Ек. Пейковска, 艾卡特琳娜·佩伊科夫斯卡）、阿克西妮亚·科列娃（Аксиния Колева）、索菲娅·卡特罗娃、埃夫根尼·卡拉乌兰诺夫（Евгений Карауланов）等。

结　语

纵览"20世纪中国古代文化经典在保加利亚的传播编年",我们发现20世纪保加利亚对中国文化经典的译介相对不足。到了该世纪末时才有了增加的势头,进入21世纪,这一势头更加明显,保加利亚图书市场上出现了大量介绍中国古典文化的书籍,报纸、杂志对中国文化的介绍也逐渐增多,题材、内容主要以中医、武术功夫、养生、易经、风水和古代中国哲学为主,也不乏对经典文学著作的译介,例如:年轻的汉学家韩裴就已经翻译出版了《红楼梦》(第一卷),2015年他因此获得了保加利亚文化部年度最高文化贡献奖——赫里斯托·丹诺夫奖,他已翻译出版的中国文学文化名著还有《围炉夜话》《三十六计》及莫言的《生死疲劳》,除此之外,他还正在翻译林语堂的《吾国吾民》、石玉昆的《七侠五义》、刘向的《古列女传》等;另外施雅娜正在翻译《西游记》;等等。

与此同时,随着保加利亚人对中国文化和汉语的兴趣越来越浓,"汉语热"在保加利亚逐渐兴起,"了解中国"成为时尚。两国文化往来日益频繁,旅游、教育、语言、文化和艺术等领域的交流不断拓展。2006年东欧地区首家孔子学院在索非亚大学成立，2012年10月成立了第二家孔子学院——大特尔诺沃大学孔子学院。两家孔子学院以各种方式开设汉语课和举办中国文化推广活动，也资助中国文化典籍的出版。开设汉语专业和把汉语作为辅修专业的高校增加到4所。多所中学把汉语作为必修外语科目。2014年3月，保加利亚8个城市的12所中小学设有汉语教学点，共有1051名中小学生学习汉语。

中华文化典籍的译介增加了人们对中国文化和汉语的兴趣，促进了"汉语热"的形成，而学习汉语的人越来越多，人们对中国文化的不断了解，又反过来促进了了解阅读中国文化经典著作的需求。

2016年是中国—中东欧国家人文交流年，中国在人文交流领域加大力度，创新对外传播，在交流互鉴中展示中华文化的独特魅力，扎实推进中华文明走向世界。相信这一活动的开展，势必会进一步促进中国文化经典在这一地区的传播。

（田建军）

主要参考书目

[1] 鲍拉·杜美娃·贝莉万诺娃：《索非亚大学的汉语讲习班》，载《世界汉语教学》，1987年第1期。

[2] 陈瑛：《中国文学的玫瑰国之旅》，载《欧洲语言文化研究》第5辑，北京：时事出版社，2009。

[3] 董淑慧：《保加利亚汉语教学五十年》，索非亚：玉石出版社，2005。

[4] 董淑慧：《朱德熙、张荪芬编著〈汉语教科书〉评介》，北京：世界汉语教学，2006年4月。

[5] 李丛：《保加利亚汉学研究》，台北：汉学研究通讯，2007年8月。

[6] 徐家荣：《保加利亚的第一位汉学教授——宝拉·白丽婉诺娃》，载《东

欧中亚研究》，2002 年 3 月。

[7] 徐家荣：《保加利亚汉语教学的开创者张荪芬》，载《东欧中亚研究》，2001 年 6 月。

[8] 张辛民：《玫瑰国中汉语声》，香港：时代文化出版社，2012。

[9] Джан Сун-фън: *Българско-китайски тематичен речник*. София: Софийски университет "Климент Охридски", 1969.

[10] Джан Сун-фън: *Кратък китайско-български речник*. София: Софийски университет "Климент Охридски", 1978.

[11] Джан Сунфън: *Учебници по български език*. София: издателство "Наука и изкуство", 1980.

人名译名对照及索引

一、中文—保加利亚文（按汉字音序排列）

A

阿采夫，克鲁姆（АЦЕВ, Крум）32，56

阿列克西耶夫，亚历山大（АЛЕКСИЕВ, Александър；中文名字：艾立山）68

艾克（ПЕЙКОВСКА, Екатерина；艾卡特琳娜·佩伊科夫斯卡）72

B

白宝拉（БЕЛИВАНОВА, Бора；博拉·贝利万诺娃；中文又名：白雪松）41

波波夫，尼古拉（ПОПОВ, Никола）63

波日德涅娃（ПОЗДНЕЕВА, Л. Д.）41

C

灿科娃，安东尼娅（ЦАНКОВА, Антония；中文名字：冬妮）61

D

迪米特罗夫，列宁（ДИМИТРОВ, Ленин）32，35，47，48，59

F

费萨林（КАРСТОЙЧЕВ, Веселин；韦塞林·卡拉斯托伊切夫）61，72

G

甘扬道（КАНЕТИ, Янто；扬托·卡内蒂）31，37
戈戈娃，斯内日娜（ГОГОВА, Снежина）61，62，66

H

海丽娜（ХАЙН, Евелина；埃维莉娜·海因）61
韩裴（ХИНОВ, Петко；佩特科·希诺夫）73

K

卡拉乌兰诺夫，埃夫根尼（КАРАУЛАНОВ, Евгений）58，72
卡特罗娃，索菲娅（КАТЪРОВА, София）32，55—58，61，72
科列娃，阿克西尼娅（КОЛЕВА, Аксиния；中文名字：阿夏）72
库察罗娃，特奥多拉（КУЦАРОВА, Теодора）61，66

L

鲁辛诺娃，鲁辛卡（РУСИНОВА, Русинка）61

M

马琳诺娃，玛丽安娜（МАЛИНОВА, Мариана）64，65

P

帕劳索夫，米特科（ПАЛАУЗОВ, Митко）38

S

施什科娃，雅娜（ШИШКОВА, Яна；中文名字：施雅娜）43，44

二、保加利亚文—中文（按保加利亚语字母顺序排列）

А

АВДИЕВ, В.（В. 阿夫迪耶夫）51

АЛЕКСАНДРОВ, Дориян В.（多里扬·В. 亚历山大罗夫）66

АЛЕКСИЕВ, Александър（亚历山大·阿列克西耶夫；中文名字：艾立山）61，68

АЦЕВ, Крум（克鲁姆·阿采夫）32，56，59，69—71

Б

БЕЛИВАНОВА, Бора（博拉·贝利万诺娃；中文名字：白宝拉，白雪松）31，41，52—57，59，67，70—72

БОЯДЖИЕВА, В.（В. 博亚季耶娃）33

В

ВАСИЛЕВА, Христиана（赫里斯蒂娅娜·瓦西列娃）39

Г

ГАН, Бао（干宝）57

ГОГОВА, Снежина（斯内日娜·戈戈娃）61

ГРИГОРОВА, Венедикта（维内迪克塔·格里戈罗娃）68

Д

ДАНАИЛОВА, Вера（维拉·达纳伊洛娃）70

ДЕН, Миндао（Deng Mindao）67

ДЖАН, Сунфън（张荪芬）37，39，44，48，49，52，54

ДЖУ, Дъси（朱德熙）39

Джуандзъ（庄子）54，67

ДИМИТРОВ, Ленин（列宁·迪米特罗夫）32，35，45，47，48，59

ДИМОВА, М.（М. 迪莫娃）33

ДРУМЕВА, Бора（博拉·德鲁梅娃；中文名字：白宝拉，白雪松）40，41，44，46—48，50，51

З

ЗАГОРОВ, Димитър（迪米特尔·扎戈罗夫）43

Й

ЙОНЧЕВА, Виолета（维奥列塔·约恩切娃）68

К

КАНЕТИ, Янто（扬托·卡内蒂；中文名字：甘扬道）31

КАРАСТОЙЧЕВ, Веселин（韦塞林·卡拉斯托伊切夫；中文名字：费萨林）61

КАРАУЛАНОВ, Евгений（埃夫根尼·卡拉乌兰诺夫）57，72

КАТЪРОВА, София（索菲娅·卡特罗娃）32，55，57，68，70

КОЛЕВА, Аксиния（阿克西尼娅·科列娃；中文名字：阿夏）72

КОНСТАНТИНОВ, К.（К. 康斯坦丁诺夫）43

Конфуций（孔子）31，34，44

КУЦАРОВА, Теодора（特奥多拉·库察罗娃）61，65，66，71

Л

Лао Дзъ（老子）47，54，59，60，63，65—68

Лиедзъ（列子）54，67

ЛИН, Хоушън（Lin Housheng）67

ЛИУ, Дзунюен（柳宗元）68

ЛУО, Пейю（Luo Peiyu）67

М

МАЛИНОВА, Мариана（玛丽安娜·马琳诺娃）64

МАО, Дун（茅盾）47

МИЛЕВА, М.（М. 米列娃）58

Н

НЕМАНОВ, Ф.（Ф. 内马诺夫）43

НИКОЛОВА, Антоанета（安托阿内塔·尼科洛娃）68，70

П

ПАЛАУЗОВ, Митко（米特科·帕劳索夫）38

ПЕЙКОВСКА, Екатерина（艾卡特琳娜·佩伊科夫斯卡；中文名字：艾克）72

ПЕШЕВ, Даниело（达尼埃洛·佩舍夫）68

ПОЗДНЕЕВА, Л. Д.（Л. Д. 波日德涅娃）41

ПОПОВ, Никола（尼古拉·波波夫）63

ПУ, Сунлин（蒲松龄）52

Р

РАДУЛОВ, Райчо（拉伊乔·拉杜洛夫）68

РАУСОН, Филип（菲利普·劳森）60

РУСИНОВА, Русинка（鲁辛卡·鲁辛诺娃）61

С

СИМИДОВ, Димитър（迪米特尔·西米多夫）34

СЛАВЯНСКИ, Светослав（斯维特斯拉夫·斯拉维扬斯基）34

СУ, Шъ（苏轼）56，57

СУН, Дзъ（孙子）64

У

УАН, Чун（王充）54，67

УБЕНОВ, Цветан（茨维坦·乌贝诺夫）67

У Дзъ（吴子）64

Ф

ФЕДОРЕНКО, Н.Т.（Н. Т. 费多伦科）52

Х

ХАЙН, Евелина（埃维莉娜·海因；中文名字：海丽娜）61

ХИНОВ, Петко（佩特科·希诺夫；中文名字：韩裴）43

ХРИСТОВА, Елена（埃伦娜·赫利斯托娃）69

Ц

ЦАНКОВА, Антония（安东尼娅·灿科娃；中文名字：冬妮）61

ЦЕНОВА, Жана（扎娜·岑诺娃）65

ЦЪУ, Чи（邹忌）40

Ш

ШИШКОВА, Яна（雅娜·施什科娃；中文名字：施雅娜）43

20世纪中国古代文化经典在波兰的传播编年

概　述

　　波兰共和国位于欧洲中部,面积约31.27万平方千米,人口约3843.6万(2017年),另外在海外还生活着约1000万波兰侨民。波兰民族属于西斯拉夫人,有文字记载的历史1000余年。历史上第一个有史料记载的波兰王朝是皮亚斯特王朝。966年,该王朝的第四代大公梅什科一世按照拉丁仪轨接受了基督教,使波兰融入天主教文明圈。这一事件对此后波兰的历史产生了深远的影响。从12世纪开始,波兰进入了长达近200年的封建割据时期。1385年,立陶宛大公瓦迪斯瓦夫·亚盖洛与波兰女王雅德维嘉联姻,并加冕为波兰国王。由此开始了波兰历史上的亚盖洛王朝,波兰与立陶宛逐步实现联合,直至1569年两国签订《卢布林条约》,正式合并为一个国家。16世纪是波兰文化的"黄金时代"。克拉科夫学院成为欧洲最好的大学之一,培养出了像哥白尼这样对人类文明产生重大影响的伟大科学家。波兰成为领土横跨波罗的海和黑海的欧洲第二大国。但从17世纪开始,波兰外患不断、国势转衰。到了18世纪下半叶,波兰先后于 1772 年、1793 年和 1795 年三次被俄罗斯、普鲁士、奥地利瓜分，终至亡国。1918 年第一次世界大战结束后，波兰重新获得独立，但 1939 年在遭到法西斯德国的突然入侵后，波兰再度灭亡，直至 1945 年第二次世界大战结束，才重新获得独立。

像欧洲其他国家一样，波兰汉学的发端也与基督教向外传播的活动密不可分。基督教自建立之初，便不断向外拓展自己的势力。无论是十字军东征，还是后来大规模的传教活动，目的都是将所谓的异教地区纳入基督教世界。不可否认的是，基督教的扩张，客观上促成了世界上各主要文明之间的碰撞与对话。波兰人对中国的最初认识，也是在这一过程中完成的。

波兰，在中国史书上被称为"孛烈儿"。中波两国有文字记载的最初接触见于 13 世纪。1241 年，西征的蒙古大军抵达波兰，在波兰西部城市莱格尼察与亨利克大公指挥的波军发生激战。波军惨败，亨利克大公本人阵亡。这场战争震动了整个欧洲。1245 年，罗马教皇英诺森四世决定派遣传教士出使蒙古，劝说他们停止侵犯基督教国家，并借机了解蒙古人的社会情况。使团的成员中就包括波兰人本尼迪克特。使团于 1246 年 7 月到达元定宗的京都哈剌和林，8 月参加了元定宗的登基大典，并受到定宗的召见。使团递交了罗马教皇"致鞑靼皇帝"的信，并接受了元定宗给教皇的回信。使团中的波兰人本尼迪克特在回国后，记述了自己从波兰到昔剌斡耳朵沿途的见闻，这是目前发现的波兰第一部与中国有关的文献著作。遗憾的是，本尼迪克特的中国之行并未深入中国内地，对中国的介绍多出于间接了解。

1564 年，波兰耶稣会成立。从那时开始，希望到远东，特别是到中国传教的波兰人就不乏其人。来华的波兰传教士不仅向当时的中国知识分子介绍了西方的数学、物理、天文、地理等自然科学知识，还著书立说，向欧洲社会介绍有关中国的各种情况，客观上为中西方文化交流做出了自己的贡献。

第一个到达中国内地的波兰人是安德烈·鲁多米纳，中文名卢安德，1595 年出生于立陶宛。1618 年，他在维尔诺（即维尔纽斯）加入耶稣会。在罗马学习期间，鲁多米纳接受了到远东传教的使命。1625 年，鲁多米纳离开里斯本前往中国，1626 年到达澳门，从那里前往苏州附近的嘉定学习汉语。在中国期间，鲁多米纳用中文写过两篇短小的苦修作品：《心灵的十八种图景》和《勤奋的人与懒人的十种图景》。1628年，鲁多米纳被派往福州，不幸于1632年9月3日因结核病在福州病逝。

另一位到达中国的波兰传教士是米科拉伊·斯莫古伦斯基，中文名穆尼阁。穆尼阁1610年出生于波兰古都克拉科夫，1636年加入耶稣会。1644年，穆尼阁启程前往中国，于1646年到达澳门，之后主要在杭州一带活动。其间，他了解了中国风俗并学习了汉语。在南京传教期间，正赶上清军攻城，穆尼阁不得不逃往南方的福建。此时的明王朝已经风雨飘摇。北京的耶稣会教士们转而支持清政权。穆尼阁再次被派往南京传教。在那里的几年，跟随他学习西方科学的有薛凤祚、方中通等人。穆尼阁将对数理论通过这些中国同行传入中国。在南京期间，他还曾传播哥白尼学说。这是哥白尼学说首次被介绍到中国。1653年，穆尼阁应召来到北京，受到了顺治帝的接见。顺治帝赐给穆尼阁铁信，许他在关内各省传教。自此，穆尼阁足迹遍及大半个中国，于1656年在广东肇庆患病去世。穆尼阁在华期间，向薛凤祚等人传授了大量的西方数学、天文学知识。后来薛凤祚将穆尼阁所著的《天步真原》和《天学会通》译成中文，刊行于世，并被收入《四库全书》天文算法类。

如果说穆尼阁的贡献主要在于向中国人传播了当时西方的自然科学知识，那么另一位波兰传教士——卜弥格则在使西方人认识中国方面做出了突出的贡献。卜弥格，号致远，原名米哈乌·博伊姆，1612年生于利沃夫城。他是最早对中国科学文化全方面发生兴趣的欧洲人之一，也是"第一个将中国古代的科学和文化成果介绍到西方的欧洲人"[①]。由于卜弥格的努力，欧洲学术界第一次接触到了中国的自然环境、哲学、语言学、医学和风俗习惯等方面的知识。同时，卜弥格又是重要的外交活动家，曾作为南明王朝的特使出使罗马。

卜弥格祖籍匈牙利，其家族地位显赫。1643年，卜弥格从葡萄牙里斯本出发前往中国。1644年到达澳门后，他用了几个月的时间学习汉语。此时的中国正值明王朝灭亡、清王朝初建的历史时期。1646年，原贵州总督——贵王朱由

---

① ［波］爱德华·卡伊丹斯基著：《中国的使臣——卜弥格》，张振辉译，郑州：大象出版社，2001年5月第1版，第5页。

榔在广东肇庆称帝，年号永历。南明王朝是一个信奉基督教的小朝廷[①]。卜弥格来到广东肇庆的南明朝廷，受到朱由榔本人的欢迎。卜弥格在广东肇庆期间与永历皇帝关系密切，并被封予官爵。1648年，卜弥格离开肇庆，途经湖南、湖北、河南，来到陕西西安，在那里他见到了著名的"大秦景教流行中国碑"。他不仅得到了碑文的复制品，而且把碑文内容翻译成了拉丁文，做了比较详细的注释。在此之后，卜弥格重新回到了南明王朝的宫廷，朱由榔委派他出使欧洲寻求教廷的支援。1650年，卜弥格从南宁出发，前往澳门，然后从那里乘船，经过两年多的奔波跋涉，终于于1652年年底来到了意大利威尼斯。在那里，他想方设法争取到了威尼斯元首的接见，并向他转交了南明重臣庞天寿写给元首的求援信。不久，卜弥格从威尼斯来到罗马，但受到了罗马教廷的冷落，他本人不仅没有受到教皇的接见，还被赶出了罗马。直到1655年，卜弥格才得到了英诺森十世的继任者——亚历山大七世的接见。亚历山大七世交给卜弥格他写给朱由榔的复信，但信中并未表示支持永历皇帝。得到罗马教皇的复信，卜弥格很快便登程返回中国。在返回中国的途中，卜弥格将自己多年的手稿交给了比利时传教士菲利普·库普赖特（中文名柏应理），请他将这些手稿带到欧洲，而卜弥格则带着亚历山大七世的复信继续前往中国，但不幸在广西百色地区病逝，终年47岁。

卜弥格以传教士的身份来到中国，但他的主要贡献却是向欧洲人介绍中国古代的科学、文化成就。卜弥格在中国期间，利用一切机会，对中国各地进行了大量的科学考察，撰写了许多关于中国历史、地理、科学、文化、风土人情、自然资源、社会生活方面的著作。据目前已知的情况，他一生撰写的关于中国的著作主要包括：《报告》（1653年）、《中国植物志》（1656年）、《西安府碑文》的翻译和注释（1667年）、《中医》（1682年）、《中医处方大全》（1682年）、《医学的钥匙》（1686年）、《中国地图册》、《中国全图》、《中国事物概述》、《中华帝国简录》、《汉语拉丁语词典》、《中国的道德哲学，即孔子论述》、《中国占星术》等[②]。令人遗憾的是，这些著作中只有《报告》

[①] [波]爱德华·卡伊丹斯基著：《中国的使臣——卜弥格》，张振辉译，郑州：大象出版社，2001年5月第1版，第7页。

[②] 同上书，第11页。

和《中国植物志》得以在他生前发表，其他作品或者被他人盗用，或者被改编，也有很多早已彻底遗失了。在卜弥格保存下来的著作中，《中国地图册》具有极其重要的地位。学者们普遍认为，这部《中国地图册》和同为耶稣会传教士的卫匡国的地图册一样，是最早提供给西方的相当详尽的中国地图册。这部地图册有 18 张地图，其中包括 15 张当时中国的各行省地图、1 张中国全图、1 张海南岛图和 1 张辽东地图。在这部地图册中，卜弥格不仅相当准确地描绘了中国各地一些主要的山川走向、重要城市，而且还介绍了各地的矿产和动植物资源，并对马可·波罗等前人对中国各地地名的认知重新进行了梳理，确认了正确内容，更正讹误的部分。更为重要的是，卜弥格的《中国地图册》还包括非常详尽的文字说明，使得这部地图册更具有百科全书的特点。卜弥格另一部具有开拓意义的著作是《中国植物志》。《中国植物志》1656 年在维也纳用拉丁文出版，是欧洲第一部关于东亚和东南亚地区动植物资源的书。卜弥格对汉语也表现出了非常浓厚的兴趣，曾经专门著文介绍汉语的渊源、含义、沿革及汉语的语音、语调等知识。在翻译、诠释"大秦景教流行中国碑"的过程中，其著作还形成了第一部汉语与拉丁文的词典。整个词典包括 1561 个汉字和它们的拉丁文翻译，作为第一部中西词典，应该说内容是相当丰富的。

包括波兰传教士在内的西方在华传教士向欧洲介绍的中国，激起了孟德斯鸠、伏尔泰、莱布尼茨等欧洲学者的浓厚兴趣。欧洲知识界的"中国热"也影响到波兰社会上层，其中最具代表性的是波兰国王——扬·索别斯基（1629—1696）。扬·索别斯基 1674 年登上波兰王位，其一生最伟大的功绩是于 1683 年率领波兰军队在维也纳城下打败奥斯曼军队，阻止了奥斯曼征服欧洲大陆的步伐。索别斯基一生酷爱文化和艺术，尤其对东方文化，特别是中国文化情有独钟。他下令在华沙南郊建造了维拉努夫宫，又称夏宫，又命人在花园里建造了一座中式凉亭。1686 年，他下令在夏宫中专门布置一个中国厅，用于收藏各种来自中国的物品。索别斯基在位期间，曾两次致信清朝康熙皇帝。第一次托耶稣会教士南怀仁带往中国，康熙帝收到信后曾赠给索别斯基国王两个中国花瓶。随着对中国的兴趣日益浓厚，索别斯基于 1688 年再次致信中国皇帝，希望获得有关中国风土人情、文化艺术的图书资料。

18 世纪，波兰内乱不断，外敌环伺，国势日下。到 18 世纪末，波兰被俄、普、奥三国瓜分，彻底灭亡。因此整个18、19世纪，中国与波兰的交往陷入低潮。当然，这并不意味着中波交往的彻底中断，仍有一些波兰人因为各种机缘，对中国产生兴趣甚至与中国发生联系，例如耶日·特姆科夫斯基就曾在1820年至1821年间随俄国使团到北京工作，完成了一部介绍中国的著作，即《耶日·特姆科夫斯基1820—1821年经蒙古到中国的旅行》。但即便如此，处于亡国状态的波兰，不可能产生系统的汉学，对中国古代文化典籍的译介工作也无从谈起。汉学的真正兴起，要等到波兰重获独立之后才能够得以实现。

编年正文

公元 1784 年（乾隆四十九年）

书（文）目录

Grzegorz Zachariasiewicz（格热戈日·扎哈里亚谢维奇）从法文译出，*Krótki Zbiór Starożytnych Moralistów, T. II-Myśli Moralne Konfucyusza, T. III-Myśli Moralne Różnych Filozofów Chińskich*（《古代道德家摘编》第二卷《孔子的道德思想》、第三卷《中国哲学家们的道德思想》），Drukarnia J. O. Xcia JMci Prymasa R. P 出版，Łowicz。

公元 1810 年（嘉庆十五年）

一、书（文）目录

Filip Neriusz Golański（菲利普·内留什·戈兰斯基）著，*Literatka chińska dla literatek i literatów w Europie: z niektóremi wiadomościami o Chinach i Chińczykach; z jch autorów, historyi, myśli, zdań i prawideł; z niektóremi oraz ich przysłowiami; sposobem tłumaczenia się, i filozofiią Konfucyusza: wedle dokładnieyszych pamiętników o Chinach*（《中国女文学家为欧洲男女文学家讲中国：关于中国和中国人的某些信息；关于中国的作家、历史、思想、句子和规则；某些中国谚语；翻译方法；孔子哲学——根据关于中国的最详尽的回忆录写成》），nakł. i drukiem Józefa Zawadzkiego 出版，Wilno。

二、备注

此书的作者菲利普·内留什·戈兰斯基（1753—1824）是立陶宛大学文学与发音学教授。

公元 1827 年（道光七年）

一、书（文）目录

Egor Fedorovič Timkovskij（埃戈尔·费多罗维奇·特姆科夫斯基）著，Tomasz Wilhelm Kochański（托马什·威廉·考汉斯基）从俄文翻译，*Podróż do Chin przez Mongoliją w latach 1820 i 1821. T. 2 / przez Jerzego Tymkowskiego odbyta*（《耶日·特姆科夫斯基1820—1821年经蒙古到中国的旅行》），Piotr Piller 出版，

Lwów。

二、备注

此书的作者埃戈尔·费多罗维奇·特姆科夫斯基是波兰裔俄国外交官，1790年出生于乌克兰的一个波兰贵族家庭。1811年他毕业于莫斯科大学，之后在俄国外交部工作。1820年至1821年作为俄国东正教使团的成员在北京工作。

公元1829年（道光九年）

书（文）目录

Wypis z podróży do Chin i Tartaryi w orszaku poselstwa angielskiego pod naczelnictwem lorda Macartney odbytey（《随马戛尔尼勋爵带领的英国使团游历中国和鞑靼的笔记》），Druk. Manesa i Zymela 出版，Wilno。

公元1858年（咸丰八年）

一、书（文）目录

Évariste Régis Huc（[法]古伯察）著，Aleksander Kremer（亚历山大·克雷梅尔）从法文翻译，*Wspomnienia z podróży po Tartarji, Tybecie i Chinach w latach 1844, 1845 i 1846 odbytej*（《1844、1845、1846年鞑靼、西藏和中国游记》），S. Orgelbrand 出版，Warszawa。

二、备注

古伯察（1813—1860），法国遣使会传教士。1839 年入华，曾在西藏、青海等地旅行。

公元 1877 年（光绪三年）

一、书（文）目录

L. Wery（L. 威瑞）著，Aleksander Weryha Darowski（亚历山大·维雷哈·达洛夫斯基）译，*Relacja o starej chińskiej kronice Czin-Czi-Na*（《关于古代中国编年史书 Czin-Czi-Na 的报道》），Lwów。

二、备注

亚历山大·维雷哈·达洛夫斯基（1815—1874），波兰散文家、诗人和历史学家。曾在欧洲和非洲各地游历。

公元 1886 年（光绪十二年）

一、书（文）目录

Évariste Régis Huc（[法]古伯察）著，*Cesarstwo Chińskie: według współczesnych badań podróżnika O.M. Huc'a-byłego misyonarza Apostolskiego w Chinach*（《中华帝国：依据在中国的传教士、旅行家——O.M.Huc 的当代研究成果》），从法文翻译，

t. 1-2 Wiek: Nowy Świat 出版，Warszawa。

二、备注

古伯察的《中华帝国：依据在中国的传教士、旅行家——O.M.Huc 的当代研究成果》一书曾获得法国科学院的表彰。

公元 1891 年（清光绪十七年）

一、书（文）目录

Ch'ên Chi-t'ung（陈季同）著，*Romans żółtego człowieka. Osnuty na tle chińskich obyczajów*（《黄衫客传奇》），从法文本译出，Warszawa。

二、备注

陈季同（1851—1907），字敬如，一作镜如，号三乘槎客。清末外交官，曾担任清政府驻欧洲多国的外交官。通晓法文、英文、德文和拉丁文，对西方文化也有较深入的了解，同时又有深厚的国学修养。为了让西方人更好地了解和认识中国文化，他著、译了 7 种法文书，在当时的西方很有影响。

公元 1892 年（清光绪十八年）

书（文）目录

Ch'ên Chi-t'ung（陈季同）著，*Nowelle z życia Chińczyków*（《中国故事》），H. Nasierowski（H. 纳谢洛夫斯基）从法文本译出，Warszawa。

公元 1898 年（光绪二十四年）

书（文）目录

Évariste Régis Huc（[法] 古伯察）著，*Podróże księży misyonarzy Huc i Gabet w Mongolii, w Tybecie i w Chinach*（《传教士胡克和加倍特的蒙古、中国、西藏游记》），Dziedzictwo bł. Jana Sarkandra 出版，Cieszyn。

公元 1899 年（光绪二十五年）

一、书（文）目录

1. Konstanty Rengarten（[俄] 康斯坦丁·伦加滕）著，Juliana Ochorowicz（尤利安·欧霍洛维奇）撰写前言，Henryk Wernica（亨利克·维尔尼查）译，*Pieszo do Chin (Wrażenia z podróży)*（《步行去中国：旅行印象》）Seria: *Biblioteka Dzieł Wyborowych* nr 68（"精选书库"系列第 68 号，从伊尔库茨克到满洲），Drukarnia Granowskiego i Sikorskiego 出版，Warszawa。

2. Constance Gordon-Cumming（[英]康斯坦斯·戈登－卡明）著，Julian Ochorowicz（尤利安·欧霍洛维奇）撰写前言，Wiktor Wolski（维克多·沃尔斯基）译，*Życie w Chinach: wrażenia z podróży*（《生活在中国：旅行印象》），Seria: *Biblioteka Dzieł Wyborowych*（"精选书库"系列），Drukarnia Granowskiego i Sikorskiego 出版，Warszawa。

二、备注

1. 康斯坦丁·伦加滕（1862 或 1864—?），俄罗斯旅行家和游记作家，出生在明斯克附近的一个德语家庭。成年后喜欢航海，曾实现环球旅行。

2. 康斯坦斯·戈登－卡明（1837—1924）出生于苏格兰，是一位游记作家和画家。1879 年来到中国，之后写下了多部涉及中国的著作。

公元 1900 年（光绪二十六年）

一、书（文）目录

1. Edmund Plauchut（[法]埃德蒙·普拉乌特）著，H. Michałowski（H. 米哈沃夫斯基）译，*Chiny i Chińczycy*（《中国与中国人》），Drukarnia A.T. Jezierskiego 出版，Warszawa。

2. Heinrich Cunow（[德]亨利希·库诺夫）著，A.W. 从德文本翻译，*Chiny: rozwój społeczny i ekonomiczny*（《中国：经济和社会发展》），Red. "Głosu" 出版，Warszawa。

3. Mieczysław Brzeziński（米耶契斯瓦夫·布热津斯基）著，*O kraju chińskim i Chińczykach*（《关于中国与中国人》），Skł. gł. w Księgarni Centerszwera 出版，Warszawa。

4. E. Bard（[法]E. 巴尔德）著，从法文本翻译，*Chińczycy u siebie*（《中国

人在自己的国家》），Nakładem Redakcy i "Gazety Polskiej" 出版，Warszawa。

二、备注

1.《中国：经济和社会发展》一书作者亨利希·库诺夫（1862—1936）为德国著名社会学家、经济史学家、人类学家、马克思主义理论研究者。

2.《中国人在自己的国家》一书的作者 E. 巴尔德曾任中国法租界工部局总董事。书中涉及中国人的礼仪、不贪图安乐、对祖先的尊敬等文化传统，对中国的迷信、宗教、社会、新闻、政府、金融、司法、外贸、海军、农业等各个方面进行了介绍，还谈到了中国的女人、商人，介绍了在中国的外国租界、外商和传教士的情况。以欧洲人的视角向人们展现了慈禧太后执政末期、义和团运动前夕的中国。

公元 1901 年（光绪二十七年）

一、书（文）目录

1. Adolf Święcicki（阿道夫·希文奇茨基）著，*Historya literatury chińskiej i japońskiej*（《中国和日本文学史》），*Historya literatury powszechnej w monografijach*（《文学通史论集》第二卷），A.T. Jezierskiego 出版，Warszawa。

2. Čšernák F.（[匈] 切尔纳克·F.）著，*Chiny i bokserzy: historya, kultura i obyczaje Chińczyków, prawda o t.z. bokserach, przyszłość Chin*（《中国与义和团：中国人历史、文化和习俗，关于所谓义和团的真相》），T. Paprocki 出版，Warszawa。

3. 李潜夫著，Alfred Szczepański（阿尔弗雷德·什切潘斯基）根据法文和德文译本编辑整理，*Kredowe koło*（《灰阑记》），Lwów。

二、备注

阿道夫·希文奇茨基（1850—1932），波兰作家和翻译家，一月起义老战士。

公元 1904 年（光绪三十年）

书（文）目录

Wiktor Doleżan（维克多·朵莱任）编著，*Mandżuria: opis kraju i ludzi/na podstawie najnowszych źródeł oprac. Wiktor Doleżan*（《满洲：对国家和人民的描述——根据维克多·朵莱任的最新资料编写》），Warszawa。

公元 1906 年（光绪三十二年）

一、书（文）目录

Juliusz Starkel（尤留什·斯塔尔凯尔）著，*Obrazki z Chin*（《中国风貌》），Ziarno 出版，Warszawa。

二、备注

尤留什·斯塔尔凯尔（1840—1918），波兰作家、政论家和社会活动家。

公元 1907 年（光绪三十三年）

一、书（文）目录

Remigjusz Kwiatkowski（雷米久什·科维亚特科夫斯基）著，*Literatura chińska*（《中国文学》），Seria: *Książki dla Wszystkich*（"给所有人读的书"系列），Wydawnictwo M. Arcta 出版，Warszawa。

二、备注

雷米久什·科维亚特科夫斯基（1884—1961），波兰诗人、翻译家和记者，曾翻译中国诗歌，介绍中国文学。

公元 1912 年

书（文）目录

Mieczysław Brzeziński（米耶契斯瓦夫·布热津斯基）著，*O kraju chińskim i Chińczykach*（《关于中国和中国人》），Skł. gł. Księgarnia Polska 出版，Warszawa。

公元 1919 年

大事记

1. 本年，波兰汉学家 Bogdan Richter（鲍格但·雷赫特尔）在华沙大学创办远东研究室（后改名为远东文化室），开始开展汉语教学。
2. 波兰于 1919 年在哈尔滨开设领事馆。

公元 1920 年

大事记

1920 年 3 月 27 日当时的中华民国政府（北洋政府）承认了重新获得独立的波兰。

公元 1922 年

一、大事记

1922 年 5 月 28 日，波兰东方学协会正式成立。该机构旨在集中波兰从事东方学研究的学者，普及有关东方各民族语言和文化知识。首任主席是 Władysław Kotwicz（弗瓦迪斯瓦夫·考特维奇）。协会的会址先在利沃夫，之后迁往克拉科夫，1955 年后会址迁到华沙。1949 年开始出版《东方观察》季刊，这是波兰第一本以东方学为主要领域的学术普及性刊物，上面发表了大量涉及中国的译文或者研究性论著。

二、书（文）目录

Leopold Staff（利奥波德・斯塔夫）从法文本译出，*Fletnia chińska*（《中国笛》），PIW 出版，Warszawa。

公元 1925 年

一、大事记

1925 年至 1988 年，波兰东方学协会出版了"东方文库"丛书，集中译介东方各国文学、历史等方面的书籍。其中包括部分涉及中国的著作。

二、书（文）目录

Julius Dittmar（尤利乌斯・蒂特马尔）著，A. R. 译，*Nowoczesne Chiny: wrażenia z podróży*（《现代中国：旅行印象》），Zdrój 出版，Warszawa。

公元 1926 年

一、书（文）目录

Maria Kuncewiczowa（玛利亚・昆采维卓娃）著，*Tseu-Hi: władczyni bokserów*（《慈禧：义和团的女君主》），Rój 出版，Warszawa。

二、备注

玛利亚·昆采维卓娃（1895—1989），波兰作家。

公元 1928 年

书（文）目录

Józef Targowski（约瑟夫·塔尔高夫斯基）从英文本翻译，*Duch narodu chińskiego*（《中华民族的精神》），Krakowska Spółka Wydawnicza 出版，Kraków。

公元 1929 年

大事记

1929 年 3 月，波兰政府在南京设立使馆。

公元 1931 年

一、大事记

波兰东方学协会在华沙举行首届波兰东方学学者大会，其成为全波兰东方学学者交流思想和开展学术研讨的平台。

二、书（文）目录

J. Sawar（J. 萨瓦尔），*Legendy chińskie*（《中国传说》），Drukarnia B-ci Wójcikiewicz 出版，Warszawa。

公元 1932 年

一、大事记

1932 年 5 月 16 日至 17 日，波兰东方学协会在维尔纽斯召开第二届东方学学者大会。

二、书（文）目录

Konstanty Symonolewicz（康斯坦丁·西莫诺莱维奇）著，*Miraże mandżurskie*（《满洲的幻影》），Gebethner i Wolff 出版，Warszawa。

三、备注

康斯坦丁·西莫诺莱维奇（1884—1952），东方学学者、汉学家、外交官。初期作为沙俄驻华外交官，波兰重获独立后，作为波兰外交官在华生活工作多年。曾在波兰报刊上发表大量文章介绍中国。

公元 1933 年

大事记

1. 1933 年 6 月 5 日至 7 日，波兰东方学协会在克拉科夫召开第三届波兰东方学学者大会。

2. 波兰第一所专门从事汉语教学和汉学研究的教学科研机构——华沙大学东方学院汉学教研室成立，雅沃尔斯基主持教研室的工作。

公元 1934 年

大事记

1. 波兰传教士 Franciszek Ksawery Białas（鲍润生）创立汉学杂志《华裔学志》。鲍润生 1878 年出生于波兰西里西亚，1936 年在北京去世。曾在山东等地传教，也曾在天主教辅仁大学担任教授，其创立的《华裔学志》出版至今，是在国际上具有影响力的汉学刊物。

2. 1934 年 5 月 20 日至 22 日，波兰东方学协会在利沃夫召开第四届波兰东方学学者大会。

公元 1935 年

一、书（文）目录

Władysław Kotwicz（弗瓦迪斯瓦夫·考特维奇）著，*Jan hr. Potocki i jego podróż do Chin*（《杨·博托茨基伯爵和他的中国之旅》），Drukarnia Nakładowa Lux 出版，Wilno。

二、备注

弗瓦迪斯瓦夫·考特维奇（1872—1944）是波兰语言学家、东方学家，主要从事蒙古语言研究。

公元 1936 年

书（文）目录

Bogdan Richter（鲍格但·雷赫特尔）著，*Literatura chińska. Literatura japońska*（《中国文学与日本文学》），nakł. Trzaski, Everta i Michalskiego 出版，Warszawa。

公元 1937 年

一、大事记

1937 年 6 月 20 日至 22 日,波兰东方学协会在维尔纽斯召开第六届波兰东方学学者大会。

二、书(文)目录

1. Mary Augusta Nourse([美]玛丽·奥古斯塔·诺斯)著、Jan Furuhjelm(杨·富鲁赫耶尔姆)译,*Dzieje 400,000,000 narodu: Chiny od czasów najdawniejszych do chwili obecnej.*(《四亿人的历史:中国从远古到现代》),Trzaska, Evert i Michalski S. A. 出版,Warszawa。

2. Jan Wypler(杨·维普莱尔)著,*Czuang-dze, Myśli wybrane*(《庄子思想选编》),发表于 *Kuźnica*(《熔炉》周刊),1991 年 Oficyna Wydawnicza Hairesis 再版。

3. Jan Jaworski(杨·雅沃尔斯基)著,*Chiny*(《中国》),Seria: *Wielka geografia powszechna* t. 12 z. 2 ("寰宇地理"系列第 2 卷),Trzaska, Evert i Michalski 出版,Warszawa。

4. Włodzimierz Dzwonkowski(弗沃吉米日·兹沃恩科夫斯基)著,*Rosja, Chiny, Mongolia w stosunkach dziejowych*(《俄罗斯、中国和蒙古的历史关系》),Wydaw. Instytutu Wschodniego 出版,Warszawa。

5. Antoni Alexandrowicz(安东尼·亚历山德罗维奇)著,*Mandżuria: jej przeszłość, teraźniejszość, kraj i ludzie*(《满洲:她的过去和今天,国家和人民》),Biblioteka Polska 出版,Warszawa。

三、备注

1.《四亿人的历史：中国从远古到现代》包含 6 张地图和 47 幅插图，内容涉及中国概况、传说中的早期历史和传说人物、周、秦、汉、唐等历史时期的情况，中国变法和革命的情况及民国时期社会制度等。

2. 杨·雅沃尔斯基（1903—1945），波兰汉学家、日本学家、历史学家。先后在华沙和巴黎学习汉学和日本学，主要从事佛学研究，曾在波兰驻哈尔滨领事馆工作。

公元 1938 年

一、大事记

波兰东方学协会在克拉科夫召开第七届波兰东方学学者大会。

二、书（文）目录

1. Alexandra David-Néel（[法]亚历山德拉·大卫－尼尔），Mieczysław Jarosławski（米耶彻斯瓦夫·雅罗斯瓦夫斯基）译，*Mistycy i cudotwórcy Tybetu*（《西藏的朝圣者与圣人》），Trzaska, Evert i Michalski 出版，Warszawa。

2. Ireneusz Michalski（伊莱奈乌什·米哈尔斯基）著，*Składniki rasowe Chińczyków*（《中国人的种族构成》），Tow. Naukowe Warszawskie 出版，Warszawa。

3. Konstanty Symonolewicz（康斯坦丁·西莫诺莱维奇）著，*Moi Chińczycy: 18 lat w Chinach*（《我的中国人：旅居中国十八年》），Biblioteka Polska 出版，Warszawa。

4. Witold Jabłoński（维托尔德·雅布翁斯基），*Religie Chin*（《中国宗教》），

发表于 „Religie Wschodu"（《东方宗教》），Warszawa。

三、备注

亚历山德拉·大卫－尼尔（1868—1969），法国探险家、记者、作家、藏学家。她于1924年前往西藏拉萨，成为历史记录中第一位进入拉萨的欧洲女性。

公元 1939 年

书（文）目录

1. Paweł Alexandrowicz（帕维乌·亚历山德罗维奇）著，*Kraj smoka: charakter Chińczyka, jego zwyczaje i obyczaje*（《龙的国度：中国人的性格和习俗》），Warszawa。

2. Tadeusz Radkowski（塔德乌什·拉德科夫斯基）著，*Od Jan-ce-kiangu do Me-kongu: wspomnienia z Chin i z Indochin*（《从扬子江到湄公河：中国与印支回忆录》），Druk. Loretańska 出版，Warszawa。

3. Roman Fajans（罗曼·法彦斯）著，*W Chinach znowu wojna...*（《中国战火再起……》），Towarzystwo Wydawnicze Rój 出版，Warszawa。

4. 李潜夫著，Jan Wypler（杨·维普莱尔）从中文本译出，*Dramat w czterech aktach z prologiem*（*Huei lan ki*）（《灰阑记》），bmw. 出版。

5. 李白著，Jan Wypler（杨·维普莱尔）从中文本译出，*Pieśni o winie*（《饮酒诗》），Katowice。

6. Jan Wypler（杨·维普莱尔）译，*Urok wdzięku kobiecego. Wiersze chińskie*（《女性美的魅力——中国诗歌选》），Katowice。

公元 1947 年

一、大事记

波兰东方学协会在克拉科夫召开第八届波兰东方学学者大会。

二、书（文）目录

1. Janusz Chmielewski（雅努什·赫米耶莱夫斯基）著，*Chiny przedwczorajsze*（《前天的中国》），Łódź。

2. Janusz Chmielewski（雅努什·赫米耶莱夫斯基）著，*Chiny przedwczorajsze i wczorajsze*（《前天和昨天的中国》），Seria: *Wielkie Ośrodki Najstarszej Kultury*（"伟大的文明古国"系列），Czytelnik 出版，Warszawa。

三、备注

雅努什·赫米耶莱夫斯基（1916—1998），波兰语言学家和汉学家，曾在罗兹大学讲授比较语言学，从 1955 年开始担任华沙大学教授。长期从事中国古代逻辑学研究。与他人共同翻译了《南华真经》（1953）和《中国文学选集》（1956）。

公元 1948 年

书（文）目录

Janusz Chmielewski（雅努什·赫米耶莱夫斯基）著，*Chiny w XIX i XX wieku*（《十九至二十世纪的中国》），Spółdzielnia Wydawniczo-Oświatowa Czytelnik 出版，

Warszawa。

公元 1949 年

一、大事记

1. 1949 年 10 月 7 日，中华人民共和国与波兰人民共和国正式建立外交关系。
2. 波兰东方学协会开始出版《东方观察》季刊。
3. 波兰东方学协会在弗罗茨瓦夫召开第九届波兰东方学学者大会。

二、书（文）目录

Jan Wypler（杨·维普莱尔）译，*Błogi spokój. Wybór wierszy z czasów dynastii Sung*（《怡人的宁静——宋代诗歌选》），Katowice。

公元 1950 年

一、大事记

1. 1950 年 3 月签订中波新闻交换合同。
2. 波兰东方学协会在华沙召开第十届波兰东方学学者大会。

二、书（文）目录

1. Witold Jabłoński（维托尔德·雅布翁斯基）著，*Kaligrafia chińska*（《中

国书法》)，*Przegląd Orientalistyczny*，nr 3/1950（《东方观察》1950 年第 3 期）。

2. Witold Jabłoński（维托尔德·雅布翁斯基）著，*Geneza chińskiej bibliografii a rodzaje literackie*（《中国目录学背景与文学种类》），Towarzystwo Naukowe Warszawskie 出版，Warszawa。

公元 1951 年

大事记

1951 年 4 月，中波两国签订文化合作协定，这是我国与东欧国家签订的第一个文化协定。每年双方轮流派出文化代表团到对方国家商谈并签订文化合同年度执行计划。

公元 1952 年

一、大事记

1. 1952 年，波兰对外文化合作委员会主席温德率波兰政府文化代表团访华。
2. 1952 年，波兰科学院成立东方学委员会。
3. 波兰东方学协会在华沙召开第十一届波兰东方学学者大会。

二、书（文）目录

Szy Nai-an（施耐庵）著，译者不详，*Opowieści znad brzegów rzek*（《水浒传》），Czytelnik 出版，Warszawa。

公元 1953 年

一、大事记

1. 1953 年，中国文化部部长沈雁冰（茅盾，著名作家）率中国代表团访问波兰。
2. 波兰东方学协会在华沙召开第十二届波兰东方学学者大会。

二、书（文）目录

1. Czuang-tsy（庄子）著，Witold Jabłoński（维托尔德·雅布翁斯基），Janusz Chmielewski（雅努什·赫米耶莱夫斯基），Olgierd Wojtasiewicz（奥尔格尔德·沃伊塔谢维奇）译，*Prawdziwa księga południowego kwiatu*（《南华真经》），Wydawnictwo PWN 出版，Warszawa。

2. Ludwika Rodziewicz（卢德维卡·罗杰维奇）著，*Historia sztuki chińskiej*（《中国艺术史》），Skrypt wykładów Uniwersytetu Poznańskiego（波兹南大学讲义），PWN 出版，Poznań。

公元 1954 年

一、大事记

波兰东方学协会在华沙召开第十三届波兰东方学学者大会。

二、书（文）目录

1. Marco Polo（马可·波罗）著，Anna Ludwika Czerny（安娜·卢德维卡·奇尔内）译，*Opisanie świata*（《马可·波罗游记》），PIW 出版，Warszawa，1954 年第 1 版，1975 年第 2 版，1993 年第 3 版。

2. Maria Górska（玛丽亚·古尔斯卡）选译，*Pięciu braci Li: chińskie bajki ludowe i przysłowia*（《李氏五兄弟：中国民间童话和谚语》），Nasza Księgarnia 出版，Warszawa。

三、备注

1.《马可·波罗游记》从古意大利语本翻译而成，参考了古法语版本内容。
2.《李氏五兄弟：中国民间童话和谚语》从俄文选译。

公元 1955 年

书（文）目录

1. Aleksy Dębnicki（阿莱克斯·登布尼茨基）译，*Fragmenty z dzieła Meng-tsy*（《〈孟子〉选读》），*Przegląd Orientalistyczny*，nr 1/1955（登载于《东方观察》1955 年第 1 期）。

2. 李白著，Witold Jabłoński（维托尔德·雅布翁斯基）译，*Pochwała wina*（《将进酒》），发表于 *Przegląd Orientalistyczny*，nr 3/1955（《东方观察》1955 年第 3 期）。

公元 1956 年

一、大事记

波兰东方学协会在克拉科夫召开第十四届波兰东方学学者大会。

二、书（文）目录

1. Janusz Chmielewski（雅努什·赫米耶莱夫斯基）, Aleksy Dębnicki（阿莱克斯·登布尼茨基）, Witold Jabłoński（维托尔德·雅布翁斯基）, Olgierd Wojtasiewicz（奥尔格尔德·沃伊塔谢维奇）译, *Antologia literatury chińskiej*（《中国文学选》）, PWN 出版, Warszawa。

2. Witold Jabłoński（维托尔德·雅布翁斯基）, *Z dziejów literatury chińskiej*（《中国文学史选读》）, Wiedza Powszechna 出版, Warszawa。

公元 1957 年

大事记

1 月，周恩来总理、贺龙副总理访问波兰。

公元 1958 年

一、大事记

波兰东方学协会在华沙召开第十五届波兰东方学学者大会。

二、书（文）目录

1. Jan Wypler（杨·维普莱尔）译，*Małzonek nikczemny i inne opowiadania chińskie*（《今古奇观》），Śląsk 出版，Katowice。

2. Witold Jabłoński（维托尔德·雅布翁斯基）选译，*Mądrość Państwa Środka*（《中国的智慧》），Seria: *Myśli Srebrne i Złote*（"金色和银色的思想"系列），Wiedza Powszechna 出版，Warszawa。

3. 屈原著，Janusz Chmielewski（雅努什·赫米耶莱夫斯基），Witold Jabłoński（维托尔德·雅布翁斯基），Olgierd Wojtasiewicz（奥尔格尔德·沃伊塔谢维奇）译，*Pieśni z Cz`u*（《楚辞》），PIW 出版，Warszawa。

公元 1960 年

一、大事记

波兰东方学协会在华沙召开第十六届波兰东方学学者大会。

二、书（文）目录

1. Czang Tai-nien（张岱年）著，*Mała historia chińskiej myśli materialistycznej*

（《中国唯物主义思想简史》），Książka i Wiedza 出版，Warszawa。

2. A. Frybesowa（A. 弗莱贝索娃），B. Kopelówna（B. 科派尔卢弗娜），Z. Sroczyńska（Z. 斯洛琴斯卡）译，*Wesołe przygody leniwego smoka*（《懒龙的快乐奇遇》），PIW 出版，Warszawa。

3. Tadeusz Żbikowski（塔德乌什·日比科夫斯基），*Konfucjusz*（《孔子》），Seria: *Światowid*（"圣贤"系列），Książka i Wiedza 出版，Warszawa。

4. Szang Jüe（尚钺）著，*Dzieje Chin*（《中国历史纲要》），PWN 出版，Warszawa。

5. Włodzimierz Wowczuk（弗沃吉米日·沃夫楚克），Alicja Marciszewska（阿丽茨亚·马尔其舍夫斯卡）译，*Mei-Kwiat śliwy. Opowiadania chińskie*（《梅——中国短篇小说集》），Książka i Wiedza 出版，Warszawa。

6. Tadeusz Żbikowski（塔德乌什·日比科夫斯基）译，*Sprawiedliwe wyroki sędziego Pao-Kunga* (XVI w.)（《包公神断公案》），Iskry 出版，Warszawa。

三、备注

1.《中国唯物主义思想简史》概述了中国从周代开始，直到明清时期中国唯物思想的发展历程，包含最重要的中国哲学家列表，有附图。

2.《懒龙的快乐奇遇》为短篇小说集，选取了中国 10—17 世纪部分小说作品。

3.《梅——中国短篇小说集》是基于《太平广记》选取了 20 篇短篇小说。

4. 塔德乌什·日比科夫斯基（1930—1989），波兰汉学家、华沙大学教授，也是中国文学翻译家。

公元 1961 年

书（文）目录

Pu' Sung-ling（蒲松龄）著，Bożena Kowalska（波热娜·科瓦尔斯卡）译，Tadeusz Żbikowski（塔德乌什·日比科夫斯基）撰写前言，*Mnisi-czarnoksiężnicy, czyli Niesamowite historie o dawnych ludziach*（《聊斋志异》），Iskry 出版，Warszawa。

公元 1963 年

书（文）目录

Henry H.Hart（亨利·H.哈特）著，*Wenecki podróżnik : opowieść o życiu, czasach i dziele Imć Pana Marka Polo*（《威尼斯旅行家：关于马可·波罗生平、时代和作品述评》），Książka i Wiedza 出版，Warszawa。

公元 1964 年

一、大事记

波兰东方学协会在华沙召开第十八届波兰东方学学者大会。

二、书（文）目录

惜阴堂主人（宣澍甘）著，Maria Kureck（玛利亚·库莱克）从德文本转译，*Cud wtórego kwitnięcia śliw*（《二度梅》），PAX 出版，Warszawa。

三、备注

《二度梅》是清代白话小说，全书 40 回，约 15 万字。惜阴堂主人编写，后被改编成京剧、越剧、评剧等剧种。德国汉学家弗兰兹·库恩于 1927 年将该书从中文翻译成德文。

公元 1966 年

大事记

波兰东方学协会在华沙召开第十九届波兰东方学学者大会。

公元 1967 年

一、书（文）目录

Mieczysław J. Künstler（金思德）译，*Księga dokumentów*（《书经》/《尚书》），登载于《东方观察》1967 年第 2 期。

二、备注

金思德（1933—2007），波兰汉学家、华沙大学汉学系教授。

公元 1968 年

一、大事记

波兰东方学协会在克拉科夫召开第二十届波兰东方学学者大会。

二、书（文）目录

Luce Boulnois（[法]鲁斯·布尔努瓦）著，Tadeusz Zabłudowski（塔德乌什·扎布多夫斯基）译，*Szlakiem jedwabiu*（《沿着丝绸之路》），PWN 出版，Warszawa。

公元 1970 年

一、书（文）目录

1. Mieczysław Jerzy Künstler（[波]金思德）著，*Pismo chińskie*（《汉字》），PWN 出版，Warszawa。

2. Zbigniew Filarski（兹比格涅夫·费拉尔斯基）著，*Sztuka kręgu kultury chińskiej*（《汉文化艺术》），Centralne Biuro Wystaw Artystycznych 出版，Warszawa。

二、备注

1.《汉字》一书中介绍了有关象形文字的知识以及汉字的历史。
2.《汉文化艺术》一书中介绍了中国艺术以及深受中国文化影响的国家的艺术，还包括一些重要作品的赏析。

公元 1971 年

一、大事记

波兰东方学协会在华沙召开第二十一届波兰东方学学者大会。

二、书（文）目录

Michał Sobeski（米哈乌·索贝斯基）著，*Sztuka egzotyczna-rozdział Chiny*（《异域艺术——中国篇》），Arkady 出版，Warszawa。

三、备注

米哈乌·索贝斯基（1877—1939），波兰波兹南大学教授、哲学家、戏剧评论家和作家。

公元 1972 年

一、大事记

1972 年 10 月 27 日至 28 日，波兰东方学协会举行学术研讨会，纪念波兰东方学协会成立 50 周年。在开幕式上，Stanisław Kałużyński（斯坦尼斯瓦夫·卡乌仁斯基）教授发表了题为"波兰东方学协会的半个世纪"的主旨发言。

二、书（文）目录

1. 罗贯中著，Natalia Billi（娜塔莉亚·比利）译，插图由 Tadeuwsz Żbikowski（塔德乌什·日比科夫斯基）选自中文原本并撰写前言和注释，*Dzieje Trzech Królestw*（《三国演义》），Czytelnik 出版，Warszawa。

2. Mieczysław Jerzy Künstler（金思德）著，*Pierwsze wieki cesarstwa chińskiego*（《中华帝国的早期》），Wiedza Powszechna-Omega 出版，Warszawa。

公元 1973 年

书（文）目录

Marcel Granet（[法] 葛兰言）著，Mieczysław Jerzy Künstler（金思德）译，*Cywilizacja chińska*（《中华文明》），PIW 出版，Warszawa。

公元 1974 年

一、大事记

波兰东方学协会在华沙召开第二十二届波兰东方学学者大会。

二、书（文）目录

1. S. Leonid（S. 莱奥尼德）著，Aleksander Bogdański（亚历山大·博格丹斯基）译，*Kulty, religie i tradycje Chin*（《中国的宗教、崇拜和传统》），Ceramowska 系列，PIW 出版，Warszawa。

2. Charles Patrick Fitzgerald（[英] 查尔斯·帕特里克·菲茨杰拉德）著，Aleksander Bogdański（亚历山大·博格丹斯基）译，学术顾问及插图选取：Mieczysław Jerzy Künstler（金思德），*Chiny: zarys historii kultury*（《中国文化简史》），PIW 出版，Warszawa。

3. Witold Rodziński（维托尔德·罗津斯基）著，*Historia Chin*（《中国史》），Zakład Narodowy im. Ossolińskich 出版，Wrocław。

三、备注

维托尔德·罗津斯基（1918—1997），波兰历史学家、汉学家和外交官。1966 年至 1967 年曾担任波兰人民共和国驻华大使。

公元 1975 年

一、大事记

1975 年 11 月 14 日至 15 日，波兰东方学协会在华沙举行学术研讨会，主题为"书刊中的亚洲与非洲——波兰人民共和国三十年"。

二、书（文）目录

Prodan Marcel（普罗丹·马塞尔）著，Mieczysław Jerzy Künstler（金思德）译并作注释，*Sztuka chińska. Wprowadzenie*（《中国艺术入门》），原标题为 *Chinese art: an introduction*，PWN 出版，Warszawa。

三、备注

《中国艺术入门》一书先整体介绍了中国艺术简史，接下来分章介绍了瓷器、雕塑、绘画等艺术领域，书中还收录了一些特别珍贵的艺术品的介绍，如象牙、玉器和漆器。

公元 1976 年

一、书（文）目录

1. Łucja Sobeska（乌茨亚·索贝斯卡）著，*Ceramika chińska*（《中国陶瓷》），Warszawa；Łucja Sobeska（乌茨亚·索贝斯卡）著，*Emalia chińska*（《中国珐琅》），Warszawa。

2. Wu Cz'eng-en（吴承恩）著，Tadeusz Żbikowski（塔德乌什·日比科夫斯基）译并撰写前言，*Wędrówka na Zachód i Małpi bunt*（《西游记与大闹天宫》），Czytelnik 出版，Warszawa。

3. Wang Cz'ung（王充）著，Witold Jabłoński（维托尔德·雅布翁斯基）译，*Lun-heng*（《论衡》），登载于《东方观察》1976 年第 2 期。

4. Mieczysław Jerzy Künstler（金思德）译，*Dialogi konfucjańskie*（《论语》），Warszawa。

二、备注

塔德乌什·日比科夫斯基翻译的《西游记》分两卷出版，这里是第一回至第十四回，主要叙述了美猴王孙悟空的出身，以及唐僧被派往西天取经的起因。

公元 1977 年

一、大事记

波兰东方学协会在华沙召开第二十三届波兰东方学学者大会。

二、书（文）目录

1. Mieczysław Jerzy Künstler（金思德）选译，*Aforyzmy chińskie*（《中国格言》），Warszawa。

2. Tadeusz Żbikowski（塔德乌什·日比科夫斯基）译，*Księga powinności synowskiej*（《孝经》），登载于《东方观察》1977 年第 4 期。

公元 1978 年

一、大事记

1978年11月24日至25日,波兰东方学协会在华沙举行学术研讨会,主题为"亚非戏剧"。

二、书(文)目录

1. Vasilij Jakovlevič Sidichmienow([俄]瓦西里·雅科夫列维奇·希迪赫米诺夫)著,Aleksander Bogdański(亚历山大·博格丹斯基)从俄语翻译,*Chiny: karty przeszłości*(《中国:昨日的历史》),Iskry 出版,Warszawa。

2. Tadeusz Żbikowski(塔德乌什·日比科夫斯基)著,*Legendy i pradzieje Kraju Środka*(《中国传说与史前故事》),Iskry 出版,Warszawa。

3. Keim Jean Alphonse([法]凯姆·让·阿方斯)著,Piotr Parandowski(彼得·帕兰多夫斯基)从法语本翻译,*Sztuka chińska t.1 Od początków do dynastii T'ang*(《中国艺术(第1卷) 从起源到唐代》),"艺术小百科全书"系列47,Arkady 出版,Warszawa。

4. Keim Jean Alphonse([法]凯姆·让·阿方斯),Piotr Parandowski(彼得·帕兰多夫斯基)从法语本翻译,*Sztuka chińska t.2 Pięć dynastii i północna dynastia Sung*(《中国艺术(第2卷) 五代和北宋》),"艺术小百科全书"系列48,Arkady 出版,Warszawa。

5. Keim Jean Alphonse([法]凯姆·让·阿方斯)著,Piotr Parandowski(彼得·帕兰多夫斯基)从法语本翻译,*Sztuka chińska t.3 Południowa dynastia Sung i Jünan Mała Encyklopedia Sztuki*(《中国艺术(第3卷) 南宋和元》),"艺术小百科全书"系列49,Arkady 出版,Warszawa。

6. Keim Jean Alphonse([法]凯姆·让·阿方斯)著,Piotr Parandowski(彼得·帕兰多夫斯基)从法语本翻译,*Sztuka chińska t.4 Dynastie Ming i Ts'ing*(《中

国艺术（第 4 卷） 明和清 》），"艺术小百科全书"系列 50，Arkady 出版，Warszawa。

7. F. Bykow（［俄］F. 贝科夫），Mieczysław Jerzy Künstler（金思德）从俄语本翻译，*Powstanie chińskiej myśli politycznej i filozoficznej*（《中国政治思想和哲学思想起源》），Warszawa。

公元 1979 年

一、大事记

1979 年 11 月 15 日至 16 日，波兰东方学协会在华沙举行学术研讨会，主题为"东方语言的词汇拼读"。

二、书（文）目录

1. Siergiej Leonidowicz Tichwinski（［俄］谢尔盖·列奥尼多维奇·齐赫文斯基）编著，Maria Wolska（玛丽亚·沃尔斯卡）译，*Historia nowożytna Chin*（《中国现代史》），KiW 出版，Warszawa。

2. Krzysztof Gawlikowski（石施道）著，*Chiny wobec Europy. Reformy wojskowe XIX wieku*（《面对欧洲：中国十九世纪军事变革》），Wrocław。

3. Zbigniew Słupski（兹比格涅夫·斯乌普斯基）著，*Ju-lin wai-shih. Próba analizy literackiej*（《儒林外史：文学分析》），Wydawnictwo Uniwersytetu Warszawskiego 出版，Warszawa。

三、备注

1.《中国现代史》一书介绍了 1644—1919 年期间中国政治、经济、文化，以及封建清帝国面貌，其作者齐赫文斯基是俄罗斯著名历史学家、外交家和汉学家。

2. 石施道是波兰著名汉学家，《亚太》杂志主编。

3. 兹比格涅夫·斯乌普斯基（1934— ），波兰汉学家，华沙大学汉学系教授，波兰科学院东方委员会委员，主要从事中国文学和宗教学研究。

公元 1980 年

一、大事记

波兰东方学协会在克拉科夫召开第二十四届波兰东方学学者大会。

二、书（文）目录

Marek Mejor（马莱克·美约尔）著，*Buddyzm*（《佛教》），Krajowa Agencja Wydawnicza 出版，Warszawa。

公元 1982 年

大事记

1982 年 11 月 23 日至 24 日，波兰东方学协会在华沙举行学术研讨会，主题为"华沙大学东方学研究所成立 50 年暨波兰东方学协会成立 60 年"。

公元 1983 年

书（文）目录

1. Mieczysław Jerzy Künstler（金思德）著，*Sprawa Konfucjusza*（《孔子的事业》），Iskry 出版，Warszawa。

2. Sy-ma Ts'ien（司马迁）著，Mieczysław Jerzy Künstler（金思德）译，*K'ing Pu. Zapisków historyka rozdział dwudziesty pierwszy czyli Biografii rozdział trzydziesty pierwszy*，登载于《东方观察》期刊 1983 年第 1～4 期。

3. Jerzy Jastrzębski（耶日·亚斯特然布斯基）从英文本译，*Opowieści Czan*（《禅宗故事》），Kłodzki Klub Literacki 出版，Kłodzko。

公元 1984 年

一、大事记

1. 中国文化部副部长吕志先率中国政府文化代表团访问波兰，与波兰外交部副部长约·维雅奇在华沙签署了《中波两国政府 1985—1986 年文化科学交流计划》。

2. 波兰东方学协会在华沙召开第二十五届波兰东方学学者大会。

二、书（文）目录

1. Tadeusz Żbikowski（塔德乌什·日比科夫斯基）译，*Wędrówka na zachód (tom II)* [《西游记》（第二卷）], Czytelnik 出版，Warszawa。

2. Ernst Stürmer（[德]恩斯特·斯托莫）著，Grażyna Kawecka（格拉热

娜·卡维斯卡）从德文本翻译，*Dotrzeć do tronu smoka: Matteo Ricci, który był pierwszym łącznikiem między Chinami i Zachodem*（《来到龙椅的国度：中西方交流第一人利玛窦》），Verbinum 出版，Warszawa。

3. Joseph Needham（[英]李约瑟），Irena Kałużyńska（伊莲娜·卡乌仁斯卡）从英文本翻译，*Wielkie miareczkowanie: nauka i społeczeństwo w Chinach i na Zachodzie*（《伟大的滴定法：中国和西方的科学与社会》），当代思想史文库，PIW 出版，Warszawa。

4. Laurence Sickman（[美]劳伦斯·斯克曼），Aleksander Soper（[美]亚历山大·索珀）著，Mieczysław Jerzy Künstler（金思德）从英文本翻译并撰写注释，*Sztuka i architektura w Chinach*（《中国的艺术与建筑》），PWN 出版，Warszawa。

5. 老子著，Michał Fostowicz-Zahorski（米哈乌·弗斯托维奇-扎霍尔斯基）从英文本译出，*Droga*（《道德经》），Kłodzki Klub Literacki 出版，Kłodzko。

三、备注

1. 塔德乌什·日比科夫斯基翻译的中国古典文学名著《西游记》分两卷，分别于 1976 年和 1984 年出版，皆为节译本。

2. 伊莲娜·卡乌仁斯卡，汉学家、波兰华沙大学汉学系教授。

公元 1985 年

书（文）目录

Mieczysław Jerzy Künstler（金思德）著，*Mitologia chińska*（《中国神话》），WAIF 出版，Warszawa。

公元 1986 年

一、大事记

1986 年 5 月 23 日，波兰东方学协会在华沙举行学术研讨会，主题是"波兰与东方的文化联系"。

二、书（文）目录

1. Jerzy Abkowicz（耶日·阿布考维奇）编译，*Dar Feniksa: baśń chińska*（《凤凰的馈赠：中国童话》，选自《中国民间故事选》），收录于 *Baśnie z różnych stron świata*（《世界各国童话》），Katowice。

2. Mieczysław Jerzy Künstler（金思德）著，*Tradycje architektury chińskiej*（《中国建筑传统》），Biuro Wystaw Artystycznych 出版，Wrocław。

3. Edward Kajdański（爱德华·卡伊丹斯基）著，*Architektura Chin*（《中国建筑》），"建筑小百科全书"系列，Arkady 出版，Warszawa。

4. Witold Rodziński（维托尔德·罗津斯基）著，*Historia Chin*（《中国历史》），Ossolineum 出版，Wrocław。

5. Xu Yun（虚云）著，Adam Sobota（亚当·索伯塔）和 Marek Matyszewski（马莱克·马特舍夫斯基）根据英文版本翻译，*Strażnik Dharmy-autobiografia chińskiego mistrza zen Xu Yuna*（《达摩的守护者——虚云大师自传》），Warszawa。

公元 1987 年

一、大事记

波兰东方学协会在华沙召开第二十六届波兰东方学学者大会。

二、书（文）目录

1. Wiesław Olszewski（维斯瓦夫·奥尔舍夫斯基）著，*W kręgu złotego smoka*（《在金龙的圈子里》），Krajowa Agencja Wydawnicza 出版，Poznań。

2. Zhang Cheng 著，Wiktor Bukato（维克多·布卡托）从英文本翻译，*Opowieść o Małpie prawdziwej i Małpie nieprawdziwej osnuta na motywach powieści Wu Cz'eng-ena Wędrówka na Zachód*（《真假美猴王：根据吴承恩小说〈西游记〉改编》），Wyd. Alfa 出版，Warszawa。

3. Anna Mazowiecka（安娜·马佐维茨卡）著，*Los Polski przestrogą dla chińskiego cesarza*（《波兰的命运对中国皇帝的启示》），登载于《东方观察》1987 年第 2 期。

4. Jan Dobraczyński（杨·多布拉钦斯基）著，*W Państwie Środka : notatki z podróży do Chin*（《在中央之国——中国旅行笔记》），Krajowa Agencja Wydawnicza 出版，Warszawa。

5. Tadeusz Żbikowski（塔德乌什·日比科夫斯基）译，*Tao-Te-King, czyli Księga Drogi i Cnoty*（《道德经》），发表于《世界文学》1987 年第 1 期第 3~72 页。

公元 1988 年

一、大事记

波兹南亚当·密茨凯维奇大学汉学专业建立，隶属东方学教研室。

二、书（文）目录

1. Edward Kajdański（爱德华·卡伊丹斯基）著，*Michał Boym: ostatni wysłannik dynastii Ming*（《卜弥格——明朝的最后一位使节》），Polonia 出版，Warszawa。

2. Ernt Stürmer（[德]恩斯特·斯托莫）著，*Mistrz tajemnic nieba: Adam Schall 1592-1666 - doradca i przyjaciel cesarza*（《天学大师：汤若望 1592—1666：中国皇帝的顾问和朋友》），"那些创造历史的传教士"系列，Verbinum 出版，Warszawa。

3. Pu Yi（溥仪）著，*Byłem ostatnim cesarzem*（《我的前半生》），"传奇人物自传"系列，Wyd. Łódzkie 出版，Łódź。

4. Tadeusz Żbikowski（塔德乌什·日比科夫斯基）译，*Tao-te-king, czyli Księga drogi i cnoty*（《道德经》），发表于 Biblioteka Pisma Literacko-Artystycznego（《文艺著作大全》），Kraków。

5. Tadeusz Doktór（塔德乌什·多克图尔）著，*Taiji-medytacja w ruchu*（《太极——运动中的冥想》），Pusty Obłok 出版，Warszawa。

6. Elżbieta Mincer（爱尔什别塔·明采尔）著，*Mu ni-ko-misjonarz polski w Chinach w XVII wieku*（《17 世纪前往中国的波兰传教士——穆尼阁》），Towarzystwo Miłośników miasta Bydgoszczy 出版，Bydgoszcz。

公元 1989 年

一、大事记

1989 年 11 月 8 日，波兰东方学协会在华沙举行学术研讨会，主题为"波兰与波兰人在亚非国家"。

二、书（文）目录

Zbigniew Słupski（兹比格涅夫·斯乌普斯基）著，*Szkice o literaturze chińskiej*（《中国文学概览》），UW 出版，Warszawa。

公元 1990 年

书（文）目录

1. Ewa Witecka（爱娃·维泰茨卡）选译自英文及俄文，*Córka smoka-chińskie opowiadania fantastyczne (VII-XVII w. n.e.)*（《龙女：16—17 世纪的中国奇幻小说》），Wydawnictwa "Alfa" 出版，Warszawa。

2. Vasilij Jakovlevič Sidichmienow（[俄] 瓦西里·雅科夫列维奇·希迪赫米诺夫）著，Jerzy Abkowicz（耶日·阿布考维奇）和 Roman Sławiński（罗曼·斯瓦文斯基）从俄文翻译，*Ostatni cesarze Chin*（《中国最后的皇帝们》），Śląsk 出版，Katowice。

3. A. Maryański（A. 马利安斯基），A. Halimarski（A. 哈利马尔斯基）著，*Chiny*（《中国》），Warszawa。

4. Tadeusz Zysk（塔德乌什·泽斯科），Jacek Kryg（雅采克·克雷格）著，

I Ching, Księga wróżb（《易经：中国古代占卜经典》），Bydgoszcz。

5. Anna Chrempińska（安娜·赫莱姆平斯卡）译，*Poezja okolicznościowa epoki Qin. Treść i forma*（《秦代诗歌：内容与形式》），UAM 出版，Poznań。

6. Oskar Sobański（奥斯卡尔·索班斯基）译，*I Cing. Księga Przemian*（《易经》），KAW 出版，Warszawa。

公元 1991 年

一、大事记

波兰东方学协会在华沙召开第二十七届波兰东方学学者大会。

二、书（文）目录

1. Waldemar Księżopolski（瓦尔德玛·克先若波尔斯基）著，*Mądrość wschodu*（《东方的智慧》），Ofic. Wyd. KOD 出版。

2. Mieczysław Jerzy Künstler（金思德）著，*Sztuka Chin*（《中国艺术》），Wiedza Powszechna 出版，Warszawa。

3. Catherine Aubier（凯瑟琳·奥别尔）著，Janusz L. Witwicki（雅努什·L. 维特维茨基）从法语本翻译，*Chiński zodiak*（《中国生肖》，共 12 卷），GIG 出版，Warszawa。

公元 1992 年

一、大事记

1992年11月19日至20日，波兰东方学协会举行学术研讨会，纪念华沙大学东方学研究所成立60周年、发展中国家研究所成立30周年和波兰东方学协会成立70周年。

二、书（文）目录

1. Cai Zhizhong（蔡志忠）著，*Mistrz Zhuang*，*Prawdziwa księga południowego kwiatu*（《大师庄子——南华真经》，Wydawnictwo Wodnika 出版，Warszawa。

2. Elisseeff Danielle（艾利塞夫·丹尼尔）著，*W czasach dynastii Tang: przeszłość odsłania swoje tajemnice*（《揭开过去的神秘面纱——唐朝》），Seria: *Tak Żyli Ludzie*（"人们曾如此生活"系列），Wydaw. Dolnośląskie 出版，Wrocław。

3. Zygmunt Słomkowski（齐格蒙特·斯沃科夫斯基）著，*Pekin*（《北京》），Seria: *Kraje, Ludzie, Obyczaje*（"国家、人民、习俗"系列），Wiedza Powszechna 出版，Warszawa。

4. Witold Rodziński（维托尔德·罗津斯基）著，*Historia Chin*（《中国历史》），Wrocław。

三、备注

《大师庄子——南华真经》系根据蔡志忠的《庄子说》（1990年北京出版）编译而成。

公元 1993 年

大事记

1993 年 12 月 7 日，波兰东方学协会在华沙举行学术研讨会，主题是"波兰的东方学教学与研究"。

公元 1994 年

一、大事记

波兰东方学协会在华沙召开第二十八届波兰东方学学者大会。

二、书（文）目录

1. Richard Wilhelm（[德]卫礼贤）译成德文并注释，W. Jóźwiak（W. 尤伊维亚克），M. Barankiewicz（M. 巴兰凯维奇），K. Ostas（K. 奥斯塔斯）从德文本翻译，*I Cing. Księga Przemian*（《易经》），Latawiec 出版，Warszawa。

2. Mieczysław Jerzy Künstler（金思德）著，*Dzieje kultury chińskiej*（《中国文化史》），Ossolineum 出版，Wrocław。

3. Robert Temple（罗伯特·坦普尔）著，Jacek Świercz（雅采克·希维尔奇）从英文本翻译，学术顾问：金思德，*Geniusz Chin: 3000 lat nauki, odkryć i wynalazków*（《中国天才：三千年的科学发现与发明》），Ars Polona 出版，Warszawa。

4. Jacek Kryg（雅采克·克雷格）著，*Siła symboli i talizmanów Wschodu*（《东方象征物与护身符的力量》），REBIS Wyd 出版，Poznań。

5. Irena Sławińska（胡佩芳）译，*Kwiaty śliwy w złotym wazonie*（《金瓶梅》），Warszawa。

6. 孙子著，译者不详，*Sztuka wojny*（《孙子兵法》），wydawnictwo Przedświt 出版，Warszawa。

7. Bernard Antochewicz（贝尔纳德·安托赫维奇）选译，*Rota w dantejskim lesie oraz przekłady wierszy Rainera Marii Rilkego i Li-tai-pe*（《但丁森林中的誓言以及莱纳·玛利亚·里尔克及李太白的诗歌》），Silesia 出版社，Wrocław。

三、备注

《东方象征物与护身符的力量》一书中解释了近百种东方的象征艺术。

公元 1995 年

一、大事记

1995 年 12 月 7 日，波兰东方学协会在华沙举行学术研讨会，主题为"20 世纪的东方语言——变化与发展方向"。

二、书（文）目录

1. Ksawery Burski（孔凡）著，*Tradycje i sztuka kulinarna Chin*（《中国的烹饪艺术和传统》），Seria wydawnicza: *Uroki Orientu*（"东方魅力"系列），Dialog 出版，Warszawa。

2. Marzenna Szlenk-Iliewa（马热娜·史兰克－伊列娃）译，Mieczysław Jerzy Künstler（金思德）作序，*Księga pieśni=Szy-cing/[wybór i oprac.] Konfucjusz*（《诗经：孔子选编版》），Alfa-Wero 出版，Warszawa。

公元 1996 年

一、大事记

12月4日，波兰东方学协会和华沙大学东方学研究所共同举办学术研讨会，主题是"东方语言翻译理论与实践"。

二、书（文）目录

1. Helmut Uhlig（[德]赫尔穆特·乌利希）著，Janusz Danecki（雅努什·达奈茨基）从德文本翻译，*Jedwabny szlak: kultury antyku między Chinami a Rzymem*（《丝绸之路：中国与古罗马的文化交流》），"文明起源"系列丛书，Państ. Instytut Wydawniczy 出版，Warszawa。

2. Fairbank John King（[美]费正清）著，Teresa Lechowska（特蕾莎·莱霍夫斯卡）译，*Historia Chin: nowe spojrzenie*（《从新视角看中国历史》），Seria: *Narody i Cywilizacje*（"民族与文明"系列），Marabut 出版，Gdańsk。

3. Derek Walters（德瑞克·沃尔特斯）著，Wisława Szkudlarczyk（维斯瓦娃·什库德拉尔奇克）从英文本翻译，*Mitologia Chin*（《中国神话》），Rebis 出版，Poznań。

公元 1997 年

一、大事记

1. 波兰东方学协会在华沙召开第二十九届波兰东方学学者大会。

2. 1月24日成立波兰汉学协会，其宗旨是推进波兰汉学发展，加强对中国历史文化研究，普及关于中国的知识。波兰著名汉学家金思德教授被选为协会的会长，Marceli Burdelski 任副会长，Lidia Kasarello 任秘书长。

3. 2月11日，根据波兰亚太协会的倡议，波兰亚太理事会正式成立。这是一个非政府组织，其主要目标是推进波兰与亚太地区的合作。Krzysztof Gawlikowski 被选举为理事长，副理事长是 Wojciech Lamentowicz，Janusz Onyszkiewicz 和 Jan Parys。

4. 4月23日至24日，在华沙斯塔希茨宫举行了主题为"转轨模式与效果——波兰与中国对比研究"的会议。该会议由波兰科学院哲学、社会学研究所和中国社会科学院上海分院主办，波兰亚太协会协办。

5. 11月17日至21日，波兰共和国总统亚历山大·克瓦希涅夫斯基对中国进行国事访问。

二、书（文）目录

1. Caroline Blunden（卡洛琳·布伦登），Mark Elvin（马克·埃尔文）著，Mieczysław Jerzy Künstler（金思德）从英文本翻译，*Chiny*（《中国》），Seria: *Wielkie Kultury Świata*（"世界伟大文化"系列），Świat Książki 出版，Warszawa。

2. *Encyklopedia mądrości Wschodu*（《东方智慧百科全书》），Warszawski Dom Wydawniczy 出版，Warszawa。

3. Mieczysław Jerzy Künstler（金思德）翻译并作序，*Zapiski z krajów buddyjskich*（《佛国行记》），Dialog 出版，Warszawa。

4. Marcel Granet（葛兰言）著，Joanna Rozkrut（约安娜·洛兹克鲁特）从德语本翻译，*Religie Chin*（《中国宗教》），Znak 出版，Kraków。

5. I. P. McGreal（I. P. 麦克格里尔）编著，*Wielcy myśliciele Wschodu*（《伟大的东方思想家》），Warszawa。

6. Dorota Konieczka（多罗塔·科涅奇卡）译，*Sztuka przywództwa: starochińskie lekcje Zen*（《领导的艺术：中国古代禅宗思想》），Limbus 出版，Bydgoszcz。

三、备注

《东方智慧百科全书》包含 4000 个词条和上百幅图画。

公元 1998 年

一、大事记

1. 11 月 4 日，波兰东方学协会和华沙大学东方学研究所共同举办学术研讨会，主题为"东方语言与文化对欧洲的影响"。

2. 波兰亚当·马尔沙维克出版社开始出版《亚太》杂志，集中发表针对亚洲和太平洋研究的成果。

二、书（文）目录

1. Denise Dersin（迪尼斯·德辛），Charles J. Hagner（查尔斯·J. 哈格纳）著，*Chiny: pogrzebane królestwa*（《中国：那些被埋葬的王国》），Amber 出版，Warszawa。

2. Krzysztof Gawlikowski（石施道），*O sztuce wojny mistrza Sun i Reguły wojowania mistrza Sun*(《关于孙子的战争艺术和其作战原则》), w: Azja-Pacyfik, t. 1/1998（发表于《亚太》杂志 1998 年第 1 期）。

三、备注

《中国和日本艺术：华沙国家博物馆藏品选》是配合中国和日本艺术作品展出版的中国艺术藏品说明。

公元 1999 年

一、大事记

11 月 5 日波兰东方学协会和华沙大学东方学研究所共同举办学术研讨会，主题为"波兰的东方藏品"。

二、书（文）目录

1. Izabella Łabędzka（伊莎贝拉·瓦班茨卡）著，*Obrzędowy teatr Dalekiego Wschodu*（《远东仪式化戏剧》），Wyd. Nauk. UAM 出版，Poznań。

2. Małgorzata Religa（李周）选译并撰写前言，*Mencjusz i Xunzi O dobrym władcy, mędrcach i naturze ludzkiej*（《孟子和荀子关于明主、智者和人类天性》），Seria: *Mądrości Orientu*（"东方的智慧"系列），Dialog 出版，Warszawa。

3. Piero Corradini（皮埃罗·考拉蒂尼）著，*Zakazane miasto: historia i zbiory sztuki*（《紫禁城：历史与藏品》），Arkady 出版，Warszawa。

4. Edward Kajdański（爱德华·卡伊丹斯基）著，*Michał Boym. Ambasador Państwa Środka*（《中国的使臣卜弥格》），Książka i Wiedza 出版，Warszawa。

公元 2000 年

一、大事记

1. 波兰东方学协会在华沙召开第三十届波兰东方学学者大会。

2. 4 月 23 日在亚太博物馆举行了主题为"龙的国度之蒸汽时代"的图片展，图片是波兰移民之子、法国铁路工程师 Joseph Skarbek 于 1906—1909 年在中国河南省拍摄的。

3. 7 月 10 日，华沙民俗博物馆在中国使馆的协助下，举行了"龙之五彩：中国手工艺和民间"艺术展。

二、书（文）目录

1. Allan Tony（艾伦·托尼），Charles Philipps（查尔斯·菲利普斯）著，*Mity Chin: Kraina Smoka*（《中国神话：龙的国度》），Amber 出版，Warszawa。

2. Mieczysław Jerzy Künstler（金思德）著，*Języki chińskie*（《中国的语言》），Dialog 出版，Warszawa。

3. Maurizio Scarpari（玛乌里乔·斯卡帕里）著，*Starożytne Chiny*（《古代中国》），Ars Polona 出版，Warszawa。

4. Michael Jordan（迈克尔·乔丹）著，*Tajemnice kultur i religii Wschodu*（*wprowadzenie do głównych religii i systemów filozoficznych Indii, Chin i Japonii*）（《东方文化与宗教之谜——印度、中国和日本主要宗教与哲学体系导读》），Bertelsmann Media 出版，Warszawa。

5. Arthur Cotterell（亚瑟·科特威尔）著，Mieczysław Jerzy Künstler（金思德）译，*Chiny*（《中国》）（Seria: *Patrzę, Podziwiam, Poznaję*）（"目睹、赞叹、认识"系列丛书），Arkady 出版，Warszawa。

6. 司马迁著，Mieczysław Jerzy Künstler（金思德）译，Sy-ma Ts'ien, *Syn smoka, Fragmenty zapisków historyka*（司马迁，《龙子：〈史记〉摘译》），Warszawa。

结　语

　　进入 21 世纪，中波关系得到了长足的发展。波兰各界对中国的兴趣显著增加，汉语热在波兰也持续升温。目前，波兰已经有 5 所大学成立了正式的汉语专业。另外，从 2006 年开始，波兰先后与中方高校合建了 5 所孔子学院和 2 个孔子课堂，吸引了波兰各年龄段的大批学员学习汉语和中国文化。波兰图书市场上各种有关中国的书籍显著增多，越来越多的中国文化经典及介绍当代中国发展的图书被翻译成波兰文。尽管如此，由于种种原因，中国文化典籍的波兰文翻译工作应该说还有很大的拓展空间，要让波兰民众深入了解中国文化的精髓，波兰的译者、出版界和两国文化教育部门，都还有很多工作要做。

（赵　刚）

主要参考书目及网页

[1] 爱德华·卡伊丹斯基著：《中国的使臣卜弥格》，张振辉译，郑州：大象出版社，2001年。

[2] http://margotte.republika.pl/index.html.

[3] 约塞夫·弗沃达尔斯基编：*Chiny w oczach Polaków*, Wydawnictwo "Marpress", 2001.

人名译名对照及索引

一、中文—波兰文（按汉字音序排列）

A

阿布考维奇，耶日（ABKOWICZ, Jerzy）128，131

阿方斯，凯姆·让（ALPHONSE, Keim Jean）123

埃尔文，马克（ELVIN, Mark）137

艾利塞夫，丹尼尔（ELISSEEFF, Danielle）133

奥别尔，凯瑟琳（AUBIER, Catherine）132

奥尔舍夫斯基，维斯瓦夫（OLSZEWSKI, Wiesław）129

奥斯塔斯，K.（OSTAS, K.）134

B

巴尔德，E.（BARD, E.）94，95

巴兰凯维奇，M.（BARANKIEWICZ, M.）134

鲍润生（BIAŁAS, Franciszek Ksawery）102

贝科夫，F.（BYKOW, F.）124

比利，娜塔莉亚（BILLI, Natalia）119

博格丹斯基，亚历山大（BOGDAŃSKI, Aleksander）120，123

布尔努瓦，鲁斯（BOULNOIS, Luce）117

布卡托，维克多（BUKATO, Wiktor）129

布伦登，卡洛琳（BLUNDEN, Caroline）137

布热津斯基，米耶契斯瓦夫（BRZEZIŃSKI, Mieczysław）94，97

D

达洛夫斯基，亚历山大·维雷哈（DAROWSKI, Aleksander Weryha）91

达奈茨基，雅努什（DANECKI, Janusz）136

大卫－尼尔，亚历山德拉（DAVID-NÉEL, Alexandra）105，106

登布尼茨基，阿莱克斯（DĘBNICKI, Aleksy）111，112

迪尼斯，德辛（DERSIN, Denise）138

蒂特马尔，尤利乌斯（DITTMAR, Julius）99

多布拉钦斯基，杨（DOBRACZYŃSKI, Jan）129

多克图尔，塔德乌什（DOKTÓR, Tadeusz）130

朵莱任，维克多（DOLEŻAN, Wiktor）96

F

法彦斯，罗曼（FAJANS, Roman）106

菲茨杰拉德，查尔斯·帕特里克（FITZGERALD, Charles Patrick）120

菲利普斯，查尔斯（PHILIPPS, Charles）140

费拉尔斯基，兹比格涅夫（FILARSKI, Zbigniew）117

费正清（FAIRBANK, John King）136

弗莱贝索娃，A.（FRYBESOWA, A.）114

富鲁赫耶尔姆，杨（FURUHJELM, Jan）104

G

戈登－卡明，康斯坦斯（GORDON-CUMMING, Constance）94

戈兰斯基，菲利普·内留什（GOLAŃSKI, Filip Neriusz）89

葛兰言（GRANET, Marcel）119，137

古伯察（HUC, Évariste Régis）90—93

古尔斯卡，玛丽亚（GÓRSKA, Maria）111

H

哈格纳，查尔斯·J.（HAGNER, Charles J.）138

哈利马尔斯基，A.（HALIMARSKI, A.）131

哈特，亨利·H.（HART, Henry H.）115

乌利希，赫尔穆特（Uhlig, Helmut）136

赫米耶莱夫斯基，雅努什（CHMIELEWSKI, Janusz）107，110，112，113

胡佩芳（SŁAWIŃSKA, Irena）135

J

金思德（KÜNSTLER, Mieczysław Jerzy）116，117，119，120—122，124，126—128，132，134，135，137，140

K

卡乌仁斯基，斯坦尼斯瓦夫（KAŁUŻYŃSKI, Stanisław）119

卡乌仁斯卡，伊莲娜（KAŁUŻYŃSKA, Irena）127

卡维斯卡，格拉热娜（KAWECKA, Grażyna）127

卡伊丹斯基，爱德华（KAJDAŃSKI, Edward）84，85，128，130，139

考汉斯基，托马什·威廉（KOCHAŃSKI, Tomasz Wilhelm）89

考拉蒂尼，皮埃罗（CORRADINI, Piero）139

考特维奇，弗瓦迪斯瓦夫（KOTWICZ, Władysław）98，103

科涅奇卡，多罗塔（KONIECZKA, Dorota）137

科派尔卢弗娜，B.（KOPELÓWNA, B.）114

科特威尔，亚瑟（COTTERELL, Arthur）140

科瓦尔斯卡，波热娜（KOWALSKA, Bożena）115

科维亚特科夫斯基，雷米久什（KWIATKOWSKI, Remigjusz）97

克雷梅尔，亚历山大（KREMER, Aleksander）90

克雷格，雅采克（KRYG, Jacek）131，134

克先若波尔斯基，瓦尔德玛（KSIĘŻOPOLSKI, Waldemar）132

孔凡（BURSKI, Ksawery）135

库诺夫，亨利希（CUNOW, Heinrich）94，95

昆采维卓娃，玛利亚（KUNCEWICZOWA, Maria）99，100

L

拉德科夫斯基，塔德乌什（RADKOWSKI, Tadeusz）106

莱奥尼德，S.（LEONID, S.）120

莱霍夫斯卡，特蕾莎（LECHOWSKA, Teresa）136

伦加滕，康斯坦丁（RENGARTEN, Konstanty）93，94

雷赫特尔，鲍格但（RICHTER, Bogdan）98，103

李约瑟（NEEDHAM, Joseph）127

李周（RELIGA, Małgorzata）139

罗杰维奇，卢德维卡（RODZIEWICZ, Ludwika）110

罗津斯基，维托尔德（RODZIŃSKI, Witold）120，128，133

洛兹克鲁特，约安娜（ROZKRUT, Joanna）137

M

马尔其舍夫斯卡，阿丽茨亚（MARCISZEWSKA, Alicja）114

马利安斯基，A.（MARYAŃSKI, A.）131

马塞尔，普罗丹（MARCEL, Prodan）121

马特舍夫斯基，马莱克（MATYSZEWSKI, Marek）128

马佐维茨卡，安娜（MAZOWIECKA, Anna）129

麦克格里尔，I. P.（MCGREAL, I. P.）137

美约尔，马莱克（MEJOR, Marek）125

米哈尔斯基，伊莱奈乌什（MICHALSKI, Ireneusz）105

米哈沃夫斯基，H.（MICHAŁOWSKI, H.）94

明采尔，爱尔什别塔（MINCER, Elżbieta）130

N

诺斯，玛丽·奥古斯塔（NOURSE, Mary Augusta）104

O

欧霍洛维奇，尤利安（OCHOROWICZ, Julian）93，94

P

帕兰多夫斯基，彼得（PARANDOWSKI, Piotr）123

普拉乌特，埃德蒙（PLAUCHUT, Edmund）94

Q

齐赫文斯基，谢尔盖·列奥尼多维奇（TICHWINSKI, Siergiej Leonidowicz）124，125

乔丹，迈克尔（JORDAN, Michael）140

切尔纳克，F.（CSERNÁK, F.）95

奇尔内，安娜·卢德维卡（CZERNY, Anna Ludwika）111

R

日比科夫斯基，塔德乌什（ŻBIKOWSKI, Tadeusz）114，115，119，122，123，126，127，129，130

S

萨瓦尔，J.（SAWAR, J.）101

什库德拉尔奇克，维斯瓦娃（SZKUDLARCZYK, Wisława）136

什切潘斯基，阿尔弗雷德（SZCZEPAŃSKI, Alfred）95

石施道（GAWLIKOWSKI, Krzysztof）124，125，138

史兰克-伊列娃,马热娜(SZLENK-ILIEWA, Marzenna)135

斯卡帕里,玛乌里乔(SCARPARI, Maurizio)140

斯克曼,劳伦斯(SICKMAN, Laurence)127

斯洛琴斯卡,Z.(SROCZYŃSKA, Z.)114

斯塔尔凯尔,尤留什(STARKEL, Juliusz)96

斯塔夫,利奥波德(STAFF, Leopold)99

斯托莫,恩斯特(STÜRMER, Ernst)126,130

斯瓦文斯基,罗曼(SŁAWIŃSKI, Roman)131

斯乌普斯基,兹比格涅夫(SŁUPSKI, Zbigniew)124,125,131

斯沃科夫斯基,齐格蒙特(SŁOMKOWSKI, Zygmunt)133

索贝斯基,米哈乌(SOBESKI, Michał)118

索贝斯卡,乌茨亚(SOBESKA, Łucja)121

索珀,亚历山大(SOPER, Aleksander)127

索伯塔,亚当(SOBOTA, Adam)128

T

塔尔高夫斯基,约瑟夫(TARGOWSKI, Józef)100

坦普尔,罗伯特(TEMPLE, Robert)134

特姆科夫斯基,耶日(TYMKOWSKI, Jerzy)87,89

特姆科夫斯基,埃戈尔·费多罗维奇(TIMKOVSKIJ, Egor Fedorovič)89,90

托尼,艾伦(TONY, Allan)140

W

瓦班茨卡,伊莎贝拉(ŁABĘDZKA, Izabella)139

威瑞,L.(WERY, L.)91

维尔尼查,亨利克(WERNICA, Henryk)93

维普莱尔,杨(WYPLER, Jan)104,106,108,113

维泰茨卡,爱娃(WITECKA, Ewa)131

卫礼贤(WILHELM, Richard)134

沃尔斯基，维克多（WOLSKI, Wiktor）94

沃尔斯卡，玛丽亚（WOLSKA, Maria）124

沃尔特斯，德瑞克（WALTERS, Derek）136

沃夫楚克，弗沃吉米日（WOWCZUK, Włodzimierz）114

沃伊塔谢维奇，奥尔格尔德（WOJTASIEWICZ, Olgierd）110，112，113

X

西莫诺莱维奇，康斯坦丁（SYMONOLEWICZ, Konstanty）101，105

希迪赫米诺夫，瓦西里·雅科夫列维奇（SIDICHMIENOW, Vasilij Jakovlevič）123，131

希维尔奇，雅采克（ŚWIERCZ, Jacek）134

希文奇茨基，阿道夫（ŚWIĘCICKI, Adolf）95，96

Y

雅布翁斯基，维托尔德（JABŁOŃSKI, Witold）105，108—113，122

雅罗斯瓦夫斯基，米耶彻斯瓦夫（JAROSŁAWSKI, Mieczysław）105

雅沃尔斯基，杨（JAWORSKI, Jan）102，104，105

亚历山德罗维奇，安东尼（ALEXANDROWICZ, Antoni）104

亚历山德罗维奇，帕维乌（ALEXANDROWICZ, Paweł）106

尤伊维亚克，W.（JÓŹWIAK, W.）134

Z

泽斯科，塔德乌什（ZYSK, Tadeusz）131

扎布多夫斯基，塔德乌什（ZABŁUDOWSKI, Tadeusz）117

兹沃恩科夫斯基，弗沃吉米日（DZWONKOWSKI, Włodzimierz）104

二、波兰文—中文（按波兰语字母顺序排列）

A

ABKOWICZ, Jerzy（耶日・阿布考维奇）128，131

ALEXANDROWICZ, Antoni（安东尼・亚历山德罗维奇）104

ALEXANDROWICZ, Paweł（帕维乌・亚历山德罗维奇）106

ALPHONSE, Keim Jean（凯姆・让・阿方斯）123

AUBIER, Catherine（凯瑟琳・奥别尔）132

B

BARANKIEWICZ, M.（M. 巴兰凯维奇）134

BARD, E.（E. 巴尔德）94

BIAŁAS, Franciszek Ksawery（鲍润生）102

BILLI, Natalia（娜塔莉亚・比利）119

BLUNDEN, Caroline（卡洛琳・布伦登）137

BOGDAŃSKI, Aleksander（亚历山大・博格丹斯基）120，123

BOULNOIS, Luce（鲁斯・布尔努瓦）117

BRZEZIŃSKI, Mieczysław（米耶契斯瓦夫・布热津斯基）94，97

BUKATO, Wiktor（维克多・布卡托）129

BURSKI, Ksawery（孔凡）135

BYKOW, F.（F. 贝科夫）124

C

CHMIELEWSKI, Janusz（雅努什・赫米耶莱夫斯基）107，110，112，113

CORRADINI, Piero（皮埃罗・考拉蒂尼）139

COTTERELL, Arthur（亚瑟・科特威尔）140

CŠERNÁK, F.（切尔纳克・F.）95

CUNOW, Heinrich（亨利希・库诺夫）94

CZERNY, Anna Ludwika（安娜・卢德维卡・奇尔内）111

D

DANECKI, Janusz（雅努什·达奈茨基）136

DAROWSKI, Aleksander Weryha（亚历山大·维雷哈·达洛夫斯基）91

DAVID-NÉEL, Alexandra（亚历山德拉·大卫－尼尔）105

DĘBNICKI, Aleksy（阿莱克斯·登布尼茨基）111，112

DERSIN, Denise（迪尼斯·德辛）138

DITTMAR, Julius（尤利乌斯·蒂特马尔）99

DOBRACZYŃSKI, Jan（杨·多布拉钦斯基）129

DOKTÓR, Tadeusz（塔德乌什·多克图尔）130

DOLEŻAN, Wiktor（维克多·朵莱任）96

DZWONKOWSKI, Włodzimierz（弗沃吉米日·兹沃恩科夫斯基）104

E

ELISSEEFF, Danielle（丹尼尔·艾利塞夫）133

ELVIN, Mark（马克·埃尔文）137

F

FAIRBANK, John King（费正清）136

FAJANS, Roman（罗曼·法彦斯）106

FILARSKI, Zbigniew（兹比格涅夫·费拉尔斯基）117

FITZGERALD, Charles Patrick（查尔斯·帕特里克·菲茨杰拉德）120

FRYBESOWA, A.（A. 弗莱贝索娃）114

FURUHJELM, Jan（杨·富鲁赫耶尔姆）104

G

GAWLIKOWSKI, Krzysztof（石施道）124，137，138

GOLAŃSKI, Filip Neriusz（菲利普·内留什·戈兰斯基）89

GORDON-CUMMING, Constance（康斯坦斯·戈登－卡明）94

GÓRSKA, Maria（玛丽亚·古尔斯卡）111

GRANET, Marcel（葛兰言）119，137

H

HAGNER, Charles J.（查尔斯·J. 哈格纳）138

HALIMARSKI, A.（A. 哈利马尔斯基）131

HART, Henry H.（亨利·H. 哈特）115

HUC, Évariste Régis（古伯察）90，91，93

J

JABŁOŃSKI, Witold（维托尔德·雅布翁斯基）105，108—113，122

JAROSŁAWSKI, Mieczysław（米耶彻斯瓦夫·雅罗斯瓦夫斯基）105

JAWORSKI, Jan（杨·雅沃尔斯基）104

JORDAN, Michael（迈克尔·乔丹）140

JÓŹWIAK, W.（W. 尤伊维亚克）134

K

KAJDAŃSKI, Edward（爱德华·卡伊丹斯基）128，130，139

KAŁUŻYŃSKA, Irena（伊莲娜·卡乌仁斯卡）127

KAŁUŻYŃSKI, Stanisław（斯坦尼斯瓦夫·卡乌仁斯基）119

KAWECKA, Grażyna（格拉热娜·卡维斯卡）126

KOCHAŃSKI, Tomasz Wilhelm（托马什·威廉·考汉斯基）89

KONIECZKA, Dorota（多罗塔·科涅奇卡）137

KOPELÓWNA, B.（B. 科派尔卢弗娜）114

KOTWICZ, Władysław（弗瓦迪斯瓦夫·考特维奇）98，103

KOWALSKA, Bożena（波热娜·科瓦尔斯卡）115

KREMER, Aleksander（亚历山大·克雷梅尔）90

KRYG, Jacek（雅采克·克雷格）131，134

KSIĘŻOPOLSKI, Waldemar（瓦尔德玛·克先若波尔斯基）132

KUNCEWICZOWA, Maria（玛利亚·昆采维卓娃）99

KÜNSTLER, Mieczysław Jerzy（金思德）116，117，119—122，124，126—128，132，134，135，137，140

KWIATKOWSKI, Remigjusz（雷米久什·科维亚特科夫斯基）97

L

LECHOWSKA, Teresa（特蕾莎·莱霍夫斯卡）136

LEONID, S.（S. 莱奥尼德）120

Ł

ŁABĘDZKA, Izabella（伊莎贝拉·瓦班茨卡）139

M

MARCEL, Prodan（普罗丹·马塞尔）121

MARCISZEWSKA, Alicja（阿丽茨亚·马尔其舍夫斯卡）114

MARYAŃSKI, A.（A. 马利安斯基）131

MATYSZEWSKI, Marek（马莱克·马特舍夫斯基）128

MAZOWIECKA, Anna（安娜·马佐维茨卡）129

MCGREAL, I. P.（I. P. 麦克格里尔）137

MEJOR, Marek（马莱克·美约尔）125

MICHAŁOWSKI, H.（H. 米哈沃夫斯基）94

MICHALSKI, Ireneusz（伊莱奈乌什·米哈尔斯基）105

MINCER, Elżbieta（爱尔什别塔·明采尔）130

N

NEEDHAM, Joseph（李约瑟）127

NOURSE, Mary Augusta（玛丽·奥古斯塔·诺斯）104

O

OCHOROWICZ, Julian（尤利安·欧霍洛维奇）93，94

OLSZEWSKI, Wiesław（维斯瓦夫·奥尔舍夫斯基）129

OSTAS, K.（K. 奥斯塔斯）134

P

PARANDOWSKI, Piotr（彼得·帕兰多夫斯基）123

PHILIPPS, Charles（查尔斯·菲利普斯）140

PLAUCHUT, Edmund（埃德蒙·普拉乌特）94

R

RADKOWSKI, Tadeusz（塔德乌什·拉德科夫斯基）106

RELIGA, Małgorzata（李周）139

RENGARTEN, Konstanty（康斯坦丁·伦加滕）93

RICHTER, Bogdan（鲍格但·雷赫特尔）98，103

RODZIEWICZ, Ludwika（卢德维卡·罗杰维奇）110

RODZIŃSKI, Witold（维托尔德·罗津斯基）120，128，133

ROZKRUT, Joanna（约安娜·洛兹克鲁特）137

S

SAWAR, J.（J. 萨瓦尔）101

SCARPARI, Maurizio（玛乌里乔·斯卡帕里）140

SICKMAN, Laurence（劳伦斯·斯克曼）127

SIDICHMIENOW, Vasilij Jakovlevič（瓦西里·雅科夫列维奇·希迪赫米诺夫）123，131

SŁAWIŃSKA, Irena（胡佩芳）135

SŁAWIŃSKI, Roman（罗曼·斯瓦文斯基）131

SŁOMKOWSKI, Zygmunt（齐格蒙特·斯沃科夫斯基）133

SŁUPSKI, Zbigniew（兹比格涅夫·斯乌普斯基）124，131

SOBESKA, Łucja（乌茨亚·索贝斯卡）121

SOBESKI, Michał（米哈乌·索贝斯基）118

SOBOTA, Adam（亚当·索伯塔）128

SOPER, Aleksander（亚历山大·索珀）127

SROCZYŃSKA, Z.（Z. 斯洛琴斯卡）114

STAFF, Leopold（利奥波德·斯塔夫）99

STARKEL，Juliusz（尤留什·斯塔尔凯尔）96

STÜRMER, Ernst（恩斯特·斯托莫）126，130

ŚWIĘCICKI, Adolf（阿道夫·希文奇茨基）95

ŚWIERCZ, Jacek（雅采克·希维尔奇）134

SYMONOLEWICZ, Konstanty（康斯坦丁·西莫诺莱维奇）101，105

SZKUDLARCZYK, Wisława（维斯瓦娃·什库德拉尔奇克）136

SZLENK-ILIEWA, Marzenna（马热娜·史兰克-伊列娃）135

T

TARGOWSKI, Józef（约瑟夫·塔尔高夫斯基）100

TEMPLE, Robert（罗伯特·坦普尔）134

TICHWINSKI, Siergiej Leonidowicz（谢尔盖·列奥尼多维奇·齐赫文斯基）124

TIMKOVSKIJ, Egor Fedorovič（埃戈尔·费多罗维奇·特姆科夫斯基）89

TONY, Allan（艾伦·托尼）140

TYMKOWSKI, Jerzy（耶日·特姆科夫斯基）89

U

UHLIG, Helmut（赫尔穆特·乌利希）136

W

WALTERS, Derek（德瑞克·沃尔特斯）136

WERNICA, Henryk（亨利克·维尔尼查）93

WERY, L.（L. 威瑞）91

WILHELM, Richard（卫礼贤）134

WITECKA, Ewa（爱娃·维泰茨卡）131

WOJTASIEWICZ, Olgierd（奥尔格尔德·沃伊塔谢维奇）110，112，113

WOLSKA, Maria（玛丽亚·沃尔斯卡）124

WOLSKI, Wiktor（维克多·沃尔斯基）94

WOWCZUK, Włodzimierz（弗沃吉米日·沃夫楚克）114

WYPLER, Jan（杨·维普莱尔）104，106，108，113

Z

ZABŁUDOWSKI, Tadeusz（塔德乌什·扎布多夫斯基）117

ZYSK, Tadeusz（塔德乌什·泽斯科）131

Ż

ŻBIKOWSKI, Tadeusz（塔德乌什·日比科夫斯基）114，115，119，122，123，126，129，130

20世纪中国古代文化经典在捷克的传播编年

概　述

捷克共和国地处欧洲中部，是个内陆国家，被称为欧洲的心脏。东靠斯洛伐克，南邻奥地利，西接德国，北毗波兰。面积 78866 平方千米，人口 1055 万（2015 年），其中捷克族约占 90%，斯洛伐克族占 1.4%，乌克兰族占 0.5%，波兰族占 0.4%，此外还有少量越南、德意志、罗姆族（吉卜赛人）等。官方语言为捷克语。主要宗教为天主教。

据历史记载，捷克最早的土著居民是凯尔特族波伊人，公元前 4 世纪左右居住在此地，将这个地区称为波希米亚。公元初凯尔特人被日耳曼马科曼尼人取代。5—6 世纪，日耳曼部落多数移居到多瑙河流域，斯拉夫人逐渐西迁至摩拉维亚和斯洛伐克地区，成为捷克民族的祖先。623 年斯拉夫部落联盟形成——萨摩公国，它是历史上第一个斯拉夫王国。830 年大摩拉维亚帝国建立，疆域包括波西米亚、摩拉维亚、斯洛伐克西部和波兰南部等地。为了化解东法兰克帝国的威胁，帝国统治者在 863 年接受拜占庭传教士基里尔和麦托迪两兄弟使用斯拉夫语传播基督教，这对捷克和摩拉维亚地区的历史进程具有决定性意义。

10 世纪初，大摩拉维亚帝国解体，普热米斯家族成立了以布拉格为中心的独立国家——捷克公国，后臣服于神圣罗马帝国，12 世纪后半叶改为捷克王国。1419—1437 年，捷克地区爆发了反对罗马教庭、德意志贵族和封建统治的胡斯革命运动。1620 年，捷克王国在"三十年战争"中失败，沦为哈布斯堡王朝的领地，捷克在后来近 300 年时间里失去独立地位。1781 年废除农奴制。1867 年后被奥匈帝国统治。

第一次世界大战后奥匈帝国瓦解，1918 年 10 月 28 日独立的捷克斯洛伐克共和国成立。1938 年 9 月，英、法、德、意四国代表签署《慕尼黑协定》，将捷克斯洛伐克的苏台德地区割让给德国。1939 年 3 月纳粹德国占领捷克全境，捷克和摩拉维亚成为德国的保护国。1945 年 5 月 9 日，布拉格民众起义，在苏军帮助下全国获得解放。1948 年 2 月，捷克斯洛伐克共产党开始执政。1960 年 7 月改国名为捷克斯洛伐克社会主义共和国，杜布切克出任捷共第一书记，开始一系列改革。1968 年 8 月 21 日，华沙公约组织成员苏、波、匈、保、民主德国等五国出兵镇压了"布拉格之春"改革运动。1969 年 4 月，胡萨克出任捷共第一书记，1975 年任总统。1989 年 11 月，"天鹅绒革命"导致政权更迭，捷共失去执政党地位，哈维尔当选临时总统，实行多党议会民主制。1990 年 4 月改国名为捷克和斯洛伐克联邦共和国。1992 年 11 月 25 日联邦议会通过《联邦解体法》，决定在同年 12 月底捷斯联邦自动解体。1993 年 1 月 1 日，新宪法生效，捷克共和国成为独立主权国家。瓦茨拉夫·哈维尔于 1 月 20 日当选为捷克共和国第一任总统。1 月 19 日，联合国大会接纳捷克共和国为其成员国。1994 年捷克加入经济合作发展组织，1999 年加入北约，2004 年 5 月 1 日加入欧盟成为正式成员国，在 2007 年 12 月 21 日成为《申根协定》成员国。

捷克共和国是一个中欧小国，有着悠久的文化传统，捷克的汉学研究在欧洲也占有重要地位，所取得的汉学成就在中东欧各国里是首屈一指的。由于学术传统、文化背景和意识形态的差异，海外汉学呈现千姿百态，同样，捷克汉学以自身的特点有别于欧美汉学。

中捷两个在地理上相距甚远的国家，却早在中世纪就有了交往。方济各会传教士鄂多立克（Oldřich Čech z Furlánska，1286—1331）是继马可·波罗之后中世纪又一位名垂史册的欧洲旅行家，其父亲曾是捷克士兵，后留在意大利。

鄂多立克在 14 世纪 20 年代到中国游历，到过广州、杭州、南京、北京和拉萨等城市，观察到许多世俗生活细节，如妇女缠足、食用蛇肉、借助鱼鹰捕鱼等。他的叙事作品《东游录》（*Popis východních krajů světa v podání bratra Oldřicha Čecha z Furlánska*）有众多抄本流传至今，包括原始文本和法、意、德等文的译本，几部出自布拉格的手抄本对汉学研究尤为重要。拉丁文原稿收藏在巴黎国家图书馆，捷克语译本在 1962 年推出。

17 世纪至 18 世纪初，大约有 20 位传教士从捷克和斯洛伐克地区来到中国，其中最著名的是出生于摩拉维亚的卡雷尔·斯拉维切克（Karel Slavíček, 1678—1735），中文名字严嘉乐。他在 1716 年乘船抵达中国，在中国度过余生，在北京逝世。严嘉乐在数学、天文学和音乐方面很有研究，因而获得康熙皇帝赏识。当时有许多传教士被驱逐出北京城，但他依旧留在宫廷工作。他对中国音乐感兴趣，还绘制了历史上第一张北京城平面图。他在寄回祖国的信件中，叙述了当时朝廷官吏的礼仪，以及老百姓的日常生活和中国文化情状。他去世后被安葬在北京的传教士墓地。1935 年，他那些散见于国外档案馆和图书馆中的书信和报告及他自己关于数学和天文学的遗作，在布拉格被整理结集出版。1995 年，捷克汉学家高马士对通信集作了专业校订和注释补充，并收集了严嘉乐与欧洲天文学家的拉丁文通信，翻译成捷克语，出版了《严嘉乐：从中国寄回祖国的信及与欧洲天文学家的通信（1716—1735）》一书。2006 年，外语教学与研究出版社推出其中文版《中国来信》。

祁维材（Václav Pantaleon Kirwitzer, 1588—1626），天文学家和耶稣会传教士，出生于捷克卡丹，1620 年来华，是哥白尼学说的信奉者。他在传教途中不间断地进行天文观测，并与汤若望保持联系，1626 年在澳门去世。

艾启蒙（Ignác Sichelbarth, 1708—1780）是最后一批进入清朝宫廷并享有盛名的天主教耶稣会传教士，出生在卡罗维发利附近，1745 来到中国，师从郎世宁学画，西法中用，因《八骏马图》和《十宠犬》两幅杰作而名声大振，很快受到清朝宫廷重视，诏入内廷供奉。参与圆明园的装饰工程设计，1771 年在皇太后 80 寿辰为皇太后绘制肖像。乾隆皇帝在艾启蒙 69 岁生日时设宴为他祝寿，并赠予亲笔题词，还让艾启蒙在宫廷侍从和吹鼓手的簇拥下乘坐八抬大花轿巡游整个北京城，以示庆贺。作为异邦人士在当时获此殊荣者甚少。

自 1684 年开始在中国生活的卫方济（Francois Noel，1651—1729），在 1708 年重返欧洲，在耶稣会研究方面的造诣使他留在布拉格克莱门特（Klementinum）耶稣会学院工作，在布拉格他撰写和编辑了有关汉学历史、翻译和欧洲哲学的书籍。其中最重要的是于 1711 年出版的《中国六大古典名著》《中国哲学三论》和《中国礼仪中的历史学》三部著作。他可能是第一位被布拉格读者和从事儒学思想研究的捷克学者所熟悉的作者。

自 19 世纪后半叶起捷克人开始对中国产生浓厚的兴趣，然而系统地进行中国研究，则要从第二次世界大战后开始。创建于 1348 年的布拉格查理大学，是中欧和北欧最古老的大学，在 1847 年开设东方学课程，汉学研究是该校最新的研究领域之一。"捷克东方学的创始人"鲁道夫·德沃夏克（Rudolf Dvořák，1860—1920）是第一位从事汉学研究的捷克东方学家，其学术视野几乎涵盖 19 世纪末发展起来的所有东方学科，有关中国儒学和道教的论著、译著颇丰。他深入研究孔子和《论语》，撰写了《孔夫子的生活和教义》（*Číňana Konfucia život a nauka*，1887 年和 1889 年）。他还翻译过《诗经》和《道德经》，为东方文化的深入普及做出了贡献，可惜他没有培养出汉学研究的接班人，在他之后捷克汉学研究后继无人，沉寂了近二十年。

出身捷克富商家庭的作家尤利乌斯·泽耶尔（Julius Zeyer，1841—1901），钟爱东方文学，他在布拉格纳布尔斯特克博物馆（NÁPRSTKOVO MUSEUM）中国区收集资料，参考梅辉立（William Frederick Mayers，1831—1878）的《中国词汇》（一本汇集传记、历史、神话的文学概要手册），创作了捷克式的中国故事《桃花盛开的花园里的幸福》（*Blaho v zahradě kvetoucích broskví*，1882，选自凌濛初《二刻拍案惊奇》）和《汉宫之背叛》（*Zrada v domě Han*，1881；以马致远的元杂剧《汉宫秋》为原型，描述昭君出塞的故事），还创作了具有宗教色彩的东方主题的叙事诗《比干之心》（*Srdce Pikangovo*，1884）。

民族复兴诗人瓦茨拉夫·内贝斯基（Václav Bolemír Nebeský，1818—1882），总结了那个时期的研究调查成果，1855 年在博物馆杂志上发表《中国文化生活民族志素描》（*Národopisné nástiny z kulturního života Číny*），具有启示性意义。

20 世纪捷克汉学的发展与普实克的名字紧密联系在一起，他对捷克汉学的缘起和兴盛做出了不同凡响的贡献。1918 年独立的捷克斯洛伐克共和国建立之后，开始了真正意义上的系统的汉学研究和汉语教学。1922年在总统马萨里克的资助下，东方学研究所在布拉格成立。1932年，研究所资助高本汉（Bernhard Karlgren，1889—1978）的学生、日后成为捷克汉学奠基人的普实克前往中国和日本，进行了长达5年的学术考察。他在中国的足迹遍及大江南北，与鲁迅、郭沫若、茅盾、冰心、丁玲等文学界知名人士都有交往。1939年纳粹德国关闭了捷克高校，普实克在东方学研究所开办了汉语语言讲习班，为二战结束后在捷克高校恢复汉学及开展汉学研究奠定了基础。

1945年秋，普实克出任查理大学哲学院远东系主任，主持开设东亚语言与历史讲座。1946年，帕拉茨基大学哲学院也开始了汉语教学（20世纪50年代初终止，汉语专业迁往布拉格）。1952年，东方学研究所并入捷克科学院，普实克教授离开了此前执教的查理大学，被任命为东方学研究所所长。一批优秀的弟子追随他到研究所从事汉学研究。普实克启发、引导并鼎力支持这些年轻学者对中国研究的热情，设立了馆藏资源丰富的中文图书馆——鲁迅图书馆，专供研究人员使用。从50年代末到60年代，其门下的众弟子学者，系统翻译和出版了大量中国经典作品及代表性研究著述，逐渐成为捷克汉学研究的中坚力量。东方学研究所成为捷克斯洛伐克汉学研究的核心机构，与世界各国汉学界频繁交流，汉学家们大都加入了"欧洲汉学学会"，其研究成果在中欧地区首屈一指，在整个欧洲乃至世界都称得上不同凡响。布拉格成为欧洲汉学研究的重镇，"布拉格汉学学派"逐渐形成，普实克院士也成为国际汉学界的权威学者，多次应邀到欧美讲学。60年代他在哈佛大学担任访问教授，与哈佛大学的中国研究专家费正清（John King Fairbank，1907—1991）结下了深厚友谊。1991年费正清先生在逝世前表达愿望：把自己图书馆里的英文藏书捐赠给某个非英语国家。费正清夫人费慰梅女士立刻想到了普实克，然而普实克已于1980年去世，其弟子和助手白利德接手此事的接洽和落实。1994年8月这批图书运抵布拉格，同年11月费正清图书馆在东方学研究所正式落成。

1968年"布拉格之春"之后，捷克汉学研究遭遇严峻的形势突变。普实克院士被迫从东方学研究所离职。大部分汉学家被禁止从事专业领域的学术研究，只能学习中国当代政治、经济、历史及毛泽东思想批判，汉学研究被压缩到极小的范畴，进入了近二十年的冬眠期。

1989年随着捷克体制更替、意识形态障碍的消失，汉学研究和文学作品译介全面复苏。随着中国国力的日益强盛和国际影响力的提升，"认知中国"和"了解中国"已成为一种时尚，诸多中国经典作品得到重译或者再版。1993年9月，位于奥洛莫乌茨的帕拉茨基大学恢复了汉语专业。2007年9月，该校设立捷克第一家孔子学院。

编年正文

公元 1878 年（光绪四年）

一、书（文）目录

《道德经：通往神和德的路径》（*Tao-Te-King: cesta k Bohu a ctnosti*），弗朗齐歇克·丘普尔（František Čupr, 1821—1882）从德语版转译并注释，收入他的《古印度教义文集》第二部（Praha: F. Čupr, 1878 年, 82 页, 布拉格）中。

二、备注

《道德经：通往神和德的路径》为最早的捷克语《道德经》译本，由从事东方哲学与宗教研究的学者弗朗齐歇克·丘普尔转译，参考了德国学者普伦克内尔（Reinhold von Plänckner）1870 年在莱比锡出版的德语译本《道德经：通向德行之路》（*Lao-tse, Tao-te-king, Der weg zur Tugend*）和斯坦尼斯拉斯·朱里安（Stanislas Aignan Julien）1842 年在巴黎出版的《老子道德经》（*Lao Tseu Tao Te King, Le Livre de la Voie et la de la Vertu par le Philosophe Lao Tseu*）法文本。

公元 1887 年（光绪十三年）

书（文）目录

《孔子的生活和教义》文集 I（*Číňana Konfucia život a nauka I, Sbírka přednášek a rozprav*），鲁道夫·德沃夏克（Rudolf Dvořák, 1860—1920）翻译。Praha: J.Otto, 1887 年，62 页，布拉格。

公元 1889 年（光绪十五年）

一、书（文）目录

《孔子的生活和教义》文集 II（*Číňana Konfucia život a nauka II, Sbírka přednášek a Rozprav*），鲁道夫·德沃夏克翻译。Praha: J.Otto, 1889 年，89 页，布拉格。

二、备注

德沃夏克是捷克斯洛伐克东方学的奠基人，汉学家。《孔子的生活和教义》这两本小册子分别于 1887 年和 1889 年在捷克出版。

德沃夏克此后又三次涉足儒学研究的领域：《奥托百科全书》（*Ottův*

slovník naučný）指南部分，论文《孔子和老子》（*Konfucius a Lao-tsi*），以及一部名为《孔子》（*Konfucius*）的著作 [属于"东方伦理学史"（*Dějiny mravouky v Orientě*）系列丛书中的一册]。

公元 1897 年（光绪二十三年）

一、书（文）目录

《诗经》"风"二册（*Ši-kingu dílu prvního kniha 1.-6., 7.-15.1., 2. Část*）鲁道夫·德沃夏克与诗人雅罗斯拉夫·弗尔赫利茨基（Jaroslav Vrchlický, 1853—1912）合译《诗经》二册，160 首。Praha: J. Otto，第 I 册 I-VI，1897 年，115 页，第 1 版，布拉格；第 II 册 VII-XV，1912 年，96 页。

二、备注

这是第一部直接从中文翻译的捷克语译本，分为第 I 部分和第 II 部分先后出版。

公元 1898 年（光绪二十四年）

书（文）目录

《诗经》"风"第 I 册（*Shi jing. Ši-Kingu dílu prvního kniha I.-VI., I. Část*），鲁道夫·德沃夏克和诗人雅罗斯拉夫·弗尔赫利茨基联手从中文本翻译。捷克弗朗茨·约塞夫皇科学、文学和艺术学院《世界诗歌集》第 58 册。Praha: J. Otto，1898 年，

115 页，第 2 版，布拉格。

公元 1900 年（光绪二十六年）

书（文）目录

Dvořák, Rudolf: *Konfucius a Lao-tsi. Srovnávací studie z filosofie čínské*（鲁道夫·德沃夏克：《孔子和老子：中国哲学比较研究》），论文刊登在捷克杂志 *Česká mysl* 第 1 期，第 161—174 页，布拉格。

公元 1904 年（光绪三十年）

书（文）目录

Dvořák, Rudolf: *Dějiny mravouky v Orientě*（*1. Konfucius*）（鲁道夫·德沃夏克：《东方伦理史·孔子》），译著。Praha: Nákladem Dědictví Komenského v Praze，118 页，布拉格。

公元 1910 年（宣统二年）

书（文）目录

Dvořák, Rudolf: *Čína. Popis říše, národa, jeho mravů a obyčejů*（鲁道夫·德

沃夏克:《中国:帝国,民族及风俗习惯描述》),论著。Praha: 出版社名称不详,189 页,布拉格。

公元 1911 年（宣统三年）

书（文）目录

Sekanina, František（弗朗齐歇克·塞卡尼纳,1875—1958）: *Přívazek k: 1000 nejkrásnějších novell 1000 světových spisovatelů*（《一千篇佳作和一千位世界作家》），译著从多种语言本翻译，捷克作家兼评论家塞卡尼纳主编并作序。第 15 卷中，含《陆判》篇，蒲松龄著，译者不详。Praha: J.R. Vilímek, 布拉格。

公元 1912 年

书（文）目录

Dvořák, Rudolf（鲁道夫·德沃夏克）: *Ši-king VII-XV*（《诗经》第 II 册），诗集，由汉学家鲁道夫·德沃夏克与诗人雅罗斯拉夫·弗尔赫利茨基（Jaroslav Vrchlický, 1853—1912）合译，从汉语本翻译。Praha: J. Otto, 96 页，布拉格。

公元 1913 年

书（文）目录

Sekanina, František（弗朗齐歇克·塞卡尼纳，1875—1958）: *Přívazek k: 1000 nejkrásnějších novell 1000 světových spisovatelů*（《一千篇佳作和一千位世界作家》），译著从多种语言本翻译，由捷克作家兼评论家塞卡尼纳主编并作序。第 66 卷中，含《牡丹》篇，作者不详，由 Fr. Linhart（弗·林哈特）翻译。Praha: J.R. Vilímek，布拉格。

公元 1920 年

书（文）目录

1. Dvořák, Rudolf（鲁道夫·德沃夏克）: *Lao-tsiova kanonická kniha O Tau a ctnosti (Tao-te-king)*（《老子道德经》），由鲁道夫·德沃夏克从汉语本翻译，依据河上公《老子道德经》四部丛刊注解本翻译。Kladno: JAR Šnajdr, 128 页，克拉德诺。

2. Pšenička, Jaroslav（雅罗斯拉夫·普谢尼奇卡，1865—1954）: *Ze staré čínské poesie: [VII.-IX. stol. po Kr.]*（《中国古代诗歌选，公元 7—9 世纪》），由普谢尼奇卡翻译并写前言，他参照了法国汉学家德理文侯爵（*Marquis d'Hervez Saint-Denys*）于 1862 年出版的《唐诗选集》（*Poésies de l'époque des Thang*）译本。Praha: J. Otto，64 页，布拉格。

公元 1921 年

书（文）目录

Pšenička, Jaroslav（雅罗斯拉夫·普谢尼奇卡）: *Ze staré čínské poesie: [VII.-IX. stol. po Kr.]*（《中国古代诗歌选》，公元 7—9 世纪），由普谢尼奇卡翻译，为《文学生活和回忆录——伊万·谢尔盖耶维奇·屠格涅夫》而出版。Praha: J. Otto，64 页，布拉格。

公元 1922 年

大事记

在当时的捷克总统马萨里克（T.G. Masaryk，1850—1937）鼎力支持和可观的经费资助下，1922 年东方学研究所在布拉格成立，设文化和经济两个部门。社会各界人士也倾囊相助，筹建东方图书馆，并举办东方语言讲习班。

公元 1925 年

一、大事记

鲁道夫·齐茨瓦雷克（Cicvárek, Rudolf）依据资料和经验出版有关中国地理和国家经济的综合性著作。

二、书（文）目录

Mathesius, Bohumil（博胡米尔·马泰休斯，1888—1952）：*Černá věž a zelený džbán*（《黑塔和绿壶》），中国古代诗歌选，马泰休斯编译并撰写后记。选入岑参、杜牧、孔子、李白、卢照邻、白居易、佚名等诗人创作的诗歌。Praha: Dr. Ot. Štorch-Marien, Aventinum，600 册，51 页，布拉格。

公元 1926 年

书（文）目录

Hlídek, Jiří（伊日·赫利德克）：*Čínské povídky o milování s duchy a jiné tichomořské legendy*（《中国人鬼恋短篇及太平洋传奇故事》），伊日·赫利德克翻译。Praha: Kvasnička a Hampl，94 页，布拉格。

公元 1929 年

大事记

《东方学文献》（*Archív orientální*）创刊，它是研究亚洲国家历史、文化和社会的季刊，刊载用英、法、德文撰写的文章。其创刊标志着捷克东方学研究所学术工作的全面展开，很快赢得了国际东方学界的认可，至今在国际上仍然代表着捷克东方学的学术研究。

公元 1930 年

书（文）目录

Dvořák, Rudolf（鲁道夫·德沃夏克）：*Lao-tsiova kanonická kniha o Tau a ctnosti*（《老子道德经》），由汉学家德沃夏克从汉语本翻译。据 1920 年的第一版重印，略去了前言和书后的悼词。Praha: Bernard Bolzano，手工纸，私人印刷，布拉格。

公元 1932 年

大事记

捷克拔佳制鞋公司（Baťa）通过东方学研究所资助普实克到中国进行商务考察，开始了他在中国和日本长达五年的学术活动。普实克在中国学习了两年半时间，足迹遍及大江南北，绝大部分时间在北京。这期间他放弃了原本计划的中国经济和历史研究，转向中国文学研究，并从古典文学研究转向现代文学研究，以及小说史和民间文学史的研究。他结交了许多中国文化界人士，如鲁迅、郭沫若、茅盾、冰心、丁玲、郑振铎等，特别跟鲁迅先生互通书信，结下了深厚的友谊。

公元 1934 年

书（文）目录

Chudoba, František（弗朗齐歇克·胡多巴，1878—1941）：*Čajové květy*（《茶花》），中国古代诗歌选，译者胡多巴为英语语言学和文学史教授。由托岩（Toyen）编辑，插图。Brno: J.V. Pojer，35 页，布尔诺。

公元 1936 年

书（文）目录

Nováková, Marie（玛丽·诺瓦科娃），Matoušková, Julie（朱丽叶·玛多什科娃），Vančura, Zdeněk（兹德涅克·万丘拉）：*Všichni lidé jsou bratři*（《水浒传》——18 世纪中国的英雄好汉故事），第一卷。参照 P.S. Buck（赛珍珠）的英译本转译。Praha: Symposion, Rudolf Škeřík a spol，322 页，布拉格。

公元 1937 年

一、大事记

普实克从中国学成回到捷克，随后应邀去美国加州伯克利大学分校讲授中国现代文学暑期课程。返回布拉格后在查理大学图书馆为中国书籍编目，同时着手准备在东方学研究所设立的语言学校开启汉语班。

二、书（文）目录

Nováková, Marie（玛丽·诺瓦科娃）, Matoušková, Julie（朱丽叶·玛多什科娃）, Vančura, Zdeněk（兹德涅克·万丘拉）: *Všichni lidé jsou bratři*（《水浒传》即《四海之内皆兄弟》），第二卷。参照 P.S. Buck（赛珍珠）的英译本转译。Praha: Symposion, Rudolf Škeřík a spol，326 页，布拉格。

公元 1938 年

一、大事记

普实克编写了《汉语会话》（*Učebnice mluvené čínštiny*）课本，这是捷克历史上第一本汉语教材，由拔佳制鞋公司赞助，在拔佳制鞋公司的故乡——摩拉维亚的鞋城——兹林市的高级人民中学出版社出版。普实克在高级人民中学为拔佳制鞋公司的员工开办汉语学习班，举办中国语言文化讲座。

二、书（文）目录

Levit, Pavel（帕维尔·列维特）: *Džung Kue aneb vítěz nad ďábly*（《钟馗驱鬼》），从德语译本转译。译著的封面和装帧均依据中文本原著。Praha: Symposion, Rudolf Škeřík a spol，176 页，布拉格。

公元 1939 年

书（文）目录

Mathesius, Bohumil（博胡米尔·马泰休斯）: *Zpěvy staré Číny*（《中国古代诗歌》），马泰休斯意译，收入译者已出版的《黑塔和绿壶》中的大部分诗歌，共 170 首诗，唐诗占半数，李白、杜甫和王维的诗入选最多。Praha: Melantrich, 1939 年第 1 版, 82 页, 布拉格。

公元 1940 年

一、书（文）目录

1. Mathesius, Bohumil（博胡米尔·马泰休斯）: *Zpěvy staré Číny*（《中国古代诗歌》），马泰休斯意译。Praha: Melantrich, 第 3 版, 81 页, 布拉格。

2. Mathesius, Bohumil（博胡米尔·马泰休斯）: *Nové zpěvy staré Číny*（《中国古诗新编》），马泰休斯意译。Praha: Melantrich, 50 页, 布拉格。除普通版本外，还发行了 5 册以手工纸印制的编号版。

3. Müller, F.J.（F.J. 米勒）: *Písně moudrosti a dálek*（《远方的智慧之歌》），米勒编印，Praha: F.J. Müller, 106 册, 布拉格, 手工纸, 收藏版。

4. Lesný, Vincenc（文岑茨·莱斯尼，1882—1953），Průšek, Jaroslav（普实克）: *Hovory Konfuciovy*（《论语》），从汉语翻译。Praha: Jan Laichter, 226 页, 布拉格。

二、备注

文岑茨·莱斯尼教授为著名的印度学家，他和汉学家普实克共同翻译了孔子的《论语》，含注释，目录索引，普实克撰写了长篇幅的序言。

公元 1941 年

书（文）目录

Mathesius, Bohumil（博胡米尔·马泰休斯）：*Zpěvy staré Číny*（《中国古代诗歌》），马泰休斯意译。Praha: Melantrich，第 5 版，73 页，布拉格。

公元 1942 年

书（文）目录

1. Mathesius, Bohumil（博胡米尔·马泰休斯）：*Nové zpěvy staré Číny*（《中国古诗新编》），马泰休斯意译。Praha: Melantrich，50 页，布拉格。

2. Žižka, Otakar（奥塔卡尔·日什卡，1907—1963）：*Lotosové květy*（《莲花》），依据德国汉学家克拉邦德（Alfred Henschke，1890—1928) 的意译本《李太白》意译，与诗歌原意有较大偏离。Pardubice: 120 册，巴尔杜比采。

3. Průšek, Jaroslav（普实克）：*Bohyně milosti, aneb, Jak zahubila vášeň řezbáře nefritu*（《碾玉观音》或《崔待诏生死冤家》），普实克和马泰休斯合译，译自《京本通俗小说》。诗词部分由马泰休斯翻译。非卖品，作为赠给世界文学俱乐部成员的礼品，书中附有木刻原图。Praha: Nakladatelské družstvo Máje，57 页，布拉格。

4. Mathesius, Bohumil（博胡米尔·马泰休斯）：*Li Po: dvacet tři parafráze*（《李白：23 首古诗歌意译》），马泰休斯翻译，普实克写前言《李白先生传奇》，附原作木刻图。Praha: Rudolf Kmoch，51 页，布拉格。

公元 1943 年

一、大事记

普实克在布拉格东方学研究所开设汉语课程班。第一批学员有克雷布索娃、白利德、何德理、何德佳等，日后他的这些弟子成为普实克在汉学研究领域最得力的合作者。

二、书（文）目录

Mathesius, Bohumil（博胡米尔·马泰休斯）：*Krásná slova o víně*（《酒之花语》），非卖品，作为 1944 年的新年贺礼。Praha: Jan Goldhammer 私人印制，50 册，布拉格。

公元 1944 年

一、书（文）目录

Průšek, Jaroslav（普实克）：*Šest historií prchavého života*（《浮生六记》），普实克从汉语本翻译，并写有前言和说明。译本附有手绘封面和插图。Praha:

Plzákovo nakladatelství，1944 年第 1 版，199 页，布拉格。

二、备注

普实克在前言里写道："这本书对我来说是异常宝贵的发现，那个春天的日子里在东京的书摊上把它买下来时是个发现，在无尽的雨季中阅读它时也是个发现，一年里翻译它的过程中还是个发现。我认为它对我来说永远就是个发现。我不知道我为什么买下它，我从来没听说过它的名字。"从带有浓厚的诗意色彩的语言，不难看出普实克对这本书的珍惜之情。

公元 1945 年

大事记

1. 普实克通过副教授答辩，被聘为捷克查理哲学院副教授，他和夫人、日本学家弗拉斯塔·希尔斯卡（Hilská, Vlasta，后改嫁）一起在哲学院创建远东语言和历史教研室，开始汉语和日本语专业教学。

2. 9 月，月刊《新东方》（*Nový Orient*）由年轻的东方学者们正式创办，在东方学研究所出版发行，每年出 10 期，主要向大众介绍亚洲和非洲的文化、历史和政治，还刊登东方的诗歌和短篇小说翻译，介绍东方语言知识，其中很大一部分是关于中国的内容。这本杂志通俗易懂，深受大众喜爱，一直出版至今。

公元 1946 年

一、大事记

1946—1951 年，普实克在位于捷克东部奥洛莫乌茨城的帕拉茨基大学文学院开设汉语课程。由他的弟子白利德（Palát, Augustin）负责教学工作。

二、书（文）目录

1. Mathesius, Bohumil（博胡米尔·马泰休斯）：*Zpěvy staré Číny*（《中国古代诗歌》），马泰休斯意译，普实克写后记。Praha: Melantrich，第 6 版，92 页，布拉格。

2. Mathesius, Bohumil（博胡米尔·马泰休斯）：*Nové zpěvy staré Číny*（《中国古诗新编》），马泰休斯意译，普实克校对汉语称谓。Praha: Melantrich，第 5 版，50 页，布拉格。

3. Žižka, Otakar（奥塔卡尔·日什卡）：*Hrst rýže*（《一把米》），中国抒情诗选，奥塔卡尔·日什卡翻译，附有 4 幅插图。Třebíč: Josef Filip，45 页，特谢比奇。

4. Palát, Augustin（白利德），Hrubín, František（弗朗齐歇克·赫鲁宾）：*Hvězda vína Ozvěny z Li Povy poesie*（《酒之星辰——李白诗歌反响》），汉学家白利德和捷克诗人赫鲁宾合译，共 95 首唐诗。Praha: Jaroslav Picka，30 册，典藏本。

公元 1947 年

书（文）目录

1. Mathesius, Bohumil（博胡米尔·马泰休斯）：*Zpěvy staré Číny*（《中国古代诗歌》），马泰休斯意译，普实克写后记。Praha: Melantrich，第 7 版，92 页，10,000 册，布拉格。

2. Mathesius, Bohumil（博胡米尔·马泰休斯）：*Nové zpěvy staré Číny*（《中国古诗新编》），马泰休斯意译。Praha: Melantrich，第 6 版，50 页，布拉格。

3. Průšek, Jaroslav（普实克）：*Podivuhodné příběhy z čínských tržišť a bazarů*（《神奇的中国市井故事》），普实克从汉语原著选译并作序。译自冯梦龙的话本小说《警世通言》，诗词部分分别由亚尔米拉·乌尔班科娃（Jarmila Urbánková）、帕维尔·艾斯纳（Pavel Eisner）和博胡米尔·马泰休斯（Bohumil Mathesius）修改润色。序言后编入其专著《中国文学和文化》（*O čínském písemnictví a vzdělanosti*）。封面和书中的汉字、版式、装订，均采用中文原著设计。Praha: Fr. Borový Družstevní práce，1947 年第 1 版，325 页，4400 册，布拉格。

4. Průšek, Jaroslav（普实克）：*Putování Starého Chromce*（《老残游记》），普实克从中文原著翻译并作序，诗词部分由马泰休斯润色。Praha: Melantrich，1947 年第 1 版，403 页，布拉格。

公元 1948 年

书（文）目录

1. Mathesius, Bohumil（博胡米尔·马泰休斯）：*Zpěvy staré Číny*（《中国古代诗歌》），马泰休斯意译。Praha: Melantrich，第 8 版，98 页，布拉格。

2. Průšek, Jaroslav（普实克）: *Kožený střevíc*（《勘皮靴单证二郎神》），单行本，普实克从汉语本翻译并写后记。诗歌部分由亚尔米拉·乌尔班科娃（Jarmila Urbánková）润色。书中附7幅原版木刻画插图。Praha: Václav Pour, 1948年第1版，71页，460册（其中160册为手工纸印制的编号版，盖有出版商的干燥密封戳），布拉格。

3. Drahorádová-Lvová, Sína（德拉霍拉多娃）: *Čin-Ping-Mai, čili, Půvabné ženy*（《金瓶梅》），译自兰陵笑笑生的《金瓶梅词话》，原作插图。译者德拉霍拉多娃1897生于布拉格，小说家、编辑、日语翻译家。Praha: V. Naňka, 567页，布拉格。

4. Holan, Vladimír（弗拉基米尔·霍兰）: *Melancholie*（《乡愁》），宋词选，捷克著名诗人霍兰转译自法国汉学家乔治·苏利耶·德莫朗（George Soulié de Morant）于1923年出版的《宋词选》（*Florilège des Poèmes Song*）。霍兰主要选译了苏东坡和朱淑真的词曲。Praha: František Borový, 1948年第1版，173页，3300册，布拉格。

公元1949年

一、大事记

4月，世界保卫和平大会在法国巴黎和捷克首都布拉格同时举行。以郭沫若为首的庞大的中国文化代表团应邀前往布拉格出席大会。40名代表团成员中不乏科学和文化界的巨擘，如茅盾、郑振铎、徐悲鸿、艾青、田汉、丁玲等。当时的布拉格市长和捷克巴黎大会筹备委员会主席等前往欢迎中国代表团，普实克担任翻译。他将代表团请到东方学研究所参观，商谈未来两国文化机构建立联系的可能性，为日后的文化交往奠定了基础。代表团在布拉格的日程，由普实克安排他的学生全程陪同，双方结下了深厚的情谊。

二、书（文）目录

1. Eisner, Pavel（帕维尔·艾斯纳，1889—1958）：*Učitel Kung*（《孔子逸事》），艾斯纳从克劳（Carl Crow）的英文本《孔子逸事》转译，普实克写后记。Praha: Aventinum，217 页，4000 ~ 5000 册，布拉格。

2. Mathesius, Bohumil（博胡米尔·马泰休斯）：*Nové zpěvy staré Číny*（《中国古诗新编》），马泰休斯意译。Praha: Melantrich，第 7 版，55 页，10,000 册，布拉格。

3. Průšek, Jaroslav（普实克）：*Třetí zpěvy staré Číny*（《中国古诗第三编》），中国古诗改编（5—11 世纪），普实克从汉语本翻译，注释并写后记，马泰休斯为诗歌润色。Praha: Melantrich，1949 年第 1 版，107 页，20,000 册，布拉格。

4. Průšek, Jaroslav（普实克）：*Kožený střevíc; Dračí plán*（《皮靴、龙图》），普实克译自宋代两个话本小说《勘皮靴单证二郎神》和《三现身包龙图断冤》并作序。第 1 篇的诗歌部分由亚尔米拉·乌尔班科娃（Jarmila Urbánková，1911—2000）润色，第 2 篇的诗歌部分由艾斯纳润色。Praha: Symposion，1949 年第 2 版，103 页，2000 册，布拉格。

5. Průšek, Jaroslav（普实克）：*O umění válečném*（《孙子兵法》），普实克译自中文原著《兵法》，并撰写前言和后记。米拉达·马雷绍娃（Marešová）制作 11 幅原版插图。Praha: Naše Vojsko，1949 年第 1 版，137 页，1600 册，布拉格。

公元 1950 年

一、大事记

1950 年 12 月，普实克院士率领捷克文化代表团访问中国，受到周恩来、郭沫若、沈雁冰等的亲切接见。普实克带来了由捷克斯洛伐克方面提议在布拉格建立中文图书馆的合作意向草案，并就此咨询中国文化部及中国各高校与图书馆代表们的意见。双方商定，27,000 册图书由普实克和代表团另外两位汉学家自己挑选，其余部分由中央人民政府文化部赠送，同时向捷克国家艺术馆赠送艺术品。代表团在中国进行了为时两个半月的参观访问，从中国带回近 5 万册中文图书。回到捷克后，普实克建议在东方学研究所建立中文图书馆，并以鲁迅先生的名字命名。

二、书（文）目录

1. Průšek, Jaroslav（普实克）: *Třetí zpěvy staré Číny*（《中国古诗第三编》），中国古诗改编（5—11 世纪），普实克从汉语本翻译，注释并写后记，马泰休斯为诗歌润色。Praha: Melantrich，1950 年第 2 版，107 页，5000 册，布拉格。

2. Mathesius, Bohumil（博胡米尔·马泰休斯）: *Zpěvy staré Číny ve třech knihách : Parafráze staré čínské poesie*（《中国古诗三编合集》）。该卷包含《中国古代诗歌》《中国古诗新编》和《中国古诗第三编》，普实克写后记。前两本诗集由马泰休斯意译，其中第三编由普实克从汉语本直译。Praha: Melantrich，1950 年 12 月第 1 版，235 页，20,000 册，布拉格。

三、备注

此合集呈现了中国古诗漫长的发展史：从诗歌源头《诗经》延续到 13 世纪的元代，共收录古诗 129 首。在出版后记里，普实克这样写道："诗歌表达一种永恒，马泰休斯恰抓住了这种感觉，赋予格律和音韵，犹如溪水在淡淡的忧愁中淌过……轻吟这些诗句，谁会在意，这些诗赋是转译自俄国阿列克谢耶夫的手笔，抑或德语或者法语译本呢？……"

公元 1952 年

一、大事记

1. 捷克斯洛伐克科学院成立，东方学研究所被并入捷克斯洛伐克科学院，开始往广度和深度发展，下设多个部门，涵盖亚洲及北非的所有文化区域，成为捷克最重要的东方学研究机构。普实克被任命为东方学研究所所长，他离开了执教的查理大学远东系。十几位汉学家跟随普实克调入东方学研究所，此时汉学研究已成为东方学研究所的科研核心，研究范围涉及中国历史、中国古代文学、中国现代文学、中国语言学、汉语语音学等领域，屡有建树，逐渐形成"布拉格汉学学派"。普实克一直担任所长职务，直至 1972 年 3 月 31 日被迫离职。

2. "鲁迅图书馆"于 10 月 24 日正式落成，郭沫若为图书馆题字。其建立得益于 20 世纪 50 年代初期捷克斯洛伐克和中国的友好关系，尤其致力于现代中国文学领域研究的普实克教授的个人关系对图书馆的建立功不可没。图书馆中文藏书约 5 万册，汇集了中国不同领域的丰富的图书资料，馆藏的核心为文学，珍藏有《四库全书》、"二十四史"、《古今图书集成》、《历代诗话》、《盛明杂剧》及中国历代的地方志等古籍善本和影印本等，也有现代出版物。鲁迅图书馆成为捷克斯洛伐克科学院东方学研究所第二大图书馆，也是中欧地区远近闻名的中国书籍图书馆。

二、书（文）目录

Spitzer, František（弗朗齐歇克·施皮策，1898—1945）：*Broskvový květ*（《桃花》），二册，翻译和改编自 13 世纪的中国古剧《鸳鸯配》，原著作者佚名。Praha: ČDLJ，1952 年，64 页，布拉格。

公元 1953 年

书（文）目录

Mathesius, Bohumil（博胡米尔·马泰休斯）, Průšek, Jaroslav（普实克）: *Zpěvy staré a nové Číny*（《新旧中国之歌》），马泰休斯和普实克合译，普实克写后记，附齐白石彩色插图。该卷收入三册已独立出版的中国古诗，加上中国当代诗歌，其主题自中国诗歌的起源《诗经》绵延至 13 世纪，再延续至当代。Praha: Mladá fronta，1953 年第 1 版，99 页，15，400 册，布拉格。

公元 1954 年

书（文）目录

1. Průšek, Jaroslav（普实克）: *Podivuhodné příběhy z čínských tržišť a bazarů*（《神奇的中国市井故事》），普实克从中文原著翻译并写前言，乌尔班科娃、马泰休斯和艾斯纳对译诗润色。保留原著插图、汉字和故事名称。普实克写道，译本收录的 12 篇经过文学加工的话本故事，出自中世纪在中国集市说书的民间艺人之口，此捷克语译本是欧洲语言中第一部关于"中国话本黄金时代"的样本。Praha: SNKLU，1954 年第 1 版，418 页，8400 册，布拉格。

2. Palát, Augustin（白利德）: *Nefritová flétna*（《玉笛》），唐代绝句集，白利德从汉语本翻译并写后记，赫鲁宾对诗句润色。译本包含诗人名字与生平介绍。Praha: Nakladatelství Československé akademie věd，550 册，布拉格。

3. Palát, Augustin（白利德）: *Pavilon u zelených vod*（《碧波亭》），李白诗歌集，白利德和赫鲁宾合作翻译。Praha: Jaroslav Picka，布拉格。

4. Bayerleová, Ema（埃玛·巴耶洛娃）: *Staročínský filosof Lao-c' a jeho*

učení（《中国古代哲学家老子及其教义》），汉学家巴耶洛娃从杨兴顺的俄文译本转译。Praha: SNPL，116 页，2200 册，布拉格。

公元 1955 年

一、大事记

继四位资深的捷克东方学学者被任命为捷克斯洛伐克科学院院士不久，普实克成为第五位科学院院士。令人瞩目的《捷汉大词典》编撰项目提上日程。

二、书（文）目录

Průšek, Jaroslav（普实克）：*Zkazky o šesteru cest osudu*（《命运之六道的故事》），普实克翻译、注释和写后记。翻译自《聊斋志异》选注本，依据 1766 年赵起杲的版本，共选译《瞳人语》《画壁》《狐嫁女》《折狱》《诗谳》等 50 篇小说，约占原著全集 1/8 的内容，附有中国木版画插图。Praha: SNKLHU，1955 年第 1 版，276 页，7400 册，布拉格。

三、备注

普实克还撰写了有关《聊斋志异》的专题论文，1959 年在哥本哈根出版的《中国研究》（*Studia Serica*）上发表（第 128～146 页），产生了一定的国际影响。

公元 1956 年

一、大事记

11月7日，中、捷两国科学院合作协议的签字仪式在北京中国科学院举行。中国科学院代表团团长潘梓年、捷克斯洛伐克科学院代表团团长普实克在协议书上签字。中国科学院院长郭沫若，副院长陶孟和、张劲夫，技术科学部主任严济慈，哲学社会科学部委员郑振铎等人参加了签字仪式。捷克斯洛伐克驻华大使格里哥尔和大使馆参赞白利德也出席了签字仪式。

二、书（文）目录

Průšek, Jaroslav（普实克）：*Šest historií prchavého života*（《浮生六记》），普实克从汉语原文翻译，并撰写前言和说明。Praha: SNKLHU, 1956 年第 1 版，5400 册，布拉格。

公元 1957 年

一、书（文）目录

Mathesius, Bohumil（博胡米尔·马泰休斯）：*Zpěvy staré a nové Číny*（《新旧中国之歌》），马泰休斯和普实克从汉语本合译，普实克写后记和注解，附有彩色插图。该卷几乎包含马泰休斯意译的全部中国诗歌。Praha: SNKLHU, 1957 年第 1 版，241 页，10,000 册，布拉格。

二、备注

与以往版本（1950年）的不同之处在于，新版本按时间顺序排列，从公元前10世纪中国最早的诗歌创作时期延续至当代，分为8个时期，其中记载最多的是唐诗。忠实和诗意的完美结合，是马泰休斯二十多年来对中国经典诗歌翻译的倾力之作。

公元 1958 年

书（文）目录

1. Kolmaš, Josef（高马士）：*Drak z černé tůně*（《黑潭龙》），白居易诗选，高马士从汉语本选译并注释，亚纳·施特罗布洛娃（Štroblová, Jana）为诗歌润色，普实克撰写后记《白居易诗歌旁白》，兹德涅克·斯科纳作版刻画。此为第一本捷克语译本的白居易诗歌选。Praha: ČSAV, 61页, 1000册, 布拉格。

2. Mathesius, Bohumil（博胡米尔·马泰休斯）：*Zpěvy Dálného východu*（《远东之歌》），中国、日本古诗选，马泰休斯意译（其中大部分诗歌由普实克和日本学家希尔斯卡从汉语和日语本直译），普实克写后记。Brno: Krajské nakladatelství, 1958年第1版, 76页, 1300册编号版, 布尔诺, 为纪念马泰休斯诞辰70周年而出版。

公元 1959 年

书（文）目录

Letov, Ivo（伊沃·列托夫），Stach, Jiří（伊日·斯塔赫）：*Patnáct šňůr penízků*（《十五贯》），朱肃臣的 8 幕剧剧本，从德语版本转译（德语版 *Fünfzehn Schnur Geld* 从中文原著翻译）。Praha: Dilia，83 页，布拉格。

公元 1960 年

一、大事记

东方学研究所"捷克斯洛伐克东方学会"创办《新东方双月刊》（*New Orient Bimonthly*）杂志，主要刊登国内外学者的东方学研究成果，译介中国的短篇小说。刊物在 1968 年苏联军队入侵捷克镇压"布拉格之春"后终止，没有再恢复。

二、书（文）目录

1. Mathesius, Bohumil（博胡米尔·马泰休斯）：*Zpěvy staré Číny*（《中国古代诗歌》），马泰休斯意译和写序，部分诗歌与普实克合译，普实克写前言。Praha: SNKLHU，1960 年，196 页，20,000 册，布拉格。SNKLHU 出版社出版第 2 版。

2. Kalvodová, Dana（高德华）：*Letní sníh a jiné hry*（《窦娥冤及其他剧本》），包含关汉卿的六个剧本，汉学家高德华选译自中文原作《西楚记》，撰写序言并注释，诗歌部分则由施特罗布洛娃和切尔尼润色。Praha: SNKLHU，301 页，

6000 册，布拉格。

3. Průšek, Jaroslav（普实克）：*Putování Starého Chromce*（《老残游记》），普实克从汉语原著翻译，并撰写前言和注释。Praha: SNKLHU，第 2 版修订扩充版，594 页，4500 册，布拉格。

公元 1961 年

书（文）目录

1. Černá, Zlata（乌金），Vladislav, Jan（扬·弗拉迪斯拉夫）：*Jara a podzimy*（《春与秋》），古诗词选集，乌金和弗拉迪斯拉夫从汉语本翻译，并作注释和撰写后记。包含温庭筠、韦庄、冯延巳、柳永、李煜、苏轼等 9 人的抒情诗词。Praha: Mladá fronta，1961 年第 1 版，6700 册，布拉格。

2. Mathesius, Bohumil（博胡米尔·马泰休斯）：*Zpěvy staré Číny*（《中国古代诗歌》），马泰休斯意译和写序，部分诗歌与普实克合译，拉吉斯拉夫·菲卡尔（Fikar, Ladislav）写后记。Praha: SNKLHU，187 页，43,000 册，布拉格。在 SNKLHU 出版的为第 3 版。

3. Novotná-Heřmanová, Zdena（傅思瑞）：*Opičí král*（《猴王》），傅思瑞从中文原著《西游记故事》翻译，并写前言和注释。斯科纳设计插图。Praha: SNDK，1961 年第 1 版，348 页，20,000 册，布拉格。

4. Novotná-Heřmanová, Zdena（傅思瑞）：*Skřínka s poklady*（《百宝箱》），从汉语翻译并写后记，史焦维奇科娃为诗歌润色，斯科纳设计插图。Praha: Mladá fronta，249 页，15,000 册，布拉格。

5. Mikuškovičová, Jiřina（伊日纳·米库什科维乔娃，1922—2008）：*Poslední vůně lotosů*（《最后的荷花香》），中国古代诗歌和散文集，米库什科维乔娃选编，附引用资料索引，为中华人民共和国国庆献礼。České Budějovice: Okresní knihovna，捷克布杰约维采。

公元 1962 年

一、大事记

12 月 4 日，捷克斯洛伐克保卫和平委员会、捷克斯洛伐克科学院东方学研究所、布拉格市保卫和平委员会、市人民图书馆等单位在布拉格音乐剧院联合举办晚会，纪念世界文化名人、中国唐代伟大诗人杜甫诞辰 1250 周年。捷克斯洛伐克科学院东方学研究所所长普实克介绍了杜甫的生平和作品，会上还朗诵了杜甫的诗歌。

二、书（文）目录

1. Král, Oldřich（克拉尔）：*Literáti a mandaríni*（《儒林外史》），从中文《儒林外史》翻译，写后记和注解。Praha: SNKLU，1962 年第 1 版，785 页，4000 册，布拉格。

2. Palát, Augustin（白利德）：*Příběhy od jezerního břehu*（《水浒传》），从汉语选译，并写后记。Praha: Naše vojsko，1962 年第 1 版，337 页，10,000 册，布拉格。

公元 1963 年

书（文）目录

Průšek, Jaroslav（普实克）：*Zkazky o šesteru cest osudu*（《命运之六道的故事》），普实克从汉语本翻译，注释和写后记。Praha：Státní nakladatelství krásné literatury a umění，第 2 版，315 页，57,100 册，布拉格。

公元 1964 年

一、大事记

汉学家普实克、马立安·高利克（Gálik, Marián）第一次出席在法国波尔多召开的青年汉学家第十六次会议。

二、书（文）目录

1. Kolmaš, Josef（高马士）：*Drak z černé tůně*（《黑潭龙》），白居易诗选，高马士从汉语原文选译和注释，施特罗布洛娃为诗歌润色，普实克撰写后记《白居易诗歌旁白》，扩充版。Praha: Mladá fronta, 109 页，7000 册，第 2 版，布拉格。

2. Průšek, Jaroslav（普实克）：*Podivuhodné příběhy z čínských tržišť a bazarů*（《神奇的中国市井故事》），普实克选译自汉语原著《警世通言》，并写后记《中国的说书艺人及艺术》。诗词部分由乌尔班科娃、艾斯纳和马泰休斯修改润色。保留原著插图、汉字和故事名称。12 个不同主题（言情、鬼怪、冒险、宗教、历史和刑侦等）故事集，主人公大多是中国社会的下层市民，有工匠、店员、私塾教师、店主等，向读者展示中世纪中国说书叙事艺术的独特经历，展现 800 年前中国社会世俗生活的有趣场景。Praha: SNKLU, 1964 年第 2 版，修改版，331 页，25,000 册，布拉格。

公元 1965 年

书（文）目录

Navrátil, Jiří（伊日·纳夫拉蒂尔）：*Lao-tse, Tao-te-ťing*（《老子：道德

经》),从不同译本(德、英、俄)转译,瓦格纳设计插图。Praha: Louny, Věra a Kamil Linhartovi,自行刊印,布拉格。

公元 1966 年

书(文)目录

1. Pokora, Timoteus(波科拉,1928—1985):*Čchin Š'Chuang-ti*(《秦始皇帝》),汉学家波科拉译自汉语《京城皇帝》,附朝代、人名和地名索引。Praha: Orbis,1966 年第 1 版,218 页,8000 册,布拉格。

2. Zempliner, Artur(阿图尔·岑普利纳,1921—):*Čínská filosofie v novověké filosofii*(《欧洲现代哲学中的中国哲学》),岑普利纳翻译,普实克写前言。Praha: Academia,1966 年第 1 版,211 页,2000 册,布拉格。

3. Ryšavá, Marta(玛尔塔·丽莎娃),Hiršal, Josef(约瑟夫·希尔沙尔):*Návraty*(《归去来兮》),汉学家玛尔塔·丽莎娃和约瑟夫·希尔沙尔从汉语本合译,玛尔塔·丽莎娃选编和撰写后记。Praha: Odeon,1966 年第 1 版,210 页,5000 册,布拉格。

公元 1967 年

一、书(文)目录

1. Mathesius, Bohumil(博胡米尔·马泰休斯):*Zpěvy staré Číny*(《中国古诗三编合集》)。该卷收入了《中国古代诗歌》《中国古诗新编》和《中国古诗第三编》三本诗集中的大部分诗歌,是译者二十多年来的翻译成果,是

1950 年出版的诗集《中国古代诗歌》的再版。普实克写后记，斯科纳设计插图。Praha: Odeon, 1967 年第 4 版，218 页，20，000 册，布拉格。

2. *Slovník spisovatelů: Asie a Afrika I: A-J*（《亚非作家词典》上卷），Praha: Odeon, 450 页，3000 册，布拉格。

3. *Slovník spisovatelů: Asie a Afrika II: K-Ž*（《亚非作家词典》下卷），Praha: Odeon, 454 页，3000 册，布拉格。

二、备注

两卷本词典系列由普实克组织团队编写完成，普实克撰写序言。词典涵盖亚、非洲作家生平及书目指南，共计 1500 词条，涉及古代、中世纪和现代亚、非洲文学。

公元 1968 年

一、大事记

1. 第二十届中国研究大会，原定 8 月 22 日在布拉格召开，将有近 500 名汉学家参会，但由于 21 日苏联和华约五国军队入侵捷克镇压"布拉格之春"改革而被迫取消。

2. 东方学研究所的科学杂志《新东方》停刊。捷克汉学研究从此走入低谷。

二、书（文）目录

Kalvodová, Dana（高德华）：*Vějíř s broskvovými květy*（《桃花扇》），汉学家高德华从汉语本翻译，并写前言和注释，切尔尼为诗歌润色，附插图。作为完整的《桃花扇》译本，当时在欧洲其他国家尚不存在。装帧由斯科纳设计。

Praha: Odeon，1968 年，372 页，2000 册，布拉格。

公元 1969 年

书（文）目录

1. Navrátil, Jiří（伊日·纳夫拉蒂尔）：*Lao-tse, Tao-te-ťing*（《老子：道德经》），从不同译本（德、英、俄）转译，瓦格纳设计插图。1969 年 11 月作为音乐会节目单的副本印制，皮封套，插画。Praha: Pragokoncert，140 页，6000 册，布拉格。

2. Střeleček, Jaromír（亚罗米尔·斯特热莱切克）：*Čínská filosofie : Stručný přehled*（《中国哲学概览》），斯特热莱切克编写，高校哲学教材。Praha: Univerzita Karlova，1969 年第 1 版，73 页，200 册，布拉格。

公元 1971 年

一、书（文）目录

1. Krebsová, Berta（贝尔塔·克雷布索娃，1909—1973）：*Lao-c'o Tao a ctnosti=Tao te ťing*（《道德经：老子论道和德》），汉学家克雷布索娃根据汉语《道德经》的不同版本翻译，并作序，在每一章后有译者的哲学思考和评论。Praha: Odeon，1971 年第 1 版，296 页，3500 册，布拉格。

2. Pokora, Timoteus（波科拉）：*Kritická pojednání*（《论衡》），中国哲学家著作选，波科拉从汉语原著《论衡》翻译，并写序言和注解。Praha: Academia，469 页，1200 册，布拉格。

3. Král, Oldřich（克拉尔）, Střeleček, Jaromír（亚罗米尔·斯特热莱切克）: *Úvod do čínské filosofie. Historie a texty I, Čínská filosofie do příchodu buddhismu*（《对中国哲学的介绍——历史和文本 1》），部分译自汉语本。Praha: Universita Karlova，174 页，300 册，布拉格。

4. Král, Oldřich（克拉尔）: *Tao-texty staré Číny : Antologie*（《道——中国古代文选》），克拉尔从汉语本翻译，并写序和注释。文选收入了包括《道德经》在内的老子、庄子及其他中国古代哲学家的作品，列入了不同时期的诗歌及精美散文，附有简短评论和艺术插图。Praha: Československý spisovatel，1971 年第 1 版，139 页，21，000 册，布拉格。

二、备注

1. 波科拉（Pokora）的序言出自《论衡评论》。他非常欣赏王充，认为他是一位代表正统儒家思想的评论家。波科拉是第二个把王充著作翻译成欧洲语言的学者。第一位是德国汉学家 A. 佛尔克（Alfred Forke，1867—1944），其译本于 1907 年和 1911 年先后在伦敦、柏林出版。佛尔克翻译了王充的全部文章，而波科拉仅翻译了三分之一。

2. 1971 年波科拉写了一篇重要论文《如何看待孔子？》(*Co s Konfuciem?*)，在文中综述了中国历代有关孔子哲学、经典地位及其历史重要性的争论。在这篇文章中，波科拉立足于孔子研究的基本资料，更多侧重于对孔子的性格和思想的关注。

公元 1972 年

书（文）目录

Kolmaš, Josef（高马士）: *Zápisky o buddhistických zemích*（《佛国记》），

高马士从汉语《佛国记》（也称《法显传》）的不同版本翻译，撰写前言《法显及其在中国佛教史上的地位》，并添加评论和注释。斯科纳完成装帧。Praha: Odeon，1972 年第 1 版，194 页，3700 册，布拉格。

公元 1974 年

一、书（文）目录

1. Ryšavá, Marta（玛尔塔·丽莎娃）：*Vyznání*（《告白》），丽莎娃从蒲松龄原著翻译。Praha: Odeon，1974 年，196 页，6500 册，布拉格。

2. Mathesius, Bohumil（博胡米尔·马泰休斯）：*Zpěvy staré Číny*（《中国古诗三编合集》），马泰休斯从各种翻译版本意译和改编。此合集包含《中国古代诗歌》《中国古诗新编》《中国古诗第三编》，展示了中国古典诗歌漫长的历史发展阶段。Praha: Československý Spisovatel，总第 5 版，第 1 版由作家出版社出版，140 页，16,000 册，布拉格。

3. *Dictionary of Oriental Literatures I-III*（《东方文学词典》）三卷本。London: George Allen & Unwin Ltd，1974 年，伦敦。

二、备注

关于《东方文学词典》各卷的情况：

Dictionary of Oriental Literatures: East Asia: Volume I（《东方文学词典》：东亚，第 1 卷）由 Průšek, Jaroslav（普实克）和 Słupski, Zbigniew（史罗甫）组织编纂，226 页。

Dictionary of Oriental Literatures: South and South-East Asia: Volume II（《东方文学词典》：南亚和东南亚，第 2 卷）由 Průšek, Jaroslav（普实克）和 Zbavitel, Dusan（杜尚·兹巴维特尔）组织编纂，191 页。

Dictionary of Oriental Literatures: West Asia and North Africa: Volume III (《东方文学词典》：西亚和北非，第 3 卷）由 Průšek, Jaroslav（普实克）和 Bečka, Jiři（伊日·贝奇卡）组织编纂，213 页。

公元 1977 年

书（文）目录

1. Ryšavá, Marta（玛尔塔·丽莎娃）：*Měsíc nad průsmykem*（《关山月》），李白诗集，丽莎娃根据不同的中文版本翻译了 235 首李白诗歌，撰写后记《民间诗人》，添加评论和注释，哈耶克插图和附文字解释。Praha: Odeon，459 页，9000 册，布拉格。

2. Fass, Josef（约瑟夫·法斯）：*Starožitné zrcadlo*（《古镜》），唐代故事选，汉学家法斯选译自不同的中文版本，编注，写后记《中国小说创作的起源》。哈耶克插图和附文字解释。插图选自明弘治十一年（1498）金台岳家刻本《西厢记》。Praha: Odeon，289 页，10,000 册，布拉格。

公元 1978 年

书（文）目录

1. Hrubín, František（弗朗齐歇克·赫鲁宾），Černá, Zlata（乌金）：*Nefritová flétna*（《玉笛》）。95 首唐诗选集，赫鲁宾和乌金合译。乌金写后记《赫鲁宾与中国古代诗歌》。Praha: Mladá fronta，1978 年第 1 版，123 页，12,000 册，布拉格。

2. *Dictionary of Oriental Literatures: East Asia: Volume 1*（《东方文学词典》：东亚，第 1 卷），Tokio: Charles E. Tuttle Co.，东京出版。

公元 1982 年

书（文）目录

Preuss, Karel（卡雷尔·普罗伊斯）：*Chrestomatie k dějinám starověku*（《古代历史读本》），中国和印度史，第 1 部分，为教育系和哲学系教学用书。乌金和弗拉基米尔·米尔特纳（Miltner, Vladimír）写前言，并从中文文本和梵文文本翻译和添加评注。Praha: SPN，232 页，600 册，布拉格。

公元 1986 年

书（文）目录

1. Král, Oldřich（克拉尔）：*Sen v červeném domě*（《红楼梦》），克拉尔从中文原著翻译，并写序言。Praha: Československý spisovatel，1986-1988，第 1 版，3 册，布拉格。其中第 1 册，644 页；第 2 册，761 页；第 3 册，649 页。

2. Vochala, Jaromír（吴和，1927—　）：*Zpěvy od Žluté řeky*（《黄河之歌》），中国古诗选，吴和从汉语本翻译，选插图和写后记。Praha: Práce，1986 年第 1 版，81 页，8000 册，布拉格。

公元 1987 年

书（文）目录

1. Ryšavá, Marta（玛尔塔·丽莎娃）：*Nad Nefritovou tůní jasný svit*（《玉潭明月》），寒山、拾得诗集，丽莎娃从汉语本选译，并写后记。Praha: Odeon, 250 页, 7000 册，布拉格。

2. Ryšavá, Marta（玛尔塔·丽莎娃）：*Trojzvuk*（《三重唱》），王维、白居易、孟浩然诗歌集，丽莎娃从不同中文版本翻译，并写后记和注释。配有插图。Praha: Melantrich, 1987 年, 485 页, 9000 册，布拉格。

3. Vochala, Jaromír（吴和）：*Zpěvy od Žluté řeky*（《黄河之歌》），中国古诗选，吴和从汉语本翻译，设计插图和写后记。Praha: Práce, 1987 年第 2 版，81 页, 10000 册，布拉格。

公元 1988 年

书（文）目录

1. Mathesius, Bohumil（博胡米尔·马泰休斯）：*Zpěvy staré Číny*（《中国古诗三编合集》），中国抒情古诗的意译和反响。弗兰涅克选编、整理，写评论、前言和后记。斯科纳设计插图。Praha: Československý Spisovatel, 1988 年第 1 版，324 页，20,000 册，布拉格。作家出版社诗歌俱乐部第 5818 号出版物。

2. Král, Oldřich（克拉尔）：*Tribunová sútra Šestého patriarchy*（《六祖坛经》，慧能传法），克拉尔从汉语本翻译，写前言。附梵文术语词汇。Praha: Odeon, 1988 年第 1 版, 107 页, 16,000 册，布拉格。

公元 1989 年

书（文）目录

1. Lomová, Olga（罗然）：*Příběhy soudce Paoa*（《包公故事》），施玉坤、罗然从中文原著《七侠五义》《三侠五义》翻译和写后记，亚尔米拉·哈林戈娃（Jarmila Häringová）为诗句润色。Praha: Vyšehrad, 1989 年第 1 版, 188 页, 110,000 册, 布拉格。

2. Häringová, Jarmila（亚尔米拉·哈林戈娃）：*Rozmarné a tajuplné příběhy ze staré Číny*（《古中国神秘无常的故事》），民间话本小说，哈林戈娃从汉语本翻译，写前言和注释。Praha: Odeon, 1989 年第 1 版, 344 页, 26,000 册, 布拉格。

3. Král, Oldřich（克拉尔）：*Tribunová sútra Šestého patriarchy*（《六祖坛经》，慧能传法），克拉尔从汉语本翻译，写前言。附梵文术语词汇。Praha: Odeon, 1989 年第 2 版, 107 页, 8000 册, 布拉格。

公元 1990 年

书（文）目录

1. Král, Oldřich（克拉尔）：*Čchan*（《禅》），克拉尔从汉语本翻译，写评论和书法题词。附梵文术语表，包含《心经》《六祖坛经》。Praha: Inspirace, 1990 年, 75 页, 布拉格。

2. Ryšavá, Marta（玛尔塔·丽莎娃）：*"Hovory" s Chan-Šanem*（《与寒山对话》），插画诗集，丽莎娃从汉语原文选译，弗拉基米尔·高兹利克（Kozlik, Vladimír）拍摄、插图和编辑。Praha: Prostor, 83 页, 3000 册, 布拉格。

3. Holan, Vladimír（弗拉基米尔·霍兰）：*Melancholie*（《乡愁》），宋词选，霍兰从法语版本转译，克拉尔写后记，赛义德排版和插图。Praha: Odeon, 178 页，9000 册（其中 1000 册为真皮封面），布拉格。

4. Král, Oldřich（克拉尔）：*Tribunová sútra Šestého patriarchy*（《六祖坛经》，慧能传法），克拉尔从汉语本翻译，写前言。附梵文术语词汇。Praha: Odeon, 1990 年第 3 版，107 页，8250 册，布拉格。

公元 1991 年

一、书（文）目录

Průšek, Jaroslav（普实克）：*Podivuhodné příběhy z čínských tržišť a bazarů*（《神奇的中国市井故事》），普实克选译自汉语原著《警世通言》，并写后记《中国的说书艺人及艺术》。诗词部分由乌尔班科娃、艾斯纳和马泰休斯修改润色。保留原著插图、汉字和故事名称。Praha: Odeon, 1991 年第 3 版，修订版，331 页，33,000 册，布拉格。

二、备注

这是一部包含 12 个不同主题（言情、鬼怪、冒险、宗教、历史、刑侦等）的故事集，主人公大多是中国社会的下层市民，有工匠、店员、私塾教师、店主等，向读者展示中世纪中国说书叙事艺术的特殊经历，展现 800 年前社会生活的有趣场景。

公元 1992 年

书（文）目录

1. Stočes, Ferdinand（费迪南德·斯托切斯）: *Květy skořicovníku*(《玉桂花》)，李清照诗集，斯托切斯从汉语原文翻译并作序，克拉尔写后记，图文设计则由弗拉基米尔·瓦哈完成。Praha: Mladá fronta，1992 年第 1 版，110 页，布拉格。

2. Kutina, Jiří（伊日·库季纳，1926— ）: *Šienšanský mudrc*(《先圣哲人》)，道教无为。库季纳依据弗朗齐歇克·丘普尔（Čupr, František，1821-1882）的捷克语译本《道德经：通往神和德的路径》重述。Praha: Unitaria，1992 年，48 页，布拉格。

3. Král, Oldřich（克拉尔）: *Vnitřní kapitoly*（《内篇》）/ 庄子，克拉尔从汉语本翻译，并写前言和注释。Praha: Odeon，115 页，10000 册，布拉格。

4. Kalvodová, Dana（高德华）: *Čínské divadlo*（《中国戏剧》），高德华著。Praha: Panorama，315 页，布拉格。

5. Navrátil, Jiří（伊日·纳夫拉蒂尔）: *Ve světě taoismu: sborník*（《在道教的世界里》），纳夫拉蒂尔从多种外语译本转译，整理和注释。1969 年《老子：道德经》版本的再版。Praha: Avatar，1992 年第 1 版，172 页，布拉格。

公元 1993 年

一、大事记

9 月，在奥洛莫乌茨城的帕拉茨基大学恢复汉语和日本语专业教学。

二、书（文）目录

Bondy, Egon（埃贡·邦迪，1930—2007），Hála, Martin（马丁·哈拉，1961— ）：*Čínská filosofie*（《中国哲学》）。斯洛伐克著名作家埃贡和汉学家马丁合译自汉语原文《中庸》（*Vyváženost a obyčejnost*）。Praha: Sdružení na podporu vydávání časopisů，387 页，布拉格。

公元 1994 年

书（文）目录

1. Král, Oldřich（克拉尔）：*Kniha mlčení: texty staré Číny : Lao-c`: Tao Te Ťing*（《沉默之书：老子道德经》），克拉尔依据王弼《道德经》注解本从汉语翻译整理，并写序言和注解。Praha: Mladá fronta, 237 页，1971 年《道——中国古代文选》译本的再版，布拉格。

2. Novotná-Heřmanová, Zdena（傅思瑞）：*Opičí král : vyprávění o putování na západ*（《猴王》/《西游记》）/ 吴承恩，傅思瑞从汉语本翻译和改编。Brno：Svatá Mahatma，1994 年第 1 版，238 页，布尔诺。

3. Stočes, Ferdinand（费迪南德·斯托切斯）：*Perlový závěs*（《珠帘》），中国古诗选集，斯托切斯从汉语翻译。Praha: Mladá fronta, 1994 年第 2 版, 158 页，布拉格。

公元 1995 年

书（文）目录

1. Král, Oldřich（克拉尔）：*I-ťing=Kniha proměn*（《易经》），克拉尔从中文本翻译，并注释和评论，格雷依查排版。Praha: Maxima, 1995 年第 1 版，277 页，布拉格。

2. Maradas, K.B.（马拉达斯）：*Iging: Staročínská kniha o věštění, přeměnách, projevu ducha, jang-jin*（《〈易经〉：中国古代占卜、转化、精神、阴阳之书》），马拉达斯从德语译本翻译。Brno：Svatá Mahatma, 106 页，布尔诺。

3. Král, Oldřich（克拉尔）：*Literáti a mandaríni*（《儒林外史》），吴敬梓原著，克拉尔从汉语翻译并写后记。Olomouc：Votobia, 1995 年第 2 版，682 页，1962 年译本的修订版，奥洛莫乌茨。

4. Král, Oldřich（克拉尔）：*O válečném umění*（《孙子兵法》），克拉尔翻译和写序言。Olomouc：Votobia, 104 页，奥洛莫乌茨。

5. Lesný, Vincenc（文岑茨·莱斯尼，1882—1953），Průšek, Jaroslav（普实克）：*Rozpravy: hovory a komentáře*（《论语》），1940 年译本的修订版。从汉语翻译，附普实克原序言和出版说明，白利德筹备出版，写评论和附页。Praha: Mladá fronta, 180 页，布拉格。

6. Kolmaš, Josef（高马士）：*Zápisky o buddhistických zemích*（《佛国记》），高马士从汉语《佛国记》（也称《法显传》）的不同版本翻译，撰写前言《法显及其在中国佛教史上的地位》，添加评论和注释，补充索引。斯科纳完成装帧。Praha: Aurora, 1995 年第 2 版，207 页，3700 册，布拉格。

7. Kolmaš, Josef（高马士）：*Buddhistická svatá písma. Šestnáct arhatů*（《佛经，十六罗汉》），高马士翻译，选自藏传佛教经书《甘珠尔》和《丹珠尔》。Praha: Práh, 1995 年第 1 版，92 页，布拉格。

8. Lomová, Olga（罗然）：*Čítanka tangské poezie*（《唐诗教程》），罗然编译。Praha: Karolinum, 1995 年第 1 版，179 页，500 册，布拉格。

9. *O čínské filosofii, literatuře a umění*（《关于中国哲学、文学和艺术》），第十届欧洲中国研究协会会议论文集，捷华协会筹备，为纪念波科拉（PhDr. et JUDr. Timotea Pokory, CSc. 1928—1985）而发。Praha: Michal Jůza & Eva Jůzová，150页，布拉格。

10. Minařík, Květoslav（克维托斯拉夫·米纳日克，1908—1974）：*Lao-c'ovo Tao-te-ťing*（《老子道德经》），米纳日克依据杨兴顺1953年的俄语译本转译，评论。Praha: Canopus，1995年第1版，158页，布拉格。

公元 1996 年

书（文）目录

1. Bláhová, Alena（阿莱纳·布拉霍娃，1954—　）：*Básně z Ledové hory*（《冰山之歌》）寒山诗选，布拉霍娃转译自1974年出版的德语译本《寒山诗歌150首》，汉学家罗然写序言，评论和注解。Praha: Dharma Gaia，1996年第1版，191页，布拉格。

2. Kolmaš, Josef（高马士）：*Datlovník v meruňkovém sadu*（《杏园枣树》），白居易诗选，高马士从汉语选译，并注释和写后记、附年代表，施特罗布洛娃为诗歌润色。此译本为诗集《黑潭龙》的第3版，扩充版。Praha: Vyšehrad，1996年第1版，249页，布拉格。

3. Kotrbová, Martina（马丁娜·科特尔博娃）：*Malá kniha Tao te ťing*（《道德经小册子》），科特尔博娃依据John R. Mabrym从中文原著翻译的英文版转译。Praha: Volvox Globator，1996年，48页，布拉格。

4. Král, Oldřich（克拉尔）：*Malířské rozpravy Mnicha Okurky*（《苦瓜和尚画语录》）/道济，克拉尔从汉语本翻译和评论。Praha: Votobia，106页，奥洛穆茨。

5. Novotná-Heřmanová, Zdena（傅思瑞）：*Volání jeřábů*（《鹤鸣》），中国古诗选集，汉学家傅思瑞从汉语本选译，写前言、后记。Kladno: Nezávislý

novinář（IV），61 页，克拉德诺。

6. Lomová, Olga（罗然）：*Další příběhy soudce Paoa*（《新包公故事》）/ 石玉坤、罗然译自汉语《赴京赶考》。Praha: Hrnčířství a nakladatelství Michal Jůza & Eva Jůzová，1996 年第 1 版，115 页，布拉格。

7. Pokora, Timoteus（波科拉）：*Čchin Š'Chuang-ti*（《秦始皇帝》），汉学家波科拉译自汉语《京城皇帝》，附朝代、人名和地名索引。Praha: Orbis，1996 年第 1 版，8000 册，布拉格。

8. Alert, Evžen（埃夫任·阿莱尔特）：*Slavné případy soudce Ti: (Ti kung an)*（《大唐狄公案》），埃夫任·阿莱尔特从高罗佩（Robert van Gulik）的英文译本转译（高罗佩，1967 年从中文原版翻译，并作序和说明）。Plzeň: Perseus，1996 年第 1 版，261 页，比尔森。

9. Král, Oldřich（克拉尔）：*I-ťing=Kniha proměn*（《易经》），克拉尔从汉语本翻译，并注释和评论。Praha: Maxima，1996 年第 2 版，修订版，277 页，布拉格。

10. Král, Oldřich（克拉尔）：*I-ťing=Kniha proměn*（《易经》），克拉尔从汉语本翻译，并注释和评论。Praha: Maxima，1996 年第 3 版，277 页，布拉格。

11. Zahradníčková, Eva（埃娃·扎赫拉德尼奇科娃）：*Jednoduchý I-ťing: okamžité věštby Knihy proměn*（《简易〈易经〉》），扎赫拉德尼奇科娃从 Ken Spaulding & Lois Richards 出版的英译本转译。Praha: Pragma，1996 年第 1 版，16 页，布拉格。

公元 1997 年

书（文）目录

1. Mathesius, Bohumil（博胡米尔·马泰休斯）：*Jdu tichou půlnocí*（《静夜思》）/ 李白，马泰休斯从汉语本翻译，兹德涅克·克热内克（Zdeněk Křenek）筹备出版，瓦茨拉夫·波士基克手工着色铜版画。Praha: Aulos, 37 页, 70 册编号本, 布拉格。

2. Novotná-Heřmanová, Zdena（傅思瑞）：*Opičí král*（《猴王》：西游记），傅思瑞从汉语原著《西游记》翻译、改编，并写前言和注释。克雷伊乔娃插图，儿童读物。Praha: Albatros, 1997 年第 2 版, 扩充修改版, 371 页, 布拉格。

3. Levit, Pavel（列维特）：*Čung Kchuej, aneb, Vítěz nad ďábly*（《钟馗捉鬼》），列维特从汉语本翻译，汉学家马丁·哈拉写后记。Praha: Brody, 1000 册, 208 页, 布拉格。

4. Krebsová, Berta（贝尔塔·克雷布索娃）：*Lao-c'o Tao a ctnosti=Tao te ťing*（《道德经：老子论道和德》），汉学家克雷布索娃根据汉语《道德经》不同版本翻译，并作序和评论。罗然补充汉语原文，作为对照。Praha: DharmaGaia, 249 页, 布拉格。

公元 1998 年

书（文）目录

1. Mathesius, Bohumil（博胡米尔·马泰休斯）：*Zpěvy staré Číny*（《中国古代诗歌》），马泰休斯意译，口袋书。Loukov: Czechoslovak, 51 页, 500 册。

2. Bláhová, Alena（阿莱纳·布拉霍娃）：*Básně z Ledové hory*（《冰山之歌》），寒山诗选。布拉霍娃从 1974 年出版的德语译本《寒山诗歌 150 首》转译，汉学家罗然写序、评论和注解。Praha: DharmaGaia, 修订版, 218 页, 布拉格。

3. Holan, Vladimír（弗拉基米尔·霍兰）：*Melancholie*（《乡愁》），宋词选。捷克著名诗人霍兰从法语译本转译，弗拉基米尔·尤斯特尔和汉学家克拉尔筹备出版。Praha: Mladá fronta, 1998 年第 3 版, 166 页, 布拉格。

4. Král, Oldřich（克拉尔）：*Shánění krávy*（《寻牛》）/ 廓庵禅师。克拉尔从中文原著选译和写后记、抒情诗，插图则由迈克尔·利德瓦尔作。Praha: Brody, 1998 年, 10 页, 350 册, 布拉格。

公元 1999 年

书（文）目录

1. Stočes, Ferdinand（费迪南德·斯托切斯）：*Nebe mi pokrývkou a země polštářem*（《天地即衾枕》），李白诗选，斯托切斯从汉语本翻译，写后记。Praha：Mladá fronta，143 页，布拉格。

2. Král, Oldřich（克拉尔）：*O válečném umění*（《孙子兵法》），克拉尔从汉语翻译，并作序和评论。Praha: Maxima，1999 年第 2 版，115 页，布拉格。

3. Král, Oldřich（克拉尔）：*Deset obrazů krocení býka*（《十牛图颂》）/ 廓庵禅师，克拉尔从中文原著选译，写后记，里德瓦尔插图。Praha：Brody，10 页，350 册，布拉格。

4. Král, Oldřich（克拉尔）：*Tribunová sútra Šestého patriarchy*（《六祖坛经》）/ 慧能，克拉尔从汉语本翻译，写前言。Praha: Vyšehrad，1989 年第 3 版，修订版，123 页，布拉格。

5. 林文月：*Devět zastavení s čínskou básní*（《中国古诗九探》），林文月讲座文集，罗然翻译。Praha: DharmaGaia，1999 年第 1 版，161 页，布拉格。

6. Lomová, Olga（罗然）：*Poselství krajiny: obraz přírody v díle tchanského básníka Wang Weje*（《景观的信息：唐代诗人王维作品中的自然意象》），罗然著。Praha: Dharma Gaia，1999 年第 1 版，240 页，布拉格。

7. Jaroslav a Lukáš Vackovi（雅罗斯拉夫·瓦采克、卢卡什·瓦采克）：*I-ťing=Kniha proměn*（《易经》），瓦采克兄弟从英语转译。Praha: Euromedia Group-Knižní klub，1999 年第 1 版，235 页，布拉格。

公元 2000 年

一、书（文）目录

1. Král, Oldřich（克拉尔）：*Duch básnictví řezaný do draků*（《文心雕龙》）/ 刘勰，克拉尔从汉语本翻译。Praha: Brody，2000 年第 1 版，406 页，布拉格。

2. Kotík，Jan（扬·科季克）：*Lao-c': Tao-te-ťing*（《道德经》），科季克转译、作注释和插画。Praha：Galerie Jiří Švestka Makum，162 页，布拉格。

3. Král, Oldřich（克拉尔），Šiktanc, Karel（希克坦茨·卡雷尔）：*Tři nadání: 3×24 starých básní o básnictví, malířství a kaligrafii*（《三种才能：3×24 首古诗，关于诗歌、书法、绘画》），克拉尔和希克坦茨从汉语本翻译。Praha：Mladá fronta，171 页，布拉格。

4. Král, Oldřich（克拉尔）：*I-ťing=Kniha proměn*（《易经》），克拉尔从汉语翻译、解释和评论。Praha: Maxima，2000 年第 4 版，298 页，布拉格。

5. Liščák, Vladimír（李世佳）：*Čína-Dobrodružství hedvábné cesty*（《中国：丝绸之路》），李世佳著，逐篇论述连接中国与西方的丝绸之路历史。Praha: Set Out，2000 年第 1 版，368 页，布拉格。

6. Liščák, Vladimír（李世佳）：*Čína-stručná historie státu*（《中国：国家发展简史》），李世佳著。Praha: Libri，2000 年第 1 版，368 页，布拉格。

二、备注

科季克是一位捷克画家，十几年里他历览诸多《道德经》译本，加入自己逐年积淀的感悟、诠释和插图，在 2000 年推出自己的转译本，甚至在译本发行之际举办专题展览。在译本前言里他这样写道："当下的译本可以帮助中欧的读者们，即便在前期没有深入接触的情况下，较全面地解读中国经典哲学思想的细微差别，同时认识到，这是一部投影于日常生活的精神法典，解读和遵循是通往'道'的最直接的方式，也是直接指向上帝的精神路径。"

结　语

　　进入 21 世纪，"了解中国"在捷克逐渐成为一种时尚。中捷文化往来日益频繁，旅游、教育、语言、文化和艺术等领域的交流不断拓展，捷克境内掀起汉语学习热并且热情持续不减。除了查理大学、帕拉茨基大学，其他几所捷克大学也相继开设汉语专业或作为选修课列入教学计划。汉语教学也进入了捷克中学。中方给予大力支持，前后向捷克赠送中文图书及音像制品近 20 万册（套）。

　　文学译介依然走热，中国古代经典作品不断推出，或者旧作新译；当代中国名家名作也在当地频频面世，反响不俗。2014 年，著名作家阎连科被授予捷克第 14 届"卡夫卡文学奖"。

　　习近平主席在 2016 年对捷克进行了历史性的国事访问，将中捷关系提升为战略伙伴关系，双方签署了共建"一带一路"合作备忘录，推动发展战略对接和政策协同，开展和深化互利合作，致力于可持续发展和共同繁荣。

　　在这种合作框架和战略性关系的时代背景下，2016 年也迎来中国 – 中东欧国家人文交流年，中国在人文交流领域加大力度，创新对外传播，在交流互鉴中展示中华文化的独特魅力，扎实推进中华文明走向世界。

（徐伟珠）

主要参考书目

[1] Čornejová, Ivana. *Tovaryšstvo Ježíšovo. Jezuité v Čechách.* Praha: Mladá fronta, 1995.

[2] kolektiv autorů. *Kdo byl kdo, biografický slovník,* nakladatelství LIBRI, 1999.

[3] Fairbank, John K. *Dějiny Číny.* Praha: Nakladatelství Lidové noviny, 2007.

[4] Mádlová, Vlasta. *Jaroslav Průšek (1906-1980),* Brno: Masarykův ústav AV ČR, 2011.

[5] 阎纯德、吴志良主编，[斯洛伐克]马立安·高利克著：《捷克和斯洛伐克汉学研究》，北京：学苑出版社，2009年。

人名译名对照及索引

一、中文—捷克文（按汉字音序排列）

A

阿莱尔特，埃夫任（ALERT, Evžen）207
艾斯纳，帕维尔（EISNER, Pavel）180，182，185，192，202

B

巴耶洛娃，埃玛（BAYERLEOVÁ, Ema）185，186

白利德（PALÁT, Augustin）162, 177, 179, 185, 187, 191, 205

邦迪，埃贡（BONDY, Egon）204

波科拉（POKORA, Timoteus）193, 195, 196, 206, 207

布拉霍娃，阿莱纳（BLÁHOVÁ, Alena）206, 208

C

岑普利纳，阿图尔（ZEMPLINER, Artur）193

D

德拉霍拉多娃（DRAHORÁDOVÁ-LVOVÁ, Sína）181

德沃夏克，鲁道夫（DVOŘÁK, Rudolf）161, 165—169, 172

F

法斯，约瑟夫（FASS, Josef）198

菲卡尔，拉吉斯拉夫（FIKAR, Ladislav）190

弗拉迪斯拉夫，扬（VLADISLAV, Jan）190

傅思瑞（NOVOTNÁ-HEŘMANOVÁ, Zdena）190, 204, 206, 208

G

高德华（KALVODOVÁ, Dana）189, 194, 203

高马士（KOLMAŠ, Josef）160, 188, 192, 196, 197, 205, 206

高兹利克，弗拉基米尔（KOZLIK, Vladimír）201

H

哈拉，马丁（HÁLA, Martin）204, 208

哈林戈娃，亚尔米拉（HÄRINGOVÁ, Jarmila）201

赫利德克，伊日（HLÍDEK, Jiří）171

赫鲁宾，弗朗齐歇克（HRUBÍN, František）179, 185, 198

胡多巴，弗朗齐歇克（CHUDOBA, František）173

霍兰，弗拉迪米尔（HOLAN, Vladimír）181，202，208

K

科特尔博娃，马丁娜（KOTRBOVÁ, Martina）206

科季克，扬（KOTÍK, Jan）210

克拉尔（KRÁL, Oldřich）191，196，199—210

克雷布索娃，贝尔塔（KREBSOVÁ, Berta）177，195，208

库季纳，伊日（KUTINA, Jiří）203

列托夫，伊沃（LETOV, Ivo）189

莱斯尼，文岑茨（LESNÝ, Vincenc）175，176，205

L

丽莎娃，玛尔塔（RYŠAVÁ, Marta）193，197，198，200，201

李世佳（LIŠČÁK, Vladimír）210

列维特，帕维尔（LEVIT, Pavel）174，208

罗然（LOMOVÁ, Olga）201，205—209

M

玛多什科娃，朱丽叶（MATOUŠKOVÁ, Julie）173，174

马泰休斯，博胡米尔（MATHESIUS, Bohumil）171，175—177，179，180，182，183，185，187—190，192，193，197，200，202，207，208

米尔特纳，弗拉基米尔（MILTNER, Vladimír）199

米库什科维乔娃，伊日纳（MIKUŠKOVIČOVÁ, Jiřina）190

米勒，F.J.（MÜLLER, F.J.）175

米纳日克，克维托斯拉夫（MINAŘÍK, Květoslav）206

N

纳夫拉蒂尔，伊日（NAVRÁTIL, Jiří）192，195，203

诺瓦科娃，玛丽（NOVÁKOVÁ, Marie）173，174

P

普实克（PRŮŠEK, Jaroslav）161，162，172—194，197，198，202，205

普谢尼奇卡，雅罗斯拉夫（PŠENIČKA, Jaroslav）169，170

Q

丘普尔，弗朗齐歇克（ČUPR, František）164，203

R

日什卡，奥塔卡尔（ŽIŽKA, Otakar）176，179

S

塞卡尼纳，弗朗齐歇克（SEKANINA, František）168，169

施特罗布洛娃，亚纳（ŠTROBLOVÁ, Jana）188，189，192，206

史罗甫（SŁUPSKI, Zbigniew）197

斯托切斯，费迪南德（STOČES, Ferdinand）203，204，209

施皮策，弗朗齐歇克（SPITZER, František）184

斯塔赫，伊日（STACH, Jiří）189

斯特热莱切克，亚罗米尔（STŘELEČEK, Jaromír）195，196

W

万丘拉，兹德涅克（VANČURA, Zdeněk）173，174

乌尔班科娃，亚尔米拉（URBÁNKOVÁ, Jarmila）180—182，185，192，202

乌金（ČERNÁ, Zlata）190，198，199

吴和（VOCHALA, Jaromír）199，200

X

希尔沙尔，约瑟夫（HIRŠAL, Josef）193

希尔斯卡，弗拉斯塔（HILSKÁ, Vlasta）178，188

希克坦茨，卡雷尔（ŠIKTANC, Karel）210

Z

扎赫拉德尼奇科娃，埃娃（ZAHRADNÍČKOVÁ, Eva）207

二、捷克文—中文（按捷克语字母顺序排列）

A

ALERT, Evžen（埃夫任·阿莱尔特）207

B

BAYERLEOVÁ, Ema（埃玛·巴耶洛娃）185
BLÁHOVÁ, Alena（阿莱纳·布拉霍娃）206，208
BONDY, Egon（埃贡·邦迪）204

C

CHUDOBA, František（弗朗齐歇克·胡多巴）173

Č

ČERNÁ, Zlata（乌金）190，198
ČUPR, František（弗朗齐歇克·丘普尔）164，203

D

DRAHORÁDOVÁ-LVOVÁ, Sína（德拉霍拉多娃）181
DVOŘÁK, Rudolf（鲁道夫·德沃夏克）161，165，167—169，172

E

EISNER, Pavel（帕维尔·艾斯纳）180，182

F

FASS, Josef（约瑟夫·法斯）198

FIKAR, Ladislav（拉吉斯拉夫·菲卡尔）190

H

HÁLA, Martin（马丁·哈拉）204

HÄRINGOVÁ, Jarmila（亚尔米拉·哈林戈娃）201

HILSKÁ, Vlasta（弗拉斯塔·希尔斯卡）178

HIRŠAL, Josef（约瑟夫·希尔沙尔）193

HLÍDEK, Jiří（伊日·赫利德克）171

HOLAN, Vladimír（弗拉基米尔·霍兰）181，202，208

HRUBÍN, František（弗朗齐歇克·赫鲁宾）179，198

K

KALVODOVÁ, Dana（高德华）189，194，203

KOLMAŠ, Josef（高马士）188，192，196，205，206

KOTÍK, Jan（扬·科季克）210

KOTRBOVÁ, Martina（马丁娜·科特尔博娃）206

KOZLIK, Vladimír（弗拉基米尔·高兹利克）201

KRÁL, Oldřich（克拉尔）191，196，199—210

KREBSOVÁ, Berta（贝尔塔·克雷布索娃）195，208

KUTINA, Jiří（伊日·库季纳）203

L

LESNÝ, Vincenc（文岑茨·莱斯尼）175，205

LETOV, Ivo（伊沃·列托夫）189

LEVIT, Pavel（帕维尔·列维特）174，208

LIŠČÁK, Vladimír（李世佳）210

LOMOVÁ, Olga（罗然）210，205，207，209

M

MATHESIUS, Bohumil（博胡米尔·马泰休斯）171，175—177，179，180，182，183，185，187—190，193，197，200，207，208

MATOUŠKOVÁ, Julie（朱丽叶·玛多什科娃）173，174

MIKUŠKOVIČOVÁ, Jiřina（伊日纳·米库什科维乔娃）190

MILTNER, Vladimír（弗拉基米尔·米尔特纳）199

MINAŘÍK, Květoslav（克维托斯拉夫·米纳日克）206

MÜLLER, F.J.（F.J. 米勒）175

N

NAVRÁTIL, Jiří（伊日·纳夫拉蒂尔）192，195，203

NOVÁKOVÁ, Marie（玛丽·诺瓦科娃）173，174

NOVOTNÁ-HEŘMANOVÁ, Zdena（傅思瑞）190，204，206，208

P

PALÁT, Augustin（白利德）179，185，191

POKORA, Timoteus（波科拉）193，195，196，207

PRŮŠEK, Jaroslav（普实克）175—177，180—183，185—187，190—192，197，198，202，205

PŠENIČKA, Jaroslav（雅罗斯拉夫·普谢尼奇卡）169，170

R

RYŠAVÁ, Marta（玛尔塔·丽莎娃）193，197，198，200，201

S

SEKANINA, František（弗朗齐歇克·塞卡尼纳）168，169

SŁUPSKI, Zbigniew（史罗甫）198

SPITZER, František（弗朗齐歇克·施皮策）184

STACH, Jiří（伊日·斯塔赫）189

STOČES, Ferdinand（费迪南德·斯托切斯）203，204，209

STŘELEČEK, Jaromír（亚罗米尔·斯特热莱切克）195，196

Š

ŠIKTANC, Karel（卡雷尔·希克坦茨）210

ŠTROBLOVÁ, Jana（亚纳·施特罗布洛娃）188

U

URBÁNKOVÁ, Jarmila（亚尔米拉·乌尔班科娃）180—182

V

VANČURA, Zdeněk（兹德涅克·万丘拉）173，174

VLADISLAV, Jan（扬·弗拉迪斯拉夫）190

VOCHALA, Jaromír（吴和）199，200

Z

ZAHRADNÍČKOVÁ, Eva（埃娃·扎赫拉德尼奇科娃）207

ZEMPLINER, Artur（阿图尔·岑普利纳）193

Ž

ŽIŽKA, Otakar（奥塔卡尔·日什卡）176，179

20世纪中国古代文化经典在罗马尼亚的传播编年

概　述

　　罗马尼亚位于东南欧巴尔干半岛的东北部，多瑙河下游地区。北部和东北部分别与乌克兰和摩尔多瓦为邻，南接保加利亚，西南和西北分别与塞尔维亚和匈牙利接壤，东南濒临黑海。面积 238,391 平方千米，在欧洲列第 12 位。人口 1994 万（2014 年 12 月），在欧洲排第 9 位。

　　罗马尼亚人是繁衍于喀尔巴阡山—多瑙河—黑海地区的一个古老民族，其远祖是从色雷斯族群中分化出的"葛特－达契亚人"[①]。公元前 1 世纪，布雷比斯塔（Burebista，前 82—前 44）统一了达契亚人的各个部落，建立奴隶制中央集权的达契亚国。公元 1 世纪末 2 世纪初，在德凯巴鲁斯（Decebalus，87—106）统治时期，达契亚国在文明程度上达到全盛。罗马帝国皇帝图拉真统率军队在 101—102 年和 105—106 年期间对达契亚发动了两次战争，于 106 年将其

---

① "葛特－达契亚人"，另译"盖塔－达契亚人"，是历史学家对罗马尼亚人祖先的统称，指的是同一民族。"葛特人"源于古希腊史料，而"达契亚人"见于古罗马史料。

征服并变为帝国的一个行省。罗马帝国统治时期，达契亚省受到了拉丁语言和文明的深刻影响。经过罗马人与土著达契亚人的融合同化，逐渐形成了罗马尼亚民族及其语言。今天，在布加勒斯特市主要大街旁边矗立的一尊母狼用乳汁喂养罗穆洛和勒莫兄弟的青铜雕像，是意大利罗马市于 1906 年向布加勒斯特赠送，它从一个侧面反映了罗马尼亚人对本民族及语言拉丁渊源的归属和认同。

275 年，罗马帝国的军队和行政机构撤离达契亚，在此后的千年间，这里屡屡受到迁徙民族的冲击，来自东方的匈奴人、蒙古人也曾经在此征战。14 世纪，这里形成了瓦拉几亚（又称"蒙特尼亚"或"罗马尼亚公国"）、摩尔多瓦[①]和特兰西瓦尼亚[②]三个封建公国，彼此之间的政治、军事、经济和文化联系频繁。1600 年，罗马尼亚公国的勇士米哈伊第一次实现了三个公国的政治统一。1859 年，摩尔多瓦与罗马尼亚公国联合，成立罗马尼亚。1877—1878 年俄土战争期间罗马尼亚获得独立，1881 年宣布成立罗马尼亚王国。第一次世界大战结束时，以特兰西瓦尼亚等历史省份 1918 年 12 月 1 日回归为标志，罗马尼亚形成了统一的现代民族国家。

罗马尼亚的先民从公元 2—3 世纪开始接受基督教，1054 年东西教会大分裂后又皈依东正教，是一个以基督教为精神主体的国家。在民族形成和社会发展过程中，它曾受到欧洲早期的古希腊文明、古罗马文明和拜占庭文化艺术的影响，中世纪和近代又受到斯拉夫文明和法国文化的影响。尽管如此，罗马尼亚民族仍完好地保留了拉丁民族及其语言文化的本质特征。

在历史上，罗马尼亚是一个以农耕和畜牧为主的民族，所处的地域频繁受到迁徙民族的冲击。15—19 世纪的五百年间又饱受奥斯曼帝国等列强的统治压迫，在政治、经济和文化等方面大大落后于欧洲的一些强势民族，这也影响到罗马尼亚人对东方文明的探索。

根据目前的研究，罗马尼亚民族认知中华文明的印迹可以追溯到 17 世

---

① "摩尔多瓦"又译"摩尔达维亚""莫尔多瓦"。历史上，其疆域包括今天罗马尼亚东北部的摩尔多瓦地区和摩尔多瓦共和国。
② "特兰西瓦尼亚"，又称"阿尔迪亚尔"。狭义上指东喀尔巴阡山、南喀尔巴阡山和阿布塞尼山（西山）之间的地区。10—13 世纪，匈牙利封建贵族经过多年战争占据这一地区，将其并入匈牙利王国，但仍保持原有的总督辖区，使其具有一定的自治权。

纪。当时，摩尔多瓦公国和罗马尼亚公国的历史编年著作受到重视。这些史书以记载朝代兴衰、反映王公事迹、提供治国鉴戒为主，其中已经可以看到少量介绍东方和"中华帝国"的文字，例如格里戈雷·乌雷凯（Grigore Ureche，约1590—1647）撰著的《摩尔多瓦公国史记》（*Letopisețul Țării Moldovei*）中有关"鞑靼人帝国及其习俗和疆域"的片段。17世纪末罗马尼亚公国翻译流传的地理书籍中，也有少量对中国的介绍，但这些材料均为转译，讹误较多。

在罗马尼亚民族对中国的早期认识和交往方面，特别需要提到17世纪到访中国的摩尔多瓦人文主义学者、外交官和旅行家尼古拉·米列斯库·斯帕塔鲁（Nicolae Milescu Spătarul，1636—1708）①。他出生于罗马尼亚历史公国中的摩尔多瓦，幼年在雅西接受启蒙教育，后赴奥斯曼帝国首都伊斯坦布尔学习，掌握了多种语言和广博知识。回到摩尔多瓦以后，在宫廷担任书吏和御前侍卫。"斯帕塔鲁"即后人以其官职御前侍卫（spătar）对他姓氏的误称。他一度重权在握，在参与宫廷政变失败后受劓刑，流亡国外，游历欧洲许多国家，结交甚广。1671年重返伊斯坦布尔之后，由故交耶路撒冷大主教多希特伊举荐，到莫斯科俄国宫廷使节事务部任通译。1675年，受沙皇派遣率使团出使远东，以开辟西伯利亚通往中国的商道勘察边界，谋求与中国建立良好的关系。1676年（康熙十五年）5月到达北京，觐见康熙皇帝。由于当时各种复杂的原因，未能推进俄国与中国的关系。米列斯库使华为后人留下三部重要著述，即《西伯利亚纪行》、《出使中国奏疏》（亦译《出使报告》或《官方文件》）和《中国漫记》（全名《中国漫记和大阿穆尔河概貌》）②，在欧洲产生一定的影响。米列斯库也因此成为早期中俄关系方面的一个重要人物，同时由于他的罗马尼亚人的身份和早年在本国宫廷的经历，也被罗马尼亚和摩尔多瓦两个国家尊奉为本民族与中国交往的先驱。在今天看来，米列斯库使华及留给后世的著作，对沟通中西文明具有不可低估的历史意义。罗马尼亚学者认为，他是继马可·波罗之后"最

---

① 在中俄关系著作中，对其通称"斯帕法里"，《康熙起居注》中称其为"米库赖·噶窝里雷齐·斯帕法礼"。
② 关于米列斯库的使华著作，见蒋本良、柳凤运译：《中国漫记》，中华书局，1990年；中国工人出版社，2000年。另见［英］约·弗·巴德利著，吴持哲、吴有刚译：《俄国·蒙古·中国》下卷第二册，商务印书馆，1981年。

为轰动"的踏访中国的欧洲人。①

　　进入19世纪以后，法国文化开始在罗马尼亚诸公国盛行。随着与西欧文化交往的逐渐增多，中国文化也引起了罗马尼亚人的关注。杰出的民族诗人米哈伊·埃米内斯库（Mihai Eminescu，1850—1889）、小说家伊昂·斯拉维支（Ioan Slavici，1848—1925）在1870年前后留学维也纳期间，受到叔本华思想的影响，对东方文化产生浓厚兴趣，特别是斯拉维支深入研习孔子的教育理念和哲学思想，并融入自己的创作。19世纪70年代，诗人瓦西列·阿列克山德里（Vasile Alecsandri，1821—1890）还创作了《满大人》（*Mandarinul*）和《中国风景诗》（*Pastelul chinez*）两首中国题材诗歌。在抒写对中国山水和宫廷生活的想象方面，与18世纪法国文豪伏尔泰、19世纪德国诗人歌德创作"中国诗"颇有异曲同工之处。1880年，文学批评家、美学家和政治家、文化艺术团体"青年社"的主帅蒂图·马约雷斯库（Titu Maiorescu，1840—1917）根据德文本转译了《今古奇观》中的《庄子休鼓盆成大道》，刊登在《文学谈话》杂志上。1882年，诗人瓦西里·波戈尔（Vasile Pogor，1834—1906）翻译了两首中国古诗，发表在同一刊物上。这些是目前为止我们所知道的罗马尼亚人最早翻译中国古代文学作品的例证。

　　在19世纪的罗马尼亚，还难以见到今天我们所讲的中国文化典籍译介，但从多方面可以看到罗马尼亚人对中国文化艺术萌发的兴趣。当时王室和贵族的收藏中已经有不少来自东方包括中国的艺术品。今天我们在布加勒斯特的艺术博物馆、历史博物馆及在锡纳亚的王宫博物馆，都可以看到不少这类藏品。1880年，罗马尼亚卡洛尔亲王还致函包括中国在内的世界主要国家，通告罗马尼亚独立。1881年，清政府通过驻俄国的公使向罗马尼亚表示祝贺。两国相互表达友善，谋求通好。1898年，罗马尼亚工程师巴西尔·C. 阿桑（Basil C. Assan）到包括中国在内的远东地区旅行之后，在罗马尼亚地理学会作了介绍中国情况的报告。应当说，这些都为中国古代文化典籍在20世纪逐渐进入罗马尼亚作了必要的社会文化准备。

---

① ［罗马尼亚］伊丽亚娜·霍加-韦利什库（杨玲）：《孔子进入罗马尼亚文三百年考述》，见本书专论篇。

编年正文

公元 1900 年（光绪二十六年）

大事记

7 月 16 日《新世界》（*Lumea nouă*）发表题为《中国的战争》（*Războiul chinez*）的短评，作者署名 A.V.。文章对八国联军侵占北京，血腥镇压义和团运动表示义愤，指出"在北平发生的骇人听闻的惨剧中，欧洲的征服者及其统治阶级是唯一的罪魁祸首。中国大屠杀的原因是帝国主义和资本主义"。

公元 1902 年（光绪二十八年）

一、书（文）目录

诗人和翻译家乔治·科什布克（George Coșbuc, 1866—1918）创作的中国题材诗《石头狮子》（*Leii de piatră*），在《文学宇宙报》第 14 期发表。该作品还刊登在当年奥拉迪亚的《家庭报》第 22 期、阿拉德的《人民论坛报》第 103 期。

二、备注

科什布克的《石头狮子》根据"卢沟桥的狮子数不清"这一主题发挥而成，每节 6 行，共 15 节 90 行，格式工整，注重韵律。例如：

桥宽护栏高，雕柱石狮卧，两排峙立破空去，一路活跃百态生，看似不多实难数，古今几人能弄清。

又如：

狮子有肥瘦，添爪又添嘴，飞身一跃石端落，小狮戏藏大狮背，坐卧起伏望云天，侧身转首听流水。

他在结尾写道：

评说请随意，数狮可尽兴，卢沟桥上石狮子，永远无人能数清，难识众生真面目，惟有巧匠夺天工！

科什布克的这首诗作以其听闻的中国传说为灵感，通过丰富的想象，描绘了卢沟桥的石头狮子，自然而充满灵动，奇特又不失朴真，在当时实为罕见。

公元 1903 年（光绪二十九年）

大事记

布拉索夫的教师科斯泰亚（Costea）翻译《亚洲国家及其帝王的故事·中国》（*Povestea țărilor și a împăraților câte-s pe pământul Asiei - Cataaghion - Cathai*）一书，包括介绍中国的章节。

公元 1904 年（光绪三十年）

一、书（文）目录

Nicolae Iorga, *Războiul din Extremul Orient. China, Japonia, Rusia asiatică.*（尼古拉·约尔卡：《远东的战争：中国、日本、亚洲的俄国》，布加勒斯特："索切克与康普"出版社）

二、备注

尼古拉·约尔卡（1871—1940），罗马尼亚历史学家、作家、时评家、政治家。他的《远东的战争：中国、日本、亚洲的俄国》一书的上篇专门论述中国，各章标题分别为：

国家和居民

中华帝国之和平

古代及新近宗教之混合

个人与国家

中国人与外国人

各种关系

中国与西欧

作者在书中用了 48 页的篇幅，概括地介绍了中国的历史、文化和传统，提倡发展罗马尼亚对华关系。对中国人的生存环境、伦理道德、传统文化、民族气质等都有论述。

公元 1906 年（光绪三十二年）

一、书（文）目录

M.G. Băileanu, *Incercări asupra Civilizaţiunei Chinezeşti*, vol. I, Tipografia „Universitară" A.G. Brătănescu, 1906.（M.G. 伯伊里亚努：《中华文明简编》上卷，布加勒斯特：A.G. 布勒德内斯库书社，1906 年，203 页）

二、备注

M.G. 伯伊里亚努撰著的《中华文明简编》上卷包括 10 章，分别概述：中国的国土及民族；中国人的家庭；中国人的特点；皇帝、官吏、行政机构；农业与不动产制度；商业与工业；军队；司法；语言、文字、教育；（补编）秘密社团。

作者编撰此书的主要目的是扩大罗马尼亚人对东方特别是"远东"国家的了解，为罗马尼亚与中国建立某种贸易联系提供知识方面的服务。他在前言中写道："罗马尼亚国王登基以后，在不同的重要场合多次谈到要开拓与东方的贸易。罗马尼亚人也希望能够越洋过海，去探寻印度、中国和日本这些神秘的东方国家。"

出版社在卷首还预告："我们将于近期出版下卷，篇次如下：1. 宗教；2. 哲学；3. 文学与科学；4. 政治历史；5. 新文明潮流；6. 结论。"

公元 1907 年（光绪三十三年）

一、书（文）目录

Șt. O. Iosif, *Clar de lună,* în revista *Semănătorul*, din 23 decembrie 1907.（什特凡·奥克塔维安·约瑟夫译，李白著：《静夜思》，载于《播种者》，1907 年 12 月 23 日）

二、备注

什特凡·奥克塔维安·约瑟夫（1875—1913），罗马尼亚诗人。他翻译的《静夜思》是通过德文转译的。

公元 1910 年（宣统二年）

大事记

杜米特鲁·达恩等四位（Dumitru Dan, Paul Pârvu, Gheorghe Negreanu, Alexandru Pascul）在巴黎留学的罗马尼亚青年，利用参加法国环球俱乐部组织的比赛机会，到中国旅行，回国后向国人介绍他们的旅华见闻。

公元 1911 年（宣统三年）

大事记

孙中山先生领导的辛亥革命推翻了统治中国近 300 年的清朝，埋葬了两千多年的封建君主专制，建立了共和国。这一事件在罗马尼亚舆论界产生了巨大反响。一些社会主义民主报刊，如《社会未来》《罗马尼亚工人》《真理》等，发表了题为《社会主义在中国》《中国的革命》《中国革命的成功》《一个崭新的共和国》《一次革命的胜利》和《中华民国》等报道和评论，概括介绍并高度评价了辛亥革命和孙中山先生的思想。

公元 1914 年

大事记

罗马尼亚植物学家亚历山德鲁·博尔扎（Alexandru Borza，1887—1971）在柏林发表有关中国云南花类研究的成果。他是应著名学者恩格勒（Engler）的请求，对植物学家林普雷希特（Limprecht）在云南采集的植物标本进行了鉴定。

时隔 44 年后的 1958 年，博尔扎教授应中国科学院副院长竺可桢邀请，来华进行了为期两个半月的考察访问，并留有访华日记。

公元 1917 年

一、书（文）目录

Mihail Negru, *Aspecte și fragmente din civilizațiunea și gândirea chineză - dela originăși până astăzi*, București, Editura Librăriei A.A. Stănciulescu.（米哈伊尔·内格鲁：《中国文明与思想举要》，布加勒斯特：斯腾丘雷斯库书店，1917年）

二、备注

由米哈伊尔·内格鲁撰著的《中国文明与思想举要》是一部有关中国历史文化和社会的小百科全书，正文部分308页，附各类图片约70幅。该书从中华文明早期叙述到民国初年，内容相当广泛，涉及的内容有：史前文明；早期的典籍；哲学思想；社会生活的变迁；早期神话故事与诗歌；戏剧；长篇小说；文学概观；报业；艺术；建筑；青铜器；雕刻；漆器；玉器和其他宝石；制陶业、陶器与瓷器；玻璃器皿；琉璃工艺；珠宝；织锦、丝绸、刺绣和地毯；绘画；中医；法医；当今中国社会生活、政治；社会主义思想的传播；等等。

作者曾到过中国，之后编写了此书。在署期1917年1月24日的"编写说明"中，他谈到了撰著该书的缘由和对中国、日本等东方国家的兴趣，并以富有诗意的笔触，向读者描绘了他所见所想的中国：

中国，天朝帝国，广袤的土地景色秀美，遍布宝藏，拥有神秘的珍奇和迷信，它们折射到我的心里，好似一曲动听的笛声，回响在静谧的夜晚，飘荡在波光粼粼、荷香馥郁的湖面，延伸到一座肃穆的庙宇，人们的心灵与青龙在那里一起神游迷惘……

在这部著作中，作者在参考法国汉学家的多种书籍的基础上，以大量的篇幅介绍中国文化,包括先秦哲学思想，孔子、孟子的事迹和儒家学说，老子的思想，孙子的兵法及中国古典文学。诗歌部分翻译引用了6首《诗经》作品，对屈原、李白、杜甫、王维、温庭筠、苏东坡等诗人均列举作品加以介绍。古代戏剧部分，提到了关汉卿、马致远、王实甫等，介绍了《西厢记》和《琵琶行》等作品的剧情。在小说部分，介绍了《三国志》《水浒传》《西游记》等名著，还提到了《红楼梦》和《金瓶梅》等。

公元 1925 年

一、书（文）目录

Lucian Blaga, *Mah-Jong-ul*, în „Cuvântul", nr. 251 din 7 septembrie 1925.（卢齐安·布拉加：《麻将》，载于《言论报》1925 年 9 月 7 日第 251 期）

二、备注

卢齐安·布拉加（1895—1961），罗马尼亚诗人、剧作家、哲学家和随笔作家。

公元 1926 年

一、书（文）目录

1. I. Vasilescu-Nottara, *Străbătând China dela Shanghai la Peking*, Note de călătorie, cu 64 fotografii originale şi o copertă ilustrată de pictorul M. Teişanu, Bucureşti, Editura „Ancora". S. Benvenisti & Co. 1926.（I. 瓦西列斯库－诺塔拉：《从上海到北平穿越中国记》，布加勒斯特：船锚出版社，1926 年）

2. Tudor Vianu, *Poezia chineză,* în *Jurnal*, Editura pentru Literatură, Bucureşti, 1926.（图多尔·维亚努：《中国诗歌》，载于《日记》，布加勒斯特：文学出版社，

1926 年）

二、备注

罗马尼亚旅行家 I. 瓦西列斯库 – 诺塔拉的《从上海到北平穿越中国记》一书共 121 页，分 12 节，有 64 幅作者拍摄的照片，记录了他在中国的旅行见闻。

公元 1932 年

大事记

日本占领中国东三省后，扶植建立傀儡政权伪满洲国。时任国际联盟大会主席的罗马尼亚外交家尼古拉·蒂图列斯库（Nicolae Titulescu，1882—1941）在国联特别大会的讲坛上谴责了日本对中国的侵略，呼吁各会员国遵守《盟约》第十条（反对外部侵略，帮助受难国，保障成员国的领土完整和政治独立）。

公元 1938 年

一、大事记

5 月 13 日，在日内瓦出席国联行政院会议的中国代表顾维钧（时任驻法国大使），同罗马尼亚外交部部长彼特雷斯库举行会晤，谈到两国开展贸易合作和建立关系问题。5 月 24 日，顾维钧奉中国政府电示，转告彼特雷斯库，中国愿意同罗马尼亚签订一项友好通商条约。

二、书（文）目录

Mircea Eliade, *Un savant rus despre literatura chineză*, 1938.（米尔恰·埃里亚德：《一位俄国学者论中国文学》，1938 年）

三、备注

米尔恰·埃里亚德（1907—1986），罗马尼亚宗教史家、作家和哲学家。早年就读于布加勒斯特大学，留学印度加尔各答大学，回国后在布加勒斯特大学文哲学院任教。从 1940 年起先后出任罗马尼亚驻英国、驻葡萄牙文化专员，1945 年移居巴黎，1956 年定居美国。在宗教史研究领域著述颇丰，代表作有《宗教思想史》等，在国际上有重要影响。

公元 1939 年

一、大事记

1. 虽然中华民国与罗马尼亚王国之间已经有诸多的接触和商务交流，但由于罗马尼亚政府考虑到对华关系还牵涉到与日本的关系，因此两国正式建立外交关系延迟多年，直到本年才得以实现。中华民国政府通过罗马尼亚驻捷克公使馆的渠道，转达了与罗马尼亚建交的建议。时任罗马尼亚总理阿尔曼德·克林内斯库（Armand Călinescu, 1893—1939）和外交部长格里戈雷·加芬库（Grigore Gafencu, 1892—1957）表示同意，并在 5 月 23 日转达了积极回复，表示"罗马尼亚王国政府同意罗马尼亚与中华民国建立外交关系的原则性建议"。

10 月 18 日，中华民国首位特命全权公使梁龙在布加勒斯特递交国书。

2. 罗马尼亚的两位共产党员、医生布库尔·柯列然（Bucur Clejan, 1904—1975）和达维德·扬库（David Iancu, 1910—1990），在参加了国际纵队支援西班牙人民的正义斗争后，又在国际援华组织和宋庆龄领导的"保卫中国同盟"的安排下，随国际援华医疗队辗转来到中国，参加中国人民的抗日战争。柯列然的妻子柯芝兰（吉泽拉·柯列然，Gizela Clejan, 1905—1943）也不远万里于1941年来华，和丈夫并肩参加援华抗日，参加中国红十字总会救护总队的工作，后不幸染病，在1943年殉职。

二、书（文）目录

Alexandru Teodor Stamadiad, *Din flautul de jad. Antologie chineză*., Editura „Cartea Românească", Bucureşti.（亚里山德鲁·特奥多尔·斯塔马迪亚德辑译：中国诗歌集《玉笛》，布加勒斯特：罗马尼亚图书出版社，1939年。全书209页）

三、备注

亚里山德鲁·特奥多尔·斯塔马迪亚德（1885—1956）是诗人和翻译家，所译作品以欧洲诗歌为主，也包括来自中国、日本、阿拉伯和波斯等东方文学。他从1927年开始翻译中国诗歌，1937年完成《玉笛》。该书以法国人朱迪思·戈蒂埃（Judith Gautier, 1846—1917）辑译的版本为底本，共包括诗歌168首、作者近百人。自古代至民国，主要朝代均有作品收录，其中唐代诗人作品最多。

公元 1941 年

一、大事记

罗马尼亚于1940年11月23日加入《德意日三国同盟条约》（《三国公约》）后，政治和军事上完全倒向轴心国。以扬·安东内斯库（Ion Antonescu, 1886—1946）为首的军人政府在对华关系上采取了完全错误的政策：在本年5月27日承认伪满洲国，在7月1日承认南京"汪伪政府"。梁龙公使代表重庆国民政府对此表示强烈抗议，并于 7 月 10 日与罗马尼亚断交。

二、书（文）目录

1. G. Soulié de Morant, *Vieața lui Confucius (Krong Țe)*, traducere din limba franceză de Gheorghe Dihaiu, Editura „Ram", Aninoasa, Gorj, circa 1941-1942.（乔治·苏利耶·德莫朗：《孔子生平》，格奥尔基·迪哈尤从法文翻译，Ram 出版社，戈尔日，阿尼诺阿萨，约 1941—1942 年）

2. *Preceptele lui Confucius (Krong Țe)*, traducere din limba chineză de G. Soulié de Morant, publicată în românește de profesor George Dulcu, cu autorizarea domnului G. Soulié de Morant pentru Editura „Ram", Aninoasa, Gorj, circa 1941-1942.（《孔子箴言录》，乔治·苏利耶·德莫朗从中文翻译，乔治·杜尔库教授根据乔治·苏利耶·德莫朗先生的授权用罗马尼亚文出版，Ram 出版社，戈尔日，阿尼诺阿萨，约 1941—1942 年）

公元 1942 年

一、书（文）目录

Lucian Blaga, *Dao*, în „Religie și spirit", Sibiu, Editura „DACIA TRAIANĂ", 1942.（卢齐安·布拉加：《论道》，载于《宗教与精神》一书，锡比乌：图拉真的达契亚出版社，1942 年）

二、备注

《论道》一文集中体现了布拉加对中国文化的认识和深入思考。在文中，他态度鲜明地反对欧洲中心主义；通过比较中国绘画与欧洲绘画基本方法的差异，分析了中国人与欧洲人思维方式的不同，从哲学和美学的视角解释某些中国文化艺术现象。另外，还对老子和孔子的思想进行了比较和解读。

公元 1943 年

一、书（文）目录

1. Anton Dumitriu, *Orient și occident*, București, 1943.（安东·杜米特留：《东方与西方》，布加勒斯特，1943 年。全书 200 页）

2. George Călinescu, *Șun sau Calea neturburată*, București, 1943.（乔治·克林内斯库：《舜帝——平安大道》，布加勒斯特，1943 年）

二、备注

1. 安东·杜米特留（1905—1992），罗马尼亚哲学家和逻辑学家，布加勒斯特大学教授。

2. 乔治·克林内斯库（1899—1965），罗马尼亚作家、文学评论家和文学史家。《舜帝——平安大道》是他根据中国古代神话传说创作的五幕话剧，初版印数 2000 册。

公元 1948 年

一、大事记

12 月，中国解放区妇女代表团出席了在罗马尼亚布加勒斯特举行的第二次国际妇女代表大会并对罗马尼亚进行访问。

二、书（文）目录

Ion Breazu, *Slavici și Confucius*, în „Studii literare", Cluj, 1948.（扬·布雷亚祖：《斯拉维支与孔子》，载于《文学研究》，克卢日，1948 年）

公元 1949 年

大事记

10 月 3 日，罗马尼亚人民共和国外交部部长安纳·波克（也译为安娜·波克，Ana Pauker，1893—1960）致电中华人民共和国中央人民政府外交部部长周恩来，告知"罗马尼亚人民共和国政府在研究了中国中央人民政府十月一日的公告中的建议之后，已决定建立罗马尼亚人民共和国与中华人民共和国之间的外交关系。" 5 日，周恩来外交部部长复电，表示"热诚欢迎立即建立中华人民共和国与罗马尼亚人民共和国之间的外交关系"。罗马尼亚成为继苏联和保加利亚后，第三个与中华人民共和国建交的国家。

公元 1950 年

大事记

1. 3 月 10 日，罗马尼亚首任驻华大使鲁登科（Teodor Rudenco）向毛泽东主席递交国书。

2. 2月9日，国立北京图书馆代馆长王重民致函罗马尼亚科学院图书馆，建议开展书刊互换。8月22日，罗马尼亚科学院图书馆馆长巴尔布·勒泽雷斯库（Acad. Barbu Lăzărescu）复函北京图书馆，同意两馆之间定期开展出版物的交换。

3. 根据周恩来总理的指示，中国政府除同意与捷克斯洛伐克、波兰分别交换5名留学生外，还主动向罗马尼亚、匈牙利、保加利亚等国提出各交换5名留学生的建议。该建议得到积极回应并达成协议。11月底，罗马尼亚5名留学生抵京，与来自其他人民民主国家的留学生一起进入清华大学，开始在中华人民共和国第一个外国留学生培训单位"东欧交换生中国语文专修班"学习。来自罗马尼亚的5名留学生分别是列昂尼德·瓦西列斯库（Leonid Vasilescu，中文名字廖宁）、罗穆鲁斯·伊万·布杜拉（Romulus Ioan Budura，中文名字罗明）、托妮·拉迪安·赫尔什库（Toni Radian Herşcu，中文名字江冬妮）、安娜·埃瓦·萨斯（Anna Eva Szasz，中文名字萨安娜）、玛丽亚·科默内斯库（Maria Comănescu）。

公元 1951 年

大事记

12月12日，中华人民共和国与罗马尼亚人民共和国签署第一个文化合作协定。中方由文化部部长沈雁冰签署，罗方由教育部部长包别斯库·杜列亚努签署。该协定自1952年6月23日起生效，为期5年，期满后可延长5年。

公元 1952 年

书（文）目录

Istoria modernă şi contemporană a Chinei, Editura de Stat pentru Literatură Ştiinţifică, Bucureşti, 1952.(《中国近代简史》，布加勒斯特：国家科学文献出版社，1952 年）

公元 1953 年

一、大事记

9 月，罗马尼亚著名作家、文学评论家和文学史家乔治·克林内斯库访华，回国之后撰写出版了《我到了新中国》（*Am fost în China nouă*, 1955）一书。

二、书（文）目录

Ian Hin-şun, *Filozoful antic chinez Lao-Ţzî şi învăţătura sa*, Editura de Stat pentru Literatură Ştiinţifică, Bucureşti, 1953.（杨兴顺：《中国古代哲学家老子及其学说》，布加勒斯特：国家科学文献出版社，1953 年，165 页，印数 6100 册）

三、备注

杨兴顺（1904—1987），生于浙江宁波，华侨学者，是苏联老庄研究中影响最大的"新道家"代表人物。1933 年毕业于苏联社会科学教师共产主义大学，1948 年以论文《〈道德经〉的哲学学说》获副博士学位，1968 年以论文《古代中国的唯物主义思想》获博士学位。从20世纪30年代起在苏联的国际学校或组织任教，1948年转入专业哲学研究。1950年他的《中国古代哲学家老子及其学说》一书以俄文在莫斯科出版。

罗马尼亚文译本的附录包括《道德经》八十一章，以中文和罗马尼亚文对照排列。该书编辑为伊昂·埃纳凯（Ioan Enache），未署译者，有研究材料提到该书由奥雷利安·塔凯（Aurelian Tache）译。

公元 1954 年

大事记

中华人民共和国五周年国庆之际，罗马尼亚工人党中央第一书记阿波斯托尔应邀率政府代表团来华参加庆典活动并进行访问。代表团成员、大国民议会主席团主席彼得罗·格罗查（Petru Groza）系应毛泽东主席特邀来访。除随代表团参加国庆活动外，还在南京、上海、杭州、重庆、昆明等地同中国工商界和民主人士进行了座谈。回国后，他写了长达35万字的纪实作品《在六亿人民的国家——中国的昨天与今天》（*Prin țara celor șase sute de milioane, China de ieri și de azi*, 1956），全面介绍中国情况，促进两国人民的相互了解和友好。

公元 1955 年

一、书（文）目录

1. Geo Bogza, *Ciu-Yuan, Fielding, Whitman*, Editura de Stat pentru Literatură și Artă, București, 1955.（杰奥·博格扎：《屈原·费定·惠特曼》，布加勒斯特：

国家文学艺术出版社，1955年）

2. Eusebiu Camilar, *Împărăţia soarelui*, Editura de Stat pentru Literatură şi Artă, Bucureşti, 1955.（尤塞比乌·卡米拉尔：《阳光帝国》，布加勒斯特：国家文学艺术出版社，1955年）

二、备注

尤塞比乌·卡米拉尔（1910—1965），罗马尼亚诗人、小说家和翻译家。1954年秋应邀来华访问，之后撰写《阳光帝国》，全面介绍中华人民共和国的情况，其中有许多内容涉及中国传统文化和古代文学。在中国罗马尼亚语翻译和陪同裘祖逖的初译本基础上，将彝族支系撒尼人叙事长诗《阿诗玛》译成罗马尼亚文出版（*As-Ma, fata ecoului*, cuvînt cu cuvînt tălmăcită din limba chineză de Ciu-Tsu-Di, traducere liberă de Eusebiu Camilar, Editura Tineretului, 1955）。

公元 1956 年

一、大事记

布加勒斯特大学汉语专业成立，学制5年，主修汉语，辅修罗马尼亚语言文学。在中国清华大学和北京大学留学7年的托妮·拉迪安女士成为该专业第一位教师。她讲授的主要课程有汉语导论（Introducere în filologia chineză）、汉语语法（Gramatica limbii chineze - morfologie şi sintaxă）等。

在以后的几年里，又有多位从北京大学毕业的罗马尼亚留学生来到布加勒斯特大汉语专业任教。他们是扬·帕雷帕（Ion Parepa）、伊丽亚娜·霍加（Ileana Hogea）、斯特凡·斯坦库（Ştefan Stancu）和奥雷丽娅·坦博尔（Aurelia Tambor）等。除他们之外，早期的教师还有亚历山德拉·尼古拉（Alexandra Nicolau）、克里斯蒂娜·约内斯库（Cristina Ionescu），汉语专业自己培养的毕业生中有贝尔纳德·魏什勒（Bernard Wechsler）、保罗·马利士（Paul Mariş）等也曾担任汉语专业的教师。

二、书（文）目录

Nicolae Milescu Spătarul, *Jurnal de călătorie în China*, Editura de Stat pentru Literatură şi Artă, Bucureşti, 1956.（尼古拉·米列斯库·斯帕塔鲁：《旅华日志》，布加勒斯特：国家文学艺术出版社，1956年）

公元 1957 年

一、大事记

4月，中文版的《今日罗马尼亚》画报在布加勒斯特创刊。这是一个图文并茂的综合性月刊，主要向中国读者介绍罗马尼亚人民的建设成就和社会生活，是罗马尼亚编辑出版的第一份中文刊物。

二、书（文）目录

Poeme chineze clasice, tălmăcite de Eusebiu Camilar, Editura de Stat pentru Literatură şi Artă, Bucureşti, 1957.（《中国古诗集》，尤塞比乌·卡米拉尔译，布加勒斯特：国家文学艺术出版社，1957年，印数6110册）

三、备注

尤塞比乌·卡米拉尔选译的《中国古诗集》共包括29首古诗，其中李白的作品9首、杜甫的作品8首，另有王维、苏东坡等人的作品。该书的最后还收录了民间叙事诗《孟姜女》和《阿诗玛》。

公元 1958 年

一、大事记

1. 中国罗马尼亚友好协会（简称中罗友协）成立。

2. 郭沫若的话剧《屈原》由布拉索夫民族剧院搬上舞台，这是在罗马尼亚完整上演的第一部中国话剧。9 月 28 日进行了首场演出，获得极大成功。中国驻罗马尼亚大使柯柏年等观看首场演出。

二、书（文）目录

1. Apollo Alexandrovici Petrov, *Van Ciun, materialist și iluminist al Chinei antice*, Editura Științifică, București, 1958.（[苏联] 阿·阿·彼得罗夫：《中国古代唯物主义者和启蒙主义者王充》，布加勒斯特：科学出版社，1958 年）

2. Nicolae Milescu Spătarul, *Jurnal de călătorie în China*, ed. a II-a, Editura de Stat pentru Literatură și Artă, București, 1958.（尼古拉·米列斯库·斯帕塔鲁：《旅华日志》第 2 版，布加勒斯特：国家文学艺术出版社，1958 年）

3. Nicolae Milescu Spătarul, *Descrierea Chinei*, Editura de Stat pentru Literatură și Artă, București, 1958.（尼古拉·米列斯库·斯帕塔鲁：《中国漫记》，布加勒斯特：国家文学艺术出版社，1958 年）

公元 1959 年

一、书（文）目录

Scurtă istorie a Chinei, traducere în limba română de Andrei Bantaş, Editura Tineretului, Bucureşti, 1959, 462 p., tiraj 8.100 ex.（《中国简史》，安德烈·班塔什译，布加勒斯特：青年出版社，1959 年，462 页，印数 8100 册）

二、备注

《中国简史》根据北京外文出版社的英文版 *An Outline History of China* 翻译，被列入"世界历史系列"，未署作者。

公元 1960 年

书（文）目录

Fen Iuan-Ciun, *Scurtă istorie a literaturii clasice chineze*, traducere de Dan Grigorescu, Editura de Stat pentru Literatură şi Artă (E.S.P.L.A.), Bucureşti, 1960.（冯沅君：《中国文学简编》，丹·格里戈雷斯库译，布加勒斯特：国家文学艺术出版社，1960 年）

公元 1961 年

书（文）目录

Li-Tai-Pe, *Poezii*, traducere de Eusebiu Camilar, Editura Tineretului, București, 1961.（李白：《李白诗选》，尤塞比乌·卡米拉尔译，布加勒斯特：青年出版社，1961 年，192 页，带画像）

公元 1963 年

一、书（文）目录

1. *Antologia poeziei chineze clasice* (secolul al XI-lea î.e.n.-1911), Biblioteca pentru toți, 191, Ediție îngrijită de Romulus Vulpescu, Editura pentru Literatură, București, 1963.（罗穆鲁斯·弗尔佩斯库主编：《中国古代诗歌选》，布加勒斯特：文学出版社，1963 年，LVIII+531 页，印数 20,140 册）

2. Și Nai-an, *Pe malul apei*, traducere de Ștefana Velisar-Teodoreanu, Andrei Bantaș, Editura pentru Literatura Universală, București, 1963.（施耐庵：《水浒传》，斯特凡娜·韦里萨尔 - 特奥多雷亚努、安德烈·班塔什译，布加勒斯特：世界文学出版社，1963 年，IX+422 页）

二、备注

本年出版的罗马尼亚文版《中国古代诗歌选》的译者有德莫斯泰内·博泰兹（Demonstene Botez）、尤塞比乌·卡米拉尔、米胡·德拉戈米尔（Mihu Dragomir）、杰奥·杜米特雷斯库（Geo Dumitrescu）、乔治·杜米特雷斯库

（George Dumitrescu）、塔什库·格奥尔基（Taşcu Gheorghiu）、维克多·凯恩巴赫（Victor Kernbach）、阿德里安·马纽（Adrian Maniu）、约内尔·马林内斯库（Ionel Marinescu）、杰卢·瑙姆（Gellu Naum）、阿·菲利彼德（Al. Philippide）、尼古拉·斯托扬（Niculaie Stoian）和罗穆鲁斯·弗尔佩斯库等，都是罗马尼亚当代文学界和翻译界的名家。书前节译了苏联汉学家尼古拉·特罗菲莫维奇·费多连科（N.T. Fedorenko，费德林）有关中国古代诗歌的论述作为"导论"；书后收有吴小如先生撰写的有关中国古诗格律的文章（据英文版《中国文学》1958 年第 3 期译）。

公元 1965 年

一、大事记

1. 3 月 19 日，罗共第一书记乔治乌－德治病逝，中国派总理周恩来率党政代表团赴罗参加葬礼。

2. 尼古拉·齐奥塞斯库当选罗共第一书记。

3. 5 月 27 日，中国和罗马尼亚签订了第二个文化合作协定。

4. 7 月，罗马尼亚工人党举行第四次代表大会，以邓小平总书记为首的中国共产党代表团出席并致贺词。

二、书（文）目录

Go-Mo-jo, *Ospățul lui Confucius: versuri, povestiri, tratru*, traducere de Vlaicu Bîrna, Anda Boldur, Alice Gabrielescu, Nina Gafița, Editura pentru Literatură Universală, București, 1965.（《孔夫子吃饭——郭沫若诗歌、小说、戏剧选》，弗拉伊库·伯尔纳、安达·博尔杜尔、艾丽斯·加布里埃列斯库、尼娜·加菲察等译，布加勒斯特：世界文学出版社，1965 年，352 页）

公元 1966 年

一、大事记

6月，周恩来总理率党政代表团正式访罗。

二、书（文）目录

1. Toni Radian, *Duhul crizantemei*, Editura pentru Literatura Universală, București, 1966.（《黄英》，托妮·拉迪安译自《聊斋志异》，布加勒斯特：世界文学出版社，1966 年，183 页，附插图）

2. *Arta chineză de la origini și pînă în epoca Tang*, Editura Meridiane, București, 1973.（《远古至唐代的中国艺术》，布加勒斯特：子午线出版社，1966 年）

三、备注

托妮·拉迪安翻译的《聊斋志异》，是罗马尼亚汉学家直接从中文翻译的第一部中国古代文化经典。

公元 1967 年

一、大事记

由于中国在 1966 年开始"文革"，从本年开始，中罗文化合作中断。

二、书（文）目录

U Ceng-en, *Călătorie spre soare-apune*, traducere de Corneliu Rudescu și Fănică N. Gheorghe, București, Editura pentru Literatură Universală, 1967.（吴承恩：《西游记》，科尔内留·鲁代斯库、弗尼格·N. 格奥尔基译，布加勒斯特：世界文学出版社，1967年，384页）

公元 1968 年

一、大事记

8月21日，苏联和华沙条约组织的某些国家出兵捷克斯洛伐克，干涉捷内政，同时苏联陈兵苏罗边境，对罗马尼亚进行威胁。8月23日，周恩来总理出席罗驻华使馆举行的国庆24周年招待会，在讲话中谴责苏联侵捷，支持罗马尼亚抵抗外来压力和干涉。

二、书（文）目录

Pasărea Phoenix sculptată: străvechi fabule chineze, istorisite în românește de C. Babeș, Editura Tineretului, București, 1968.（《雕出的凤凰——中国古代寓言》，C. 巴贝什编译，布加勒斯特：青年出版社，1968年，62页，附插图）

公元 1969 年

一、书（文）目录

Însemnări dinăuntrul unei perne, nuvele din epoca Tang, traducere de B. Wechsler, Editura pentru Literatura Universală, București, 1969.（《枕中记——唐代传奇选》，贝尔纳德·魏什勒译，布加勒斯特：世界文学出版社，1969 年）

二、备注

B. 魏什勒是布加勒斯特大学汉语专业培养的教师，曾在苏联进修，但当年未到过中国，20 世纪 80 年代移居国外。

公元 1970 年

一、书（文）目录

Eugen Barbu, Jurnal în China, Editura Eminescu, București, 1970.（欧金·巴尔布：《中国纪行》，布加勒斯特：埃米内斯库出版社，1970 年）

二、备注

欧金·巴尔布（1924—1993），罗马尼亚小说家、剧作家、随笔作家和诗人。

公元 1971 年

一、大事记

1. 6月，应中方邀请，罗共中央总书记尼古拉·齐奥塞斯库率罗马尼亚党政代表团对中国进行正式访问。

2. 中罗之间的文化交流恢复。

二、书（文）目录

1. *Călătorie spre soare-apune: Călătoria călugărului Suan Dzang în India,* traducere de Corneliu Rudescu și Fănică N. Gheorghe, Editura Minerva, București, 1971.（吴承恩：《西游记》，科尔内留·鲁代斯库、弗尼格·N. 格奥尔基译，布加勒斯特：密涅瓦出版社，1971 年）

2. Ileana Hogea-Velișcu, *Presa românească a sec. al XIX-lea și receptivitatea față de literatura chineză,* în „Analele Universității București, Literatura universală și comparată", anul XX, nr. 1, 1971.[伊丽亚娜·霍加－韦利什库：《19 世纪罗马尼亚报刊对中国文学的接受》，载于《布加勒斯特大学学报》（世界文学与比较文学版），第 20 卷第 1 期，1971 年]

3. Ileana Hogea-Velișcu, *Presa românească a sec. al XIX-lea și receptivitatea față de literatura chineză,* în „Analele Universității București, Literatura universală și comparată", anul XX, nr. 2, 1971.[伊丽亚娜·霍加－韦利什库：《斯拉维支思想里的中国论点》，载于《布加勒斯特大学学报》（世界文学与比较文学版），第 20 卷第 2 期，1971 年]

公元 1972 年

书（文）目录

1. Ileana Hogea-Velișcu, *Interesul junimiștilor față de cultura chineză manifestat în „Convorbiri literare"*, în „Analele Universității București, Literatura universală și comparată", anul XX, 1972.[伊丽亚娜·霍加－韦利什库：《"青年社"作家在〈文学谈话〉上对中国表现出的兴趣》，载于《布加勒斯特大学学报》（世界文学与比较文学版），第 21 卷，1972 年]

2. Ileana Hogea-Velișcu, *Primele însemnări despre civilizația chineză apărute în presa literară românească*, în „Ramuri", nr. 10, 1972.（伊丽亚娜·霍加－韦利什库：《最早出现在罗马尼亚文学报刊上的有关中国文明的记述》，载于《枝杈》第 10 期，1972 年）

3. Ileana Hogea-Velișcu, *Repere ale culturii chineze - tezaur arhitectonic*, în *Știință și tehnică*, nr. 2/1972.（伊丽亚娜·霍加－韦利什库：《中国文化举要——建筑瑰宝》，载于《科学与技术》第 2 期，1972 年）

公元 1973 年

一、大事记

1. 4 月，罗马尼亚中国友好协会成立（简称罗中友协）。

2. 应罗马尼亚政府邀请，"中华人民共和国出土文物展"在罗马尼亚首都布加勒斯特展出，首次开启了中罗两国文化遗产领域的合作与交流。

二、书（文）目录

1. Institutul de Studii Istorice și Social-Politice de pe lângă C.C. al P.C.R., *Tradiţii ale poporului român de solidaritate și prietenie cu poporul chinez*, Editura Politică, București, 1972.（罗共中央历史与社会政治研究所：《罗马尼亚人民与中国人民团结友好的传统》，布加勒斯特：政治出版社，1973 年）

2. Z.N. Stănculescu, *Scurta incursiune istorică în pictura chineză clasică*, Editura Meridiane, București, 1973.（Z. N. 斯滕库列斯库：《中国古代绘画简史》，布加勒斯特：子午线出版社，1973 年）

3. Ileana Hogea-Velișcu, *Studii de istoria Chinei. Vestigii de istorie veche*, în „Analele Universităţii București, Istorie", nr. 1/1973.（伊丽亚娜·霍加－韦利什库：《中国历史研究：古迹》，载于《布加勒斯特大学学报》（历史学版）第 1 期，1973 年）

4. Ileana Hogea, *Antologie de literatură chineză veche*, curs, Universitatea București, Catedra de limbă chineză, 1973, 804 p.- multigraf.（伊丽亚娜·霍加－韦利什库：《中国古代文选》，教材，布加勒斯特大学汉语教研室，1973 年，804 页，油印本）

5. Ileana Hogea-Velișcu, *Qu Yuan. Nouă ode*, în „Tribună", nr. 20/1973.（伊丽亚娜·霍加－韦利什库译：《屈原：〈九歌〉》，载于《论坛报》第 20 期，1973 年）

三、备注

由罗共中央历史与社会政治研究所编辑的《罗马尼亚人民与中国人民团结友好的传统》一书，围绕罗马尼亚人民声援中国人民反抗帝国主义侵略和争取民族解放斗争的主题，从罗共中央档案馆和该研究所档案馆中选取了 20 世纪上半叶罗共党内文件和各类报刊上发表的涉及对华关系的文章，共 159 篇，均具有较高的文献史料价值。书中还收录了 3 篇回忆录，讲述了参加国际援华医疗队的罗马尼亚医生扬固、柯列然和他的妻子柯芝兰 1939 年来华参加中国抗日战争的事迹。

该书由扬·波佩斯库 – 布楚里（Ion Popescu-Puțuri）主编，汉学家安娜·布杜拉（Ana Budura）等参加编写。书前有博托兰博士（C. Botoran）等人撰写的绪论，全面介绍所收文献的时代背景与历史意义。

公元 1974 年

书（文）目录

Qu Yuan, *Poeme*, traducere de Ileana Hogea-Velişcu şi Iv Martinovici, Editura Univers, Bucureşti, 1974.（屈原：《楚辞》，伊丽亚娜·霍加 – 韦利什库、伊夫·马丁诺维奇译，布加勒斯特：宇宙出版社，1974 年）

公元 1975 年

书（文）目录

1. Cao Xue-Qin, *Visul din pavilionul roșu*, traducere de Ileana Hogea-Velişcu şi Iv Martinovici, Bucureşti, Editura Minerva, 1975. Vol I - XX, 219 p.; Vol 2 - 271 p.; Vol 3 - 271 p.（曹雪芹：《红楼梦》，伊丽亚娜·霍加 – 韦利什库、伊夫·马丁诺维奇译，布加勒斯特：密涅瓦出版社，1975 年；第 1 卷 XX+219 页，第 2 卷 271 页，第 3 卷 271 页）

2. *Poemul lunii: Antologie de literatură chineză clasică*, traducere de Ion Covaci, Editura Univers, Bucureşti,1975, 196 p.（《月赋——中国古代诗文选》，扬·科瓦奇译，布加勒斯特：宇宙出版社，1975 年，196 页）

3. Pu Sung-Ling, *Întâmplări extraordinare din pavilionul desfătării*, traducere de Li Yu-Giu, Alexandru Saucă, Editura Univers, București,1975.（蒲松龄：《聊斋故事选》，李玉珠、亚历山德鲁·萨乌格选译，布加勒斯特：宇宙出版社，1975 年）

公元 1976 年

一、书（文）目录

1. Sun Tzu, *Arta războiului*, în românește de Felicia Antip și Constantin Antip, prefață de Constantin Antip, Editura Militară, București, 1976, 96 p.（孙子：《孙子兵法》，康斯坦丁·安蒂普作序，费利奇娅·安蒂普、康斯坦丁·安蒂普译，布加勒斯特：军事出版社，1976 年，96 页）

2. *Yuefu. Din cîntecele Chinei antice*, traducere de Ion Covaci, București, Editura Univers, 1976, 84 p.（《乐府——中国古代诗歌选》，扬·科瓦奇译，布加勒斯特：宇宙出版社，1976 年，84 页）

二、备注

汉学家杨玲以论文《中国文学在罗马尼亚的接受》（*Receptarea literaturii chineze în România*）在布加勒斯特大学获得世界文学和比较文学博士学位。这是罗马尼亚人撰写的第一篇汉学博士论文。

公元 1977 年

书（文）目录

Frumoasa în straie verzi, antologie de povestiri ale carturarilor din dinastiile Ming si Cing, în românește de Li Yu-jiu, Alexandru Saucă, Editura Univers, 1977.（《绿衣女》，明清故事集，李玉珠、亚历山德鲁·萨乌格选译，布加勒斯特：宇宙出版社，1977 年，274 页）

公元 1978 年

一、大事记

1. 5 月，罗共中央总书记、国家总统尼古拉·齐奥塞斯库率党政代表团对中国进行正式友好访问。

2. 8 月，中共中央主席、国务院总理华国锋率党政代表团对罗马尼亚进行正式友好访问。

二、书（文）目录

1. *Li-Tai-Pe, Van-Wei și Du Fu, Trei poeți din Tang*, traducere de Ion Covaci, Editura Univers, București, 1978, 108 p.（《唐朝三人集——李白、王维、杜甫》，扬·科瓦奇译，布加勒斯特：宇宙出版社，108 页，附插图）

2. U Țing Zi, *Întâmplări din lumea cărturarilor*, traducere de Constantin și Mira Lupeanu, Editura Univers, București, 1978.（吴敬梓：《儒林外史》，康斯坦丁和米拉·鲁贝亚努译，布加勒斯特：宇宙出版社，1978 年，560 页）

3. Paul Anghel, *O clipă în China - eseu despre eternitatea culturii chineze*, Editura Sport-Turism, București, 1978, 237 p., tiraj 35.000 ex. (保罗·安格尔：《中国一瞥：漫谈永恒的中国文化》，布加勒斯特：体育－旅游出版社，1978年，237页，印数35,000册)

三、备注

保罗·安格尔（1931—1995），小说家、随笔作家和剧作家。他撰著的《中国一瞥：漫谈永恒的中国文化》对中国古代文化有大量述评。

公元 1980 年

书（文）目录

Antologia poeziei chineze, poezie cîntată Ţî, în românește de Li Yu-Jiu și M. Ion Dumitru, Editura Univers, 1980. (《中国词选》，李玉珠、米·扬·杜米特鲁选译，布加勒斯特：宇宙出版社，1980年)

公元 1982 年

一、书（文）目录

Întîmplări uimitoare din zilele noastre și din vechime, traducere din limba chineză medievală și note de Toni Radian, prefață de B. Wechsler, Editura Univers, București, 1982. (《今古奇观》，托妮·拉迪安从古汉语翻译，B. 魏什勒作序，

布加勒斯特：宇宙出版社，1982 年，XV+544 页）

二、备注

托妮·拉迪安翻译的《今古奇观》，系根据宝文堂书店 1955 年版。

公元 1983 年

一、书（文）目录

1. Pu Songling, *Ciudatele povestiri ale lui Liaozhai*, traducere de Toni Radian, Editura Minerva, București, 1983, 321 p.（蒲松龄：《聊斋志异》，托妮·拉迪安译，布加勒斯特：密涅瓦出版社，1983 年，321 页）

2. Ileana Hogea-Velișcu, *Dicționar de literatura chineză clasică și modernă*, Editura Științifică și Enciclopedică, București, 1983.（伊丽亚娜·霍加－韦利什库：《中国古代和近代文学词典》，布加勒斯特：科学与百科全书出版社，1975 年）

3. François Cheng, *Vid și plin. Limbajul pictural chinez*, curente și sinteze 38, Traducere de Iuliana Crenguța Munteanu, Prefață de Octavian Barbosa, Editura Meridiane, București, 1983, 142 p.（程抱一：《虚与实，中国画语言研究》，尤利安娜·克伦古察·蒙泰亚努译，奥克塔维安·巴尔博萨作序，布加勒斯特：子午线出版社，1983 年，142 页）

二、备注

汉学家萨安娜以论文《中国人民的抗日斗争（1931—1945）》（*Lupta de rezistență antijaponeză a poporului chinez. 1931-1945*）获得历史学博士学位。这是罗马尼亚人撰写的第一篇中国历史研究的博士论文。

公元 1985 年

一、大事记

"中国宋元明清瓷器展"在罗马尼亚首都布加勒斯特展出。

二、书(文)目录

1. *Cartea poemelor Shijing*, Selecție, traducere din limba chineză veche, prefață și note de Mira și Constantin Lupeanu, Editura Albastros, 1985, 228 p. (《诗经选》,米拉和康斯坦丁·鲁贝亚努选、译、序、注,布加勒斯特:信天翁出版社,1985 年,228 页)

2. Cao Xue-qin, Gao E, *Visul din pavilionul roșu*, traducere de Ileana Hogea-Velișcu și Iv Martinovici, Editura Univers, București, 1985, 703 p. (曹雪芹、高鹗:《红楼梦》,伊丽亚娜·霍加-韦利什库、伊夫·马丁诺维奇译,布加勒斯特:宇宙出版社,1985 年,703 页)

3. Lanling Xiaoxiao Sheng (cărturarul mucalit de pe măgura cu magnolii), *Lotus de Aur, Vaza și Prunișor de Primăvară*, vol. I-II, Editura Cartea Românească, București, 1985. (兰陵笑笑生:《金瓶梅》,米拉和康斯坦丁·鲁贝亚努译并撰写前言,布加勒斯特:罗马尼亚书籍出版社,1985 年)

4. Li Ruzhen, *Flori în oglindă*, traducere și note de Gabriela Vlădescu, cuvânt înainte de Constantin Lupeanu, București, 1985. (李汝珍:《镜花缘》,加布里埃拉·弗勒代斯库译注,康斯坦丁·鲁贝亚努作序,布加勒斯特,1985 年)

5. Jacques Gernet, *Lumea chineză*, vol. I-II, Traducere de Șerban Stati și Romulus Ioan Budura, Cuvânt înainte și note de Romulus Ioan Budura, în „Biblioteca de artă - Arte și civilizații", Editura Meridiane, București, 1985, 463+558 p. ([法国]谢和耐:《中国社会史》,上下卷,谢尔班·斯塔蒂、罗穆卢斯·伊万·布杜拉合译,罗穆卢斯·伊万·布杜拉作序、注,布加勒斯特:子午线出版社,1985 年,

463+558 页）

6. Ileana Hogea-Velişcu, *Titu Maiorescu - Primul traducător de literatură chineză în limba română*, în „Analele Universității București (limbi şi literaturi străine)", Anul XXXIV-1985.[伊丽亚娜·霍加－韦利什库:《蒂图·马约雷斯库——中国文学的第一位罗马尼亚译者》，载于《布加勒斯特大学学报》（外国语言文学版）第 34 卷，1985 年］

7. Florentina Vişan, „*Intraductibilitatea" poeziei. Poezia chineză clasică în limba română*, în „Analele Universității București (limbi şi literaturi străine)", Anul XXXIV-1985. [弗洛伦蒂娜·维尚：《诗歌的"不可译性"——兼谈中国古代诗歌的罗译》，载于《布加勒斯特大学学报》(外国语言文学版)第 34 卷，1985 年］

8. Viorel Isticioaia-Budura, *Probleme ale universului intelectual chinez (secolele XIX-XX)*, în „Analele Universității București (filozofie)", Anul XXXIV - 1985.[维奥雷尔·伊斯蒂乔亚－布杜拉：《十九到二十世纪中国知识世界的若干问题》，载于《布加勒斯特大学学报》（哲学版）第 34 卷，1985 年］

公元 1986 年

书（文）目录

1. Li Baojia, *Întîmplări din lumea mandarinilor*, traducere de Mira şi Constantin Lupeanu, Editura Univers, Bucureşti, 1986, 563 p.（李宝嘉：《官场现形记》，米拉和康斯坦丁·鲁贝亚努译，布加勒斯特：宇宙出版社，1986 年，563 页）

2. *Povestiri cu haz, povestiri cu tîlc din China antică*, traducere de Li Jiayu şi Elvira Ivaşcu, Editura Univers, Bucureşti, 1986, 167 p.(《中国古代笑话选》,李家渔、埃尔维拉·伊瓦什库译，布加勒斯特：宇宙出版社，1986 年，167 页，附插图）

公元 1987 年

一、书（文）目录

1. Yuan Ke, *Miturile Chinei antice*, traducere din limba chineză de Toni Radian, Editura Științifică și Enciclopedică, București, 1987, 502 p.（袁珂:《中国古代神话》，托妮·拉迪安译，布加勒斯特：科学与百科全书出版社，1987 年，502 页）

2. Luminița Toma, *Două antologii de dramaturgie chineză clasică*, în „Teatrul", nr. 3 din martie 1987.（鲁米尼察·托马：《两部中国古典戏剧选》，载于《戏剧》1987 年第 3 期）

二、备注

鲁米尼察·托马的书评主要介绍王季思提出并主编的《中国十大古典悲剧集》（上下册，上海文艺出版社，1982 年）。

公元 1988 年

书（文）目录

Florentina Vișan, *Titlul, figură de dublă intitulare a poeziei chineze clasice*, în „SCL", nr. 4, 1988.（弗洛伦蒂娜·维尚：《标题：中国古代诗歌双重标题的手段》，载于《语言学研究》，1988 年第 4 期）

公元 1989 年

一、大事记

12月22日，罗马尼亚政权更迭，齐奥塞斯库政权被推翻，成立了救国阵线委员会。12月27日，中国国家主席杨尚昆和国务院总理李鹏分别向扬·伊利埃斯库和彼得·罗曼发去贺电，祝贺他们分别就任救国阵线委员会主席和罗临时政府总理。

二、书（文）目录

1. Shi Naian, Luo Guanzhong, *Osândiții mlaștinilor*, traducere de Mira și Constantin Lupeanu, Editura Militară, București, 1987-1989. Vol. 1, 1987, 463 p.; Vol. 2, 1988, 527 p.; Vol. 3, 1989, 367 p.（施耐庵、罗贯中：《水浒传》，三卷，米拉和康斯坦丁·鲁贝亚努译，布加勒斯特：军事出版社，第1卷，1987年，463页；第2卷，1988年，527页；第3卷，1989年，367页）

2. *Nuvela chineză medievală*, Editura Minerva, București, 1989.（《中国中古小说选》，三卷本，江冬妮选译、注释，维尚参加了书中部分诗词的翻译，B.魏什勒作序，布加勒斯特：密涅瓦出版社，1989年）

3. Florentina Vișan, *Diangu, figură specifică a poeziei chineze clasice*, în „Analele Universității București", XXXVIII, 1989.（弗洛伦蒂娜·维尚：《典故：中国古代诗歌的特定修辞手段》，载《布加勒斯特大学学报》第38卷，1989年）

公元 1990 年

一、书（文）目录

1. Florentina Vişan, *Trepte de jad. Antologie de poezie chineză clasică SHI*, Editura Univers, Bucureşti, 1990.（弗洛伦蒂娜·维尚选译：《玉阶——中国古代诗歌选》，布加勒斯特：宇宙出版社，1990 年）

2. *Antologie de poezie chineză modernă şi contemporană*, selecţie, traducere şi note biografice de Alexandru Andriţoiu şi Ioan Budura, prefaţă de Zou Difan, Editura Minerva, Bucureşti, 1990.（《中国现代诗歌选》，亚历山德鲁·安德里措尤、伊万·布杜拉选译，邹荻帆作序，布加勒斯特：密涅瓦出版社，1990 年）

3. Zhou Shirong, Ou Guang An, *Călător la grota de foc*, traducere din limba chineză de Adriana Certejan, Simona Micloş, Editura pentru Turism, Bucureşti, 1990.（周世荣、欧广安：《神奇的古墓》，阿德里安娜·切尔特安、西蒙娜·米克洛什译，布加勒斯特：旅游出版社，1990 年）

4. Florentina Vişan, *Poetica chineză clasică şi retorica incorporării tăcerii*, în „SCL", nr. 1, 1990.（弗洛伦蒂娜·维尚：《中国古代诗学与兼含沉默的修辞》，载于《语言学研究》，1990 年第 1 期）

二、备注

由周世荣、欧广安撰著的《神奇的古墓》，由湖南科学技术出版社 1981 年出版，主要介绍湖南马王堆汉墓发掘及相关情况。译者阿德里安娜·切尔特安是罗马尼亚汉学家，另翻译出版有巴金的《寒夜》（*Nopţi reci*, Editura Minerva, 1985）等作品。《神奇的古墓》罗马尼亚文本的审校为汉学家万达（Iuliu Wajda）。

公元 1992 年

书（文）目录

1. Ileana Hogea-Velișcu, *Pagini de istorie: Armata de teracotă de acum 2000 de ani de la Xi'an — o altă minune a lumii,* în „Tribună", 1992.（伊丽亚娜·霍加－韦利什库：《历史篇：2000年前的西安兵马俑——世界另一奇迹》，载于《论坛报》，1992年）

2. Ileana Hogea-Velișcu, *Relații culturale antice: Drumul mătăsii,* în „Tribună", 1992.（伊丽亚娜·霍加－韦利什库：《古代文化关系：丝绸之路》，载于《论坛报》，1992年）

3. Florentina Vișan, *Le modèle cognitif du monde dans la philosophie chinoise,* în „Annals of the Sergiu Al-George Institute", Bucharest, 1992.（弗洛伦蒂娜·维尚：《中国哲学中的世界认知模式》，载于《塞尔久·阿－乔治研究所年刊》，布加勒斯特，1992年）

公元 1993 年

书（文）目录

1. Dinu Luca, *Cartea despre Dao și putere (Dao De Jing),* completată cu pasaje ilustrative din Zhuang Zi, Editura Humanitas, București, 1993, 318 p.（迪努·卢卡译注：《道德经》，布加勒斯特：人文出版社，1993年，318页）

2. *Comoara înțelepciunii și alte tâlcuri din China antică,* în românește de Xu Wende și Elvira Ivașcu, Editura Paco, București, 1993.（徐文德、埃尔维拉·依瓦什库选译：《中国古代寓言精选》，布加勒斯特：Paco出版社，1993年）

公元 1994 年

一、大事记

1. 3月11—14日，应中国政府的邀请，罗马尼亚的总统扬·伊利埃斯库对中国南方城市深圳、珠海和广州进行工作访问，考察中国建特区的经验。

2. 7月9—12日，应罗马尼亚总统扬·伊利埃斯库和总理尼古拉·沃克罗尤的邀请，中国国务院总理李鹏对罗进行正式访问。

二、书（文）目录

Jean Pierre Guillaume Pauthier, *Doctrina lui Confucius sau Cele Patru cărți clasice ale Chinei,* traducere din limba franceză de Vlad Cojocaru, Editura Timpul, Iași, 1994, 477 p.（[法国]让·皮埃尔·纪尧姆·波蒂埃:《孔子学说或中国的"四书"》，弗拉德·科若卡鲁从法文翻译，雅西：时代出版社，1994年，477页）

公元 1995 年

一、大事记

1. 7月3—7日，应中国国务院总理李鹏的邀请，罗马尼亚总理尼古拉·沃克罗尤对中国进行正式访问。

2. 5月，皮亚特拉-尼阿姆茨青年剧院将中国元代纪君祥所作的《赵氏孤儿》搬上舞台，这是罗马尼亚1989年以来公演的首部中国戏剧。

二、书（文）目录

1. Confucius, *Analecte*, traducere din limba chineză veche, studiu introductiv, tabel cronologic, note şi comentarii de Florentina Vişan, Editura Humanitas, Bucureşti, 1995, 318 p.（孔子：《论语》，弗洛伦蒂娜·维尚翻译、作序、年表、注释、评论，布加勒斯特：人文出版社，1995 年，318 页）

2. Max Kaltenmark, *Filozofia chineză*, traducere din limba franceză de Florentina Vişan, Editura Humanitas, Bucureşti, 1995, 158 p.（[法国] 康德谟：《中国哲学》，弗洛伦蒂娜·维尚译自法文，布加勒斯特：人文出版社，1995 年，158 页）

公元 1996 年

一、大事记

6 月 30 日至 7 月 2 日，应罗马尼亚总统扬·伊利埃斯库的邀请，中国国家主席江泽民对罗马尼亚进行国事访问。

二、书（文）目录

1. Sun Tzi, *Arta războiului*, traducere din limba franceză de Raluca Pârvu, Editura Aurelia, Bucureşti, 1996.（孙子：《孙子兵法》，拉卢卡·珀尔武从法文翻译，布加勒斯特：Aurelia 出版社，1996 年）

2. *Cartea schimbărilor* (2 volume), traducere din limba chineză veche, studiu introductiv, comentarii şi note de Mira şi Constantin Lupeanu, Editura Qilinul din Jad, Bucureşti, 1996, 879 p.（《易经》，米拉和康斯坦丁·鲁贝亚努译，布加勒斯特：玉麒麟出版社，1996 年，879 页）

3. *Rogojina de rugă a cărnii*, în românește de Mira și Constantin Lupeanu, Editura Qilinul de Jad, București, 1996.(《肉蒲团》，米拉和康斯坦丁·鲁贝亚努译，布加勒斯特：玉麒麟出版社，1996 年）

公元 1997 年

一、大事记

1. 9月8—12日，应中国国家主席江泽民的邀请，罗马尼亚总统埃米尔·康斯坦丁内斯库对中国进行国事访问。

2. 埃米尔·康斯坦丁内斯库总统访华期间，中罗两国签署了《中华人民共和国政府与罗马尼亚政府 1997—2000 年文化合作计划》。

二、书（文）目录

1. *Lao Zi și Confucius*, traducere din limba chineză veche, studiu introductiv, comentarii și note de Mira și Constantin Lupeanu, Editura Qilinul din Jad, București, 1997, 381 p.（《老子与孔子》，米拉和康斯坦丁·鲁贝亚努直接从古汉语翻译、作序、注释，布加勒斯特：玉麒麟出版社，1997 年，381 页）

2. Lao Zi, *Cartea despre Tao și virtuțile sale*, Meteor Press, traducere din limba chineză veche, introducere, comentariu și note de Șerban Toader, ediția a II-a, București, 1997, 223 p.（老子：《道德经》，谢尔班·托阿德尔翻译、评点、注释并撰写导读，布加勒斯特：流星出版社，1997 年，第 2 版，223 页）

公元 1998 年

一、大事记

5月14—17日，应罗马尼亚参议院议长彼得·罗曼的邀请，中国人民政治协商会议全国委员会主席李瑞环对罗马尼亚进行正式友好访问。

二、书（文）目录

C.P. Fitzgerald, *Istoria culturală a Chinei*, traducere de Nadina şi Florentina Vişan, Editura Humanitas, Bucureşti, 1998, 528 p.（[澳大利亚] 费子智：《中国文化简史》，纳迪娜和弗洛伦蒂娜·维尚译，布加勒斯特：人文出版社，1998年，528页）

公元 1999 年

一、大事记

7月11—18日，应全国人大常委会委员长李鹏的邀请，由众议院议长、国家农民党主席扬·迪亚科内斯库率领的罗马尼亚众议院代表团对中国进行正式友好访问。

二、书（文）目录

1. Florea Dumitrescu, Ileana Hogea-Velişcu (Yang Ling), Elvira Ivaşcu, Iolanda Ţighiliu, *Evantaiul celor 10000 de gânduri. România şi China: Trei veacuri de istorie*,

vol. I, Editura Ion Cristoiu, București, 1999, 532 p.（弗洛雷亚·杜米特雷斯库、伊丽亚娜·霍加－韦利什库、埃尔维拉·伊瓦什库、约兰塔·齐吉利乌：《浓情挚意万万千，罗中关系三百年》，布加勒斯特：扬·克里斯托尤出版社，1999年，532页）

2. Anna Eva Budura, *Țara simbolurilor. De la Confucius la Mao Zedong*. Editura Paideia, București, 1999, 299 p.（安娜·埃瓦·布杜拉：《符号的国度：从孔子到毛泽东》，布加勒斯特：Paideia 出版社，1999年，229页）

3. Cyril Birch, *Mituri și fantezii chinezești*, traducere în limba română de Veronica Focșeneanu și Cristina Daia, Editura Allfa, București, 1999.（西里尔·伯奇：《中国神话与幻想》，维罗尼卡·福克谢内亚努、克里斯蒂娜·达亚译，布加勒斯特：Allfa 出版社，1999年）

公元 2000 年

一、大事记

9月12—17日，中国文化部副部长艾青春访罗，双方签署《中罗两国政府2000—2004年文化交流计划》。

二、书（文）目录

1. *Lie Zi - Calea vidului desărvîrșit*, traducere de Florentina Vișan (în colaborare), Editura Polirom, București, 2000.（《列子》，弗洛伦蒂娜·维尚翻等译，布加勒斯特：罗马尼亚印业出版社，2000年）

2. 布加勒斯特 Gnosis 出版社出版冯友兰的《中国哲学简史》（*Scurtă istorie a filozofiei chineze*），亚历山德鲁·扬·斯坦根据美国麦克米兰公司1948年的英文版转译。

结　语

　　进入 21 世纪之后，罗马尼亚与中国的政治关系和文化交流不断得到加强。2004 年中国国家主席胡锦涛访罗，将中罗关系提升为全面友好合作关系，标志着中罗两国关系进入崭新的发展阶段。随着中国在世界影响力的日益增大，中国文化在罗马尼亚的传播也呈现出新一轮的高涨，其内容之丰富、成效之显著，都是前所未有的。具体来看，这种变化集中体现在两个方面。

　　其一，孔子学院的设立，为对罗汉语教学和中国文化传播提供了新的平台。截至 2016 年，已有 4 所孔子学院分别设立在布加勒斯特大学、锡比乌的卢齐安·布拉加大学、克卢日的巴贝什·鲍尧伊大学、布拉索夫的特兰西瓦尼亚大学。另外，在康斯坦察的奥维德大学建有"孔子课堂"。这些教学机构通过组织汉语教学、知识竞赛、文化体验、专题讲座、学术研讨等，拉近了当地民众与中国的距离，为他们认识当代中国及其文化提供了机会。2016 年，罗马尼亚教育主管部门批准将汉语纳入国民教育体系，在中考和高考承认 HSK 成绩，从国家政策的层面对汉语教学提供了支持和保障。越来越多的罗马尼亚优秀青年来华学习，其中博士生比例和研修的学科范围都明显扩大。

其二，罗马尼亚汉学界对中国的研究范围明显扩大，有关中国的研究论著、文献整理、经典翻译和出版硕果累累，从选题到编撰和翻译，从装帧设计到印刷质量，较上个世纪有都大幅提升。

在政治外交方面，首推前驻华大使、汉学家罗明主持整理出版4卷本的《罗中关系文献档案汇编》（Relațiile româno-chineze, 1880-1974, Documente; Politica independentă a României și relațiile româno-chineze, 1954-1975, Documente; Relațiile româno-chineze, 1975-1981, Documente, 2 vol., 2005-2015）；汉学家布扎杜大使撰著的《罗中关系通史》（Istoria relațiilor României cu China din cele mai vechi timpuri până în zilele noastre）和《中国历史与文明·罗马尼亚与中国》（Istoria Chinei și a civilizației chineze. România și China, 2009）；前外交部部长和教育部部长、哲学家安德烈·马尔加（Andrei Marga）的《中国的全面崛起》（Ascensiunea globală a Chinei, 2015）等。

在中国历史方面，有萨安娜博士编写的《神州》（Tărâmul zeilor，Shenzhou, 2007）、《龙之胜利——中国在第二次世界大战》（Triumful dragonului, China în cel de-al Doilea Război Mondial, 2007）、《中国茶文化》（Povestea ceaiului, 2011）和《中国历史人物》（China — vieți în vâltoarea istoriei, 2014）等。

在中国古代文化典籍译介方面，有汉学家鲁博安大使夫妇和儿子共同翻译的《西游记》（Însemnarea călătoriei spre vest, 2 vol., 2008）全本；有瓦尔特·福泰斯库翻译的《易经》（Yi King, Cartea prefacerilor, 2003）；有鲁米尼察·伯兰（Luminița Bălan，中文名字白罗米）教授直接从古汉语翻译的《荀子》（Calea guvernării ideale, 2004），与塔蒂亚娜·塞加尔合译的《庄子》（Zhuangzi, Călătorie liberă, 2009）；有达恩·康斯坦丁内斯库翻译的《道德经》（Lao-Tse, Tao-Te-King, 2004）；有米尔恰·雅各比尼翻译的《道家典籍》（Calea neștiutului Dao, 2005）；有阿德里安·丹尼尔·鲁贝亚努翻译的《孔子论语》（Confucius, Frânturi de conversație, o enciclopedie a vieții, 2010）、《列子：冲虚至德真经》（Lie Zi, Cartea adevărată a vidului și a supremei virtuți, 2010）等。

在儒学研究方面，有维尚教授的两卷本学术专著《儒家讲座》（Prelegeri de confucianism, 2008）。

在中罗民间友好和综合研究方面，有弗洛雷亚·杜米特列斯库大使和杨玲教授等主编的多卷本文集《浓情挚意万万千，罗中友好三百年》（*Evantaiul celor 10.000 de gânduri. România și China: Trei veacuri de istorie*, vol. II, 2005; vol. III, 2010; vol. IV, 2014）。

在中国当代文学翻译出版方面，最受关注的莫过于2012年诺贝尔文学奖得主莫言的作品。有迪努·卢卡翻译的莫言作品《红高粱》（*Sorgul roșu*, 2008, 2012）和《生死疲劳》（*Obosit de viață, obosit de moarte*, 2012），维尚翻译的《蛙》（*Broaște*, 2014），白罗米翻译的《天堂蒜薹之歌》（*Baladele usturoiului din Paradis*, 2013）和《酒国》（*Țara vinului*, 2014）。另外，卢卡还翻译了苏童的作品《米》（*Lumea de orez*, 2013）。

在中国文化的综合研究和介绍方面，有维克多·文图的《中国十门》（*Zece porți chinezești*, 2001），达恩·克鲁切鲁（Dan CruCern）的《中国》（*China, Calea prin milenii*, 2001），杨玲和骆东泉合著的《中国文化集萃》（*Nestemate ale culturii chineze*, 2009）。

罗马尼亚汉学界和翻译界还翻译了不少西方汉学界的著作，如维尚等翻译的程艾蓝（Anne Cheng）的《中国思想史》（*Istoria gîndirii chinez*, 2001），塔蒂亚娜·塞加尔（Tatiana Segal）翻译了法国人伊莎贝尔·罗比内（Isabelle Robinet，中文名字贺碧来）的《14世纪前道教发端史》（*Istoria daoismului de la origini până în secolul XIV*, 2005）和《道教的冥想》（*Meditația daoistă*, 2007）。

另外，还有相当一些介绍禅、道家内丹修炼的书，被翻译成罗马尼亚文出版。如：斯泰拉·廷内（Stela Tinney）翻译的《禅》（*Zen, transmisia luminii*, 2002），赵避尘著、陆宽昱英译、米尔恰·雅各比尼罗译的《性命法诀明指》（*Alchimie și nemurire*, 2005）。风水、气功类图书品种甚多，一些中国明清禁毁小说也夹杂在出版物当中。

总的来说，罗马尼亚的汉学研究虽然历史不是很长，但通过几代人的努力，已经形成了自身的传统、特色和优势，取得了令人瞩目的成果，未来一定会在加深两国文化沟通与理解、促进不同文化相互借鉴共同发展方面向我们展示其独特的潜质与巨大的创造力。

（丁　超）

主要参考书目

[1] Ministerul Afacerilor Externe, Arhivele Naționale, *Relațiile româno-chineze, 1880-1974, Documente*, Coordonator: Ambasador Romulus Ioan BUDURA, București, 2005.

[2] Arhivele Naționale ale României, *Politica independentă a României și relațiile româno-chineze, 1954-1975, Documente*, Coordonator: Ambasador Romulus Ioan BUDURA, București, 2008.

[3] Ministerul Afacerilor Externe, Arhivele Naționale, *Relațiile româno-chineze, 1975-1981, Documente*, 2 vol., București, 2015.

[4] Buzatu, Ion, *Istoria relațiilor României cu China din cele mai vechi timpuri până în zilele noastre*, Meteor Press.

[5] Buzatu, Ion, *Istoria Chinei și a civilizației chineze. România și China*, Editura Uranus, București, 2009.

[6] Institutul de Studii Istorice și Social-Politice de pe lîngă C.C. al P.C.R., *Tradiții ale poporului român de solidaritate și prietenie cu poporul chinez*, volumul pregătit de Ion POPESCU-PUȚURI (coordonator), Ion ALEXANDRESCU, Constantin BOTORAN, Ana BUDURA, Aurel HARȘA, Gheorghe NEACȘU, Gheorghe UNC, Editura Politică, București, 1973.

[7] Vișan, Florentina, Bălan, Lumința, Luca, Dinu, *Studii de sinologie* (în onoarea aniversării a 50 de ani de la înființarea Secției de chineză la Universitatea din București), Editura Universității din București, 2006.

[8] 裴坚章主编:《中华人民共和国外交史》(第一卷, 1949—1956), 北京: 世界知识出版社, 1994年。

[9] 王泰平主编:《中华人民共和国外交史》(第二卷, 1957—1969), 北京: 世界知识出版社, 1998年。

[10] 王泰平主编:《中华人民共和国外交史》(第三卷, 1970—1978), 北京: 世界知识出版社, 1999年。

[11] 中华人民共和国文化部对外联络局编：《中国对外文化交流概览》（1949—1991），北京：光明日报出版社，1993 年。

[12] 丁超：《中罗文学关系史探》，北京：人民文学出版社，2008 年第 1 版。

人名译名对照及索引

一、中文—罗马尼亚文（按汉字音序排列）

A

阿列克山德里，瓦西列（ALECSANDRI, Vasile）225

阿桑，巴西尔·C.（ASSAN, Basil C.）225

埃里亚德，米尔恰（ELIADE, Mircea）235

埃米内斯库，米哈伊（EMINESCU, Mihai）225

安德里措尤，亚历山德鲁（ANDRIȚOIU, Alexandru）264

安蒂普，费利奇娅（ANTIP, Felicia）256

安蒂普，康斯坦丁（ANTIP, Constantin）256

安格尔，保罗（ANGHEL, Paul）258

B

巴贝什，C.（BABEȘ, C.）250

巴尔博萨，奥克塔维安（BARBOSA, Octavian）259

巴尔布，欧金（BARBU, Eugen）251

班塔什，安德烈（BANTAȘ, Andrei）246，247

彼得罗夫，阿·阿（PETROV, Apollo Alexandrovici）[苏联] 245

波佩斯库－布楚里，扬（POPESCU-PUȚURI, Ion）255

波戈尔，瓦西里（POGOR, Vasile）225

博尔杜尔，安达（BOLDUR, Anda）248

博尔扎，亚历山德鲁（BORZA, Alexandru）231

博格扎，杰奥（BOGZA, Geo）242

博泰兹，德莫斯泰内（BOTEZ, Demonstene）247

伯尔纳，弗拉伊库（BÎRNA, Vlaicu）248

伯兰，鲁米尼察（中文名字白罗米，BĂLAN, Luminița）272

伯奇，西里尔（BIRCH, Cyril）270

伯伊里亚努，M.G.（BĂILEANU, M.G.）229

布杜拉，罗穆鲁斯·伊万（中文名字罗明，BUDURA, Romulus Ioan）240，260

布杜拉，伊万（中文名字罗阳，BUDURA, Ioan）264

布拉加，卢齐安（BLAGA, Lucian）233，237，271

布雷亚祖，扬（BREAZU, Ion）239

C

曹雪芹（CAO, Xue-Qin/CAO, Xueqin）255，260

程艾蓝（CHENG, Anne）[法国]273

程抱一（CHENG, François）[法国]259

D

达恩，杜米特鲁（DAN, Dumitru）230

达亚，克里斯蒂娜（DAIA, Cristina）270

德拉戈米尔，米胡（DRAGOMIR, Mihu）247

迪哈尤，格奥尔基（DIHAIU, Gheorghe）237

蒂图列斯库，尼古拉（TITULESCU, Nicolae）234

杜尔库，乔治（DULCU, George）237

杜甫（DU Fu）232，244，257

杜米特雷斯库，弗洛雷亚（DUMITRESCU, Florea）270

杜米特雷斯库，杰奥（DUMITRESCU, Geo）247

杜米特雷斯库，乔治（DUMITRESCU, George）247

杜米特留，安东（DUMITRIU, Anton）238

杜米特鲁，米·扬（DUMITRU, M. Ion）258

F

菲利彼德，阿（PHILIPPIDE, Al.）248

费多连科，尼古拉·特罗菲莫维奇（中文名字费德林，FEDORENKO, N.T.）[苏联] 248

费子智（FITZGERALD, C.P.）[澳大利亚] 269

冯沅君（FEN, Iuan-Ciun）246

弗尔佩斯库，罗穆鲁斯（VULPESCU, Romulus）247，248

弗勒代斯库，加布里埃拉（VLĂDESCU, Gabriela）260

福克谢内亚努，维罗尼卡（FOCȘENEANU, Veronica）270

福泰斯库，瓦尔特（FOTESCU, Walter）272

G

高鹗（GAO, E）260

戈蒂埃，朱迪思（GAUTIER, Judith）[法国] 236

格奥尔基，弗尼格·N.（GHEORGHE, Fănică N.）250，252

格奥尔基，塔什库（GHEORGHIU, Tașcu）248

格里戈雷斯库，丹（GRIGORESCU, Dan）246

格罗查，彼得罗（GROZA, Petru）242

郭沫若（GO-Mo-jo）245，248

H

霍加-韦利什库，伊丽亚娜/霍加，伊丽亚娜（中文名字杨玲，HOGEA-VELIȘCU, Ileana /HOGEA, Ileana）225，243，252—255，259—261，265，270

J

纪尧姆·波蒂埃，让·皮埃尔（GUILLAUME PAUTHIER, Jean Pierre）[法

国] 266

加布里埃列斯库，艾丽斯（GABRIELESCU, Alice）248

加菲察，尼娜（GAFIȚA, Nina）248

K

卡米拉尔，尤塞比乌（CAMILAR, Eusebiu）243，244，247

凯恩巴赫，维克多（KERNBACH, Victor）248

康德谟（KALTENMARK, Max）[法国] 267

康斯坦丁内斯库，达恩（CONSTANTINESCU, Dan）272

柯列然，布库尔（CLEJAN, Bucur）235，236，254

柯列然，吉泽拉（中文名字柯芝兰，CLEJAN, Gizela）236，254

科默内斯库，玛丽亚（COMĂNESCU, Maria）240

科若卡鲁，弗拉德（COJOCARU, Vlad）266

科什布克，乔治（COȘBUC, George）227

科斯泰亚（COSTEA）228

科瓦奇，扬（COVACI, Ion）255—257

克林内斯库，乔治（CĂLINESCU, George）238，241

克鲁切鲁，达恩（CRUCERU, Dan）273

孔子（CONFUCIUS）225，232，237—239，266—268，270—272

L

拉迪安，托妮 / 拉迪安·赫尔什库，托妮（中文名字江冬妮，RADIAN, Toni/RADIAN HERȘCU, Toni）240，243，249，258，259，262

老子（LAO, Zi）232，238，241，242，268

李白（Li-Tai-Pe）230，232，244，247，257

李宝嘉（LI, Baojia）261

李家渔（LI, Jiayu）261

李汝珍（LI, Ruzhen）260

李玉珠（LI, Yu-Giu/ LI, Yu-jiu）256—258

卢卡，迪努（LUCA, Dinu）265，273

鲁贝亚努，阿德里安·丹尼尔（LUPEANU, Adrian Daniel）272

鲁贝亚努，康斯坦丁（中文名字鲁博安，LUPEANU, Constantin）257，260，261，263，267，268

鲁贝亚努，米拉（中文名字鲁美娜，LUPEANU, Mira）257，260，261，263，267，268

鲁代斯库，科尔内留（RUDESCU, Corneliu）250，252

陆宽昱（LU, K'uan Yu/ LUK, Charles）273

罗比内，伊莎贝尔（中文名字贺碧来，ROBINET, Isabelle）[法国] 273

罗贯中（LUO, Guanzhong）263

M

马丁诺维奇，伊夫（MARTINOVICI, Iv）255，260

马尔加，安德烈（MARGA, Andrei）272

马利士，保罗（MARIȘ, Paul）244

马林内斯库，约内尔（MARINESCU, Ionel）248

马纽，阿德里安（MANIU, Adrian）248

马约雷斯库，蒂图（MAIORESCU, Titu）225，261

蒙泰亚努，尤利安娜·克伦古察（MUNTEANU, Iuliana Crenguța）259

米克洛什，西蒙娜（MICLOȘ, Simona）264

米列斯库，尼古拉·斯帕塔鲁（MILESCU, Nicolae Spătarul）224，244，245

N

瑙姆，杰卢（NAUM, Gellu）248

内格鲁，米哈伊尔（NEGRU, Mihail）232

尼古拉，亚历山德拉（NICOLAU, Alexandra）243

O

欧广安（OU, Guang An）264

P

帕雷帕，扬（PAREPA, Ion）243

珀尔武，拉卢卡（PÂRVU, Raluca）267

蒲松龄（PU Songling/ PU, Sung-Ling）256，259

Q

齐吉利乌，约兰塔（中文名字金玉兰，ȚIGHILIU, Iolanda）270

切尔特安，阿德里安娜（中文名字阿莉，CERTEJAN, Adriana）264

S

萨斯，安娜·埃瓦（中文名字萨安娜，SZASZ, Anna Eva/BUDURA, Anna Eva）240，259，272

萨乌格，亚历山德鲁（SAUCĂ, Alexandru）256，257

塞加尔，塔蒂亚娜（SEGAL, Tatiana）272，273

施耐庵（SHI, Naian/ȘI, Nai-an）247，263

斯拉维支，伊昂（SLAVICI, Ioan）225，239，252

斯塔蒂，谢尔班（STATI, Șerban）260

斯塔马迪亚德，亚里山德鲁·特奥多尔（STAMADIAD, Alexandru Teodor）236

斯坦库，斯特凡（STANCU, Ștefan）243

斯滕库列斯库，Z.N.（STĂNCULESCU, Z. N.）254

斯托扬，尼古拉（STOIAN, Niculaie）248

苏利耶·德莫朗，乔治（SOULIÉ DE MORANT, G.）[法国] 237

孙子（SUN,Tzi/SUN, Tzu）232，256，267

T

塔凯，奥雷利安（TACHE, Aurelian）242

坦博尔，奥雷丽娅（TAMBOR, Aurelia）243

廷内，斯泰拉（TINNEY, Stela）273

托阿德尔，谢尔班（TOADER, Șerban）268

托马，鲁米尼察（TOMA, Luminița）262

W

瓦西列斯库，列昂尼德（中文名字廖宁，VASILESCU, Leonid）240

瓦西列斯库 – 诺塔拉，I.（VASILESCU-NOTTARA, I.）233，234

万达（WAJDA, Iuliu）264

王维（VAN-Wei）232，244，257

维尚，弗洛伦蒂娜（VIȘAN, Florentina）261—265，267，269，270，272，273

维尚，纳迪娜（VIȘAN, Nadina）269

维亚努，图多尔（VIANU, Tudor）233

韦里萨尔 – 特奥多雷亚努，斯特凡娜（VELISAR-TEODOREANU, Ștefana）247

魏什勒，贝尔纳德（WECHSLER, Bernard）244，251，258，263

乌雷凯，格里戈雷（URECHE, Grigore）224

吴承恩（U, Ceng-en）250，252

吴敬梓（U, Țing Zi）257

X

谢和耐（GERNET, Jacques）[法国] 260

徐文德（XU, Wende）265

Y

雅各比尼，米尔恰（IACOBINI, Mircea）272，273

扬库，达维德（IANCU, David）235

杨兴顺（IAN, Hin-şun）[苏联] 241

伊斯蒂乔亚 – 布杜拉，维奥雷尔（ISTICIOAIA-BUDURA, Viorel）261

伊瓦什库，埃尔维拉（IVAŞCU, Elvira）261，270

袁珂（YUAN, Ke）262

约尔卡，尼古拉（IORGA, Nicolae）228

约内斯库，克里斯蒂娜（IONESCU, Cristina）243

约瑟夫，什特凡·奥克塔维安（IOSIF, Şt. O.）230

Z

赵避尘（ZHAO, Pi Ch'en）273

周世荣（ZHOU, Shirong）264

庄子（ZHUANG, Zi）225，272

邹荻帆（ZOU, Difan）264

二、罗马尼亚文—中文（按罗马尼亚语字母顺序排列）

A

ALECSANDRI, Vasile（瓦西列·阿列克山德里）225

ANDRIȚOIU, Alexandru（亚历山德鲁·安德里措尤）264

ANGHEL, Paul（保罗·安格尔）258

ANTIP, Constantin（康斯坦丁·安蒂普）256

ANTIP, Felicia（费利奇娅·安蒂普）256

ASSAN, Basil C.（巴西尔·C. 阿桑）225

B

BABEȘ, C.（C. 巴贝什）250

BANTAȘ, Andrei（安德烈·班塔什）246，247

BARBOSA, Octavian（奥克塔维安·巴尔博萨）259

BARBU, Eugen（欧金·巴尔布）251

BĂILEANU, M.G.（M.G. 伯伊里亚努）229

BĂLAN, Luminița（鲁米尼察·伯兰，中文名字白罗米）272，274

BIRCH, Cyril（西里尔·伯奇）270

BÎRNA, Vlaicu（弗拉伊库·伯尔纳）248

BLAGA, Lucian（卢齐安·布拉加）233，237

BOGZA, Geo（杰奥·博格扎）242

BOLDUR, Anda（安达·博尔杜尔）248

BORZA, Alexandru（亚历山德鲁·博尔扎）231

BOTEZ, Demonstene（德莫斯泰内·博泰兹）247

BREAZU, Ion（扬·布雷亚祖）239

BUDURA, Ioan（伊万·布杜拉，中文名字罗阳）264

BUDURA, Romulus Ioan（罗穆鲁斯·伊万·布杜拉，中文名字罗明）240，260

C

CAMILAR, Eusebiu（尤塞比乌·卡米拉尔）243，244，247

CAO, Xue-Qin（曹雪芹）255，260

CĂLINESCU, George（乔治·克林内斯库）238

CERTEJAN, Adriana（阿德里安娜·切尔特安，中文名字阿莉）264

CHENG, Anne（程艾蓝）[法国] 273

CHENG, François（程抱一）[法国] 259

CLEJAN, Bucur（柯列然·布库尔）235，236

CLEJAN, Gizela（柯列然·吉泽拉，中文名字柯芝兰）236

COJOCARU, Vlad（弗拉德·科若卡鲁）266

COMĂNESCU, Maria（玛丽亚·科默内斯库）240

CONFUCIUS（孔子）237，239，248，266—268，270，272

COSTEA（科斯泰亚）228

COȘBUC, George（乔治·科什布克）227

COVACI, Ion（扬·科瓦奇）255—257

CRUCERU, Dan（达恩·克鲁切鲁）273

D

DAIA, Cristina（克里斯蒂娜·达亚）270

DAN, Dumitru（杜米特鲁·达恩）230

DIHAIU, Gheorghe（格奥尔基·迪哈尤）237

DRAGOMIR, Mihu（米胡·德拉戈米尔）247

DU Fu（杜甫）257

DULCU, George（乔治·杜尔库）237

DUMITRESCU, Florea（弗洛雷亚·杜米特雷斯库）269

DUMITRESCU, Geo（杰奥·杜米特雷斯库）247

DUMITRESCU, George（乔治·杜米特雷斯库）248

DUMITRIU, Anton（安东·杜米特留）238

DUMITRU, M. Ion（米·扬·杜米特鲁）258

E

ELIADE, Mircea（米尔恰·埃里亚德）235

EMINESCU, Mihai（米哈伊·埃米内斯库）225

F

FEDORENKO, N.T.（尼古拉·特罗菲莫维奇·费多连科，中文名字费德林）[苏联] 248

FEN, Iuan-Ciun（冯沅君）246

FITZGERALD, C.P.（费子智）[澳大利亚] 269

FOCȘENEANU, Veronica（维罗尼卡·福克谢内亚努）270

G

GABRIELESCU, Alice（艾丽斯·加布里埃列斯库）248

GAFIȚA, Nina（尼娜·加菲察）248

GAO, E（高鹗）260

GAUTIER, Judith（朱迪思·戈蒂埃）[法国] 236

GERNET, Jacques（谢和耐）[法国] 260

GHEORGHE, Fănică N.（弗尼格·N. 格奥尔基）250，252

GHEORGHIU, Tașcu（塔什库·格奥尔基）248

GO-Mo-jo（郭沫若）248

GRIGORESCU, Dan（丹·格里戈雷斯库）246

GROZA, Petru（彼得罗·格罗查）242

GUILLAUME PAUTHIER, Jean Pierre（让·皮埃尔·纪尧姆·波蒂埃）[法国] 266

H

HOGEA-VELIȘCU, Ileana/HOGEA, Ileana（伊丽亚娜·霍加 – 韦利什库 / 伊丽亚娜·霍加，中文名字杨玲）252—255，259—261，265，269

I

IAN, Hin-șun（杨兴顺）[苏联] 241

IANCU, David（扬库·达维德）235

IONESCU, Cristina（克里斯蒂娜·约内斯库）243

IORGA, Nicolae（尼古拉·约尔卡）228

IOSIF, Șt. O.（什特凡·奥克塔维安·约瑟夫）230

ISTICIOAIA-BUDURA, Viorel（维奥雷尔·伊斯蒂乔亚 – 布杜拉）261

IVAȘCU, Elvira（埃尔维拉·伊瓦什库）261，265，269

K

KALTENMARK, Max（康德谟）[法国] 267

KERNBACH, Victor（维克多·凯恩巴赫）248

L

LAO, Zi（老子）268

LI, Baojia（李宝嘉）261

LI, Jiayu（李家渔）261

LI, Ruzhen（李汝珍）260

Li-Tai-Pe（李白）247，257

LI, Yu-Giu/ LI, Yu-Jiu/LI, Yu-jiu（李玉珠）256—258

LUCA, Dinu（迪努·卢卡）265

LUO, Guanzhong（罗贯中）263

LUPEANU, Constantin（康斯坦丁·鲁贝亚努，中文名字鲁博安）257，260，261，263，267，268

LUPEANU, Mira（米拉·鲁贝亚努，中文名字鲁美娜）257，260，261，263，267，268

M

MAIORESCU, Titu（蒂图·马约雷斯库）225，261

MANIU, Adrian（阿德里安·马纽）248

MARGA, Andrei（安德烈·马尔加）272

MARINESCU, Ionel（约内尔·马林内斯库）248

MARIȘ, Paul（保罗·马利士）244

MARTINOVICI, Iv（伊夫·马丁诺维奇）255，260

MICLOȘ, Simona（西蒙娜·米克洛什）264

MILESCU, Nicolae Spătarul（尼古拉·斯帕塔鲁·米列斯库）224，244，245

MUNTEANU, Iuliana Crenguța（尤利安娜·克伦古察·蒙泰亚努）259

N

NAUM, Gellu（杰卢·瑙姆）248

NEGRU, Mihail（米哈伊尔·内格鲁）232

NICOLAU, Alexandra（亚历山德拉·尼古拉）243

O

OU, Guang An（欧广安）264

P

PAREPA, Ion（扬·帕雷帕）243

PÂRVU, Raluca（拉卢卡·珀尔武）230，267

PETROV, Apollo Alexandrovici（阿·阿·彼得罗夫）[苏联] 245

PHILIPPIDE, Al.（阿·菲利彼德）248

POGOR, Vasile（瓦西里·波戈尔）225

POPESCU-PUȚURI, Ion（扬·波佩斯库–布楚里）255

PU, Songling/PU, Sung-Ling（蒲松龄）256，259

R

RADIAN, Toni/RADIAN HERȘCU, Toni（托妮·拉迪安/托妮·拉迪安·赫尔什库，中文名字江冬妮）240，249，258，259，262

ROBINET, Isabelle（伊莎贝尔·罗比内，中文名字贺碧来）[法国] 273

RUDESCU, Corneliu（科尔内留·鲁代斯库）250，252

S

SAUCĂ, Alexandru（亚历山德鲁·萨乌格）256，257

SEGAL, Tatiana（塔蒂亚娜·塞加尔）273

SHI, Nai-an（施耐庵）263

SLAVICI, Ioan（伊昂·斯拉维支）225，239

SOULIÉ DE MORANT, G.（乔治·苏利耶·德莫朗）[法国] 237

STAMADIAD, Alexandru Teodor（亚里山德鲁·特奥多尔·斯塔马迪亚德）

STANCU, Ștefan（斯特凡·斯坦库）243

STATI, Șerban（谢尔班·斯塔蒂）260

STĂNCULESCU, Z.N.（Z. N. 斯滕库列斯库）254

STOIAN, Niculaie（尼古拉·斯托扬）248

SUN, Tzi/SUN, Tzu（孙子）256，267

SZASZ, Anna Eva/BUDURA, Anna Eva（安娜·埃瓦·萨斯，中文名字萨安娜）240，270

Ș

SHI, Naian/ȘI, Nai-an（施耐庵）247，263

T

TACHE, Aurelian（奥雷利安·塔凯）242

TAMBOR, Aurelia（奥雷丽娅·坦博尔）243

TINNEY, Stela（斯泰拉·廷内）273

TITULESCU, Nicolae（尼古拉·蒂图列斯库）234

TOADER, Șerban（谢尔班·托阿德尔）268

TOMA, Luminița（鲁米尼察·托马）262

Ț

ȚIGHILIU, Iolanda（约兰塔·齐吉利乌，中文名字金玉兰）269

U

U, Ceng-en（吴承恩）250

U, Țing Zi（吴敬梓）257

URECHE, Grigore（格里戈雷·乌雷凯）224

V

VAN-Wei（王维）257

VASILESCU, Leonid（列昂尼德·瓦西列斯库，中文名字廖宁）240

VASILESCU-NOTTARA, I.（I. 瓦西列斯库 – 诺塔拉）233

VELISAR-TEODOREANU, Ștefana（斯特凡娜·韦里萨尔 – 特奥多雷亚努）247

VIANU, Tudor（图多尔·维亚努）233

VIȘAN, Florentina（弗洛伦蒂娜·维尚）261—265，267，269，270

VIȘAN, Nadina（纳迪娜·维尚）269

VLĂDESCU, Gabriela（加布里埃拉·弗勒代斯库）260

VULPESCU, Romulus（罗穆鲁斯·弗尔佩斯库）247

W

WAJDA, Iuliu（万达）264

WECHSLER, Bernard（贝尔纳德·魏什勒）244，251，258

X

XU, Wende（徐文德）265

Y

YUAN, Ke（袁珂）262

Z

ZHOU, Shirong（周世荣）264

ZHUANG, Zi（庄子）265，272

ZOU, Difan（邹荻帆）264

20世纪中国古代文化经典在塞尔维亚的传播编年

概　述

塞尔维亚地处东南欧，位于欧洲巴尔干半岛中部，面积88,361平方千米（含科索沃）。塞尔维亚与8国比邻：北部与匈牙利，东北与罗马尼亚，东部与保加利亚，东南与马其顿，南部与阿尔巴尼亚，西南与黑山，西部与波黑，西北与克罗地亚相连。边界总长2457千米。塞尔维亚是西欧、中欧、东欧及近东和中东之间的天然桥梁和交叉路口，地理位置十分重要。塞尔维亚原是位于巴尔干半岛的邻海国家，随着南斯拉夫在20世纪90年代的解体和2006年黑山的独立而变成了内陆国。塞尔维亚有人口约990万，其中塞尔维亚族占62.6%，阿尔巴尼亚族占16.5%，另有黑山族、匈牙利族等少数民族。其官方语言为塞尔维亚语，英语较为普及。主要宗教是东正教。

追溯历史，公元6—7世纪，塞尔维亚人作为南斯拉夫民族的一支，定居于巴尔干半岛萨瓦河中下游以南至亚得里亚海沿岸一带。10世纪中叶，由察斯拉夫·卡罗尼米洛维奇（Časlav Klonimirović）以"塞尔维亚"为名建立国家。12世纪，尼曼雅王朝崛起。14世纪中叶，沙皇斯特凡·杜尚（Stefan Dušan）

在位期间，更是把塞尔维亚国家的发展推向巅峰。此时，奥斯曼帝国开始征服巴尔干半岛，并于 1389 年在科索沃战役中击溃塞尔维亚人。至 15 世纪末，奥斯曼帝国已完全征服了塞尔维亚，并对其开始了漫长的 5 个世纪的统治。塞尔维亚在 1804 年和 1815 年两次革命当中获得了高度自治。1878 年，塞尔维亚在俄国的协助下获得完全的独立，1882 年成立王国，其国土仅包括今天塞尔维亚的中部。在 20 世纪初的第一次和第二次巴尔干战争期间，塞尔维亚的国土向南扩展，兼并了包括科索沃、今马其顿共和国等地区，但北部的伏伊伏丁那地区当时为奥匈帝国所管辖，不在塞尔维亚国土范围内。1914 年 6 月 28 日，萨拉热窝事件成为第一次世界大战的导火索。塞尔维亚于 1914 年末成功地抵抗了奥匈帝国的三次进攻。1915 年，在同盟国的共同攻势下，塞尔维亚全境被占领。1918 年，同盟国战败，塞尔维亚得以复国，该年 12 月，塞尔维亚、黑山及由原奥匈帝国所管辖的斯洛文尼亚、克罗地亚、波斯尼亚、伏伊伏丁那共同组建了塞尔维亚人、克罗地亚人和斯洛文尼亚人王国，即南斯拉夫王国的前身。第二次世界大战时，除希腊外所有邻国都是轴心国成员，南斯拉夫三面受敌。1941 年 4 月，轴心国侵入南斯拉夫并将其瓜分，此时南斯拉夫民族解放军在铁托的领导下开始反抗德国的占领。1945 年，苏联红军进入南斯拉夫，铁托在其帮助下成为国家最高领袖，建立了共产主义国家南斯拉夫社会主义联邦共和国（南联邦），但 1948 年南联邦与苏联决裂。1961 年，铁托和埃及总统纳赛尔、印度总理尼赫鲁共同创立了不结盟运动。南斯拉夫社会主义联邦共和国在铁托的领导下，推行社会主义市场经济，重视各民族团结及国家的统一。南斯拉夫在这个时期成为东欧共产主义国家当中较富裕的国家。1980 年铁托逝世后，该国民族矛盾开始激化，最终导致了南斯拉夫在 20 世纪 90 年代初期的解体。南斯拉夫的 6 个加盟共和国中的 4 个先后宣布独立。1992 年之后，剩下塞尔维亚和黑山两国，重组成立南斯拉夫联盟共和国（南联盟）。1999 年，塞尔维亚共和国在科索沃战争中遭到北约的轰炸，战争以国际社会接管科索沃告终。2003 年，南斯拉夫联盟共和国重新组建，将国名改为塞尔维亚和黑山。2006 年 5 月 21 日，黑山通过公民投票决定正式独立；6 月 3 日，黑山议会正式宣布独立；6 月 5 日，塞尔维亚国会亦宣布独立并且成为塞黑联邦的法定继承国，塞黑联邦因而解散。

塞尔维亚最早翻译的中国文学作品是《水浒传》，1937年由诺里特（Nolit）出版社在贝尔格莱德出版，译自德文。这是塞尔维亚出版史上第一次译介中国文学作品，之后20年未见新出版的中国文学作品，直到1958年这一沉寂才被打破，人民教育（Narodna prosvjeta）出版社在萨拉热窝出版了《中国古代故事》，译自俄文。20世纪60年代，在南斯拉夫社会主义联邦共和国，共出版了4部有关中国的作品，它们是：1961年人民出版社在贝尔格莱德出版的《中国民间神话》，译自俄文；1962年教育（Prosveta）出版社出版的《金瓶梅》，译自英文；1962年劳动（Rad）出版社出版的《中国抒情诗》，译自英、法、德文；1965年教育出版社出版的《远方之问题1840—1940》，译自英文。

从以上书目信息可以看出，在20世纪70年代以前，因南斯拉夫社会主义联邦共和国地区战争不断，对远方中国的文学译介无暇顾及，所以译介数量很少。直到铁托建立南联邦，人民生活由平稳转向富裕后，少数翻译家才开始关注中国的文学、文化，并将其译介给本国民众。这些翻译作品数量很少，并且都是转译自英、法、德等欧洲语言，没有直接译自中文的作品，这与当时中国与塞尔维亚的关系及塞尔维亚国内中文、汉学研究力量有关。从其他语言翻译的中国文学作品，虽然准确性值得商榷，但对塞尔维亚人民了解中国具有积极意义。如果仅仅依靠培养中文翻译人才开展文化译介，那么《水浒传》的译本恐怕就要晚几十年才能与塞尔维亚读者见面了。从译介作品体裁看，初期译介的多为短篇小说、诗歌，直到60年代末期，才有与中国历史、政治相关问题的书籍出版。

1972年，德扬·拉齐奇（Dejan Razić，1935—1986）在贝尔格莱德科拉拉茨（Kolarac）大学开始进行汉语课程教学。这是在南斯拉夫第一次开展正式的汉语课程教学。拉齐奇是塞尔维亚著名的汉学家，精通汉语和日语，曾在奥地利大学任教，教授汉语和日语。1971年，他回到塞尔维亚，开始教授汉语和日语。1982年，他在贝尔格莱德大学语言学院获得博士学位。他关于汉语和日语的研究工作在塞尔维亚及南斯拉夫社会主义联邦共和国地区获得学界的广泛认可与钦佩，其著述颇丰。1983年，教科书（Zavod za udžbenike i nastavna sredstva）出版社在贝尔格莱德出版德扬·拉齐奇编写的《汉语》，这是第一部在塞尔维亚出版的汉语语法书，也是目前为止唯一一部用塞尔维亚语编写的汉语语法书。该书的编写对塞尔维亚及当时整个南斯拉夫社会主义联邦共和国地区的汉语教学意义重大。这本书原本是作为汉语专业教材的一部分为贝尔格莱德大学语言学院的汉语专业学生编写的。该书对汉语文字的特点做了基本分析，第三章介绍了汉语词汇学的基本概念，第四章和第五章分别介绍了汉语语法基本知识，即形态学和句法学。另外，该书的序简单地介绍了当代中文的发展历史，从文言文到白话文和普通话，以及八种方言。

随着汉语教学的开展及中塞双边交流的增加，20世纪70年代到90年代出版了有关中国文学文化的作品20余本，题材较先前更加广泛。译介作品也逐渐从之前由欧洲语言转译发展到由中文直译。同时，更多塞尔维亚学者关注和研究汉学，有关专著相继出版。

这一时期出版的作品，内容涉及中国民俗文化、古典文学、科学、宗教等方面。

科学书籍（Naučna knjiga）出版社于1973年在贝尔格莱德出版了佩塔尔·弗拉霍维奇（Petar Vlahović）编著的《中国人民的生活与风俗》，民间书籍（Narodna knjiga）出版社于1974年在贝尔格莱德出版了奥利韦拉·斯特凡诺维奇（Olivera Stefanović）、米卢廷·马克西莫维奇（Milutin Maksimović）翻译的《中国艺术》，两本书虽然篇幅不长，但开启了塞尔维亚人了解中国文化之门。1988年科学书籍出版社在贝尔格莱德出版了《中国书法》一书，全书含序共172页，作者是内纳德·布尔吉奇（Nenad Burgić）。这是第一部用塞尔维亚语介绍中国书法的书籍，内容涉及中国书法的发展历程，从文字的来源、书法的风格、笔画的书写及书写技术等都有详细描述。另外，它还介绍了书法的动态、结构和平衡。最后，作者对书法艺术作出了自己的评价，其中特别提到了书法与绘画、诗词和舞蹈等艺术门类有融会贯通之处。这本书对于塞尔维亚人了解中国文化重要组成部分的书法意义重大。

这一时期出版的作品当中，对中国古典文学也多有关注。明亮（Svetlost）出版社于1972年在克拉古涅瓦茨出版了《中国古代诗歌选》，主要收录翻译了部分唐宋诗词。劳动出版社于1991年在贝尔格莱德出版了《露珠里的世界》，选录了公元前6世纪到18世纪的中国诗词，译自英文和德文，含序、备注、注释，共483页。塞尔维亚文学会（Srpska književna zadruga）于1995年在贝尔格莱德出版了《中国古代诗词》，全书包含序、注释、诗人的简介等共461页，介绍了从公元前 11 世纪到 19 世纪中国的诗歌。1993 年，塞尔维亚文学会在贝尔格莱德出版了蒲松龄的《白话聊斋》，此书为选集，含作者简介及注释共 481 页。另外，《中国文学思想》（古代与中世纪之间）也由全世界（Ceo svet）出版社于 1983 年在贝尔格莱德出版，全书共 292 页，该书介绍了中国文学史及中国文学的特点，作者试图分析和解释中国文学跟西方文学对世界认知的异同及其原因，认为只有清楚理解最基本的哲学概念"道""德""气"，才能分析和理解中国文学；劳动出版社于 1985 年在贝尔格莱德出版了鲁迅的《中国小说史略》，全书共 382 页，佐兰·乔尔杰维奇（Zoran Đorđević）为该书写了后记。这两本文学史的书籍为塞尔维亚读者系统了解中国文学的发展奠定了基础。

需要特别注意的是，这一时期文学、文化译介的一个主要载体是对于儒、释、道的译介和对中国哲学的研究。诺里特出版社于 1971 年在贝尔格莱德出版了布兰科·武契切维奇（Branko Vučićević）译自英文的冯友兰的《中国哲学史》。青年（Mladost）出版社于 1981 年在萨格勒布出版了斯托扬·武契切维奇（Stojan Vučićević）从法文转译的《道德经》。1985 年，童报（Dečje novine）出版社在上米拉诺瓦茨出版了德扬·拉齐奇博士的著作《禅》，该书介绍了禅及其来源——佛教、《易经》、道教、儒教。另外，该书还介绍了禅宗在中国和日本的发展历史。世界出版社于 1996 年在诺维萨德出版《天子：古代中国哲学（老子、孔子、墨子、庄子）》，作者是拉多萨夫·普西奇（Radosav Pušić）。世界出版社又于 1997 年在诺维萨德出版了《老子》，译者是拉多萨夫·普西奇。该书是塞尔维亚第一部直接从中文翻译的，之前的译本都转译自西方语言。拉多萨夫·普西奇是贝尔格莱德大学语言学院中文系的教授，其研究领域为中国哲学和历史。到目前为止，普西奇教授翻译和编写了中国哲学和历史方面的许多书籍，并且发表了大量具有很高价值的研究性文章。多年来，他对汉学研究做出了卓越贡献。他翻译的《老子》无论是语言还是对文化理解本身，都是高水平的。普西奇教授对该书中的关键术语如"无为""自然""德""反""无""有"等，提供了全面的翻译和释义。他在该书的序中提到了有关《老子道德经》一书的来源及有关老子和 20 世纪 90 年代关于老子的重大发现等。河口（Ušće）出版社于 1999 年在贝尔格莱德出版了《中国智慧：成语与俗语》一书，作者斯尔詹·亚沃里那（Srđan Javorina）。

这一时期，由于《东方之文化》创刊，大量研究中国文化、文学的论文通过这个平台发表，形成了良好的学术讨论氛围，同时它也成为南斯拉夫社会主义联邦共和国人民了解中国的重要园地。

进入新纪元，孔子学院在塞尔维亚建立，汉学研究得到了更好的传承和发展。

编年正文

公元 1937 年

书（文）目录

Albert Ehrenstein, *Šui Hu Čuan (Roman kineskih odmetnika)* (prevod s nemačkog: Jovan Popović), Nolit, Beograd, 1937.（《水浒传》，中国反叛者小说，诺里特出版社于 1937 年在贝尔格莱德出版，全书共 219 页，原德文作者阿尔伯特·埃伦施泰因，译者约万·波波维奇）

公元 1958 年

书（文）目录

Priče drevne Kine (prevod s ruskog: Ivan Kušan, Jakša Kušan), Narodna prosvjeta, Sarajevo, 1958.（《中国古代故事》，人民教育出版社于 1958 年在萨拉热窝出版，全书共 280 页，译者伊万·库杉、雅克莎·库杉，译自俄文）

公元 1961 年

书（文）目录

Kineske narodne bajke (prevod s engleskog: Slobodan Petković), Narodna knjiga, Beograd, 1961.（《中国民间神话》，Narodna knjiga 出版社于 1961 年在贝尔格莱德出版，全书共 185 页，译者斯洛博丹·派特科维奇，译自英文）

公元 1962 年

书（文）目录

1. *Šljivin cvet u vazi od zlata* (prevod s engleskog: Milenko Popović), Prosveta, Beograd, 1962.［《金瓶梅》，教育出版社于 1962 年在贝尔格莱德出版，Artur Vejli（阿尔图尔·魏轶里）作序，全书共 874 页，译者米兰科·波波维奇，译自英文］

2. *Kineska lirika* (prevod s engleskog, francuskog, nemačkog: Zlatko Gorjan), Rad, Beograd, 1962.（《中国抒情诗》，劳动出版社于 1962 年在贝尔格莱德出版，全书共 71 页，兹拉特科·高尔扬选译自英、法、德文）

公元 1965 年

书（文）目录

Pjer Renuven, *Pitanje Dalekog istoka 1840-1940* (prevod s francuskog: Olga Božić), Prosveta, Beograd, 1965.（《远方之问题（1840—1940）》，教育出版社于 1965 年在贝尔格莱德出版，全书共 450 页，作者皮耶尔·热努万，欧卡·博日奇译自法文）

公元 1971 年

书（文）目录

Fung Yu-lan, *Istorija kineske filozofije* (prevod s engleskog: Branko Vučićević), Nolit, Beograd, 1971.（《中国哲学史》，诺里特出版社于 1971 年在贝尔格莱德出版，全书共 389 页，作者冯友兰，布兰科·武契切维奇译自英文版：*A Short History of Chinese Philosophy*）

公元 1972 年

一、大事记

这一年，德扬·拉齐奇在贝尔格莱德科拉拉茨（Kolarac）大学开始进行汉语课程教学。这也是在南斯拉夫社会主义联邦共和国地区第一次正式开展汉语课程教学。德扬·拉齐奇是塞尔维亚著名的汉学家，精通日语、汉语，1964年至1966年在日本留学，1967年在澳大利亚获得硕士学位，曾在奥地利大学教授汉语和日语。1971年回到塞尔维亚，开始教授汉语和日语。1982年在贝尔格莱德大学语言学院获得博士学位。他关于汉语和日语的研究工作在塞尔维亚及南斯拉夫社会主义联邦共和国地区获得学界的广泛认可与钦佩，其著述颇丰。

二、书（文）目录

Kineska klasična poezija (prevod s ruskog: Milan Nikolić), Svetlost, Kragujevac, 1972.（《中国古代诗歌选》，明亮出版社于1972年在克拉古涅瓦茨出版，全书共87页，米兰·尼科利奇译自俄文）

三、备注

《中国古代诗歌选》主要收录唐宋诗词。

公元 1973 年

书（文）目录

Petar Vlahović, *Život i običaji naroda Kine*, Naučna knjiga, Beograd, 1973.(《中国人民的生活与风俗》，科学书籍出版社于 1973 年在贝尔格莱德出版，全书共 147 页，作者佩塔尔·弗拉霍维奇）

公元 1974 年

书（文）目录

William Willetts, *Umetnost Kine* (prevod s engleskog: Olivera Stefanović, Milutin Maksimović), Narodna knjiga, Beograd, 1974. (《中国艺术》，民间书籍出版社于 1974 年在贝尔格莱德出版，奥利韦拉·斯特凡诺维奇、米卢廷·马克西莫维奇译自英文版：*The Foundations of Chinese Art*，作者威廉·威利茨，全书共 48 页，包含注释、前言、索引、年表和注释）

公元 1981 年

书（文）目录

Lao-tse, *Knjiga puta i vrline* (prevod s francuskog: Stojan Vučićević), Izdavačka knjižarska radna organizacija, Mladost, Zagreb, 1981. (老子：《道德经》，青年出

版社于 1981 年在萨格勒布出版，斯托扬·武契切维奇译自法文，并作序、加注释，全书共 109 页）

公元 1983 年

一、书（文）目录

1. Igor Samojlovič Lisevič, *Književna misao Kine* (između drevnosti i srednjeg veka) (prevod s ruskog i kineskog: Zorana Jeremić), Ceo svet, Beograd, 1983.［《中国文学思想》（古代与中世纪之间），全世界出版社于 1983 年在贝尔格莱德出版，全书共 292 页，包含序和后记，作者易高尔·萨莫伊洛维奇·里瑟维奇，左兰娜·耶来米奇译自俄文和中文］

2. Dr Dejan Razić, Čeng Sjangven, Hua Lingjuen, *Kineski jezik (osnovi kineske fonetike, ideogramatike, leksikologije, morfologije i sintakse)*, Zavod za udžbenike i nastavna sredstva, Beograd, 1983.［《汉语》（汉语语音、表意文字、语法、词汇学、形态学和句法学），教科书出版社于 1983 年在贝尔格莱德出版，全书共 508 页，作者德扬·拉齐奇博士、Cheng Xiangwen、Hua Lingjuan］

二、备注

1.《中国文学思想》介绍了中国文学史及中国文学的特点。作者试图分析和解释中国文学与西方文学对世界的认知的异同及其原因。作者认为只有清楚理解最基本的哲学概念：道、德、气，才能分析和理解中国文学。

本书的目录为：

一、宇宙的道——大道，它外显为德以及成为词——文

二、生活的醚气和艺术创造

三、宇宙的风及它在诗词的出口

四、描述与赋诗

五、简单描述的反义词——比和兴

六、宋词及其分类

七、感情诗，个人与文学

八、民俗与文学，题目艺术小说

九、文学与时间，古代与当代，从道德标准到美学标准

2.《汉语》是第一本在塞尔维亚出版的汉语语法书，也是迄今为止唯一一本用塞尔维亚语编写的汉语语法书。该书的编写对塞尔维亚及当时整个南斯拉夫社会主义联邦共和国地区的汉语教学意义重大。这本书原本作为汉语专业教材的一部分，是为贝尔格莱德大学语言学院的汉语专业学生编写的。该书对汉语文字的特点做了基本分析。书中第三章介绍了汉语词汇学的基本概念，第四章和第五章分别介绍了汉语语法基本知识，即形态学和句法学。另外，该书的序简单地介绍了当代中文的发展历史——从文言文到白话文和普通话，以及八种方言。

公元 1984 年

一、书（文）目录

1. Joseph Needham, *Kineska znanost i Zapad-Velika titracija* (prevod s engleskog: Branka Žodan), Školska knjiga, Zagreb, 1984. （《中国科学和西方——大滴定》，学校（Školska knjiga）出版社于1984年在萨格勒布出版，全书共304页，布兰卡·卓旦译自英文版：*The Grand Titration: Science and Society in East and West*, London George Alen & Unwin）

2. Mirko Gaspari, *Kontekst i osobenosti kineske filozofije*, Kulture Istoka 0, 1984. （《中国哲学的背景与特点》，作者米尔科·嘎斯帕里，1984年发表于《东方之文化》创刊号，第12—18页）

3. Mitja Saje, *Konfucijanizam kao ideologija tradicionalne Kine, Kulture Istoka* 0, 1984.（《儒家作为传统中国的意识形态》，作者米蒂亚·萨热，1984 年发表于《东方之文化》创刊号，第 18—22 页）

二、备注

德拉科·格旦尼奇（Drago Grdenić）为塞尔维亚文版《中国科学和西方——大滴定》作序言《李约瑟——历史家和汉学家》，马里奥·热巴茨（Mario Rebac）编写注释，李约瑟（Joseph Needham）写有前言。

李约瑟是著名汉学家，他的研究对象为中国文明与科学发展史，他向西方学界介绍了中国文明与科学发展史及其对整个世界的影响。1936 年，他在剑桥大学跟几位中国博士生学会了中文，然后对中国科学和技术产生了兴趣。1942—1946 年他在中国期间，对上述方面的中文原文资料进行了搜集和研究。他研究的两个比较重要的问题是：第一，中国为何在 15 世纪之前产生了这么多的文明和科学贡献，而从西方得到的这么少？第二，为什么在西方产生了现代的科学及科学改革，而在中国没有？为什么欧洲科学发展带来很大的社会变化，而在当时的中国没有引起社会变革？

李约瑟在本书中描写了中国文明和科学发明的发展史，并且从社会和哲学及其他角度对历史过程进行分析。该书的目录为：

1. 中国科学传统的失败与成功
   1.1 古代中国的科学和技术
   1.2 中国和西方的差异
   1.3 古代中国科学家和工程师的社会地位
   1.4 封建官僚社会
   1.5 发明与劳动力
   1.6 哲学和宗教因素
   1.7 语言学因素
   1.8 商人的角色
   1.9 新科学的老来源

2. 科学与中国对世界的影响

3. 关于科学和社会变化

4. 古代中国的科学与社会

5. 思考中国社会关系

6. 东方和西方的科学和社会

7. 东方人和时间

公元 1985 年

一、大事记

中国古代文化展览会在萨格勒布博物馆举办，展示了从新石器时代到唐代的 8000 余件中国文化品，布兰科·梅尔林（Branko Merlin）撰写活动报告，刊载于《东方之文化》1985 年第 3 期第 65—68 页。

二、书（文）目录

1. Mirča Elijade, *Šamanski simbolizmi i tehnike u Tibetu, Kini i na Dalekom Istoku*, poglavlje u knjizi: "Šamanizam", Matica srpska, Novi Sad, 1985.（《中国西藏及远东的萨满教象征和技术》，塞尔维亚马蒂查（Matica srpska）出版社于 1985 年在诺维萨德出版，刊载于《萨满教》第 306—327 页，作者为国际著名宗教史学者米尔恰·埃利亚德）

2. Christie Anthony, *Kineska mitologija* (prevod s engleskog: Branko Merlin), *Otokar Keršovani*, Rijeka, 1985.（《中国神话学》，布兰科·梅尔林译自英文版：*Chinese Mithology*，1985 年发表于里耶卡，全书共 141 页）

3. Lu Hsin, *Kratka istorija kineske proze*, Rad, Beograd, 1985.[鲁迅：《中国小说史略》，劳动出版社于 1985 年在贝尔格莱德出版，全书共 382 页，佐兰·乔

尔杰维奇（Zoran Đorđević）为该书写了后记］

4. Dejan Razić, *Zen*, Dečje novine, Gornji Milanovac, 1985.（《禅》，童报出版社于 1985 年在上米拉诺瓦茨出版，德扬·拉齐奇在东京为本书作序）

5. Vesna Vučinić, *Kada se rodila civilizacija u Kini?*, Kulture Istoka 3, 1985.（《文明什么时候在中国出现？》，刊载于《东方之文化》1985 年第 3 期，第 19—25 页，作者韦斯娜·武契尼奇）

6. Zoran Bijelić, *Problem promene u grčkoj filozofiji i u Ji đingu*, Kulture Istoka 6, 1985.（《谈希腊哲学和〈易经〉中的易》，刊载于《东方之文化》1985 年第 6 期，第 24—29 页，作者佐兰·碧耶里奇）

7. Lik Kuen Tong, *Pojam vremena kod Whiteheada i u Ji đingu*, (prevod s engleskog: Rujana Kren), Kulture Istoka 6, 1985.（《怀特海与〈易经〉的时间概念》，刊载于《东方之文化》1985 年第 6 期，第 9—15 页，作者唐力权，茹扬娜·科然译自英文）

8. Julijan Konstantinović Šucki, *Problemi filološkog i interpretativnog prevoda Knjige promena*, Kulture Istoka 6, 1985.（《〈易经〉的语文和说明翻译的问题》，刊载于《东方之文化》1985 年第 6 期，第 22—23 页，作者朱立阳·康斯坦缇诺维奇·舒斯基）

9. Rihard Vilhelm, *Duh umetnosti življenja* (prevod s engleskog: Miomir Udovički), Kulture Istoka 6, 1985.（《生活艺术的精神》，刊载于《东方之文化》1985 年第 6 期，第 16—18 页，作者卫礼贤，米奥米尔·乌道维斯基译自英文）

10. Helmut Vilhelm, *Stvaralačko načelo* (prevod s engleskog: Zoran Petković), Kulture Istoka 6, 1985.［《创造原则》，刊载于《东方之文化》1985 年第 6 期，第 4—8 页，内容涉及中国神话，作者卫德明（卫礼贤之子），佐兰·派特科维奇译自英文］

11. Zhong Yong Li, *Ji đing i značenje smrti*, Kulture Istoka 6, 1985.（《〈易经〉和死的含义》，刊载于《东方之文化》1985 年第 6 期，第 8—22 页，作者 Zhong Yong Li）

12. Valerij P. Androsov, *Šantarakšita i prodiranje buddhizma u Tibet* (prevod s ruskog: Rujana Kren), Kulture Istoka 5, 1985.（《寂护及佛教进入西藏》，刊载于

《东方之文化》1985 年第 5 期，第 12—16 页，茹扬娜·科然译自俄文）

13. Lotsava Tencin Dorđi, *Povijest tibetske buddhističke filozofije* (prevod: Rujana Kren), *Kulture Istoka* 5, 1985.（《藏族佛教哲学史》，刊载于《东方之文化》1985 年第 5 期，第 8—12 页，茹扬娜·科然译）

14. Ren Điju, *Buddhizam i kineska kultura* (prevod: Rujana Kren), *Kulture Istoka* 5, 1985.（《佛教与中国文化》，刊载于《东方之文化》1985 年第 5 期，第 16—18 页，茹扬娜·科然译）

三、备注

塞尔维亚著名汉学家德扬·拉齐奇博士在本年出版的《禅》一书中，介绍了禅及其来源——佛教、《易经》、道教、儒教。另外，该书还介绍了禅宗在中国和日本的发展历史并涉及禅和日本文化的关系。该书由塔内斯（Tanesi）出版社于 2009 年在贝尔格莱德再版，全书共 308 页。

公元 1986 年

一、大事记

萨格勒布南斯拉夫哲学会建立东方哲学部，并且举行第一次会议。

二、书（文）目录

1. Zhongmin Han, H. Delahaye, *Putovanje kroz drevnu Kinu (5000 godina istorije i arheologije)* (prevod s engleskog: Lola Ćirović), *Jugoslovenska revija*, Beograd, 1986.（《旅行在古代中国》（五千年的历史和考古学），1986 年在贝尔格莱德发表于《南斯拉夫》，全文共 279 页，劳拉·齐洛维奇译自英文）

2. Huang Po, *Učenje o prenošenju duha* (prevod s engleskog: Mirko Gaspari, David Albahari), Grafos, Beograd, 1986.(《精神传播的学习》，格拉夫斯（Grafos）出版社于 1986 年在贝尔格莱德出版，全书含序言共 111 页，米尔科·卡斯帕里、大卫·阿尔巴哈利译自英文版：*The Zen Teaching of Huang Po: On The transmission of Mind*）

3. Mirko Gaspari, *Individualizam i holizam u kineskoj filozofiji*, Kulture Istoka 9, 1986.（《中国哲学中的个人主义与整体性》，发表于《东方之文化》1986 年第 9 期，第 24—26 页，作者米尔科·卡斯帕里）

4. Radoslav Lazić, *O pekinškoj opera*, Kulture Istoka 8, 1986.（《关于京剧》，发表于《东方之文化》1986 年第 8 期，第 34—35 页，作者拉多斯拉夫·拉兹奇）

公元 1987 年

一、大事记

在北京历史博物馆的支持合作下，从本年 9 月到 1988 年 1 月在萨格勒布的耶稣会广场举办了"中国文化和艺术"展览，介绍从唐朝至清末（618—1911 年）的中国历史文化。伊万·洛克桑迪奇（Ivan Roksandić）在 1988 年出版的《东方之文化》第 15 期发表文章，介绍了此次展览。

二、书（文）目录

1. Dušan Pajin, *O najboljem putu*, Kulture Istoka 14, 1987.（《关于最好的道路》，1987 年发表于《东方之文化》第 14 期，第 15—21 页，作者杜山·帕金）

2. Radosav Pušić, *Dao u filosofiji Lao Zi-a*, Kulture Istoka 14, 1987.（《老子哲学中的道》，1987 年发表于《东方之文化》第 14 期，第 39—43 页，作者拉多萨夫·普西奇）

3. Maja Milčinski, *Lik neizrecivog, dinamika praznine*, Kulture Istoka 14, 1987. (《说不出的形象，空的动态》，1987 年发表于《东方之文化》第 14 期，第 44—45 页，这是一篇介绍道教的文章，作者玛雅·米尔勤斯基）

4. Geri Snajder, *Život u staroj Kini* (prevod s engleskog: Mirjana Stanojlović-Stojanović), Kulture Istoka 12, 1987. (《古代中国的生活》，1987 年发表于《东方之文化》第 12 期，第 42—48 页，米尔雅娜·斯塔诺伊洛维奇－斯托扬诺维奇译自英文）

公元 1988 年

一、书（文）目录

1. Nenad Burgić, *Kineska kaligrafija*, Naučna knjiga, Beograd, 1988. (《中国书法》，科学书籍出版社于 1988 年在贝尔格莱德出版，全文含序共 172 页，作者内纳德·布尔吉奇）

2. *ChuangTzu:Taoističke priče o reinkarnaciji* (prevod s engleskog: Slađana Mladenović), Kulture Istoka 15, 1988. (《庄子：有关转世的道教故事》，1988 年发表于《东方之文化》第 15 期，第 14—15 页，斯拉加娜·穆拉丹诺维奇译自英文版：*Taoist Tales of Reincarnation*）

3. Marko Živković, *Imaginacija i Knjiga promena kao sistem slika*, Kulture Istoka 15, 1988. (《想象力与〈易经〉作为图形系统》，1988 年发表于《东方之文化》第 15 期，第 48—50 页，作者马尔科·日武科维奇）

4. Mitja Saje, *Birokratizam tradicionalne Kine*, Kulture Istoka 16, 1988. (《传统中国的官僚主义》，1988 年发表于《东方之文化》第 16 期，第 32—40 页，作者米蒂亚·萨热）

5. Megi Bikford, *Kosti od žada, duša od leda (Tema šljivinog cveta u kineskoj umetnosti)* (prevod s engleskog: Vesna Vučinić), Kulture Istoka 16, 1988. (《以玉作

骨，以冰作魂——中国艺术中的梅花题材》，1988 年发表于《东方之文化》第 16 期，第 10—16 页，原文作者玛吉·比克弗德，韦斯娜·武契尼奇译自英文版：Maggie Bickford, *Bones of Jade, Soul of Ice: the Flowering Plum in Chinese art*, New Heaven, Yale University Art Gallery, 1985）

6. Pal Mikloš, *Tajne kineskog slikarstva (Dvostruka poruka u jednoj slici)* (prevod s ruskog: Amre Sokoli), *Kulture Istoka* 17, 1988.[《中国绘画的秘密》（一张画里两种启示），1988 年发表于《东方之文化》第 17 期，第 38—41 页，作者帕尔·米克洛什，阿姆来·索科里译自俄文]

7. Wu Naixiang, *Sve o kineskom zmaju* (prevod s engleskog: Mirjana Pavlović), *Kulture Istoka* 17, 1988.（《关于中国龙的一切》，1988 年发表于《东方之文化》第 17 期，第 63—64 页，米尔雅娜·帕武洛维奇译自英文）

8. Diao Šao-hua, *Nastanak kineske poezije*, *Kulture Istoka* 17, 1988.［《中国诗歌的产生》，摘录自《中国古代诗歌》的前言，1988 年发表于《东方之文化》第 17 期，第 41—45 页，译者不详，作者刁少华（音译）］

9. *Taoističke priče o reinkarnaciji* (prevod s engleskog: Slađana Mladenović), *Kulture Istoka* 15, 1988.（《关于转世的道教故事》，1988 年发表于《东方之文化》第 15 期，第 14—15 页，原作者不详，译者斯拉加娜·穆拉丹诺维奇）

10. Zhuang Zi, *Sled života i smrti* (prevod s engleskog: Slađana Mladenović), *Kulture Istoka* 15, 1988.（庄子：《生活与死亡的过程》，1988 年发表于《东方之文化》第 15 期，第 12—13 页，斯拉加娜·穆拉丹诺维奇译自英文）

11. Rihard Vilhelm, *Kineska shvatanja smrti* (prevod s engleskog: Jasminka Bošnjak), *Kulture Istoka* 15, 1988.［《中国对死亡的理解》，1988 年发表于《东方之文化》第 15 期，第 9—12 页，作者卫礼贤，亚斯敏卡·波什雅克译自英文］

12. Žorž Bo, *Kineska medicina*, *Kulture Istoka* 18, 1988.［《中医》，1988 年发表于《东方之文化》第 18 期，第 6—10 页，选自热尔日·波的专著《中医》，1972 年在贝尔格莱德出版］

13. Dušan Pajin. *Istočnjačka medicina*, *Kulture Istoka* 18, 1988.（《东方医学》，1988 年发表于《东方之文化》第 18 期，第 4—5 页，作者杜山·帕金）

14. *Tradicionalne kineske vežbe disanja* (prevod s engleskog: Milica Đorić),

Kulture Istoka 18, 1988.(《气功：中国传统呼吸练习》，1988 年发表于《东方之文化》第 18 期，第 10—14 页，原作者不详，米莉查·焦里奇译自英文）

15. Teri Kliford, *Tibetanska psihijatrija* (prevod s engleskog: Branislav Mišković), *Kulture Istoka* 18, 1988.(《西藏精神病学》,1988年发表于《东方之文化》第 18 期，第 23—27 页，作者特里·克利福德，布朗尼斯拉夫·米什科维奇译自英文版：Terry Clifford, *Tibetan Buddhist Medicine and Psychiatry*, Shambhala, Boston, 1986）

16. Theodor Burang, *Tibetanska medicina o rak* (prevod s engleskog: Rastko Jovanović), *Kulture Istoka* 18, 1988.（《西藏医学：关于癌症》，1988 年发表于《东方之文化》第 18 期，第 28—29 页，拉斯塔科·约万诺维奇译自英文）（Theodor Burang 的原文章 "Tibetan Medicine on Cancer" 选自选集 *An Introduction to Tibetan Medicine*，编辑：Dana Norbu, Tibetan Revien Publications, New Delhi, 1976）

二、备注

《中国书法》是第一部用塞尔维亚语介绍中国书法的书籍。它对塞尔维亚人了解中国书法的贡献非常巨大。该书介绍了中国书法的发展历程，详细描述了文字的来源、书法的风格、笔画的书写及书写技术等。另外，它还介绍了书法的动态、结构和平衡。最后作者对书法艺术作出了自己的评价——特别提到了书法跟绘画、诗词和舞蹈等艺术门类有融会贯通之处。

公元 1989 年

书（文）目录

Mirko Gaspari, *Kineska kosmološka shvatanja*, *Kulture Istoka* 19, 1989.（《中国对宇宙的理解》，1989 年发表于《东方之文化》第 19 期，第 12—13 页，作

者米尔科·嘎斯帕里）

公元 1990 年

书（文）目录

1. *Lice devojke i breskvin cvet (i druge kineske izreke)* (priredila i prevela s klasičnog kineskog: Dragana Šutić-Kubota), Nolit, Beograd, 1990.[《人面桃花》（以及其他成语），诺里特出版社于1990年在贝尔格莱德出版，德拉甘娜·舒提奇－库伯塔选、编、译自文言文，包含64条成语及成语故事，含序言共136页]

2. Mirko Gaspari, *Paradoksi sudbine, delanja i ne-delanja*, *Kulture Istoka* 24, 1990.（《命，为和无为的悖论》，1990年发表于《东方之文化》第24期，第13—14页，作者米尔科·嘎斯帕里）

3. Wang Chong, *Shvatanje sudbine* (prevod s engleskog: Jasminka Bošnjak), *Kulture Istoka* 24, 1990.（《对命的理解》，1990年发表于《东方之文化》第24期，第12—13页，亚斯敏卡·波什雅克译自英文版：F.Yu-Lan: *History of Chinese Phylosophy*, II, Princeton, 1983）

4. Radosav Pušić, *Sudbina i nedelanje kod Zhuangzia*, *Kulture Istoka* 24, 1990.（《庄子的命和无为》，1990年发表于《东方之文化》第24期，第10页，作者拉多萨夫·普西奇）

5. Doub Vilijam, *Želje i osećanja u taoizmu i čanu* (prevod s engleskog: Ljiljana Miočinović), *Kulture Istoka* 25, 1990.（《道教和禅中的愿望和感情》，1990年发表于《东方之文化》第25期，第13—18页，莉梁娜·米奥池诺维奇译自英文）

6. Cao Xuejin, *Beskonačni (ciklički) san Bao Yua*, *Kulture Istoka* 23, 1990.[《宝玉无尽的（循环的）的梦》，1990年发表于《东方之文化》第23期，第25页，选自R.Callois：《梦的力量》，《红楼梦》第56章，出版于萨格勒布（Zagreb），1983年]

7. Ahmad Hasan Dani, *Svilena veza između Istoka i Zapada (Povodom projekta UNESKA Putevi svile)* (prevod s engleskog: Đorđe Krivokapić), *Kulture Istoka* 23, 1990.[《东方和西方的丝绸关联》(有关联合国教科文组织的项目"丝绸之路"), 1990年发表于《东方之文化》第23期, 第59—61页, 乔尔杰·克里沃卡皮奇译自英文, 选自 *Unesco Courier*, 1989年]

8. Radosav Pušić, *Lao Zi i njegovo delo (Knjiga "Lao Zi" u svetlu novih istraživanja)*, *Kulture Istoka* 23, 1990.[《老子和他的作品》(从新的研究角度看〈老子〉), 1990年发表于《东方之文化》第23期, 第46—48页, 作者拉多萨夫·普西奇]

9. Tošihiko Izucu, *San i stvarnost kod Čuang Cea* (prevod s engleskog: Marko Živković), *Kulture Istoka* 23, 1990. (《庄子的梦和现实》, 1990年发表于《东方之文化》第23期, 第22—25页, 马尔科·日武科维奇译自英文版: "Sufism and Taoism: A Comparative Study of Key Philosophical Concepts", University of California Press, Berkli, Los Anđeles, London, 1984, pp.310-318)

公元 1991 年

书（文）目录

1. *Svet u kapi rose* (prevod s engleskog i nemačkog: Dragoslav Andrić), Rad, Beograd, 1991. (《露珠里的世界》, 劳动出版社于1991年在贝尔格莱德出版, 选录了公元前6世纪到18世纪的中国诗词, 译自英文和德文, 含序、备注、注释, 共483页, 译者德拉戈斯拉夫·安德里奇)

2. Li Fuyan, *Čarobnjakova lekcija* (prevod s engleskog: Dejan D. Marković), *Kulture Istoka* 28, 1991.(《巫师的教训》, 1991年发表于《东方之文化》第28期, 第26—28页, 德扬·D. 马尔科维奇译自英文版: Li Fuyan, *Chinese Fairy Tales and Fantasies*, ed. 1, trans. by Moss Roberts, Pantehow Books, New York, 1979)

3. Zhuang Zi, *O celovitosti vrline* (prevod s eneglskog: Olja Pajin), *Kulture Istoka* 28, 1991.（庄子：《关于德的整体》，1991 年发表于《东方之文化》第 28 期，第 24—25 页，奥莉亚·帕金译自英文）

4. Radosav Pušić, *Šećer i papir-Spona kultura Indije, Persije i Kine*, *Kulture Istoka* 28, 1991.（《糖和纸：印度、波斯和中国文化的纽带》，1991 年发表于《东方之文化》第 28 期，第 46—47 页，作者拉多萨夫·普西奇）

5. Dragana Šutić-Kubota, *Knjiga pesama*, *Kulture Istoka* 28, 1991.（《诗经》，1991 年发表于《东方之文化》第 28 期，第 37—40 页，作者德拉甘娜·舒提奇 - 库伯塔）

6. Dušan Pajin, *Zlatno pravilo i etički put*, *Kulture Istoka* 28, 1991.（《金规则和道德路》，1991 年发表于《东方之文化》第 28 期，第 17—21 页，主要介绍中国哲学，作者杜山·帕金）

7. Zhuang Zi, *Put vladara*, *Kulture Istoka* 30 (prevod s engleskog: Olja Pajin), 1991.（庄子：《皇帝的道路》，1991 年发表于《东方之文化》第 30 期，第 54—55 页，奥莉亚·帕金译自英文版：*The Way of the Ruler*）

8. Vlado Šestan, *Konfucijanski ideal ljudskosti*, *Kulture Istoka* 30, 1991.（《儒家对人的理想》，1991 年发表于《东方之文化》第 30 期，第 15—16 页，作者乌拉多·筛斯坦）

9. Radosav Pušić, *Ideal daoističkog mudraca*, *Kulture Istoka* 30, 1991.（《道教智者的理想》，1991 年发表于《东方之文化》第 30 期，第 9—10 页，作者拉多萨夫·普西奇）

10. Toshihiko Izutsu, *Savršeni čovek u taoizmu* (prevod s engleskog: Petar Vujičin), *Kulture Istoka* 30, 1991.（《道教中的完美人》，1991 年发表于《东方之文化》第 30 期，第 11—15 页，佩塔尔·武伊钦译自英文版：T. Izucu: *Sufism and Taoism*, Univ. of Calif. Press, Berkley, 1984）

11. Zhuang Zi, *Među ljudima* (prevod s engleskog: Olja Pajin), *Kulture Istoka* 27, 1991.（庄子：《人间》，1991 年发表于《东方之文化》第 27 期，第 48—51 页，奥莉亚·帕金译自英文）

12. Jia Yi, *Sova* (prevod s kineskog: Snežana Perišić), *Kulture Istoka* 29, 1991.

(《猫头鹰》，1991 年发表于《东方之文化》第 29 期，第 49 页，思耐让娜·佩里什奇译自中文）

13. Chuang Tzu, *Veliki i poštovani učitelj* (prevod s engleskog: Olja Pajin), *Kulture Istoka* 29, 1991.（庄子：《伟大尊敬的老师》，1991 年发表于《东方之文化》第 29 期，第 46—48 页，奥莉亚·帕金译自英文）

14. Holms Rolston III, *Tao ekologije* (prevod s engleskog: Jelena Šerović), *Kulture Istoka* 29, 1991.（《生态学的道》，1991 年发表于《东方之文化》第 29 期，第 4—8 页，叶来娜·山约维奇译自英文版：*Philosophy East and West*, vol. 37, no. 2, april 1987）

15. Tatjana Šuković, *Apstrakcija u klasičnoj kineskoj umetnosti: Bronza dinastije Zhou*, *Kulture Istoka* 29, 1991.（《古代中国艺术的抽象：周朝青铜器》，1991 年发表于《东方之文化》第 29 期，第 37—38 页，作者塔特雅娜·舒高维奇）

公元 1993 年

书（文）目录

Pu Sunling, *Čudesne priče drevne Kine* (prevod s engleskog: Mirjana Đurđević, Ada Zečević), Srpska književna zadruga, Beograd, 1993.（蒲松龄：《白话聊斋》，塞尔维亚文学会于 1993 年在贝尔格莱德出版，选集，含作者简介及注释共 481 页，米尔雅娜·久尔杰维奇、阿达·泽柴维奇译自英文）

公元 1995 年

一、书（文）目录

Antologija stare kineske poezije, Srpska književna zadruga (prevod s kineskog: Mirjana Đurđević, Ada Zečević), Beograd, 1995.（《中国古代诗词》，塞尔维亚文学会于 1995 年在贝尔格莱德出版，米尔雅娜·久尔杰维奇、阿达·泽柴维奇译自中文）

二、备注

全书包含序、注释、诗人的简介等共 461 页，介绍了从公元前 11 世纪到 19 世纪中国的诗歌。

公元 1996 年

书（文）目录

Radosav Pušić, *Sin Neba: Filosofija stare Kine*（*Lao C', Konfucije, Mo C', Čuang C'*）, Svetovi, Novi Sad, 1996.（《天子：古代中国哲学（老子、孔子、墨子、庄子）》，世界（Svetovi）出版社于 1996 年在诺维萨德出版，译自古代汉语，全书含序和注释等共 154 页，作者拉多萨夫·普西奇）

公元 1997 年

一、书（文）目录

Lao C' (prevod sa starokineskog: Radosav Pušić), Svetovi, Novi Sad, 1997.(《老子》，世界出版社于 1997 年在诺维萨德出版，译自古代汉语，全书含序、注释共 200 页，译者拉多萨夫·普西奇）

二、备注

该书是塞尔维亚第一本自中文翻译而来的《老子（道德经）》，之前的译本都来自西方语言。拉多萨夫·普西奇是贝尔格莱德大学语言学院中文系的教授。普西奇教授的研究领域为中国哲学和历史。多年来，他对汉学研究做出了卓越贡献。到目前为止，普西奇教授翻译和编写了中国哲学和历史方面的众多书籍，并且发表了大量具有很高价值的研究文章。普西奇教授本人对中国哲学有深刻的了解，他翻译的《老子（道德经）》无论是从语言上还是对文化理解本身，都是高水平的。普西奇教授对该书中的关键术语如"无为""自然""德""反""无""有"等，提供了全面的翻译和释义。他在该书的序中提到了有关《老子（道德经）》一书的来源及有关老子和 20 世纪 90 年代关于老子的重大发现等。

公元 1999 年

书（文）目录

Javorina Srđan, *Kineske mudrosti: izreke i poslovice*, Ušće, Beograd, 1999.(《中

国智慧：成语与俗语》，河口出版社于 1999 年在贝尔格莱德出版。该书介绍了成语、俗语及其释义，收录了孔子、老子、庄子和孟子的名言，全书共 136 页，作者斯尔詹·亚沃里那）

公元 2001 年

书（文）目录

1. Radosav Pušić, *Kosmička šara*, Plato, Beograd, 2001.（《天文》，Plato 出版社于 2001 年在贝尔格莱德出版，内容涉及音乐、礼仪、美学及孔子、孟子、庄子、墨子等人的哲学思想，全书共 126 页，作者拉多萨夫·普西奇）

2. Pola R. Herc, *Taoizam* (prevod s engleskog: Zoran Milosavljević), Čigoja štampa, 2001.（《道教》，芝戈亚（Čigoja）出版社于 2001 年出版，全书共 114 页，佐兰·米洛萨乌列维奇译自英文）

公元 2002 年

书（文）目录

Szun Tzu, *Umeće ratovanja*（prevod s engleskog：Zoran Marošan），Alnari-Mono & Manana Press, Beograd, 2002.（《孙子兵法》，2002 年在贝尔格莱德出版，全书共 113 页。佐兰·马罗尚译自英文版：*Szun Tzu, The Art of War*, trans. by Thomas Cleary, 1988）

公元 2003 年

书（文）目录

Radosav Pušić, *Prazne ruke (čan budizam i njegov uticaj na kinesku umetnost)*, Plato, Beograd, 2003.（《空手》（禅教及其对中国艺术的影响），普拉多（Plato）出版社于 2003 年在贝尔格莱德出版，全书共 232 页，作者拉多萨夫·普西奇）

公元 2004 年

一、书（文）目录

1. Radosav Pušić, *Tragovi: 30 godina sinologije*, Filološki fakultet Univerziteta u Beogradu, Beograd, 2004.（《痕迹：30 年汉学》，贝尔格莱德大学语言学院于 2004 年在贝尔格莱德出版，全书共 292 页，拉多萨夫·普西奇编写）

2. Radosav Pušić, *Jezuitska misija u Kini: 1550-1688*, u: Pušić, Radosav (prir.), *Tragovi: 30 godina sinologije*, Filološki fakultet Univerziteta u Beogradu, Beograd, 2004.（《耶稣会使命在中国：1550—1688 年》，收入拉多萨夫·普西奇编写的《痕迹：30 年汉学》，贝尔格莱德大学语言学院于 2004 年在贝尔格莱德出版，第 191—210 页，作者拉多萨夫·普西奇）

3. Dalibor Vrcelj, *O sadržaju pojma junzi u doba rađanja klasične kineske kulture*, u: Pušić, Radosav (prir.), *Tragovi: 30 godina sinologije*, Filološki fakultet Univerziteta u Beogradu, Beograd, 2004.（《古代中国文化产生时期"君子"的意思》，收入拉多萨夫·普西奇编写的《痕迹：30 年汉学》，贝尔格莱德大学语言学院于 2004 年在贝尔格莱德出版，第 265—273 页，作者达利波尔·乌尔才力）

4. Momčila Veličković, *Lotosov cvet (O vezivanju stopala)*, u: Pušić, Radosav (prir.), *Tragovi: 30 godina sinologije*, Filološki fakultet Univerziteta u Beogradu, Beograd, 2004.（《莲花（关于裹小脚）》，收入拉多萨夫·普西奇编写的《痕迹：30年汉学》，贝尔格莱德大学语言学院于2004年在贝尔格莱德出版，第46—71页，作者毛木池拉·卫理池科维奇）

5. Zoran Skrobanović, *Kitaj Ezre Paunda*, u: Pušić, Radosav (prir.), *Tragovi: 30 godina sinologije*, Filološki fakultet Univerziteta u Beogradu, Beograd, 2004.（《埃兹拉·庞德的中国》，收入拉多萨夫·普西奇编写的《痕迹：30年汉学》，贝尔格莱德大学语言学院于2004年在贝尔格莱德出版，第89—103页，作者佐兰·司克洛班诺维奇）

6. *Ideali života* (prevod s engleskog: Dragana Laketić, Ivana Savić), u: Pušić, Radosav (prir.), *Tragovi: 30 godina sinologije*, Filološki fakultet Univerziteta u Beogradu, Beograd, 2004.（林语堂：《生活理想》，收录于拉多萨夫·普西奇编写的《痕迹：30年汉学》，贝尔格莱德大学语言学院于2004年在贝尔格莱德出版，第287—292页，德拉甘娜·拉凯提奇、伊万娜·萨维奇译自英文，本文介绍了中国人文主义和宗教的相关内容）

7. Jevgenija Vladimirovna Zavadskaja, *Misija jezika u Lun Yu* (prevod s ruskog: Mirjana Petrović), u: Pušić, Radosav (prir.), *Tragovi: 30 godina sinologije*, Filološki fakultet Univerziteta u Beogradu, Beograd, 2004.［《〈论语〉的语言任务》，收录于拉多萨夫·普西奇编写的《痕迹：30年汉学》，贝尔格莱德大学语言学院于2004年在贝尔格莱德出版，第72—81页，米尔雅娜·派特若维奇译自俄文］

8. Nataša Kostić, *Svet tajni i apsurda Lao Zia*, u: Pušić, Radosav (prir.), *Tragovi: 30 godina sinologije*, Filološki fakultet Univerziteta u Beogradu, Beograd, 2004.（《老子的秘密与荒谬世界》，收录于拉多萨夫·普西奇编写的《痕迹：30年汉学》，贝尔格莱德大学语言学院于2004年在贝尔格莱德出版，第258—264页，作者娜塔莎·克斯迪奇）

9. Jelena Manojlović, *Daoistička joga*, u: Pušić, Radosav (prir.), *Tragovi: 30 godina sinologije*, Filološki fakultet Univerziteta u Beogradu, Beograd, 2004.（《道教瑜伽》，收录于拉多萨夫·普西奇编写的《痕迹：30年汉学》，贝尔格莱德

大学语言学院于 2004 年在贝尔格莱德出版，第 274—286 页，作者叶来娜·马诺伊洛维奇）

10. Dejan Razić, *Istorija Zen budizma u Kini*, u: Pušić, Radosav (prir.), *Tragovi: 30 godina sinologije*, Filološki fakultet Univerziteta u Beogradu, Beograd, 2004.（《禅教的历史在中国》，收录于拉多萨夫·普西奇编写的《痕迹：30 年汉学》，贝尔格莱德大学语言学院于 2004 年在贝尔格莱德出版，第 104—108 页，作者德扬·拉齐奇）

11. Dušan Pajin, *Put zmaja-rečnik taoizma*, Draganić, 2004.（《龙道——道教词典》，Draganić 出版社于 2004 年出版，全书共 236 页，作者杜山·帕金）

二、备注

1974 年，塞尔维亚汉学家们开始汉学研究，至 2004 年，汉学研究在塞尔维亚走过了 30 年。为了纪念这一过程，拉多萨夫·普西奇教授编写了一本论文集《痕迹：30 年汉学》。该论文集收录了 19 篇中文系教师或汉学研究者撰写的文章，内容涉及中国语言、文学、哲学、文化、历史、宗教等。该论文集在汉学界有较高影响。

公元 2005 年

书（文）目录

Huai Nan Ce, Kosmički duh (prevod s engleskog: Sonja Višnjić), Kokoro, Edicija Duh Istoka, Beograd, 2005.（《淮南子，天文训》，东方精神（Edicija Duh Istoka）出版社于 2005 年在贝尔格莱德出版，索尼娅·威什尼奇译自英文版，全书共 132 页。英文版为：*Tao, The Great Luminant: Essays from the Huai Nan Tzu*, Royal Asiatic Society, London, 1933）

公元 2006 年

一、大事记

孔子学院在塞尔维亚落地。孔子学院的院长为拉多萨夫·普西奇教授。

二、书（文）目录

1. *Taoističke priče* (izabrao i preveo: Aleksandar Miletić), Feniks Libriks, Beograd, 2006.（《道教故事》，亚历山大·米莱蒂奇选译自英文版，芬尼克斯·利布里克斯（Feniks Libriks）出版社于 2006 年在贝尔格莱德出版，全书共 175 页，英文版为：*The Tales of Tao*, American WTF Union, 1966）

2. *Kineske priče: izbor iz Troknjižja* (izbor i prevod sa starokineskog: Ada Zečević, Mirjana Đurđević) Službeni glasnik, Beograd, 2006.（《中国故事：喻世明言·警世通言·醒世恒言》，阿达·泽柴维奇、米尔雅娜·久尔杰维奇选译，公报（Službeni glasnik）出版社于 2006 年在贝尔格莱德出版，全书含序、注释共 626 页）

3. Branislava Bošković, *Festivali u Kini* (priredio: Radosav Pušić), *Kina-svila na putu knjiga I, Kultura: časopis za teoriju i sociologiju kulture i kulturnu politiku* 113/115, 2006.（《中国的节日》，收录于拉多萨夫·普西奇编写的《中国：丝绸在路上》第一册，原载于《文化与文化政治的理论和社会学期刊》113/115，2006 年，第 109—118 页，作者布朗尼斯拉瓦·博什科维奇）

4. Radosav Pušić, *Borilačke veštine Kine* (priredio: Radosav Pušić), *Kina-svila na putu II, Kultura: časopis za teoriju i sociologiju kulture i kulturnu politiku* 113/115, 2006.（《中国武术》，收录于拉多萨夫·普西奇编写的《中国：丝绸在路上》第二册，原载于《文化与文化政治的理论和社会学期刊》113/115，2006 年，第 249—257 页，作者拉多萨夫·普西奇）

5. Marina Đurđević, *Provodadžisanje-most koji spaja prošlost i sadašnjost*

(priredio: Radosav Pušić), *Kina-svila na putu I, Kultura: časopis za teoriju i sociologiju kulture i kulturnu politiku* 113/115, 2006. (《做媒：连接过去与今日的桥梁》，收录于拉多萨夫·普西奇编写的《中国：丝绸在路上》第一册，原载于《文化与文化政治的理论和社会学期刊》113/115，2006年，第97—108页，作者马丽娜·久尔杰维奇）

6. Gordana Čupković, Ivana Muratović, *Tradicionalna kineska medicina i moderna medicinska praksa* (priredio: Radosav Pušić), *Kina-svila na putu I, Kultura: časopis za teoriju i sociologiju kulture i kulturnu politiku* 113/115, 2006. (《中医与现代医学实践》，收录于拉多萨夫·普西奇编写的《中国：丝绸在路上》第一册，原载于《文化与文化政治的理论和社会学期刊》113/115，2006年，第147—158页，作者高尔当娜·储波科维奇、伊万娜·穆拉托维奇）

7. Mina Tasković, *Kineski narodni instrumenti i muzika* (priredio: Radosav Pušić), *Kina-svila na putu I, Kultura: časopis za teoriju i sociologiju kulture i kulturnu politiku* 113/115, 2006. (《中国民间乐器与音乐》，收录于拉多萨夫·普西奇编写的《中国：丝绸在路上》第一册，原载于《文化与文化政治的理论和社会学期刊》113/115，2006年，第119—132页，作者米娜·塔斯科维奇）

三、备注

期刊《中国：丝绸在路上》第一、二册，原载于《文化与文化政治的理论和社会学期刊》113/115，是由拉多萨夫·普西奇教授于2006年在贝尔格莱德主编的。该期刊第一册和第二册专门收录有关中国的文章。

公元 2008 年

一、大事记

2008年11月26日至29日，中国国家汉办、贝尔格莱德孔子学院和贝尔格莱德大学语言学院在塞尔维亚举行了主旨为"当代中国及其传统"的第一届国际汉学研讨会。共有17位汉学家出席本次研讨会，其中5位来自中国，2位来自保加利亚，1位来自俄罗斯，1位来自斯洛文尼亚，8位来自塞尔维亚。研讨会分两个部分：语言、文学与艺术；哲学与文化。本次研讨会在塞尔维亚的汉学界引起了很大反响。参会论文共20篇，于2009年结集出版。该论文集由拉多萨夫·普西奇教授主编。

二、书（文）目录

1. Vladimir Vjačeslavovič Maljavin, *Kina-istorija, kultura, religija* (prevod s ruskog: Tatjana Trikić), NNK internacional, 2008.（《中国：历史、文化与宗教》，NNK 国际出版社于2008年出版，全书共632页，塔田娜·特里科奇译自俄文）

2. Vang Hongjun, *Manastir Šaolin* (prevod s engleskog: Dragan Milenković), Tanesi, Beograd, 2009.（《少林寺》，塔内斯出版社于2009年出版，全书共382页，德拉甘·米兰科维奇译自英文版：*Tales of the Shaolin Monastery*, collected and edited by Wang Hongjung）

公元 2009 年

书（文）目录

1. *Moderna Kina i njena tradicija* (priredio: Radosav Pušić), Zbornik radova međunarodne sinološke konferencije, Filološki fakultet u Beogradu, Institut Konfucije u Beogradu, 2009.（拉多萨夫·普西奇主编的《当代中国及其传统国际汉学会议论文集》，贝尔格莱德大学语言学院和贝尔格莱德孔子学院于 2009 年共同出版，全书共 530 页。共收录 20 篇文章，语言为中文、英文和塞尔维亚文。内容涉及中国语言、文学、艺术、哲学和文化等各方面）

2. Šen Lihua, *O tradicionalnom kineskom shvatanju sreće* (prevod s kineskog: Mirjana Pavlović) (priredio: Radosav Pušić), Zbornik radova međunarodne sinološke konferencije, *Moderna Kina i njena tradicija*, Filološki fakultet u Beogradu, Institut Konfucije u Beogradu, 2009.（《中国传统幸福观论》，收录在拉多萨夫·普西奇主编的《当代中国及其传统国际汉学会议论文集》，贝尔格莱德大学语言学院和贝尔格莱德孔子学院于 2009 年共同出版，第 24—45 页，作者沈利华，米尔雅娜·巴乌洛维奇译自中文）

3. Su Dženglong, *Kinesko poimanje ispravnosti i koristi* (prevod s kineskog: Jelena Gledić) (priredio: Radosav Pušić), Zbornik radova međunarodne sinološke konferencije, *Moderna Kina i njena tradicija*, Filološki fakultet u Beogradu, Institut Konfucije u Beogradu, 2009.（《中国人的义利观》，收录在拉多萨夫·普西奇主编的《当代中国及其传统国际汉学会议论文集》，贝尔格莱德大学语言学院和贝尔格莱德孔子学院于 2009 年共同出版，第 52—62 页，作者徐正龙，叶来娜·格莱迪奇译自中文）

4. *Konfucijanska etika i volja za moć-rasprava o dijalketičkom odnosu konfucijanske etičke misli i volje za moć* (priredio: Radosav Pušić), Zbornik radova međunarodne sinološke konferencije, *Moderna Kina i njena tradicija*, Filološki fakultet u Beogradu, Institut Konfucije u Beogradu, 2009, Vang Đie.（《儒家伦理与

权力意志——论儒家理论思想与权力意志的悖论性关系》，收录在拉多萨夫·普西奇主编的《当代中国及其传统国际汉学会议论文集》，贝尔格莱德大学语言学院和贝尔格莱德孔子学院于 2009 年共同出版，第 100—119 页，作者王洁）

5. Vladimir Maliavin, *Čuang C'o harmoniji ili tajna efikasnosti* (prevod s engleskog: Ervin Duspara) (priredio: Radosav Pušić), Zbornik radova međunarodne sinološke konferencije, *Moderna Kina i njena tradicija*, Filološki fakultet u Beogradu, Institut Konfucije u Beogradu, 2009. （《庄子关于平衡或者效率的秘密》，收录在拉多萨夫·普西奇主编的《当代中国及其传统国际汉学会议论文集》，贝尔格莱德大学语言学院和贝尔格莱德孔子学院于 2009 年共同出版，第 134—149 页，埃尔文·度斯帕拉译自英文）

6. *Kina i Zapad: bog, ljubav i ostalo* (priredio: Radosav Pušić), Zbornik radova međunarodne sinološke konferencije, *Moderna Kina i njena tradicija*, Filološki fakultet u Beogradu, Institut Konfucije u Beogradu, 2009. （《中国和西方：上帝、爱及其他》，收录在拉多萨夫·普西奇主编的《当代中国及其传统国际汉学会议论文集》，贝尔格莱德大学语言学院和贝尔格莱德孔子学院于 2009 年共同出版，第 174—185 页，作者拉多萨夫·普西奇）

7. Zoran Skrobanović, *Kinesko pismo i zapadni modernizam* (priredio: Radosav Pušić), Zbornik radova međunarodne sinološke konferencije, *Moderna Kina i njena tradicija*, Filološki fakultet u Beogradu, Institut Konfucije u Beogradu, 2009. （《中国文字与西方现代主义》，收录在拉多萨夫·普西奇主编的《当代中国及其传统国际汉学会议论文集》，贝尔格莱德大学语言学院和贝尔格莱德孔子学院于 2009 年共同出版，第 234—246 页，作者佐兰·司科洛班诺维奇）

8. Biljana Simić, *Komparativna analiza poslovica o životinjama u kineskom i srpskom jeziku (na primeru poslovica o psu)* (priredio: Radosav Pušić), Zbornik radova međunarodne sinološke konferencije, *Moderna Kina i njena tradicija*, Filološki fakultet u Beogradu, Institut Konfucije u Beogradu, 2009. （《汉语和塞语动物俗语的对比研究——以有关"狗"的俗语为例》，收录在拉多萨夫·普西奇主编的《当代中国及其传统国际汉学会议论文集》，贝尔格莱德大学语言学院和贝尔格莱德孔子学院于 2009 年共同出版，第 276—296 页，作者碧莲娜·西

米奇)

9. Liu Vei, *Zastupljenost tradicionalne kulture u nastavi klasičnog kineskog jezika za strance* (prevod s kineskog: Zoran Skrobanović) (priredio: Radosav Pušić), Zbornik radova međunarodne sinološke konferencije, *Moderna Kina i njena tradicija*, Filološki fakultet u Beogradu, Institut Konfucije u Beogradu, 2009.（《留学生古汉语教学中的传统文化参透》，收录在拉多萨夫·普西奇主编的《当代中国及其传统国际汉学会议论文集》，贝尔格莱德大学语言学院和贝尔格莱德孔子学院于2009年共同出版，第319—329页，作者刘巍，佐兰·司科洛班诺维奇译自中文）

10. Džang Ćin, *Kratak osvrt na uticaj tradicionalnog kineskog kućnog vaspitanja u roditeljskom odgojnom pristupu* (prevod s kineskog: Zoran Skrobanović) (priredio: Radosav Pušić), Zbornik radova međunarodne sinološke konferencije, *Moderna Kina i njena tradicija*, Filološki fakultet u Beogradu, Institut Konfucije u Beogradu, 2009.（《浅论传统家庭教育思想对父母教养态度的影响》，收录在拉多萨夫·普西奇主编的《当代中国及其传统国际汉学会议论文集》，贝尔格莱德大学语言学院和贝尔格莱德孔子学院于2009年共同出版，第361—372页，作者张勤，佐兰·司科洛班诺维奇译自中文）

公元 2010 年

书（文）目录

1. *Šum bambusa* (priredili: Sonja Višnjić Žižović, Predrag Žižović), Kokoro, Beograd, prvo izdanje 2002, drugo dopunjeno izdanje 2010.（《竹子的声音》，科科罗（Kokoro）出版社于2002年在贝尔格莱德出版，2010年再版，本书讲述了道教、佛教、儒教的故事，索亚·威什尼奇·日若维奇、普莱德拉格·日若维奇编译）

2. Lao Ce, *Tao Te King: knjiga o životnom putu i ispravnosti* (prevod s engleskog Miloš Vučković), Dosije, 2. izdanje, 2010.（老子：《道德经》，多西耶（Dosije）出版社于 2010 年出版，全书共 95 页，米洛什·武池高维奇译自英文版：*Tao Te Ching*, by Lao Tzu）

3. Đin Sjaolei, *O kineskom jeziku i pismu*, Almanah Instituta Konfucije u Beogradu, prva i druga sveska za 2009. god. Filološki fakultet u Beogradu, 2010.（《汉语和汉字》，收录在拉多萨夫·普西奇、陈玉东编写的《贝尔格莱德孔子学院期刊》第 1 期和第 2 期，2010 年，第 213—221 页，作者金晓蕾）

公元 2011 年

书（文）目录

1. Radosav Pušić, *Vreme upisano u slikama: ogledi iz društvene i kulturne istorije Kine*, Plato, Beograd, 2011.（《时间在图片里：中国社会与文化历史的考察》，普拉多出版社于 2011 年在贝尔格莱德出版，全书共 239 页，作者拉多萨夫·普西奇）

2. Haro Fon Zenger, *Strategeme* (Umeće ratovanja, življenja i preživljavanja kineskog naroda kroz tri milenijuma) (prevod s nemačkog: Milena Valčić-Trkulja), Naučna knjiga, Beograd, 2001.（《三十六计秘本兵法》（中国人三千年的战争、生活与幸存的艺术），科学书籍出版社于 2011 年在贝尔格莱德出版，全书含序共 462 页，米莱娜·瓦琪琪-特尔库拉译自德文版：*Lebens-und Uberlebenslistender Chinesen-die Beruhmt 36 Strategeme aus drei Jahrtausenden*）

3. Sava Vladislavić, *Tajna informacija o snazi i stanju kineske drzave* (preveo i priredio s ruskog: Vladimir Davidović), Biblioteka Radio Televizije Srbije, Edicija RARA, 2011.（《有关中国国家的力量与状态的秘密信息》，塞尔维亚广播电视台图书馆，Edicija RARA，2011 年，全书含序、地名和人名表共 295 页，作者

萨瓦·乌拉迪斯拉维奇，乌拉迪米尔·大卫多维奇译自俄文）

4. Walter Persival Jets, *Osam besmrtnika (Lao Ceov Tao-izbor tekstova)* (prevod s engleskog: Sonja Višnjić Žižović), Liber, Beograd, 2011.(《八仙（老子的道：文选）》，自由（Liber）出版社于2011年于贝尔格莱德第二次出版，全书共98页，索亚·威什尼奇·日若维奇译自英文版：*The Eignt Immortals*, by Walter Perceval Yetts）

5. Li Đunming, *Kineska kaligrafija* (prevod s kineskog: Ana Jovanović), Almanah Instituta Konfucije u Beogradu, treća i četvrta sveska za 2010. god., Filološki fakultet u Beogradu, 2011.（《中国书法》，收录在拉多萨夫·普西奇、陈玉东编写的《贝尔格莱德孔子学院期刊》第3期和第4期，2011年，第265—269页，作者李俊明，阿娜·约万诺维奇译自中文）

公元 2012 年

书（文）目录

Čuang Ce, *Put* (prevod s engleskog: Zvonko Baretić), Babun, 2012.（庄子：《道》，巴本（Babun）出版社于2012年出版，全书共191页，子翁科·巴莱迪奇译自英文版：*The Way of Chuang Tzu*）

公元 2013 年

一、书（文）目录

1. Radosav Pušić, *Ptica u suncu-osnovi kineske civilizacije*, Čigoja štampa, Beograd, 2013.（《太阳里的鸟：中国文明概要》，芝戈亚出版社于2013年在

贝尔格莱德出版，全书共 232 页，作者拉多萨夫·普西奇）

2. Radosav Pušić, *Dao ljubavi: oblaci i kiša*, Čigoja štampa, Beograd, 2013.(《爱情道：云雨》，芝戈亚出版社于 2013 年在贝尔格莱德出版，全书共 184 页，作者拉多萨夫·普西奇）

3. Sara Komosar, *Chengyu idiomi koji sadrže brojeve u kineskom jeziku-strukturna analiza*, Almanah Instituta Konfucije u Beogradu, sedma i osma sveska za 2012. god., Filološki fakultet u Beogradu, 2013. (《汉语中数字成语的结构分析》，收录于《贝尔格莱德孔子学院期刊》第 7 期和第 8 期，2013 年，第 175—193 页，作者萨拉·科莫萨尔）

公元 2014 年

书（文）目录

1. Vladimir Vjačeslavovič Maljavin, *Konfucije* (prevod s ruskog: Tatjana Trikić), NNK international, 2014.(《孔子》，NNK 国际出版社于 2014 年出版，全书共 346 页，塔田娜·特里科奇译自俄文版：*Konfuciî*, Vladimir Vjačeslavovič Maljavin）

2. Đijang Kungjang, *O estetici "Muzičkih zapisa" u okviru Knjige obreda* (prevod s engleskog: Ana Jovanović) (priredio: Radosav Pušić), Almanah Instituta Konfucije u Beogradu, deveta i deseta sveska za 2013.god., Filološki fakultet u Beogradu, 2014. (《〈礼记·乐记〉的音乐美学思想》，收录在拉多萨夫·普西奇编的《贝尔格莱德孔子学院期刊》第 9 期和第 10 期，2014 年，第 165—204 页，作者蒋孔阳，阿娜·约万诺维奇译自英文版：*On Musical Aesthetics of "Musical Records" in the Book of Rites*）

3. Ana Jovanović, *Contrastive study of the value of "face" in Chinese and Serbian culture*, Values Across Languages and Times. New Castle Upon Tyne: Cambridge Scholars Publishing, 2014.(《汉语和塞尔维亚语"脸"的文化意义对比》，

Cambridge Scholars Publishing 出版社于 2014 年出版，作者阿娜·约万诺维奇）

4. Julian Konstantinović Šucki, *Istraživanja ,,Knjige promena"* (prevod s engleskog: Jelena Gledić), Almanah Instituta Konfucije u Beogradu, deveta i deseta sveska za 2013.god., Filološki fakultet u Beogradu, 2014.（《〈易经〉研究节选》，收录于拉多萨夫·普西奇编的《贝尔格莱德孔子学院期刊》第 9 期和第 10 期，2014 年，第 67—97 页，叶来娜·格莱迪奇译自英文版：*The Study of the Book of Changes in Europe*）

结　语

塞尔维亚是南斯拉夫社会主义联邦共和国乃至巴尔干地区 20 世纪汉学研究和汉语教学发展的重要阵地。贝尔格莱德大学语言学院中文系、Singidunum 大学（幸吉杜努姆大学）、Dzon Nezbit 大学（约翰纳斯比特大学）、贝尔格莱德孔子学院、诺维萨德孔子学院等为汉语教学和推广做出了卓越贡献。依托上述机构，培养并出现了几位著名的汉学家如普西奇教授，他们的研究成果促进了汉语语言和文化在塞尔维亚的传播。

由于继承了优良传统和经验，新世纪的塞尔维亚在汉语语言文学、文化研究上仍保持着良好的发展势头。

2013 年，中国诺贝尔文学奖得主莫言先生的作品《蛙》由阿娜·约万诺维奇翻译为塞尔维亚语出版，且莫言先生也来到塞尔维亚，与读者进行了亲密的交流。

2014 年 10 月，中国成为贝尔格莱德书展的主宾国。在书展上举办了很多文学论坛，中国著名的作家和诗人参加了文学论坛及相关文化活动，向塞尔维亚读者介绍了自己的作品和中国文学的情况。两国出版社也举办了多次交流会。这些都促进了塞尔维亚民众对中国文学、文化的进一步了解。

2014年6月，在诺维萨德大学哲学院举办了学术研讨会——"东方"。其主要发起人尼科拉·格迪尼奇（Nikola Grdinić）教授是塞尔维亚语语言学家，曾在北京外国语大学作为外籍专家教授塞尔维亚语，其间，曾协助中国教师在塞尔维亚语的研究和教学方面做了大量工作，由此，也对中国文化产生了兴趣，回国后一直支持汉学研究。该研讨会介绍了汉学及其他文化研究成果，包括中国语言学、文学、哲学、中医等。

2014年，中国国务院总理李克强访问塞尔维亚。他在贝尔格莱德举办的中国－中东欧国家"16+1"会晤中提到：需要进一步加强在塞的汉语教学，给塞尔维亚学生提供更多的机会到中国去，以促进中国和塞尔维亚在教育方面的交流与合作。

2014年和2015年，由中国教育部驻塞尔维亚教育组主办了两届"汉学家会议"，多位汉学家及相关领域的学者、翻译家与会。中国驻塞尔维亚教育组孙新泉先生、Singidunum大学翁科维奇教授（塞尔维亚驻中国前大使）、Singidunum大学校长姆拉登·魏因诺维奇（Mladen Veinović）教授、贝尔格莱德孔子学院院长拉多萨夫·普西奇教授、诺维萨德孔子学院院长赵有华先生发表了主题演讲。他们表示应进一步在不同领域支持汉学研究及汉语教学，并表示今后中塞两国的文化交流与合作关系和发展会越来越深入。

2016年6月，中国国家主席习近平访问塞尔维亚。习近平主席和塞尔维亚总统托米斯拉夫·尼科利奇（Tomislav Nikolić）先生进行了友好会谈，双方同意密切关注人文交流，扩大人员往来，以塞尔维亚中国文化中心奠基为新起点，加强文化、教育、体育等领域的合作。中方愿意支持塞尔维亚孔子学院的建设和汉语教学的推广。

新世纪里，中塞两国的文化交流不断深入、蓬勃发展。相信两国关系的不断深入和发展会给汉语语言文化、文学的传播带来更多的机会和更大的平台。

（杨　琳）

主要参考书目

[1] Fung Yu-lan, *Istorija kineske filozofije* (prevod s engleskog: Branko Vučićević), Nolit, Beograd, 1971.

[2] Igor Samojlovič Lisevič, *Književna misao Kine (između drevnosti i srednjeg veka)* (prevod s ruskog i kineskog: Zorana Jeremić), Ceo svet, Beograd, 1983.

[3] Lu Hsin, *Kratka istorija kineske proze*, Rad, Beograd, 1985.

[4] Radosav Pušić, *Sin Neba: Filosofija stare Kine*（*Lao C', Konfucije, Mo C',Čuang C'*）, Svetovi, Novi Sad, 1996.

[5] Dr Dejan Razić, Čeng Sjangven, Hua Lingjuen, *Kineski jezik (osnovi kineske fonetike, ideogramatike, leksikologije, morfologije i sintakse)*, Zavod za udžbenike i nastavna sredstva, Beograd, 1983.

[6] Petar Vlahović, *Život i običaji naroda Kine*, Naučna knjiga, Beograd, 1973.

[7] William Willetts, *Umetnost Kine* (prcvod s engleskog: Olivera Stefanović, Milutin Maksimović), Narodna knjiga, Beograd, 1974.

人名译名对照及索引

一、中文—塞尔维亚文（按汉字音序排列）

A

阿尔巴哈利，大卫（ALBAHARI, David）309

埃利亚德，米尔恰（ELIJADE, Mirča）306

埃伦施泰因，阿尔伯特（EHRENSTEIN, Albert）298

安德里奇，德拉哥斯拉夫（ANDRIĆ, Dragoslav）314

B

巴莱迪奇，子翁科（BARETIĆ, Zvonko）330

碧耶里奇，佐兰（BIJELIĆ, Zoran）307

波，热尔日（BO, Žorž）311

波波维奇，米兰科（POPOVIĆ, Milenko）299

波波维奇，约万（POPOVIĆ, Jovan）298

波什雅克，亚斯敏卡（BOŠNJAK, Jasminka）311，313

博日奇，欧卡（BOŽIĆ, Olga）300

博什科维奇，布朗尼斯拉瓦（BOŠKOVIĆ, Branislava）323

布尔吉奇，内纳德（BURGIĆ, Nenad）295，310

C

储波科维奇，高尔当娜（ČUPKOVIĆ, Gordana）324

F

弗拉霍维奇，佩塔尔（VLAHOVIĆ, Petar）295，302

G

嘎斯帕里，米尔科（GASPARI, Mirko）304，313

高尔扬，兹拉特科（GORJAN, Zlatko）300

格旦尼奇，德拉科（GRDENIĆ, Drago）305

格莱迪奇，叶来娜（GLEDIĆ, Jelena）326，332

J

焦里奇，米莉查（ĐORIĆ, Milica）312

久尔杰维奇，马丽娜（ĐURĐEVIĆ, Marina）324

久尔杰维奇，米尔雅娜（ĐURĐEVIĆ, Mirjana）316，317，323

K

科莫萨尔，萨拉（KOMOSAR, Sara）331

科然，茹扬娜（KREN, Rujana）307，308

克里沃卡皮奇，乔尔杰（KRIVOKAPIĆ, Đorđe）314

克斯迪奇，娜塔莎（KOSTIĆ, Nataša）321

库杉，雅克莎（KUŠAN, Jakša）229

库杉，伊万（KUŠAN, Ivan）229

L

拉凯提奇，德拉甘娜（LAKETIĆ, Dragana）321

拉齐奇，德扬（RAZIĆ, Dejan）294，296，301，303，307，308，322

拉兹奇，拉多斯拉夫（LAZIĆ, Radoslav）309

李约瑟（NEEDHAM, Joseph）305

里瑟维奇，易高尔·萨莫伊洛维奇（LISEVIČ, Igor Samojlovič）303

洛克桑迪奇，伊万（ROKSANDIĆ, Ivan）309

M

马尔科维奇，德扬·D.（MARKOVIĆ, Dejan D.）314

马克西莫维奇，米卢廷（MAKSIMOVIĆ, Milutin）295，302

马诺伊洛维奇，叶来娜（MANOJLOVIĆ, Jelena）322

梅尔林，布兰科（MERLIN, Branko）306

米奥池诺维奇，莉梁娜（MIOČINOVIČ, Ljiljana）313

米尔勤斯基，玛雅（MILČINSKI, Maja）310

米莱蒂奇，亚历山大（MILETIĆ, Aleksandar）323

米兰科维奇，德拉甘（MILENKOVIĆ, Dragan）325

米洛萨乌列维奇，佐兰（MILOSAVLJEVIĆ, Zoran）319

米什科维奇，布朗尼斯拉夫（MIŠKOVIĆ, Branislav）312

穆拉丹诺维奇，斯拉加娜（MLADENOVIĆ, Slađana）310，311

穆拉托维奇，伊万娜（MURATOVIĆ, Ivana）324

N

尼科利奇，米兰（NIKOLIĆ, Milan）301

P

帕金，奥莉亚（PAJIN, Olja）315，316

帕金，杜山（PAJIN, Dušan）309，311，315，322

帕武洛维奇，米尔雅娜（PAVLOVIĆ, Mirjana）311

派特科维奇，斯洛博丹（PETKOVIĆ, Slobodan）299

派特科维奇，佐兰（PETKOVIĆ, Zoran）307

派特若维奇，米尔雅娜（PETROVIĆ, Mirjana）321

佩里什奇，思耐让娜（PERIŠIĆ, Snežana）316

普西奇，拉多萨夫（PUŠIĆ, Radosav）296，309，313—315，317—334

Q

齐洛维奇，劳拉（ĆIROVIĆ, Lola）308

乔尔杰维奇，佐兰（ĐORĐEVIĆ, Zoran）296

R

热巴茨，马里奥（REBAC, Mario）305

热努万，皮耶尔（RENUVEN, Pjer）300

日若维奇，普莱德拉格（ŽIŽOVIĆ, Predrag）328

日若维奇，索亚·威什尼奇（ŽIŽOVIĆ, Sonja Višnjić）328，330

日武科维奇，马尔科（ŽIVKOVIĆ, Marko）310，314

S

萨维奇，伊万娜（SAVIĆ, Ivana）321

萨热，米蒂亚（SAJE, Mitja）305，310

筛斯坦，乌拉多（ŠESTAN, Vlado）315

山约维奇，叶来娜（ŠEROVIĆ, Jelena）316

舒高维奇，塔特雅娜（ŠUKOVIĆ, Tatjana）316

舒斯基，朱立阳·康斯坦缇诺维奇（ŠUCKI, Julijan Konstantinović）307

舒提奇 – 库伯塔，德拉甘娜（ŠUTIĆ-KUBOTA, Dragana）313，315

司克洛班诺维奇，佐兰（SKROBANOVIĆ, Zoran）321

斯塔诺伊洛维奇 – 斯托扬诺维奇，米尔雅娜（STANOJLOVIĆ-STOJANOVIĆ, Mirjana）310

斯特凡诺维奇，奥利韦拉（STEFANOVIĆ, Olivera）295，302

索科里，阿姆来（SOKOLI, Amre）311

T

塔斯科维奇，米娜（TASKOVIĆ, Mina）324

唐力权（TONG, Lik Kuen）307

特里科奇，塔田娜（TRIKIĆ, Tatjana）325，331

W

瓦琪琪 – 特尔库拉，米莱娜（VALČIĆ-TRKULJA, Milena）329

威利茨，威廉（WILLETTS, William）302

卫理池科维奇，毛木池拉（VELIČKOVIĆ, Momčila）321

魏轶里，阿尔图尔（VEJLI, Artur）299

乌道维斯基，米奥米尔（UDOVIČKI, Miomir）307

乌尔才力，达利波尔（VRCELJ, Dalibor）320

乌拉迪斯拉维奇，萨瓦（VLADISLAVIĆ, Sava）330

武池高维奇，米洛什（VUČKOVIĆ, Miloš）329

武契尼奇，韦斯娜（VUČINIĆ, Vesna）307，311

武契切维奇，布兰科（VUČIĆEVIĆ, Branko）296，300

武契切维奇，斯托扬（VUČIĆEVIĆ, Stojan）296，303

武伊钦，佩塔尔（VUJIČIN, Petar）315

X

西米奇，碧莲娜（SIMIĆ, Biljana）327

Y

亚沃里那，斯尔詹（JAVORINA, Srđan）296，319

耶来米奇，左兰娜（JEREMIĆ, Zorana）303

约万诺维奇，阿娜（JOVANOVIĆ, Ana）330—333

约万诺维奇，拉斯塔科（JOVANOVIĆ, Rastko）312

Z

泽柴维奇，阿达（ZEČEVIĆ, Ada）316，317，323

卓旦，布兰卡（ŽODAN, Branka）304

二、塞尔维亚文—中文（按塞语字母顺序排列）

A

ALBAHARI, David（大卫·阿尔巴哈利）309

ANDRIĆ, Dragoslav（德拉哥斯拉夫·安德里奇）314

B

BARETIĆ, Zvonko（子翁科·巴莱迪奇）330

BIJELIĆ, Zoran（佐兰·碧耶里奇）307

BO, Žorž（热尔日·波）311

BOŠKOVIĆ, Branislava（布朗尼斯拉瓦·博什科维奇）323

BOŠNJAK, Jasminka（亚斯敏卡·波什雅克）311，313

BOŽIĆ, Olga（欧卡·博日奇）300

BURGIĆ, Nenad（内纳德·布尔吉奇）295，310

Ć

ĆIROVIĆ, Lola（劳拉·齐洛维奇）308

Č

ČUPKOVIĆ, Gordana（高尔当娜·储波科维奇）324

Đ

ĐORĐEVIĆ, Zoran（佐兰·乔尔杰维奇）296，307

ĐORIĆ, Milica（米莉查·焦里奇）311

ĐURĐEVIĆ, Marina（马丽娜·久尔杰维奇）323

ĐURĐEVIĆ, Mirjana（米尔雅娜·久尔杰维奇）316，317，323

E

EHRENSTEIN, Albert（阿尔伯特·埃伦施泰因）298

ELIJADE, Mirča（米尔恰·埃利亚德）306

G

GASPARI, Mirko（米尔科·嘎斯帕里）304，309，312，313

GLEDIĆ, Jelena（叶来娜·格莱迪奇）326，332

GORJAN, Zlatko（兹拉特科·高尔扬）300

GRDENIĆ, Drago（德拉科·格旦尼奇）305

J

JAVORINA, Srđan（斯尔詹·亚沃里那）296，318

JEREMIĆ, Zorana（左兰娜·耶来米奇）303

JOVANOVIĆ, Ana（阿娜·约万诺维奇）330，331

JOVANOVIĆ, Rastko（拉斯塔科·约万诺维奇）312

K

KOMOSAR, Sara（萨拉·科莫萨尔）331

KOSTIĆ, Nataša（娜塔莎·克斯迪奇）321

KREN, Rujana（茹扬娜·科然）307，308

KRIVOKAPIĆ, Đorđe（乔尔杰·克里沃卡皮奇）314

KUŠAN, Ivan（伊万·库杉）299

KUŠAN, Jakša（雅克莎·库杉）299

L

LAKETIĆ, Dragana（德拉甘娜·拉凯提奇）321

LAZIĆ, Radoslav（拉多斯拉夫·拉兹奇）309

LISEVIČ, Igor Samojlovič（易高尔·萨莫伊洛维奇·里瑟维奇）303

M

MAKSIMOVIĆ, Milutin（米卢廷·马克西莫维奇）295，302

MANOJLOVIĆ, Jelena（叶来娜·马诺伊洛维奇）321

MARKOVIĆ, Dejan D.（德扬·D. 马尔科维奇）314

MERLIN, Branko（布兰科·梅尔林）306

MILČINSKI, Maja（玛雅·米尔勤斯基）310

MILENKOVIĆ, Dragan（德拉甘·米兰科维奇）325

MILETIĆ, Aleksandar（亚历山大·米莱蒂奇）323

MILOSAVLJEVIĆ, Zoran（佐兰·米洛萨乌列维奇）319

MIOČINOVIĆ, Ljiljana（莉梁娜·米奥池诺维奇）313

MIŠKOVIĆ, Branislav（布朗尼斯拉夫·米什科维奇）312

MLADENOVIĆ, Slađana（斯拉加娜·穆拉丹诺维奇）310，311

MURATOVIĆ, Ivana（伊万娜·穆拉托维奇）324

N

NEEDHAM, Joseph（李约瑟）304，305

NIKOLIĆ, Milan（米兰·尼科利奇）301

P

PAJIN, Dušan（杜山·帕金）309，311，315，322

PAJIN, Olja（奥莉亚·帕金）315，316

PAVLOVIĆ, Mirjana（米尔雅娜·帕武洛维奇）311，326

PERIŠIĆ, Snežana（思耐让娜·佩里什奇）315

PETKOVIĆ, Slobodan（斯洛博丹·派特科维奇）299

PETKOVIĆ, Zoran（佐兰·派特科维奇）307

PETROVIĆ, Mirjana（米尔雅娜·派特若维奇）321

POPOVIĆ, Jovan（约万·波波维奇）298

POPOVIĆ, Milenko（米兰科·波波维奇）299

PUŠIĆ, Radosav（拉多萨夫·普西奇）296，309，313—315，317—324，326—331

R

RAZIĆ, Dejan（德扬·拉齐奇）294，303，307，322

REBAC, Mario（马里奥·热巴茨）305

RENUVEN, Pjer（皮耶尔·热努万）300

ROKSANDIĆ, Ivan（伊万·洛克桑迪奇）309

S

SAJE, Mitja（米蒂亚·萨热）305，310

SAVIĆ, Ivana（伊万娜·萨维奇）321

SIMIĆ, Biljana（碧莲娜·西米奇）327

SKROBANOVIĆ, Zoran（佐兰·司克洛班诺维奇）321，327，328

SNAJDER, Geri（盖里·斯那依德尔）310

STANOJLOVIĆ-STOJANOVIĆ, Mirjana（米尔雅娜·斯塔诺伊洛维奇-斯托扬诺维奇）310

STEFANOVIĆ, Olivera（奥利韦拉·斯特凡诺维奇）295，302
SOKOLI, Amre（阿姆来·索科里）311

Š

ŠEROVIĆ, Jelena（叶来娜·山约维奇）316
ŠESTAN, Vlado（乌拉多·筛斯坦）315
ŠUCKI, Julijan Konstantinović（朱立阳·康斯坦缇诺维奇·舒斯基）307，332
ŠUKOVIĆ, Tatjana（塔特雅娜·舒高维奇）316
ŠUTIĆ-KUBOTA, Dragana（德拉甘娜·舒提奇 – 库伯塔）313，315

T

TASKOVIĆ, Mina（米娜·塔斯科维奇）324
TRIKIĆ, Tatjana（塔田娜·特里科奇）325，331
TONG, Lik Kuen（唐力权）307

U

UDOVIČKI, Miomir（米奥米尔·乌道维斯基）307

V

VALČIĆ-TRKULJA, Milena（米莱娜·瓦琪琪 – 特尔库拉）329
VEJLI, Artur（阿尔图尔·魏轶里）299
VELIČKOVIĆ, Momčila（毛木池拉·卫理池科维奇）321
VLADISLAVIĆ, Sava（萨瓦·乌拉迪斯拉维奇）329
VLAHOVIĆ, Petar（佩塔尔·弗拉霍维奇）295，302
VRCELJ, Dalibor（达利波尔·乌尔才力）320
VUČIĆEVIĆ, Branko（布兰科·武契切维奇）296，300
VUČIĆEVIĆ, Stojan（斯托扬·武契切维奇）296，303
VUČINIĆ, Vesna（韦斯娜·武契尼奇）307，310

VUČKOVIĆ, Miloš（米洛什·武池高维奇）329
VUJIČIN, Petar（佩塔尔·武伊钦）315

W

WILLETTS, William（威廉·威利茨）302

Z

ZEČEVIĆ, Ada（阿达·泽柴维奇）316，317，323

Ž

ŽIVKOVIĆ, Marko（马尔科·日武科维奇）310，314
ŽIŽOVIĆ, Predrag（普莱德拉格·日若维奇）328
ŽIŽOVIĆ, Sonja Višnjić（索亚·威什尼奇·日若维奇）328，330
ŽODAN, Branka（布兰卡·卓旦）304

20世纪中国古代文化经典在斯洛文尼亚的传播编年

概　述

　　斯洛文尼亚共和国（Republika Slovenija）位于欧洲大陆中南部，北邻奥地利和匈牙利，西接意大利，东部和南部与克罗地亚接壤。斯洛文尼亚全国国土总面积仅为20, 273平方千米，但却汇聚众多欧洲典型地貌，如北部阿尔卑斯山地、东北部潘诺平原、西部喀斯特地区和西南部亚德里亚海岸。斯洛文尼亚自然环境优越，适宜人类居住，常被喻为欧洲的"绿翡翠"。在跨文化交流层面上，斯洛文尼亚恰恰处于欧洲大陆内部的"十字路口"，历史上欧洲大陆各派强势文化在这里激烈碰撞，但斯洛文尼亚族从未被他族同化。在人类历史变迁中，斯洛文尼亚人作为小型欧洲民族面对如日耳曼民族等外族的强大入侵时总能做到不卑不亢，在保留自身民族性的同时对其他民族的优秀文化也能做到兼容并包。

　　公元6世纪末，斯拉夫人迁徙到现斯洛文尼亚一带，斯洛文尼亚民族初步形成。斯洛文尼亚向来是兵家必争之地，斯洛文尼亚人仅在869—874年期间就建立起由本族领导的独立国家。公元7世纪，斯洛文尼亚隶属萨莫封建王国。

公元 8 世纪，它曾是法兰克王国的一个行政省。随后，斯洛文尼亚又被哈布斯堡王朝、奥匈帝国等统治。20 世纪是人类历史上跌宕起伏的 100 年。1918 年斯洛文尼亚加入塞尔维亚人 – 克罗地亚人 – 斯洛文尼亚人王国，1929 年改称南斯拉夫王国。二战后，斯洛文尼亚成为南斯拉夫社会主义联邦共和国的一个独立的社会主义加盟国。1991 年，斯洛文尼亚脱离南联盟，宣布独立。在短短的 20 年中，斯洛文尼亚顺利完成经济转型，成为欧盟正式成员国，加入《申根协定》，使用欧元货币。现在的斯洛文尼亚作为世界贸易组织的创始国，已经被国际社会认定为新型发达国家。

斯洛文尼亚文化事业发展繁荣，年人均图书出版量排在世界各国前列。首都卢布尔雅那曾被联合国教科文组织评选为 2010 年度"世界图书之都"。斯洛文尼亚人对阅读有着浓厚兴趣，每年有大量的优秀外国作品被译成斯洛文尼亚语并出版发行。由此可见，善于向外来文化学习是斯洛文尼亚民族的优良秉性。

中国与斯洛文尼亚虽远隔千山万水，但斯洛文尼亚人对中国及其文化却从不陌生。昔日紫禁城内的第八任西洋人钦天监监正刘松龄（August von Hallerstein，1703—1774）便是斯洛文尼亚人。1980 年左右，南斯拉夫社会主义联邦共和国的一些学者发现了一位名为 Hallerstein 的著名传教士，中国历史档案馆专家经过考证，最后确认他就是在汉学界颇为重要的传教士——刘松龄。在清史学界，许多学者在汉学研究中将关注重点集中于郎世宁等一批西洋画家，而在自然科学领域中，以理学见长的刘松龄却是清代在钦天监职位上任职时间最长的外国人。

刘松龄通晓当时西方先进的天文、数学等知识，在中国朝廷受到乾隆皇帝的重用。他在担任钦天监期间，主持制造天球仪、玑衡抚辰仪等天文测量仪器，修订《灵台仪象志》《仪象考成》等重要天文学典籍。他的另一重要成就为地理绘图与人口统计，这些精准的信息在献给中国皇帝的同时，也在第一时间送往欧洲，使得欧洲学者能够更加客观地研究中国。简而言之，刘松龄在自然科学及中西文化交流方面具有重大贡献。

近 30 年来，有关刘松龄的研究慢慢受到学术界的重视。当然，刘松龄仅是中国与斯洛文尼亚文化交流的一个缩影。2015 年，《斯洛文尼亚在中国的文化使者——刘松龄》由大象出版社出版。该书由斯洛文尼亚汉学家米蒂亚·萨热主编，朱晓珂、褚龙飞译，吕凌峰审校，书中收录了欧洲和中国学者有关刘松龄的研究。

可以毫不夸张地说，刘松龄是中斯两国交流中最闪耀的明星。近年来，借助于其他学者的整理研究，越来越多的斯洛文尼亚人开始被中斯两国的汉学家关注。斯洛文尼亚知名历史学家门琴先生（Ralf Čeplak Mencin）对中斯两国多个世纪以来的文化交流史料精心整理，缜密考证，并最终完成著作《天龙之国——中国与斯洛文尼亚交流 350 年》（*V deželi nebesnega zmaja -350 let stikov s Kitajsko*），该书于 2012 年在斯洛文尼亚正式出版发行。不得不说，此书对中国与斯洛文尼亚两国文化交流史进行了纵向梳理，在中斯跨文化交流研究方面具有里程碑意义。

门琴先生在书中介绍，19 世纪以前，斯洛文尼亚人对中国的了解大多来自传教士从中国寄回的众多书信。信中谈及的不仅有基督教在中国的传播，还有众传教士对这个神秘国度的"解密"。中国与斯洛文尼亚的直接文化交流可以追溯到 14 世纪初期。1314 年，斯洛文尼亚传教士奥多里克·马修其（Odorik Mattiuzzi，1265—1331）前往中国传教，直到 1330 年才重返欧洲大陆。虽然他的探索之旅比马可·波罗晚了整整 52 年，却为斯洛文尼亚提供了许多关于中国的宝贵信息，其中不乏元代经典戏曲作品。中国在 17 世纪曾向世界敞开大门，尝试接受来自西方的先进科学技术。在此期间，有 3 位斯洛文尼亚裔传教士来到中国，他们分别是贝尔纳德·迪斯特尔（Bernard Distel），伊万·克尔斯特尼克·梅萨尔（Ivan Krstnik Mesar，教会名 Joannes Baptista Mesar）和巴尔塔扎尔·米勒（Baltazar Miller）。以上几位传教士可谓中斯文化交流的早期探索者。斯洛文尼亚当时隶属哈布斯堡王朝，虽然他们均为斯洛文尼亚人，但从中国寄回的各类书信多用德语书写。直到 1931 年，斯洛文尼亚当地政府才开始组织开展对本国传教士的部分书信的整理编译工作。除传教士外，哈布斯堡王朝派往中国的官员也是中国文化在欧洲的积极传播者。哈斯夫妇（Jeseph von Hass, Eleonora von Hass）曾作为哈布斯堡王朝税务官员被外派到中国，两人在上海生活了 6 年（1889—1894）。其间，哈斯夫妇不仅掌握了汉语知识，对中国文化更是如痴如醉，两人在回国时带回了大量珍贵的中国古代文学书籍。

19 世纪之前的中斯交流具有一定的局限性，斯洛文尼亚人对中国乃至中国经典文化的理解多来自传教士寄回的众多书信。从 19 世纪开始，欧洲曾经掀起一阵"汉学热"，大量有关中国的古代文学典籍被译成法语、德语等欧洲语种。19 世纪初期，众多斯洛文尼亚文学翻译家将各种中国文化译本从英语、德语和法语这些欧洲大语种翻译成斯洛文尼亚语，这在一定程度上突破了对中国文化接受的片面性。到了 19 世纪中期，斯洛文尼亚的本土汉学家从中国学成归来，在斯洛文尼亚第一学府卢布尔雅那大学创建汉学系，开创了斯洛文尼亚汉学研究的新纪元。

编年正文

公元 1922 年

一、大事记

《小铜铃》（*Zvonček*）是斯洛文尼亚历史最悠久的儿童文学刊物。许多作家用斯洛文尼亚语在此刊物上发表各类童话故事、民间传说等。1922 年，《小铜铃》首次刊登由弗兰·埃里亚韦茨（Fran Erjavec）编译的中国古代民间故事。

二、书（文）目录

1. Erjavec, Fran（弗兰·埃里亚韦茨），*Devetoglava ptica*（《九头鸟》），Ljubljana: Zvonček, 1922. 7/8-186p.

2. Erjavec, Fran（弗兰·埃里亚韦茨）, *Kdo je grešnik?*（《谁是罪人？》）, Ljubljana: Zvonček, 1922. 6-147p.

3. Erjavec, Fran（弗兰·埃里亚韦茨）, *Lisica in krokar*（《狐狸与乌鸦的故事》）, Ljubljana: Zvonček, 1922. 10-244p.

4. Erjavec, Fran（弗兰·埃里亚韦茨）, *Setev sovraštva in žrtev nesreče*（《恶有恶报》）, Ljubljana: Zvonček, 1922. 5-121p.

5. Erjavec, Fran（弗兰·埃里亚韦茨）, *Živalski brlog*（《动物的洞穴》）, Ljubljana: Zvonček, 1922. 9-223p.

公元 1923 年

一、大事记

阿尔玛·马克西米连娜·卡尔林（Alma Maximiliana Karlin），斯洛文尼亚作家、旅行家。她曾于 1923 年旅居沈阳、北京、天津、上海、广州和香港。回到斯洛文尼亚后，她将自己在中国的所见所闻，特别是对中国古典文学的见解仔细整理编辑，并在《远东》（*Far Eastern Times*）杂志上发表了 6 篇相关文章。卡尔林编写的《神龙与群魔：中国、印度尼西亚和南海地区小说集》（*Zmaji in duhovi: novele iz Kitajske, Indonezije in Južnih morij*）于 1996 年在斯洛文尼亚出版发行。

二、书（文）目录

Erjavec, Fran（弗兰·埃里亚韦茨）, *Kitajske narodne pripovedke*（《中国民间故事传说》）, Ljubljana: Učiteljska tiskarna, 1923.

三、备注

埃里亚韦茨所编译的多篇中国民间故事传说在 1923 年汇总成册，正式出版发行。书中不乏优秀中国民间经典儿童文学作品，如《狐狸与乌鸦》等。

公元 1928 年

一、大事记

阿廖兹·格拉德尼克（Aljoz Gradnik，1882—1967），斯洛文尼亚诗人、翻译家。他通晓意大利语、德语等 10 门欧洲语言，并自学汉语等 4 门东方语言。格拉德尼克将中国抒情诗整理编译成斯洛文尼亚语，并加以注释。

二、书（文）目录

Gradnik, Alojz（阿廖兹·格拉德尼克），*Kitajska lirika*（《中国抒情诗》），Ljubljana: Delniška tiskarna, 1928.

三、备注

格拉德尼克是斯洛文尼亚著名诗人、文学评论家，主要研究抒情诗及不同国家的抒情诗文学比较。虽然格拉德尼克学习过一段时间的汉语，但语言能力有限。本书所涉及的众多中国诗歌大多借助其他欧洲语言的译本二次编译成斯洛文尼亚语。格拉德尼克主要参考了奥地利著名汉学家普菲茨迈尔（August Pfizmaier，1808—1887）的相关译著。其诗集中摘录有《静夜思》《秋蝶》等作品。

公元 1931 年

书（文）目录

1. Lambret, Erlich（埃尔利赫·兰布雷特）, *Adam Šal: misijonar in zvezdoslovec na cesarskem dvoru v Pekingu*（《亚当·沙尔：北京紫禁城里的传教士与天文学家》）, Ljubljana: Misijonska pisarna, 1931.

2. Pordenonski, Odorik（奥多里克·珀尔德诺斯基）, *Z Odorikom Pordenonskim na Kitajsko in v Tibet*（《与奥多里克·珀尔德诺斯基的华夏西藏之旅》）, Domžale: Misijonska pisarna, 1931.

公元 1932 年

一、书（文）目录

Ghéon, Henri（亨利·盖恩）, *Tri modrosti starega Wanga: Kitajska igra v štirih slikah*（《老王的三个智慧：中国四幕戏》）, Domžale: Misijonarska tiskarna, 1932.

二、备注

本书原著为法文版（*Les Trois Sagesses du vieux Wang*），由尼科·库雷特（Niko Kuret）翻译成斯洛文尼亚语。该书所选戏剧中贯穿着中国古典哲学元素，如老子的"无为"思想等。

公元 1950 年

一、书（文）目录

Jakovlevna, Elena（伊莲娜·雅克列夫娜），*Kitajska skrivnost*（《中国的秘密》），Ljubljana: Tiskarna Slovenskega poročevalca, 1950.

二、备注

本书原著为俄语版（*Китайский секрет*），由薇拉·布尔尼契奇（Vera Brničić）翻译成斯洛文尼亚语。书中详细介绍了中国古典美学及艺术史方面的内容。

公元 1955 年

书（文）目录

Mali, Sašo（萨绍·马利），*Strelec Ji*（《后羿射日》），Maribor: Obzorja, 1955.

公元 1956 年

一、书（文）目录

Zupančič, Jože（约热·祖潘契奇），*Kitajske in korejske pravljice*（《中国

与朝鲜传说故事》），Koper: Lipa, 1956.

二、备注

本书在 1955 年由俄国文学家整理编辑出版，1956 年由约热·祖潘契奇（Jože Zupančič）从俄语翻译成斯洛文尼亚语。

公元 1958 年

一、书（文）目录

Dolenc, Jože（约热·多伦茨），*Kitajske pravljice*（《中国童话故事》），Ljubljana: Mladinska knjiga, 1958.

二、备注

本书为德语编译作品，后由约热·多伦茨（Jože Dolenc）翻译成斯洛文尼亚语。

公元 1959 年

一、书（文）目录

Cekić, Neda（内妲·采基奇），*Sončna gora: kitajske narodne pravljice*（《太阳山：中国民间故事》），Zagreb: Naša djeca, 1959.

二、备注

本书为俄语原著,后由内妲·采基奇(Neda Cekić)翻译成斯洛文尼亚语,在克罗地亚首都萨格勒布发行。

公元 1960 年

一、大事记

伊万·斯库舍克(Ivan Skušek,1923—1976),斯洛文尼亚诗人、编辑、翻译家。斯库舍克精通法语、德语和意大利语。除《水浒传》外,他还将清代学士王世琛所著诗歌集的德语译本翻译成斯洛文尼亚语。

二、书(文)目录

1. Pirnat, Janez(亚内茨·皮尔那特),*Pravljica o rumenem žerjavu: kitajska ljudska pravljica*(《黄鹤楼的传说:中国民间故事》),Ljubljana: Mladinska knjiga, 1960.

2. Shi, Nai'an(施耐庵),*Razbojniki iz močvirja Ljanšan: kitajski roman iz davnih časov*(《水浒传:中国古代小说》),Ljubljana: Cankarjeva založba, 1960.

三、备注

《黄鹤楼的传说:中国民间故事》由亚内茨·皮尔那特(Janez Pirnat)编译并为图书补充插画。

《水浒传:中国古代小说》为斯洛文尼亚语译本,译者为斯库舍克。他采用了德国汉学家库恩(Franz Kuhn)版的《水浒传》。

公元 1962 年

一、大事记

米尔科·赫里巴尔（Mirko Hribar，1902—1999），斯洛文尼亚哲学家。中国古代哲学是赫里巴尔的主要研究方向。他曾于 1961—1962 学年在斯洛文尼亚卢布尔雅那大学哲学学院教授通选课"中国古代哲学"，生前翻译整理了大量中国古代哲学典籍。

二、书（文）目录

1. Bauer, Walter（瓦尔特·保尔），*Rdeče in modro v mavrici: zgodba iz stare Kitajske*（《彩虹中的红与蓝：古代中国故事集》），Ljubljana: Prosvetni servis, 1962.

2. Mende, Tibor（蒂博尔·门德），*Kitajska in njena senca*（《中国和它的影子》），Ljubljana: Državna založba Slovenije, 1962.

3. Hribar, Mirko（米尔科·赫里巴尔），*Iz stare kitajske filozofije*（《中国古代哲学》），Ljubljana: Slovenska matica, 1962.

三、备注

《彩虹中的红与蓝：古代中国故事集》原著为德语，由亚罗·科马茨（Jaro Komac）翻译成斯洛文尼亚语。

《中国古代哲学》为德语译本，后由伊万·斯托帕尔（Ivan Stopar）翻译成斯洛文尼亚语。老子的《道德经》占据本书的绝大部分篇章。此外，书中还有《论语》部分篇章。

公元 1966 年

一、书(文)目录

Eberhard, Wolfram(艾伯华), *Zgodovina Kitajske*(《中国历史》), Ljubljana: Državna založba Slovenije, 1966.

二、备注

本书原著为德语版(*Chinas Geschichte*),由马力扬·布莱甘特(Marjan Bregant)翻译成斯洛文尼亚语。

公元 1968 年

一、书(文)目录

Munsterberg, Hugo(雨果·明斯特贝格), *Daljni vzhod*(《远东》), Ljubljana: Državna založba Slovenije, 1968.

二、备注

本书原著为英语版(*The Art of the Far East*),由海伦娜·梅纳舍(Helena Menaše)翻译成斯洛文尼亚语。书中主要介绍了中国古典艺术,并附带介绍日本古典艺术。

公元 1969 年

一、书（文）目录

Lin, Yutang（林语堂）, *Znamenite kitajske novele*（《中国经典小说》）, Ljubljana: Mladinska knjiga, 1969.

二、备注

本书英语原著为 *Famous Chinese Short Stories*（《英译重编传奇小说》），由约热·普列舍伊（Jože Plešej）翻译成斯洛文尼亚语。书中共有 20 篇中国古代短篇小说，如《白猿传》《促织》等。

公元 1985 年

一、大事记

玛雅·拉夫拉奇（Maja Lavrač，1954—　），斯洛文尼亚汉学家，卢布尔雅那大学汉学副教授。拉夫拉奇曾作为南斯拉夫公派留学生于 1980 年赴中国学习，研究方向为中国古代诗歌。1982 年，她在山东曲阜遇到其他来自斯洛文尼亚的在华留学生，众人在交谈中萌生在斯洛文尼亚卢布尔雅那大学创建汉学专业的想法。拉夫拉奇作为斯洛文尼亚汉学专业的第一批本土教师，为斯洛文尼亚接受中国古典诗歌做出了重要贡献。

二、书（文）目录

Lavrač, Maja（玛雅·拉夫拉奇），*Afanti: ujgurske ljudske zgodbe iz Sinkanga na Kitajskem*（《阿凡提：中国新疆维吾尔族民间故事》），Ljubljana: Borec, 1985.

三、备注

本书由拉夫拉奇从汉语直接编译为斯洛文尼亚语。

公元 1986 年

一、书（文）目录

Cerar, Vasja（瓦西亚·采拉尔），*Vrata brez vrat: koani in zenovske zgodbe*（《无门之门：禅宗公案故事集》），Ljubljana: Mladinska knjiga, 1986.

二、备注

瓦西亚·采拉尔（Vasja Cerar，1959—1992）所编译的《无门之门：禅宗公案故事集》收录了中国唐代佛教禅宗思想的48个典故。

公元 1988 年

一、大事记

玛雅·米利琴斯基（Maja Miličinski, 1956— ），斯洛文尼亚哲学家、汉学家、宗教学家，现任卢布尔雅那大学哲学学院哲学系教授，主攻中国古代哲学。米利琴斯基于1983年作为南斯拉夫公派留学生曾在南京大学进修汉语言文学，随后于1984年赴北京大学学习中国哲学史，1985年在中国社会科学院世界宗教研究所学习世界宗教史。米利琴斯基在19世纪80年代后期学成归国后，在卢布尔雅那大学哲学系教授中国古代哲学，并翻译了大量中国哲学古典文集。

米蒂亚·萨热（Mitja Saje，1947— ），中文名字萨米迦，斯洛文尼亚汉学家，现任卢布尔雅那大学汉学系教授。萨米迦教授被誉为斯洛文尼亚汉学第一人。他在19世纪60年代曾赴日本留学，但不久便发现中国文化较之更为历史悠久、博大精深，于1976年赴贝尔格莱德学习中文，随后获得政府奖学金，赴中国留学。

二、书（文）目录

1. Miličinski, Maja（玛雅·米利琴斯基），*Konfucij*（《孔子》），Ljubljana: Cankarjava založba, 1988.

2. Miličinski, Maja（玛雅·米利琴斯基），*Stara kitajska modrost*（《中国古代智慧》），Ljubljana: Paralele, 1988.

3. Saje, Mitja（萨米迦），*Kitajsko slikarstvo dinatij Ming & Qing*（《中国明清绘画》），Ljubljana: Narodna galerija, 1988.

4. Wu, Chengen（吴承恩），*Potovanje na zahod*（《西游记》），Murska Sobota: Pomurska založba, 1988.

三、备注

《孔子》由米利琴斯基结合《论语》的中文、德语和英语版本，编译成斯洛文尼亚语。

《中国古典智慧》由斯洛文尼亚知名汉学教授米利琴斯基整理编译，其中包括《孟子》《中庸》《大学》等典籍中的重要哲学思想。

《西游记》英文译本为 Monkey，由布兰科·戈拉德什尼克（Branko Gradišnik）翻译为斯洛文尼亚语。该版本经由斯洛文尼亚汉学家萨米迦审订。

公元 1992 年

一、大事记

罗亚娜（Jana S. Rošker，1960—   ），斯洛文尼亚著名汉学家，卢布尔雅那大学汉学系主任，教授。1978 年，罗亚娜曾赴奥地利维也纳大学学习汉学专业。1980 年至 1982 年获得中国政府奖学金，赴南开大学进修。1986 年至 1988 年间在北京大学做研究工作，1988 年在维也纳大学取得博士学位。罗亚娜教授代表着斯洛文尼亚汉学研究的最高水平，是卢布尔雅那大学汉学系的重要创始人之一。罗亚娜主攻中国哲学与中国文化及中西方文化比较，著有大量汉学研究著作。

二、书（文）目录

1. Amalietti, Peter（彼得·阿玛列提），*Ji Čing-vodnjak modrosti*（《〈易经〉：智慧之泉》），Ljubljana: Amalietti, 1992.

2. Borel, Henri（亨利·博雷尔），*Wu-Wei: Lao Ce kot tisti, ki kaže pot*（《无为之道：指明人生路的老子》），Ljubljana: S.N., 1992.

3. Miličinski, Maja（玛雅·米利琴斯基），*Klasiki daoizma, Lao Zi, Zhuang*

Zi in Lie Zi（《道家经典：老子、庄子与列子》），Ljubljana: Slovenska matica, 1992.

4. Miličinski, Maja（玛雅·米利琴斯基），*Pot praznine in tišine: dao in zen*（《虚空与寂静之路：道与禅》），Maribor: Obzorja, 1992.

5. Miličinski, Maja（玛雅·米利琴斯基），*Yijing=Knjiga premen*（《〈易经〉：轮回转换之书》），Ljubljana: Domus, 1992.

6. Rošker, Jana S.（罗亚娜），*Zmajeva hiša: oris kitajske kulture in civilizacije*（《神龙之家：中国文化与中华文明之概述》），Ljubljana: Cankarjeva založba, 1992.

三、备注

《无为之道：指明人生路的老子》的德语原著为汉学家亨利·博雷尔（Henri Borel）的 *Laotse als Wegweiser*，后编译为斯洛文尼亚语。

《道家经典：老子、庄子与列子》由米利琴斯基编译为斯洛文尼亚语，并作序和注释，提出自己的见解等。

《〈易经〉：轮回转换之书》由米利琴斯基编译为斯洛文尼亚语，重点部分采用了汉学家卫礼贤（Richard Wilhelm）的德语标注。

公元 1993 年

书（文）目录

1. Lesjak, Gregor（格雷戈尔·莱斯亚克），*Celota in vednost: Lao Zi in Heidegger*（《整体与永恒：老子与海德格尔》），Radovljica: Didakta, 1993.

2. Rožman, Primož & Osojnik, Jani（普里莫日·罗日曼和雅尼·奥索伊尼克），*Tradicionalna kitajska medicina in akupunktura*（《中国传统医学与针灸》），Ljubljana: Slovensko društvo za orientalno medicino, 1993.

公元 1994 年

书（文）目录

Saje, Mitja（萨米迦）, *Zgodovina Kitajske: Od tradicionalne do moderne Kitajske. Obdobje Qing*（《中国清朝历史：从传统走向现代》）, Ljubljana: Študentska organizacija Univerze, 1994.

公元 1995 年

书（文）目录

1. Miličinski, Maja（玛雅·米利琴斯基）, *Kitajska in Japonska: med religijo in filozofijo*（《中国与日本：在宗教与哲学之间》）, Ljubljana: TRIAS WTC, 1995.

2. Rošker, Jana S.（罗亚娜）, *Za zidovi varnosti in hrepenenja: koncept države v kitajski tradiciji*（《高墙后面的安全与忍耐：中国历史中的国家含义》）, Radovljica: Didakta, 1995.

公元 1996 年

一、书（文）目录

1. Er, Si & Shang, Hongkui（尔泗和商鸿逵）, *Skrite zgodbe iz Prepovedanega*

mesta（《紫禁城里的故事》），Celje: Fit-media, 1996.

2. Karlin, Alma M.（阿尔玛·马克西米连娜·卡尔林），*Zmaji in duhovi: novele iz Kitajske, Indonezije in Južnih morij*（《神龙与群魔：中国、印度尼西亚和南海地区小说集》），Celje: Mavrica, 1996.

3. Sunzi（孙子），*Umetnost vojne*（《孙子兵法》），Ljubljana: P. Amalietti, 1996.

4. Škrlep, Janez（亚内兹·什克尔列普），*Mengšan, mandarin na kitajskem dvoru: p. Avguštin Hallerstein: Lieou Song Ling K'iao Hien: 1730-1774*［《中国皇宫里的官员：刘松龄（1730—1774）》］，Mengeš: Galerija Mežnarija, 1996.

二、备注

《紫禁城里的故事》由伊万·赛尼察尔（Ivan Seničar）从英文译本 *Inside Stories from the Forbidden City* 翻译成斯洛文尼亚语，该书也译作《紫禁城秘史》。

《神龙与群魔：中国、印度尼西亚和南海地区小说集》译自1930年出版的德语原著 *Drachen und Geister: Novellen aus China, Insulinde und der Südsee*，后由阿伦卡·汉塞尔–弗尔兰（Alenka Hansel-Furlan）和马力扬·弗尔兰（Marjan Furlan）翻译成斯洛文尼亚语。

《孙子兵法》由彼得·阿玛列提（Peter Amalietti）翻译为斯洛文尼亚语。

公元 1997 年

一、大事记

由斯洛文尼亚卢布尔雅那大学主办的研究期刊《亚非研究》（*Azijske in afriške študije*）正式发刊。期刊收录来自斯洛文尼亚本国的汉学、日本学及印度学的相关科研文章，研究范围包括文学、哲学、历史、社会学、政治学、艺术史等。

二、书（文）目录

1. Likar, Miha（米哈·利卡尔），*Kitajska medicina nekoč in danes*（《中医的历史与今日》），Ljubljana: ŠKALA grafika, 1997.

2. Saje, Mitja（萨米迦），*Zgodovina Kitajske: Obdobje Yuan in Ming. Tuji osvajalci in trdnost tradicionalne ureditve*（《中国历史：明清两朝，外族统治者和他们的强硬政权》），Ljubljana: Filozofska fakulteta, Znanstveni inštitut, 1997.

3. Wang, Wei（王维），*Wang Wei*（《王维诗集》），Ljubljana: Mladinska knjiga, 1997.

三、备注

《王维诗集》由拉夫拉奇将诗人王维的诗歌直接从汉语编译为斯洛文尼亚语并加以注释。

公元 1999 年

一、书（文）目录

1. Béguin, Gilles & Morel, Dominique（吉尔莱斯·贝古金和多米尼克·莫雷尔），*Prepovedano mesto nebeških sinov*（《真命天子们的紫禁城》），Ljubljana: DZS, 1999.

2. Lavrač, Maja（玛雅·拉夫拉奇），*Onkraj belih oblakov: daoistična in budistična simbolika v poeziji kitajskega pesnika Wang Weija*（《白云之上：道教与佛教象征符号在中国诗人王维作品中的体现》），Maribor: Obzorja, 1999.

二、备注

《真命天子们的紫禁城》法语原著为 *La cité interdite des fils du ciel*，后由马科思·维塞尔科（Maks Veselko）翻译成斯洛文尼亚语。

公元 2000 年

一、书（文）目录

1. Mihajlović-Slavinski, Živorad（日沃拉德·米哈伊洛维奇－斯拉温斯基），*I-Ching: filozofske doktrine*（《易经：哲学学说》），Ljubljana: Littera pcita, 2000.

2. Palmer, Martin（马丁·帕尔梅尔），*Jin in jang: o kitajski modrosti nasprotij in njeni uporabi v vsakdanjem življenju*（《阴与阳：关于中国矛盾哲学智慧和其在日常生活中的运用》），Ljubljana: Mladinska knjiga, 2000.

二、备注

《易经：哲学学说》原著为塞尔维亚语，后由米拉·伊万诺维奇（Mila Ivanovič）翻译成斯洛文尼亚语。

《阴与阳：关于中国矛盾哲学智慧和其在日常生活中的运用》英文原著为 *Yin and Yang*，后由薇拉·切尔塔利奇（Vera Čertalič）翻译为斯洛文尼亚语。

结　语

20世纪是中斯文化交流具有转折性意义的100年，同样也是斯洛文尼亚历史上最动荡的100年。斯洛文尼亚经历了两次世界大战，加入了南斯拉夫，随后又从南斯拉夫独立出去。但是，斯洛文尼亚人民一直保留着开放包容、积极学习外国优秀文化的传统。

20世纪上半叶，斯洛文尼亚的众多学者仅能通过其他语言的译本来接触和了解中国及中国文化。这段时间的中国文化经典大多通过德国、英国和奥地利的知名汉学家的著作翻译介绍到斯洛文尼亚。斯洛文尼亚在这一阶段未能有本国的汉学家。学者及民众对中国乃至东亚文化的了解，也多受西方汉学家的影响。

二战后，南斯拉夫曾向中国派出多名公派留学生。但是出于当时国际格局的影响，这批留学生未能成为真正意义上的汉学家，而仅仅是在中国学习到了如农业、医学等方面的自然科学知识。南斯拉夫社会主义联邦共和国由7个加盟共和国组成，政治与文化中心设在首都贝尔格莱德。虽然斯洛文尼亚与塞尔维亚在南斯拉夫社会主义联邦共和国"地位平等"，但不得不承认，塞尔维亚的本土汉学研究得益于政治因素，比斯洛文尼亚要早得多。在南斯拉夫时期，许多斯洛文尼亚的学者及民众得以通过塞尔维亚汉学家的中国文化经典译作了解中国。

斯洛文尼亚汉学研究的正式兴起及中国古典文化在斯洛文尼亚的广泛传播只能追溯到20世纪80年代，即萨米迦和罗亚娜这一批学者学成归国，在斯洛文尼亚本土一手创办卢布尔雅那大学汉学系。到2012年，卢布尔雅那大学汉学系共培养出了140名本科生和12名研究生（其中4名硕士研究生，8名博士研究生）。学院内的亚非藏书馆藏有各类东亚研究典籍，学院教师更是积极投身翻译工作，将许多经典文献翻译成斯洛文尼亚语，更有一部分教师结合自己对中国经典文化的理解，对文献加以评注。

近年来，中斯两国文化交流不断加深，孔子学院于2009年正式落户斯洛文尼亚卢布尔雅那大学，这无疑是中国文化在域外传播的一个新平台、新起点。每年有多名汉语教师及汉语教学志愿者被派往斯洛文尼亚的大专院校和中小学。在汉语课堂上，越来越多的斯洛文尼亚人通过用斯洛文尼亚语编译的各种材料来了解中国及中国文化。在斯洛文尼亚与中国专家的共同努力下，许多中国原版文学经典，特别是广受青少年喜爱的中国传统故事，直接由汉语翻译成斯洛文尼亚语。卢布尔雅那孔子学院更是获得中国国家汉语国际推广领导小组办公室的支持，于2013年10月在斯洛文尼亚首都卢布尔雅那举办首届"中国与中东欧国家孔子学院学术研讨会"，使得中东欧国家的中国文化爱好者、汉学学者能互相交流，互相学习。

在国际"中国文化热"的大背景下，我们希望未来能够有更多人投身于中国文化在域外传播这一伟大事业中！

（鲍　捷）

人名译名对照及索引

一、中文—斯洛文尼亚文（按汉字音序排列）

A

阿玛列提，彼得（AMALIETTI, Peter）364，367

埃里亚韦茨，弗兰（ERJAVEC, Fran）352—354

艾伯华（EBERHARD, Wolfram）360

奥索伊尼克，雅尼（OSOJNIK, Jani）365

B

保尔，瓦尔特（BAUER, Walter）359

贝古金，吉尔莱斯（BÉGUIN, Gilles）368

博雷尔，亨利（BOREL, Henri）364，365

布尔尼契奇，薇拉（BRNIČIĆ, Vera）356

布莱甘特，马力扬（BREGANT, Marjan）360

C

采基奇，内妲（CEKIĆ, Neda）357，358

采拉尔，瓦西亚（CERAR, Vasja）362

D

迪斯特尔，贝尔纳德（DISTEL, Bernard）350

多伦茨，约热（DOLENC, Jože）357

E

尔泗（ER, Si）366

F

弗尔兰，马力扬（FURLAN, Marjan）367

G

盖恩，亨利（GHÉON, Henri）355
戈拉德什尼克，布兰科（GRADIŠNIK, Branko）364
格拉德尼克，阿廖兹（GRADNIK, Aljoz）354

H

哈斯夫妇（HASS, Jeseph von, HASS, Eleonora von）350
汉塞尔-弗尔兰，阿伦卡（HANSEL-FURLAN, Alenka）367
赫里巴尔，米尔科（HRIBAR, Mirko）359

K

卡尔林，阿尔玛·马克西米连娜（KARLIN, Alma Maximiliana）353，367
科马茨，亚罗（KOMAC, Jaro）359
库恩（KUHN, Franz）358
库雷特，尼科（KURET, Niko）355

L

拉夫拉奇，玛雅（LAVRAČ, Maja）361，362，368
莱斯亚克，格雷戈尔（LESJAK, Gregor）365
兰布雷特，埃尔利赫（LAMBRET, Erlich）355
利卡尔，米哈（LIKAR, Miha）368
林语堂（LIN, Yutang）361
刘松龄（HALLERSTEIN, August von）349，350，367
罗日曼，普里莫日（ROŽMAN, Primož）365
罗亚娜（ROŠKER, Jana S.）364—366，371

M

马利，萨绍（MALI, Sašo）356

马修其，奥多里克（MATTIUZZI, Odorik）350

梅纳舍，海伦娜（MENAŠE, Helena）360

梅萨尔，伊万·克尔斯特尼克（MESAR, Ivan Krstnik）350

门德，蒂博尔（MENDE, Tibor）359

门琴（MENCIN, Ralf Čeplak）350

米哈伊洛维奇-斯拉温斯基，日沃拉德（MIHAJLOVIĆ-SLAVINSKI, Živorad）369

米勒，巴尔塔扎尔（MILLER, Baltazar）350

米利琴斯基，玛雅（MILIČINSKI, Maja）363—366

明斯特贝格，雨果（MUNSTERBERG, Hugo）360

莫雷尔，多米尼克（MOREL, Dominique）368

P

帕尔梅尔，马丁（PALMER, Martin）369

皮尔那特，亚内茨（PIRNAT, Janez）358

珀尔德诺斯基，奥多里克（PORDENONSKI, Odorik）355

普菲茨迈尔（PFIZMAIER, August）354

普列舍伊，约热（PLEŠEJ, Jože）361

Q

切尔塔利奇，薇拉（ČERTALIČ, Vera）369

S

萨米迦（SAJE, Mitja）363，364，366，368，371

赛尼察尔，伊万（SENIČAR, Ivan）367

商鸿逵（SHANG Hongkui）366

什克尔列普，亚内兹（ŠKRLEP, Janez）367

斯库舍克，伊万（SKUŠEK, Ivan）358

斯托帕尔，伊万（STOPAR, Ivan）359

孙子（Sunzi）367

W

王维（WANG, Wei）368

维塞尔科，马科思（VESELKO, Maks）369

卫礼贤（WILHELM, Richard）365

吴承恩（WU, Chengen）363

Y

雅克列夫娜，伊莲娜（JAKOVLEVNA, Elena）356

伊万诺维奇，米拉（IVANOVIČ, Mila）369

Z

祖潘契奇，约热（ZUPANČIČ, Jože）356，357

二、斯洛文尼亚文—中文（按斯语字母顺序排列）

A

AMALIETTI, Peter（彼得·阿玛列提）364，367

B

BAUER, Walter（瓦尔特·保尔）359

BÉGUIN, Gilles（吉尔莱斯·贝古金）368

BOREL, Henri（亨利·博雷尔）364，365

BREGANT, Marjan（马力扬·布莱甘特）360

BRNIČIĆ, Vera（薇拉·布尔尼契奇）356

C

CEKIĆ, Neda（内妲·采基奇）357，358

CERAR, Vasja（瓦西亚·采拉尔）362

Č

ČERTALIČ, Vera（薇拉·切尔塔利奇）369

D

DISTEL, Bernard（贝尔纳德·迪斯特尔）350

DOLENC, Jože（约热·多伦茨）357

E

EBERHARD, Wolfram（艾伯华）360

ER, Si（尔泗）366

ERJAVEC, Fran（弗兰·埃里亚韦茨）352，353

F

FURLAN, Marjan（马力扬·弗尔兰）367

G

GHÉON, Henri（亨利·盖恩）355

GRADIŠNIK, Branko（布兰科·戈拉德什尼克）364

GRADNIK, Aljoz（阿廖兹·格拉德尼克）354

H

HALLERSTEIN, August von（刘松龄）349，367

HANSEL-FURLAN, Alenka（阿伦卡·汉塞尔–弗尔兰）367

HASS, Eleonora von & Jeseph von（哈斯夫妇）350

HRIBAR, Mirko（米尔科·赫里巴尔）359

I

IVANOVIČ, Mila（米拉·伊万诺维奇）369

J

JAKOVLEVNA, Elena（伊莲娜·雅克列夫娜）356

K

KARLIN, Alma Maximiliana（卡尔林，阿尔玛·马克西米连娜）353，367

KOMAC, Jaro（亚罗·科马茨）359

KUHN, Franz（库恩）358

KURET, Niko（尼科·库雷特）355

L

LAMBRET, Erlich（埃尔利赫·兰布雷特）355

LAVRAČ, Maja（玛雅·拉夫拉奇）361，362，368

LESJAK, Gregor（格雷戈尔·莱斯亚克）365

LIKAR, Miha（米哈·利卡尔）368

LIN, Yutang（林语堂）361

M

MALI, Sašo（萨绍·马利）356

MATTIUZZI, Odorik（奥多里克·马修其）350

MENAŠE, Helena（海伦娜·梅纳舍）360

MENCIN, Ralf Čeplak（门琴）350

MENDE, Tibor（蒂博尔·门德）359

MESAR, Ivan Krstnik（伊万·克尔斯特尼克·梅萨尔）350

MIHAJLOVIĆ-SLAVINSKI, Živorad（日沃拉德·米哈伊洛维奇－斯拉温斯基）369

MILLER, Baltazar（巴尔塔扎尔·米勒）350

MILIČINSKI, Maja（玛雅·米利琴斯基）363—366
MOREL, Dominique（多米尼克·莫雷尔）368
MUNSTERBERG, Hugo（雨果·明斯特贝格）360

O

OSOJNIK, Jani（雅尼·奥索伊尼克）365

P

PALMER, Martin（马丁·帕尔梅尔）369
PFIZMAIER, August（普菲茨迈尔）354
PIRNAT, Janez（亚内茨·皮尔那特）358
PLEŠEJ, Jože（约热·普列舍伊）361
PORDENONSKI, Odorik（奥多里克·珀尔德诺斯基）355

R

ROŠKER, Jana S.（罗亚娜）364—366
ROŽMAN, Primož（普里莫日·罗日曼）365

S

SAJE, Mitja（萨米迦）363，366，368
SENIČAR, Ivan（伊万·赛尼察尔）367
SHANG, Hongkui（商鸿逵）366
SKUŠEK, Ivan（伊万·斯库舍克）358
STOPAR, Ivan（伊万·斯托帕尔）359
Sunzi（孙子）367

Š

ŠKRLEP, Janez（亚内兹·什克尔列普）367

V

VESELKO, Maks（马科思·维塞尔科）369

W

WANG, Wei（王维）368

WILHELM, Richard（卫礼贤）365

WU, Chengen（吴承恩）363

Z

ZUPANČIČ, Jože（约热·祖潘契奇）356，357

20世纪中国古代文化经典在匈牙利的传播编年

概　述

（一）匈牙利及其东方学研究

　　匈牙利是中欧的内陆国家，位于喀尔巴阡山盆地，与7国接壤（斯洛伐克、乌克兰、罗马尼亚、塞尔维亚、克罗地亚、斯洛文尼亚、奥地利），国土面积93,030平方千米，人口9877万，人口密度为126.8人/平方千米（2014年1月）。[①]1949年10月4日，匈牙利宣布承认中华人民共和国，10月6日，两国建立外交关系。1989年10月23日，国名改为匈牙利共和国。2004年5月加入欧盟。该国99%的人口使用匈牙利语，属于芬兰-乌戈尔语族。2012年1月，通过新宪法，更国名为匈牙利。

　　匈牙利人亦称马札尔人，最早起源于伏尔加河曲，从大约5世纪中叶开始从南俄罗斯草原向西迁移，于9世纪末（896年）出现在欧洲中部喀尔巴阡山群峦环抱的盆地，当时西面已有生活在比较发达的封建社会中的日耳曼民族，

---

① 数据来源于匈牙利统计局网站：https://www.ksh.hu/。

在北、南、东三面是斯拉夫人聚集的地盘。① 匈牙利人来到这片土地之后，放弃游牧民族的逐水草迁徙的生活习性，接受先进的农耕技术，逐步完成从氏族社会、奴隶制社会向封建制社会的过渡，19 世纪开始逐步发展资本主义。

匈牙利人定居中欧以后，历经战火的洗礼。由于匈牙利地处欧洲腹部这一兵家必争之地，13 世纪中叶，惨遭蒙古铁骑的蹂躏；1526—1686 年间被土耳其人的奥斯曼帝国统治近 150 年；此后长期处于哈布斯堡王朝的控制之下；20 世纪上半叶，匈牙利又卷入两次世界大战的旋涡之中。

匈牙利民族至今仍保持着东方族源的特征，如匈牙利的姓氏在前、名字在后，许多日常生活词汇同东方民族的词汇近似，等等。但欧洲文化对该民族的影响也是根深蒂固的，使其同样具有欧洲西方民族的特点。

匈牙利对中国的早期认识是通过拉丁语、意大利语等其他语言媒介来实现的，而不是通过匈牙利语。匈牙利从 1001 年建立第一个基督教王国起直至 13 世纪，都是使用拉丁文进行写作。现存最早的用匈牙利语写作的作品是在 1192—1195 年间出现的一篇葬礼演说，名为《悼词》（Halotti beszéd），是牧师为死者向上帝祈福的祷词，也是用匈牙利语完成的第一篇具有完整逻辑关系的散文。直到匈牙利建国 500 多年后，即 16 世纪时，匈牙利的作家和诗人才在使用当时欧洲的公共语言——拉丁语的同时，开始用匈牙利语进行一些创作。②1760 年，在莫尔纳·亚诺什（Molnár János）的《著名的古建筑》（A régi jeles épületekről kilencz könyvei. 11 rézm. táblával. Nagyszombat, 1760）一书中提到了关于中国的情况，这是匈牙利语中首次正式提到中国。

第一个被确认到过中国的匈牙利人是盖尔盖伊（Magyarországi Gergely），他是一名传教士。1341 年，盖尔盖伊作为一名意大利教皇使节来到北京，并且拜见了当时元朝的皇帝元惠宗。其后，大约在 14 世纪后半叶，根据葡萄牙探险家费尔南·门德斯·平托（Fernao Mendes Pinto）的《游记》记载，埃斯坎蒂·马岱（Eskandélyi Máté）通过印度来到中国传教，并死于中国。其后土耳其帝国

---

① 温盖尔·马加什、萨博尔奇·奥托著：《匈牙利史》，阚思静、龚坤余、李洪臣译，黑龙江人民出版社，1987 年。
② Pannon Enciklopédia. Magyar nyelv és irodalom. Dunakanyar 2000, Budapest, 1997.

封锁了通向远东的道路，中匈两国关系很长一段时间中断了。耶稣会的白乃心（Gruber Johann）于1658年从海路到达澳门。不久即被召入北京，在北京留居两年，与汤若望（Johann Adam Schall von Bell）一起在司天监工作。[①]1661年（顺治十八年），他离开北京探索从陆路返回欧洲的通道，取道西藏前行，带着中国顺治皇帝的信函，见到了达赖喇嘛，在那里停留了两个月，并为布达拉宫作了速写，因此也被视为"藏学研究的第一人"。他与同伴翻越喜马拉雅山到达印度平原，穿越恒河，到达阿格拉（Agra），经巴基斯坦、波斯、亚美尼亚，于1664年到达目的地罗马。白乃心等人是从中国内地由陆路返回欧洲的第一批欧洲人，沿途收集了各国宗教、风俗等方面的大量资料，他们的旅行曾在欧洲轰动一时。白乃心于1680年卒于匈牙利的巴达克（Patak）。其主要成果有《中国至莫卧尔之行》（附有27幅图画，记录了探寻欧陆道路时所经历的诸国的宗教、风俗）、《简单明确之答复》[这是白乃心对托斯坎（Toscane）大公所有询问的答复]、《中华帝国杂记》（这本书主要根据白乃心所述中国事编撰而成，正文80页，信札4件42页，书后附《孔子传》和《中庸》的选译文）。[②]

从18世纪开始，一批非宗教目的的探险家相继来到中国。由一名小裁缝变成世界探险家的杰尔科·安德拉什（Jelky András，1738—1783），也曾经到过澳门和广东。18世纪著名探险家本尼弗斯基·莫里茨（Benyovszky Móricz，1741—1786）在成为马达加斯加首领之前，也曾在台湾逗留过几周。他是从南太平洋来到台湾岛的第一人。

18世纪，中国艺术在欧洲成为时尚。匈牙利贵族们开始收藏中国艺术品。在最著名的巴洛克式城堡之一——费尔多（Fertőd）的艾斯特哈兹城堡（Esterházy-kastély）里，许多房间的装饰都是中国风格的，众多游人对此叹为观止。匈牙利著名瓷器海兰德最初的装饰图案也是18世纪从中国瓷器上临摹的图案，至今，印有中国装饰的海兰德瓷器依然是瓷器作坊的特产名瓷。后来包括匈牙利人在内的基督教传教士们的著作把中国历史、文学进一步引入欧洲，

---

① 符志良：《早期来华匈牙利人》，布达佩斯：世界华文出版社，2003年，第15—18页。
② [法]费赖之：《在华耶稣会士列传及书目》，冯承钧译，北京：中华书局，1995年，第325—327页。

使欧洲人对中国有了更多了解。根据当时流行的理论,匈牙利人的祖先是匈奴人。为了找到更多关于他们祖先的材料,匈牙利科学家们开始研究匈奴人的历史,继而他们的注意力转向中国的王朝历史。因没有办法找出匈奴人使用的语言,也就不能证明匈奴人是他们的祖先。一直以来,匈牙利的民族起源问题是困扰他们的一个谜,为了揭开这个谜团,很多探险家、学者先后来到亚洲"追根溯源",他们希望在追寻东方渊源的过程中,探寻到自己的民族发祥地,所以匈牙利东方学形成伊始是和匈牙利人试图寻找民族的起源问题密不可分的。

匈牙利最早的东方学家科勒什·乔玛·山道尔(Kőrösi Csoma Sándor,1784—1842),在19世纪20年代来到印度和中国西藏,开辟了19世纪以学者为代表的探险家时代。他在印度和中国西藏居住数年,寻找传说中的匈牙利人的祖居地,最后长眠在那里。他学习了藏文,编撰了第一部《藏英字典》和《藏语语法》。因此,他被称为"世界藏学研究创始人"。

19世纪,匈牙利贵族开始了在亚洲的考古发掘,以期更好地了解亚洲的历史。19世纪下半叶,一些匈牙利考察队被派往亚洲。1868年自然科考家克桑图什·亚诺什(Xantus János,1825—1894)曾经跟随一支奥匈帝国探险队来到东亚,并到过中国,其间搜集到了丰富的资料。1898年齐奇·耶诺(Zichy Jenő,1837—1906)开始在中国北方进行考古挖掘。当时最重要的匈牙利探险队由塞切尼·贝拉(Széchenyi Béla,1837—1918)伯爵率领,他们在1876年至1879年间组织了一次为期29个月的中国地理考察,探险队中包括很多杰出学者,比如世界知名的地理学家、地质学家洛茨·拉约什(Lóczy Lajos,1849—1920)。他们走遍了长江三角洲、甘肃、青海和云南等地,此次探险的成果被写成3本厚厚的专著,有20多位学者对他们搜集的资料、岩石、化石样本进行研究、考证。洛茨·拉约什撰写了很多关于中国的文章及书籍,如1886年出版的关于中国地理的《中华帝国之自然环境及列国纪实》(*A khinai birodalom természeti viszonyainak és országainak leírása*)一书,虽然已经过去了一个多世纪,但是今天人们读起来仍觉得收获甚丰,这些珍贵的第一手资料不仅带回了遥远中国的信息,而且对相关领域的研究具有非常重要的参考和借鉴意义。[①]

---

① Büdök Zigmond: *Világjáró magyarok*, Dunaszerdahely: Nap Kiadó, 2002, pp. 41-44.

20世纪初，最重要、最轰动同时也最令中国学者痛心的探险考古是英籍匈牙利人斯坦因的西域探险。① 出身于匈牙利犹太人家庭后加入英国国籍的斯坦因（Stein Márk Aurél，1862—1943）是世界著名考古学家、艺术史家、语言学家、地理学家和探险家，同时也是国际敦煌学开山鼻祖之一。他曾经分别于1900—1901年、1906—1908年、1913—1916年、1930—1931年进行了四次著名的中亚考察，考察重点是中国的新疆和甘肃，所发现的敦煌、吐鲁番文物及其他中亚文物是今天国际敦煌学研究的重要资料。由于他的盲目挖掘，许多原保存在流沙层中的文物毁于一旦，他的这些行为严重地伤害了中华民族的感情。但是他的许多发现和学说极有价值，例如他在新疆、甘肃的发现及他对这些发现物的初步研究都证明了中国文化在中亚地区的影响及汉唐之际中国与西方经丝绸之路进行的频繁的政治、经济和文化交流，这一点是我们不应该忽视的。

20世纪上半叶，出现了两位举足轻重的东方学学者，其中一位便是利盖蒂·拉约什（Ligeti Lajos，1931—1987），中文名为李盖提，匈牙利院士，在国际阿尔泰学、蒙古学和汉藏学界享有很高的荣誉。他于1924年至1927年间在法兰西学院师从著名法国汉学家伯希和（Paul Pelliot）和马伯乐（Henri Maspero）学习东方学，曾任罗兰大学中亚系兼东亚系系主任。他不仅培养了年青一代的汉学家，而且为汉学研究引进了很多学者。1949年至1969年间担任匈牙利科学院副院长长达15年之久，创办了匈牙利科学院东方研究所，在其担任科学院副院长期间，匈牙利的东方学研究蓬勃发展。他1950年创办的《匈牙利科学院东方学报》（Acta Orientalia Academiae Scientiarum Hungaricae）、1973年创办的《东方研究》（Keletkutatás）杂志，都是中亚研究的开拓性学刊。他还主编了"匈牙利东方文库"（Bibliotheca Orientalis Hungarica）和"乔玛小文库"（Kőrösi Csoma Kiskönyvtár）系列丛书。当时匈牙利东方学者们的一些研究成果被世界广泛认可，他是那一代人中的领军人物。② 他的理论著作对当时的知识阶层和政治阶层有着深刻影响，著作被翻译成各国语言。虽然他的贡献

---

① 常峻：《19—20世纪初匈牙利汉学研究与中国近现代学术转型》，载《浙江传媒学院学报》2012年第6期，第90—91页。
② Bárczi Géza: *Ligeti Lajos hatvanadik születési évfordulójához*, Magyar Nyelv 58, 1962, pp. 525-527.

主要集中在中亚研究领域，但仍被视为匈牙利汉学的真正奠基人。①他的很多学生后来成为著名汉学家，其第一个学生陈国（Csongor Barnabás），通过汉语和中亚的语言资料研究汉语的音韵学，翻译了大量中国古典文学作品，如《水浒传》《西游记》，并与人合译《李白诗选》《杜甫诗选》和《白居易诗选》等。另一个学生艾之迪（Ecsedy Ildikó）主要研究中国和游牧民族的历史关系，尤其是匈奴和土耳其的关系。还有一位学生——著名汉学家杜克义（Tőkei Ferenc），也为匈中两国文化交流做出了巨大贡献。杜克义是匈牙利科学院院士，研究中国古典文学、古典哲学、中国文体理论及马克思历史哲学。他翻译出版了《诗经》《屈原诗选》《道德经》《论语》《西厢记》《中国古代哲学》等中国古代经典文学作品及哲学著作，撰写发表大量研究论文，主持编写过一系列中匈双语文选，专门翻译介绍中国古代诗文。②2005年10月15日，北京外国语大学曾举办"杜克义先生逝世五周年纪念会"以纪念杜克义先生对传播中国文化所做出的贡献。

20世纪上半叶，另一位值得一提的汉学家是出生于匈牙利后定居法国的白乐日（Étienne Balázs）。他1905年出生于匈牙利，在布达佩斯完成中学学业，当时名为鲍拉日·伊什特万（Balázs István），1963年在法国逝世。他的主要研究著作有《唐代经济史》《哲学家范缜及其〈神灭论〉》《中国中世纪社会经济研究》《中国文明与官制：一个主题的变化》等，他是最早研究中国经济史的欧洲学者。③

20世纪，从匈牙利到亚洲来的主要是艺术品收藏者，他们中许多人后来成为国际知名的中国艺术品鉴赏专家，他们得益于自身专长，成功收集了大量东方艺术品。霍普·费伦茨（Hopp Ferenc, 1833—1919）五次环游世界，并在旅途中收集文物，曾多次到过中国。霍普去世之后，把私人别墅和收藏品都捐献给了国家，奠定了后来以他的名字命名的东亚艺术博物馆的基本馆藏品。

---

① Horányi Gábor – Pivárcsi István: *Magyar világjárók kalandjai*. Budapest, Palatinus, 2000, pp. 84-87.
② 郝清新、邵莱特：《中国哲学、宗教著作的匈牙利语翻译》，载《国际汉学》2010年第2期，第129—133页。
③ 资料来源：泰来拜什亚洲百科电子资料库（Terebess Ázsia Lexikon: http://terebess.hu/keletkultinfo/lexikon/balazs.html）。

博物馆的第一任馆长艺术史学家费尔温齐·陶卡齐·佐尔坦（Felvinczi Takács Zoltán，1880—1964）也是一位收藏家，他为扩充博物馆馆藏做出了巨大贡献。目前，博物馆中有8000多件来自中国的藏品，是东亚博物馆中藏品最多的部分。

1924年，皇家巴兹马尼·彼得大学（Királyi Magyar Pázmány Péter Tudományegyetem）[①]成立了东亚所[②]，此后匈牙利开始了有组织的汉语教学。1951年，匈牙利科学院图书馆成立了一个东方学部，搜集东方文化典籍，成为东方学研究者的资料基地。这里典藏的科勒什·乔玛·山道尔、斯坦因、李盖提的私人藏书为学者们研究东方学提供了重要的第一手资料。现有藏书20万余册。其中1200多种杂志中有400种当前杂志，手抄本数量超过1.5万册。这里馆藏的中文资料大多是1949年中华人民共和国成立后从中国获得的。另外，李盖提把自己的私人藏书捐赠给赛格德大学图书馆，到目前为止，这些捐赠仍然构成它的特殊馆藏。1976年李盖提捐赠给赛德格大学他不再使用的部分书籍，1987年在他过世后其书籍全部捐赠给赛德格大学，成为赛格德大学图书馆东方学研究系列专门的藏书，被称为"李盖提陈列"。藏书包含了1.1万份文件和5000册藏书。当时在赛格德大学的阿尔泰学教研室也进行东方研究，但是没有中国研究。李盖提身后为东方学研究留下了宝贵的资料和精神财富。

（二）对中国文学的译介和传播

匈牙利文学中的一个悠久传统就是对其他民族的作品进行翻译。匈牙利对中国文学的翻译最初是从其他语言转译的，20世纪50年代后，随着精通汉语的汉学家队伍不断壮大，文学领域的翻译更多地由转译变为直译，也有一些诗人根据汉学家的翻译进行创作性再加工，推出了很多优秀的作品。

从19世纪起，匈牙利就有将中国古代文学译成匈牙利语进行欣赏的需求，这些从英语、德语和俄语版本转译过来的匈牙利语版本，因匈牙利作家们杰出的翻译而进一步提升了自身的文学价值。书中的插图也具有相当高的艺术品质，创造性地再现了原著的意境，读者借此能够更真切地感受到在那个遥远国度发

---

① 1950年更名为罗兰大学（Eötvös Loránd Tudományegyetem）。
② 2008年更名为远东研究所（Távol-keleti Intézet）。

生的历史和故事。匈牙利三大诗人之一奥洛尼·亚诺什（Arany János，1817—1882）曾翻译过三首中国诗歌，被视为匈牙利翻译中国文学作品的开端，不过他和后来的许多译者一样，都是从其他语言（主要是英语）转译的。从 19 世纪开始，包括诗歌在内的中国文学中的经典逐渐进入匈牙利。20 世纪，许多著名的匈牙利诗人加入了译介中国诗歌的行列，如科斯托拉尼·德热（Kosztolányi Dezső，1885—1936）、萨博·勒林茨（Szabó Lőrinc，1900—1957）、伊耶什·久拉（Illyés Gyula，1902—1983）等，他们主要是从英语、德语或者法语转译的，其中有以单行本诗集出版的科斯托拉尼·德热的《中国和日本诗歌》（*Kínai és japán versek*，1931）和伊耶什·久拉的《中国宝盒》（*Kínai szelence*，1958）最为著名。《中国和日本诗歌》曾再版数次，可见匈牙利读者对中国文学的浓厚兴趣。此外沃莱什·山道尔（Weöres Sándor，1913—1989）和福卢迪·哲尔吉（Faludy György，1910—2006）也有许多译作。不过遗憾的是，他们只是从中介语言（英语、德语、法语）间接翻译过来的，所以译作有时和原文相差甚远，我们甚至可以视之为作者原创的"中国灵感"诗。尽管如此，这种介绍对匈牙利读者是亲切的，因为诗人通过某种方式亲身体味到中国诗人的感受，所以他们能够表达某些与他们心灵相通的实质性的东西。与他们同时代的还有弗劳纽·佐尔坦（Franyó Zoltán），他在进行诗歌创作的同时，也从原文翻译过一些中国的作品，由于他生活在罗马尼亚，所以匈牙利读者对其知之甚少。为满足匈牙利读者对中国的浓厚兴趣，在美国已经卓有成就的中国作家林语堂以英文写作的小说和散文出版不久，匈牙利就迅速有了译本。1939 年至 1945 年间，匈牙利雷瓦伊出版社（Révai Könyvkiadó）以精装本出版了他的多部作品，并接连再版和重印，而翻译林语堂作品的是优秀的文学家、史学家和翻译家拜奈代克·马希尔（Benedek Marcell）。

中华人民共和国成立后不久，匈牙利便与中国建立了外交关系。匈中关系发展迅速，文化交流得到持续发展，两国图书馆经常交换资料、书籍，这些第一手资料为汉学家的研究提供了极大便利。20 世纪 50 年代起两国开始交换留学生，这不仅为政府部门培养了干部，而且推动了汉学的蓬勃发展。

20 世纪的中国现代文学作品也是从这个时期开始被介绍到匈牙利的，但是第一批翻译的作品大多是从俄语转译的，如丁玲、周立波和赵树理的小说。由于译者和编者缺乏对汉语的理解，这些匈牙利译本在诸如人名等方面有许多不规范和不准确的地方。伴随着精通汉语的专业群体的形成和壮大，翻译家开始从中文原文直接翻译中国文学作品，达到了文学作品翻译的高峰期。在转译和直译这两个时期中间有一个过渡，即以包括中文在内的多种语言为蓝本混合翻译时期，如以《阿Q正传》为书名的鲁迅短篇小说选就是同时参考中文版、俄译版和英译版翻译的。20世纪中叶，中国现当代经典作家的主要作品几乎均被译成匈牙利语出版发行，这些作家包括鲁迅、郭沫若、老舍、茅盾和巴金等，主要作品包括鲁迅的小说《阿Q正传》、小说集《故事新编》及散文诗集《野草》和杂文集《文学·革命·社会》，茅盾的《子夜》和《春蚕》，巴金的《家》和《憩园》，老舍的《骆驼祥子》《黑白李》和《猫城记》，曹禺的话剧《雷雨》和《北京人》，郭沫若的《屈原》，老舍的《茶馆》，等等。

古典文学方面，从中文原文翻译的文学作品价值更高，杜克义、米白（Miklós Pál）、陈国和姑兰（Kalmár Éva）等杰出的汉学家做出了重要的贡献。这些高水平的学者对原著的研究细致入微，翻译成匈牙利语时在忠实程度和意蕴上都保持了原文的意境。原著中的故事和情节通过翻译家精湛的艺术加工鲜活再现，让那些不了解中国及其语言、文化和传统的人也能深切地感受其中的奥妙。优秀的中国古典文学作品几乎都已经有了匈牙利语版本，除此之外，一批小说和戏剧也被译成了匈牙利语，比如《今古奇观》《中国古代短篇小说选》及蒲松龄的《聊斋志异》、曾朴的《孽海花》、刘鹗的《老残游记》、吴敬梓的《儒林外史》、溥仪的《我的前半生》等，戏剧作品如关汉卿的《窦娥冤》和《救风尘》、王实甫的《西厢记》等，另外还有从德语转译的《红楼梦》和《金瓶梅》等优秀作品。此外在翻译文学作品的同时，中国古代哲学的重要典籍也被介绍给了匈牙利读者，其中杜克义的成就最为显著，这些译著均来自中文原著，而且附有丰富详尽的注解。匈牙利读者对中国哲学著作表现出浓厚的兴趣，后来有多位译者对许多经典都进行了再译，其中《道德经》就有好几位匈牙利诗人以诗歌的语言和形式译有不同的译本。

匈牙利中国研究者陆续出版了有关中国历史、文化、思想史的书籍和研究成果，当然游记、画册、普及读物也越来越受到欢迎。最早出版中国文学作品的一直是匈牙利欧洲出版社（Európa Könyvkiadó）。二战之后，匈牙利文学出版社（Szépirodalmi Könyvkiadó）及欧洲出版社先后出版过中国诗歌选集。1957年至1967年，汉学家杜克义曾任欧洲出版社负责东方文学的编辑，其大部分工作致力于中国古代文学和诗歌经典的匈牙利语译本的出版。杜克义不仅安排和组织了这方面的工作，而且自己也从事了诸多的翻译工作，其中包括"三曹"、关汉卿、鲁迅等人的作品。在他的努力下，一大批优秀的匈牙利诗人共同参与完成了《诗经》的翻译。李白和杜甫的诗选也分别出版有单独的集子。1967年出版的由杜克义和陈国两位汉学家编辑的两卷本中国古代诗歌代表作选集《中国古代诗歌选》（*Klasszikus kínai költők*, I-II, 1967）是这方面的巅峰之作，书中收录了从春秋时期到19世纪末的300多位诗人1000多首诗作。后来匈牙利当代诗人根据汉学家们的初译对作品进行了润色。译作中的诗句借助匈牙利诗人的翻译呈现在读者面前，更提升了艺术价值。自20世纪七八十年代开始，以出版专业文学性作品而闻名的播种者出版社（Magvető Könyvkiadó）也加入到出版中国作品的行列。

文学翻译的繁荣到了20世纪70年代戛然而止。随着匈牙利和中国关系的疏远，匈牙利读者很难买到中国图书，其兴趣也转向了别处。80年代以后，由于中国的逐步开放，中匈关系日益密切，很多汉学家重新开始译介中国现代文学作品，很多当代作家的作品得以与匈牙利读者见面。为满足读者的兴趣，中国古代文学的部分经典在90年代按照原有的译本重新出版。

科苏特奖得主、作家考拉琼·加博尔（Karátson Gábor）于20世纪90年代从中文直译的《道德经》和《易经》，也是中国古典哲学匈译本中的精品。特别是《易经》（三卷），其中两卷是他对照欧洲哲学撰写的注释。戏剧家、作家缪勒·皮特（Müller Péter）虽然不是汉学家，但对中国古典哲学十分痴迷，他根据自己对《易经》的理解撰写了一部题为《占卜书》的注释性作品，风靡全国，连年名列畅销书榜首，该书已由翻译家余泽民译成中文。

值得一提的还有匈牙利当代著名作家、科苏特奖得主克拉斯诺霍尔卡伊·拉斯洛（Krasznahorkai László），他于2015年荣获布克国际文学奖。他本人不是汉学家，但热爱中国文化，20世纪90年代以来多次来中国访问，先后创作了《乌兰巴托的囚徒》《天上的星辰》和《苍穹下的废墟与哀愁》等名作，对匈牙利知识分子了解中国文化的今昔起到了重要的推动作用。

20世纪90年代以后翻译的中国当代文学作品不是很多,有古华的《芙蓉镇》(波洛尼·彼得 [Polonyi Péter] 翻译)、谌容的《人到中年》等。近年比较多产的年轻翻译家宗博莉·克拉拉(Zombory Klára),在她翻译的《当代中国小说选》中收录了苏童、余华、刘震云、马原、韩少功等5位当代中国作家的中篇小说,她翻译了于丹的《论语心得》,还将长篇小说《狼图腾》及莫言的《蛙》(2014年)译成匈牙利文,2015年获"中华图书特殊贡献奖青年成就奖"。

另外,罗兰大学中文系的一些学生也零散地介绍过余秋雨、白先勇、残雪、三毛、王小波、陈村等当代名家。2007年秋巴拉士出版社(Balassi Kiadó)出版了罗兰大学文学书房系列丛书之《现代中国小说选》,该书同时纪念汉学家高恩德诞辰80周年。通过这本小说集,朱自清、沈从文、许地山、张爱玲、扎西达娃、郑万隆等作家的名字进入匈牙利读者的视野。这本书的主编姑兰不仅翻译过莫言、苏童、鲁迅、周作人、孙犁、三毛、陈村等作家的作品,还是匈牙利唯一研究、介绍中国古代戏剧的汉学家。同时她也是一位编辑家,从20世纪70年代末开始在欧洲出版社担任东方文学编辑室主任,负责选题策划、编辑和出版工作,编辑中国、日本、印度、蒙古等亚洲文学作品50多部,由于她的中文特长和对中国的情感,推出最多的是中国作品。除了《西游记》《道德经》《孽海花》《老残游记》等古典作品,还编辑了鲁迅、林语堂、老舍、谌容等现代作家的作品。年过七旬的她还主编了《20世纪中国小说选》,年近八旬的她不仅翻译了莫言的长篇小说《酒国》(2013),而且编辑了莫言的另外一部长篇小说《蛙》(2014)。因为姑兰在中国图书的匈牙利语译介和出版领域所做出的贡献——"毕生从事中国文学的翻译和推广",2018年8月她获得"中华图书特殊贡献奖"。另外,2007年9月开始,匈牙利首次在中国举行文化季活动,11月在中国国家图书馆举办了"津渡——中匈书展",书展上展出了用汉语出版的匈牙利题材书籍及用匈牙利语出版的中文题材书籍,其中翻译作品占了主要部分,共计展出156本匈译本书籍及85本中译本书籍,这是两国间首次举办此类书展,见证了中匈文化关系的发展。2008年4月开幕的第15届布达佩斯国际图书节,有50多本关于中国的图书出版发行,在同一时间内出版如此之多的关于一个国家的新书在匈牙利图书出版史上是绝无仅有的。这些新书包括高恩德(Galla Endre)翻译的《朝花夕拾》、高行健的《灵山》和《中世纪初的中国哲学与宗教》《狼图腾》等。

另外，现今一些追求商业利益的出版社，仍然从其他语言主要是从英语将那些在海外畅销的中国文学作品译成匈牙利语，如近年出版的包括马健、棉棉、卫慧的小说作品。另外，一些中国台湾的作家或海外华人华裔作家以中文或外文创作的作品也有了匈牙利语译本，如中国台湾的聂华苓、英国的哈金和法国的戴思杰等。

编年正文

公元 1900 年（光绪二十六年）

一、大事记

1. 奥匈帝国参加了镇压义和团运动，在天津建租界，在山东设立领事处。

2. 5月31日，斯坦因率随从数人从克什米尔斯利那加出发，开始了第一次中亚考察。

3. 匈牙利著名的动物学家、民俗学家、亚洲研究学家奥尔玛希·哲尔吉（Almásy György）进行第一次中亚考察，到达伊犁河和汗腾格里地区及天山中部高原。此行主要对哈萨克斯坦和吉尔吉斯斯坦地区的动物学资源进行考察，得到两万多件动物标本，搜集了很多民俗学方面的器物。[1]

二、书（文）目录

Cholnoky, Jenő: *A sárkányok országából*, I-II（《来自龙的国度》上下卷），Veszprém: 1900.

三、备注

乔尔诺基·耶诺（Cholnoky Jenő），1870年出生于维斯普雷姆（Veszprém），匈牙利最著名的地理学家之一，匈牙利科学院院士，是洛茨·拉约什的继承者。1896年在洛茨的推荐之下得到一笔非常微薄的资金前往中国进行科考，他的任务是考察中国长江、黄河两大流域的低地三角洲，探寻其河床变化情况及周围环境。他在中国待了一年半，完成了水文地理的绘制，并且在满洲里发现了一大片熔岩地带，他所搜集的资料对民俗学的研究也有很大帮助，他在日记中绘制了1235幅图画，其中包括很多非常精准的水利建筑绘图。1900年完成的《来自龙的国度》，描绘了沿途所见之民风民情，收录了其间绘制的地理绘图，该书奠定了他在匈牙利和国际学术界的地位，分别于1913年再版和1935年重印。[2]

公元1901年（光绪二十七年）

一、大事记

5月12日，斯坦因返回喀什，结束了在新疆的发掘，携所获文物（约1500件）

---

[1] Büdők Zigmond: *Világjáró magyarok*, Dunaszerdahely: Nap Kiadó, 2002, pp. 60-61.
[2] 同上书，pp. 62-64.

经俄国于 7 月 2 日返回伦敦，正式结束了第一次中亚考察。他在这次考察中的发现物现主要藏在大英博物馆东方古物部和大英图书馆东方部。

二、书（文）目录

Lóczy, Lajos: *A mennyei birodalom története*（《天朝帝国史》），Földrajzi Társaság Könyvtára sorozat, Budapest: Lampel Róbert Rt. Könyvkiadó Váll. 1901. 288 oldal, 58 kép, 7 térkép.

三、备注

洛茨·拉约什，匈牙利著名地理学家、地质学家，第一个对青藏高原附近的山脉做了科学说明的人。1877—1880 年作为塞切尼伯爵考察队的地质专家到印度和中国做调查，著有《中华帝国之自然环境及列国纪实》（1886）和《天朝帝国史》[1]等书。斯坦因在阅读了他的东方旅行报告之后决定来到中国探寻敦煌莫高窟藏经洞。

公元 1902 年（光绪二十八年）

大事记

中国在维也纳成立代表处，此前由驻俄国彼得堡的中国公使兼理对奥匈帝国的外交事务。

---

[1] Lóczy Lajos: *A khinai birodalom természeti viszonyainak és országainak leírása*（《中华帝国之自然环境及列国纪实》），Budapest: Kiad. M. Kir. Természettudományi Társulat, 1886. 865 oldal, 200 kép.

公元1903年（光绪二十九年）

一、大事记

20世纪前匈牙利主要是通过其他媒介语言（拉丁语、英语、德语、法语等）来翻译出版中国作品的，本年出版的《中国故事》是目前所知第一次从中文翻译成匈牙利语的作品。

二、书（文）目录

1. Ludwig, Ernő: *Khinai mesék*（《中国故事》）, Budapest: Athenaeum. 1903.

2. Heinrich, Gusztáv: *Egyetemes irodalomtörténet (négy kötet)*（《文学史通论》）, Budapest: Franklin. 1903.

3. Almásy, György: *Vándor-utam Ázsia szívébe*（《我在亚洲腹地的流浪之旅》）, Budapest: Természettudományi Könyvkiadó-vállalat. 1903.

三、备注

1. 《中国故事》的译者是鲁德威格·艾尔诺（Ludwig Ernő），外交官，1900年被派往中国，先在上海后被调任北京。书中注明译自中文原著（主要译自《笑林广记》）。他是第一位直接将中文翻译成匈牙利语的翻译家。译者写了很长的前言，驳斥了"东亚病夫"说，他在书中写道："那是我们不了解的中国，因为我们都还年轻，而中国是长了胡须的老者，他有五千多岁了。"[①]

2. 亨利克·古斯塔夫（Heinrich Gusztáv）主编的《文学史通论》（4册）详细描述了中国文字、孔子思想、《诗经》和杜甫的诗歌，另外还介绍了中国的戏剧，提到了《赵氏孤儿》《看钱奴》等著名剧本，在小说部分详细介绍了《三

[①] 符志良：《早期来华匈牙利人》，布达佩斯：世界华文出版社，2003年，第96—97页。

国演义》和《水浒传》，并配以中文插画。这些部分由昆奈特·费伦茨（Kűhnert Ferenc）和费欧科·卡洛伊（Fiók Károly）撰写，但是他们并不是汉学家。

公元 1904 年（光绪三十年）

书（文）目录

Cholnoky, Jenő: *Almásy György utazása Belső-Ázsiában*（《奥尔玛希·哲尔吉的中亚之旅》），Földrajzi Közlemények. 1904.

公元 1906 年（光绪三十二年）

一、大事记

1. 奥尔玛希·哲尔吉组织了第二次中亚考察，深入中国北部，直奔天山。半年之后，由于与普林茨·久拉（Prinz Gyula）产生严重意见分歧，两人分道扬镳。中亚考察的主要成绩由普林茨取得。

2. 斯坦因开始第二次中亚探险（1906—1908），发掘古楼兰遗址，在敦煌莫高窟骗走大批敦煌文物。敦煌文物的发现轰动了整个欧洲。

二、书（文）目录

1. Gubányi, Károly: *Öt év Mandzsuországban*（《在满洲的五年》），Budapest: Lampel R. Kk., 1906. A Magyar Földrajzi Társaság Könyvtára. 327 p.

2. Vay, Péter: *Kelet császárai és császárságai*（《东方皇帝和帝国》），Budapest:

Franklin. 1906. 465 p.

三、备注

1. 普林茨·久拉，享誉世界的地理学家、地质学家、民俗学家。使普林茨声名远扬的是两次中亚科考。第一次是 1906 年 5 月至 1907 年 1 月，第二次是 1909 年 4 月至 10 月。他是第一个考察天山大峡谷的欧洲人，是第一个由谷底爬上岩壁而行走在岩石小道上的欧洲人。他开创性的天山研究工作有助于其他学者明确认识亚洲山脉的结构关系。[①]

2. 古巴尼·卡洛伊（Gubányi Károly, 1867—1935），铁路工程师，在洛茨·拉约什的影响下于 1896 年与同伴赴中国参加中东铁路建设。1904 年由于日俄战争爆发返回匈牙利。他领导了一支近 300 人的包括俄罗斯、中国和朝鲜劳工的队伍，修建过程中克服了难以想象的困难。在《满洲五年》一书中他记录了这些情况，留下了很多珍贵的历史照片。

3. 瓦伊·彼得（Vay Péter, 1864—1948），埃斯泰尔戈姆地区神父，1903—1914 年受梵蒂冈的委任环游世界完成传教使命，并且受政府之命沿途购买艺术品、收藏品，它们后来被收藏在霍普·费伦茨东亚艺术博物馆（Hopp Ferenc Kelet-Ázsiai Művészeti Múzeum）中。

公元 1907 年（光绪三十三年）

一、书（文）目录

1. Stojits, Iván: Tao te King: *Lao-ce életbölcselete*（《道德经》），Budapest:

[①] 见 Büdők Zigmond: *Világjáró magyarok*, pp. 65-67, 以及泰来拜什亚洲百科电子资料库（Terebess Ázsia Lexikon: http://terebess.hu/keletkultinfo/lexikon/balazs.html）。

Athenaeum. 1907.

2. Ágner, Lajos: *A kínai nevelés*（《中国教育》）, Budapest: Jászberény. 1907. 71 p.

二、备注

1. 斯托伊持·伊万（Stojits Iván，1866—1932）1907 年翻译的《道德经》是目前匈牙利最早的《道德经》翻译版本。

2. 阿格奈尔·拉约什（Ágner Lajos，1878—1949），匈牙利文学史学家、东方学家，主要从事中国和日本语言的研究。

公元 1908 年（光绪三十四年）

一、书（文）目录

Stein, Aurél: *Homokba temetett városok: Régészeti és földrajzi utazás Indiából Kelet-Turkesztánba 1900-1901-ben* [《沙埋和田废墟记：从印度去东突厥斯坦从事考古和地形考察的初步报告（1900—1901）》], Angolból átdolg. Halász Gyula. Budapest: Lampel R. Könyvkiadóvállalata. 1908. 326 p.

二、备注

1908 年在匈牙利出版的《沙埋和田废墟记：从印度去东突厥斯坦从事考古和地形考察的初步报告（1900—1901）》一书，是由郝拉斯·久拉（Halász Gyula）从英文版翻译的。

公元 1909 年（宣统元年）

一、大事记

4月至10月，普林茨·久拉开始第二次中亚科考。[①]

二、书（文）目录

Stein, Aurél: *Közép-ázsiai utam, 1906-1908*（《1906—1908 年之中亚之旅》），Angolból átdolg. Halász Gyula. Budapest: Lampel R. Könyvkiadóvállalata. 1909. 58 p.

三、备注

斯坦因的《1906—1908 年之中亚之旅》由郝拉斯·久拉从英文版翻译。

公元 1910 年（宣统二年）

一、书（文）目录

Kompolthy, Jób: *Dzsung-hajóval Khinán keresztül*（《乘坐小帆船穿越中国》），Budapest: Franklin-Társulat. 1910. 102 p.

---

① 详见公元 1906 年部分。

二、备注

孔波尔蒂·尤布（Kompolthy Jób，1879—1938），匈牙利著名航海家孔波尔蒂·蒂瓦道尔（Kompolthy Tivadar）之子，19世纪末曾经两次乘船环绕地球，是匈牙利两次环绕地球航行的第一人。1902年抵达中国，在中国邮政部门谋得职位，并且很快高升，短时间内被任命为大清邮政官局的省级官员，曾经在上海、重庆等地工作过。1913年告长假返回匈牙利。他写了很多关于中国的文章和游记并在广播中加以介绍。他描绘了中国的自然风光和人民的生活，对中国人民充满同情和尊重。

公元 1911 年（宣统三年）

一、书（文）目录

1. Prinz, Gyula: *Utazásaim Belső-Ázsiában*（《我的内亚之旅》），Budapest: Kertész József Könyvnyomdája. 333 p.

2. Bozóky, Dezső: *Két év Keletázsiában*, I-II（《在东亚两年》上下卷），Nagyvárad: Sonnenfeld Nyomda. 1911.

二、备注

博佐基·德热（Bozóky Dezső，1871—1957）于1909—1911年作为舰队医生在奥匈帝国的海军中服务，完成了他的南亚和东亚之旅。两卷本的《在东亚两年》描绘了在中国、朝鲜和日本的所见所闻。

公元 1913 年

一、大事记

1913—1916 年斯坦因完成第三次中亚探险，重访尼雅、楼兰遗址、敦煌，再次卷走大量文物。斯坦因的前三次中亚考察导致了中国西部文物的大量外流，但给他本人带来了极大的荣誉。

二、书（文）目录

1. Cholnoky, Jenő: *A sárkányok országából*, I-II（《来自龙的国度》上下卷），Veszprém: 1900.

ua.: *A sárkányok országából: életképek és utirajzok Khinából*. Budapest: Lampel Róbert Rt. Könyvkiadóvállalat. 1913. 407 p.[①]

2. Stein, Aurél: *Romvárosok Ázsia sivatagjaiban*（《中国沙漠中的遗址》），Ford. és átdolg. Halász Gyula. Budapest: Királyi Magyar Természettudományi Társulat. 1913. (Ruins of Desert Cathay). 667 p.

三、备注

1. 本年出版的《来自龙的国度》上下卷是该书第二次出版。

2. 本年出版的斯坦因的《中国沙漠中的遗址》，由郝拉斯·久拉从英文版翻译。

[①] 详见公元 1900 年。

公元 1917 年

一、书（文）目录

Hamvas, József: *Egyetemes Irodalomtörténet-Főbb vonásokban (három kötet)* (《通用文学史纲》), Budapest: Stampfel. 1917.

二、备注

哈姆瓦什·约瑟夫（Hamvas József）主编了 3 册本的《通用文学史纲》，该书中对中国文学进行了一页篇幅的简要介绍，提到了孔子、老子、杜甫和白居易。

公元 1920 年

一、书（文）目录

Napkeleti szerelmek(《东方爱情故事》), Budapest: Világirodalom. 1920. 144 p.

二、备注

本年出版的《东方爱情故事》（144 页）一书中包括 3 个中国故事。

公元 1922 年

一、书（文）目录

Benedek, Marcell: *A világirodalom története*（《世界文学史》），Budapest: Révai. 1922. 2 kötet.

二、备注

本年出版的由拜奈代克·马希尔（Benedek Marcell）主编的《世界文学史》系列丛书的第二册中，编者用了 4 页篇幅简短地介绍了中国文学史、汉字的特点及中国哲学家。

公元 1923 年

一、书（文）目录

Stein, Aurél: *Indiából Kínába-Harmadik utam Belső-Ázsiába 1913-1916*（《从印度到中国——我在 1913—1916 年间的第三次中亚探险》），Fordító: Halász Gyula, Budapest: Athenaeum Irodalmi és Nyomdai R.-T. Kiadása. 1923. 133 p.

二、备注

斯坦因的《从印度到中国——我在 1913—1916 年间的第三次中亚探险》一书，由郝拉斯·久拉从英文翻译。

公元 1924 年

大事记

  皇家巴兹马尼·彼得大学（即后来的罗兰大学）成立了东亚所，教授汉语和日语，第一任系主任为普罗勒·维尔蒙斯（Pröhle Vilmos）[1]教授。1924 年，罗兰大学成立了东亚所，教授汉语和日语，第一任系主任为普罗勒·维尔蒙斯教授。在东亚所成立时，匈牙利在东方研究特别是土耳其语方面已经很有历史，普罗勒·维尔蒙斯不仅是日语方面的专家，也研究土耳其语，他是东亚系的第一位教授。1942 年他退休后，李盖提接过了远东学院的重担。虽然李盖提最初从事中亚研究，但由于他不懈的工作和对汉学不间断的研究，在他的领导下，汉语教学和汉学研究取得了可喜的成果，并且培养了新一代的汉学家，使中匈文化交流进入前所未有的繁荣时期。除了罗兰大学之外，20 世纪 70 年代赛格德大学也有东亚研究，但是并不教授汉学。1990—1993 年之间米什科尔茨大学的文学联合会（私立大学）也有过中文系。1990 年布达佩斯法门佛教学院开始有中文教学，一直持续到 2008 年。2012 年巴兹马尼·彼得天主教大学（Pázmány Péter Katolikus Egyetem）文学院和社会学学院开设中文专业。2013 年佩奇大学以及布达佩斯卡罗里·卡斯帕尔改革教会大学（Károli Gáspár Református Egyetemen）开始有汉语教学。

---

[1] 郝清新：《汉学教学的范式转换》，《世界汉语教学学会通讯》，2014 年第 4 期。

公元 1926 年

一、书（文）目录

Baráth, Béla, Éber László, Felvinczi Takács Zoltán: *A művészet története*（《艺术史》），Budapest: Világirodalom Könyvkiadóvállalat. 1926. 671 p.

二、备注

费尔温齐·陶卡齐·佐尔坦，艺术史家，1919 年担任霍普·费伦茨东亚艺术博物馆馆长。经过他的努力，该馆逐渐走向专业化。他研究的方向是 19 世纪与 20 世纪之交的匈牙利造型艺术，以及匈牙利民族大迁徙早期的艺术与亚洲艺术的渊源。

公元 1927 年

书（文）目录

Kínai csodák-eredeti kínai mesék（《中国民间传奇故事精选》），Budapest: Pallos. 1927. 96 p.

公元 1928 年

一、大事记

李盖提于 1928 年至 1931 年前往蒙古和北满蒙古族居住地区进行考察。

二、书（文）目录

Kompolthy, Jób: *Tíz év Kínában*（《我在中国的十年》），Budapest: Franklin-Társulat. 1928. A Magyar Földrajzi Társaság Könyvtára. 366 p.[①]

三、备注

《我在中国的十年》由曾在大清邮政官局担任省级官员的孔波尔蒂·尤布完成。

公元 1931 年

一、书（文）目录

Kosztolányi, Dezső: *Kínai és japán versek*（《中国和日本诗歌》），Budapest: Révai. 1931. 139 p.

---

① 详见公元 1910 年。

二、备注

科斯托拉尼·德热，匈牙利著名诗人、作家、翻译家，翻译了大量远东特别是中国的诗歌，他主要从英语进行转译，虽然他的诗歌没有完全忠实于原文，但是他用独特的诗歌语言，准确地传达了中国的诗歌意境和思想。其1931年出版的《中国和日本诗歌》被认为是"中国文化译介的一个里程碑"[①]，该书首版后于1932年、1940年、1942年、1943年和1947年被雷瓦伊出版社和天才出版社（Genius Könyvkiadó）等出版社多次重印。

公元 1932 年

一、书（文）目录

1. Dézsi, Lajos: *Világirodalmi lexikon-Külföldi irodalom*（《世界文学百科全书·外国文学》），Budapest: Studium Kiadó. 1932.

2. *Kínai és japán versek*（《中国和日本诗歌》），Ford. és bev. Kosztolányi Dezső. Budapest: Genius. 1932. 104 p.

二、备注

戴日·拉约什（Dézsi Lajos）主编的3卷本《世界文学百科全书·外国文学》系列丛书中用4页的篇幅介绍了中国文学。

---

① MTA Orientalisztikai Mnkaközösség: *Kína kultúrája Magyarországon*, Budapest, 1985.

公元 1933 年

书（文）目录

Gyetyai, Péter（杰焦伊·彼得）: *Mai kínai magyar missziók*（《当代中国传教士》）, Budapest: 1933.

公元 1934 年

书（文）目录

Stein, Aurél: *Ősi ösvényeken Ázsiában: Három kutató utam Ázsia szívében és Kína északnyugati tájain.* I-II（《在中亚的古道上：在亚洲腹地和中国西北部地区的三次科考之旅》上下卷）, Budapest: Franklin-Társulat. 1934. A Magyar Földrajzi Társaság Könyvtára. 139 p.+108 p.

公元 1935 年

一、大事记

艺术史家费尔温齐·陶卡齐·佐尔坦于 1935—1936 年完成对远东各国的考察。

二、书（文）目录

1. *Magyar jezsuiták Kínában: A tamingi magyar misszió első tíz éve*（《匈牙利传教士在中国：匈牙利传教士在大明的十年》），Szeged: Árpád Nyomda. 1935. 301 p.

2. Hatvany, Bertalan: *Ázsia lelke*（《亚洲灵魂》），Budapest: Franklin Kiadó. 1935. 448 p.

3. Ligeti, Lajos: *Kína. Múlt és jelen*（《中国，过去和现在》），Budapest: Magyar Szemle Társaság. 1935. Kincsestár, A Magyar Szemle Társaság kis könyvtára 20.

4. Cholnoky, Jenő: *A sárkányok országából*. I-II（《来自龙的国度》上下卷），Veszprém: 1900.

ua.: *A sárkányok országából: életképek és utirajzok Khinából*. Budapest: Lampel Róbert Rt. Könyvkiadóvállalat. 1913. 407 p.

ua.: *A sárkányok országából*, I-II. (3. kiad.). Budapest: Franklin-Társulat. 1935. A Magyar Földrajzi Társaság Könyvtára. 328 p.

三、备注

《亚洲灵魂》一书的作者豪特瓦尼·拜尔陶隆（Hatvany Bertalan, 1900—1980）是匈牙利东方学家、作家、翻译家。

公元 1937 年

一、书（文）目录

1. Ágner, Lajos: *Száz kínai vers*（《中国诗歌一百首》），Budapest: Bethlen

Gábor. 1937. 141 p.

2. DR. Keöpe, Viktor: *Titokzatos Kína*（《神秘的中国》）, Budapest: Franklin-Társulat. 1937. 205 p.

二、备注

1.《中国诗歌一百首》由阿格奈尔·拉约什[①]翻译，并撰写了前言和注释。书中介绍了《诗经》中的诗歌及陶渊明、孟浩然、王维、李白、杜甫、白居易、李商隐、韩愈、王安石、苏东坡等诗人的诗歌。

2. 科波·维克多（Keöpe Viktor，1883—1970），1913—1914 年对亚洲进行考察，1937 年完成的《神秘的中国》一书中翔实地记录了中国人的生活和习俗。

公元 1938 年

一、书（文）目录

1. Felvinczi, Takács Zoltán: *Buddha útján a Távol-Keleten*, I (《远东的佛教之路》上册), Budapest: Révai Kiadó. 1938. 260 p. kínai vonatkozású részek: pp. 148-153.

ua.: Budapest: Székely Egyetemi és Főiskolai Hallgatók Egyesülete. 1938. 260 p.

2. Felvinczi, Takács Zoltán: *Buddha útján a Távol-Keleten*, II (《远东的佛教之路》下册), Budapest: Révai Kiadó. 1938. 242 p.

ua.: Budapest : Székely Egyetemi és Főiskolai Hallgatók Egyesülete. 1938. A SZEFHE magyar regényei. 242 p.

[①] 详见公元 1907 年。

二、备注

艺术史学家费尔温齐·陶卡齐·佐尔坦的《远东的佛教之路》上下册在同一年出版，书中涉及中国的部分为第 148—153 页和第 5—121 页。

公元 1940 年

一、书（文）目录

1. *Kínai és japán versek*（《中国和日本诗歌》），Ford. Kosztolányi Dezső. Budapest：Révai Kiadó. 1931. 139 p.

ua.：Budapest: Révai Kiadó. 1940. 139 p.

2. *Kínai és japán versek*（《中国和日本诗歌》），Ford. és bev. Kosztolányi Dezső. Budapest: Genius. 1932. 104 p.

ua.：2. kiad. Budapest：Genius. 1940.

二、备注

科斯托拉尼·德热的《中国和日本诗歌》在 1940 年分别由雷瓦伊出版社和天才出版社出版第二版。

公元 1941 年

一、书（文）目录

Illyés, Gyula: *Lángelmék*（《天才》），Budapest: Nyugat Kiadó. 1941. 343 p.

二、备注

由著名诗人伊耶什·久拉主编的科斯托拉尼·德热的作品集《天才》收录了他译自英文、法文、德文、意大利文的翻译作品，其中包括他翻译的中国诗歌。

公元 1942 年

书（文）目录

1. Csu, Klári（丘·克拉拉）：*Kínai levelek a magyar kislányokhoz*（《致匈牙利女儿的中国来信》），Budapest：Ferences Missziók Országos Ügyvivősége. 1942. Ferences Világmissziók sorozat 12.

2. *Kínai és japán versek*（《中国和日本诗歌》），Ford. és bev. Kosztolányi Dezső. Budapest: Genius. 1932. 104 p.

ua.：2. kiad. Budapest：Genius. 1940.

ua.：Budapest：Genius. 1942.

公元 1943 年

一、书（文）目录

1. *Kínai és Japán versek*（《中国和日本诗歌》），Ford. Kosztolányi Dezső. Budapest：Révai Kiadó. 1931. 139 p.

ua.：Budapest：Révai Kiadó. 1940. 139 p.

ua.：Budapest：Révai Kiadó. 1943. 139 p.

2. *Kínai és Japán versek*（《中国和日本诗歌》），Ford. és bev. Kosztolányi Dezső. Budapest：Genius. 1932. 104 p.

ua.：2. kiad. Budapest：Genius. 1940.

ua.：Budapest：Genius. 1942.

ua.：Budapest：Genius. 1943.

3. Kung Fu-tse：*Lun Jü: Kung mester beszélgetései*（《论语》），Ford. Hamvas Béla. Budapest：Bibliotheca Kiadó. 1943.

4. Vallások Könyve 1：*Tao te king: A Legfőbb lényről és az Erényről*（《道德经》），Kínaiból ford., bev. és jegyzetekkel ell. Ágner Lajos. Budapest：Officina Nyomda. 1943. 108 p.

5. Csi, Nai Ngan：*Vu Szung, a szegénylegény*（《水浒传》），A kínai eredeti után átköltötte Albert Ehrenstein, A német kiadásból ford. Jankovics András. Budapest：Dante Könyvkiadó. 1943. 300 p.

6. Felvinczi, Takács Zoltán：*A Kelet művészete*. Budapest：Dante Kiadó. 1943. 234 p.

二、备注

1. 由著名诗人科斯托拉尼·德热翻译的《中国和日本诗歌》第三次重印，该书于1931年和1940年已出版两版。

2. 由豪姆沃什·贝拉（Hamvas Béla）从德语转译的《论语》一书出版。

3. 由阿格奈尔·拉约什翻译并撰写前言和注释的《道德经》由中文直译。

4. 本年出版的《水浒传》一书由杨科维奇·安德拉什（Jankovics András）从德语转译，同时参照了中文原文。

公元 1944 年

一、书（文）目录

1. *Idegen költők: Összegyűjtött műfordítások*（《外国诗歌选》），Ford. Kosztolányi Dezső. Budapest：Révai. 1944. 541 p.

2. *Csuang-ce: Csuang Ce bölcsessége*（《庄子》），Budapest：ABC Könyvkiadó. 1944, 136 p.

二、备注

由诗人科斯托拉尼·德热翻译的《外国诗歌选》出版，前言由诗人伊耶什·久拉撰写。书中收录了李白、李商隐、柳宗元、孟浩然、白居易、杜甫、杜牧、王昌龄、王勃、王维等中国诗人的诗歌。

公元 1945 年

一、书（文）目录

Cser, László SJ：*Pekingi séták*（《漫步北京》），Budapest：1945.

二、备注

《漫步北京》一书由传教士切尔·拉斯洛（Cser László SJ）撰写。

公元 1947 年

书（文）目录

1. *Kínai és japán versek*（《中国和日本诗歌》），Ford. Kosztolányi Dezső. Budapest：Révai Kiadó. 1931. 139 p.

ua.：Budapest：Révai Kiadó. 1940. 139 p.

ua.：Budapest：Révai Kiadó. 1943. 139 p.

ua.：Budapest：Révai Kiadó. 1947. 139 p.

2. *Kínai és japán versek*（《中国和日本诗歌》），Ford. és bev. Kosztolányi Dezső. Budapest：Genius. 1932. 104 p.

ua.：2. kiad. Budapest：Genius. 1940.

ua.：Budapest：Genius. 1942.

ua.：Budapest：Genius. 1943.

ua.：Budapest：Genius. 1947. 104 p.

3. *Idegen költők: Összegyűjtött műfordítások*（《外国诗歌选》），Ford. Kosztolányi Dezső. Budapest：Révai. 1944. 541 p.

ua.：Budapest：Révai. 1947. 541 p.

公元 1949 年

一、大事记

1. 10 月 3 日，匈牙利承认中华人民共和国，成为最早承认中华人民共和国的国家之一。10 月 6 日，中国与匈牙利正式建立外交关系。20 世纪 50 年代，中匈友好关系全面发展。领导人互访等各种形式的往来频繁，各领域合作不断加强，两国人民的友谊进一步加深，双方在国际事务中相互支持，密切配合。在中国抗美援朝、争取国家统一、恢复联合国席位及西藏等问题上，匈牙利积极支持中国。

2. 中华人民共和国成立后，两国开始互换图书，互派奖学金学生到对方的国家留学。

3. 李盖提荣获科舒特奖（Kossuth díj）。

二、书（文）目录

1. Epstein, Israel：*Kína forradalma*（《中国革命》），Ford. Gömöri Endre. Budapest：Szikra Kiadó. 1949. 456 p.

2. Kőmüves, Géza：*Új Kína születik*（《新中国的诞生》），Bukarest：Állami Könyvkiadó. 1949.

3. Kisch, Egon Erwin：*Kína titkai*（《中国的秘密》），Ford. László Mária. Budapest：Szikra Könyvkiadó. 1949. (*China gehiem*). 200 p.

公元 1950 年

一、大事记

1. 7 月，中匈决定互派留学生学习对方语言。
2. 李盖提创办《匈牙利科学院东方学报》，该报后来成为中亚研究领域的先锋。

二、书（文）目录

1. Kulcsár, István: *A Liu-testvérek-Kínai népmese*（《中国民间故事选》），Budapest：Athenaeum. 1950.

2. Hsi, Nai An (Si Nai-an): *Vízparti történet*（《水浒传》），Ford. Goda Géza. Budapest：Athenaeum Könyvkiadó. 1950.

三、备注

1. 由古尔查尔·伊什特万（Kulcsár István）由俄语转译的《中国民间故事选》出版，书中插图由罗娜·艾米（Róna Emy）绘制。

2. 戈达·盖佐（Goda Géza）从德语版本转译了《水浒传》。书中带有深深的时代烙印，前言中认为该书是属于中国劳动人民的独一无二的、其他小说无法与之媲美的小说。书中提到了毛泽东领导的解放战争，把小说中的农民革命斗争和中国工人阶级反压迫斗争相提并论。

公元 1951 年

一、大事记

7月，中匈文化合作协定在北京签署。其后，两国陆续签订了交换影片协议、互换新闻素材协议、互相购买影片协议、邮票进出口协议、广播合作协定等。20 世纪 50 年代，两国频繁互派文化代表团、文艺团体和体育代表团等，双方还经常举行画展、工艺品展、学者讲学、名人纪念活动，进行语言研究和书刊翻译等。匈牙利"十月革命"事件后，双方来往更多。

二、书（文）目录

1. *Mit olvassunk új Kínáról magyar nyelven?*（《关于中国我们能读到什么匈语读物——匈牙利所出版中国文献目录汇编》），Budapest: Fővárosi Szabó Ervin Könyvtár Tudományos Központja. 1951. A Fővárosi Szabó Ervin Könyvtár Tudományos Központjának népszerű könyvészeti sorozata 3.

2. Új Kína: *Válogatott bibliográfia 1949-1950*（《新中国：1949—1950 年间匈牙利所出版中国文献目录汇编》），Budapest: Fővárosi Szabó Ervin Könyvtár. 1951. Időszerű kérdések irodalma 1.

三、备注

本年，匈牙利首都萨博·艾尔文图书馆（Fővárosi Szabó Ervin Könyvtár）相继出版了《关于中国我们能读到什么匈语读物——匈牙利所出版中国文献目录汇编》和《新中国：1949—1950 年间匈牙利所出版中国文献目录汇编》，书中详细罗列了在不同时期匈牙利所出版的书籍、报刊杂志和文章目录汇编，为研究者提供了丰富的史料参考。

公元 1952 年

一、大事记

随着汉学家的成长，诗人与汉学家进行合作，对汉学家直译出的作品进行加工润色，比如天才诗人沃莱什·山道尔在陈国的帮助下完成了屈原、杜甫和李白的诗歌翻译，他还在杜克义的帮助下完成了《道德经》的翻译。乔纳迪·伊姆雷（Csanádi Imre）、伊耶什·久拉和亚诺士·伊斯特万（Jánosy István）等人对杜克义翻译的《诗经》进行润色，翻译出了脍炙人口的诗句。《离骚》《乐府诗》等都是用这种方式翻译成了匈牙利语。原著中的故事和情节通过翻译家精湛的艺术加工鲜活再现，让那些不了解中国及其语言、文化和传统的人也能深切地感受其中的奥妙。

二、书（文）目录

1. Bai, Juyi: *Po Csü-ji versei*（《白居易诗选》），Ford. Weöres Sándor, Nyersford. és jegyz.: Csongor Barnabás. Budapest: Szépirodalmi Könyvkiadó. 1952. 139 p.

2. Trencsényi-Waldapfel, Imre: *Világirodalmi antológia*(《世界文学作品集》)，Budapest: Tankönyvkiadó. 1952. 6 kötet.

3. *A kínai nevek és szavak magyar átírása*（《中国名称的匈牙利语书写》），Tech. szerk. Fábián Pál. Budapest: Akadémiai Kiadó. 1952. 35 p.

三、备注

1.《白居易诗选》由著名汉学家陈国初译并撰写注释，诗人沃莱什·山道尔进行诗歌再加工，书中插图由卡尔曼·克拉拉（Kálmán Klára）根据中国绘画临摹，该书印数 4000 册。

2. 由特来切尼·瓦达菲尔·伊姆雷（Trencsényi-Waldapfel Imre）主编的 6 卷册《世界文学作品集》在第一册中的"古代文学作品"中介绍了中国文学，由汉学家陈国撰写，介绍了《诗经》及孔子、老子、墨子、孟子、庄子、吕不韦等人的作品，也提到了王充的《论衡》。诗歌部分由汉学家陈国初译，著名诗人沃莱什·山道尔和卡洛伊·艾米（Károlyi Amy）再加工润色为诗歌语言。在第二册中的"中世纪和文艺复兴作品"中介绍了中国诗人孟浩然、王维、李白、杜甫、白居易、韩愈、柳宗元等人的诗歌，由陈国初译，诗人沃莱什·山道尔和萨博·勒林茨润色为诗歌语言。

公元 1953 年

一、书（文）目录

Trencsényi-Waldapfel, Imre: *Világirodalmi antológia*（《世界文学作品集》），Tankönyvkiadó. 1953. 2.bővített. Kiad.

二、备注

由特来切尼－瓦达菲尔·伊姆雷主编的《世界文学作品集》出版的第二年便发行修订版，增加了对陶渊明、苏东坡及《水浒传》的作品介绍，印数1500册。

公元 1954 年

一、书（文）目录

Qu, Yuan: *Csü Jüan versei*（《屈原诗选》），Ford. Weöres Sándor : A verseket kínaiból magyar prózára ford., utószóval és jegyzetekkel ellátta Tőkei Ferenc. Budapest: Szépirodalmi Könyvkiadó. 1954. 109 p.

二、备注

《屈原诗选》由汉学家杜克义初译，诗人沃莱什·山道尔润色为诗歌语言，后记和注释由杜克义撰写，印数 2000 册。

公元 1955 年

一、书（文）目录

1. Du, Fu: *Tu Fu versei*（《杜甫诗选》），Ford. Illyés Gyula et al. A verseket vál., kínaiból magyar prózára ford., az előszót és a magyarázó jegyzeteket írta Csongor Barnabás. Budapest: Új Magyar Kiadó. 1955. 122 p.
2. Marót, Miklós: *Mit olvassunk a világirodalom klasszikusaitól*（《世界古典文学推荐》），Budapest: Fővárosi Szabó Ervin Könyvtár. 1955. 220 p.

二、备注

1.《杜甫诗选》由汉学家陈国初译，由诗人伊耶什·久拉、科尔莫什·伊特万（Kormos István）、科斯托拉尼·德热、拉多尔·拉斯洛（Lator László）、奈迈什·纳吉·阿格奈什（Nemes Nagy Ágnes）、萨博·勒林茨、沃莱什·山道尔在初译的基础上对诗歌语言进行润色。书中诗歌选编、前言、注释由汉学家陈国完成，包括120多首杜甫的诗歌。前言详细介绍了杜甫的生平及诗歌风格，提到了中国翻译家冯至的研究，认为他的《杜甫传》是对杜甫研究最透彻的一本书。该书印数4000册。

2. 由马洛特·米克洛什（Marót Miklós）主编的《世界古典文学推荐》介绍了波兰、保加利亚、捷克、中国等国的文学作品，且介绍了屈原和白居易的诗歌。

公元 1956 年

一、书（文）目录

1. *A sárkánykirály lánya. Tang-kori történetek*（《龙女——唐朝故事选》），Ford. Viktor János. Budapest: Új Magyar Könyvkiadó. 1956. (*The Dragon King's Daughter*). 129 p.

2. Miklós, Pál: *Kína művészete: Vezető a Keletázsiai Művészeti Múzeum Kína Múzeumának kiállításához*（《中国艺术：东亚艺术博物馆中国馆展列导论》），Budapest: Iparművészeti Múzeum. 1956. 32 p.

3. *Vallomás: Szerelmes versek*（《自白：爱情诗选》），Ford. Ady Endre et. al. Budapest: Ifjúsági Könyvkiadó. 1956. A világirodalom gyöngyszemei sorozat. 333 p.

二、备注

1. 由维克多·亚诺什（Viktor János）从英语版本（*The Dragon King's Daughter*）翻译的《龙女——唐朝故事选》出版，印数4000册。书中插图阮胡特（Nguyen Huu

Thut），主编卡力·萨拉（Karig Sára），《龙女》脱胎于中国民间故事"柳毅传书"。该书是100余卷的"世界民族故事"系列丛书的第一卷。

2. 米白的《中国艺术：东亚艺术博物馆中国馆展列导论》一书出版。

3.《自白：爱情诗选》由匈牙利诗人奥蒂·安德烈（Ady Endre）、沃莱什·山道尔、鲍比齐·米哈伊（Babits Mihály）、奥洛尼·亚诺什、科斯托拉尼·德热等人翻译，该书属于世界文学集萃系列丛书。

公元 1957 年

一、大事记

1. 1月16日，中国国务院总理周恩来率中国政府代表团访问匈牙利。

2. 9月27日，匈牙利总理卡达尔（Kádár János）率领匈牙利政府代表团访华，双方发表了联合声明。

二、书（文）目录

1. *Dalok Könyve*（《诗经》），Ford. Csanádi Imre et al.: Kínai eredetiből magyar prózára fordította és a magyarázó jegyzeteket írta Tőkei Ferenc. Budapest: Európa Könyvkiadó. 1957. 473 p.

2. *Énekek éneke: Az örök szerelem versei*（《永恒的爱情诗歌集》），Ford. Ady Endre et. al. Budapest: Európa Könyvkiadó. 1957. 653 p.

3. *Évszakok: Versek az örök természetről*（《四季：永恒的大自然诗集》），Ford. Ady Endre et al. Budapest: Móra Ferenc Ifjúsági Könyvkiadó. 1957. 365 p.

4. *Kínai és japán költők*（《中国和日本诗歌》），Ford. Kosztolányi Dezső. Budapest: Szépirodalmi Könyvkiadó. 1957. Kosztolányi válogatott műfordításai sorozat. 237 p.

5. Lao, Tze: *Az Út és az Ige könyve*（《道德经》）, Ford. bev. és magy. Hatvany Bertalan. München: Látóhatár. 1957. 111 p.

6. *Vallomás: Szerelmes versek*（《自白：爱情诗选》）, Ford. Ady Endre et. al. Budapest: Móra Ferenc Könyvkiadó. 1957. 282 p.

三、备注

1.《诗经》由汉学家杜克义初译，诗人乔纳迪·伊姆雷、伊耶什·久拉、亚诺士·伊斯特万、卡洛伊·艾米、科尔莫什·伊什特万、拉多尔·拉斯洛、奈迈什·纳吉·阿格奈什、拉布·茹饶（Rab Zsuzsa）、萨博·玛格达（Szabó Magda）、沃莱什·山道尔等进行诗歌语言的加工。后记和注释由杜克义撰写。绘图卡尔曼·克拉拉、郭玉恒（Kuo Jü-Heng）。印数 2000 册。该书出版后，很快被抢购一空。

2. 匈牙利东方学家、翻译家豪特瓦尼·拜尔陶隆从中文翻译了老子的《道德经》，1977 年再版。

3.《自白：爱情诗选》于 1956 年和 1957 年分别由青年出版社（Ifjúsági Könyvkiadó）和莫劳·费伦茨出版社（Móra Ferenc Könyvkiadó）出版。

公元 1958 年

一、书（文）目录

1. *Az olajárus és a kurtizán: Négy elbeszélés a Csin ku csi kuan gyűjteményből* (《今古奇观》短篇小说四篇：《卖油郎独占花魁》《灌园叟晚逢仙女》《钱秀才错占凤凰俦》《金玉奴棒打薄情郎》), Ford. Kemény Katalin: Az utószót írta Tőkei Ferenc. Budapest: Európa Könyvkiadó. 1958. Világirodalmi kiskönyvtár. 155 p.

2. Kuan, Han-csing: *Tou O ártatlan halála/Csao Pen-er, a mentőangyal* (《窦

娥冤》《救风尘》），Két dráma. Ford. Tőkei Ferenc, Miklós Pál: A verseket ford. Nagy László: Az utószót írta Tőkei Ferenc. Budapest: Európa Könyvkiadó. 1958. 86 p.

3. Kuo, Mo-zso: *Csü Jüan: Tragédia öt felvonásban*（《屈原》），Kínai eredetiből ford. és az utószót írta Miklós Pál. Budapest: Európa Könyvkiadó. 1958. 210 p.

4. *Kínai szelence*（《中国宝盒》），Ford. a jegyzeteket és a bevezetést írta Illyés Gyula. Budapest: Európa Könyvkiadó. 1958. 174 p.

5. Lao-ce: *Az Út és Erény Könyve*（《道德经》），Ford. Weöres Sándor: A kínai eredetiből magyar prózára ford. az utószót, a magyarázó jegyzeteket írta Tőkei Ferenc. Budapest: Európa Könyvkiadó. 1958. 110 p.

6. *Örök barátaink* I-II.: *A költő kisebb lírai versfordításai*（《我们永恒的朋友——抒情诗歌选》上下集），Ford. Szabó Lőrinc. Budapest: Szépirodalmi Könyvkiadó. 1958. 1832 p.

7. Weöres, Sándor: *A lélek idézése: Műfordítások*（《心灵之约——沃莱什·山道尔翻译作品精选》），Budapest: Európa Könyvkiadó. 1958. 904 p.

二、备注

1.《今古奇观》短篇小说四篇：《卖油郎独占花魁》《灌园叟晚逢仙女》《钱秀才错占凤凰俦》《金玉奴棒打薄情郎》由作家、翻译家凯梅尼·卡塔琳（Kemény Katalin, 1909—2004）从法语转译，汉学家杜克义撰写了后记，该书从《今古奇观》40篇短篇小说中节选了第7、8、27和32篇。汉学家杜克义在后记中写道："这四篇小说以丰富、独特的色彩及直接的叙事方式拉近了古代中国城市和欧洲文艺复兴世界的距离。让人联想起《一千零一夜》和薄伽丘的作品。"[①] 印数5000册。

2. 关汉卿的《窦娥冤》和《救风尘》由杜克义、米白从中文原文翻译成匈牙利语，纳吉·拉斯洛（Nagy László）翻译了其中的诗歌部分，后记由杜克义撰写。

3. 郭沫若的剧作《屈原》由米白从中文原文翻译过来，并且撰写了后记。

---

① *Az olajárus és a kurtizán: Négy elbeszélés a Csin ku csi kuan gyűjteményből*. Ford. Kemény Katalin. Budapest: Európa Könyvkiadó. 1958.

4. 诗集《中国宝盒》，由诗人伊耶什·久拉翻译，并且撰写了注释和引言。书中收录了《诗经》及以下人物的作品：项羽、汉高祖、汉武帝、刘桢、陶渊明、鲍照、沈约、谢朓、隋炀帝、孟浩然、王维、唐玄宗、岑参、李白、杜甫、柳宗元、刘禹锡、孟郊、白居易、李绅、施肩吾、李商隐、皮日休、陆龟蒙、聂夷中、陈陶、杜光庭、郭震、徐凝、刘采春、薛逢、李煜、苏东坡、李清照、晁冲之、梅尧臣、辛弃疾、陆游、岳飞、雷震、林逋、罗贯中、李攀龙、王世贞、马湘兰、施闰章、毛奇龄、查慎行、戴叔伦、毕著、钱鹤滩、闻一多、郭沫若、徐志摩等。书中插图由卡尔曼·克拉拉绘制，印数 7100 册。

5. 老子的《道德经》的另一个翻译版本面市，由汉学家杜克义从中文原文翻译，诗人沃莱什·山道尔进行诗歌语言的加工，杜克义撰写了后记和注释。这是《道德经》翻译版本中最权威、忠实度最高，也是重印次数最多的版本。

6. 《心灵之约——沃莱什·山道尔翻译作品精选》，由欧洲出版社出版，书中收录了著名诗人沃莱什·山道尔从德语、英语、法语、意大利语、西班牙语、汉语等不同语言翻译的经典作品，译自汉语的作品包括老子、庄子、屈原、曹植、汉武帝、陶渊明、孟浩然、王维、李白、杜甫、韩愈、白居易、柳宗元、李商隐、苏东坡及一些现代诗人（如鲁迅、郭沫若、毛泽东）的作品。印数 6000 册。该书于 1964 年再版。

公元 1959 年

一、大事记

1. 3 月，中共中央副主席朱德率中国党政代表团访问匈牙利。

2. 4 月，匈牙利社会主义工人党政治局委员、总理明尼赫（Münnich Ferenc）率党政代表团访华，与中国国务院总理周恩来共同签署《中匈友好合作条约》。

3. 9 月，匈牙利人民共和国主席团主席道比（Dobi István）率党政代表团访华。

4. 12 月，中共中央书记谭震林率团出席匈党"七大"。

二、书（文）目录

1. *A sárkánykirály palotája: Kínai, tibeti…mesék*（《龙女——世界各国民间故事选》），Ford. Viktor János et al.: Vál. Tőkei Ferenc. Budapest: Móra Ferenc Könyvkiadó. 1959. Népek meséi IV. 463 p.

2. Cao, Hszüe-csin; Kao, O: *A vörös szoba álma*, I-II（《红楼梦》）(Franz Kuhn rövidített német szövegéből), Ford. Lázár György: A versbetéteket ford. Szerdahelyi István: Az előszót írta Tőkei Ferenc. Budapest: Európa Könyvkiadó. 1959. A világirodalom klasszikusai. 348 p.+ 349 p.

3. *Dalok Könyve*（《诗经》），Ford. Csanádi Imre et al.: Kínai eredetiből magyar prózára fordította és a magyarázó jegyzeteket írta Tőkei Ferenc. Budapest: Európa Könyvkiadó. 1957. 473 p.

ua.: 2. kiad. Budapest: Európa Könyvkiadó. 1959. 485 p.

4. *Kínai-magyar bibliográfia*（《中匈文献目录汇编》），Összeállította Ferenczyné Wendelin Lídia. Budapest: Országos Széchenyi Könyvtár. 1959. Új Bibliográfiai Füzetek IV. 334 p.

5. *Kínai verseskönyv: Négy évezred költészetéből*（《4000 年中国诗歌选》），Ford. Franyó Zoltán. Bukarest: Állami Nyomda és Művészeti Könyvkiadó. 1959. 237 p.

6. Pu, Szung-ling: *Furcsa históriák*（《聊斋志异选集》），Ford. az utószót és a jegyzeteket írta Tőkei Ferenc. Budapest: Magyar Helikon. 1959. 294 p.

7. Csü, Jüan: *Száműzetés*（《离骚》），Ford. Nagy László: Kínai eredetiből magyar prózára ford. az utószót, a magyarázó jegyzeteket írta Tőkei Ferenc. Budapest: Európa Könyvkiadó. 1959. 61 p.

8. Tőkei, Ferenc: *A kínai elégia születése: Kü Jüan és kora*（《中国哀歌的产生：屈原和他的时代》），Budapest: Akadémiai. 1959. Esztétikai Kiskönyvtár. 236 p.

9. Vinai A.: *A kínai akupunktúra és filozófiai alapjai*（《中国针灸和哲学基础》），In: Orvosi Hetilap, 100. szám, 1959, pp. 8-74.

10. Vincze, Lajos: *Napkelte a Jangce partján*（《长江日出》），Budapest: Gondolat. 1959. Világjárók 13. 289 p.

11. *Virágos gyertyák avagy egy jó házasság története: Kínai regény a XVII. századból*（《好逑传》）, (Franz Kuhn német szövegéből) Ford. Varga Ilona. A verseket ford. Károlyi Amy. Az előszót írta Tőkei Ferenc. Budapest: Európa Könyvkiadó. 1959. 398 p.

12. *Zenepalota*（《乐府诗选》）, Ford. Fodor András et al.: Vál. kínai eredetiből magyar prózára ford. az utószót, a magyarázó jegyzeteket írta Tőkei Ferenc. Budapest: Európa Könyvkiadó. 1959. 125 p.

三、备注

1.《龙女——世界各国民间故事选》由维克多·亚诺什等人翻译，诗歌由迪鲍什·蒂豪梅尔（Dybas Tihamér）翻译，汉学家杜克义选编。包括中国、日本、蒙古、韩国等国的故事，是世界各国民间故事选系列的一部分，包含27个中国民间故事。

2. 欧洲出版社出版了拉扎尔·哲尔吉（Lázár György）从德语版本即弗朗茨·库恩（Franz Kuhn）的版本转译的2卷册《红楼梦》（分别为348页和349页），书中的诗歌由塞尔道海伊·伊什特万（Szerdahelyi István）转译，前言由杜克义撰写，印数10,450册。该译本在1962年、1964年、1976年和1988年重印四次。

3.《中匈文献目录汇编》在中华人民共和国成立10周年之际出版，由匈牙利国家图书馆协会赞助。主编费伦茨妮·韦德林·利迪娅（Ferenczyné Wendelin Lídia），校对贝谢·拉约什（Bese Lajos）和陈国。书中包括匈牙利现存的从18世纪至1959年的所有中匈文献目录汇编。主要包括三部分内容：第一部分为一般性的介绍性文献、汉学文献目录；第二部分是按照专业划分的与中国相关的书籍、论文等文献目录；第三部分为文学文献目录。前言和目录由匈牙利语、俄语、英语三种语言书就。

4.《4000年中国诗歌选》由弗劳纽·佐尔坦翻译，在布加勒斯特出版。

5. 蒲松龄的《聊斋志异选集》由杜克义从中文原文翻译，并撰写了后记和注释。

6. 本年度出版了两本与屈原相关的书籍：一本为《离骚》，由杜克义从中文原文翻译，纳吉·拉斯洛进行诗歌语言的加工，后记和注释由杜克义撰写；另一本是杜克义撰写的《中国哀歌的产生：屈原和他的时代》，该书是他的博士论文，由匈牙利科学院出版社出版，博考·拉斯洛（Bóka László）、米白校对，凯奇凯美蒂·安娜（Kecskeméti Anna）绘制插图，印数650册。该书于1986年由科苏特出版社再版，之后多次重印。

7. 欧洲出版社出版的《好逑传》，由沃尔高·伊洛娜（Varga Ilona）从德语（弗朗茨·库恩版本）转译，诗歌由卡洛伊·艾米转译，杜克义撰写了前言，莫尔纳·阿格奈什（Molnár Ágnes）绘制插图，帕洛什·伊什特万（Pálos István）校对，印数8000册。该书于1961年、1969年和1974年三次重印。

8. 欧洲出版社出版的《乐府诗选》由杜克义初译，由诗人福多·安德拉什（Fodor András）、高拉·加博尔（Garai Gábor）、伊耶什·久拉、卡洛伊·艾米、科尔莫什·伊什特万、纳吉·拉斯洛、沃莱什·山道尔进行诗歌的再加工。该书包括67首乐府诗歌。选编、注释、后记由杜克义完成。书中插图由奇拉·维拉（Csillag Vera）绘制，印数6800册。

公元 1960 年

一、大事记

从本年开始至1966年，中匈两国关系转冷，摩擦增多，但基本保持了正常的国家关系。其间，两国文化交流减少，但仍保持一定规模的团、组互访，文化交流大体正常。

二、书（文）目录

1. *Cao Cse versei. Cao Cao és Cao Pi verseiből*（《曹植诗选》），Ford. Csukás István et al.: Vál. kínai eredetiből magyar prózára ford. utószóval és jegyzetekkel ellátta Tőkei

Ferenc. Budapest: Európa Könyvkiadó. 1960. 126 p.

2. *Kinaiak a színházról*（《中国人讲演戏》），Ford. Miklós Pál. Budapest: Színháztudományi Intézet. 1960. Korszerű szinház, a Művészeti Szakszervezetek Szövetsége Színházművészeti szakosztályának Kiskönyvtára 16. 87 p.

3. *Kína rövid története*（《中国简史》），Ford. Forgács Marcell. Budapest: Gondolat Kiadó. 1960. (*An Outline History of China*). 374 p.

4. Li, Hszing-tao: *A krétakör*（《灰阑记》），Ford. és az utószót írta Tőkei Ferenc: A verseket ford. Garai Gábor. Budapest: Magyar Helikon. 1960. 254 p.

5. *Mostani és régi idők csodálatos látványai*（《今古奇观选》），Ford. Kemény Katalin: A verseket ford. Kalász Márton: Az utószót írta Tőkei Ferenc. Budapest: Európa Könyvkiadó. 1960. 537 p.

6. Tőkei, Ferenc, Miklós Pál: *A kínai irodalom rövid története*（《中国文学简史》），Budapest: Gondolat Kiadó. 1960. 292 p.

7. Vang, Si-fu: *A nyugati szoba*（《西厢记》），Kínaiból ford. és az utószót írta Tőkei Ferenc: A jegyzeteket írta Csongor Barnabás: A verseket ford. Károlyi Amy. Budapest: Európa Könyvkiadó. 1960. 260 p.

三、备注

1.《曹植诗选》，共 126 页，初译杜克义，由丘卡什·伊什特万（Csukás István）、杜达什·卡尔曼（Dudás Kálmán）、伊耶什·久拉、卡洛伊·艾米、纳吉·拉斯洛、塞尔道海伊·伊什特万、沃莱什·山道尔进行诗歌再加工。选编、注释由杜克义完成。奇拉·维拉、冒寿福绘制插图。书中收录了 40 余首曹植的诗歌，其中也包括部分曹操和曹丕的诗歌。印数 3000 册。

2.《中国人讲演戏》，共 321 页，由米白翻译，是"现代戏剧"系列丛书中的一本，匈牙利戏剧研究所出品，印数 4400 册。

3. 戏剧《灰阑记》由杜克义翻译，并撰写后记和注释，诗歌由高拉·加博尔、玛克里斯·希希（Makrisz Zizi）翻译，校对陈国，插图玛克里斯·希希，印数 4200 册。

20 世纪中国古代文化经典在匈牙利的传播编年　433

4.《今古奇观》，共 537 页，由凯玫尼·卡塔琳翻译，诗歌部分由考拉斯·马尔顿（Kalász Márton）翻译，后记杜克义，插图莫尔纳·阿格奈什，印数 6000 册。

5.《中国文学简史》，共 292 页，主编杜克义、米白，校对陈国、高恩德，印数 3150 册。

6. 王实甫《西厢记》，共 260 页，翻译、后记杜克义，诗歌翻译卡洛伊·艾米，插图莫尔纳·阿格奈什，校对陈国，印数 4000 册。

公元 1961 年

一、书（文）目录

1. *Li Taj-po versei*（《李白诗选》），Ford. András László et al. : Vál., az utószót és a jegyzeteket írta Csongor Barnabás. Budapest: Európa Könyvkiadó. 1961. 341 p.

2. Si, Naj-an: *Vízparti történet*, I-II（《水浒传》），I. Ford. az előszót és a jegyzeteket írta Csongor Barnabás. Budapest: Európa Könyvkiadó. 1961. A Világirodalom Klasszikusai. 554 p.+ 614 p.

3. *Virágos gyertyák avagy egy jó házasság története: Kínai regény a XVII. századból*（《好逑传》），(Franz Kuhn német szövegéből) Ford. Varga Ilona. A verseket ford. Károlyi Amy. Az előszót írta Tőkei Ferenc. Budapest: Európa Könyvkiadó. 1959. 398 p.

ua. Budapest: Szépirodalmi Könyvkiadó. 1961. Olcsó Könyvtár 19-20. 223 p.+ 213 p.

二、备注

1.《李白诗选》，共 341 页，该诗集由罗兰大学东亚系中文专业学生在汉学家陈国的指导下完成初译，由以下诗人完成诗歌再加工：安德拉什·拉斯洛（András László）、贝尔纳特·伊什特万（Bernáth István）、戴梅尼·奥托（Demény

Ottó）、杜达什·卡尔曼、弗劳纽·佐尔坦、高拉·加博尔、伊耶什·久拉、考拉斯·马尔顿、卡诺科·拉斯洛（Kálnoky László）、卡洛伊·艾米、凯门奈什·伊内茨（Kemenes Inez）、科斯托拉尼·德热、纳吉·拉斯洛、奈迈什·纳吉·阿格奈什、欧尔班·奥托（Orbán Ottó）、罗瑙伊·哲尔吉（Rónay György）、萨博·勒林茨、塞多·迪奈什（Szedő Dénes）、塞尔道海伊·伊什特万、蒂玛尔·哲尔吉（Timár György）、沃莱什·山道尔。选编、注释、后记陈国，印数 2500 册。

2.《水浒传》，两册，分别为 554 页和 618 页，翻译、前言和注释陈国，印数 8600 册。

3.《好逑传》，两册，分别为 222 页和 212 页，由沃尔高·伊洛娜从德语转译，诗歌翻译卡洛伊·艾米，印数 40,000 册。

公元 1962 年

一、书（文）目录

1. *A gyermek és a bölcs-Kínai népmesék*（《儿童与智者：中国民间故事》），Ford. Kiss János. Budapest: Ifjúsági. 1962. 61 p.

2. Cao, Hszüe-csin; Kao, O: *A vörös szoba álma*, I-II（《红楼梦》），(Franz Kuhn rövidített német szövegéből) Ford. Lázár György: A versbetéteket ford. Szerdahelyi István: Az előszót írta Tőkei Ferenc. Budapest: Európa Könyvkiadó. 1959. A világirodalom klasszikusai. 348 p.+ 349 p.

ua.: 2. kiad. (egy kötetben). Budapest: Európa Könyvkiadó. 1962. 692 p.

3. Ceng, Pu: *Virág a bűn tengerében*（《孽海花》），(Oroszból) Ford. Háy Gyula: A verseket Polonyi Péter kínaiból készült prózája alapján ford. Szerdahelyi István. Budapest: Európa Könyvkiadó. 1962. 502 p.

4. *Kínai filozófia* - Ókor I-III-Szöveggyűjtemény（《中国古代哲学》1—3 卷），Vál. Ford. A bevezetéseket és jegyzeteket írta Tőkei Ferenc. Budapest: Akadémiai

Kiadó. 1962-1967. Filozófiai írók tára: Új folyam: XXII-XXIV. 1213 p.

5. *Klasszikus kínai elbeszélések*（《中国古典短篇小说选》），Ford. Csongor Barnabás et al.: A verseket ford. Kalász Márton et al.: Vál. és az előszót írta Tőkei Ferenc. Budapest: Európa Könyvkiadó. 1962. A világirodalom klasszikusai. 424 p.

6. *Szerelmes kalendárium: Háromszázhatvanöt költő háromszázhatvanöt verse* (《爱情日历：365 位诗人之 365 首诗》)，Ford. Arany János et. al. Budapest: Móra Ferenc Könyvkiadó. 1962. A világirodalom gyöngyszemei sorozat. 577 p.

7. T. Aszódi, Éva: *Világszép népmesék* [《世界各族民间故事选》（上下册）], Budapest: Móra Ferenc. 1962. 204 p.

二、备注

1.《儿童与智者：中国民间故事》，共 61 页，由基什·亚诺什（Kiss János）翻译，印数 5100 册，包括 6 个中国民间故事。

2.《红楼梦》，第二版出版，印数 11，000 册。

3. 曾朴《孽海花》，共 502 页，由哈伊·久拉（Háy Gyula）从俄语转译，诗歌初译波洛尼·彼得（Polonyi Péter），诗歌再加工塞尔道海伊·伊什特万，后记杜克义，插图莫尔纳·阿格奈什，印数 5000 册。

4.《中国古代哲学》（1—3 卷），该书共分为 3 卷，分别在 1962 年、1964 年和 1967 年出版，翻译、前言、批注由杜克义完成。这是匈牙利第一本系统介绍中国哲学的书籍。

5.《中国古典短篇小说选》，主编杜克义，翻译陈国、考拉·哲尔吉（Kara György）、凯玫尼·卡塔琳、杜克义、维克多·亚诺什，诗歌翻译考拉斯·马尔顿、塞尔道海伊·伊什特万、凯玫尼·卡塔琳、维克多·亚诺什，前言杜克义，印数 7200 册。书中包括 30 篇中国古典短篇小说。

6.《世界各族民间故事选》（上下册），主编迪·阿苏达·爱娃（T. Aszódi Éva），书中收录了中国、波斯、希腊、爱斯基摩、英国、日本、匈牙利、拉普、格鲁吉亚、缅甸、伊斯兰、俄罗斯、法国、蒙古、西西里亚、乌兹别克斯坦等国的民间故事。其中包括两个中国民间故事，其一为"神笔马良"，另一个是"孟姜女"。

公元 1963 年

一、书（文）目录

1. Lengyel, József: *Keresem Kína közepét: útinapló*（《探寻中国腹地：旅行日记》），Budapest: Szépirodalmi Kiadó. 1963. 179 p.

2. *Nyitott ajtó: Válogatott versfordítások*（《开放之门——诗歌翻译集》（上下册）），Ford. Illyés Gyula. Budapest: Európa Könyvkiadó. 1963. 674 p.

3. *Magyar szerzők Ázsiáról és Afrikáról 1950-1962 (Válogatott bibliográfia)*（《匈牙利出版的亚洲和非洲文献汇编（1950—1962）》），Szerk. Bese Lajos. Összeállította: Apor Éva és Ecsedy Ildikó. Budapest: Akadémiai Kiadó. 1963. 106 p.

4. *Marco Polo utazásai*（《马可·波罗游记》），Ford. Vajda Endre. Budapest: Gondolat Kiadó. 1963. Világjárók, Klasszikus útleírások III. (I viaggi di Marco Polo). 458 p.

5. Mezey, István: *Kelet magyar vándorai*（《匈牙利人的东方流浪》），Budapest: Móra Ferenc Könyvkiadó. 1963. Búvár Könyvek 38. 193 p.

6. *Új szerelmes kalendárium : Háromszázhatvanöt költő háromszázhatvanöt verse*（《新篇爱情日历：365位诗人之365首诗》），Ford. Áprily Lajos et. al. Budapest: Móra Ferenc Könyvkiadó. 1963. 448 p.

二、备注

1.《开放之门——诗歌翻译集》（上下册），主编伊耶什·久拉，包含《诗经》及以下作者的诗歌：项羽、汉高祖、汉武帝、梁鸿、刘桢、曹植、陶渊明、鲍照、沈约、谢朓、隋炀帝、孟浩然、王维、李白、杜甫、唐玄宗、岑参、柳宗元、刘禹锡、孟郊、白居易、李绅、施肩吾、李商隐、皮日休、陆龟蒙、聂夷中、陈陶、杜光庭、郭震、薛逢、徐凝、刘采春、李煜、苏东坡、王安石、李清照、梅尧臣、晁冲之、岳飞、陆游、雷震、辛弃疾、罗贯中、李攀龙、王世贞、马湘兰、施闰章、毛奇龄、查慎行、戴叔伦、毕著、钱鹤滩、闻一多、郭沫若、徐志摩、艾青等。

2.《匈牙利出版的亚洲和非洲文献汇编（1950—1962）》，共106页，由科学院出版社出版，主编爱波尔·爱娃（Apor Éva）、艾之迪，该书包含了1950年至1962年之间的匈牙利人编写出版的关于亚洲和非洲的文献目录。

公元 1964 年

书（文）目录

1. Weöres, Sándor: *A lélek idézése: Műfordítások*（《心灵之约——沃莱什·山道尔翻译作品精选》）. Budapest: Európa Könyvkiadó. 1958. 904 p.

ua.: Budapest: Szépirodalmi Könyvkiadó. 1964. 1832 p.

2. Cao, Hszüe-csin; Kao, O: *A vörös szoba álma*, I-II（《红楼梦》），(Franz Kuhn rövidített német szövegéből) Ford. Lázár György: A versbetéteket ford. Szerdahelyi István: Az előszót írta Tőkei Ferenc. Budapest: Európa Könyvkiadó. 1959. A világirodalom klasszikusai. 348 p.+ 349 p.

ua.: 2. kiad. (egy kötetben). Budapest: Európa Könyvkiadó. 1962. 692 p.

ua.: 3. kiad. Budapest: Európa Könyvkiadó. 1964. A világirodalom remekei. 679 p.

3. *Külföldi versek könyve*（《外国诗歌选》），Ford. Ady Endre et. al. Budapest: Móra Ferenc Ifjúsági Könyvkiadó. 1964. Az én könyvtáram sorozat. 430 p.

4. *Szép asszonyok egy gazdag házban (Csin Ping Mej)*（《金瓶梅》），Ismeretlen kínai szerző regénye a XVI. század végéről, (Franz Kuhn német szövegéből) Ford. Mátrai Tamás: A verseket ford. Pór Judit: Az utószót írta Tőkei Ferenc. Budapest: Európa Könyvkiadó. 1964. 447 p.+422 p.

5. *Örök barátaink* I-II.: *A költő kisebb lírai versfordításai*（《我们永恒的朋友——抒情诗歌选》上下卷）, Ford. Szabó Lőrinc. Budapest: Szépirodalmi Könyvkiadó. 1958. 1832 p.

ua.: Budapest: Szépirodalmi Könyvkiadó. 1964. 1832 p.

公元 1965 年

一、书（文）目录

1. *Szerelmes arany kalendárium: Háromszázhatvanöt költő háromszázhatvanöt verse*（《爱情黄金日历：365 个诗人之 365 首诗》）, Ford. Áprily Lajos et. al. Budapest: Kozmosz Könyvek. 1965. 562 p.

2. *Új szerelmes kalendárium: Háromszázhatvanöt költő háromszázhatvanöt verse*（《新篇爱情日历：365 个诗人之 365 首诗》）, Ford. Áprily Lajos et. al. Budapest: Kozmosz Könyvek. 1965. 448 p.

3. *Virágok árnya a függöny mögött: Ismeretlen kínai szerző regénye*（《隔帘花影》）, (Franz Kuhn német szövegéből) Ford. Mátrai Tamás: A verseket ford. Pór Judit: Az utószót írta Tőkei Ferenc. Budapest: Európa Könyvkiadó. 1965. (Mondfrau und Silbervase). 295 p.

二、备注

《隔帘花影》，共 295 页，由马特劳伊·托马斯（Mátrai Tamás）从德语转译，诗歌翻译帕尔·尤迪特（Pór Judit），后记杜克义，插图奇拉·维拉，印数 8000 册。

公元 1966 年

一、大事记

1. 1966—1969 年，中匈两国执政党意识形态分歧扩大，我国爆发"文化大革命"，双边关系恶化。

2. 自 1967 年开始，两国文化交流中断数年，20 世纪 70 年代起逐渐恢复，但双方未交换留学生。

二、书（文）目录

1. *A világirodalom legszebb versei: Az ókortól a XIX. századig*（《世界最美诗歌选：古代至 19 世纪》），Ford. Arany János et al. Budapest: Európa Könyvkiadó. 1966. A Világirodalom Remekei sorozat. 549 p.

2. Domokos, János; Görög, Lívia: *Világirodalmi Dekameron-válogatás a világirodalom legszebb elbeszéléseiből az ókortól a XX. századig*（《世界文学十日谈——20 世纪前世界短篇小说精选》），Ford. Áprily Lajos et al. Budapest: Europa. 1966.

3. *Énekek éneke: A világirodalom szerelmes verseiből*（《歌中之歌：世界文学中的爱情诗歌选》），Ford. Ady Endre et al. Budapest: Magyar Helikon. 1966. 721 p.

4. *Énekek éneke: A világirodalom szerelmes verseiből*（《歌中之歌：世界文学中的爱情诗歌选》），Ford. Ady Endre et al. Budapest: Európa Könyvkiadó. 1966. 721 p.

5. *Idegen költők: Összegyűjtött műfordítások*（《外国诗歌选》），Ford. Kosztolányi Dezső. Budapest: Szépirodalmi Könyvkiadó. 1966. 1023 p.

6. Józsa, Sándor: *Kína és az Osztrák-Magyar Monarchia*（《中国和奥匈帝国》），Budapest: Akadémiai Kiadó. 1966. Kőrösi Csoma Kiskönyvtár 2. 205 p.

7. Vu, Csing-ce: *Írástudók*（《儒林外史》），Kínai eredetiből ford. s az utószót

írta Polonyi Péter: A szöveget a kínai eredetivel egybevetette s a jegyzeteket írta Ecsedy Ildikó. Budapest: Európa Könyvkiadó. 1966. 723 p.

三、备注

1.《外国诗歌选》，主编科斯托拉尼·德热，印数 33,500 册，收录了以下中国作者的诗歌：汉武帝、岳飞、枚乘、班婕妤、傅玄、许询、陆云、嵇康、陶渊明、鲍照、王僧孺、吴均、梁元帝萧绎、骆宾王、司空图、陈子昂、杜审言、王绩、贺知章、李白、刘长卿、孟浩然、杜甫、王昌龄、韦应物、刘慎虚、钱起、丘为、张九龄、岑参、李颀、卢纶、王维、元稹、柳宗元、李益、王勃、白居易、杜甫、薛逢、温庭筠、李商隐、秦韬玉、崔涂、李频、刘方平、苏东坡等。

2.《世界文学十日谈——20世纪前世界短篇小说精选》，3册，主编多莫科什·亚诺什（Domokos János），格勒格·莉维亚（Görög Lívia），印数 66,100 册，书中收录了白行简的《李娃传》（维克多·亚诺什翻译），蒲松龄的《梦狼》（杜克义翻译）等短篇小说。

3. 吴敬梓《儒林外史》，翻译、后记由波洛尼·彼得完成，校对、注释艾之迪，插图奇拉·维拉，印数 5500 册。

公元 1967 年

一、书（文）目录

1. *A sárkánykirály palotája: Kínai, tibeti...mesék*（《龙女——世界各国民间故事选》），Ford. Viktor János et al.: Vál. Tőkei Ferenc. Budapest: Móra Ferenc Könyvkiadó. 1959. Népek meséi IV. 463 p.

ua.: 2. kiad. Budapest: Móra Ferenc Ifjúsági Könyvkiadó. 1967. Népek meséi IV. 450 p.

2. Fodor, András: *Napraforgó-válogatott műfordítások*（《向日葵——翻译精选集》），Budapest: Magvető. 1967. 618 p.

3. *Klasszikus kínai költők*, I-II（《中国古代诗歌选》上下册），Ford. András László et al.: Vál., szerk. és életrajzi jegyzetekkel ellátta Csongor Barnabás (IV-VI. rész) és Tőkei Ferenc (I-III. rész): Az előszót és a jegyzeteket írta Csongor Barnabás. Budapest: Európa Könyvkiadó. 1967. 713 p.+660 p.

4. *Szerelmes ezüst kalendárium: Háromszázhatvanöt költő háromszázhatvanöt verse*（《爱情白银日历：365 位诗人之 365 首诗》），Ford. Áprily Lajos et. al. Budapest: Kozmosz Könyvek. 1967. 532 p.

5. Tőkei, Ferenc: *Műfajelmélet Kínában a III-IV. Században: Liu Hie elmélete a költői műfajokról*（《中国 3—4 世纪的文学理论——刘勰的诗歌理论研究》），Budapest: Akadémiai Kiadó. 1967. 325 p.

二、备注

1.《龙女——世界各国民间故事选》第二版出版发行，印数 37,800 册。

2.《向日葵——翻译精选集》，共 618 页，印数 2400 册。主编福多·安德拉什，书中收录了多首乐府诗歌。

3.《中国古代诗歌选》（上下册），诗歌翻译安德拉什·拉斯洛、奥洛尼·亚诺什、陈国、艾之迪、弗劳纽·佐尔坦、高恩德、伊耶什·久拉、考拉斯·马尔顿、卡洛伊·艾米、科斯托拉尼·德热、纳吉·拉斯洛、奈迈什·纳吉·阿格奈什、欧尔班·奥托、拉布·茹饶、罗瑙伊·哲尔吉、萨博·勒林茨、萨博·玛格达、塞尔道海伊·伊什特万、杜克义、沃莱什·山道尔，前言和注释陈国。印数 3300 册。诗歌选编及诗人生平介绍的第 1—3 部分由杜克义负责，第 4—6 部分由陈国完成。诗集主要从中文原文翻译，包括 250 多位诗人的作品。该书大部分诗歌是第一次与匈牙利读者见面。

4. 杜克义的《中国 3—4 世纪的文学理论——刘勰的诗歌理论研究》由匈牙利科学院出版社出版，共 325 页，印数 500 册，该书是作者的文学博士论文，由李盖提和陈国校对。作者探讨了中国中世纪早期哲学审美中心论的社会基础，认为它无论对经济变革还是对人的思想意识形态都产生了深远影响。该书从中国文学理论的阐述开始，详细介绍了刘勰的作品，解读了其中有价值的篇章，在大量文献和细致、新颖的分析基础上阐明了自己的观点。

公元 1968 年

一、书（文）目录

1. Galla, Endre: *Világjáró magyar irodalom – A magyar irodalom Kínában*（《走遍世界的匈牙利文学——匈牙利文学在中国》），Budapest: Akadémiai Kiadó. 1968. Kőrösi Csoma Kiskönyvtár 5. 158 p.

2. *Szép asszonyok egy gazdag házban (Csin Ping Mej)*（《金瓶梅》），Ismeretlen kínai szerző regénye a XVI. század végéről. (Franz Kuhn német szövegéből) ford. Mátrai Tamás: A verseket ford. Pór Judit: Az utószót írta Tőkei Ferenc. Budapest: Európa Könyvkiadó. 1964. 447 p.+422 p.

ua.: 2. kiad. Budapest: Európa Könyvkiadó. 1968. A Világirodalom remekei. 436 p.+403 p.

二、备注

1.《走遍世界的匈牙利文学——匈牙利文学在中国》一书的作者是高恩德，共 158 页，印数 1000 册，这是第一部介绍匈牙利文学在中国译介情况的书。

2.《金瓶梅》第二版出版发行。

公元 1969 年

一、书（文）目录

1. *Virágos gyertyák avagy egy jó házasság története: Kínai regény a XVII. századból* （《好逑传》），(Franz Kuhn német szövegéből) Ford. Varga Ilona. A verseket ford. Károlyi Amy. Az előszót írta Tőkei Ferenc. Budapest: Európa Könyvkiadó. 1959. 398 p.

ua.: Budapest: Szépirodalmi Könyvkiadó. 1961. Olcsó Könyvtár 19-20. 223 p.+ 213 p.

ua.: 2. kiad. Budapest: Európa Könyvkiadó. 1969. A Világirodalom Remekei. 317 p.

2. Vu, Cseng-en: *Nyugati utazás avagy a majomkirály története I-II* （《西游记》），Ford. a jegyzeteket és a bevezetőt írta Csongor Barnabás. Budapest: Európa Könyvkiadó. 1969. 607 p.+578 p.

二、备注

1.《好逑传》再版，印数 82，650 册。
2. 吴承恩的《西游记》由陈国从原文翻译，并且撰写了后记，印数 8850 册。

公元 1970 年

一、大事记

1970—1979 年，中匈两国维持正常国家关系，但两国执政党交往中止。

二、书（文）目录

Tőkei, Ferenc: *Vázlatok a kínai irodalomról*（《中国文学概览》），Budapest: Kossuth Könyvkiadó. 1970. Esztétikai Kiskönyvtár. 197 p.

三、备注

杜克义：《中国文学概览》，印数 5000 册。

主要内容如下：

老子：《道德经》

屈原：《离骚》

曹植诗选

古代中国诗歌的民歌来源

王实甫：《西厢记》

中国古代小说

《金瓶梅》

《好逑传》

《中国家族小说》

曾朴：《孽海花》

巴金：《憩园》

鲁迅：《野草》

鲁迅：《故事新编》

附录：翻译成匈牙利语的中国文学作品目录

公元 1971 年

一、书（文）目录

1. *A világirodalom legszebb versei*, I-II（《最美世界诗歌选》上下卷），Ford. Arany János et al. Budapest: Európa Könyvkiadó. 1971. 1137 p.

2. Lutter, Tibor et al.: *100 híres regény*（《100 部外国小说名著精选》），Budapest: Táncsics. 1971. 591 p.+ 479 p.

3. *Szép asszonyok egy gazdag házban (Csin Ping Mej)*（《金瓶梅》），Ismeretlen kínai szerző regénye a XVI. század végéről. (Franz Kuhn német szövegéből) Ford. Mátrai Tamás: A verseket ford. Pór Judit: Az utószót írta Tőkei Ferenc. Budapest: Európa Könyvkiadó. 1964. 447 p.+422 p.

ua.: 2. kiad. Budapest: Európa Könyvkiadó, 1968. A Világirodalom remekei. 436 p.+403 p.

ua.: 3. kiad. Budapest: Európa Könyvkiadó. 1971. 526 p.+491 p.

4. Tokei, Ferenc: *Genre theory in China in the 3rd-6th centuries-Liu Hsieh's theory on poetic genres*(《中国 3—4 世纪的文学理论——刘勰的诗歌理论研究》)，Budapest: Akadémiai Kiadó. 1971. 177 p.

二、备注

1.《100 部外国小说名著精选》收录了《红楼梦》，用 2 页的篇幅介绍了作者曹雪芹，用 10 页的篇幅分析了小说的背景和主要人物。印数 36，170 册。

2.《金瓶梅》上、下两册，由马特劳伊·托马斯从德语转译，后记由杜克义撰写，诗歌由帕尔·尤迪特翻译，印数 211，100 册。

3. 杜克义的《中国 3—4 世纪的文学理论——刘勰的诗歌理论研究》一书的英文版出版，共 177 页，该书匈牙利语版本于 1967 年由匈牙利科学院出版社出版。[①]

公元 1973 年

一、大事记

李盖提创办《东方研究》（Keletkutatás）杂志。

二、书（文）目录

1. *A szépség szíve: Régi kínai esztétikai írások*（《文心：古代中国的美学著作》），Vál. szerk. Ford. és a bevezető tanulmányt írta Tőkei Ferenc: A verseket ford. Szerdahelyi István. Budapest: Gondolat Kiadó. 1973. 327 p.

ua.: 2. kiad. Budapest: Európa Könyvkiadó. 1984. Mérleg sorozat. 356 p.

2. *Énekek éneke: A világirodalom szerelmes verseiből*（《歌中之歌：世界文学中的爱情诗歌选》），Ford. Ady Endre et al. Budapest: Európa Könyvkiadó. 1973. A Világirodalom Remekei sorozat. 511 p.

3. Franyó, Zoltán: *Ősi Örökség-Az óegyiptomi, sumer, akkád (asszír), ógörög, római, arab, perzsa, indiai és kínai költészetből*（《古代文化遗产——古埃及、苏美尔、亚述人、古希腊、罗马、阿拉伯、波斯、印度和中国诗歌选》），Bukarest: Kriterion. 1973. 437 p.

4. Képes, Géza: *Fordított világ: Képes Géza műfordításai*（《翻译的世界：凯派什·盖佐翻译作品选集》），Budapest: Magvető Könyvkiadó. 1973. pp. 142-173.

5. *Kínai múlt és jelen*（《中国的过去与现在》），Szerk. Pálos Tamás, Polonyi

---

① 详见公元 1967 年。

Péter. Budapest: Kossuth Könyvkiadó. 1973. 552 p.

6. *Szép asszonyok egy gazdag házban (Csin Ping Mej)*（《金瓶梅》）, Ismeretlen kínai szerző regénye a XVI. század végéről. (Franz Kuhn német szövegéből) Ford. Mátrai Tamás: A verseket ford. Pór Judit: Az utószót írta Tőkei Ferenc. Budapest: Európa Könyvkiadó. 1964. 447 p.+422 p.

ua.: 2. kiad. Budapest: Európa Könyvkiadó. 1968. A Világirodalom remekei. 436 p.+403 p.

ua.: 3. kiad. Budapest: Európa Könyvkiadó. 1971. 526 p.+491 p.

ua.: 4. kiad. Budapest: Európa Könyvkiadó. 1973. 449 p.+416 p.

三、备注

1.《文心：古代中国的美学著作》，共 327 页，主编、翻译和前言杜克义，诗歌翻译塞尔道海伊·伊什特万，校对陈国，印数 5000 册。

全书包含以下内容：
前言：中国社会和审美
音乐的力量
墨子：音乐判断
庄子的艺术观
荀子：关于音乐的文章
韩非子的艺术观
列子的音乐观
傅毅：《舞赋》
卫宏：《诗大序》
音乐论
曹丕：《典论·论文》
陆机：《文赋》
宗炳：《画山水序》
王微的《叙画》

谢赫：《古画品录》

成公绥：《啸赋》

沈约：《宋书·谢灵运传》论

萧统：《文选》前言

钟嵘：《诗品》

刘勰：《文心雕龙》

郭思：《林泉高致》

汤垕：《画鉴》

李鹰的绘画研究两篇

《水浒传》前言

《聊斋志异》前言

2.《歌中之歌：世界文学中的爱情诗歌选》一书曾经在 1966 年由匈牙利海里孔出版社（Magyar Helikon Könyvkiadó）出版，此次由欧洲出版社出版。

3.《古代文化遗产——古埃及、苏美尔、亚述人、古希腊、罗马、阿拉伯、波斯、印度和中国诗歌选》，其中诗歌部分由弗劳纽·佐尔坦翻译。

4.《金瓶梅》第四版出版发行。

公元 1974 年

一、书（文）目录

1. *Dalok Könyve*（《诗经》），Ford. Csanádi Imre et al.: (Kínai eredetiből a nyersfordításokat készítette Tőkei Ferenc). Budapest: Európa Könyvkiadó. 1974. Lyra Mundi. 342 p.

2. *Mallet-Joris, Françoise: A Mennyei Birodalom*（《天朝帝国》），Ford. Kovács Vera. Budapest: Magvető Könyvkiadó. 1974. Világkönyvtár. (L'empire Céleste). 439 p.

3. Polonyi, Péter: *Mit kell tudni a Kínai Népköztársaságról?*（《关于中华人民

共和国我们应该知道什么？》），Budapest: Kossuth Könyvkiadó. 1974. Mit kell tudni…, 212 p.

4. P. Szabó, József: *72 nap a Távol-Keleten*（《远东 72 天》），Budapest: Kossuth Könyvkiadó. 1974. 183 p.

5. Tőkei, Ferenc: *Sinológiai műhely*（《汉学书房》），Elvek és utak, Magvető Kiadó, Bp. 1974.

6. *Virágos gyertyák avagy egy jó házasság története: Kínai regény a XVII. századból*（《好逑传》），(Franz Kuhn német szövegéből) Ford. Varga Ilona. A verseket ford. Károlyi Amy. Az előszót írta Tőkei Ferenc. Budapest: Európa Könyvkiadó. 1959. 398 p.

ua.: Budapest: Szépirodalmi Könyvkiadó. 1961. Olcsó Könyvtár 19-20. 223 p.+ 213 p.

ua.: 2. kiad. Budapest: Európa Könyvkiadó. 1969. A Világirodalom Remekei. 317 p.

ua.: 3. kiad. Budapest: Európa Könyvkiadó. 1974. 310 p.

二、备注

1. 欧洲出版社在 1957 年和 1959 年出版《诗经》后，于 1974 年推出了新的版本。

2. 杜克义的专著《汉学书房》一书主要阐述了两方面的内容：一方面是古代中国哲学与社会发展的关系，另一方面介绍了中国古代文学简史。具体内容如下：

《诗经》中关于谷物生产的描写

《诗经》中的农夫术语

诗学、美学

中国劳动歌曲的韵律

《诗经》的韵律

中国诗歌中北方民族诗歌的特点

中国诗歌中的叠词

6 世纪初的韵律学文章

哲学史和文学史
中国古代社会和哲学
中国古代文学简介

公元 1975 年

一、书（文）目录

1. *A taoizmus*（《道教》），In: Glasenapp, Helmut von: *Az öt világvallás*. Budapest：Gondolat Kiadó-Talentum Kiadó, 1975, 1977, 1981, 1984, 1987, 1993, 1998, 2000, 2003, pp. 190-202.

2. Cao, Hszüe-csin; Kao, O: *A vörös szoba álma*, I-II（《红楼梦》），(Franz Kuhn rövidített német szövegéből) Ford. Lázár György: A versbetéteket ford. Szerdahelyi István: Az előszót írta Tőkei Ferenc. Bukarest: Kriterion Könyvkiadó. 1975. Horizont Könyvek. 683 p.

3. *Kezek dícsérete*（《手的礼赞》），Ford. Áprily Lajos et. Al. Budapest: Kozmosz Könyvek. 1975. A világirodalom gyöngyszemei sorozat. 602 p. ISBN 963 211 084 6.

4. *Konfuciusz*（《孔夫子》），In: Glasenapp, Helmut von: *Az öt világvallás*. Budapest：Gondolat Kiadó-Talentum Kiadó. 1975, 1977, 1981, 1984, 1987, 1993, 1998, 2000, 2003, pp. 169-189.

5. Kosztolányi, Dezső: *Ércnél maradóbb*（《恒久胜金》），Budapest: Szépirodalmi. 1975. 508 p.

6. Nagy, László: *Versek és versfordítások II.*（《诗歌与诗歌翻译》下卷），Versfordítások 1957-1973. Budapest: Magvető Könyvkiadó. 1975. pp. 551-600.

二、备注

1. 匈牙利欧洲出版社在布加勒斯特出版了《红楼梦》译本。

2.《恒久胜金》，主编科斯托拉尼·德热，批注雷兹·帕尔（Réz Pál），其中收录了一些中国诗歌翻译及关于中国诗歌的分析文章。

3.《诗歌与诗歌翻译》下卷，主编纳吉·拉斯洛，书中介绍了屈原、曹植、王粲、李白、关汉卿等诗人的诗歌和乐府诗歌。

公元 1976 年

一、书（文）目录

1. Cao, Hszüe-csin; Kao, O: *A vörös szoba álma*, I-II（《红楼梦》），(Franz Kuhn rövidített német szövegéből) Ford. Lázár György: A versbetéteket ford. Szerdahelyi István: Az előszót írta Tőkei Ferenc. Budapest:Európa Könyvkiadó. 1959. A világirodalom klasszikusai. 348 p.+ 349 p.

ua.: 2. kiad. (egy kötetben). Budapest: Európa Könyvkiadó. 1962. 692 p.

ua.: 3. kiad. Budapest: Európa Könyvkiadó. 1964. A világirodalom remekei. 679 p.

ua.: 1976.

2. *Dalok Könyve*（《诗经》），Ford. Csanádi Imre et al.: (Kínai eredetiből a nyersfordításokat készítette Tőkei Ferenc). Budapest: Európa Könyvkiadó. 1974. Lyra Mundi. 342 p.

ua.: Budapest：Európa Könyvkiadó. 1976, Lyra Mundi.

3. Köpeczi, Béla; Pók, Lajos: *Világirodalmi kisenciklopédia*（《世界文学小百科》），Budapest: Gondolat. 1976. 683 p.+777p.

4. *Li Taj-po, Tu Fu, Po Csü-ji válogatott versei*（《李白、杜甫、白居易诗选》），Ford. András László et al.: Vál. és a jegyzeteket írta Csongor Barnabás. Budapest:

Európa Könyvkiadó. 1976. Lyra Mundi. 417 p.

5. Weöres Sándor: *Egybegyűjtött műfordítások*, I-III.（《文学作品翻译集》），Budapest: Magvető. 1976. 926 p.+939p.+614p.

二、备注

1.《红楼梦》第四次出版发行。

2.《诗经》第二次出版发行。

3.《世界文学小百科》，主编科佩茨·贝拉（Köpeczi Béla），波克·拉约什（Pók Lajos），中文词条由汉学家高恩德完成，介绍了中国文学发展的不同阶段。在著名作家和作品词条部分按照姓氏首字母顺序介绍了以下作家和作品：艾青、巴金、白居易、曹植、曹雪芹、曹禺、杜甫、孔子、关汉卿、郭沫若、老子、老舍、李白、林语堂、柳宗元、鲁迅、罗贯中、毛泽东、茅盾、屈原、蒲松龄、施耐庵、苏东坡、陶渊明、王实甫、吴承恩、吴敬梓、曾朴及《诗经》《乐府诗》《金瓶梅》。另附有译成匈牙利语的中国作品目录。

4.《李白、杜甫、白居易诗选》，诗歌翻译安德拉什·拉斯洛、贝尔纳特·伊什特万、陈国、戴梅尼·奥托、杜达什·卡尔曼、艾之迪、弗劳纽·佐尔坦、高恩德、高拉·加博尔、伊耶什·久拉、考拉斯·马尔顿、卡诺科·拉斯洛、卡洛伊·艾米、凯门奈什·伊内茨、科尔莫什·伊什特万、科斯托拉尼·德热、纳吉·拉斯洛、奈迈什·纳吉·阿格奈什、欧尔班·奥托、罗瑙伊·哲尔吉、萨博·勒林茨、塞多·迪奈什、塞尔道海伊·伊什特万、蒂麦尔·哲尔吉、沃莱什·山道尔，主编、注释陈国，印数25,000册，其中包括李白150首、杜甫100首、白居易100首诗歌。

5.《文学作品翻译集》（3册），主编沃莱什·山道尔，书中介绍了庄子、屈原、老子、曹操、王粲、陶渊明、鲍照、王维、孟浩然、李白、杜甫、白居易、柳宗元、苏东坡等人的诗歌及《诗经》中的诗歌。

公元 1977 年

一、书（文）目录

1. *A taoizmus*（《道教》），In: Glasenapp, Helmut von: *Az öt világvallás*. Budapest: Gondolat Kiadó-Talentum Kiadó. 1975, 1977. pp. 190-202.

2. *Konfuciusz*（《孔夫子》），In: Glasenapp, Helmut von: *Az öt világvallás*. Budapest: Gondolat Kiadó-Talentum Kiadó. 1975, 1977. pp. 169-189.

3. Lao, Tze: *Az Út és az Ige könyve*（《道德经》），Ford. Hatvany Bertalan. München: Griff Verlag. 1977. 124 p.

4. *Mindenkori mesterek*（《不同时代之大师》），Ford. Babits Mihály et. al.: Szerk. Sík Csaba. Budapest: Magvető Könyvkiadó. 1977. 571 p.

5. Si, Naj-an: *Vízparti történet*, I-III（《水浒传》），Ford. a jegyzeteket és az utószót írta Csongor Barnabás. 2. bőv. kiad. Budapest: Európa Könyvkiadó. 1977. A Világirodalom Remekei. 397 p.+402 p.+330 p.

二、备注

施耐庵《水浒传》（3 册）第二版增补版，翻译、前言、注释陈国，印数 148，500 册。

公元 1978 年

一、书（文）目录

1. A fej nélküli szellem: *Régi kínai komédiák*(《中国古代戏剧选：〈秋胡戏妻〉

〈看钱奴〉〈生金阁〉》），Vál., ford., az utószót és a jegyzeteket írta Kalmár Éva: a verseket Eörsi István ford. Budapest: Európa Könyvkiadó. 1978. 221 p.

2. *Nyitott ajtók 1-2: Összegyűjtött versfordítások*（《开放之门——诗歌翻译集》），Ford. Illyés Gyula. Budapest: Szépirodalmi Könyvkiadó. 1978. 985 p.

3. Maspero, Henri: *Az ókori Kína*（《古代中国》），Ford. Csongor Barnabás. Az utószót írta Tőkei Ferenc. Budapest: Gondolat Kiadó. 1978. 525 p.

4. Miklós, Pál: *A Zen és a művészet*（《禅与艺术》），Budapest: Magvető Könyvkiadó. 1978. Gyorsuló idő. 169 p.

ua.: Szeged : Lazi Bt. 2000. 129 p.

5. Nagy, László: *Versek és versfordítások*（《诗歌与诗歌翻译》），Budapest: Magvető. 1978. 575 p. + 745 p. + 796 p.

6. *Szép asszonyok egy gazdag házban (Csin Ping Mej)*（《金瓶梅》），Ismeretlen kínai szerző regénye a XVI. század végéről. (Franz Kuhn német szövegéből) ford. Mátrai Tamás: A verseket ford. Pór Judit: Az utószót írta Tőkei Ferenc. Budapest: Európa Könyvkiadó. 1964. 447 p.+422 p.

ua.: 2. kiad. Budapest: Európa Könyvkiadó. 1968. A Világirodalom remekei. 436 p.+403 p.

ua.: 3. kiad. Budapest: Európa Könyvkiadó. 1971. 526 p.+491 p.

ua.: 4. kiad. Budapest: Európa Könyvkiadó. 1973. 449 p.+416 p.

ua.: 5. kiad. Budapest: Európa Könyvkiadó. 1978. 436 p.+405 p.

7. *Világirodalmi kisenciklopédia*（《世界文学小百科》），Budapest: Gondolat. 1978. 683 p. + 833 p.

二、备注

1.《中国古代戏剧选：〈秋胡戏妻〉〈看钱奴〉〈生金阁〉》，选编、翻译、注释、后记姑兰，诗歌翻译欧尔士·伊什特万（Eörsi István），校对陈国，印数 5000 册。

2.《开放之门——诗歌翻译集》曾在 1963 年由欧洲出版社出版，1978 年由文学出版社再版发行。

3. 法国著名汉学家马伯乐的《古代中国》被陈国译成匈牙利语出版，后记由杜克义撰写，印数12，000册。

4. 米白的《禅与艺术》出版，诗歌由卡洛伊·艾米翻译。

5.《诗歌与诗歌翻译》于1975年首版，此次为第二次出版。

公元 1979 年

一、书（文）目录

1. *Esti Kornél éneke: Versek és műfordítások*（《厄士底之歌：诗歌与翻译》），Ford. Kosztolányi Dezső. Kolozsvár-Napoca: Dacia Könyvkiadó. 1979. 279 p.

2. J. J. Barabas: *Szemiotika és művészet*（《符号与艺术》），Budapest: Akadémiai. 1979. 267 p.

二、备注

《符号与艺术》，共267页，科学院出版社出版。该书中涉及中国的论文有两篇。第一篇是李福清（B. L. Riftyin）的20页篇幅的题为《中国古典文学人物形象特点》的文章，该文分析了中国古典文学中人物形象特点及人物描写方式。第二篇是汉学家米白的15页篇幅的题为《符号有何益处？》的文章，该文以王维诗歌为例分析了古代中国绘画中所使用的符号和象征手法。

公元 1980 年

一、大事记

1980—1989 年，经过双方共同努力，中匈两国、两执政党关系逐步正常化，双边往来级别提高，合作领域扩大。

二、书（文）目录

1. *Kínai filozófia* - Ókor I-III - Szöveggyűjtemény（《中国古代哲学》上、中、下卷），Vál., ford. A bevezetéseket és jegyzeteket írta Tőkei Ferenc. Budapest: Akadémiai Kiadó. 1962-1967. Filozófiai írók tára: Új folyam: XXII-XXIV. 1213 p.

ua.：2. változatlan kiad. Budapest: Akadémiai Kiadó. 1980. Filozófiai írók tára: Új folyam: XXII-XXIV. 1213 p.

ua.：3. változatlan kiad. Budapest: Akadémiai Kiadó. 1986. Filozófiai írók tára: Új folyam: XXII-XXIV. 1213 p.

2. Lao-ce: *Az Út és Erény Könyve*（《道德经》），Ford. Tőkei Ferenc. Budapest: Európa Könyvkiadó. 1980.

3. Lao-ce: *Tao Tö King: Az út és erény könyve*（《道德经》），Tőkei Ferenc prózafordítása alapján ford. Weöres Sándor: az utószót és a jegyzeteket írta Tőkei Ferenc. Budapest: M. Helikon. 1980. 121 p.

4. *Lao-cse intelmei*（《老子箴言》），In: Szentmihályi Szabó Péter: A Nagy Számítógép. Budapest: Szépirodalmi Könyvkiadó. 1980.

5. Nagy, László: *Versek és versfordítások*（《诗歌与诗歌翻译》），Budapest: Magvető. 1981.

6. Naschitz, Frigyes: *Öt világrész költészetéből-műfordítások*（《世界五大洲诗歌荟萃》），Tel Aviv: Kolosszeum. 1980. 229 p.

7. Polonyi, Péter: *Mit kell tudni a Kínai Népköztársaságról?*（《关于中华人民

共和国我们应该知道什么？》），Budapest: Kossuth Könyvkiadó. 1974. Mit kell tudni…. 212 p.

ua.: 2. jav. és bőv. kiad. Budapest: Kossuth Könyvkiadó. 1980. 244 p.

8. Vu, Cseng-en: *Nyugati utazás avagy a majomkirály története.* I-II（《西游记》上下卷），Ford. A jegyzeteket és a bevezetőt írta Csongor Barnabás. Budapest: Európa Könyvkiadó. 1969. 607 p.+578 p.

ua.: 2. kiad. Budapest: Európa Könyvkiadó. 1980. 569 p.+539 p.

9. Tung, Jüe: *Ami a Nyugati utazásból kimaradt*（《西游补》），Ford. a jegyzeteket és az utószót írta Csongor Barnabás. Budapest: Európa Könyvkiadó. 1980. 208 p.

三、备注

1. 杜克义的《中国古代哲学》上、中、下卷第二次出版发行。

2. 由杜克义从原文直接翻译，诗人沃莱什·山道尔进行诗歌语言加工的《道德经》在1980年分别由欧洲出版社和海里孔出版社再版。①

3.《诗歌与诗歌翻译》第三版，该书分别于1975年、1978年出版过两版。

4.《世界五大洲诗歌荟萃》，共229页，该书在特拉维夫出版，由诗人、翻译家那斯奇茨·福里吉什（Naschitz Frigyes）完成，那斯奇茨·福里吉什出生在维也纳，在奥地利、法国和匈牙利旅居多年，生命的最后40年在以色列特拉维夫度过。该书前言由出生于布达佩斯的当代以色列杰出的幽默文学作家、剧作家兼导演埃夫雷姆·基翁（Efráim Kishon）撰写。书中收录了老子和唐代著名诗人刘长卿的诗歌。

5. 吴承恩的《西游记》（上下卷）由陈国翻译出版，并撰写了后记和注释，杜克义校对，印数37,600册。

6. 董说的《西游补》由陈国翻译出版，并撰写了后记和注释，范凌思（Ferenczy Mária）校对，印数37,600册。这是该小说首次被翻译成其他语言。

---

① 详见公元1985年。

公元 1981 年

书（文）目录

A taoizmus（《道教》），In: Glasenapp, Helmut von: *Az öt világvallás*. Budapest：Gondolat Kiadó- Talentum Kiadó. 1975, 1977, 1981. pp. 190-202.

公元 1982 年

一、大事记

20 世纪 80 年代，随着中匈关系逐步正常化，两国文化、体育等方面的交流进一步加强。1982 年 8 月，中匈恢复互派语言进修生。

二、书（文）目录

Polonyi, Péter: *Diák voltam Pekingben*（《在北京留学的日子》），Budapest: Gondolat Kiadó. 1982. Világjárók 150. 497 p.

公元 1983 年

一、大事记

匈牙利科学院东方学工作组（MTA Orientalisztikai Munkaközösség）与罗兰

大学东亚系于11月9日举办主题为"中国文化在匈牙利"的汉学学术会议，讨论匈牙利汉学对中国历史和文化的传播、匈牙利中国形象的转变等主题，值此会议之机在布达佩斯市中心青年宫成功举办了"中国文化在匈牙利"的书展。该会议的论文集《中国文化在匈牙利》（*Kína kultúrája Magyarországon*）于1985年出版。①

二、书（文）目录

1. Kerényi, Grácia: *Dalok Könyve*（《歌之书》），Budapest: Pannon Könyvkiadó. 1983.

2. *Szép asszonyok egy gazdag házban (Csin Ping Mej)*（《金瓶梅》），Ismeretlen kínai szerző regénye a XVI. század végéről. (Franz Kuhn német szövegéből) ford. Mátrai Tamás: A verseket ford. Pór Judit: Az utószót írta Tőkei Ferenc. Budapest: Európa Könyvkiadó. 1964. 447 p.+422 p.

ua.: 2. kiad. Budapest: Európa Könyvkiadó. 1968. A Világirodalom remekei. 436 p.+403 p.

ua.: 3. kiad. Budapest: Európa Könyvkiadó. 1971. 526 p.+491 p.

ua.: 4. kiad. Budapest: Európa Könyvkiadó. 1973. 449 p.+416 p.

ua.: 5. kiad. Budapest: Európa Könyvkiadó. 1978. 436 p.+405 p.

ua.: 6. kiad. Budapest: Árkádia Könyvkiadó. 1983. 457 p.+429 p.

三、备注

1. 诗人凯雷尼·格拉齐奥（Kerényi Grácia）翻译的《歌之书》属于私人出版，未进入市场流通。该书的名字很容易让读者误以为是《诗经》，事实上这本书只是诗人借助《诗经》的名字而创作的诗歌。

2.《金瓶梅》第六次出版。

---

① 详见公元1985年。

公元 1984 年

一、大事记

1. 6 月，中国国务委员兼对外经济贸易部部长陈慕华访匈，这是两国 20 多年来最高级别的访问，使两党关系取得突破性发展，推动了双边经贸与经济技术合作。

2. 8 月，匈副总理毛尔姚伊（Marjai József）访华。

二、书（文）目录

1. *A három amulett-Ázsiai mesék*（《亚洲民间故事》），Ford. Szabó Csaba et al. Budapest: Móra Ferenc. 1984. 278 p.

2. *A taoizmus*（《道教》），In: Glasenapp, Helmut von: *Az öt világvallás*. Budapest: Gondolat Kiadó-Talentum Kiadó. 1975, 1977, 1981, 1984. pp. 190-202.

3. Gömöri, Endre: *A sas és a sárkány*（《鹰与龙》），Washington-Peking 1844/1982. Budapest: Kossuth Könyvkiadó. 1984. Nemzetközi Zsebkönyvtár. 313 p.

4. *A szépség szíve: Régi kínai esztétikai írások*（《文心：古代中国的美学著作》），Vál., szerk., ford. és a bevezető tanulmányt írta Tőkei Ferenc: A verseket ford. Szerdahelyi István. Budapest: Gondolat Kiadó. 1973. 327 p.

ua.: 2. kiad. Budapest: Európa Könyvkiadó. 1984. Mérleg sorozat. 356 p.

5. Köpeczi, Béla; Pók, Lajos: *Világirodalmi kisenciklopédia*（《世界文学小百科》），Budapest: Gondolat. 1984. 729 p. + 834 p.

三、备注

1.《文心：古代中国的美学著作》第二版，印数 15，800 册。

2.《世界文学小百科》（上下册），该书为修订版第 3 版，第 1、2 版分别于 1976 年和 1978 年出版。

公元 1985 年

一、大事记

5 月，李鹏副总理正式访匈，双方签署了 1986—1990 年长期贸易协定。

二、书（文）目录

1. Csongor, Barnabás: *Emberi világ egy kínai regényben*（《一本中国小说中的人文世界》），In: *Kína kultúrája Magyarországon*. Szerk. Ferenczy Mária. Budapest: MTA Orientalisztikai Munkaközösség. 1985. pp. 44-56.

2. Ecsedy, Ildikó: *A magyar keletkutatás útjai a Nagy Falon innen és túl (Az Orientalisztikai Munkaközösség Kőrösi Csoma-Emlékülésének anyagából)*（《长城内外的匈牙利东方研究之路》），In: *Kína kultúrája Magyarországon*. Szerk. Ferenczy Mária. Budapest: MTA Orientalisztikai Munkaközösség. 1985. pp. 96-100.

3. Ferency, Mária: *Kína kultúrája magyarul: Válogatás az utolsó harmincöt év könyvterméséből*（《中国文化在匈牙利：近 35 年出版书籍精选》），Függelék: *Harmincöt év prózafordítói és nyersfordítói kínai eredetiből; Harmincöt év kínai műfordítói; A kiállított könyvek jegyzéke,* In: *Kína kultúrája Magyarországon*. Szerk. Ferenczy Mária. Budapest: MTA Orientalisztikai Munkaközösség. 1985. pp. 83-95.

4. Ferenczy, Mária: *A kiállított könyvek jegyzéke (Bibliográfia)*（《匈牙利出版的中国书籍展览目录》），In: *Kína kultúrája Magyarországon*. Szerk. Ferenczy Mária. Budapest: MTA Orientalisztikai Munkaközösség. 1985. pp. 88-95.

5. Józsa, Sándor: *A magyar-kínai szótár lektorálása*（《匈汉字典的校对》），In: *Kína kultúrája Magyarországon*. Szerk. Ferenczy Mária. Budapest: MTA

Orientalisztikai Munkaközösség. 1985. pp. 57-59.

6. Kálmár, Éva: *A kínai színjáték és a magyar színpad*（《中国戏剧与舞台》），In: *Kína kultúrája Magyarországon*. Szerk. Ferenczy Mária. Budapest: MTA Orientalisztikai Munkaközösség. 1985. pp. 21-26.

7. *Kína kultúrája Magyarországon*（《中国文化在匈牙利》），Szerk. Ferenczy Mária. Budapest: MTA Orientalisztikai Munkaközösség. 1985. Történelem és kultúra 2. 99 p.

8. Mártoni, Tamás: *Beszámoló a kínai-magyar szótár munkálatairól*（《汉匈字典编写报告》），In: *Kína kultúrája Magyarországon*. Szerk. Ferenczy Mária. Budapest: MTA Orientalisztikai Munkaközösség. 1985. pp. 60-64.

9. Mártonfi, Ferenc: *Elvetélt ötletek egy magyar-kínai szótár ügyében*（《匈汉词典编写思考》），In: *Kína kultúrája Magyarországon*. Szerk. Ferenczy Mária. Budapest: MTA Orientalisztikai Munkaközösség. 1985. pp. 65-73.

10. Mészáros, Klára: *Kína-kutatás a Világgazdasági Intézetben*（《经济研究所的中国研究》），In: *Kína kultúrája Magyarországon*. Szerk. Ferenczy Mária. Budapest: MTA Orientalisztikai Munkaközösség. 1985. pp. 74-77.

11. Miklós, Pál: *A kínai művészet és műgyűjtés hazánkban*（《匈牙利的中国艺术与艺术品收藏》），In: *Kína kultúrája Magyarországon*. Szerk. Ferenczy Mária. Budapest: MTA Orientalisztikai Munkaközösség. 1985. pp. 27-30.

12. Liu, O: *Öreg Can kóborlásai*（《老残游记》），Ford. és az utószót írta Polonyi Péter: A versbetéteket ford. Csongor Barnabás, Kiss Zsuzsa. Budapest: Európa Könyvkiadó. 1985. 301 p.

三、备注

1. 刘鹗《老残游记》由波洛尼·彼得翻译并撰写了后记，诗歌由陈国、基什·茹饶（Kiss Zsuzsa）翻译，印数6200册。

2.《中国文化在匈牙利》是1983年举行的主题为"中国文化在匈牙利"学术会议的论文集，由匈牙利科学院东方学工作组出版，该书在杜克义主持下完成，前言由杜克义撰写、范凌思编辑。该论文集收录了很多汉学家的学术论文，包括陈国的《一本中国小说中的人文世界》，艾之迪的《长城内外的匈牙利东方研究之路》，范凌思的《中国文化在匈牙利：近35年出版书籍精选》，尤山度（Józsa Sándor）的《匈汉字典的校对》，马顿菲（Mártonfi Ferenc）的《匈汉词典编写思考》，梅可岚（Mészáros Klára）的《经济研究所的中国研究》，米白的《匈牙利的中国艺术与艺术品收藏》等。

公元 1986 年

一、大事记

1. 6月，中国国务委员兼外交部长吴学谦正式访匈。
2. 8月，匈副总理兼国家计划局局长法卢韦纪访华。
3. 9月，廖汉生副委员长率全国人大代表团访匈。

二、书（文）目录

1. *Kínai filozófia* - Ókor I-III - Szöveggyűjtemény（《中国古代哲学》上、中、下卷），Vál. ford. a bevezetéseket és jegyzeteket írta Tőkei Ferenc. Budapest: Akadémiai Kiadó. 1962-1967. Filozófiai írók tára: Új folyam: XXII-XXIV. 1213 p.

ua.：2. változatlan kiad. Budapest: Akadémiai Kiadó. 1980. Filozófiai írók tára: Új folyam: XXII-XXIV. 1213 p.

ua.：3. változatlan kiad. Budapest: Akadémiai Kiadó. 1986. Filozófiai írók tára: Új folyam: XXII-XXIV. 1213 p.

2. Tőkei, Ferenc: *A kínai elégia születése: Kü Jüan és kora*（《中国哀歌的产生：屈原和他的时代》），Budapest: Akadémiai. 1959. Esztétikai Kiskönyvtár. 236 p.

ua.: Budapest: Kossuth Könyvkiadó. 1986. Esztétikai Kiskönyvtár. 201 p.

三、备注

1.《中国古代哲学》（上、中、下卷）第 3 版出版。

2. 杜克义的《中国哀歌的产生：屈原和他的时代》出版，全书共 201 页，由科舒特出版社（Kossuth Könyvkiadó）出版。该书第 1 版由科学院出版社于 1959 年出版，仅印刷了 650 册，该版出版后即成为书中珍品，1968 年法语版本出版，1972 年日语版本出版。在再版之际，书中发表了汉学家白乐日在法语版本出版之际写给编者的来信，信中表达了很多正面和有建设性的评论。

公元 1987 年

一、大事记

1. 中匈两国执政党最高领导人实现互访，两国关系进入一个新的发展阶段。

2. 1 月，匈社工党政治局委员、中央书记豪沃希（Havasi Ferenc）应中共中央邀请来华进行友好访问。

3. 6 月，应匈社工党总书记卡达尔和总理拉扎尔·哲尔吉（Lázár György）的邀请，中共中央代理总书记、国务院总理赵紫阳对匈进行正式友好访问。

4. 10 月，匈社工党总书记卡达尔对中国进行正式友好访问。

5. 11 月，文化部部长王蒙率中国政府文化代表团访匈。

二、书（文）目录

1. *Konfuciusz*（《孔夫子》）, In: Glasenapp, Helmut von: *Az öt világvallás*. Budapest：Gondolat Kiadó- Talentum Kiadó. 1975, 1977, 1981, 1984, 1987. pp. 169-189.

2. Lo, Kuan-csung: *A három királyság története*（《三国演义》6 回）(I-VI.

Fejezet），Budapest: MTA Orientalisztikai Munkaközösség. 1987. Történelem és kultúra 4. 77 p.

ua.: 2. jav. kiad. Budapest: MTA Orientalisztikai Munkaközösség, Balassi Kiadó. 1997. Történelem és kultúra 14. 99 p.

3. *A taoizmus*（《道教》），In: Glasenapp, Helmut von: *Az öt világvallás*. Budapest: Gondolat Kiadó-Talentum Kiadó. 1975, 1977, 1981, 1984, 1987. pp. 190-202.

4. Polonyi, Péter: *Kína*（《中国》），Budapest: Panoráma Kiadó. 1987. Panoráma Útikönyvek. 615 p.

5. Nagy, László: *Versek és versfordítások I-III*（《诗歌与诗歌翻译》），Budapest: Magvető. 1987. 2234 p.

三、备注

1.《三国演义》（6回），共77页，由汉学家艾之迪翻译，译者最初计划翻译全书，但是后来随着身体每况愈下，慢慢行走已经很困难，所以她决定继续她的学术研究，中断翻译工作。这也是留给读者最大的遗憾。

2.《诗歌与诗歌翻译》（3册），该书分别于1975年、1978年、1981年出版，此次为修订版第四版。

公元1988年

一、大事记

1. 10月，中共中央政治局常委、书记处书记乔石访匈；匈国会主席什道丁盖尔（Stadinger István）率议会代表团来华访问。

2. 12月，匈外交部部长瓦尔科尼（Várkonyi Péter）应钱其琛外长邀请来华进行正式访问。

二、书（文）目录

1. *A bölcsesség útja: Ókori kínai gondolkodók írásaiból*（《智慧之路——中国古代思想家》），Vál. a bevezetőt és a jegyzeteket írta Pászka Imre: Ford. Tőkei Ferenc. Bukarest: Kriterion Kiadó. 1988. TÉKA sorozat.

2. Cao, Hszüe-csin; Kao, O: *A vörös szoba álma*, I-II（《红楼梦》上下卷），(Franz Kuhn rövidített német szövegéből) Ford. Lázár György: A versbetéteket ford. Szerdahelyi István: Az előszót írta Tőkei Ferenc. Budapest:Európa Könyvkiadó. 1959. A világirodalom klasszikusai. 348 p.+ 349 p.

   ua.: 2. kiad. (egy kötetben). Budapest: Európa Könyvkiadó. 1962. 692 p.

   ua.: 3. kiad. Budapest: Európa Könyvkiadó. 1964. A világirodalom remekei. 679 p.

   ua.: 1976.

   ua.: 1988.

3. Faludy, György: Test és lélek: *A világlíra 1400 gyöngyszeme*（《灵与肉——世界抒情诗1400首集萃》），Budapest: M. Világ. 1988. 760 p.

4. Kosztolányi, Dezső: *Idegen költők*（《外国诗歌选》），Budapest: Szépirodalmi Kiadó. 1988.

5. Polonyi, Péter: *Kína története*（《中国史》），Budapest: Kozmosz könyvek. 1988. 227 p.

6. Vajda, György Mihály; Pál, József: *A világirodalom története évszámokban*（《世界文学史编年》），Budapest: Akadémiai Kiadó. 389 p.

7. Ceng, Pu: *Virág a bűn tengerében*（《孽海花》），(Oroszból) Ford. Háy Gyula: A verseket Polonyi Péter kínaiból készült prózája alapján ford. Szerdahelyi István. Budapest: Európa Könyvkiadó. 1962. 502 p.

   ua.: 2. kiad. Budapest: Európa Könyvkiadó. 1988. 550 p.

三、备注

1.《智慧之路——中国古代思想家》，该书由匈牙利和罗马尼亚在布加勒斯特联合出版，由杜克义翻译，注释、前言由帕斯卡·伊姆雷（Pászka Imre）撰写，书中包括《书经》《易经》《论语》及孔子、孟子、老子、荀子、韩非子、孙子、管子、曹操、董仲舒、王符、李斯等人的介绍。

2.《红楼梦》第5版出版。

3.《灵与肉——世界抒情诗1400首集萃》，共760页，主编福卢迪·哲尔吉，插图卡什·亚诺什（Kass János），书中包括1400首诗歌翻译，分别为700首欧洲诗歌和700首阿拉伯、希伯来、日本、中国、波斯和梵语诗歌，至少有500首诗歌是首次与匈牙利读者见面。译者是著名作家、诗人和翻译家、匈牙利科舒特奖项获得者福卢迪·哲尔吉。译者简要介绍了中国诗歌翻译和中国文学。书中大部分诗人配有简要的生平介绍。书中包括《诗经》及以下人物的诗歌：阮籍、陶渊明、陶弘景、范云、王绩、王梵志、卢照邻、苏颋、孟浩然、王昌龄、王维、李白、杜甫、岑参、顾况、韦应物、卢纶、李益、孟郊、韩愈、刘禹锡、白居易、李贺、杜牧、李商隐、温庭筠、罗隐、韦庄、司空图、孙光宪、李煜、梅尧臣、王安石、苏东坡、陆游、辛弃疾、贯云石、纳兰性德等，现代诗歌部分介绍了鲁迅和苏曼殊的作品。该书于2006年再版。

4.《外国诗歌选》（2册），该书首版于1942年，由雷瓦伊出版社出版，诗人伊耶什·久拉主编。之后美文出版社多次重印，由雷兹·帕尔（Réz Pál）主编。这些后来发行的版本中每次都会加入新的诗歌，至1988年这一版本时，中国诗歌的数量已经达到218首。

5.《世界文学史编年》由科学院出版社出版，主编瓦伊达·哲尔吉·米哈伊（Vajda György Mihály）、帕尔·约瑟夫（Pál József），按照时间顺序介绍世界文学史的发展，在中国部分中介绍了755年至770年杜甫创造的《出塞》《新婚别》《兵车行》等诗歌，之后介绍了韩愈倡导的古文运动及柳宗元创造的以动物为题材的寓言故事所开辟的新文学讽刺形式，另外还介绍了李功佐的《南柯太守传》。

6.曾朴《孽海花》第2版出版，第1版于1962年出版。

公元 1989 年

一、大事记

1. 5 月，中国卫生部部长陈敏章应邀访匈。访问期间，同匈福利卫生部部长切哈克（Csehák Judit）签署了两份 1989—1990 年度卫生与医学合作执行计划。

2. 10 月，为庆祝中华人民共和国成立 40 周年，在匈举办首届"中国文化周"。

3. 匈牙利政治发生剧变。此后双边交往一度减少，1991 年起逐步走向正常。

二、书（文）目录

1. Fitzgerald, Patrick: *Az ősi Kína*（《古代中国》），Ford. Pálvölgyi Endre. Budapest: Helikon Kiadó. 1989. A múlt születése 17. (*Ancient China*). 158 p.

2. Illés, Lajos: *Szereti Ön az állatokat?-Beszélgetések művészekkel és tudósokkal*（《艺术家与学者对话录》），Budapest: Gondolat. 1989. 312 p.

3. Ji Csing: *A Változás Könyve: Egy ősi kínai jóskönyv*（《易经》），Ford. és összeállította Beöthy Mihály és Dr. Hetényi Ernő. Budapest: Háttér Lap-és Könyvkiadó. 1989. Háttér könyvek. 183 p.

4. Li, Jü: *A szerelem imaszőnyege: Erotikus regény a Ming-korból*（《肉蒲团》），Angolból ford. Kiss Imre. Budapest: Medicina Könyvkiadó. 1989. 339 p.

5. *Titkos találkák: Részlet a Szép asszonyok egy gazdag házban című XVI. századi kínai regényből*（《金瓶梅》节选），Ford. Mátrai Tamás. Budapest: Népszava. 1989. Pajzán történetek. 55 p.

三、备注

1.《艺术家与学者对话录》，主编：伊莱什·拉约什（Illés Lajos）。该书包括一篇汉学家陈国的访谈，谈到了《金瓶梅》和《西游记》。

2.《易经》，由贝欧蒂·米哈伊（Beőthy Mihály）和海得尼·艾尔诺（Hetényi Ernő）翻译，泽莱尼雅斯基·佐尔坦（Zelenyiánszky Zoltán）、格莱格尔·拉斯洛（Gregor László）插图。

3. 李渔《肉蒲团》，共 339 页，由基什·伊姆雷（Kiss Imre）从英语转译，后记、批注由米白撰写。

公元 1990 年

一、大事记

1. 1990—1995 年，中匈两国文化、教育、体育等领域的交流进一步扩大，合作不断加强。

2. 11 月，匈文教部副国务秘书费克特（Fekete György）率匈政府文化代表团访华。

二、书（文）目录

1. Ambrus, Éva et al.: *111 híres regény*（《111 部外国小说名著精选》），Budapest: Kozmosz. 1990.

2. Lao-ce: *Tao Te King*（《道德经》），Budapest: Cserépfalvi Kiadó. 1990. 81 p.

3. Watts, Alan: *Az áramlás útja*（《水道》），Ford. és az előszót írta Bakos József. Budapest: Orient Press. 1990. 104 p.

4. Felvinczi Takács, Zoltán: *Buddha útján a Távol-Keleten*, I（《远东的佛教之路》第一卷），Budapest: Révai Kiadó. 1938. 260 p. kínai vonatkozású részek: pp. 148-153.

ua.: Budapest: Székely Egyetemi és Főiskolai Hallgatók Egyesülete. 1938. 260 p.

ua.: (hasonmás kiad.). Budapest: Akadémiai Kiadó. 1990. Az Akadémiai Kiadó

Reprint Sorozata. 260 p.

5. Felvinczi Takács, Zoltán: *Buddha útján a Távol-Keleten*, II（《远东的佛教之路》第二卷）, Budapest: Révai Kiadó. 1938. 242 p.

ua.: Budapest: Székely Egyetemi és Főiskolai Hallgatók Egyesülete, 1938. A SZEFHE magyar regényei. 242 p.

ua.: (hasonmás kiad.). Budapest: Akadémiai Kiadó, 1990. Az Akadémiai Kiadó Reprint Sorozata. 242 p.

三、备注

1.《111部外国小说名著精选》（2册），主编塞凯伊·爱娃（Székely Éva）。书中收录了101位外国小说家的111部著名小说，收录了中国小说《红楼梦》。该书于1993年、1995年、1997年、2002年重印。

2.《道德经》，共81页，翻译、后记考拉琼·加博尔。

3.《水道》，翻译、前言包科什·约瑟夫（Bakos József），插图诺瓦克·蒂博尔（Novák Tibor），译自英语版本（Alan Watts: *Tao, The Watercourse Way*）。

公元1991年

一、大事记

1. 1月，中国国家体委代表团应匈国家体育局邀请访匈，并签署1991年两国体育交流议定书。

2. 3月，钱其琛外长应邀访匈，这是匈剧变后中国外长首次访匈，对中匈关系的发展具有重要意义。双方就超越社会制度差异、在和平共处五项原则基础上建立和发展双边关系达成了共识。

3. 7月，匈文教部授予翻译裴多菲诗作的中国翻译家兴万生"为了匈牙利文化"奖章。

4. 9月，匈国会副主席絮勒什（Szűrös Mátyás）率议会代表团访华。

5. 9月，文化部部长助理高运甲在布达佩斯同匈文教部国务秘书比斯戴尔斯基（Biszterszky Elemér）签署了两国政府1991—1992年科学、教育和文化计划。

二、书（文）目录

1. *Egyetlen verseink*（《独一无二的诗篇》），Vál. és szerk. Somos Béla. Budapest: Szépirodalmi Könyvkiadó. 1991. 215 p.

2. *Hagyomány és modernizáció a mai kínai kultúrában*（《在当代中国文化中的传统与现代之交融》），In: Helikon Folyóirat. 1991. 3-4. szám.

3. *Klasszikus kínai mesék*（《中国古典故事》），(Angolból) Ford. Striker Judit. Budapest: Nótárius Könyvkiadói GMK. 1991. (*Chinese Ancient Fables*). 118 p.

4. Zágonyi, Ervin: *Kosztolányi kínai versfordításai*（《科斯托拉尼·德热的中国诗歌翻译》），Budapest: Argumentum. 1991. pp. 543-578.

5. *Csuang Ce bölcsessége*（《庄子的智慧》），Összeáll. kommentárral ellátta Brelich Angelo. Budapest: (Farkas Lőrinc Imre) magánkiadás. 1991. 130 p.

三、备注

1. 论文《科斯托拉尼·德热的中国诗歌翻译》发表于《文学史观》杂志1991年5—6期，第543—578页，作者扎戈尼·埃尔文（Zágonyi Ervin）。

2. 《庄子的智慧》，翻译、评论布莱里奇·安盖洛（Brelich Angelo），无书号，私人出版。

公元 1992 年

一、大事记

1. 1月，匈塞盖什白堡（Székesfehérvár）举办中国工艺和图片摄影展览。

2. 4月，匈外长叶森斯基（Jeszenszky Géza）访华，两国政府重签关于互免签证的协定。

3. 5月，陈慕华副委员长对匈进行友好访问。

4. 8月，匈埃斯泰尔戈姆市（Esztergom）举办中国出土陶器文物复制品展览。

二、书（文）目录

1. *A pillangó álma: A régi Kína bölcsessége*（《蝴蝶梦——古代中国智慧》），Összeáll. Dobos László. Budapest: Helikon Kiadó. 1992. 102 p.

2. Ecsedy, Ildikó: *Ex oriente lux: Bevezetés a régi Kína társadalmának és kultúrájának történetébe: Tanulmányok Kínáról Európa ókorában*（《古代中国社会、文化史研究入门：古代欧洲的中国研究论文集》），Miskolc: Miskolci Bölcsész Egyesület. 1992. Keleti művelődéstörténeti tanulmányok 1. 253 p.

3. Ecsedy, Ildikó: *Kínai császárok és alattvalók*（《中国皇帝和他们的侍从》），Budapest: Kossuth Könyvkiadó. 1992. A Világtörténelem nagy alakjai. 77 p.

4. *Ji Csing: A Változások Könyve*, I-II（《易经：变化之书》），（Richard Wilhelm német változatából）Ford. Pressing Lajos. Budapest: Orient Press. 1992. Kelet Szent Könyvei. 770 p.

5. Mártonfi, Ferenc: *Az írástól a versig*（《从文章到诗》），Budapest: Kőrösi Csoma Társaság. 1992. Keleti értekezések 4. 334 p.

6. *Csuang Ce bölcsessége*（《庄子的智慧》），Összeáll. kommentárral ellátta Brelich Angelo. Budapest: Farkas Lőrinc Imre. (magánkiadás). 1991. 130 p.

ua.: 2. kiad. Budapest: Farkas Lőrinc Imre. (magánkiadás). 1992. 130 p.

三、备注

1.《蝴蝶梦——古代中国智慧》，共 102 页，主编多博什·拉斯洛（Dobos László）。书中收录了曹操、左思、张华、庄子、屈原、韩非子、淮南子、孔子、老子、列子、李白、刘伶、孟子、墨子、白居易、司马彪、陶弘景、陶渊明、杜甫等人的作品。

2.《古代中国社会、文化史研究入门：古代欧洲的中国研究论文集》，主编艾之迪。

3.《中国皇帝和他们的侍从》，共 77 页，作者艾之迪。书中介绍了 1911 年以前中国历史上杰出的君主和对中国文化产生深远影响的人物，比如秦始皇、孔子、老子、汉武帝、清圣祖等。

4.《易经：变化之书》（上下卷），由佩雷希·拉约什（Pressing Lajos）从卫礼贤（Richard Wilhelm）的德语版本转译。

5.《庄子的智慧》再版，无书号，私人出版。

公元 1993 年

一、大事记

1. 5 月，中匈签署了两国文化部 1993—1994 年文化合作计划。

2. 9 月，国务院副总理邹家华访匈。访问期间，双方签署了两国政府航空运输协定。

3. 10 月，匈国会主席绍鲍德（Szabad György）对中国进行正式友好访问。

二、书（文）目录

1. Ambrus, Éva et al.: *111 híres regény*（《111 部外国小说名著精选》），

Budapest: Kozmosz. 1990, 1993.

2. *A taoizmus*（《道教》），In: Glasenapp, Helmut von: *Az öt világvallás*. Budapest. Gondolat Kiadó-Talentum Kiadó. 1975, 1977, 1981, 1984, 1987, 1993. pp. 190-202.

3. Ding, Cong: *Ó-kínai tanmesék*（《古代中国寓言故事》），Ford. Rozsnyai Katalin. Budapest: Littoria. 1993. 104 p.

4. Galambos, Imre: *Csuang-ce filozófiája*（《庄子的哲学》），Budapest：ELTE BTK Kelet-Ázsiai Tanszék. 1993.

5. Lao-ce: *Lao-ce életbölcselete - Tao Te King*（《道德经》），Ford. bev. és a magyarázatokat írta Stojits Iván. Budapest: Farkas Imre. 1993. 99 p.

三、备注

1.《古代中国寓言故事》，共104页，由罗日尼亚·卡塔琳（Rozsnyai Katalin）从英语转译，收录近100个寓言故事。

2. 老子《道德经》，共99页，翻译、前言、注释由斯托伊持·伊万完成。

公元1994年

一、大事记

1. 2月，国家体委副主任刘吉率团访匈，双方签订了1994年体育交流协议。

2. 9月，应中国国家主席江泽民邀请，匈总统根茨（Göncz Árpád）对中国进行国事访问。

3. 10月，全国政协副主席万国权率团访匈。

4. 从1994年，在匈牙利陆续出版了一些中匈双语读物，主要是中国古典文学作品，双语读物采用中匈文对照方式出版，书中对有些地方加以匈文注释。

二、书（文）目录

1. *A Változások Könyve: Ji Csing*（《易经》），（Richard Wilhelm német változatából）Ford. Deseö László. Budapest: Édesvíz Kiadó. 1994. Titkos tanok 12. (*I Ging, Das Buch der Wandlungen*). 345 p.

2. Csü, Jüan: *Száműzetés*（《离骚》），Az első nagy kínai költő főművének eredeti kínai szövege Nagy László műfordításával, Tőkei Ferenc kommentárjaival. Budapest: Balassi Kiadó. 1994. Kínai-magyar könyvek. 110 p.

3. *Dalok Könyve*（《诗经》），Ford. Csanádi Imre et al.: (Kínai eredetiből a nyersfordításokat készítette Tőkei Ferenc). Budapest: Európa Könyvkiadó. 1974. Lyra Mundi. 342 p.

ua.: Budapest. Európa Könyvkiadó. 1976. Lyra Mundi.

ua.: 3. kiad. Budapest: Európa Könyvkiadó. 1994. Lyra Mundi. 363 p.

4. *Konfucianizmus*（《儒家思想》），In: *Civilizációk és vallások: Szöveggyűjtemény a civilizációk összehasonlító tanulmányozásához*. Szerk. Benkes Mihály. Budapest: Cégér Kiadó. 1994. pp. 44-71.

5. *Taoizmus*（《道家思想》），In: *Civilizációk és vallások: Szöveggyűjtemény a civilizációk összehasonlító tanulmányozásához*. Szerk. Benkes Mihály. Budapest: Cégér Kiadó. 1994. pp. 71-92.

6. Lao-ce: *Tao te King: Az Út és Erény Könyve*（《道德经》），Weöres Sándor fordítása Tőkei Ferenc prózafordítása alapján. Budapest: Tercium Kiadó. 1994. 158 p.

7. Lie Ce: *Az elomló üresség igaz könyve*（《冲虚真经》），Ford. jegyzetekkel ell. és az utószót írta Dobos László. Budapest: Ferenczy Könyvkiadó. 1994. A Távolkelet gondolatkincse. 167 p.

8. Polonyi Péter: *Kína története*（《中国史》），Budapest: Kozmosz könyvek. 1988. 227 p.

ua.: 2. átdolg., bőv. kiad. Budapest: Maecenas Könyvkiadó. 1994. Maecenas történelem könyvek. 317 p.

9. *88 híres vers és értelmezése a világirodalomból*（《88首世界名诗鉴赏》），

A költőket és a verseket bemutatják Baka István et al. Budapest: Móra Kiadó. 1994. 547 p.

10. *Szép asszonyok egy gazdag házban*（《金瓶梅》）, Ismeretlen kínai szerző regénye a XVI. század végéről. (Franz Kuhn német szövegéből) ford. Mátrai Tamás: A verseket ford. Pór Judit: Az utószót írta Tőkei Ferenc. Budapest: Európa Könyvkiadó. 1964. 447 p.+422 p.

ua.: 2. kiad. Budapest: Európa Könyvkiadó. 1968. A Világirodalom remekei. 436 p.+403 p.

ua.: 3. kiad. Budapest: Európa Könyvkiadó. 1971. 526 p.+491 p.

ua.: 4. kiad. Budapest: Európa Könyvkiadó. 1973. 449 p.+416 p.

ua.: 5. kiad. Budapest: Európa Könyvkiadó. 1978. 436 p.+405 p.

ua.: 6. kiad. Budapest: Árkádia Könyvkiadó. 1983. 457 p.+429 p.

ua.: Budapest: Fátum-Ars Könyvkiadó. 1993 (-1994). 455 p.+415 p.

11. *Csuang Ce bölcsessége*（《庄子的智慧》）, Összeáll., kommentárral ellátta Brelich Angelo. Budapest: (Farkas Lőrinc Imre) magánkiadás. 1991. 130 p.

ua.: 2. kiad. Budapest: (Farkas Lőrinc Imre) magánkiadás. 1992. 130 p.

ua.: Ford. a bev. tanulmányt és a kommentárt írta Brelich Angelo. Budapest: Farkas Lőrinc Imre Kiadó. 1994. 136 p.

三、备注

1.《易经》，共346页，戴谢欧·拉斯洛（Deseő László）从卫礼贤的德语版转译。

2. 屈原《离骚》，共110页，巴拉士出版社采用中匈双语出版，翻译、评注杜克义，诗歌翻译纳吉·拉斯洛，校对比格·安娜（Pikó Anna）。纳吉·拉斯洛翻译的《离骚》于1959年由欧洲出版社出版，此前沃莱什·山道尔的《屈原诗选》于1954年由文学出版社出版，这本书都是由杜克义从中文原文直接翻译过来的。

3. 由杜克义从原文直接翻译，诗人沃莱什·山道尔进行诗歌语言加工的《道德经》分别由泰尔齐乌姆出版社（Tercium Kiadó）再版。

4.《中国史》，共317页，修订版第二版，主编波洛尼·彼得。主要介绍中国历史，同时也介绍了相关年代文学和哲学的发展，介绍了孔子、老子、墨子、韩非子、杜甫（诗歌由奈迈什·纳吉·阿格奈什翻译）和白居易（诗歌由沃莱什·山道尔翻译）。

5.《88首世界名诗鉴赏》，共547页，收录了杜甫的《月夜》和《佳人》，这两首诗由科斯托拉尼·德热翻译，陈国赏析。

公元1995年

一、大事记

1. 2月，国家体委主任伍绍祖同匈体育运动局局长莱基（Nagy József）在布达佩斯签署了体育运动合作协议书。

2. 6月，中国国家教委副主任王明达与匈文教部负责人在布达佩斯签署了国家教委和匈文教部1995—1997年教育合作工作计划。

3. 7月，应根茨总统邀请，江泽民主席对匈牙利进行国事访问，这是中匈建交以来中国国家主席首次访问。访问期间，钱其琛副总理兼外长与匈外长科瓦奇签署了两国海关互助与合作协定。

4. 10月，李沛瑶副委员长访匈；匈司法部部长沃什道格（Vastagh Pál）访华，双方签署了民事和商事司法协助协定。

二、书（文）目录

1. Borel, Henri: *Wu wei: Lao-ce útmutatásai*（《无为：老子思想》），Ford. Kenéz György. Budapest: Farkas Lőrinc Imre Kiadó. 1995. (Wu-wei, Übersetzt von Werner Zimmermann). 97 p.

2. *Konfucianizmus*（《儒家思想》）, In: Smith, Huston: *A világ nagy vallásai*. Ford. Karafiáth Jenő, Nádasdy Dóra. Budapest: Officina Nova: Magyar Könyvklub. 1995. pp. 99-122.

3. Konfuciusz: *Beszélgetések és mondások*（《论语》）, Ford. bev. és jegyzetekkel ell. Tőkei Ferenc. Szeged: Szukits Könyvkiadó. 1995. 175 p.

ua.; 2. kiad. Szeged: Szukits Könyvkiadó. 1995.

4. *Lie-ce: A tao könyve*（《列子》）, Ford. Meier Lídia. Budapest: Farkas Lőrinc Imre Kiadó. 1995. (*A fordítás alapja: The book of Lieh Tzu*). 166 p.

5. Lao-ce: *Tao te King (In Seven Languages)*（《道德经》）, Ford. Steven Mitchell et al. Budapest: Farkas Lőrinc Imre Kiadó. 1995. (a magyar szöveg Ágner Lajos fordítása).

6. *MO, Ti: Konfuciusz hívei ellen*（《墨子》）, Vál., Ford. bevezetéssel és jegyzetekkel ellátta Tőkei Ferenc. Szeged: Szukits Könyvkiadó. 1995. 129 p.

7. Szun-ce: *A hadviselés törvényei*（《孙子兵法》）, Az eredeti szöveg Tőkei Ferenc fordításával. Budapest: Balassi Kiadó. 1995.

8. *Lao-ce utolsó tanításai*（《文子》）, Ford. Varga Sándor. Budapest: Farkas Lőrinc Imre Kiadó. 1995. 157 p.

9. Lo, Kuan-csung: *A három királyság története* (I-VI. Fejezet) [《三国演义》（6 回）], Budapest: MTA Orientalisztikai Munkaközösség. 1987. Történelem és kultúra 4. 77 p.

ua.: 2. jav. kiad. Budapest: MTA Orientalisztikai Munkaközösség, Balassi Kiadó. 1997. Történelem és kultúra 14. 99 p.

10. *Csuang Ce bölcsessége*（《庄子的智慧》）, Összeáll. kommentárral ellátta Brelich Angelo. Budapest: (Farkas Lőrinc Imre) magánkiadás. 1991. 130 p.

ua.: 2. kiad. Budapest: (Farkas Lőrinc Imre) magánkiadás. 1992. 130 p.

ua.: Ford. a bev. tanulmányt és a kommentárt írta Brelich Angelo. Budapest: Farkas Lőrinc Imre Kiadó. 1994. 136 p.

ua.: 3. kiad. Budapest: Farkas Lőrinc Imre Kiadó. 1995.

11. Ambrus, Éva et al.: *111 híres regény*（《111 部外国小说名著精选》），Budapest: Kozmosz, 1990, 1993, 1995.

三、备注

1.《无为：老子思想》由凯内茨·哲尔吉（Kenéz György）从德语转译。

2.《论语》，共 175 页，翻译、前言、注释由杜克义完成。该书出版后很快在同一年内再版。

3.《列子》由梅尔·利迪娅（Meier Lídia）从英语转译。

4.《道德经》发表了 7 种语言的翻译版本，匈牙利语版本由阿格奈尔·拉约什翻译。

5.《墨子》由杜克义翻译，并撰写了前言和注释。

6.《孙子兵法》，共 118 页，中匈双语，巴拉士出版社出版，翻译、前言、注释杜克义，校对陶凯（Tokaji Zsolt）。

7.《文子》，共 157 页，由沃尔高·山道尔（Varga Sándor）从英语转译。

8.《三国演义》（6 回）第二版修订版出版。

公元 1996 年

一、大事记

1. 5 月，李岚清副总理访匈。

2. 10 月，匈文教部行政国务秘书洪蒂（Honti Mária）访华。

3. 12 月，匈外长科瓦奇（Kovács László）访华，双方签署两国外交部合作议定书。

二、书（文）目录

1. *A sárkánykirály palotája: Kínai, tibeti...mesék*（《龙女——世界各国民间故事选》），Ford. Viktor János et al.: Vál. Tőkei Ferenc. Budapest: Móra Ferenc Könyvkiadó. 1959. Népek meséi IV. 463 p.

ua.: 2. kiad. Budapest: Móra Ferenc Ifjúsági Könyvkiadó. 1967. Népek meséi IV. 450 p.

ua.: 3. kiad. Budapest: Kossuth Könyvkiadó. 1996. 355 p.

2. *A tea és a bor vetélkedése*（《茶酒论》），Az eredeti kínai szöveg Csongor Barnabás és Donga György fordításával: Tőkei Ferenc jegyzeteivel. Budapest: Balassi Kiadó. 1996. Kínai-magyar könyvek 5. 46 p.

3. *Ezernyi árnyalatban: A világirodalom legszebb versei*（《千百种色调——世界上最美的诗歌》），Ford. Ady Endre et. al. Budapest: Magyar Könyvklub-Sziget Kiadó. 1996. 387 p.

4. Lao-ce: *Tao te King: Az Út és Erény Könyve*（《道德经》），Weöres Sándor fordítása Tőkei Ferenc prózafordítása alapján. Budapest: Tercium Kiadó. 1994. 158 p.

ua.: Budapest: Tercium. 1996. 158 p.

5. Lao-ce: *Az Út és Erény Könyve*（《道德经》），Versbe ford. Weöres Sándor Kínaiból magyar prózára ford. és kommentálta Tőkei Ferenc. Budapest: Balassi Kiadó. 1996. Kínai-magyar könyvek 4. 169 p.

6. Lao-ce: *Tao te King: Az Út és Erény Könyve*（《道德经》），Weöres Sándor fordítása Tőkei Ferenc prózafordítása alapján. Budapest: Tercium Kiadó. 1994. 158 p.

ua.: Budapest: Tercium. 1996. 158 p.

7. Miklós, Pál: *Tus és ecset: Kínai művelődéstörténeti tanulmányok*（《笔与墨——中国艺术史研究》），Budapest: Ligeti Műhely Alapítvány. 1996. 209 p.

8. *88 híres vers és értelmezése a világirodalomból*（《88首世界名诗鉴赏》），Ford. Bárdos László et al. Budapest: Móra Ferenc Ifjúsági Könyvkiadó. 1996. 547 p.

9. Sun, Tzu: *Ping-Fa: A hadviselés művészete*（《孙子兵法》），Magyarra átdolg. Hahn István. Budapest: Kobudo-Iaido Távolkeleti Harcművészetek Baráti

Köre. 1996. Budo Ismeretterjesztő kiskönyvtár. 118 p.

10. *Sun Ce: A hadviselés tudománya*（《孙子兵法》），Ford. Édes Bálint. Budapest: Göncöl Kiadó. 1996. (A ford. Lionel Giles "The art of war" c. 1906-ban megjelent fordítása alapján készült). 125 p.

11. *Szun mester: A hadakozás regulái*（《孙子兵法》），ford: Tokaji Zsolt, Terebess Kiadó, Budapest. 1996.

12. *Tizenkilenc régi vers*（《古诗十九首》），Az eredeti kínai szöveg Tellér Gyula műfordításával: Tőkei Ferenc jegyzeteivel. Budapest: Balassi Kiadó. 1996. Kínai-magyar könyvek 3.

三、备注

1.《茶酒论》，共46页，中匈双语，由巴拉士出版社于1996年在布达佩斯出版。翻译陈国、东高·哲尔吉（Donga György）。

2.《千百种色调——世界上最美的诗歌》，共387页，翻译奥蒂·安德烈，主编安博鲁什·爱娃（Ambrus Éva）。书中收录了沈约、李白、杜甫、白居易、苏东坡、鲍照等人及《诗经》中的诗歌。

3.《笔与墨——中国艺术史研究》，作者米白，由树林书房基金会出版。书中探讨了不同文献和杂文中的中国与欧洲抒情诗的区别和翻译所存在的问题，以及其他的艺术分支，比如绘画、小说、汉语、历史和哲学、宗教等。

主要内容如下：

语言文化与中国的意识形态

中国的时间观

中国的空间观

东方的爱情艺术

道教的"欲经"

《肉蒲团》

中国佛教的象征意义

禅宗的发展

开封的犹太人

一个中国朝圣者

艾米·绍宁游记

中世纪中国的一个绿洲——《柳宗元传》

4.《孙子兵法》，共 118 页，由萨博·安德拉什（Szabó András）和劳德万斯基·安德莱奥（Radvánszky Andrea）从英语转译，古武道 – 居合道远东战术友好协会（Kobudo-Iaido Távolkeleti Harcművészetek Baráti Köre）出版。

5.《孙子兵法》，共 125 页，从英语转译，翻译、前言埃戴什·巴林特（Édes Bálint），根茨拉出版社（Göncöl Kiadó）出版，1997 年再版。

6.《孙子兵法》，翻译陶凯，泰来拜什出版社（Terebess Kiadó）出版，布达佩斯，1998 年再版。

7.《古诗十九首》，共 86 页，中匈双语，巴拉士出版社出版，诗歌翻译特勒尔·久拉（Tellér Gyula），注释杜克义，校对陶凯。

公元 1997 年

一、大事记

11 月，匈文教部部长毛焦尔（Magyar Bálint）率团来华进行工作访问，双方签署关于相互承认学历、学位证书的协议。

二、书（文）目录

1. *A kínai festészet elmélete*（《中国绘画论》），Vál., a kínai szövegeket gondozta és magyarra ford. Tőkei Ferenc. Budapest: MTA Orientalisztikai Munkaközösség-Argumentum Kiadó. 1997.

2. *A Zenepalota verseiből*（《乐府诗选》），Az eredeti szöveg magyar műfor-

dításokkal: Vál. magyar prózára ford. az előszót írta és jegyzetekkel ellátta Tőkei Ferenc: Versbe öntötte Fodor András et al. Budapest: Balassi Kiadó. 1997. Kínai-magyar könyvek 6. 156 p.

3. Chuang, Ce: *A virágzó délvidék igaz könyve* (《南华真经》), I-XVI. könyv. Ford. jegyzetekkel ell. és az utószót írta Dobos László. Budapest: Palatinus-könyvek Kft. 1997. A Távol-Kelet gondolatkincse 2. 149 p.

4. Lao-ce: *Tao te King: Az Út és Erény Könyve* (《道德经》), Weöres Sándor fordítása Tőkei Ferenc prózafordítása alapján. Budapest: Tercium Kiadó. 1994. 158 p.

ua.: Budapest: Tercium. 1996. 158 p.

ua.: Budapest: Tercium. 1997. 158 p.

5. Han, San: *A bölcs vigyor* (《寒山诗选》), Ford. Károlyi Amy: Vál. kínaiból ford. és a jegyzeteket írta Tokaji Zsolt: Károlyi Amy részére a verseket vál. a nyersfordítást készítette, mindkét műfordító verseit az eredetivel egybevetette és az előszót írta Csongor Barnabás. Budapest: Terebess Kiadó. 1997. 119 p.

6. *Kínai-magyar irodalmi gyűjtemény*, I [《中匈文选》(第一辑)], Az eredeti szövegek magyar műfordításokkal: Szerk. Tőkei Ferenc. Budapest: Balassi Kiadó. 1997.

7. *Kínai szofisztika és logika* (《中国诡辩和逻辑》), Szerk., a kínai szöveget gondozta, magyarra ford., bevezetésekkel és jegyzetekkel ellátta Tőkei Ferenc. Budapest: MTA Orientalisztikai Munkaközösség: Balassi Kiadó. 1997.

8. Lao, Ce: *Tao te king (részlet): Az út könyve* (《道德经》节选), Ford. Dao Ngoc Thang. Felcsút: Heliodos Bt. 1997. 63 p.

9. Lao-ce: *Tao te King* (《道德经》), Ford. és a kommentárokat írta Karátson Gábor. 2. átdolg. kiad. Budapest: Cserépfalvi Könyvkiadó. 1997. 332 p.

10. Liu Cung-jüan: *Megszeretem a száműzetést* (《柳宗元散文选》), Ford. Ecsedy Ildikó et al. Budapest: Terebess Kiadó. 1997. 131 p.

11. Lo, Kuan-csung: *A három királyság története* (I-VI. Fejezet) [《三国演义》(6回)], Budapest: MTA Orientalisztikai Munkaközösség. 1987. Történelem és kultúra 4. 77 p.

ua.: 2. jav. kiad. Budapest: MTA Orientalisztikai Munkaközösség. Balassi Kiadó.

1997. Történelem és kultúra 14. 99 p.

12. *Menciusz: Konfuciusz nagy követője*（《孟子》），Vál., ford. bevezetéssel és jegyzetekkel ell. Tőkei Ferenc. Szeged: Szukits Könyvkiadó. 1997. A bölcselet mérföldkövei 2. 162 p.

13. Pu, Szung-ling: *A templom démona*（《聊斋志异》选集），Ford. Tokaji Zsolt. Budapest: Terebess Kiadó. 1997. 202 p.

14. Sun, Tzu: *Ping-Fa: A hadviselés művészete*（《孙子兵法》），Magyarra átdolg. Hahn István. Budapest: Kobudo-Iaido Távolkeleti Harcművészetek Baráti Köre. 1996. Budo Ismeretterjesztő kiskönyvtár. 118 p.

ua.: Budapest: Kobudo-Iaido Távolkeleti Harcművészetek Baráti Köre. 1997. Budo Ismeretterjesztő kiskönyvtár. 70 p.

15. Szun mester: *A hadakozás regulái*（《孙子兵法》），(Zrínyi Miklós XVII. századi stílusában) ford. Tokaji Zsolt. Budapest: Terebess Kiadó. 1997. 62 p.

16. Vámos, Péter: Két kultúra ölelésében: *Magyar jezsuiták a Távol-Keleten*（《在两种文化的怀抱中——匈牙利传教士在中国》），Vámos Péter interjúi. Budapest: Jézus Társasága Magyarországi Rendtartománya. 1997. 341 p.

17. Ambrus Éva et al.: *111 híres regény*（《111部外国小说名著精选》），Budapest: Kozmosz. 1990, 1993, 1995, 1997.

三、备注

1.《中国绘画论》，共86页，中匈双语，匈牙利科学院东方学工作组与论点出版社（Argumentum Kiadó）联合出版，选编、初译杜克义，诗歌翻译塞尔道海伊·伊什特万，前言、注释米白。

内容如下：

宗炳《画山水序》

王微《叙画》

谢赫《古画品录》

郭思《林泉高致》

汤垕《画鉴》

2.《乐府诗选》，共156页，中匈双语，巴拉士出版社出版，选编、初译、前言、注释杜克义，诗歌翻译福多·安德拉什、高拉·加博尔、伊耶什·久拉、卡洛伊·艾米、科尔莫什·伊什特万、纳吉·拉斯洛、沃莱什·山道尔，校对陶凯。该书包含56首诗歌。

3.《寒山诗选》，共119页，选编、初译和注释陶凯，诗歌翻译卡洛伊·艾米，前言、校对陈国。

4. 巴拉士出版社于1997年出版了由杜克义主编的中匈双语系列丛书《中匈文选》（第一辑），包含以下9本书，共计240页，属于匈牙利文化教育部资助的"高等教育教科书和专业图书资助项目框架"。该系列可以在教学中作为教科书使用。迄今为止，《中匈文选》已出版两辑，另一系列于1999年出版。[①]

孔子《论语》，11页，包括《论语》4篇。翻译、前言：杜克义，校对：郝清新（Hamar Imre）。

《书经洪范》，33页，翻译、前言：杜克义，校对：郝清新。

《易经系辞》，24页，翻译、注释：杜克义，校对：郝清新。

《王充论衡：论死》，23页，翻译、前言：杜克义，校对：郝清新。

屈原《九章·哀郢》，22页，初译：杜克义，诗歌翻译：沃莱什·山道尔，注释、校对：陶凯。

《卜居》《渔夫》，30页，翻译：塞尔道海伊·伊什特万，注释：杜克义。

曹植《洛神赋》，31页，翻译：塞尔道海伊·伊什特万，前言和注释：杜克义，校对：陶凯。

《焦仲卿妻》，39页，初译：杜克义，诗歌翻译：卡洛伊·艾米。

《聊斋志异——画壁》，15页，翻译、注释：杜克义。

5.《中国诡辩和逻辑》，共100页，匈牙利科学院东方学工作组和巴拉士出版社联合出版，翻译、注释杜克义，校对郝清新、陶凯。

具体内容如下：

中国诡辩

---

① 详见公元1999年。

惠施、公孙龙子的言论及《公孙龙子》（中匈双语对照）的匈语翻译

作者批注与分析

中国逻辑

墨子的《经上》《经下》（中匈双语对照）的匈语翻译及其他作品匈语翻译

《经上》

《经下》

《经上》注释

《经下》注释

《大取》

《小取》

作者批注与分析

6.《道德经》，共332页，中匈双语修订版第二版（首版于1990年）。诗歌翻译、评注考拉琼·加博尔，校对姑兰。该书中包含150页的评论，作者把《道德经》与《易经》及庄子、墨子的思想进行了比较。

7.《三国演义》（6回），共99页，修订版第二版（首版出版于1987年），翻译、前言艾之迪。

8.《柳宗元诗选》，共131页，翻译米白、陶凯、艾之迪、福卢迪·哲尔吉、杜克义、肖伊莫什·伊达（Solymos Ida）、沃莱什·山道尔、科斯托拉尼·德热、伊耶什·久拉、德罗特什·拉斯洛、戈察扎·安德莱奥（Góczán Andrea）。

9.《孟子》，共164页，选编、翻译、注释、前言杜克义。文中首先介绍了孟子，然后分析了孟子与同时代哲学家的关系，另外也介绍了孔子的《论语》和《礼记》。

10. 蒲松龄：《聊斋志异》选集，翻译陶凯，注释张丽华（Csang Li-hua），包含108个故事。

公元 1998 年

一、书（文）目录

1. *A kínai költészet elméletéből*（《中国文论选》）, Vál., a kínai szövegeket gondozta és magyarra ford. Tőkei Ferenc. Budapest: Argumentum-MTA Orientalisztikai Munkaközösség. 1998. 75 p.

2. *A Zen Kapui*（《无门关》）, Ford. Szigeti György. Budapest: Farkas Lőrinc Imre Könyvkiadó. 1998. (Zen Flesh, Zen Bones transcribed by Nyogen Senzaki and Paul Reps: Two Zen Classics tr. by Katsuki Sekida.). 147 p.

3. Lao-ce: *Tao te King: Az Út és Erény Könyve*（《道德经》）, Weöres Sándor fordítása Tőkei Ferenc prózafordítása alapján. Budapest: Tercium Kiadó. 1994. 158 p.

ua.: Budapest: Tercium. 1996. 158 p.

ua.: Budapest: Tercium. 1997. 158 p.

ua.: Budapest: Tercium. 1998. 158 p.

4. *Kilenc varázsének: Kilenc dal*（《九歌》）, Az eredeti szöveg Weöres Sándor műfordításával, Tőkei Ferenc előszavával, Tokaji Zsolt jegyzeteivel. Budapest: Balassi Kiadó. 1998. Kínai-magyar könyvek 7. 68 p.

5. Szun-ce: *A hadviselés törvényei*（《孙子兵法》）, Az eredeti szöveg Tőkei Ferenc fordításával. Budapest: Balassi Kiadó. 1995. Kínai-magyar könyvek 2. 118 p.

ua.: 2. kiad. Budapest: Balassi Kiadó. 1998. Kínai-magyar könyvek 2. 118 p.

6. *A taoizmus*（《道教》）, In: Glasenapp, Helmut von: *Az öt világvallás*. Budapest, Gondolat Kiadó-Talentum Kiadó. 1975, 1977, 1981, 1984, 1987, 1993, 1998, 2000, 2003. pp. 190-202.

7. Sun, Tzu: *Ping-Fa: A hadviselés művészete*（《孙子兵法》）, Magyarra átdolg. Hahn István. Budapest: Kobudo-Iaido Távolkeleti Harcművészetek Baráti Köre. 1996. Budo Ismeretterjesztő kiskönyvtár. 118 p.

ua.: Budapest: Kobudo-Iaido Távolkeleti Harcművészetek Baráti Köre. 1997.

Budo Ismeretterjesztő kiskönyvtár. 70 p.

ua.: Budapest: Kobudo-Iaido Távolkeleti Harcművészetek Baráti Köre. 1998. 70 p.

8. Tokaji, Zsolt: *Wuzi: A hadviselés törvényei*（《吴子兵法》），*A Wuzi bingfa fordítása és történeti vonatkozásai*, Budapest. ELTE BTK Kelet-Ázsiai Tanszék. 1998.

9. Vámos, Péter: *Magyar jezsuiták Kínában*（《匈牙利传教士在中国》），In: *Korunk: Kultúra, haza, nagyvilág*. 1998. III. Folyam IX/8. (1998. aug. 3.). pp. 110-116.

二、备注

1.《中国文论选》，共 75 页，中匈双语，匈牙利科学院东方学工作组与论点出版社于布达佩斯联合出版。翻译、选编杜克义，校对陶凯。该书由国家科学教育基金赞助出版。

内容如下：

卫宏《毛诗序》

曹丕《典论·论文》

陆机《文赋》

沈约《宋书·谢灵运传论》

萧统《文选》序

钟嵘《诗品》

2. 屈原的《九歌》，共 68 页，中匈双语，巴拉士出版社出版，前言杜克义，注释陶凯，诗歌翻译沃莱什·山道尔，包含 11 首诗歌。

3.《匈牙利传教士在中国》由王俊义(Vámos Péter)发表在期刊《我们的时代：文化、祖国、大千世界》（ *Korunk: Kultúra, haza, nagyvilág* ）1998 年第 3 期。

公元 1999 年

一、大事记

1. 1月，匈民族文化遗产部政治国务秘书瓦尔海基（Várhegyi Attila）访华。

2. 6月，应中国国务委员兼国务院秘书长王忠禹邀请，匈总理府部长什敦普夫（Stumpf István）来华进行友好访问。

3. 9月，匈民族文化遗产部部长哈莫里（Hámori József）正式访华。访华期间，哈莫里代表匈总统根茨向裴多菲作品翻译家兴万生授予匈牙利共和国十字勋章。

4. 9月30日，中国驻匈大使陈国焱举行国庆50周年招待会，根茨总统率6位部长出席，这是近年匈方出席外国驻匈使节国庆招待会规格最高的一次。

5. 10月6日是中匈建交50周年，两国举行了一系列庆祝活动：江泽民主席、唐家璇外长分别与根茨总统、毛尔多尼（Martonyi János）外长互致贺电；两国外长分别出席对方大使举行的庆祝建交50周年宴会；两国友协举行招待会；中国集邮总公司发行纪念封；等等。

6. 10月，中国文化部部长助理张华林率中国政府文化代表团对匈进行正式友好访问。

7. 11月，匈外长毛尔多尼正式访华。

二、书（文）目录

1. *Kínai-magyar irodalmi gyűjtemény*, II [《中匈文选》（第二辑）], Az eredeti szövegek magyar műfordításokkal: Szerk. Tőkei Ferenc. Budapest: Balassi Kiadó. 1999.

2. Liu, Csang（刘璋）: *Csung Kuj, az ördögűző*（《钟馗斩鬼传》）, Ford. Tokaji Zsolt. Budapest: Terebess Kiadó. 1999. 151 p.

3. Pej, Hszing: *A déltengeri rabszolga*（《裴铏短篇小说集》）, Kínaiból

ford. illusztrálta és az utószót írta Tokaji Zsolt. Budapest: Terebess Kiadó. 1999. 68 p.

4. Vu Ce: *A háború útja*（《吴子兵法》）, Kínai eredetiből ford. az előszót és a jegyzeteket írta Tokaji Zsolt. Budapest: Terebess Kiadó. 1999. 67 p.

5. *A Változások Könyve: Ji Csing*（《易经》）, (Richard Wilhelm német változatából) Ford. Deseö László. Budapest: Édesvíz Kiadó. 1994. Titkos tanok 12. (*I Ging, Das Buch der Wandlungen*). 345 p.

ua.: Budapest: Édesvíz Kiadó. 1999. Titkos tanok 12. 345 p.

ua.: Budapest: Édesvíz Kiadó. 2001. Titkos tanok 12. 345 p.

三、备注

1. 巴拉士出版社已于1997年出版了由杜克义主编的中匈双语系列丛书《中匈文选》（第一辑），1999年出版了《中匈文选》（第二辑），同样包含9本书，共计240页，属于匈牙利文化教育部资助的"高等教育教科书和专业图书资助项目框架"。具体书目如下：

《古诗源选》，18页，选编：杜克义，翻译：陶凯、杜克义。

《诗经·七月》，15页，翻译：杜克义，校对：艾之迪、贝山（P. Szabó Sándor）。

《左传选》，54页，选编：陈国、郝清新，翻译：陈国、郝清新。

《墨子选》，19页，选编、翻译：杜克义，校对：陶凯。

《史记选》，44页，翻译：陶凯、杜克义，注释：陶凯。

蔡琰：《悲愤诗》，16页，初译：杜克义，诗歌翻译：欧尔士·伊什特万。

《三字经》，23页，翻译、前言、注释：贝山，校对：杜克义。

《纳兰性德词》，17页，选编、初译：陈国，诗歌翻译：戴梅尼·奥托、肖伊莫·伊达、特勒尔·久拉，校对：郝清新。书中包含8首纳兰性德的诗词。

《聊斋志异选》，27页，翻译、选编：陶凯、杜克义。

2. 裴铏：《裴铏短篇小说集》，翻译、后记、校对：陶凯，包括了5部短篇小说：《周邯》《昆仑奴》《聂隐娘》《陈鸾凤》和《崔炜》。

结　语

　　从 13 世纪第一个传教士来华开始直到 21 世纪，中匈两国已有近 700 年的交流历史。18 世纪以前主要是传教士、探险家对中国文化的间接传播，他们来华更多的是出于宗教、探索的目的，对中国的了解也是片面的、零散的。18 世纪的"寻根问祖"热直接促成了东方学的产生，伴随着 19 世纪学者型探险家来华，东方学得到了极大发展。19 世纪以后文学领域的交流使人们对中国的了解更为全面和深入，尤其伴随着两国外交关系的建立，精通汉语的人才逐渐增多，人们通过直接翻译的文学作品了解了原汁原味的中国，也使两国文化交流达到了前所未有的频繁时期。

　　20 世纪的中匈文化交流传播体现了以下几个特点：

　　第一，匈牙利人对遥远东方中国的痴迷不仅仅来源于西方，更重要的是源于内心深处对祖先的找寻，由此引发的"寻根问祖"热催生了东方学的产生。潜意识中的"亲缘关系"使他们对中国、中国文学产生了异乎寻常的偏好，并表现出了极大的接受度。从出版书籍的再版次数可以看出匈牙利人对中国的喜爱程度。比如1957年《诗经》首版2000册，上市后很快就销售一空，两年后，第二版1万册，也很快售罄，目前，第三版《诗经》也很难买到。《道德经》前后有8人分别从不同语言转译成匈牙利语，这在匈牙利哲学和文学翻译方面没有任何一部作品可与之比肩。另外，许多中国古典小说多次再版、重印。1973年出版的《水浒传》，创造了销售148,500册的记录。

第二，文学翻译作品的质量很高。无论是直接翻译、转译还是由汉学家直接翻译文学家再加工润色的作品，都具有很高的欣赏价值。20世纪上半叶，很多著名的匈牙利诗人加入到翻译队伍中来，他们主要从中介语言（英语、德语、法语）转译，译作虽然有时和原文相差甚远，但这种译介仍然使读者受益匪浅。诗人通过某种方式使读者感受到了中国诗歌的意境及与之心灵相通的、实质性的东西。同时诗人与汉学家的合作，对汉学家直接翻译出的作品进行加工润色，翻译出了很多既忠于原文又优美的经典佳篇，这也构成了匈牙利文学翻译的特点，比如《道德经》《诗经》《离骚》《乐府诗》等都是用这种方式翻译成了匈牙利语。从中文原文翻译的匈牙利作品，由于汉学家对原著的准确理解及对中国历史文化的熟悉，移植成匈牙利语时在忠实程度和意蕴上都保持了原文的意境。正如汉学家杜克义所言："中国诗歌的匈牙利语翻译无论从语言的忠实性角度来看，还是从翻译诗人的地位来看在世界上都是独一无二的。匈牙利的优秀诗人非常愿意承担中国诗歌的翻译，把经过汉学家初译的文字变成优美的诗歌。后来那些诗歌翻译很多成为经典，构成诗人创作的有机组成部分，甚至中国诗歌的匈牙利语翻译也已经逐渐成为匈牙利诗歌的有机组成部分。"[1]

第三，文学翻译受两国关系影响很大，两国建交后出现了文学翻译的繁荣期。20世纪70年代随着两国关系的冷淡出现了文学翻译的停滞期，80年代后两国关系逐步回暖，伴随着中国改革开放的不断发展及中国综合国力的增强，文学作品翻译呈现多元化趋势。

第四，出现了以出版中国书籍而闻名的出版社。

最初出版中国文学作品的一直是匈牙利欧洲出版社。欧洲出版社是致力于介绍世界文学作品的出版公司，在向匈牙利介绍中国文学方面做出了特殊的贡

---

[1] Tőkei Ferenc: *A kínai elégia születése: Kü Jüan és kora*. Budapest: Kossuth Könyvkiadó, 1986.

献。在汉学家杜克义担任东方文学的编辑期间，在他的推动下，该出版社先后出版了一大批中国古代和现代文学的经典作品。虽然这些译本不是作为一个系列出版的，但都保持统一的开本和风格一致的装帧，同样都配有出自匈牙利名家之手的插图。

匈牙利文学出版社主要出版中国诗歌选集。20世纪90年代中期，杜克义与巴拉士出版社合作出版了匈中双语的文学翻译版本。匈牙利科学院出版社出版了"科勒什·乔玛·山道尔"系列丛书，出版的目的是让更多的读者了解匈牙利东方学研究的成果。这一系列丛书有汉学家高恩德所写的《走遍世界的匈牙利文学》，第一次介绍了匈牙利文学在中国的译介情况，比如翻译裴多菲诗歌的中国翻译家们。

思想出版社（Gondolat Könyvkiadó）的"世界探险"系列汇集的是赴远东探险的匈牙利人出版的关于中国及在中国感受的出版物。

麦迪茨娜出版社（Medicina Könyvkiadó）出版的知名"全景旅游手册"系列在匈牙利几十年来经久不衰。"全景国家指南"系列中波洛尼·彼得的《中国》（Kína, 1987）旅游手册重印两次，这本书概要介绍了中国概况并系统地描绘了中国每个省最重要的独特之处。

目前，匈牙利已经在全国各地开设了4所孔子学院（罗兰大学孔子学院、赛格德大学孔子学院、米什科尔茨大学孔子学院、佩奇大学中医孔子学院），逐步使汉语走进小学、中学、大学课堂，大大促进了汉语教学的发展，其中罗兰大学中文系是汉语教学研究基地，直到2012年都是匈牙利唯一一所开设中文专业的大学。成立于1924年的东亚所至今已有90余年的历史，知名汉学家李盖提、陈国、高恩德都曾担任过系主任，许多汉学家及汉语教师都是这里培养出来的，这里堪称"汉学家的摇篮"。2008年1月，罗兰大学文学院成立了东亚研究所，下设中文系、韩文系、日文系、中亚系等四个系，主要目标是致力于东方学的研究，教学上在侧重传统文化教育的同时更加注重实践性和实用性，培养复合型、实用型人才。最近几年，学生人数成倍增长，达到150余人，汉学博士点迄今已开设15年，并且在近几年招生人数增长显著。中文专业教师在从事教学工作之余，也参与匈牙利和国际科研学术活动。他们2000年创建了《汉学书房》（*Sinológiai műhely*）系列丛书，到目前为止已经出版了 7 册。2003 年匈牙利前总理迈杰希访华时提议建立中匈双语学校（A Magyar-Kínai Két Tanítási Nyelvű Általános Iskola），2004 年 6 月，中国国家主席胡锦涛访问匈牙利期间，中匈两国签署了关于建立中匈双语学校的备忘录，旨在为华裔及匈牙利儿童提供一个学习汉语的平台。中匈双语学校同时采用汉语和匈牙利语作为媒介语授课，是目前匈牙利乃至欧洲唯一一所同时采用汉语和所在国语言授课的小学，现已经开始招收中学生。相信未来将会有汉学家从这里诞生。2012 年，巴兹马尼·彼得天主教大学也开设了中文专业。2013 年，佩奇大学和布达佩斯卡罗里·卡斯帕尔改革教会大学相断开设汉语课程。这些讲汉语、了解中国文化的年青一代，必将在两国人民之间架起文化沟通的桥梁，推动中匈关系的发展。

（郭晓晶）

主要参考书目

[1] 常峻：《19—20 世纪初匈牙利汉学研究与中国近现代学术转型》，载《浙江传媒学院学报》第 6 期，2012 年。

[2] 茨布拉·茹饶娜：《匈中文学作品回顾》，载《"自由与爱情"——聚焦匈牙利文化》，布达佩斯：匈牙利教育和文化部，2007 年。

[3] 费赖之：《在华耶稣会士列传及书目》，冯承钧译，北京：中华书局，1995 年。

[4] 符志良：《早期来华匈牙利人》，布达佩斯：世界华文出版社，2003 年。

[5] 冯植生：《匈牙利文学史》，北京：社会科学文献出版社，1995 年。

[6] 龚坤余：《中国文学在匈牙利》，载《欧洲语言文化研究》第 3 辑，北京：时事出版社，2007 年。

[7] 郝清新：《汉学教学的范式转换》，载《世界汉语教学学会通讯》，2014 年第 4 期。

[8] 郝清新：《匈牙利汉学简介》，载《匈牙利》（《独立经济－金融周刊》1997 年夏季副刊），1997。

[9] 郝清新、邵莱特：《中国哲学、宗教著作的匈牙利语翻译》，载《国际汉学》第 2 期，北京：2010 年。

[10] 温盖尔·马加什、萨博尔奇·奥托：《匈牙利史》，阙思静、龚坤余、李洪臣译，哈尔滨：黑龙江人民出版社，1987 年。

[11] *Az olajárus és a kurtizán: Négy elbeszélés a Csin ku csi kuan gyűjteményből*. Ford. Kemény Katalin. Budapest: Európa Könyvkiadó, 1958.

[12] Bárczi Géza: *Ligeti Lajos hatvanadik születési évfordulójához*. Magyar Nyelv 58. 1962.

[13] Büdők Zigmond: *Világjáró magyarok*. Dunaszerdahely: Nap Kiadó, 2002.

[14] Ferenczyné Wendelin Lidia: *Kínai-magyar bibliográfia*. Országos Széchényi könyvtár, Budapest, 1959.

[15] Fődi Attila: *Kínai bibliográfia*. 2007.

[16] Galla Endre: *A világjáró magyar irodalom-A magyar irodalom Kínában*. Budapest: Akadémiai Könyvkiadó. 1968.

[17] Galla Endre: *Magyar szépirodalom Kínában*. Népszabadság. 1957. jún. 19.

[18] Horányi Gábor-Pivárcsi István: *Magyar világjárók kalandjai*. Budapest: Palatinus, 2000.

[19] *Kína kultúrája Magyarországon*. MTA Orientalisztikai Mnkaközösség, Budapest, 1985.

[20] Lóczy Lajos: *A khinai birodalom természeti viszonyainak és országainak leírása*. Budapest: Kiad. 1886.

[21] MTA Orientalisztikai Mnkaközösség: *Kína kultúrája Magyarországon*. Budapest, 1985.

[22] Pannon Enciklopédia. *Magyar nyelv és irodalom*. Dunakanyar 2000, Budapest, 1997.

[23] Tőkei Ferenc: *A kínai elégia születése: Kü Jüan és kora*. Budapest: Kossuth Könyvkiadó, 1986.

人名译名对照及索引

一、中文—匈牙利文（按汉字音序排列）

A

阿格奈尔，拉约什（ÁGNER, Lajos）400，412，416，479

埃戴什，巴林特（ÉDES, Bálint）482

埃夫雷姆，基翁（EFRÁIM, Kishon）457

埃斯坎蒂，马岱（ESKANDÉLYI, Máté）383

艾之迪（ECSEDY, Ildikó）387，437，440，441，452，463，465，473，486，490

爱波尔，爱娃（APOR, Éva）437

安博鲁什，爱娃（AMBRUS, Éva）481

安德拉什，拉斯洛（ANDRÁS, László）433，441，452

奥蒂，安德烈（ADY, Endre）425，481

奥尔玛希，哲尔吉（ALMÁSY, György）394，398

奥洛尼，亚诺什（ARANY, János）389，425，441

B

白居易（PO, Csü-ji）387，404，412，416，421，422，424，428，437，440，451，452，467，473，477，481

白乐日（ÉTIENNE, Balázs）387，464

白乃心（GRUBER, Johann）384

拜奈代克，马希尔（BENEDEK, Marcell）389，405

包科什，约瑟夫（BAKOS, József）470

鲍比齐，米哈伊（BABITS, Mihály）425

鲍拉日，伊什特万（BALÁZS, István）387

贝尔纳特，伊什特万（BERNÁTH, István）433，452

贝欧蒂，米哈伊（BEŐTHY, Mihály）469

贝山（P. SZABÓ, Sándor）490

贝谢，拉约什（BESE, Lajos）430

本尼弗斯基，莫里茨（BENYOVSZKY, Móricz）384

比格，安娜（PIKÓ, Anna）476

比斯戴尔斯基（BISZTERSZKY, Elemér）471

波克，拉约什（PÓK, Lajos）452

波洛尼，彼得（POLONYI, Péter）435，440，462，477，493

伯希和（PELLIOT, Paul）386

博考，拉斯洛（BÓKA, László）431

博佐基，德热（BOZÓKY, Dezső）402

布莱里奇，安盖洛（BRELICH, Angelo）471

C

陈国（CSONGOR, Barnabás）387，390，391，421—424，430，432—435，441，443，447，452—455，457，462，463，468，477，481，485，490，493

D

戴梅尼，奥托（DEMÉNY, Ottó）433，452，490

戴日，拉约什（DÉZSI, Lajos）409

戴谢欧，拉斯洛（DESEŐ, László）476

道比（DOBI, István）428

迪·阿苏达，爱娃（T. ASZÓDI, Éva）435

迪鲍什，蒂豪梅尔（DYBAS, Tihamér）430

蒂玛尔，哲尔吉（TIMÁR, György）434

东高，哲尔吉（DONGA, György）481

杜达什，卡尔曼（DUDÁS, Kálmán）432，434，452

杜甫（TU, Fu）387，391，397，404，412，416，421—424，428，436，440，451，452，467，473，477，481

杜克义（TŐKEI, Ferenc）387，390，391，421，423，426—428，430—433，435，438，440，441，444，445，447，449，455，457，462—464，467，476，479，482，484—486，488，490，492，493

多博什，拉斯洛（DOBOS, László）473

多莫科什，亚诺什（DOMOKOS, János）440

F

范凌思（FERENCZY, Mária）457，463

费尔温齐·陶卡齐，佐尔坦（FELVINCZI TAKÁCS, Zoltán）388，407，410，413

费克特（FEKETE, György）469

弗朗茨，库恩（FRANZ, Kuhn）430，431

弗劳纽，佐尔坦（FRANYÓ, Zoltán）389，430，434，441，448，452

费伦茨妮，韦德林·利迪娅（FERENCZYNÉ, Wendelin, Lídia）430

福多，安德拉什（FODOR, András）431，441，485

福卢迪，哲尔吉（FALUDY, György）389，467，486

G

盖尔盖伊（MAGYARORSZÁGI, Gergely）383

高拉，加博尔（GARAI, Gábor）431，432，434，452，485

戈察扎，安德莱奥（GÓCZÁN, Andrea）486

戈达，盖佐（GODA, Géza）419

格莱格尔，拉斯洛（GREGOR, László）469

格勒格，莉维亚（GÖRÖG, Lívia）440

根茨（GÖNCZ, Árpád）474，477，489

古巴尼，卡洛伊（GUBÁNYI, Károly）399

古尔查尔，伊什特万（KULCSÁR, István）419

姑兰（KALMÁR, Éva）390，392，454，486

郭玉恒（KUO, Jü-Heng）426

H

哈莫里（HÁMORI, József）489

哈姆瓦什，约瑟夫（HAMVAS, József）404

哈伊，久拉（HÁY, Gyula）435

海得尼，艾尔诺（HETÉNYI, Ernő）469

豪姆沃什，贝拉（HAMVAS, Béla）416

豪特瓦尼，拜尔陶隆（HATVANY, Bertalan）411，426

豪沃希（HAVASI, Ferenc）464

郝拉斯，久拉（HALÁSZ, Gyula）400，401，403，405

郝清新（HAMAR, Imre）485，490

亨利克，古斯塔夫（HEINRICH, Gusztáv）397

洪蒂（HONTI, Mária）479

霍普，费伦茨（HOPP, Ferenc）387，399，407

J

基什，茹饶（KISS, Zsuzsa）462

基什，亚诺什（KISS, János）435

基什，伊姆雷（KISS, Imre）469

杰尔科，安德拉什（JELKY, András）384

杰焦伊，彼得（GYETYAI, Péter）410

K

卡达尔（KÁDÁR, János）425，464

卡尔曼，克拉拉（KÁLMÁN, Klára）421，426，428

卡力，萨拉（KARIG, Sára）425

卡洛伊，艾米（KÁROLYI, Amy）422，426，431—434，441，452，455，485

卡诺科，拉斯洛（KÁLNOKY, László）434，452

卡什，亚诺什（KASS, János）467

凯雷尼，格拉齐奥（KERÉNYI, Grácia）459

凯梅尼，卡塔琳（KEMÉNY, Katalin）427

凯门奈什，伊内茨（KEMENES, Inez）434，452

凯内茨，哲尔吉（KENÉZ, György）479

凯奇凯美蒂，安娜（KECSKEMÉTI, Anna）431

考拉，哲尔吉（KARA, György）435

考拉琼，加博尔（KARÁTSON, Gábor）391，470，486

考拉斯，马尔顿（KALÁSZ, Márton）433—435，441，452

科波，维克多（KEÖPE, Viktor）412

科尔莫什，伊什特万（KORMOS, István）423，426，431，452，485

科勒什·乔玛，山道尔（KŐRÖSI CSOMA, Sándor）385，388，493

科佩茨，贝拉（KÖPECZI, Béla）452

科斯托拉尼，德热（KOSZTOLÁNYI, Dezső）389，409，413—416，424，425，434，440，441，451，452，471，477，486

科瓦奇（KOVÁCS, László）477，479

克拉斯诺霍尔卡伊，拉斯洛（KRASZNAHORKAI, László）391

克桑图什，亚诺什（XANTUS, János）385

孔波尔蒂，蒂瓦道尔（KOMPOLTHY, Tivadar）402

孔波尔蒂，尤布（KOMPOLTHY, Jób）402，408

孔子（KUNG, Fu-tse）384，397，404，422，452，467，473，477，485，486，493

L

拉布，茹饶（RAB, Zsuzsa）426，441

拉多尔，拉斯洛（LATOR, László）424，426

拉扎尔，哲尔吉（LÁZÁR, György）430，464

莱基（NAGY, József）477

劳德万斯基，安德莱奥（RADVÁNSZKY, Andrea）482

雷兹·帕尔（RÉZ Pál）451，467

李白（LI, Taj-po）387，391，412，416，421，422，428，433，436，440，451，452，467，473，481

李福清（Riftyin, B. L.）455

李盖提（LIGETI, Lajos）386，388，406，408，418，419，441，446，493

刘勰（LIU, Hie）441，442，445，448

柳宗元（LIU, Cung-Jüan）416，422，428，436，440，452，467，482，483，486

鲁德威格，艾尔诺（LUDWIG, Ernő）397

罗娜，艾米（RÓNA, Emy）419

罗瑙伊，哲尔吉（RÓNAY, György）434，441，452

罗日尼亚，卡塔琳（ROZSNYAI, Katalin）474

洛茨，拉约什（LÓCZY, Lajos）385，395，396，399

M

马伯乐（MASPERO, Henri）386，455

马顿菲（MÁRTONFI, Ferenc）463

马洛特，米克洛什（MARÓT, Miklós）424

马特劳伊，托马斯（MÁTRAI, Tamás）438，445

玛克里斯，希希（MAKRISZ, Zizi）432

毛尔多尼（MARTONYI, János）489

毛尔姚伊（MARJAI, József）460

毛焦尔（MAGYAR, Bálint）482

梅尔，利迪娅（MEIER, Lídia）479

梅可岚（MÉSZÁROS, Klára）463

米白（MIKLÓS, Pál）390，425，427，431—433，455，463，469，481，484，486

明尼赫（MÜNNICH, Ferenc）428

莫尔纳，阿格奈什（MOLNÁR, Ágnes）431，433，435

莫尔纳，亚诺什（MOLNÁR, János）383

N

纳吉，拉斯洛（NAGY, László）427，431，432，434，441，451，452，476，485

那斯奇茨，福里吉什（NASCHITZ, Frigyes）457

奈迈什·纳吉，阿格奈什（NEMES NAGY, Ágnes）424，426，434，441，452，477

诺瓦克，蒂博尔（NOVÁK, Tibor）470

O

欧尔班，奥托（ORBÁN, Ottó）434，441，452

欧尔士，伊什特万（EÖRSI, István）454，490

P

帕尔，尤迪特（PÓR, Judit）438，445，451

帕尔，约瑟夫（PÁL, József）467

帕洛什，伊什特万（PÁLOS, István）431

帕斯卡，伊姆雷（PÁSZKA, Imre）467

佩雷希，拉约什（PRESSING, Lajos）473

平托，费尔南·门德斯（PINTO, Fernao Mendes）[葡] 383

普林茨，久拉（PRINZ, Gyula）398，399，401

普罗勒，维尔蒙斯（PRÖHLE, Vilmos）406

Q

奇拉，维拉（CSILLAG, Vera）431，432，438，440

齐奇，耶诺（ZICHY, Jenő）385

乔尔诺基，耶诺（CHOLNOKY, Jenő）395

乔纳迪，伊姆雷（CSANÁDI, Imre）421，426

切尔，拉斯洛（CSER, László SJ）417

切哈克（CSEHÁK, Judit）468

丘卡什，伊什特万（CSUKÁS, István）432

丘，克拉拉（CSU, Klári）414

屈原（CSÜ, Jüan）387，390，421，423，424，427—429，430，431，444，451，452，463，464，473，476，485，488

R

阮胡特（NGUYEN, Huu Thut）424

S

萨博，安德拉什（SZABÓ, András）482

萨博，勒林茨（SZABÓ, Lőrinc）389，422，424，434，441，452

萨博，玛格达（SZABÓ, Magda）426，441

塞多，迪奈什（SZEDŐ, Dénes）434，452

塞尔道海伊，伊什特万（SZERDAHELYI, István）430，432，434，435，441，447，452，484，485

塞凯伊，爱娃（SZÉKELY, Éva）470

塞切尼，贝拉（SZÉCHENYI, Béla）385，396

绍鲍德（SZABAD, György）473

什道丁盖尔（STADINGER, István）465

什敦普夫（STUMPF, István）489

斯坦因（STEIN, Aurél）386，388，394，395，396，398，401，403，405

斯托伊持，伊万（STOJITS, Iván）400，474

T

汤若望（SCHALL VON BELL, Johann Adam）384

陶凯（TOKAJI, Zsolt）479，482，485，486，488，490

特来切尼 – 瓦达菲尔，伊姆雷（TRENCSÉNYI-WALDAPFEL, Imre）422

特勒尔，久拉（TELLÉR, Gyula）482，490

W

瓦尔海基（VÁRHEGYI, Attila）489

瓦尔科尼（VÁRKONYI, Péter）465

瓦伊，彼得（VAY, Péter）399

瓦伊达，哲尔吉·米哈伊（VAJDA, György Mihály）467

王俊义（VÁMOS, Péter）488

维克多，亚诺什（VIKTOR, János）424，430，435，440

卫礼贤（WILHELM, Richard）473，476

沃尔高，山道尔（VARGA, Sándor）479

沃尔高，伊洛娜（VARGA, Ilona）431，434

沃莱什，山道尔（WEÖRES, Sándor）389，421—428，431，432，434，437，441，452，457，476，477，485，486，488

沃什道格（VASTAGH, Pál）477

X

肖伊莫什，伊达（SOLYMOS, Ida）486

絮勒什（SZŰRÖS, Mátyás）471

Y

亚诺士，伊斯特万（JÁNOSY, István）421，426

杨科维奇，安德拉什（JANKOVICS, András）416

叶森斯基（JESZENSZKY, Géza）472

伊莱什，拉约什（ILLÉS, Lajos）468

伊耶什，久拉（ILLYÉS, Gyula）389，414，416，421，423，426，428，431，432，434，436，441，452，467，485，486

尤山度（JÓZSA, Sándor）463

Z

泽莱尼雅斯基，佐尔坦（ZELENYIÁNSZKY, Zoltán）469

扎戈尼，埃尔文（ZÁGONYI, Ervin）471

张丽华（CSANG, Li-hua）486

宗博莉，克拉拉（ZOMBORY, Klára）392

二、匈牙利文—中文（按匈语字母顺序排列）

A

ADY, Endre（奥蒂·安德烈）424—426，437，439，446，480

ÁGNER, Lajos（阿格奈尔·拉约什）400，411，415，478

ALMÁSY, György（奥尔玛希·哲尔吉）394，397，398

AMBRUS, Éva（安博鲁什·爱娃）469，473，479，481，484

ANDRÁS, László（安德拉什·拉斯洛）433，441，451

APOR, Éva（爱波尔·爱娃）436，437

ARANY, János（奥洛尼·亚诺什）389，435，439，445

B

BABITS, Mihály（鲍比齐·米哈伊）425，453

BAKOS, József（包科什·约瑟夫）469，470

BALÁZS, István（鲍拉日·伊什特万）387

BENEDEK, Marcell（拜奈代克·马希尔）389，405

BENYOVSZKY, Móricz（本尼弗斯基·莫里茨）384

BEŐTHY, Mihály（贝欧蒂·米哈伊）469

BERNÁTH, István（贝尔纳特·伊什特万）433

BESE, Lajos（贝谢·拉约什）430，436

BISZTERSZKY, Elemér（比斯戴尔斯基）471

BÓKA, László（博考·拉斯洛）431

BOZÓKY, Dezső（博佐基·德热）402

BRELICH, Angelo（布莱里奇·安盖洛）471，472，476，478

C

CHOLNOKY, Jenő（乔尔诺基·耶诺）395，398，403，411

CSONGOR, Barnabás（陈国）387，421，423，432，433，435，441，443，451，453，454，457，461，462，480，483

CS

CSANÁDI, Imre（乔纳迪·伊姆雷）421，425，429，448，451，475

CSANG, Li-hua（张丽华）486

CSEHÁK, Judit（切哈克）468

CSER, László SJ（切尔·拉斯洛）416，417

CSILLAG, Vera（奇拉·维拉）431

CSÜ, Jüan（屈原）423，427，429，475

CSU, Klári（丘·克拉拉）414

CSUKÁS, István（丘卡什·伊什特万）431，432

D

DEMÉNY, Ottó（戴梅尼·奥托）433

DESEŐ, László（戴谢欧·拉斯洛）476

DÉZSI, Lajos（戴日·拉约什）409

DOBI, István（道比）428

DOBOS, László（多博什·拉斯洛）472，473，475，483

DOMOKOS, János（多莫科什·亚诺什）439，440

DONGA, György（东高·哲尔吉）480，481

DUDÁS, Kálmán（杜达什·卡尔曼）432

DYBAS, Tihamér（迪鲍什·蒂豪梅尔）430

E

ECSEDY, Ildikó（艾之迪）387，436，440，461，472，483

ÉDES, Bálint（埃戴什·巴林特）481，482

EFRÁIM, Kishon（埃夫雷姆·基翁）457

EÖRSI, István（欧尔士·伊什特万）454

ESKANDÉLYI, Máté（埃斯坎蒂·马岱）383

ÉTIENNE, Balázs（白乐日）387

F

FALUDY, György（福卢迪·哲尔吉）389，466

FEKETE, György（费克特）469

FELVINCZI TAKÁCS, Zoltán（费尔温齐·陶卡齐·佐尔坦）388，407，469，470

FERENCZY, Mária（范凌思）457，461，462

FERENCZYNÉ, Wendelin, Lídia（费伦茨妮·韦德林·利迪娅）429，430

FODOR, András（福多·安德拉什）430，431，441，483

FRANYÓ, Zoltán（弗劳纽·佐尔坦）389，429，446

FRANZ, Kuhn（弗朗茨·库恩）429，430，433，434，437，438，442，443，445，447，449—451，454，459，466，476

G

GARAI, Gábor（高拉·加博尔）431，432

GÓCZÁN, Andrea（戈察扎·安德莱奥）486

GODA, Géza（戈达·盖佐）419

GÖNCZ, Árpád（根茨）474

GÖRÖG, Lívia（格勒格·莉维亚）439，440

GREGOR, László（格莱格尔·拉斯洛）469

GRUBER, Johann（白乃心）384

GUBÁNYI, Károly（古巴尼·卡洛伊）398，399

GYETYAI, Péter（杰焦伊·彼得）410

H

HALÁSZ, Gyula（郝拉斯·久拉）400，401，403，405

HAMAR, Imre（郝清新）485

HÁMORI, József（哈莫里）489

HAMVAS, Béla（豪姆沃什·贝拉）415，416

HAMVAS, József（哈姆瓦什·约瑟夫）404

HATVANY, Bertalan（豪特瓦尼·拜尔陶隆）411，426，453

HAVASI, Ferenc（豪沃希）464

HÁY, Gyula（哈伊·久拉）434，435，466

HEINRICH, Gusztáv（亨利克·古斯塔夫）397

HETÉNYI, Ernő（海得尼·艾尔诺）468，469

HONTI, Mária（洪蒂）479

HOPP, Ferenc（霍普·费伦茨）387，399

I

ILLÉS, Lajos（伊莱什·拉约什）468

ILLYÉS, Gyula（伊耶什·久拉）389，414，423，427，436，454

J

JANKOVICS, András（杨科维奇·安德拉什）415，416

JÁNOSY, István（亚诺士·伊斯特万）421

JELKY, András（杰尔科·安德拉什）384

JESZENSZKY, Géza（叶森斯基）472

JÓZSA, Sándor（尤山度）439，461，463

K

KÁDÁR, János（卡达尔）425

KALÁSZ, Márton（考拉斯·马尔顿）432，433，435

KÁLMÁN, Klára（卡尔曼·克拉拉）421

KALMÁR, Éva（姑兰）390，454

KÁLNOKY, László（卡诺科·拉斯洛）434

KARA, György（考拉·哲尔吉）435

KARÁTSON, Gábor（考拉琼·加博尔）391，483

KARIG, Sára（卡力·萨拉）425

KÁROLYI, Amy（卡洛伊·艾米）422，430，432，433，443，449，483

KASS, János（卡什·亚诺什）467

KECSKEMÉTI, Anna（凯奇凯美蒂·安娜）431

KEMENES, Inez（凯门奈什·伊内茨）434

KEMÉNY, Katalin（凯梅尼·卡塔琳）426，427，432

KENÉZ, György（凯内茨·哲尔吉）477，479

KEÖPE, Viktor（科波·维克多）412

KERÉNYI, Grácia（凯雷尼·格拉齐奥）459

KISS, Imre（基什·伊姆雷）468，469

KISS, János（基什·亚诺什）434，435

KISS, Zsuzsa（基什·茹饶）462

KOMPOLTHY, Jób（孔波尔蒂·尤布）401，402，408

KOMPOLTHY, Tivadar（孔波尔蒂·蒂瓦道尔）402

KÖPECZI, Béla（科佩茨·贝拉）451，452，460

KORMOS, István（科尔莫什·伊什特万）424

KŐRÖSI CSOMA, Sándor（科勒什·乔玛·山道尔）385

KOSZTOLÁNYI, Dezső（科斯托拉尼·德热）389，408，409，413—417，425，439，450，455，466

KOVÁCS, László（科瓦奇）479

KRASZNAHORKAI, László（克拉斯诺霍尔卡伊·拉斯洛）391

KULCSÁR, István（古尔查尔·伊什特万）419

KUNG, Fu-tse（孔子）415

KUO, Jü-Heng（郭玉恒）426

L

LATOR, László（拉多尔·拉斯洛）424

LÁZÁR, György（拉扎尔·哲尔吉）429，430，434，437，450，451，464，466

LI, Taj-po（李白）433，451

LIGETI, Lajos（李盖提）386，411

LIU, Cung-Jüan（柳宗元）483

LIU, Hie（刘勰）441

LÓCZY, Lajos（洛茨·拉约什）385，396

LUDWIG, Ernő（鲁德威格·艾尔诺）397

M

MAGYAR, Bálint（毛焦尔）482

MAGYARORSZÁGI, Gergely（盖尔盖伊）383

MAKRISZ, Zizi（玛克里斯·希希）432

MARJAI, József（毛尔姚伊）460

MARÓT, Miklós（马洛特·米克洛什）423，424

MARTONYI, János（毛尔多尼）489

MASPERO, Henri（马伯乐）386，454

MÁRTONFI, Ferenc（马顿菲）462，463，472

MÁRTONI, Tamás（马尔东尼）462

MÁTRAI, Tamás（马特劳伊·托马斯）437，438，442，445，447，454，459，468，476

MEIER, Lídia（梅尔·利迪娅）478，479

MÉSZÁROS, Klára（梅可岚）462，463

MIKLÓS, Pál（米白）390，424，427，432，454，462，480

MOLNÁR, Ágnes（莫尔纳·阿格奈什）431

MOLNÁR, János（莫尔纳·亚诺什）383

MÜNNICH, Ferenc（明尼赫）428

N

NAGY, József（莱基）477

NAGY, László（纳吉·拉斯洛）427，429，450，454，456，465，475

NASCHITZ, Frigyes（那斯奇茨·福里吉什）456，457

NEMES NAGY, Ágnes（奈迈什·纳吉·阿格奈什）424

NGUYEN, Huu Thut（阮胡特）424

NOVÁK, Tibor（诺瓦克·蒂博尔）470

O

ORBÁN, Ottó（欧尔班·奥托）434

P

P. SZABÓ, Sándor（贝山）490

PÁL, József（帕尔·约瑟夫）467

PÁLOS, István（帕洛什·伊什特万）431

PÁSZKA, Imre（帕斯卡·伊姆雷）466，467

PELLIOT, Paul（伯希和）386

PIKÓ, Anna（比格·安娜）476

PINTO, Fernao Mendes（费尔南·门德斯·平托）[葡]383

PO, Csü-ji（白居易）421，451

PÓK, Lajos（波克·拉约什）451，452，460

POLONYI, Péter（波洛尼·彼得）392，434，435，440，447，448，456，458，462，465，466，475

PÓR, Judit（帕尔·尤迪特）437，438，442，445，447，454，459，476

PRESSING, Lajos（佩雷希·拉约什）472，473

PRINZ, Gyula（普林茨·久拉）398，402

PRÖHLE, Vilmos（普罗勒·维尔蒙斯）406

R

RAB, Zsuzsa（拉布·茹饶）426

RADVÁNSZKY, Andrea（劳德万斯基·安德莱奥）482

RÉZ, Pál（雷兹·帕尔）451，467

RIFTYIN, B. L.（李福清）455

RÓNA, Emy（罗娜·艾米）419

RÓNAY, György（罗瑙伊·哲尔吉）434

ROZSNYAI, Katalin（罗日尼亚·卡塔琳）474

S

SCHALL VON BELL, Johann Adam（汤若望）384

SOLYMOS, Ida（肖伊莫什·伊达）486

STADINGER, István（什道丁盖尔）465

STEIN, Aurél（斯坦因）386，400，401，403，405，410

STOJITS, Iván（斯托伊持·伊万）399，400，474

STUMPF, István（什敦普夫）489

SZ

SZABAD, György（绍鲍德）473

SZABÓ, András（萨博·安德拉什）482

SZABÓ, Lőrinc（萨博·勒林茨）389，427，438

SZABÓ, Magda（萨博·玛格达）426

SZÉCHENYI, Béla（塞切尼·贝拉）385

SZEDŐ, Dénes（塞多·迪奈什）434

SZÉKELY, Éva（塞凯伊·爱娃）470

SZERDAHELYI, István（塞尔道海伊·伊什特万）429，430，434，437，446，450，451，460，466

SZŰRÖS, Mátyás（絮勒什）471

T

T. ASZÓDI, Éva（迪·阿苏达·爱娃）435

TELLÉR, Gyula（特勒尔·久拉）481，482

TIMÁR, György（蒂玛尔·哲尔吉）434

TOKAJI, Zsolt（陶凯）479，481，483，484，487—490

TŐKEI, Ferenc（杜克义）387，423，425—427，429—435，437，438，440—451，454，456，459，460，463，466，475，476，478，480—484，487，489

TRENCSÉNYI-WALDAPFEL, Imre（特来切尼–瓦达菲尔·伊姆雷）421，422

TU, Fu（杜甫）423，451

V

VAJDA, György Mihály（瓦伊达·哲尔吉·米哈伊）466，467

VÁMOS, Péter（王俊义）484，488

VARGA, Ilona（沃尔高·伊洛娜）430，431，433，443，449

VARGA, Sándor（沃尔高·山道尔）479

VÁRHEGYI, Attila（瓦尔海基）489

VÁRKONYI, Péter（瓦尔科尼）465

VASTAGH, Pál（沃什道格）477

VAY, Péter（瓦伊·彼得）399

VIKTOR, János（维克多·亚诺什）424，429，440，480

W

WEÖRES, Sándor（沃莱什·山道尔）389，421，423，427，437，452，456，475，480，483，487

WILHELM, Richard（卫礼贤）472，473，475，490

X

XANTUS, János（克桑图什·亚诺什）385

Z

ZÁGONYI, Ervin（扎戈尼·埃尔文）471

ZELENYIÁNSZKY, Zoltán（泽莱尼雅斯基·佐尔坦）469

ZICHY, Jenő（齐奇·耶诺）385

ZOMBORY, Klára（宗博莉·克拉拉）392

三、书名、机构名称对照表

《白居易诗选》（Po Csü-ji versei）

《笔与墨——中国艺术史研究》（Kínai művelődéstörténeti tanulmányok）

《曹植诗选》（Cao Cse versei. Cao Cao és Cao Pi verseiből）

《禅与艺术》（A Zen és a művészet）

《悼词》（Halotti beszéd）

《道德经》（Az Út és Erény Könyve）

《东方研究》（Keletkutatás）杂志

《窦娥冤》（Tou O ártatlan halála）

《杜甫诗选》（Tu Fu versei）

《隔帘花影》（Virágok árnya a függöny mögött）

《古诗十九首》（Tizenkilenc régi vers）

《汉学书房》（Sinológiai műhely）

《好逑传》（Virágos gyertyák avagy egy jó házasság története）

《红楼梦》（A vörös szoba álma）

《灰阑记》（A krétakör）

《今古奇观选》（Mostani és régi idők csodálatos látványai）

《金瓶梅》（Szép asszonyok egy gazdag házban）

《九歌》（Kilenc varázsének: Kilenc dal）

《救风尘》（A mentőangyal）

《老残游记》（Öreg Can kóborlásai）

《离骚》（Száműzetés）

《李白、杜甫、白居易诗选》（Li Taj-po, Tu Fu, Po Csü-ji válogatott versei）

《李白诗选》（Li Taj-po versei）

《聊斋志异》（Furcsa históriák）

《列子》（Lie-ce: A tao könyve）

《论语》（Beszélgetések és mondások）

《孟子》（Menciusz: Konfuciusz nagy követője）

《墨子》（MO, Ti: Konfuciusz hívei ellen）

《孽海花》（Virág a bűn tengerében）

《屈原诗选》（Csü Jüan versei）

《肉蒲团》（Erotikus regény a Ming-korból）

《儒林外史》（Írástudók）

《三国演义》（A három királyság története）

《诗经》（Dalok Könyve）

《水浒传》（Vízparti történet）

《孙子兵法》（Szun-ce: A hadviselés törvényei/A hadakozás regulái）

《外国诗歌选》（Idegen költők: Összegyűjtött műfordítások）

《文子》（Lao-ce utolsó tanításai）

《无门关》（A Zen Kapui）

《西厢记》（A nyugati szoba）

《匈牙利科学院东方学报》（Acta Orientalia Academiae Scientiarum Hungaricae）

《易经：变化之书》（Ji Csing: A Változások Könyve）

《乐府诗选》（Zenepalota）

《中国宝盒》（Kínai szelence）

《中国古代诗歌选》（Klasszikus kínai költők）

《中国古典短篇小说选》（Klasszikus kínai elbeszélések）

《中国和奥匈帝国》（Kína és az Osztrák-Magyar Monarchia）

《中国和日本诗歌》（Kínai és Japán versek）

《中国文论选》（A kínai költészet elméletéből）

《中国文学简史》（A kínai irodalom rövid története）

《中华帝国之自然环境及列国纪实》（A khinai birodalom természeti viszonyainak és országainak leírása）

《庄子》（Csuang-ce: Csuang Ce bölcsessége）

《庄子的智慧》（Csuang Ce bölcsessége）

巴拉士出版社（Balassi Kiadó）

巴兹马尼·彼得天主教大学（Pázmány Péter Katolikus Egyetem）

播种者出版社（Magvető Könyvkiadó）

根茨拉出版社（Göncöl Kiadó）

霍普·费伦茨东亚艺术博物馆（Hopp Ferenc Kelet-Ázsiai Művészeti Múzeum）

科舒特出版社（Kossuth Könyvkiadó）

科舒特奖（Kossuth-díj）

雷瓦伊出版社（Révai Könyvkiadó）

论点出版社（Argumentum Kiadó）

罗兰大学（Eötvös Loránd Tudományegyetem）

麦迪茨娜出版社（Medicina Könyvkiadó）

莫劳·费伦茨出版社（Móra Ferenc Könyvkiadó）

欧洲出版社（Európa Könyvkiadó）

青年出版社（Ifjúsági Könyvkiadó）

思想出版社（Gondolat Könyvkiadó）

泰尔齐乌姆出版社（Tercium Kiadó）

泰来拜什出版社（Terebess Kiadó）

天才出版社（Genius Könyvkiadó）

匈牙利海里孔出版社（Magyar Helikon Könyvkiadó）

匈牙利科学院东方学工作组（MTA Orientalisztikai Munkaközösség）

匈牙利文学出版社（Szépirodalmi Könyvkiadó）

专论

波兰人意识中的中华帝国[*]

[波兰] 约瑟夫·弗沃达尔斯基 / 著,赵刚 / 译

自 13—18 世纪,只有为数不多的波兰人或是到达过中央之国,或是抵达了中国的边界;也有些人只是到达了有机会与中国人直接接触的地区。他们中的很多人再也没有返回故土,只是留下简短的书信或文章作为他们确曾了解到中华文明成就的佐证。而与此同时,中国文明的各种产品却到达了波兰土地,为波兰人所熟知、使用、追逐、吸收,甚至模仿,进而成为日常生活中常见的物品。然而,那时人们虽使用中国产品,但并不意味着他们意识到这些东西来自中国。这些东西的输入和传播均经过了无数的中间人,开始是波斯商贾,

---

[*] 本文是波兰格但斯克大学副校长约瑟夫·弗沃达尔斯基(Józef Włodarski)教授主编的《波兰人眼中的中国》一书中的一章。该书收集了 14 位波兰学者的 14 篇有关波兰人对中国了解认识的论文,其中瓦茨瓦夫·奥蒂涅茨(Wacłtaw Odyniec)教授和约瑟夫·弗沃达尔斯基教授合著的《至 18 世纪末波兰对中华文明的了解》一文共 5 章,这里节选的是第 4 章。——译者注。以下无特别说明处,均为原注。

后来亚美尼亚、意大利和其他国家的商贾也加入其中。从 16 世纪开始，中国产品到达波兰的途径不再仅限于陆路，也通过海运。从 17 世纪后半叶开始，当"中国时尚"席卷整个西欧特别是与波兰宫廷关系密切的法国之时，出现了认识并以独特的方式吸收中国文化的第二阶段，这一阶段适应中国崭新的、更接近现实的图景，且与耶稣会传教士宣扬和描述的景象不尽相同，当然也不能忽视来自东方的影响。从这个方向往波兰传播中国文化的中介人是亚美尼亚、俄国甚至土耳其的商旅。各种关于那个遥远国度——Kitaj*的传闻日渐增多，这些传闻来自被莫斯科俘获后充军发配到西伯利亚与中国接壤地区的波兰战俘。

最先接触到中国产品的是那些富豪之家，因为只有他们才有财力获得波兰市场上的那些奢侈品。由于考虑到产销地之间遥远的距离，任何商人都不愿意经营那些廉价的日用品。这一情况的变化始于茶叶，但那已是 18 世纪的事了。起初茶叶被当作一种药物，而后被当作一种提神醒脑的饮品。茶叶的供应使其首先盛行于最富有的阶层，而后在中等富有的市民阶层，甚至在农民中流行起来。无论它是远涉重洋，在港口交易还是购自陆路上的城市，当时普遍认为这种物品源自中国。

毫无疑问，中华文明和这个国度本身激发了那些受过良好教育始终渴望了解新国度、新人群和新思想的人们的兴趣。

国家与社会

在读者众多且经常重印的《世界年鉴》中，玛尔琴·别尔斯基①写道：在亚洲，在赛提亚（Scytia）有令人肃然起敬、无比伟大的契丹（Katagium）王国，世上罕有他国能与之比肩。它起自东方大洋 Eoo……这个王国有个大城耗费巨资建

---

* 俄文"契丹"一词的波兰文音译。——译者注
① 玛尔琴·别尔斯基（Marcin Bielski, 1495—1575），作家、历史学家，著有《世界年鉴》（1551），该书用古波兰语写成，有些内容是想象的。下引此书版本同，不再另注。

造，人称汗八里（Kambalu）。大城周长24英里，城高20沙绳*。城里来自印度和其他地方的商队云集。①接下来作者历数了中国下属的9个县，实际上应该是9个州府。这些州府一直绵延到高加索山脉。②尽管在当时这段记述是明白无误的，但为了让今天的读者看明白，还是需要做一点解释。赛提亚指中亚和东亚的广大土地，因为对于我们的祖先来说，跨过伏尔加河和顿河就已经是鞑靼地区（Tartaria）了。③在阅读以后的记载时，我们会碰到Tartaria和Syberia两个概念，但别尔斯基没有使用这一说法。别尔斯基和他当时的读者们无疑深信一点，即那个被称为Katagium、Kataj或Kitaj的国家是一个伟大而出色的国度，在当时的世界无出其右者。须知当时作者肯定了解土耳其国土之广阔，但他仍认为中国更胜一筹。

除别尔斯基之外，耶稣会教士也为我们提供了不少关于中国的信息。如我们所知，他们希望通过波兰、俄罗斯、鞑靼和西伯利亚大地，寻找陆上"通往中国的捷径"。神父们从自己的那些传教士教友那里，得到了许多有关中国的信息，尽管他们尚未到达中央之国，但已经掌握了这个难以抵达之国的颇为丰富的知识。特别值得注意的是当时远在"世界边缘"——日本传教的耶稣会教士沙勿略**的描述。他在1552年写给耶稣会会长雷奈斯的信中说：

> 中国是一个伟大的国家，它爱好和平，有完善的法律治理。那里只有一个王，其他人都严格听命于他。这个国家的富庶闻所未闻，离日本不远，各种物产极其丰饶。中国人聪明睿智、渴求知识、乐于学习，对治理国家的各种人类权利充满好奇。他们属于白种人，不蓄胡须，眼睛很小。他们天性高尚，极喜和平。战争对他们来说少见的……④

关于中国的这一段论述，被我们所熟知的在波兰工作的耶稣会教士安东尼

---

* 1沙绳约合1.7米。——译者注
① 见玛尔琴·别尔斯基《世界年鉴》，第269页。
② 同上，第269页。
③ 同上，第430页。根据年鉴的作者，"卡马河流域"就已经算西伯利亚了。（卡马河是伏尔加河最大的左支流。——译者注）
** 沙勿略（Francis of Xavier，1506—1552），西班牙人，耶稣会创始人之一，首先将天主教传播到亚洲的马六甲和日本。1552年死于广东近海的上川岛。——译者注
④ 《布罗德雷茨克（J. Brodrick）文集》，第406页。

奥·波塞维纳（Antonio Possevina）所广为传播。他甚至把这段描述写进了耶稣会学校给学生指定的课本里。①

前面引述的两段报道都强调了中华帝国的伟大，而且直至耶稣会教士终于如愿以偿来到北京宫廷时，他们的观点也未发生变化。特别值得关注的是他们反复强调中国人的好学精神。实际上，正是天文学、数学和制图学知识，为利玛窦及至少四位波兰17世纪到18世纪的耶稣会传教士——卢安德（Andrzej Rudomino）、卜弥格（Michał Boym）、穆尼阁（Jan Mikolaj Smogulecki）和白维翰（Jan Chrzciciel Bakowski）——开辟了通往北京宫廷的道路。②

国王杨·索别斯基三世（Jan Sobieski III）对地理学情有独钟且造诣深厚，他熟读基尔歇（A. Kircher）关于中国的著作，因此在其1688年写给在北京皇宫做钦天监的南怀仁（Ferdinand Verbiest）的信中称中国-鞑靼皇帝为伟大的君主，世界一大部分地方不是归他所有，就是对他俯首帖耳。③这样的尊崇来源于中世纪的观念，但是却能够证明，在当时受过教育的波兰人心目中，中国仍是一个世界帝国。

18世纪中叶，本尼迪克特·赫米耶洛夫斯基神甫④出版了百科全书式的作品《新雅典》。这部书是供贵族和当时所有能识字的人阅读的。作品获得了极大成功。特别是得到关注法国学术发展的启蒙派的高度关注，且在20世纪后半叶也得到了高度评价，因为这本书不仅包含口头传播的信息，同时也包含了当时的知识。⑤赫米耶洛夫斯基的书首先是依据耶稣会修士基尔歇的资料，而后者的主要信息来源是已多次提到的真正的中国问题专家卜弥格*。对于赫米耶洛夫

---

① J. 塔兹比尔（J. Tazbir）：《贵族与征服者——古代波兰关于西班牙征服美洲的看法》，华沙，1969年，第24—25页。
② J. 佩尔泰克（J. Pertek）：《波兰人……》，第468—469页。
③ S. 贝德纳尔斯基（S. Bednarski）：《中国来信……》，第533页。
④ 本尼迪克特·赫米耶洛夫斯基（Benedykt Chmielowski, 1700—1763），波兰人文学者，神甫。
⑤ J. 奥尔凯维奇（J. Olkiewicz），《从A到Z，关于百科全书和百科全书派》，华沙，1988年，第99—101页。
* 关于卜弥格，见E. 卡伊丹斯基（E. Kajdanski）：《珠三角》，华沙，1987年版；《卜弥格——明王朝的最后使者》，华沙，1988年版。两部作品中都可找到这位耶稣会传教士的详细生平和有关他的文献及卜弥格本人作品的目录。——译者注

斯基来说，中国是一个大帝国。Chiny*这一名称来源于葡萄牙和西班牙语，因为阿拉伯人管中国叫"Kataj"或"Kitaj"（契丹）。中国人自己根据不同朝代，有各不相同的叫法。如：Tan（似指商汤）的意思是没有边界的国家；Cheu（似指周代）是统治其他王国的国家；Han（指汉代）的意思是银河，也可以说是群星闪烁的国家；而Chiumha（似为"中华"的译音）的意思是世界的中央，亦即中央之国。皇帝是"至上的君主，没有他的许可，什么也不会发生，没有他的御批，文件也不会生效"。只有皇帝一人和他最亲近的家人可以使用黄色的袍服，人们对皇帝口称"万岁"，就是祝福皇帝长寿万年。"皇帝可以拥有5900万甲士，而居民在2亿到2.5亿以上，这还不算他的宫廷侍从。"①考虑到基尔歇和与他同时代的其他人作品中包含的这些信息，国王杨·索别斯基三世希望与中华帝国建立关系也就不足为奇了。

另外一个反复出现的信息也值得特别关注。"中国人民受过良好的教育，他们那里谁的学问渊博，谁就更加贤德……没有腐败和徇私，在他们那里一切的基础是学问，要想获得众人的景仰，就要通过一级一级的考试。"②赫米耶洛夫斯基特别详细地写到这一点，是因为他意识到，在当时的波兰不是学问而是徇私和裙带关系才是成为宫廷重臣的必要条件。

同时作者对中国文字进行了总结，他写道："他们的词语都是一个、两个或者三个音节。要是把他们的这种办法引入欧洲，当然也包括波兰，那该有多好，好让那些喜欢长篇大论的人歇歇嘴。说话喋喋不休是一个普遍存在的缺点，所以应该学习中国人。"③

赫米耶洛夫斯基知道中国出产茶叶，但他在作品中没有列举茶叶，而是提到了大黄。这是一个很特别的信息，因此也值得在这里记述："中国出产很多独特的植物和草药，例如长城附近生长的大黄，这种植物有两掌高，在Socien

---

* 波兰语：中国。——译者注
① 《新雅典》，第447—448页。当代学者计算出当时的中国人口大约在5000万左右。所有关于那个时代人口数量和军队数量的数据都应批判性地去解读。
② 同上书，第448页。
③ 同上书，第449页。

城附近最为盛产；一车鲜的大黄要付 szkut ieden（一个意大利金币）"[①]。玛尔琴·别尔斯基在 12 年前就比我们这位神甫学者对大黄有了更深的了解，但是我们不必苛责。他关于中国已经写了很多，而且在最重要的问题上没有大的谬误。

如果说这里引述的信息大都是作者从别处读来的，那么就值得了解一下一位参与荷兰使团有机会与中国人直接接触的波兰人是如何看待他们的。此人在印度尼西亚群岛、马来半岛和印度都曾与中国人有过接触。这些报道来自 18 世纪末的 1789—1793 年间。在马来亚，安泽尔姆·兹翁科夫斯基接触到了很多中国人。"在当地居民中间及整个印度，做生意的中国人最多，每年由于饥馑他们成千上万地背井离乡到各处定居。他们的皮肤是黄色的，脸和鼻子较平，眼睛是黑色的，个子矮小，头发从前额刮掉，后面浓密的头发梳成长辫（这是忠诚于清王朝的表示——原注）。很少有人长着浓密的胡须，只能看到几根比较粗的胡子。他们戴着芦苇或者叶子编成的像伞盖一样的帽子，手里拿着扇子，穿着五颜六色的长衫，裤子也很长，像一些大城市里的印度人一样，和欧洲人打交道的这些中国人脚上穿着皮条或木头做成的拖鞋。尽管要额外缴税，但他们都留着长长的指甲。他们的语言很难学，因为每一个字母（应为字——原注）都是一个词，所以有多少词就有多少字母，而如果有人掌握了他们的文字读写则会被奉为聪明人。总的来说所有学习他们语言的人，都不过是学些自己行业和生意中所需的内容罢了。"

接下来，他还写到了葡萄牙人不成功的传教事业。"……必须先学会当地语言，才能让别人明白，然而他们没有成功……中国人把他们像间谍一样看待……中国人从上往下书写，而且不用羽毛笔，代之以毛笔写每一个字母，也就是词。他们强壮但怯懦。他们尊崇两个至高的人性，一个是善，一个是恶，然而他们从不祈祷，他们认为，前一个既是善，就不会伤害他们。但是为了让后者不伤害到他们，除了寺庙外，他们每人家里都设有一个神龛，上面供奉着

---

① 《新雅典》，第 449 页。这段记载饶有兴味，因为在 1727 年签订的《中俄恰克图界约》中有一专款涉及中国皇帝准许大黄贸易，见《政治史》第 45 页。而马可·波罗尽管并未深入探讨大黄的药用价值，但他在 13 世纪就将其与生姜相提并论，见《描绘世界》第 248、523 页。赫米耶洛夫斯基这里提到的 Socien 城大概系指四川省。

皇帝的坐像，一个欧洲人模样的人站在皇帝侧后，靠着他的肩膀，双目圆睁，注视着面前诸人，就像冲皇帝耳朵小声地说着什么坏话，从而激起了皇帝的愤怒。画像面前每天中午都要按照各家的家境，点上几支蜡烛和供上一些食物，这时来往的过客都可以随意享用这些食物而不付任何报酬，相反中国人还会为过客食用了他的供品而真诚致谢，并祝愿其健康平安。偷了东西的盗贼要受到惩罚……中国人会派一名有经验的杀手，一直追踪他，直到有证人在的时候将其杀死。中国人日常食用各种动物和野味，甚至把一些爬行动物去除毒素后做成食物享用。根本见不到妇女，因为她们都在忙于家务，而她们也不能走太多的路，因为她们生下来就缠足，以使双脚变得很小，所有的脚趾都给缠裹起来，而手上的指甲从不剪掉，只是修剪指甲末端并且染成红色。"[1]

这就是普通的富裕中国人形象，这一形象在其他欧洲人头脑里也根深蒂固，直至1911年前后。

兹翁科夫斯基的记述里也提到了中国工匠的勤劳与专业，荷兰人对他们赞誉有加，"因为他们一个人可以顶两个欧洲人用"[2]，而这并不意味着他们得到了双倍的报酬。

大部分欧洲外交官抱怨在中国京城必须遵守的宫廷礼仪（叩头），他们说这是对他们的侮辱。叩头的规定的确十分特别，它要求向身为"天子"的皇帝九叩首，并呈交作为臣服标志的礼物（贡品）。这种臣服其实更是一种象征性的，而非形式上的，因为它并不要求双方进而采取任何特定的步骤；而在欧洲，属国的朝贡意味着双方必须分别承担保护和效忠的关系。英国、葡萄牙和其他欧洲国家使臣拒绝服从中国宫廷的礼仪，只能解释为傲慢，而并非出于感到自尊或其代表的君主的尊严受损而进行的抗争。欧洲的每一位君王和皇帝，除莫斯科的沙皇外，都宣称自己受命于"上帝的恩赐"，所以没有理由质疑中国皇

---

[1] T. A. 兹翁科夫斯基：《纪念亡父并献给约瑟菲·兹翁科夫斯卡·科莫尔尼茨卡的回忆录》，华沙：S. i T. Komorniccy 出版社，1985年，第87—88页。这段记载中值得注意的是作者提到中国人普遍留着长辫。这一习俗形成于清王朝初期。E. 卡伊丹斯基：《卜弥格……》，第17页。关于欧洲男性留长辫的风尚见 E. i B. 巴那赫：《风尚词典》，1962年，第280页。这一习俗在哥萨克和鞑靼人中也曾十分盛行。《关于扇子的使用》见该词典第278—279页。

[2] T. A. 兹翁科夫斯基：《纪念亡父并献给约瑟菲·兹翁科夫斯卡·科莫尔尼茨卡的回忆录》，第98页。他的这些记述涉及的是在船厂工作的专业工人。

帝的君权，因为他们作为"天子"是受命于天的。二者本质上并无不同——统治权不是来自选举，而是来自超自然的力量。中国皇帝把自己的四邻看作是或多或少臣服于自己的蛮夷，这是另外一码事。如果这些四邻对与中华帝国的良好关系并不在意的话，那这种臣服也并不要求尽什么义务。然而如果存在建立关系的需要，那时主动的一方就应接受北京的观点。中国人，或曰中国朝廷没有侵略扩张的特质。无论沙勿略还是卜弥格都清楚并且评论过这一点，后者将此通报了基尔歇。这些在我们已经引用的文字中均有所反映。

回到宫廷礼仪的话题，应该强调的是，不理解恪守中央之国各种宫廷礼仪的必要性就无法在谈判和邦交中获得积极成果。俄罗斯使节戈洛文在1689年签署《中俄尼布楚条约》时和萨瓦·弗拉迪斯拉沃维奇—拉古津斯基在公元1727年11月2日以叶卡捷琳娜一世之名签署《中俄恰克图界约》时，均明白这一点。[①]

值得一提的是，人们会碰到一种"中国礼仪"的说法，用以强调烦琐到谦卑程度的礼仪，或者是过分重视表达敬意以致达到卑躬屈节的程度。我们在波兰的萨克森时期（1697—1764）也有过这样的态度，后来受到启蒙时代导师们的批判。[②]

启蒙时代的欧洲艺术领域盛行"中国风尚"，我们稍后对此还会涉及，但是在此应强调一种见解，即哲学家和辩论家普遍认为中国是一个由智慧而仁慈的君主统治的国家，通过艰难的科举考试获取不同的学问等级是人们跻身朝堂，赢得声望的阶梯。中国的官宦是智者的化身，他们道德高尚、为人宽厚、思维睿智[③]，这无疑是一种理想化的、人为塑造的形象，借以对照波兰、法国或普鲁士的那些受教于绝对主义思想的官员形象。然而对受过教育的中国人的这种看

[①] 《政治史》，第38、45页。关于北京宫廷接待外国使团的方式，见K.加夫利科夫斯基《在中央之国》中"白人世界的图景"一节的前言，华沙，1973年，第76—78页。

[②] B.塞鲁奇（B.Syruć）：《新格拉特乌什，即风俗与高雅之约定》，华沙，1793年，第3—4页。

[③] J.塔兹比尔：《面对地理大发现的贵族共和国》，华沙，1973年，第152—153页。法国国王路易十四也曾细描述过宫廷礼仪："做的每一个手势，迈出的每一步，都应在特定的一刻，都是事先设计好的，以一种规范的舞蹈方式完成。"这是一位君王本人的话。而法国宫廷的影响范围极广。F.Bluche：《路易十四时代的法国日常生活》，W.比安科夫斯基译，华沙，1990年，第16页。当时各国的使节并未对法国宫廷的这套繁文缛节提出异议。在质疑中国宫廷礼节时应该注意到这一观点。

法，还可加上一些未引起广泛重视的价值，它们恰恰可以证明欧洲的革新派塑造的一种观点。他们对中国人珍视写有字迹的纸张特别关注。写有字迹的纸张如果已经无用，则应烧掉，连灰烬也须仔细地保存好。水手把写有字迹的纸烧成灰沉入海中，以平息狂躁的海涛①。这个习惯恰好被一位伟大的波兰诗人注意到，他将其看作尊重个人思维活动的证据，我们不妨补充一句，这种尊重是符合孔子学说的。

中国至今仍有一种教义堪称美德，
写有只言片语的纸也应倍加珍惜，
将它从狂风卷起的尘埃中拾起，
莫使一个字在世界上消失无迹。②

这段话是诗人向珍惜文字的中国人表达的敬意，而比他要早将近一个世纪且与耶稣会修士的观点毫不相关的另一位诗人瓦茨瓦夫·波托茨基的一段话，与这段话可以说遥相呼应。他对那些年轻而傲慢的作家满是讽刺地写道：

就是说枪管和印刷的发明，
都比那些冒领功劳的人早，
它们出自中国，一个异教的民族，
两者都满足需要，也都为害不小，
两者都供灵魂与肉体之需，
一个悄无声息，一个无比喧闹，
一个能杀人，一个能保存，印刷与火药。③

这里作者列举的枪管，应该理解为在中国发明的火药被广泛应用之后出现的各种火器。关于欧洲人利用印刷术的意义无须赘述。没有用纸张印刷的书籍，欧洲科学的发展就根本无从谈起，而造纸和印刷都是中国的发明。对于我们重要的是，当时的波兰社会，当然主要是知识阶层，意识到了我们借鉴了中国文

---

① W. 西迪·赫米耶诺夫：《中国最后的皇帝们》，J. 阿布科维奇、R. 斯洛文斯基译，卡托维兹，1990年，第45—47页。
② W. 奥迪涅茨：《波兰对中国文明的认知（13到18世纪）》，格丁尼亚，1988年，第2页。[这几句诗是波兰著名诗人 K. C. 诺尔维德（1821—1883）的作品。——译者注]
③ K. 姆罗夫采维奇：《院中的印刷工》，载《古代波兰手稿文化》，华沙，1990年，第8—9页。

明成果，而且对其抱有应有的敬意。中华民族确实值得这样的尊敬，而其代表人物——那些文官的代表，早在 17 世纪法国哲学家们论述之前，就已经是值得仿效的榜样了。波兰社会是开放的，且准备好接纳一个来自遥远文明的、值得尊敬的榜样。这首先涉及的当然是一些物质产品，因为了解中国人的思想，最大的障碍是语言，不仅由于其自身特点而难以掌握，而且由于距离遥远且缺乏直接联系。

（原文首次刊发于北京外国语大学欧洲语言文化学院编《欧洲语言文化研究》第 4 辑，北京：时事出版社，2008 年 12 月第 1 版）

中国古代经典在捷克的译介

——斯托切斯的翻译成就及对中欧文化交流的贡献

徐伟珠

中国古代经典著作在国外的译介最早一般涉及佛教、道教和儒家哲学著作，对中国古诗词的翻译则构成另一重要部分。最初的捷克语译本大多从德语、法语和英语等译本转译而来，翻译者本人不是汉学人士，仅是东方或中国文化爱好者。他们以二手"译本"把东方历史和文化介绍给国人。

最早的《道德经》捷克语译本产生于1878年，由从事东方哲学与宗教研究的学者弗朗齐歇克·丘普尔（František Čupr）转译，他参考了德国学者普伦克内尔（Reinhold von Plänckner）1870年在莱比锡出版的德译本《道德经：通向德行之路》（*Lao-tse, Tao-te-king, Der weg zur Tugend*）和斯坦尼斯拉斯·朱利安（Stanislas Aignan Julien）1842年在巴黎出版的《老子道德经》（*Lao Tseu Tao Te King, Le Livre de la Voie et de la Vertu par le Philosophe Lao Tseu*）法文本。

崇尚诗歌艺术是捷克重要的文化传统，对中国古诗词的翻译，已历经几代人，作品至今保持恒久的魅力。中国古诗词展示的那种清新、舒展、平和、愉悦的意境，深得捷克民众的喜爱，许多人能够出口成诵。儒家经典"五经"之首的《诗经》和古诗艺术巅峰的唐诗，历久弥新，格外受到欧洲和捷克汉学界的重视，成为学者们译介和研究的重要领域。

　　中国古典诗歌的翻译，存在从汉语原文直译或者从其他外语译本转译两种方式。在捷克，直译中国古诗一般以汉学家和诗人合作的模式进行。1897年，捷克东方学学者、汉学家鲁道夫·德沃夏克（Rudolf Dvořák）与诗人雅罗斯拉夫·弗尔赫利茨基（Jaroslav Vrchlický）合译《诗经》二册。这是第一部直接从中文翻译的捷克语作品，它开启了这种合译模式的先河。类似的其他诗歌译本还有：《关上月》（Měsíc nad průsmykem），由汉学家丽莎娃（Marta Ryšavá）和希尔沙尔（Josef Hiršal）合译；《中国古诗第三编》（Třetí zpěvy staré Číny），由普实克（Jaroslav Průšek）和马泰休斯（Bohumil Mathesius）合译；《古中国之春与秋》（Jara a podzimy staré Číny），由乌金（Zlata Černá）和弗拉迪斯拉夫（Jan Vladislav）合译；《寒山：玉潭明月》（Nad nefritovou tůní jasný svit），由丽莎娃和希尔沙尔合译；《寒山：冰山之歌》（Básně z Ledové hory），由罗然（Olga Lomová）和布拉霍娃（Alena Bláhová）合译；白居易诗选《杏园枣树》（Datlovník v meruňkovém sadu），由高马士（Josef Kolmaš）和施特罗布洛娃（Jana Štroblová）合译；李清照诗选《露痕》（Jízvy rosy），由乌金和弗拉迪斯拉夫合译。

　　中国古诗在捷克广为传播，源远流长，无疑，博胡米尔·马泰休斯的转译本《中国古代诗歌》（Zpěvy staré Číny）功不可没，他本人是位诗人、俄罗斯文学翻译家。1939年，马泰休斯参照俄、德和法语版本编译了《中国古代诗歌》第一编，其中以《诗经》和唐诗为重点。他凭借深厚的文字功底，用轻松、柔曼的抒情笔调对诗歌进行润色，深深攫住了读者的心。1940年随即推出第二版《中国古诗新编》（Nové zpěvy staré Číny）。马泰休斯创意性的翻译风格得到了捷克汉学家普实克的认可，1949年由普实克从汉语直译、马泰休斯修饰的《中国古诗第三编》（Třetí zpěvy staré Číny）问世。1950年，《中国古诗》三册合集出版，从诗歌源头《诗经》延续到13世纪的元代，共收录古诗129首。在诗集的后记里，普实克这样写道："诗歌表达一种永恒，马泰休斯恰抓住了这种感觉，赋予格律和音韵，犹如溪水在淡淡的忧愁中淌过。轻吟这些诗句，谁会在意，这些诗赋是转译自俄国阿列克谢耶夫的手笔,抑或德语或者法语译本呢。"①

马泰休斯的中国古诗译本获得空前的成功，每推出一版即销售一空。自1939 年首版起，经反复修订、扩充，至 1988 年已经推出了 28 版，出版量达 30 万册，几乎每个捷克家庭的书架上都摆放一册。这种盛况及这本诗集所产生的深远影响在欧洲其他国家也不多见。甚至二战期间在纳粹集中营里，这本小册子也被悄悄传阅和吟诵，它让众多痛苦的心灵得到片刻的抚慰和平静。捷克诗人兼评论家拉吉斯拉夫·菲卡尔（Ladislav Fikar）这样评价这部诗集："中国，一个古诗词兴盛的强大国度走入捷克语境，其诗歌不单纯被视为经典或者宝藏，而且肩负着体现不朽和生命价值的使命。"②

马泰休斯的诗歌译本，在半个世纪之后，启发和导致了另一部更专业、更浩繁的中国古典诗歌转译本——《古中国的歌与诗》（Písně a verše staré Číny）的诞生。

《古中国的歌与诗》在 2004 年由捷克青年出版社出版，第二年就荣膺捷克国家奖——最佳文学翻译年度奖项。这本诗集是迄今为止收录中国古典诗歌最多、介绍最为详尽的捷克语译本，其年代跨度达 1500 年，从最早的《诗经》一直延伸到 14 世纪的元、明时代。诗集共 321 页，翻译诗歌 230 首，除佚名诗人之外，介绍中国诗人 66 名，其中李白和杜甫的诗歌占据篇幅最大，分别为 70 首和 45 首。这部转译诗集的作者叫费迪南德·斯托切斯（Ferdinand Stočes），捷克农业专家，在联合国和国际农业发展基金会工作多年，通晓多门外语，足迹遍至世界各地，1971 年移民法国。欣赏中国古诗词是他毕生的爱好，并逐渐由欣赏拓展深入到对诗歌译本的研究，进而往法语和捷克语转译，几十年孜孜不懈的努力使他在翻译和研究中国古诗词领域取得了丰硕的成果。

学生时代的斯托切斯就迷恋诗歌，当他在 20 世纪 40 年代第一次接触到马

---

① 博胡米尔·马泰休斯《中国古代诗歌》（Zpěvy staré Číny），Melantrich 出版社，布拉格，1946 年，第 86—87 页。

② 博胡米尔·马泰休斯《中国古代诗歌》（Zpěvy staré Číny），SNKLHU 出版社，布拉格，1961 年，第 187 页。

泰休斯的《中国古代诗歌》时，便沉迷其中不能自拔。几乎每一首诗他都能默诵，这些诗句后来伴随他走过人生的不同阶段。1964 年秋，他被派往非洲加纳大学工作，这趟旅程改变了他的人生轨迹。出行时他把诗集也装进了行囊，对他来说，那些隽永的诗句已成为支撑他心灵的故乡的组成部分。他多年辗转于埃塞俄比亚和西非的多哥，身边共事的都是法国人。70 年代初，在多哥的一次聚会上，他试着把自己挚爱的几首中国古诗转译成法语，朗诵给法国友人们听，出乎意料地得到了热烈的回应。那些法国人对中国古诗似乎闻所未闻，这让斯托切斯感到震惊。朋友们追问他："那些诗句如此摄人心魄，是谁把魅力植入了字里行间，是译者马泰休斯，还是那个中国诗人？"这个问题让他无言以对。除了玩味和诵读，对于中国诗词和诗人，斯托切斯几乎一无所知。他向朋友们承诺，一定会给他们找到答案。当时他自己也不曾料想，这个追寻过程竟然持续了三十余年。

　　斯托切斯一直以为，瑰丽、神秘的中国古典诗歌，如同在捷克受到的热烈爱戴那样，一定早已在整个欧洲风靡，尤其在英国、法国这些西欧国家。然而接触到的现实让他深感意外。自 20 世纪 50 年代起，虽然西欧已陆续出版了几十种中国古诗选集，然而当地读者，无论是高层文化人士抑或爱好诗歌的普通民众，对中国古诗却知之甚少。这种现象让斯托切斯大感不解：在法国这样一个文化多元、诗歌传统深厚的国度，为什么那些由知名汉学家译介的抒情优美的中国诗句，除了流行于专业行家们有限的小圈子，却走不进读者的心田？

　　他的疑惑在法国诗人、中国诗歌评论家克洛德·罗伊（Claude Roy）那里得到了诠释。罗伊认为，法国出版的中国古诗译本语言准确，忠实于原诗，但译者的翻译囿于形式套路，没有把原诗的情绪和意境真正体现和释放出来，而且这种刻板的翻译模式至今仍在延续。罗伊在《夏宫之梦》（*Les songes du palais d'été*）一书里这样坦陈：一个世纪以来，法国人对于中国诗歌的深层次理解与汉学学科的水平提升不相匹配，送到读者手里的中国诗大多是死的，鲜活的甚少。对此，斯托切斯把五六十年代出版的法译诗集进行了通读，认同了罗伊的观点。他暗自萌生想法，决心亲手把中国抒情古诗从捷克语转译成法语，让法国的普通读者也领略到中国古诗的真谛和魅力，于是他着手搜集起中国古诗译本的资料。

除了常驻法国和意大利，斯托切斯的职业让他时常有机会涉足德、英、美、俄罗斯和西班牙等诸多国家。每到一处他便钻进书店购书，很快就找到了几十本关于中国古典诗词方面的书籍。在20余年的时间里，他在世界各地网罗到上百册19世纪末至20世纪初出版的中国古诗的英、德、法、俄语译本，他精心选择前沿汉学家和中国古诗专家的翻译作品和研究著作。犹如集邮爱好者，对于同一首诗他时常拥有30种不同版本的翻译，他把译文复印归类，对比分析，形成个性化的私人诗集。他关注世界各地关于中国古典诗歌的翻译动态，对哪位译者在哪一年翻译了哪几首诗他都了如指掌。斯托切斯意识到，马泰休斯的译本存世已逾半个多世纪，在这50余年里，包括法国汉学在内的世界汉学研究取得了长足的发展。仅从马泰休斯改编的自由体诗歌译本进行转译是远远不够并且达不到水准的，于是，他开始追溯马泰休斯译本诗歌的本源。大量的史料采集和考证，拓宽和加深了斯托切斯对中国诗歌的理解，在与欧洲汉学家包括捷克汉学家在内的翻译文本比照的过程里，他找出了许多没有包含在马泰休斯诗集里的新诗。时光荏苒，这类没有被译介的"新诗"越积越多，同时越来越多的新诗人被挖掘了出来，斯托切斯遂又产生新的思考和想法，他开始把目光投向对诗人生平的探索和研究，尤其是他心仪的唐代大诗人李白。

在斯托切斯的个人诗集里，出自马泰休斯译本的诗歌被不断删减，因为在与其他译本进行对照时，他发现好几首古诗查不到汉语原诗的出处，他面临鉴别真伪的考验。

马泰休斯的译本里有5首诗在其他诗歌译本都没有被提及。斯托切斯通过查阅发现，这几首诗是马泰休斯转译自A. I. 克拉邦德（Alfred Itenschke Klabund）的德语译本《紧锣密鼓——中国战争诗》（*Dumpfe Trommel und berauschtes Gong*）的，而克拉邦德援引的又是当时年仅22岁的朱迪特·戈蒂埃（Judith Gautier）的法译本《玉书》（*Le Livre de jade*），这让斯托切斯心生疑窦。他进一步探究发现，1867年首版的《玉书》里共收入71首中国古诗译文，其中70首诗引用了法国汉学家德理文（Marquis d'Hervez Saint-Denys）出版于1862年的《唐诗》（*Poésies de l'époque des Thang*）。耐人寻味的是，朱迪特的翻译仅从德理文的译文诗句中摘取片言只字，而为打造诗画的意境她在《玉书》中进行了大胆的虚构和编撰，融入了大量建构中国形象的主观想象。斯托切斯由此得出结论，因译者自身语言能力、文学和知识修养的局限，以往的某些诗歌译本存在误译、改编甚至杜撰的现象，他决心公开指出并纠正它们。他坦言：作为工程师，尊重科学法则是其职责。汉学家们可以轻易忽略的东西，他不能。在那些文字瑰丽的诗集里，给读者昭示哪几首诗是真实存在的、哪几首诗则是匪夷所思的赝品，是他不容推辞的责任。

1985—1990年，斯托切斯供职的农业基金会在中国拓展了开发项目，他幸运地常驻中国。在中国任职的5年里，斯托切斯补充了翔实的资料，结识了古诗词翻译的行家。他与长年从事古诗词研究的中国教授们切磋，与香港大学翻译中国古典文学的资深专家探讨。香港学者们除了专职用英语译介中国古典诗词，撰写翻译研究论著，还负责一项诗歌翻译的甄别工作，即对于国外那些找不到原诗匹配的古诗词翻译，标记"不存在"符号输入电脑。正是在王兆杰（Wong Siu-Kit）等专家学者的辅助下，斯托切斯证实了自己对朱迪特的怀疑：《玉书》译本里的70首中国古诗不存在原诗依据。

30多年来，斯托切斯造访汉学家和中国古诗词研究专家，搜集译本、诗人生平和学术文献资料。他以严谨、科学的态度从事中国古诗的转译工作，每一首诗他都参考各国权威汉学家们的翻译，揣摩译者对诗歌的理解、赋予的含义、选择的关联。在接触到李清照的诗词后，斯托切斯决定不再转译，而要从汉语直接翻译。李清照成为继李白、杜甫之后斯托切斯由衷喜爱的第三位中国诗人。他以李清照诗词全集为蓝本，在意大利罗马师从中国教员郑素学习古汉语。他让郑素把汉语原诗进行解构，逐字进行讲解和诠释，然后把翻译的成文与捷克汉学家们推敲、探讨，弄懂诗句里关键词的含义和搭配，最终形成自己的译本。

历尽艰辛，天道酬勤，斯托切斯开始收获成果：1987年，出版法语诗集《不朽的文字》（*Signes immortels*）；1988年，《不朽的文字》捷克语版本《珠帘》（*Perlový záves*）在慕尼黑自费出版，1994年在布拉格由捷克青年阵线出版社推出；1992年，李清照诗集《玉桂花》（*Květy skořicovníku*）在捷克出——2002年《玉桂花》再版。1999年，出版李白诗选《天作被，地作枕》（*Nebe mi pokrývkou a země polštářem*）捷克语译本；2003年，《李白——诗中的生活：诗人李白生平与作品（701—762）》[*Li Po - Život v básních: život a dílo básníka Li Poa (701-762)*]简装本由捷克帕拉茨基大学出版，作者部分自费；2003 年推出法语译本《天地即衾枕：诗人李白生平与作品》[Le Ciel pour couverture, la terre pour oreiller - La Vie et l'oeuvre de Li Po]。相对于捷克语文本，法语译本删减了学术性，更侧重趣味性和可读性；2004 年，《古中国的歌与诗》由捷克青年阵线出版社出版，2005 年荣获捷克文学翻译年度奖；2006 年，推出《天作被，地作枕：诗人李白生平与作品（701—762）》的第二版法语袖珍版。

2007 年 10 月，斯托切斯的又一部李白传记巨作——《贬入凡尘的仙子：李白生平与作品（701—762）》[Nebešťan na zemi vyhnaný, život a dílo Li Poa (701-762)] 在捷克青年阵线出版社出版，全书共 421 页。这本大部头著作可视为帕拉茨基大学 2003 年出版的简装本的扩充版，添加了作者新的注解、心得和体会。传记的每一章都以李白的诗或史料命名，按年代顺序排列，每一首诗在书后都注解原文出处，既有科学的严格考证，也非常有趣，可读性很强。这本传记与英国汉学家阿瑟·韦利（Arthur Waley）1950 年在伦敦出版的权威之作《李白的诗歌与生平：701—762》（The Poetry and Career of Li Po, 701-762 A.D）遥相呼应，互为观照。斯托切斯以李白的诗歌创作为主线和背景，以诗歌贯穿诗人的生活，勾勒出诗人鲜明、真实的人性肖像，用诗歌在读者心中塑造和凸显诗人的印象，从而做出自己的判断与评价。斯托切斯认为英国人韦利在内心里是不欣赏李白的，因为呈现在韦利笔下的李白没有个性，近乎酒鬼。斯托切斯的著作是继韦利之后第二部有关李白生平较全面的传记论述，在法国和捷克的学术界和读者群引起不俗的反响。

斯托切斯的基本翻译要略是，中国古典诗词简约含蓄，翻译时侧重表达意境内涵，突出诗人情绪，从而把诗歌的构架放在次要位置。他的翻译不添加注解，译文抑扬顿挫，节奏稳定，攫住音调和韵律的和谐，展示语言的自然顺畅，一气呵成。在斯托切斯心目中，中国抒情诗本质上是印象派，中国古诗词的翻译即是印象派创作，适合意译或者释义，而不宜套用等值翻译手法。对于古诗格式、韵律、声调、结构在欧洲表音文字无法转换和体现的情况下，把握诗句中每个汉字的多义解释，抓住诗歌的基调和意境，突出情感共鸣，让读者在理解的基础上形成意象显得尤为重要。斯托切斯对中国古典诗词执着沉迷及他浓郁的中国文化情结加上笃实、严肃的治学态度，使他得以以外行的身份，在中国古典诗词翻译和研究领域独树一帜，为捷克汉学填补了几项空白。同时，斯托切斯的翻译也展示了中国古诗词译介的另一种视角和比照。斯托切斯诗译本的贡献在于：第一，他一方面规避忠实刻板的直译，赋予诗歌唯美、抒情的魅力和可读性，同时杜绝随心所欲的改编和再创造，让法国和捷克的读者体味和领略到中国古典诗词隽永的真谛所在；第二，他在大量史料的基础上考析、论证并指出了某些法、德译本不科学的误译和杜撰，强调了文学翻译的科学性和真实性；第三，他在诗歌翻译的基础上，对诗人李白的生平展开学术探索和研究，终成正果。斯托切斯的作品得到了捷克和国外汉学界的首肯和褒扬，捷克当代汉学权威、翻译家克拉尔（Oldřich Král）教授这样评价："依照'二手'译本进行再创作，即便参照的译本是无瑕可信的，但依然怀着暗礁丛生的防范意识，那么，这样的转译比起行家里手那种僵硬呆板的直译要更胜一筹。"[1]

参考书目

1. 朱学勤：《中国与欧洲文化交流志》第 10 典，上海：上海人民出版社，1998 年。

2. Bohumil Mathesius, *Zpěvy staré Číny*, Praha, Melantrich, 1950.（博胡米尔·马泰休斯：《中国古代诗歌》，布拉格，Melantrich 出版社，1950 年。）

3. Zlata Černá, Jan Vladislav, *Jara a podzimy staré Číny*, Praha, Mladá fronta,1961.（乌金、扬·弗拉迪斯拉夫：《古中国之春与秋》，布拉格：青年阵线出版社，1961 年。）

4. Ferdinand Stočes, *Květy skořicovníku*, Praha, Mladá fronta, 1992.（费迪南德·斯托切斯，《玉桂花》，布拉格：青年阵线出版社，1992 年。）

5. Ferdinand Stočes, *Li Po - Život v básních: život a dílo básníka Li Poa (701-*

---

[1] 费迪南德·斯托切斯：《玉桂花》（*Květy skořicovníku*），布拉格：青年阵线出版社，1992 年，第 104 页。

762), Olomouc, Nakladatelství UP, 2003.[费迪南德·斯托切斯，《李白——诗中的生活：诗人李白生平与作品（701—762）》，奥洛莫乌茨：帕拉茨基大学出版社，2003年。]

6. Ferdinand Stočes, *Písně a verše staré Číny*, Praha, Mladá fronta, 2004. (费迪南德·斯托切斯：《古中国的歌与诗》，布拉格：青年阵线出版社，2004年。)

7. Ferdinand Stočes, *Nebešťan na zemi vyhnaný, život a dílo Li Poa (701-762)*, Praha, Mladá fronta, 2007.[费迪南德·斯托切斯：《贬入凡尘的仙子：李白生平与作品（701—762）》，布拉格：青年阵线出版社，2007年。]

（原文首次刊发于北京外国语大学欧洲语言文化学院编《欧洲语言文化研究》第7辑，北京：时事出版社，2013年3月第1版）

斯洛伐克汉学研究五十年

[斯洛伐克]玛丽娜·恰尔诺古尔斯卡（黑山）/著，姜珂/译

尽管1814年在巴黎成立了欧洲第一个中国语言、文学和文化教研室，但直至20世纪初才开始在西方出现最早的汉学研究机构。1960年，斯洛伐克成立了第一个汉学研究机构——斯洛伐克科学院的东方学研究室。从一开始，东方学研究室就投入到高质量的汉学研究中，这得感谢两位汉学天才——马立安·高利克（Marián Gálik）和安娜·多莱扎洛娃-弗尔奇科娃（Anna Doležalová-Vlčková）。他们两位是最早决定学习汉语的斯洛伐克人，从1953年起在布拉格的查理大学学习，1958年成功获得硕士学位。于是，在东方学研究室成立之初就拥有了汉学研究人员，他们很快胜任了汉学研究工作。

同时还得感谢捷克的汉学家。不仅上面提到的两位汉学天才，而且其他两代斯洛伐克汉学家，都是研究历史更久、经验更丰富、在当时已获得世界声誉的捷克汉学家们培养出来的。斯洛伐克的汉学家们在师资和教学设施条件都很

好的捷克查理大学汉学教研室获得良好教育，从师于许多知名的捷克汉学家，如普实克（Jaroslav Průšek）、克雷斯布索娃（Berta Kresbová）、克拉尔（Oldřich Král）、波科拉（Timoteus Pokora）、何德佳（Věnceslava Hrdličková）和吴和（Jaromír Vochala）等。在学习期间，他们不仅可以利用布拉格的大学图书馆，还可以使用当时最大的中欧汉学图书馆——鲁迅图书馆，它位于捷克斯洛伐克科学院东方学研究所的图书馆内，拥有大量珍贵的中文原著。所有这些都促进了斯洛伐克汉学研究基础的奠定。

在斯洛伐克开展汉学研究50年后，我们可以将斯洛伐克科学院东方学研究所的汉学家分为四代。

一、斯洛伐克科学院东方学研究所的第一代汉学家

上面提到的马立安·高利克和安娜·多莱扎洛娃这两位斯洛伐克汉学研究奠基人属于这一代。自结束在布拉格的汉学学习生涯两年后，他们进入刚刚成立的斯洛伐克科学院东方学研究室（后改为东方学研究所）工作。安娜·多莱扎洛娃长期在东方学研究所从事研究工作直至1992年逝世。马立安·高利克在北京大学留学两年（1958—1960年），学成后回到斯洛伐克，在东方学研究所工作至今。

马立安·高利克　理学博士（Marián Gálik, Dr Sc.）

出生日期和地址：1933年2月21日，斯洛伐克的伊格拉姆（Igram）

目前工作单位地址：Slovak Academy of Sciences, Institute of Oriental Studies Klemensova 19, 813 64 Bratislava, Slovak Republic, E.U.

电子信箱：galikm@inmail.sk

1958年，他在布拉格的查理大学以硕士论文《茅盾的小说创作》通过答辩，获得硕士学位，从而结束了大学教育。1966年，他在捷克斯洛伐克科学院东方学研究所以学位论文《茅盾与中国现代文学批评的形成》通过答辩，获得文学博士学位。1985年，他在斯洛伐克科学院以博士论文《现代中国文学思想的成因（1917—1930）》通过答辩，获得理学博士学衔。

从 1960 年起，他最初是作为普通科研人员，后来作为高级科研人员在斯洛伐克科学院东方学研究所工作。从 1988 年起，除了自己在研究所的科研工作，他还在布拉迪斯拉发的考门斯基大学哲学系东亚语言和文化教研室中文组（由他创设）兼职教授中国文学、历史和哲学。从 1989 年起，他在上海的华东师范大学担任顾问教授。从 2009 年起，他担任浙江大学的兼职教授。从 2010 年起，他担任中国人民大学的顾问教授。1967—1968 年和 1969—1970 年，他先后获得德国洪堡基金会（Alexander von Humboldt Foundation）奖学金和大众基金会（Volkswagen Foundation）奖学金。1987—2009 年，他在慕尼黑、香港、柏林、威尼斯、北京、台北、波恩和耶路撒冷等地的汉学研究机构进行长达数月的学术访问。

他从事汉学研究的主要领域有：中国现代和古典文学及其文学理论、中国–西方文学和文化相互关系、《圣经》在中国的文学接受史、中国现代文化史和寻找中国与西方文化传统的相似之处。

他是下列国际汉学研究机构的成员：国际南社学会及其委员会（自 1989 年起）、欧洲汉学学会（European Association of Chinese Studies，自 1975 年起）、中国茅盾研究会（自 1991 年起）、中国冰心研究会（自 1993 年起）、中国老舍研究会（自 1999 年起）。

在毕生从事汉学研究期间，他积极参与国际学术交流，在许多学术活动上发表学术演讲，如欧洲年轻汉学家国际会议（1964 年，1965 年，1966 年，1969 年，1971 年，1972 年和 2004 年）、国际比较文学协会国际会议（1970 年，1976 年，1979 年，1985 年，1988 年，1991 年，1994 年和 1997 年）、亚洲和北非研究国际大会（1986 年，1990 年和 1993 年）、亚非文学理论问题国际会议（1976 年，1980 年，1984 年，1989 年）、第 32 届诺贝尔研讨会（1975 年）、第 34 届洪堡奖获得者研讨会（2006 年）、西欧国际研讨会（1988 年，1993 年）、中国现代和古典文学、世界宗教的国际会议和研讨会（1986 年，1989 年，1990 年，1991 年，1992 年，1993 年，2004 年，2006 年，2007 年和 2008 年）、中国比较文学学会研讨会（1987 年，2002 年，2008 年）、新土地文学基金会第三次会议（1990 年）、在马来西亚举行的第六届国际《红楼梦》会议（2008 年）、在布拉格举行的第一届和第二届捷克和斯洛伐克汉学家年会（2007 年，2008 年）

和其他许多国际学术活动。

从他参加的学术活动可以看出，高利克的汉学研究集中在中国现代文学及其对世界文学宝库的贡献、中国现代文学艺术特点与西方现代文学流派和体裁的比较。尽管他最初的梦想是研究中国古典哲学（特别是庄子哲学），但他的研究方向受到两个重要因素的影响：当时布拉格汉学界最好的专家都从事中国现代文学研究，如翻译鲁迅作品的专家贝尔塔·克雷斯布索娃，翻译老舍和其他中国现代作家作品的专家史罗夫（Zbigniew Słupski）、亚尔米拉·赫林科娃（Jarmila Häringová）、奥尔德日赫·克拉尔，以及伟大的汉学家、研究中国文化史的杰出天才、研究中国近代史的院士雅罗斯拉夫·普实克，所以他同其他有天赋的学生都被引导到这一研究方向；与此同时，许多伟大的中国现代作家当时不仅健在，还处于艺术创作活动的巅峰期，因此在中国留学期间，许多汉学学生的梦想是与中国现代文学大师认识并成为朋友。于是，在首次留学中国期间，高利克结识了中国现代文学大师茅盾，并将翻译和深入分析茅盾文学作品作为自己汉学研究活动的开端（1961 年，他已出版了自己第一部译作——茅盾的小说《林家铺子》）。1969 年，他在德国弗朗茨·施泰纳出版社（Franz Steiner Verlag）出版的文艺学专题论文《茅盾与中国现代文学批评》（*Mao Tun and Modern Chinese Literary Criticism*），标志着他的汉学研究在国外取得了重大成功，同时为他进入西德汉学界打开了大门。1971 年他在慕尼黑出版了《初步研究指南／德国对中国现代思想史的影响》（*Preliminary Research-guide. German Impact on Modern Chinese Intellectual History*）。

与此同时，他将老舍最著名的现代长篇小说《骆驼祥子》翻译成斯洛伐克文，于 1962 年出版，2009 年斯洛伐克马雷钦（Marenčin）出版社推出了该译本的第三版。在学术方面，他继续研究茅盾。在随后的几年中，他整理出《茅盾使用过的名字和假名》（"The Names and Pseudonyms Used by Mao Dun"），发表在捷克科学院学术期刊《东方档案》（*Archív orientální*, 1963）上。他以深入的文学批评方式解读茅盾作品，发表了两篇论文：在《东方学文献》上发表了《关于茅盾两个作品集的评论》（"A Comment on Two Collections of Mao Dun's Works"）；在斯洛伐克科学院学术期刊《亚非研究》（*Asian and Africans Studies*）上发表《论两篇研究茅盾作品的论文》（"A Comment on Two Studies Written on the Works of Mao Dun", 1965)。另外在《亚非研究》上也发表了许多汉学研究论文：《从庄子到列宁》("From Chuang-tzu to Lenin")、《茅盾的理性发展》("Mao Dun's Intellectual Development", 1967)、《现代文学批评研究：茅盾在1920年》("Studies in Modern Literary Criticism: Mao Dun in 1920")和《茅盾论文人墨客、文学的特点与功能（1921—1922）》("Mao Dun on Men of Letters, Character and Functions of Literature 1921–1922", 1968)，以及《茅盾小说〈子夜〉的比较观点》("Comparative Aspects of Mao Dun's Novel *Midnight*", 1983)。不久，中国和西欧的期刊开始对他关于茅盾的汉学研究作品感兴趣，如1993年东北师范大学的刊物用中文刊登了他的论文《茅盾小说中的神话视野》，接着德国的报纸 *Minima Sinica* 刊登了他的另一篇论文《同茅盾的交往》(*Begegnungen mit Mao Dun. Eine Erinnerung und ein Forschungsbericht*)。同年，《淡江评论》(*Tankang Review*) 登出他的英文论文《神的使者：茅盾与介绍外国神话到中国（1924—1930）》("The Messenger of the Gods: Mao Dun and the Introduction of Foreign Myths to China 1924–1930")。这篇论文还发表在中文文集《茅盾与中外文化》（在南京举办的国际茅盾研讨会的资料汇编）上。两年后，他发表了回忆自己与茅盾交往过程的文章《茅盾与我》("Mao Dun and Me")（《亚非研究》，1995）。在1997年和1999年发表的论文的主题还是关于茅盾，而后来在2003年的研究成果中关于茅盾的主题还与《圣经》的议题相关，如在香港圣经公会的文集中登出的论文《茅盾对参孙和大利拉的演绎》("Mythopoetic Warrior and Femme Fatale: Mao Dun's Version of Samson and Delilah")。在2003年，他发表了关于茅盾的学术演讲和论文，如《由入迷至失望：茅盾与尼采（1920—1921）》（载《茅盾研究》(*Mao Dun Studies*)，第七届茅盾大会的会议记录，新华出版社出版）。迄今为止，高利克的最后两篇关于茅盾的论文是：《年轻的茅盾与中国第一篇关于加布里埃尔·邓南遮的散文：对中国文学颓废的探索》("Young Mao Dun and the First Chinese Essay on Gabriele D'Annunzio: A Quest for Chinese Literary Decadence")，发表在国际文集《对中国的热情：纪念保罗·圣安杰洛60诞辰的文集》(*A Passion for China: Essays in Honour of Paolo Santangelo, for his 60th Birthday*) [荷兰博睿（Brill）出版社，2006]上；2008年

在中国文集《红楼飞雪》上发表《在北大研究茅盾》（"The Reminiscences of Foreign Students in Beida on the Scholarly Research of Mao Dun"）。如今，鉴于上述所有的研究论文和在许多国际论坛上的学术演讲，高利克在世界上被公认为世界级的研究茅盾的学者。

在工作中，他的研究领域从茅盾扩展到广泛得多的中国现代文学和文学思想、比较现代中国文学思想与西方从亚里士多德到克罗齐（Benedetto Croce）时期的现代文学思想。1980年，在布拉迪斯拉发的科学出版社和伦敦的寇松出版社合作下，他的专著《中国现代文学批评发生史（1917—1930）》（*The Genesis of Modern Chinese Literary Criticism, 1917–1930*）面世。1986年，布拉迪斯拉发的科学出版社与西德的奥托·哈拉索维茨出版社（Otto Harassowitz Verlag）合作出版了他最著名的汉学研究专著《中西文学关系的里程碑（1898—1979）》（*Milestones in Sino-Western Literary Confrontation, 1898–1979*）。后来，这一专著也在中国出版：1990年第一版出版获得巨大成功后，北京大学出版社在2008年再次出版。他也借此迈入著名世界汉学家的行列（也因为他在各种世界和中国汉学期刊上发表了290多篇汉学论文，同时经常在世界性的汉学研究活动中发表演讲）。他以前的专著《中国现代文学批评发生史（1917—1930）》也在中国出版了两次：1997年首版，2000年再版。2009年，学苑出版社出版了他的专著《捷克和斯洛伐克的汉学研究》。

1990年后，斯洛伐克的政治形势发生了根本性变化，研究者从而可以自由选择研究课题。高利克开始扩展自己的汉学研究主题和视角，不仅在中国现代文学及其与西方主要文化和世界观影响的对抗和清算框架内，而且在许多与此相关的学术领域框架内进行研究。这一时期，他主要的汉学研究论文有：《王蒙的神话视野与启示录》（*Mythopoetische Vision von Golgatha und Apokalypse by Wang Meng*）（Minima Sinica，1991；那不勒斯东方大学研究所，1992）；《在郭沫若的作品和翻译中歌德的〈浮士德〉的接受与生存》（"Reception and Survival of Goethe's *Faust* in Guo Moruo's Works and Translations"）（斯洛伐克科学院东方学研究所期刊《亚非研究》，1991）。两年后，在此篇论文基础上扩展而成的《歌德的〈浮士德〉在中国的接受和影响，以郭沫若为例（1919—1947）》[*Rezeption und Wirkung von Goethes Faust in China. Der Fall*

Guo Moruo (1919–1947)] 在柏林发表。由于当时他在柏林与中国著名的当代诗人顾城相识，在顾城的启发下，该论文于1993年以中文发表在《上海文学》上，题目是《浮士德，红楼梦，女儿性》（"Faust, Dream of the Red Chamber and Maidenness"）。顾城去世，他撰文纪念，题目是《顾城和谢烨：英年早逝的中国当代诗人》（"Gu Cheng and Xie Ye: Contemporary Chinese Poets Who died too Early"，*AAS*，1994）。他还为顾城与雷米的书《英儿》的英译本作跋《一个读者和朋友的反思》（"Reflections of a Reader and Friend"），于1995年在德国多特蒙德项目出版社出版。

2005年，他又一次将浮士德的主题用于比较文学研究中，在中国的杂志《国际汉学》上发表了文章《冯至与浮士德：从密菲斯托菲列斯到海伦》。除了欧洲文化与文学领域的其他各种主题，他这一时期开始致力于中国文学对欧洲文化起源的影响这一问题的研究，如论文《欧洲背景下的中国文学：沉思其在比较文学中的重要性》（"Chinese Literature in European Context: Musings Over Its Importance in Comparative Literature"）（斯洛伐克期刊《人权》，1992）。同时，他也致力于另一研究主题，即《圣经》对中国现代文学和思想环境的影响。他的第一篇此类型的论文是《从跨文化交流角度看〈圣经〉与中国文学》（"The *Bible* and Chinese Literature as Seen from the Angle of Intercultural Communication"）（《亚非研究》，1993）。两年后，他发表了另一篇论文《在王蒙〈启示录〉中的滑稽和荒谬的笑：对中国现代文学中〈圣经〉视角蜕变的沉思》（"Parody and Absurd Laughter in Wang Meng's *Apocalypse*. Musings over the Metamorphosis of the Biblical Vision in Contemporary Chinese Literature"）（载于哈·斯密特－格林泽尔编辑的《另一个中国》，哈拉索维茨出版社）。同年，他发表了另一篇论文《〈圣经〉在中国大陆的接受（1980—1992）》（"The Reception of the *Bible* in Mainland China"）（《亚非研究》，1995）。一年后，他又回归这一研究主题，撰写了与其已故的朋友诗人顾城的小说相关的论文《顾城的〈英儿〉与〈圣经〉》（"Gu Cheng's *Ying'er* and the *Bible*"）（《亚非研究》，1996）。同年，他还致力于分析三位台湾诗人的作品，发表了论文《三位台湾女诗人的关于〈圣经〉的三本智慧书》（"Three Modern Taiwanese Poetessess [Rongzi, Xia Yu and Siren] on Three Wisdom Books of the *Bible*"）（《亚非研究》，1996）。他对《圣经》对中国产生影响的研究兴趣在2004年达到顶峰，在德国的圣奥古斯汀出版了书籍《影响、翻译和并行关系：有选择的研究〈圣经〉在中国》（*Influence, Translation and Parallels: Selected Studies on the Bible in China*，Monumenta Serica Institute，2004）。近几年，他又回到这一主题。2007年他在《亚非研究》上发表了论文《〈圣经〉在中国大陆20世纪文学中》（"The *Bible* in the Literature of the Chinese Mainland in the Twentieth Century"），还在中国的期刊《中国现代文学论丛》（2007年第2期）和《武汉长江学术》（2007年第4期）上，分别发表了论文《〈圣经〉对中国现代诗歌的影响：从周作人到海子》和《中国现代文学对爱情的全新抒写与"雅歌"——论希伯来与中国文学互动》。

在他20世纪末21世纪初的汉学研究中，还出现了其他主题，如《对中国比较文学研究当前状况的旁注》（"Marginalia to the Contemporary Situation in Chinese Comparative Literature Studies"），1992年载于香港的《中国/国际比较文学公报》（*Chinese/International Comparative Literature*）；《中欧巴比塔：切尔卡斯基、马悦然、顾彬与20世纪汉语诗歌翻译》（"Three from the Sino-European Babel：Cherkassky, Malmqvist, Kubin and Translation of the Twentieth Century of Chinese *Poetry*"）（《亚非研究》，2005）；《关于中国1919年5月4日新文化运动和作为神话诗歌作品的当代》（《斯洛伐克东方研究》，2005）；《中西文学对抗中的颓废主义与1999年维也纳研讨会》["Decadence (Fin de siécle) in Sino-Western Literary Confrontation and the Vienna Symposium 1999"]，这篇论文于2005年发表在布拉迪斯拉发出版的大会论文集《中西文学对抗中的颓废主义》（*Decadence (Fin de siécle) in Sino-Western Literary Confrontation*）上。与此同时，他在该文集上还发表了致力于研究中国古典名著《红楼梦》的文章，题目为《丫鬟的诱惑：白薇对宝玉访晴雯的颓废主义的叙事》（"Temptation of the Maid: Bai Wei's Decadent Version of Baoyu's Last Rendez-vous"）。一年后，他在加拿大的《比较文学评论》（*Canadian Review of Comparative Literature*）上刊登了一篇论文，对首部获得诺贝尔文学奖的中文文学作品发表了自己的看法，题目为《高行健的〈灵山〉：寻找女人的长途旅程》["Gao Xingjian's Novel *Lingshan* (*Soul Mountain*)：A Long Journey in Search of Woman"]。在《亚非研究》上还发表了有关捷克诗人尤利乌斯·泽耶尔的论文，题目为《尤利乌斯·泽耶尔对马致远笔下王昭君的叙述：捷克式匈奴新娘》（"Julius Zeyer's Version of Ma Zhiyuan's Lady Zhaojun: A Xiongnu's Bride in Czech Attire"）。2006 年，他在德国哈拉索维茨出版社出版的文集《Han-Zeit. (Festschrift für Hans Stumpfeldt aus Anlass seines 65. Geburtstages)》中探讨了同样的主题，论文题目为《汉宫里的一朵蓝花：捷克式王昭君的故事》（"A Blue Flower in the House of Han：Wang Zhaojun's Story in Czech Attire"）。同年，在荷兰–美国博睿出版社出版的文集《爱情、仇恨和其他情绪/中国文明中的问题与情感》上，他发表了论文《对三部中国现代戏剧中异常爱恋与暴力的一些看法》（"Some Remarks of Deviant Love and Violence in Three Modern Chinese Decadent Plays"）。在 2006 年德国威斯巴登弗朗茨·施泰纳出版社（Franz Steiner Verlag）出版的另一文集中，他发表了论文《跨文化交流进程中比干的心》（"Bigan's Heart in Intra- and Intercultural Process"）。

2007 年，高利克博士在东方学研究所期刊《亚非研究》上发表了文学研究论文《关于中日文学交流进程中的抒情性》["On the Lyric(al) ness in the Sino-Japanese Interliterary Process"]。他还将日本著名文学作品《古今集》翻译成斯洛伐克语，从而扩展了自己的文学研究疆界。近年，除了上面提及的研究主题，他还乐于回到浮士德–歌德主题与尼采的主题上，如 2004 年在北京发表的《歌德的〈浮士德〉与 20 世纪 20 年代初它在中国的接受》）（"Goethe's *Faust* and its Reception in China at the Beginning of the 1920s"），2002 年在捷克科学院东方学研究所期刊《东方档案》（*Archiv orientální*）上发表的《尼采在中国的接受（1902—2000）》["Nietzsche's Reception in China (1902–2000)"]。他同时关注德语诗人里克尔的作品在中国的接受程度，如 2004 年在德国发表的《关于里克尔的作品在中国文学与批评中接受的初步看法》。他也关注捷克、斯洛伐克与欧洲汉学研究中杰出的译作与译者，如 2004 年发表在《东方档案》上的论文《尤利乌斯·泽耶尔对凌濛初笔下薛涛的叙述：捷克式中国故事》（"Julius Zeyer's Version of Ling Mengchu's Lady Xue Tao：A Chinese Story in Czech Attire"）；2003 年在阿姆斯特丹发表的一篇文章《唐诗在波西米亚和斯洛伐克的翻译（1902—1999）》["Tang Poetry in Translation in Bohemia and

Slovakia (1902–1999)"］；新近在杂志《中国与欧洲文学》上刊登的中文论文《中国翻译文学在捷克斯洛伐克、波兰和匈牙利的接受（1919—1989）》["Reception of Chinese Translated Literature in Czechoslovakia, Poland and Hungary（1919–1989）"］；在 2000 年关注自己老师雅罗斯拉夫·普实克的汉学作品后，他创作了论文《雅罗斯拉夫·普实克：学生眼里的神话与现实》（"Jaroslav Průšek：A Myth and Reality as Seen by His Pupil"），发表在德语文集《Ad Seres et Tungusos》（威斯巴登奥托哈拉索维茨出版社）中。

从 21 世纪初起，他的译作成为许多中国大学给本科生和研究生的推荐文学作品，而且他的不少学术论文被译成中文。近 5 年来（2005—2009），他的 19 篇文章和 2 本书在中国内地用中文出版。

高利克先后组织了 3 次国际汉学研讨会。1989 年，他组织了主题为"中国 1919 年五四运动的国际文学与国内文学问题"（Interliterary and Intraliterary Aspects of the May Fourth Movement 1919 in China）的研讨会，并编辑了同名文集，于 1990 年出版。1993 年，他组织了主题为"中国文学与欧洲背景"（Chinese Literature and European Context）的研讨会，也编辑了同名文集，于 1994 年出版。他还与马丁·斯洛博德尼克博士（Martin Slobodník）和李夏德（Richard Trappl）共同组织了另一次主题为"在 21 世纪第一个十年中国人与国外汉学家眼中的中国现代与传统文化"（Modern and Traditional Chinese Culture in the Eyes of the Chinese and Foreign Sinologists during the First Decade of the Twenty-First Century）的国际研讨会，研讨会的文集于 2010 年出版。

在高利克 65 周岁诞辰之际，瑞士汉学家冯铁（Raoul D. Findeisen）等献给他祝寿文集——《秋水》（Autumn Floods），收集了 50 多篇论文，多数为国外作者所作，1998 年由伯尔尼的彼得·朗（Peter Lang）出版社出版。在他 70 周岁诞辰之际，斯洛伐克与捷克的学生献给他和捷克汉学家高马士（Josef Kolmaš）理学博士考门斯基大学哲学系东亚语言与文化教研室的年鉴《斯洛伐克东方学研究》（Studia orientalia slovaca）第二期（2003 年）。而德国圣奥斯汀《华裔学志》研究所（Institute Monumenta Serica）的汉学家们为他组织了主题为"魅力和理解／西方精神与中国精神的互惠"（Fascination and Understanding. The Spirit of Occident and the Spirit of China in Reciprocity）的国际会议，参会者准备的28篇论文在《华裔学志》2005年和2006年年鉴上刊登。

迄今为止，他因自己的汉学著作获得了下列最高奖项：

2003年，他因自己毕生从事汉学研究工作获得斯洛伐克科学院奖。

2006年，他作为中国现代文学研究专业的奠基人之一，从德国洪堡基金会主席沃尔夫冈·弗律瓦尔德（Wolfgang Frühwald）教授的手中接过2005年度"亚历山大·洪堡奖"，特别表彰他突出新的欧洲文学在中国现代文学创作中的作用及突出《圣经》在中国现代思想形成中的影响。他是斯洛伐克社会学领域中第一个获得"亚历山大·洪堡奖"的人。同年，他获得文学基金会颁发的奖金，表彰他为斯洛伐克社会科学在国内和国外的发展做出的贡献。

至今，高利克已发表650多篇汉学研究作品，其中专著12部（有2部出版2次），各种语言版本的学术论文290多篇，学术评论210多篇。

安娜·多莱扎洛娃　博士（Dr. Anna Doležalová）

1935年4月28日出生于斯洛伐克的鲁若姆贝尔克，1992年10月23日逝世于布拉迪斯拉发。

1958年，她以硕士论文《郁达夫文学作品的价值》在布拉格查理大学通过答辩，从而结束大学学习。1968年，她在捷克斯洛伐克科学院东方学研究所获得哲学博士学位，学位论文题目为《论郁达夫文学创作的特点》。

从1960年起直至离开人世，她一直在斯洛伐克科学院东方学研究所从事科研工作，起初是普通研究人员，后来成为高级研究人员。1989—1990年，她还在考门斯基大学哲学系东亚语言和文化教研室中国组兼职教授中国现代文学。同一时期，她在意大利和中国的多所大学讲学，如在罗马、那不勒斯、威尼斯和北京等地。

在任职于斯洛伐克科学院东方学研究所期间，她从事汉学研究的主要领域是中国的现代文学及其文学生活、中国文学批评。她后来还针对"文化大革命"后在中国出现的各种文学－政治现象进行政治学研究。

在汉学研究生涯中，她曾是下列机构的成员：欧洲汉学协会会员（从1978起任理事）、捷克斯洛伐克东方学会会员（从1981年起任理事）、捷克斯洛伐克－中国学会会员（1989—1991年任理事）。

她积极参加国际汉学研究活动：中国研究协会的国际会议（1963年在意大利，1964年在法国，1966年在丹麦，1972年在荷兰）；1975年在法国举办的欧洲中国研究协会的成立大会和1977年在意大利举行的该协会委员会；1982年在北京举办的中国文学艺术工作者联合会的国际会议；1986年在中国举办的关于中国当代文学的第一届国际会议；1989年在斯洛伐克斯莫勒尼策城堡举行的国际汉学研讨会。

她与高利克教授同时就读于查理大学，他们最初的专业倾向相似。在其老师贝尔塔·克雷斯布索娃的影响下，她从一开始就确定了自己的汉学研究方向——文学研究，这从她选择的硕士论文题目可以看出来，她对中国现代散文家郁达夫的作品产生了浓厚的研究兴趣。

在查理大学毕业并返回布拉迪斯拉发后（最初的两年任职于大学图书馆，从事中文书籍的整理工作），她很快就发表了关于中国现代文学的论文。1959年，她在斯洛伐克的《文化生活》杂志上发表了两篇专业论文：《中国新文学的根源与问题》和《中国长篇小说的巨大成功》。次年，她用斯洛伐克文发表了中国现代文学小辑，内容选自中国现代文学经典作家鲁迅的短篇小说作品，题目为《火与花》。她不是译自中文，而是选自她导师贝尔塔·克雷斯布索娃的关于鲁迅文学作品的捷克文译作，但她在译成斯洛伐克文时参考了中文原文。即便如此，这在当时还是为斯洛伐克文学界做出了贡献。

就在这一年，她发表了自己的第一部译作，即将郁达夫的短篇小说选集直接从中文译成斯洛伐克文（这也是郁达夫的作品首次在捷克斯洛伐克翻译出版），书名为《春风陶醉的夜晚》。1971年，在与斯洛伐克科学院和英文出版社（C. Hurst and Co.）的合作下，该书的英文版在伦敦发行。而在与帕拉根图书发行公司（Paragon Book Reprint Corp.）的合作下，她的博士论文《论郁达夫文学创作的特点》（*Yü Tafu: Specific Traits of His Literary Creation*）在纽约出版。于是，她很快在世界上被公认为研究郁达夫文学作品的专家。英国艾伦和昂温出版社（G. Allen and Unwin）与德国知名的贝塔斯曼出版社（Bertelsmann）分别请她为《东方文学大辞典》（*Dictionary of Oriental Literature*，1974）与《中国手册》（*China Handbuch*）编写关于郁达夫的词条。

在出版关于郁达夫的博士论文和在世界一流的百科全书文学研究辞典中

编写关于郁达夫的词条前，安娜·多莱扎洛娃已经发表了关于这位中国作家的多篇研究论文。首先是 1965 年在东方学研究所的期刊《亚非研究》上发表了英文论文《1930 年前郁达夫的生活与工作评论》（"Remarks on the Life and the Works of Yü Tafu up to 1930"），接着用意大利文在那不勒斯东方学研究所的年鉴上发表了论文《郁达夫文学创作的特殊性》（*La particolarita della produzione lettaria di Yü Ta-fu*），很快又在考门斯基大学发表了论文《郁达夫对社会和文学的观点纵览》（"A Survey of the Views of Yü Ta-fu on Society and Literature"），1968 年又在《亚非研究》上发表了论文《郁达夫的两篇小说——两种文学创作的方法》（"Two Novels of Yü Tafu – Two Approaches to Literary Creation"）。

对中国作家郁达夫的细致研究，不仅为她打开了研究空间，还引导她将研究兴趣扩展到中国现代文学。这一发展趋势显现于 20 世纪 70 年代初。在与英国艾伦和昂温出版社合作期间，她不仅为《东方文学大辞典》编写了关于郁达夫的词条，还编写了三个关于中国文学的其他词条："蒋光慈""杨沫"和"创造社"。同样，在与德国贝塔斯曼出版社合作中，她不仅在《中国手册》中编写了关于郁达夫和蒋光慈的词条，还编写了郭沫若的词条。但她最突出的成绩表现为后来发表的几篇论文上，如刊登在《亚非研究》上的两篇论文：1972 年的《"创造社"活动初期短篇小说的主题》（"Subject-Matters of Short Stories in the Initial Period of the Creation Society's Activities"）和 1978 年的《中国现代文学的分期》（"Periodization of Modern Chinese Literature"）。同一时期，她还在斯洛伐克及国外学术期刊上发表了一些论文，如：1970 年在斯洛伐克东方学会的文集上发表了论文《中国现代文学》（"Modern Chinese Literature"）；1975 年在意大利发表了论文《五四运动，革命的主角们》（*Movimento 4 maggio, I protagonisti della rivoluzione*），在这篇论文中，她第一次展示出政治学观点。1979 年在捷克文集《当代中国》上发表了文章《文化在当代中国的重要性》（*Dôležitosť kultúry v súčasnej Číne*）。

在 20 世纪 80 年代，安娜·多莱扎洛娃在东方学研究所的汉学研究工作达到巅峰状态。那时，她不仅定期向斯洛伐克学术界和普通读者介绍中国现代文学，还成为国际汉学研究界的著名人物。她不仅发表了一系列文学研究方面的论文，如：《关于中华人民共和国文学分期的建议》（"Suggestions Regarding Periodization of Literature in the People's Republic of China"）（《亚非研究》，1980）；《亚洲和非洲文学的理论问题》（"Theoretical Problems of Asian and African Literature"）（《亚非研究》，1982）；《1981年对电影脚本〈苦恋〉和作家白桦的两波批评》（"Two Waves of Criticism of the Film Script *Bitter Love* and of the Writer Bai Hua in 1981"）（《亚非研究》，1983）；《王昭君在中国当代戏剧中的新形象》（"A New Image of Wang Zhaojun in Contemporary Chinese Drama"）[刊登在R.P. Kramers的著作《延续和改变》（*Continuity and Changes*）中，苏黎世，1982]；《刘宾雁回归中国当代文学舞台》（"Liu Binyan's Come-Back to the Contemporary Chinese Literary Scene"）（《亚非研究》，1984）和《1979—1980年中国当代故事的新质量》（"New Qualities in Contemporary Chinese Stories in the 1979–1980 years"）（《亚非研究》，1988）。她还发表了一些政治学方面的论文，如1980年在蒙古乌兰巴托发表于文集《民族主义问题》中的论文《中华人民共和国文化政策中的民族主义特性》（"Traits of Nationalism in the People's Republic of China's Cultural Policy"）；1983年发表于布拉迪斯拉发的论文《中华人民共和国少数民族的民族主义与文学》（"Nationalism and Literature of National Minorities of the People's Republic of China"），这刊登在第四届关于亚洲和非洲文学理论问题大会的文集中。此外，她以自己在国际会议上的精彩发言而声名远扬，她用流利的中文发言和进行学术讨论，使与会者赞叹不已。

在20世纪80年代中期，中国最终从"文化大革命"中复苏过来，艺术创作的社会条件大有改善。于是，诞生了所谓的"伤痕文学"这一新中国文学浪潮。安娜·多莱扎洛娃积极投入到这一中国文学问题的专业研究中。1987年，她为中国文学期刊《文学研究参考》撰文《平反的"右派"在中国当代小说中的形象》。在第一次长时间居留中国期间，她从北京向世界文学评论刊物，如《发现新大陆》（1986）、《中国当代文学》（1986）和《来自中国的信》（1987），投递了非常有学术造诣的文章，内容都是关于当时中国文学界的大事件。这些是欧洲最早的关于中国"伤痕文学"的论文。

大约在同一时期，荷兰的博睿出版社委托她编写关于郁达夫的词条，以用于大型、国际通用的介绍中国 20 世纪文学的百科全书。在 1990 年首次出版的博睿百科全书《1900—1949 年中国文学指南》(*A Selective Guide to Chinese Literature 1900–1949*) 中，关于郁达夫的词条即出自她手。她从此成为研究郁达夫这位中国现代作家及其作品的世界知名专家。

20 世纪 90 年代原本应该成为她一生中取得丰硕研究成果的时期，她计划完成关于中国当代"寻根文学"的专题论文，然而命运多舛，1991 年 12 月经查明证实，她已患有不治之症。经过将近一年与病魔顽强的抗争，她于 1992 年 10 月离世。这样，她原本希望完成的作品仅仅处于资料搜集阶段。在这之前，她用斯洛伐克文和波兰文出版的配有插图的大型书籍——《中国》成为她的生命绝唱，向斯洛伐克和波兰的读者介绍了中国文明史。该书的创作方法是非传统型的：从中国几千年文明史中七大都城的视角出发，将全书分为七章。这本书的出版似乎是安娜·多莱扎洛娃写作生涯的结束。

为什么说"似乎是"？因为在她逝世 4 年后，她的博士论文在中国用中文出版，书名为《郁达夫研究》(1996)。这样，她在中国永远成为研究郁达夫作品的一流专家和知名学者。几乎难以想象的是，在她逝世 17 年后的今天，在翻译中国现代文学方面，她在斯洛伐克是无可替代的，原因是斯洛伐克年轻的汉学家很少涉及中国现代文学作品翻译这一领域。2008 年，她翻译的中国当代 10 位作家的小说选集——《李顺大造屋》首次在斯洛伐克出版。这不仅是斯洛伐克第一位从现代汉语译成斯洛伐克语的翻译家逝世后出版的著作，而且是 1985 年（该年斯洛伐克作家出版社出版了由爱娃·萨拉伊科娃和马立安·高利克翻译的巴金的小说《寒夜》）以来又一部译自中国现代汉语的高质量的斯洛伐克文译著。

安娜·多莱扎洛娃博士原本致力于中国现代文学，在 20 世纪 80 年代她非常敏锐地将研究方向转向汉学研究和中国当代文学新浪潮——"伤痕文学"，它源自"文化大革命"时期的悲痛经历和人们心灵受到的创伤，这一时期至今仍可能被认为是中国当代文学创作中非常有意义的时期。通过安娜·多莱扎洛娃的这部译作，斯洛伐克文化界很好地了解到中国当代文学史和现实生活中一个重要的时期。所幸的是，这一时期已经在中国成为过去。在安娜·多莱扎洛娃将中国作家似乎根据亲身经历创作的、直接反映中国现实的小说翻译成斯洛伐克语之时，在中国并没有最流行小说的排行榜供其选择，故她通常依照自身对中国文学的感觉在已出版的中国文学作品中选择翻译的对象。在她选择并翻译出版中国文学作品20年后的今天，在阅读她翻译的阿城的《棋王》、高晓声的《李顺大造屋》和王蒙的《夜的眼》等作品时，我们确实应当佩服她当初选择这些作品的出色眼光。因为这些作品不仅显示了"文化大革命"这一特定的历史时期的氛围，也是中国"反思文学"中的瑰宝，作品没有以苦涩的激愤而是以略带自我嘲讽的笔触介绍主人公，反映了他们在那个时期所经历的生活磨难，以及主人公从生活的洗礼中坚强地走出来成为闪耀光辉的人物。这些优秀的译作使安娜·多莱扎洛娃获得令人称羡的翻译和文学研究方面的声誉，2009年她在斯洛伐克获得最高翻译奖——杨·霍利奖。

二、斯洛伐克科学院东方学研究所的第二代汉学家

20世纪60年代，在布拉格的查理大学又有两名斯洛伐克汉学家完成了学业，他们是汉学和经济学专业的毕业生杨·霍拉克（Jan Horák）和汉学与哲学专业的毕业生玛丽娜·恰尔诺古尔斯卡（Marina Čarnogurská，黑山）。他们的汉学专业方向，一方面与当时查理大学汉语教研室的师资力量有关——新一代捷克汉学家开始从事教育活动，其领导人是更倾向于中国古典文学的奥尔德日赫·克拉尔，另一方面与中国当时完全与世界隔离的社会现实有关。从一开始，杨·霍拉克就致力于当时中国的政治、经济问题，而玛丽娜·恰尔诺古尔斯卡则致力于中国的古典哲学。

1965年从汉学和经济学专业毕业后，霍拉克就职于捷克斯洛伐克驻华大使馆商务处，如果不是后来捷克斯洛伐克外交部进行政治清洗，他大概不会与斯洛伐克科学院东方学研究所有任何关联。在20世纪70年代政治审查时期，霍拉克被外交部免职，于是东方学研究所任用他整理中文书籍。后来，他与一位中国企业家在布拉迪斯拉发合作成立了一家私营公司，从事经营活动直至退休。

1969年从查理大学汉学和哲学专业毕业后，玛丽娜·恰尔诺古尔斯卡在布拉迪斯拉发的考门斯基大学哲学系继续博士课程的学习。如果不是因为20世纪70年代初的政治审查，她会踏上完全不同的生活道路。1973年初，由于"正常

化"措施，她未被允许进行博士论文答辩。在后来的将近 20 年间，她失去了从事专业研究工作的任何可能性。直至 1990 年平反后，她才被允许进行博士论文答辩，论文题目是《战国时期儒学的发展和独特性》。根据平反决定，她于同年被接纳进入东方学研究所从事科研工作。

玛丽娜·恰尔诺古尔斯卡　博士(Marina Čarnogurská, PhD, 黑山女士)

出生日期和地点：1940 年于斯洛伐克的布拉迪斯拉发

目前工作单位名称和地址：Institute of Oriental Studies, Slovak Academy of Sciences

Klemensova 19, 81364 Bratislava, Slovak Republic, E.U.

电子信箱：marina.carnogurska@gmail.com

1970 年，她以论文《儒学伦理研究引论》在布拉格的查理大学通过硕士论文答辩，获得硕士学位。1991 年政治平反后，她以论文《战国时期儒学的发展和独特性》在布拉迪斯拉发的考门斯基大学通过博士论文答辩，获得哲学博士学位。

从 1990 年起，她一直在斯洛伐克科学院东方学研究所从事科研工作。1992—2004 年，她先后在考门斯基大学哲学系东亚语言和文化教研室、宗教教研室兼职任教员，教授古汉语、中国宗教、道家与儒家经典篇。

1993—1995 年，她获得中国台湾地区蒋经国国际学术交流基金会（Chiang Ching-kuo Foundation for International Scholarly Exchange）的资助，整整两年从事对中国古代著名儒学大师荀子哲学作品的哲学分析、翻译、文学和文体分析，并用中文、斯洛伐克文对他的整个作品进行文学结构的重组。

除了上述对儒学伦理的深度研究外，她的主要研究领域还包括中国道家哲学，同时她还从事下列研究：对中国古典文学中一些最重要的作品进行翻译和文学研究、与此相关联的从中国古代表意文字到欧洲表音文字的翻译理论问题研究、中国文明的独特世界观倾向和宗教倾向与欧洲哲学、世界观和宗教发展的比较研究。如今，她对上述领域的研究不仅在斯洛伐克，而且在中国及其他国家获得承认，并在重要的学术场合树立了学术权威。

她是下列国际和斯洛伐克学术机构的成员：欧洲汉学学会（从 1992 年

起）、中国与西方哲学比较研究国际协会（International Society for Comparative Studies of Chinese and Western Philosophy，从 2003 年起）、斯中友好协会（从 2004 年起任名誉会长）、斯洛伐克哲学联合会（从 1993 年起，1996—1999 年及 2004—2008 年为副会长）、捷中友好协会（1993—2005 年）、罗马俱乐部的斯洛伐克协会（从 1995 年起）和斯洛伐克文学翻译家学会（从 1994 年起）。

在自己的汉学和哲学研究生涯中，她带着学术论文积极参加了下列世界性的学术活动：1967 年在德国博胡明举办的欧洲青年汉学家国际会议；1994 年在布拉格、1996 年在巴塞罗那和 2002 年在莫斯科举行的欧洲汉学学会国际会议；2000 年在加拿大蒙特利尔举行的第 36 届亚洲和北非研究国际会议；2003 年在土耳其伊斯坦布尔举行的第 21 届世界哲学会议；2004 年在洛杉矶举行的美国哲学协会（APA）太平洋处第 78 届年会；在土耳其伊兹米特举行的第二届国际哲学会议；1995 年在布拉迪斯拉发、2005 年在斯莫伦尼策举行的两届斯洛伐克哲学联合会国际会议；2007 年在中国西安举行的中国道教协会第一届世界论坛（the 1st World Forum of Taoist Association），在香港举行的国际《道德经》论坛（International Forum on *Dao De jing*）；2008 年在马来西亚吉隆坡举行的第六届国际《红楼梦》大会；2008 年在中国曲阜举行的第一届世界儒学大会。此外，她还参加了许多在斯洛伐克和捷克举行的国际性哲学和汉学会议。

尽管直到 1990 年政治平反后，她才被允许正式参与科研工作，但在受政治迫害的 17 年中，她从没中断过汉研究研究活动。虽然这一时期她不能查阅中文原著，不能去斯洛伐克科学院东方学研究所和捷克斯洛伐克科学院鲁迅图书馆借阅中文书籍，但幸运的是，她在国外找到了所需要的中文原著，而且一些勇敢的人不顾政治后果帮助她，使她成功地发表了一些作品：1977 年在斯洛伐克塔特兰（Tatran）出版社出版了孔子、孟子和荀子哲学思想选集《子曰》（*A riekol Majster...*）；1980 年在捷克奥得翁（Odeon）出版社出版了《远东的文化传统》（*Kulturní tradice Dálneho Východu*），其中有她用捷克文写成的论文《自然世界与它在中国古代思想中的反映》（*Přirozený svět a jeho odraz myšlení čínskeho starověku*）；1983 年在斯洛伐克作家出版社出版了由她翻译的中国著名现代作家老舍的小说集《月牙集》（出版社决定将这本译著与高利克翻译的老舍的《骆驼祥子》共用一个书名）。除此之外，这一时期斯洛伐克广播电台播送了她撰写的许多文学戏剧方面的节目，使斯洛伐克听众了解到此前不熟悉的中国古代哲学与文学领域的人物。

1990年政治平反后，她在哲学和汉学领域的学术论文正式刊登在斯洛伐克科学院的学术刊物上，特别是主流杂志《哲学》（*Filozofia*）上。1990年，她在《哲学》上发表了学术论文《战国时期古汉语儒家哲学文本及其文学翻译》（*Staročínske konfuciánske filozofické texty obdobia Bojujúcich štátov a ich literárny preklad*）。同年，因读者反响强烈，在塔特兰出版社成功出版《子曰》这本书的第二版（扩编版）。次年，在期刊《斯洛伐克语言》（*Slovenská reč*）上发表了语言学论文《关于统一斯洛伐克文中从中文音译的名称和名字的需要》（*O potrebe zjednotenia prepisu čínskych znakov názvov a mien v slovenčine*），努力为在斯洛伐克从中文音译成斯洛伐克文时普遍出现的混乱局面提供一条出路。同时继续在杂志《哲学》的"东方哲学"栏目中发表哲学论文，用新的哲学解释中国古典哲学遗产。《阴阳两极自然辩证法》（*Bipolárna prírodná dialektika jin-jang*, 1991），《史前自然辩证法象征符号——人类最初辩证世界观的证据》（*Praveké svastické znaky-dôkazy pôvodne dialektických svetonázorových orientácií ľudstva*, 1992），《古典儒家哲学——所谓"生活伦理"的特别世界观模式》（*Klasická konfuciánska filozofia-špecifický svetonázorový model tzv. "živej etiky"*, 1994），《规范伦理学与生活伦理学》（*"Normatívna" verzus "živá" etika*, 1995），《作为本体论现实较为确切反映的"伙伴式"或"主导式"生存理论模式》（*"Partnerský" alebo "dominantný" model teórie bytia ako výstižnejší odraz ontologickej reality?*, 1996），《受到威胁的文化将会如何发展，威胁地球上的一切？》（*Kam speje ohrozená kultúra, ohrozujúca všetko na Zemi?*, 1996），《在中国古典哲学中的死亡问题及对死后生活的解释》（*Otázka smrti a interpretácia posmrtného života v klasickej čínskej filozofii*, 1996），《目前德国倡议寻找现代哲学思想的"真正面孔"和其他道路的陷阱》（*Úskalia súčasnej nemeckej iniciatívy v hľadaní "pravej tváre" i ďalšie cesty moderného filozofického myslenia*, 1996），《关于在所有世界文明知识遗产综合中协同效应的需要》（*O potrebe synergetického efektu v syntéze intelektuálneho dedičstva všetkých svetových civilizácií*, 1997），《危机的哲学，抑或新的世界观倾向的结晶？》（*Filozofia krízy, alebo* kryštalizácia nových svetonázorových orientácií?，1998），《关于两种极端对立世界文明冲突的历史根源》（*O historických koreňoch dvoch akulturačných stretov voch krajne protikladných civilizácií*，1998），《世界哲学进入了所谓的"跨现代主义"新的历史时期》（*Vstupuje svetová filozofia do novej historickej etapy tzv. "transmodernizmu"*，2003），《在全球世界哲学背景下中国古典哲学本体论构想的意义》（*Význam klasických čínskych ontologických koncepcií v globálnom svetovom filozofickom kontexte*，2004），《古典中国哲学本体论和它的用语表达成为超现代哲学灵感的案例》（*Klasická čínska ontológia a jej terminologické vyjadrenia ako príklad inšpirácie pre transmodernú svetovú metafilozofiu*，2006），《"与地球的租赁协议"可能成为哲学问题？》（*Môže sa stať "nájomná zmluva so Zemou" problémom filozofickým?*，2007）。在上述所有论文中，她运用自己的中国古典哲学知识，反思目前西方和全球世界观危机，努力寻找摆脱现代世界危机的出路，向西方推荐中国古典哲学思想中阴阳和谐的观点，她反对武力斗争。

从1992年起，她开始在中国台湾地区蒋经国国际学术交流基金会的资助下工作，对中国古代伟大的儒学思想家荀子的作品进行翻译，并进行语言学和哲学分析，至今已经用中文和斯文对照方式发表了第一部作品，题目为《荀子：散文》（*Sün c': Eseje*, 1. Vol.，布拉迪斯拉发，2000）。与此同时，她与捷克哲学家艾根·伯迪（Egon Bondy）一起对中国最著名的道家作品——王弼本《道德经》进行新的深入的哲学研究。他们合作的成果至今已有三个版本：1993年赫韦（Hevi）出版社出版的《老子对道及其创造性能量德的理解》（*Lao c' o Ceste Tao a Jej tvorivej energii Te*）；1996年在内斯托（Nestor）出版社出版的中斯文对照版本《老子：道德经》（*Lao c'-Tao Te Ťing*）；2005年出版的中斯文对照版本《老子：道德经》（*Lao c'-Tao Te ťing*）。目前，她对《道德经》进行更为深入的研究，研究新发现的、年代久远得多的马王堆帛书本《德道经》和郭店楚简本《老子甲乙丙》，其研究成果是两部学术专著：2009年出版了第一部专著《老子和道德经诞生的过程》（*Lao c'a proces vzniku Tao Te ťingu*）；第二部作品将在两年后由斯洛伐克科学院的科学出版社出版。

自1990年最终获得参加国外学术活动的机会（凭借自己的演讲，她逐渐吸引了中国和其他国家汉学家、哲学家的注意），她开始在国外发表作品。

1995 年，她在捷克科学院哲学所的《哲学杂志》上发表论文《是否理论上存在宇宙起源的"本体论点"？》(*Existuje gnozeologicky apriorný "ontologický bod" univerza ako teoreticky možný iniciátor jeho bytia?*)；1996 年，欧洲中国研究协会在其第 6 期学报上刊登了她的论文《斯洛伐克汉学研究四十年》(*Forty Years of Sinology in Slovakia*)，介绍了她与其他斯洛伐克汉学家的汉学研究成果，第一次引起了欧洲汉学研究界的关注；1997 年，在她访问中国艺术研究院红楼梦研究所后，该所杂志《〈红楼梦〉学刊》刊登了她的论文《〈红楼梦〉的斯洛伐克文翻译》，从此将其视为翻译《红楼梦》的著名专家，并每年邀请她参加自行举办的学术会议；1998 年，德国杂志《国际哲学杂志》(*Concordia-Zeitschrift für Philosophie*) 发表了她此前已在斯洛伐克《哲学》杂志上成功发表的论文《我们处于哲学危机阶段抑或它已是我们文明的新世界观定位时期？》("Are We in the Stage of a Crisis of Philosophy or is it already a period of a new Worldview Orientations of our Civilization?")，只是此次译成英文发表；同年，世界知名哲学杂志《亚洲哲学》(*Asian Philosophy*) 发表了她的论文《中国古代哲学最初的本体论根源》("Original Ontological Roots of Ancient Chinese Philosophy")；1999 年，台湾的《中国文哲研究通讯》用中文发表了她的名为《古代中国哲学的原初存有学基础》的论文，后来在对中国文哲研究所进行学术访问期间，她为该所的科研人员介绍了这篇论文。

2001—2008 年，她的论文还在其他国家发表。2002 年，她在波兰哲学期刊《座谈会通讯》(*Colloquia Communia*) 关于当前斯洛伐克哲学的专刊上发表了《人类在几个世纪以前就已经理解了自己未来的"元哲学"的本体论基本构想》(*Podstawową ontologiczną koncepcję swojej przyszłej "metafilozofii" ludzkość zrozumiała już przed wiekami*)；2005 年，她在土耳其第二届关于人类责任的国际研讨会文集上发表论文《中国古典本体论的一些公理，作为现代世界在对生活责任中的哲学灵感案例》(*Yaşama karşi sorumluluğunda moderndünyanin felsefeletine bir esin kaynağı olmak üzereklasik çin varlikbiliminden bazi belitler*)；2007 年，她在伊斯坦布尔举行的第 21 届世界哲学大会上做题目为《在未来全球背景下从古典本体论概念的视角看中国哲学》("Chinese Philosophy through a Prism of Its Classical Ontological Conceptions in the Future Global Context")的

发言，后收录在第七部哲学集中，这篇论文也于 2006 年被哈萨克斯坦哲学杂志 *Xabarščij Vjestnik* 收录，她的另一篇论文，《在郭店楚简本的〈老子〉中"亡为而亡不为"的解释》[*Koncepcia konania formou zavrhnutia zasahujúceho konania, vyjadrená v troch novoobjavených kuotienskych súboroch Lao c′ovho diela (Guodian Laozi)*] 发表在第一届捷克－斯洛伐克周年大会汇编文集上；2007 年，首届国际《道德经》论坛论文集收录了她的文章《老子的和谐理论》（"Laozi's Theory of Harmony"）；2008 年，在孔子的出生地曲阜举行的第一届世界儒学大会论文集中收录了她的论文《孔子的伦理倡议——未来地球上人类共同道德原则的最好平台》（"Confucius Ethical Initiative — the Best Platform for the Future Common Moral Principles of Humankind on the Earth"）；2009 年，在马来西亚吉隆坡举行的第六届国际《红楼梦》学术研讨会上，她用英文进行发言，题目是《〈红楼梦〉——一个聪明的文学密码》（*Honglou Meng — an Ingenious Literary Cryptogram*）。2006 年，她与美国、哈萨克斯坦和捷克的汉学家合作出版了学术论著《中国对我们不曾解答的哲学问题的回答》（*Chinese Answers to Our Unanswered Philosophical Questions*）。

2001—2003 年，她向斯洛伐克文化界推出了共计四卷的译著，即中国四大古典名著之一的《红楼梦》。为此，她于 2003 年在中国古典名著《红楼梦》作者逝世 240 周年之际于北京举行的纪念大会上，获得"曹雪芹奖",并于 2004 年在斯洛伐克获得杨·霍利奖（Jan Holly's Award）。2002 年，她在斯洛伐克塔特兰出版社出版了中斯文对照的孔子的《论语》，故 2003 年获得斯洛伐克文学基金会的奖励和佐拉·耶森斯卡奖（Zora Jesenska's Award）。2003—2004 年，她因翻译孔子哲学著作和其他文学作品而被授予斯洛伐克文化部奖，因在汉学专业的科研和翻译工作成绩被授予斯洛伐克教育部奖。

至今，她在学术文集和期刊上共发表了 176 篇论文，其中 15 篇发表于国外，6 篇发表于集体创作的学术论著中。同时，她发表了 18 份文学、哲学和汉学方面的译作。目前，除了上面提到的关于老子的两部论著外，她还研究中国古代著名的儒家哲学家荀子、《红楼梦》中的自传部分，以及曹雪芹的生平。

此外，她还为斯洛伐克科学院百科全书研究所发行的《贝利安百科全书》（*Encyklopedia Beliana*）完成了许多关于中国古典文化、艺术和哲学方面的词条，发表了许多关于中国的专业性和科普性文章，多次为电台和电视台准备了节目。她还从事众多的教育活动：定期在国际关系所、考门斯基大学法学院讲授中国文明和文化的起源、特点。1991—1999 年，在考门斯基大学哲学院东亚语言和文化教研室教授汉学导论和古汉语；1997—2007 年，在考门斯基大学哲学院宗教教研室教授中国古代宗教；至今还在普雷肖大学和科希策沙发利克大学哲学和伦理教研室教授中国古典哲学基础。

三、在斯洛伐克科学院东方学研究所的第三代汉学家

20 世纪 70 年代末，又有三名斯洛伐克学生——弗拉基米尔·安多（Vladimír Ando）、亨莉耶塔·哈塔洛娃（Henrieta Hatalová）和鲁比察·奥布霍娃（Ľubica Obuchová）在布拉格的查理大学哲学系汉语教研室学习（由于在 20 世纪 70 年代初捷克斯洛伐克经历了非常残酷的"正常化"清洗运动，原先众多著名的捷克汉学家中只剩下吴和夫妇留在那里教学）。教研室的教学任务发生了全新的变化（更侧重政治现实），因此与过去捷克和斯洛伐克的汉学家们相比，他们的汉学研究朝着完全不同的方向发展。1984 年左右，这三名斯洛伐克学生顺利完成学业，并且在结束硕士课程学习后被录取为博士生：弗拉基米尔·安多和鲁比察·奥布霍娃在捷克斯洛伐克（如今为捷克）科学院东方学研究所学习，亨莉耶塔·哈塔洛娃在斯洛伐克科学院的历史所学习。自那时起，他们就成为普通的科研人员。至今安多（研究方向为中国传统医学和药学）和奥布霍娃（研究方向为中国少数民族语言和文化特点至 2008 年）就职于捷克科学院的东方学研究所，而亨莉耶塔·哈塔洛娃（研究方向为中国现代史、20 世纪中国与捷克斯洛伐克的关系及中斯民间文化与民族学的比较研究）在斯洛伐克科学院东方学研究所工作。

亨莉耶塔·哈塔洛娃　博士（Henrieta Hatalová, PhD.）
出生日期和地址：1959 年 2 月 26 日，斯洛伐克的布拉迪斯拉发
目前工作单位地址：Slovak Academy of Sciences, Institute of Oriental Studies Klemensova 19, 813 64 Bratislava, Slovak Republic, E.U.

电子信箱：ritahatalova@gmail.com

1984 年，她在布拉格的查理大学哲学系汉语教研室以硕士论文《1978 年后中国的经济改革》通过答辩，从而结束大学生涯。2006 年，她在斯洛伐克科学院东方学研究所以博士论文《在中国和斯洛伐克成语、俗语和熟语中狗与马的主题的运用》通过答辩，获得哲学博士学位。

从 1985 年起，她在斯洛伐克科学院历史所从事研究工作。从 1992 年起她在东方学研究所工作，研究领域是中国现代史（及中国与捷克斯洛伐克文化关系史）、中西文化融合进程。近几年，她主要致力于中国民间俗语、民间文化和民间文学的研究。

在 1995、1996、2000、2003、2007 和 2008 年，她先后通过中国社会科学院与斯洛伐克科学院的院际交流协议在北京、南京、哈尔滨和上海等地进行了一至两个月的学术访问。

从 1995 年起，她成为欧洲汉学学会的会员（EACS）。从 1993 年起，她成为捷克斯洛伐克 – 中国学会（后来为捷克 – 中国学会）的成员。从 1996 年起，她成为斯洛伐克东方学会的秘书，以及斯洛伐克—中国友好协会的副会长。

她第一次发表汉学研究领域的内容是为小型斯洛伐克百科全书编写关于中国历史的词条，这套百科全书由斯洛伐克科学院百科全书研究所于 1993 年出版。自那以后，她继续编写有关中国历史的词条，也为目前由斯洛伐克科学院百科全书研究所出版的贝利安百科全书编写词条。

在斯洛伐克科学院东方学研究所从事研究工作期间，她于 1995 年在斯洛伐克科学院历史所的刊物《历史杂志》（*Historický časopis*）上发表了第一篇学术论文《蒋介石将军和他的时代》（*Generál Čankajšek a jeho doba*）。在这篇论文中，她研究了中国现代史上的著名人物蒋介石及其生活的历史背景。4 年后，她整理了从清朝至 1949 年中华人民共和国成立时期的中国现代史，刊登在东方学所集体创作的论文集《世界各地区的地缘政治特征 / 非洲和亚洲》（*Geopolitické špecifiká regiónov sveta. Afrika a Ázia*）上。2000 年，她又回归历史主题，为斯洛伐克成人教育百科全书编写中国教育史的词条。近年，她主要研究中国民间文学，这与她的博士论文相关联并将中国和斯洛伐克的民间俗语进行比较研究。她在斯洛伐克首次开辟了这一研究领域，于 2004 年和 2005 年分两次在考门斯基大学哲学系东亚语言和文化教研室的刊物《斯洛伐克东方学研究》(*Studia Orientalia Slovaca*)上连载了自己的学术论文《中国和斯洛伐克成语、俗语和熟语中的动物主题》(*Motív zvieraťa v čínskych a slovenských prísloviach, porekadlách a úsloviach*)。2001 年，她在布拉迪斯拉发的 Q111 出版社发表了自己第一部关于中国成语和俗语的译作《没有黑暗持续 100 天》(*Žiadna tma netrvá sto dní*)或称之为《来自中国的成语和俗语》(*Príslovia a porekadlá z Číny*)。在这一研究领域，她后来还发表了下列学术论文：《中国和斯洛伐克动物拟人习语俗语》("Chinese and Slovak Animal Proverbs and Sayings as Statement on Man")，2006 年刊登在 GENZOR, J.-BUCKOVÁ 编辑的 *Favete Linguis. Studies in Honour of Viktor Krupa*；《狗在中国作为一种文化现象》(*Pes v Číne ako kultúrny fenomén*)，2007 年刊登在由鲁比察·奥布霍娃编辑的文集《东方的人与动物》(*Lidé a zvířata v Orientu*)上；《在中国流行用语中狗作为一种隐喻或象征》("Dog as a Metaphor or Symbol in Chinese Popular Phraseology")，2007 年刊登在斯洛伐克科学院东方学研究所杂志《亚非研究》(*AAS*)第 16 期上。

她不仅发表学术论文，还致力于将中文或英文作品翻译成斯洛伐克文，先后发表了下列译作：苏童的《碧奴》(*Slzy Nefritovej ženy*, Bratislava: SLOVART 2007)英国汉学家 FENBY, J.(ed.) 编著的《中国七十大奇迹》(*The Seventy Wonders of China*, Bratislava: SLOVART 2008)和 Ma Cheng 的现代汉语版《小语言学校》(*Malá škola jazykov*, Bratislava: SLOVART 2008)。

从 1993 年起，她在国际关系研究所和考门斯基大学法学系兼职教授中国现代史。1995 年在考门斯基大学哲学系、1996 年在班斯卡·比斯特里察的"马杰伊·贝拉"大学教授中国现代史和文化。

目前，亨莉耶塔·哈塔洛娃是斯洛伐克唯一从事欧洲与中国民族学和民间文化比较研究的人员，这一领域至今在斯洛伐克汉学界尚无其他人进行系统研究。

四、斯洛伐克科学院东方学研究所的第四代汉学家

这一代汉学家是在布拉迪斯拉发的考门斯基大学哲学系完成基本汉学学习的第一代斯洛伐克汉学家（在马立安·高利克教授的倡导下，1988年考门斯基大学哲学系东亚语言和文化教研室成立了汉语组），同时也是在斯洛伐克和中国签订的文化交流协议框架内在大学学习期间留学中国一年甚至多年的第一代汉学家。这一代汉学家在大学学习期间有着在中国直接提高现代汉语口语水平的良好条件，这是前几代斯洛伐克汉学家在大学期间甚至不敢梦想的事情。因此，他们在汉学研究生涯开始之际拥有比以往斯洛伐克汉学家好得多的语言能力。

属于这一代汉学家的首先有1994年在考门斯基大学哲学系毕业的学生，他们中的马丁·斯洛博得尼克（Martin Slobodník）和爱雷娜·赫得维格尤娃（Elena Hidvéghyová-Yung）在结束大学学习后进入斯洛伐克科学院东方学研究所进行博士课程学习，贝雅娜（Janka Benická）2001年以论文《禅师洞山良价语录》、唐艺梦（Daniela Zhang）2002年以论文《中国现代抽象绘画的发展过程》，分别在布拉格查理大学取得博士学位。马丁·斯洛博得尼克在通过博士论文答辩后在该所从事研究工作直至2008年。6年后，又有一批汉学领域的大学毕业生来到东方学研究所，他们是进行博士学习的雷多闻·什库尔泰蒂（Radovan Škultéty）、佐拉·爱尔森伊奥娃（Zora Ercsényiová）和杨迪娜（Kristína Janotová）硕士。他们都是马丁·斯洛博得尼克副教授和贝雅娜教授的学生。杨迪娜硕士同时也是冯铁教授（Prof. Raoul Findeisen）的学生。

马丁·斯洛博得尼克　博士副教授（Assoc. Prof. Martin Slobodník, PhD.）

出生日期和地点：1970年4月10日，斯洛伐克的布拉迪斯拉发

目前工作单位地址：Katedra východoázijských štúdií, Filozofická fakulta Univerzity Komenského

818 01 Bratislava, Slovak Republic, E.U.

电子信箱：Martin.Slobodnik@fphil.uniba.sk

教育和工作经历：

1994年，在考门斯基大学哲学系汉学（笔译和口译）专业获得硕士学位，硕士论文题目为《唐朝和吐蕃在8世纪下半叶的政治关系》；

2003年，在斯洛伐克科学院东方学研究所以博士论文《1368年至1434年间的汉藏关系：明朝和帕木竹巴执政家族》通过答辩，获得历史博士学位；

2007年，在考门斯基大学哲学系中国通史专业以论文《毛泽东与佛教：中国对藏传佛教的宗教政策》通过答辩，获得副教授职称；

1994—2003年，他先在东方学研究所攻读博士学位。2003—2008年成为专门科研人员，最后成为独立科研人员。从2000年9月起，他也开始在考门斯基大学文史哲学院东亚研究系教授中国历史和古汉语，目前他是该系的主任。

国外留学经历：

1991年9月至1993年7月，在北京大学中国语言文化教研室留学，专业是古汉语、现代汉语与中国历史；

1996年9月至1998年7月，在德国波恩大学中亚语言和文化教研室留学，享受德国学术交流中心DAAD颁发的研究生奖学金，专业是藏学；

2005年1月至2005年9月，在德国波恩大学中亚语言和文化教研室当访问学者，享受德国洪堡基金会的资助。

他是下列国际和国内科研机构的成员：

欧洲汉学学会（EACS，从1994年起）、国际藏学研究协会（从1995年起）、斯洛伐克东方学会（从1996年起）和斯洛伐克宗教研究协会（从1996年起）。

在东方学研究所工作期间，他积极参加各种国际学术活动：

1. 1996年9月5日，他带着论文《对中国8世纪下半叶中亚政策的若干意见》("Some Remarks on the Chinese Inner Asian Policy in the Second Half of the 8th Century")，参加在巴塞罗那举办的欧洲汉学学会第十一届会议。

2. 2003年2月，他带着论文《后毛泽东时代对中国西藏自治区的感知：介于轻视与吸引之间》("The Perception of Tibet in Post-Mao China: Between Disdain and Fascinatio")，参加在斯洛伐克斯莫雷尼策举办的国际会议"吸引与理解：西方精神与中国精神的互惠"。

3. 2004年6月，他带着论文《文成公主在西藏：现实与神话之间的文化交融》["The Chinese Princess Wencheng (?–680) in Tibet: A Cultural Intermediary

between Facts and Myth"],参加在斯洛伐克下克鲁巴举办的主题为"公元 1250 年前东西方贸易、旅行和文化交流"的国际会议。

4. 2005 年 6 月,他带着论文《20 世纪 90 年代中国官方对藏传佛教的感知》("Distrust, Control and Resistance: the Official Chinese Perception of Tibetan Buddhism in 1990s"),参加在新加坡国立大学举办的主题为"铸造信仰——东亚和东南亚的宗教建设"的国际会议。

在斯洛伐克最年轻的一代汉学家中,马丁·斯洛博得尼克不仅从一开始就展示出研究成果最丰厚、研究领域最广泛的代表形象,而且他将自己的汉学研究方向扩展至藏学研究,如今他已是斯洛伐克藏学研究的创始人,而且是首位藏学研究专家。

从 1994 年起,他就开始发表文章。这年,他在《历史杂志》上发表了学术论文《唐朝以前及唐朝时期中国外交政策构想》(*Koncepcia čínskej zahraničnej politiky v období pred a za vlády dynastie Tchang*),该论文表明了他对中国中世纪历史及当时中国与中亚各民族关系的研究兴趣。此后,他又在《亚非研究》上用英文发表了一系列文章,如《关于反"野蛮人"的战略的讨论——一篇来自〈新唐书〉的文章》("Discussions on Strategy Against 'Barbarians' — an Essay from *New History of Tang Dynasty*",1995);《唐德宗(779—805)早期对中亚的政策》["The Early Policy of Emperor Tang Dezong (779–805) towards Inner Asia",1997]。在随后的几年中,他开始在藏学研究方面展露禀赋。1998 年,他在杂志《古币学》(*Numizmatika*)上发表了自己的首篇藏学研究论文《西藏纸币:1926 年的 50 章噶,1937 年的 100 两,1941 年的 5 两和 10 两》(*Tibetské papierové platidlá v hodnote 50 tam z r. 1926, 100 sang z r. 1937, 5 a 10 sang z r. 1941*)。与此同时,他奉献给斯洛伐克文化界自己的译作,也是最早的西藏文学作品选编,如译自六世达赖喇嘛仓央嘉措的情诗、2003 年在布拉迪斯拉发出版的《拉萨之音》(*Hlasy Lhasy*)(与女诗人维拉·普若戈肖娃合作),他还翻译了一些西藏现代小说,刊登在杂志《世界文学评论》(*Revue svetovej literatúry*)和选集《冈底斯的诱惑》(*Vábení Kailásu*,布拉格 2006 年出版)上,这本选集是他独自汇编的。

在汉藏、中国与中亚接触和关系的研究中,他发表了下列论文:《中国明朝与西藏的统治家族帕木竹巴的关系（1368—1434）》[*Vzťahy čínskej dynastie Ming a tibetského vládnuceho rodu Phag-mo-gru (1368–1434)*，《历史杂志》，1999]，该篇论文的扩展版一方面用英文刊登在东方学研究所杂志《亚非研究》（2004年）上，题目为《中国明朝与西藏的统治家族帕木竹巴的关系（1368—1434）：政治与宗教方面》（"The Relations between the Chinese Ming Dynasty and the Tibetan Ruling House of Phag-mo-gru in the Years 1368–1434: Political and Religious Aspects", *AAS*, 2004），另一方面用斯洛伐克文刊登在《斯洛伐克东方学研究》（2004年）上，题目为《中国明朝与西藏的统治家族帕木竹巴关系的经济方面（1368—1434）》（*Ekonomické aspekty vzťahov čínskej dynastie Ming s tibetským vládnucim rodom Phag-mo-gru v rokoch 1368-1434*）；《中国与"野蛮人"——在描述"他者"中的成规》（*Čína a 'barbari' - stereotypy v zobrazovaní 'iného'*），刊登在东方学研究所出版的文集《联系与对抗中的东西方》（*Orient a Okcident v kontaktoch a konfrontáciách*，1999）；《对中国西藏自治区的理解》（*The Perception of Tibet in China between Distain and Fascinatio*），刊登在他参与编辑的文集《入迷与（不）了解：东西方的文化冲突》[*Fascinácia a (ne)poznanie: kultúrne strety Západu a Východu*，2003]上。

他的研究领域还扩展至当代中国的政治学研究、民族和宗教政策，在斯洛伐克国内发表了下列论文：《中华人民共和国民族构成与民族政策》（*Čínska ľudová republika-národnostné zloženie a národnostná politika*），1999年刊登在期刊《国际问题》（*Medzinárodné otázky*）上；《中华人民共和国对藏传佛教采取的宗教政策：一些初步说明》（"Religious Policy Towards Tibetan Buddhism in the People's Republic of China: Some Preliminary Notes"），2004年刊登在杂志《宗教》（*Religio*）上；《毛泽东与佛陀：1949—1965年藏传佛教在中华人民共和国的地位》（*Mao verzus Buddha: postavenie tibetského buddhizmu v Čínskej ľudovej republike v rokoch 1949-1965*），刊登在斯洛伐克科学出版社2006年出版的文集《亚洲与非洲的国家和宗教》（*Štát a náboženstvo v Ázii a Afrike*）上；《后毛泽东时代中国政府对藏传佛教采取的宗教政策》（*Náboženská politika voči tibetskému buddhizmu v postmaoistickej Číne*），刊登在斯洛伐克纪事出版社2006年出版的文集《亚洲的政治权力与宗教权威》（*Politická moc verzus náboženská autorita v Ázii*）上。在国外发表的相关论文有：《加强党和政府的领导，巩固宗教管理：20世纪90年代对藏传佛教的宗教政策》（"Strengthen Party and Government Leadership and Consolidate Management of Religion：Religious Policy towards Tibetan Buddhism in the 1990s"），刊登在德国埃尔贡出版社2008年出版的文集《中华人民共和国的宗教与政治》（«Religion und Politik in der Volksrepublik China»）上。为了深入研究这一问题，他几次到中国进行实地考察，并在德国进行学术访问，最终于2007年在布拉迪斯拉发出版了学术论著《毛泽东与佛陀：中国政府对藏传佛教的宗教政策》（*Mao a Buddha: náboženská politika voči tibetskému buddhizmu v Číne*）。《西藏活佛和中国：过去和现在》（*Tibetan Buddhist Reincarnations and the Chinese State:Past and Present*），俄文版刊登在俄罗斯专业文集《东方国家的哲学、宗教和文化》（*Pyatiye torchinovskiye chteniya Filosofiya, religiya i kultura stran Vostoka*）上，于2009年在俄罗斯圣彼得堡出版。

他研究的另一领域是当今斯洛伐克所在地区与东亚的历史联系。作为编辑之一，他参与了2006年《1875—1876年约瑟夫·泽齐伯爵东亚旅行日记》（*Denník grófa Jozefa Zičiho z cesty po východnej Ázii v rokoch 1875-1876*）的出版，关于这一问题他还发表了两篇论文：《在远方的地平线上我们看到正在出现的风暴——阿戈斯特·泽齐伯爵对中国的见解（1876）》（*'Ďaleko na horizonte vidíme začínajúcu sa búrku' - postrehy grófa Ágosta Zichyho z Číny*），2007年刊登在杂志《斯洛伐克东方学研究》上；《"这里的一切都是土生土长的，都明显是中国的"——约瑟夫·泽齐伯爵中国旅行日记（1876）》[*'Tu je všetko originálne, všetko je vyslovene čínske' - cestovný denník grófa Józsefa Zichyho z Číny (1876)*]。

近年来，马丁·斯洛博得尼克副教授在研究近代藏传佛教及甘肃伊斯兰教的形态等方面发表了两篇专业论文：《穆斯林的拉则：西藏环境下当代回族苏菲主义的形态》（"Muslim Labtse：Contemporary Forms of Hui Sufism in Tibetan Surroundings"），发表在德国专业杂志《中亚研究》（*Zentralasiatische Studien*, vol.37, 2008）上；《高贵的登山者：甘加安多村的插箭盛会》（"The Noble Mountaineer: An Account of la btsas Festival in Gengya Villages of Amdo"），发表在捷克杂志《东方档案》（*Archiv orientální*, Vol.71, 2003）上。

除此之外，他还潜心于历史上斯洛伐克和中国文化交流的研究。2007 年 11 月他主持了专题学术会议，出版了文集《在东方的自己人/19 世纪至 20 世纪上半叶在亚洲和非洲的捷克和斯洛伐克旅行家》[Našinec v Oriente. Cestovatelia zo Slovenska a Čiech v Ázii a Afrike (19.-I. pol. 20. storočia)]。

马丁·斯洛博得尼克是《斯洛伐克东方学研究》（*Studia Orientalia Slovaca*）的出版者之一，这一学术年鉴自 2002 年起由考门斯基大学文史哲学院东亚研究系出版，目前他是该教研室的负责人，还积极投入到教学活动中。

至今，他共发表了 30 篇学术论文，150 篇专业论文、书评、科普文章和译自中文和藏文的作品。

贝雅娜教授　哲学博士（Prof. Janka Benická, PhD.）

贝雅娜 1970 年出生于斯洛伐克共和国的鲁若姆贝罗克。1988—1994 年，她在布拉迪斯拉发考门斯基大学文史哲学院学习汉学。1991—1993 年，她在北京大学学习了两年，开始专攻中国现代文学，而钱锺书的《围城》成为她后来研究工作的主要方向。事实上，她当时在中国现代文学和文学批评的杰出专家马立安·高利克教授的指导下选择了这部小说作为她大学毕业论文的主题。2009 年，她开始将《围城》翻译为斯洛伐克文。她还发表了一系列关于台湾作家吴浊流的文章。1995 年，她开始在布拉格的查理大学攻读博士学位。她的专业和学术兴趣从此略有转移，进入了中国哲学领域。中国佛教大师的"语录"成为她的博士论文的主题。中世纪中国佛教的哲学方面成为她感兴趣的研究方向。1998 年，她获得台湾蒋经国国际学术交流基金会的奖学金，即资助外籍学人来华研究汉学的奖学金。2001 年，通过了博士论文《禅师洞山良价语录》的答辩并获得博士学位。作为考门斯基大学文史哲学院东亚语言文化系的助理教授，她成为欧洲汉学学会会员，并于 2002 年成为欧洲汉学学会理事会成员。同年，她成为蒋经国基金会东欧委员会成员。

2004 年，贝雅娜被任命为副教授。2005 年，她获得蒋经国国际学术交流基金会关于《中国宗教教科书》的一项研究经费。作为中世纪中国佛教教义的哲学方面和理论方面的专家，她曾在印度、中国、德国和匈牙利等国出版学术文章，并积极参加世界各地的学术会议。

2007年，她成为正教授。作为大学的老师，她一直在讲授主要涉及中国思想史、哲学和宗教的课程，也讲授古汉语课程。

主要出版物有：

1. 《关于钱锺书的小说〈围城〉一文中讽刺的评论》（"Some Remarks on the Satirical in Qian Zhongshu's Novel *Fortress Besieged*"），载于《秋水——庆祝高利克先生六十五寿辰论文集》，1997年。

2. 《中国佛教中无知众生诠释"法"的理论》（"The Theory of the Non-sentient Beings Expounding Dharma in Chinese Buddhism"），载于《印度国际佛教研究》（*The Indian International Journal of Buddhist Studies*），2002年第3期。

3. 《中国哲学概念的"法"——从早期哲学经典到法家对"法"的诠译比较》，载于《浙江万里学院报》2003年第16期。

4. 《心作为中国大乘佛教"定性平等"共同组成部分的现象：关于用西方哲学话语的术语进行解释的一些评论》（"Xin as a 'Qualitatively Equal' Co-Constituent of Phenomena in Chinese Mahayana Buddhism: Some Remarks on Its Interpretations by Using the Terms of Western Philosophical Discourse"），载于 *Monumenta Serica*，2006年第54期。

5. 《禅师洞山良价的"五位"评论中本质与功能（或原理与现象）不可分性（或统的概念》["(Huayan-like) Notions of Inseparability (or Unity) of Essence and Its Function (or Principle and Phenomena) in Some Commentaries on 'Five Positions' of Chan Master Dongshan Liangjie"]，载于《反射镜：华严佛教透视》（*Reflecting Mirrors: Perspectives on Huayan Buddhism*），2007年。

爱雷娜·赫得维格尤娃　硕士（Elena Hidvéghyová-Yung）

出生日期和地点：1970年9月29日，斯洛伐克的布拉迪斯拉发

电子信箱：hidveghyova@gmail.com

1994年，她在斯洛伐克考门斯基大学哲学系东亚语言和文化教研室以硕士论文《施蛰存的文学遗产——〈鸠摩罗什〉》通过答辩，获得硕士学位。由于汉学专业成绩异常优秀获得红色毕业证书，从而成为斯洛伐克汉学研究界非常有发展前途的新人。

国外留学经历：

1991—1993 年，在北京大学学习现代汉语、古代汉语及中国文学；1995—1996 年，在上海华东师范大学研究中国现代文学。

1994—1997 年，她成为斯洛伐克科学院东方学研究所的博士研究生，同时也是该所的科研人员，研究方向为 20 世纪二三十年代中国现代文学与斯洛伐克和中国当代文学比较。

1995 年，她在斯洛伐克科研究院东方学研究所的期刊《亚非研究》上发表了学术论文《颓废的痴迷：在施蛰存和阿纳托尔·法朗士作品中的性爱与禁欲》（"The Decadent Obsession: Eros versus Celibacy in the Work of Shi Zhecun and Anatole France"）。

目前，爱雷娜·赫得维格尤娃是斯洛伐克共和国的法定汉语翻译，同时也从事中国现代和古典文学的翻译工作。在斯洛伐克世界文学期刊上发表了自己的诸多翻译作品，如选译了中国古代著名的文学理论批评家刘勰的《文心雕龙》，翻译了中国现代作家朱自清的《择偶记》、施蛰存的《鸠摩罗什》、沈从文的《一个多情的水手和一个多情的妇人》、余华的《十八岁出门远行》、三毛的《沙漠中的饭店》和《结婚记》，还选译了诺贝尔文学奖获得者高行健的《灵山》。她也为斯洛伐克科学院百科全书研究所出版的贝利安大百科全书编写关于中国当代文学的词条。此外，她还在 2000 年斯洛伐克文版《巴尔扎克和小裁缝》中撰写题为《流放和中国（当代）文学》的后记（Čínsky spisovateľ v exile a moderná čínska literatúra）。在 2008 年出版的、由斯洛伐克汉学家安娜·多莱扎洛娃翻译的《李顺大造屋》（Li Šun-ta stavia dom）中，她撰写了精彩的序言《寻找光明和黑暗的恶魔》（Hľadanie svetla a démoni tmy），深刻剖析了中国当代文学。遗憾的是，她至今没有发表自己的译著，故还不能在斯洛伐克的汉学翻译创作中真正代替已故去的安娜·多莱扎日洛娃。

雷多闻·什库尔泰蒂　硕士（Mgr. Radovan Škultéty）

出生日期与地点：1976 年 3 月 19 日，斯洛伐克的纳美斯多沃

目前旅居台湾

电子信箱：skultety@gmail.com

2001年，他在斯洛伐克考门斯基大学哲学系东亚语言和文化教研室（目前为东亚研究教研室）以硕士论文《论〈庄子〉书中的大人物（天才）概念》通过答辩，从而结束大学学习。2002—2007年，他为斯洛伐克科学院东方学研究所在职博士生，从事以《西游记》为例的印度–中国跨文学进程的研究，以此为主题的博士论文于2009年完成。

国外留学经历：

1996—1997年，北京语言文化大学；

1998—1999年，北京大学；

2003年10月，通过台湾蒋经国基金会奖学金在捷克科学院与查理大学进行短期研究；

2004—2005年，通过美国富布赖特基金会奖学金在美国圣路易华盛顿大学做访问研究者；

2006年，通过斯洛伐克科学院与中国社会科学院的院际交流协议及美国亚洲研究协会奖学金，在中国社会科学院进行短期研究；

2007—2009年，通过台湾蒋经国基金会奖学金在台湾辅仁大学比较文学研究所做访问学者。

从2003年起，他成为欧洲中国研究协会会员，2005年起成为美国亚洲研究协会会员。

至今为止，雷多闻的研究方向主要为中国古典哲学、文学和文化中选定主题的比较研究，以及探求它们对当代世界文化的贡献和意义。在这一领域，他已发表下列研究成果：2003年在《亚非研究》期刊上刊登的论文《论〈庄子·秋水〉中的大人物（天才）概念》["A Comment on a Concept of the Great Man (Genius) in the *Autumn Floods* Chapter of the Book Zhuangzi"]；2006年在《亚非研究》上发表论文《〈罗摩衍那〉与其在印度—中国跨文学进程中的作用：哈努曼与孙悟空猴子形象个案研究》（"*Rāmāyaṇa* and its Role in the Interliterary Process India-China：A Case Study of the Monkey Characters Hanumān and Sun Wukong"），这是他参加2004年举办的主题为"公元1250年之前东西贸易、文化内与跨文化交流"的斯洛伐克国际学术研讨会递交的论文；2006年参加在俄罗斯圣彼得堡召开的主题为"东亚文学研究"的国际会议提交了论文《从跨文学角度评论印度史诗〈罗摩衍那〉对〈西游记〉形成的作用》（"The Role of *Rāmāyaṇa* in the Formation of the Novel *Journey to the West*：Some Remarks from the Interliterary Perspective"），后刊登在与会议同名的文集上。他对《西游记》小说的研究，还体现在 2008 年台湾佛光大学召开的主题为"全球化与文化认同／翻译"的国际学术研讨会上所演讲的论文《20 世纪〈西游记〉的英文译文：小说的文化翻译及其译后的故事》["20th c. English Renderings of the *Xiyou ji (Journey to the West)* — Cultural Translation of the Narrative and Its Afterlife"]，该论文于 2010 年发表于香港期刊《翻译季刊》(*Translation Quarterly*)上。2009 年，他还参加了余国藩教授对小说《西游记》英文修订译本的准备工作。

此外，他整理了斯洛伐克汉学研究历史，发表了文章《当前斯洛伐克汉学研究简介》(*Na margo súčasnej slovenskej sinológie*)，2004 年刊登于文集《在斯洛伐克非欧洲文化的研究与教学状况》(*Stav výskumu a výučby mimoeurópskych kultúr na Slovensku*)。2005 年，他用中文在《海南师范学院学报》上发表了文章《汉学家马立安·高利克博士 70 岁寿辰》。

在 2005 年留学美国期间，他成功地展示了斯洛伐克汉学研究水平，如在哈佛大学学生研讨会上演讲"美的追求与启示：哈努曼与孙悟空猴子形象个案研究"（"The Quest For Beauty and Enlightenment: A Case Study of The Monkey Characters Hanumān and Sun Wukong"），在北伊利诺斯州大学举办的第二届国际《罗摩衍那》研讨会上演讲，题目为《〈罗摩衍那〉与其在印度–中国跨文学过程的作用：哈努曼与孙悟空猴子形象个案研究》。

除了在《亚非研究》《历史杂志》和《斯洛伐克东方学研究》等学刊上发表的书评和研究报告，他还担任过下列学术论文集的责任编辑：《公元 1250 年以前东西贸易、文化内与跨文化交流》(*Trade, Journeys, Inter - and Innercultural Communication In East and West Up to 1250*，2006）和《〈圣经〉与中国文化》（*The Bible and Chinese Culture*，2010 年出版于德国华裔学志研究院）。

在斯洛伐克最年青一代的汉学家中，他表现出最有发展前途的势头。目前，他在台湾汉学研究界中获得非常好的声誉。

佐拉·爱尔森伊奥娃　硕士（Mgr. Zora Ercsényiová）

出生日期和地点：1976 年 6 月 5 日，匈牙利的布达佩斯

电子信箱：zoraercsenyi@hotmail.com

2001 年 1 月，她在考门斯基大学哲学系东亚语言和文化教研室以硕士论文《在中国和蒙古传统文化中颜色的作用和象征》通过答辩，获得硕士学位。

国外留学经历：

1995 年 9 月至 1996 年 7 月，在北京语言文化大学学习汉语；

1998 年 9 月至 2000 年 7 月，在彼得堡国立大学学习汉语、蒙古语、中国和蒙古的种族学和文学；

2001—2007 年，她为斯洛伐克科学院东方学所的在职博士，博士论文题目为《马原作品中的现实虚构与文学虚构》（*Realita, fikcia a metafikcia v Ma Yuanovom diele*）。

她的汉学研究主要面向中国当代文学及其与西方文学的比较，已发表了下列学术成果：2005 年在《斯洛伐克汉学研究》上发表了学术论文《马原小说〈虚构〉与霍桑小说〈红字〉：西方文学在中国当代小说中的接受》（*Ma Yuanova poviedka „Fikcia" a Hawthornov román Šarlátové písmeno: recepcia západnej literatúry v súčasnej čínskej próze*）；2006 年在圣彼得堡举办的主题为"东亚文学研究"的国际学术会议上演讲论文《马原作品中的现实性与神秘性》（*Realnosť i mistika v tvorčestve Ma Juana*），后刊登在与会议同名的文集上；2006 年在《斯洛伐克东方学研究》上还发表了另一篇学术论文《马原的西藏——西藏在中国当代作家作品中的景象》（*Ma Yuanov Tibet - Obraz Tibetu v diele súčasného čínskeho spisovateľa*）；2009 年在余华的《兄弟》的斯洛伐克译本中题写了作者介绍。

此外，她在布拉迪斯拉发国立语言学校教授中文数年。

杨迪娜　硕士（Mgr. Kristína Janotová）

出生日期：1985 年 8 月 23 日

出生地点：斯洛伐克日利纳市

目前住址：瑞士苏黎世（目前攻读博士期间）

电子邮件：himalajcanka@gmail.com

2010年毕业于斯洛伐克布拉迪斯拉发考门斯基大学哲学院东亚研究系，获得硕士学位。硕士毕业论文题目为"《红楼梦》如视觉艺术的主题：孙温绘全本《红楼梦》的研究"，主要研究中国古代四大名著之一——《红楼梦》的连环画。2010年取得了苏黎世大学哲学院东亚研究系攻读博士资格，将师从安如峦教授，继续明清小说插图的学习与研究。

大学期间曾赴国外留学：

2005年至2006年：复旦大学（上海）

2007年至2008年：四川大学（成都）

（这两个项目为斯洛伐克教育部奖学金公费留学）

2009年：查理大学东亚研究所6个月的留学和研究

在攻读博士学位期间，将进行中国古典名著插图画和文章分析的研究。在博士论文中，将深入分析文章和插图的关系，这在中国红学是一个热门题目。除了对小说插图，还对中国茶道有所研究。在茶道方面，她很有造诣并获得了很多中国全国性的比赛嘉奖。

从对斯洛伐克最年青一代汉学家的介绍中，可以看出他们中的所有人都为自己今后的学术成长奠定了良好的基础，他们目前唯一缺乏的是频繁、积极参加国际学术活动的经历。而这不仅可以帮助他们在汉学研究领域取得发展，从而在斯洛伐克汉学研究界中占据不可替代的位置，而且有利于他们继续在中国乃至世界上代表斯洛伐克的汉学界，然而遗憾的是至今却只有老一代汉学家成功地代表了斯洛伐克的汉学研究水平。

（原文首次刊发于北京外国语大学欧洲语言文化学院编《欧洲语言文化研究》第6辑，北京：时事出版社，2011年2月第1版）

孔子进入罗马尼亚文三百年考述[*]

[罗马尼亚]伊丽亚娜·霍加-韦利什库（杨玲）/ 著，丁超 / 译

一、引言

在马可·波罗（1254—1324）之后，最为轰动的当数斯帕塔鲁·尼古拉·米列斯库（Spătarul Nicolae Milescu，1636—1708）对中国的踏访。这位出自瓦

---

[*] 本文为中国教育部哲学社会科学重大课题攻关项目"20世纪中国古代文化经典在域外的传播与影响"（项目编号07ZD0036）阶段性成果，罗马尼亚文题目为 *Propagarea şi influenţa Marilor cărţi de învăţătură chineză în România secolului al 20-lea. Trei veacuri de Confucius în limba română*；作为会议论文，曾提交北京外国语大学与匈牙利罗兰大学联合举办的"中国与中东欧文化交流的历史与现状国际学术研讨会"（2009年5月28—29日，布达佩斯）；另收入作者与骆东泉合著的《中国文化集粹》（*Nestemate ale culturii chineze*）一书，布加勒斯特：Capital出版社，2009年版；以及张西平、郝清新编：《中国文化在东欧——传播与接受研究》，外语教学与研究出版社，2013年7月第1版。——译者注

斯卢伊一带的摩尔多瓦人，堪称中国人及其国家相关知识方面笃诚而敏慧的传布者，他撰著的三部作品和绘制的数种地图，通过欧洲当时最著名的学者福伊（Foy de la Neuville）、菲利普·阿卡里（Philippe Avril）、斯帕尔文斐尔德（I.G. Sparwenfeldt）或伊万·科克拉乌斯（Ioan Cochlaeus）等人的评介，迅即在欧洲产生反响。而当时在罗马尼亚地域上，有关远东和中国世界的地理知识还极为粗略。

欧洲在不断深化对世界的认识，17世纪承继了16世纪作为遗产留下的任务。譬如，康帕内拉（Tommaso Campanella，1568—1639）就坚持认为，通过发现和研究中国将建立一种新的世界观[①]，中国以丰厚无限的物质文化元素，成为最光辉的地域范例，那里几千年的各种神秘事物都有待人们深入了解并向全世界传布。

尼古拉·米列斯库·斯帕塔鲁之后的罗马尼亚知识阶层，在努力扩大对世界的认识以创造自身的繁荣和进步方面成绩颇为突出。面向世界，是罗马尼亚文化领域中一个源远流长的进程，因为西方，也包括东方，都拥有涉及我们国家民族历史的重要文献史料。当时罗马尼亚文人学者理解和感知的东方，在地理上仅仅指近东或小亚细亚的土耳其世界和阿拉伯世界，我们所涉指的其地理文化和政治空间已为世人熟知。第一位将概念延伸到远东的评注学者是阿古莱蒂（Th. Avr. Aguletti），他所提出的并非对中国地理文化的阐释，而是鼓励罗马尼亚人要重视"法国东方学家协会"开展的东方学研究[②]，该协会即1822年创办的"亚细亚学会"（Société asiatique），所出版的《亚细亚学报》（*Journal asiatique*），对我们来说是极有价值的信息来源："……自1790年以来，在法兰西学院就开展诸多研究，包括马来语、摩尔语、兴都斯坦语、鞑靼–满语、汉语、亚美尼亚语、民间希腊语、民间阿拉伯语（阿拉伯语教研室由亨利三世和路易十三建立）、土耳其语等……"[③] 该文还包括涉及东方学研究重要意义的

---

① [法国] 保罗·阿扎尔：《欧洲意识的危机》（*Criza conștiinței europene*），宇宙出版社，布加勒斯特，1973年，第8页。
② Th. Avr. 阿古莱蒂：《关于东方学研究中专门涉及罗马尼亚人的著述》（*Asupra însemnărilor studiilor orientale cu privire specială la Români*），布加勒斯特，1897年。
③ Th. Avr. 阿古莱蒂：《关于东方学研究中专门涉及罗马尼亚人的著述》（*Asupra însemnărilor studiilor orientale cu privire specială la Români*），布加勒斯特，1897年，第31页。

实质性评价，明确指出"全欧诸多学者正开始把东方文学视为一个巨大的整体，将其作为人类历史的基础"；同时强调"需要培养我们的专业人员，能够理解东方问题并深入研究各种涉及社会、政治和语言、宗教与文化的参考文献——简而言之，研究东方的全部生活"①。

罗马尼亚报界从其诞生之初就成为东方问题的一个敏锐接受者，首先是对土耳其人和阿拉伯世界，之后是关于印度、波斯和中国，"随着时间，形成了一种东方思想的良好传统，其博学的代表人物有梵文学家西门斯基（Simenschi）、亚述学家内戈伊策（Negoiță）、阿拉伯学家约索佩斯库（Iosopescu）、伊朗学家波佩斯库-乔克内尔（Popescu-Ciocănel）、希伯来学家瓦·拉杜（V. Radu），埃及学与汉学只是在今天才得到发展"②。这一说法是指直到建立共和国之后，在1949—1950年间，一批为数很少的罗马尼亚学生才进入中国的高等教育中心，在不同学科领域的权威专家指导下，投身于语言文学、历史、外交、农业和陶瓷等不同专业，并由此开启罗马尼亚人学习汉语和中国文化的时代。

这批志同道合的汉学家是从中国的精神世界内部去深度了解这个国家的，经过对古代汉语和现代汉语十年的研习培养，到"文革"前已经奠定了坚实的基础，能够细致入微地理解中国观念，以及语言、文化和文明方面的大量实际情况，成为中国文化进入罗马尼亚思想和感知方面的开路者。20世纪五六十年代培养的专业人员，怀有对中国的景仰，将自己的毕生奉献给与中国相关的工作和研究，堪称罗马尼亚中国学学科的先驱。他们富有创造性和建设性，笃学严谨，习惯直接从中国的文献资料出发来研究中国的问题。这些真正的汉学家有意绕开能够提供"歇脚便利"的那些外国对华研究，而依靠自己的艰苦探索来揭示中国，对先前提供给罗马尼亚人的那些模仿性的、远离中国实际、产生意义丢失和偏误的研究，进行了修正。

原因何在？中国人的传世典籍有几千年的历史，对我们来说是非常明确的东西，其理念清晰透彻，对它的感知应当只有一种，只能是中国人的，而非属

---

① Th. Avr. 阿古莱蒂：《关于东方学研究中专门涉及罗马尼亚人的著述》（*Asupra însemnărilor studiilor orientale cu privire specială la Români*），布加勒斯特，1897年，第20页及之后。

② 奥维迪乌·德林巴：《世界文学史》（*Istoria literaturii universale*），教学与教育出版社，布加勒斯特，1968年，第52页。

外国人。

  一些固执己见的外国人，似乎能够以各自的方式[①]理解他们从中国古代传统与思想中需要的东西，用一些人为创造的术语和概念，诸如以所谓"现代"视角，通过"论与再论"，以及"重读""再读"来"改编"中国经典，这种视角无非是要"颠覆"古代典范的孔子，用另一个符合当今现代化进程的"孔子"取而代之。

  作为在认识博大精深中国道路上的艰辛跋涉者，笔者记忆中总呈现着那些使自己变得富有的知识，并将那些认真守护着中国精神遗产——也是世界文明的重要部分——的人们的思想，视为一种道义要求。在曲阜孔庙的门票背后，笔者看到了这种思想："人类要在 21 世纪生存下去，必须要从两千五百年前孔子那里去寻找智慧……"——这是当今中国意识复兴的真正理由，不用什么"再论"孔子。

  中国意识在封建君主制的中国被赋予历史性和多重改造，直到当代，经过了这样千百年的教义旅行之后通过儒家思想得到复兴，这对于外国来说意味着回归"儒家学说"在欧洲的初始。在那个年代，学识渊博的基督教耶稣会士们主动承受了一种刻意的殉道，他们在中国生活了几十年甚至死在中国，他们对各种准则、箴言、思想和格言作了艰苦卓绝的长年探索，最终将中国思想宝库中最重要的儒家思想遗产，奉献给欧洲大陆的文明世界。当然，这些身为耶稣会士的学者，为发现孔子付出的辛劳，也在他们努力向中国人传播基督教的终极使命范围内，其心灵已受到被耶稣会士称为"中国贤哲孔子"（*Confucius Sinarum Philosophus*）本身的陶冶。

[①] 罗穆鲁斯·伊万·布杜拉：《中国：崛起的超级大国》，载《浓情挚意万万千，罗中关系三百年》（*Evantaiul celor 10.000 de gânduri. România și China: Trei veacuri de istorie*），布加勒斯特："扬·克里斯托尤"出版社，1999 年。文中写道："50 年代坊间有一位名气不扬的作家曾诧异地发现，那些到中国访问了几天的人可以就这个国家写上一部厚书，那些访问几周的人可以写一部中等篇幅的书，那些访问了几个月的人能写篇专论，而那些在中华帝国生活了数年的人，只能写上几篇文章，甚至什么都写不出来了。这一现象该如何解释，当然是众说纷纭。不过，这位作家想说的倒是实情：对中国社会的深入过程，会暴露出你的不知或不解，这就提醒你必须审慎，必须有度。第二次世界大战以前罗马尼亚人关于中国的论述，撇开斯帕塔鲁·尼古拉·米列斯库著述这一特例，包括战后的那些著作，通常不过是以西方文献为基础而非通过直接观察提出的论述、观点和撰写的研究……"

基督教道德与《论语》释放的原始人道主义之间的某些契合，引发了外国人对中国人的这位精神领袖的喜爱热潮——在那些刚刚成年的年轻人眼里，孔子是一位巨人，犹如至尊无上的大主教，用自己的思想保护着整个中国古代思想体系。

利玛窦（1552—1610）在1583年决定留在中国，当时不过31岁，他最终也死在中国。他向耶稣会撰写最初的《报告》时，提到了"孔子"（Confucius），当时被他称作"孔夫子"（Confutius），是中国人尊崇的至圣先师，他的名字散见于中国地理和历史方面的各种研究著述，而这些也正是利玛窦为之痴迷的。又过去了四分之三个世纪。此时37岁的殷铎泽（Prospero Intercetta，1625—1696）发现孔子著作中万物有度，它赋予中国精神以身份，使孔子的拉丁化名字与佛的名字一起永存世间，他们两位因对世界文化的命运所产生的重大影响，而成为大地上被人们最常提起的名字。

耶稣会士——笔者这里只提到利玛窦和殷铎泽——是最先深入探究中国人心灵的一批人，他们关爱普通民众，厚待一些条件和观念特殊、有代表性的社会群体，凭着良知来推广对孔子的神圣崇拜，他们深信中国哲学具有强烈的基督教成分。这些有价值的判断对于他们的后人来说几乎无关紧要，中国文献已经向我们展示他们一手持《圣经》，另一手握儒家经书，这两本书在他们在中国传教期间从不离手，他们提出并发展了属于职业信仰的"合儒"和"补儒"观念。不论怎样，欧洲传教士学者学习汉语口语，用以向文化程度参差不齐的人群传布基督教义，孜孜不倦地研习古文典籍，以深入文字和精神，即使今天已经与他们生活的年代相距遥远，然其热情和执着仍令我们心怀崇敬，感佩至深！尤其令人赞叹的是，他们对中华世界一往情深，对作为文化最重要组成部分的语言饶有兴致，并不遗余力地将儒家经典翻译成拉丁文向欧洲传播——《大学》（*Marea Învățătură*）和《论语》（*Cugetările*）在1662年刊行，七年之后又有《中庸》（*Calea de mijloc*）和《孔子传》（*Compendium despre viața lui Confucius*）合题为《中国的政治伦理学》（*Moralitatea în guvernarea Chinei*）问世。

经过真正的创造阵痛之后，殷铎泽在去世前十年的时候完成作品《中国四书》——《大学》《中庸》《论语》和《孟子》，编就《中国贤哲孔子》（*Confucius Sinarum Philosophus*），1687年用拉丁文在巴黎出版，印有孔子像，扉页标题是"国学仲尼天下先师"（*Zhong Ni — Învăţatul ţării, cel dintâi profet al Lumii de sub Cer*），中国人熟悉的名称是《西文四书解》——欧洲后来对儒家学说的所有研究均源于此，其文字和思想表述之精准，译者对自然精彩的中国精神之忠实，无人能与之相比，因为译者身在中国，生活在中国人之间，从内部把握了现象本身。①

二、孔子流传正未有穷尽

"国学仲尼天下先师"是在欧洲文化范围发现的"孔子出生证"，其内涵如此丰富独特，以至于自唐朝（618—907）到后来整个中古时代，历代皇家对孔子冠以的"文宣王"，中国思想的"玄圣""至圣""大成"和"隆道公"等赞辞，都恰当地融会在对这位进入欧洲的"国学"的描述中。人们不会忘记两千多年前中国的史学之父司马迁（前145—前86）在孔子墓前的虔诚思考："余祗迴留之不能去云……孔子布衣，传十余世……自天子王侯，中国言六艺者折中于夫子，可谓至圣矣！"②

孔子在欧洲的轰动迅即、巨大而持久，其流传之广与最初特定而完美的强烈冲击密不可分，爱读古旧书籍翻译作品的欧洲人，把对人生的参悟和孔子的论著变成了信仰的表白，以无可比拟的兴奋庄重接受"世界上产生的最大智者是一位名叫孔子的中国人"③。——这一公正的衡量在渴求知识的西方文人学者内心反应强烈，它体现了当时正值繁盛的浪漫主义流派对边远地域文化的关注，来自中国的异域情调引发了巨大兴趣。

值得我们欣慰的是，在19世纪罗马尼亚知识阶层中，我国文学的泰斗埃米内斯库和斯拉维支是最早为新颖的中国思想所吸引的学者。作为姗姗来迟的罗马尼亚浪漫主义的一声回响，孔子完美地进入了思想大师的行列，与叔本华、

---

① 张岱年主编：《孔子大辞典》，上海辞书出版社，1993年，共1188页，本文关于儒家典籍在世界流布的全部信息均取自于此。
② 胡佩韦著：《司马迁和史记》，上海古籍出版社，1962年，第34页。
③ 参见扬·布雷亚祖：《斯拉维支与孔子》（*Slavici şi Confucius*），载《文学研究》，锡比乌，1948年，第13页。这一论断出自叔本华，见《论自然中的意志》中的"汉学"一章。

佛陀、康德、达尔文、卢梭、佩斯特拉齐、洛克、斯宾塞等一起，为斯拉维支的思想提供了丰富的养分。

斯拉维支的思想对中国古代哲学的摄取发生在他初到维也纳的时候，在认识哲学方面"埃米内斯库带他品尝了苦果"，叔本华是他们两人汲取的第一处"源头活水"，埃米内斯库正在深入研读《吠陀》和《奥义书》，在他的鼓励下，斯拉维支如饥似渴地沉浸于孔子的《论语》，从中发现中国智慧的力量。德国哲学家赞美孔子是"世界上产生的最大智者"，这促使斯拉维支去解读藏于这些话语的真谛："斯拉维支与埃米内斯库对孔子都极为崇拜，他曾坦言，在孔子大师的诸多教诲中，他所汲取的是：秉正，求理，明善，思诚。"[①]

多年以后，有一篇在罗马尼亚与中国文化关系研究方面的经典论文《斯拉维支与孔子》，着重阐述孔子思想体系在我国的接受，为我们完整地展示了孔子在罗马尼亚文化范围内受到的深入研究和赞誉，包括那些箴言的精神与文字，对前帝国时期中国历史情况[②]的看法，儒家思想运动的兴盛年代，汉、唐两代及传统教育的模式，宋明新儒学视角，孔子思想准则的普遍性程度及为欧洲哲学家们称道和斯拉维支实践的功用主义优点。

斯拉维支是渊博的学者和杰出的教育家，马约雷斯库、约尔卡、加拉克蒂昂都赞扬其才学，称其为"国民先生"，他本人也坦言"过去和现在都是教书先生"。他生命中的十年时间都致力于创建位于莫古雷勒的"奥泰特莱沙努"学院，作为教育单位，其目标是"使妇女成为贤妻良母，成为真正的家庭主人，能够独立地修行和培育罗马尼亚社会的家庭精神、健康的家庭生活观念、良好的道德风尚、热爱家国的情操。"作为学院的院长，斯拉维支按照孔子提出的教育理想模式编写教科书，撰写文章，他的教育理论家和实践者的热情，以及在锡比乌的报刊《家园》和《论坛》开展的大量活动，都是一种社会改良理想的具体体现，同时也是孔子对罗马尼亚文人学者产生的深远影响。[③] 我国作家斯拉维支的广博学识有着叔本华唯意志论思想的基础，这决定了他与孔子在思想准则上

---

① 埃莱奥诺拉·斯拉维支：《一场心灵官司的辩护》，载《边陲》1953 年第 12 期，第 7 页，阿拉德。
② 伊昂·斯拉维支写有一部世界史专著，其中有三分之一的篇幅述及中国历史。
③ 伊昂·斯拉维支：《理性教育》，"密涅瓦文库"，布加勒斯特，1908 年，以及《道德教育》，"密涅瓦文库"，布加勒斯特，1909 年，均为受孔子思想影响的观念方面的论述。

的契合,其最终目标是在罗马尼亚文化范围建立一种儒家类型的知识分子模式,孔子道德理想的"君子"范式,而斯拉维支本身就是有说服力的典范。

情绪的感染对于公国统一后的罗马尼亚文人学者来说是一种颇具特点的现象,他们学识渊博,对欧洲科学、文学、社会政治和经济学知识通过各种语言媒介的传入同声相应、同气相求,日耳曼文化圈也针对阿尔迪亚尔人,尤其重视与全国其他地区的思想和信息交流,这正是罗马尼亚人对孔子及其观念广为关注的原因。

自 20 世纪初,罗马尼亚文学报刊就担当起社会道德塑造者的角色,大约从 1918 年起,罗马尼亚人以愈加强烈的兴趣参与世界范围的美学思想交流,使民族解放兴起,中国哲学与道德方面的部分内容得到不断反映,其中孔子及其思想和语录最受关注。[1] 对于孔子的伟大,朱熹(1130—1200)曾以最简洁的语言向我们指出:国不可一日无孔子。国因其学而拥有文明,得以统治,建立传统,国势昌盛,农业和工业繁荣。我们对其感念浩如天地,因其启迪开发了我们的天赋。尊孔永不为过。[2]

三、20 世纪孔子著作罗马尼亚文译介事迹

(一)(未标出版年代)约 1941—1942 年,乔治·苏利耶·德莫朗(G. Soulié de Morant):《孔子生平》[*Vieața lui Confucius (Krong Țe)*],格奥尔基·迪哈尤从法文转译,Ram 出版社,戈尔日,阿尼诺阿萨。

1. 版本信息

A5 开本,高级不透明厚纸印刷。

---

[1] "格言",载《地平线》,第 1 卷(1921)第 26 期,7 月 28 日,第 20 页,关于中国妇女状况的几条孔子语录。"格言",载《地平线》,第 3 卷(1923)第 6 期,2 月 8 日,第 44 页,孔子智慧。"孔子墓",载《地平线》,第 3 卷(1923)第 14 期,4 月 5 日,第 122 页,描写孔子大师的墓地并作若干说明。"插图",载《地平线》,第 3 卷(1923)第 16 期,4 月 19 日,第 144 页,为满洲原野上矗立的孔子塑像。"孔子诞辰 2479 年",载《世界镜像》,第 7 卷(1928),第 49 期,12 月 1 日,第 7 页,报道海外华人在欧洲的纪念活动。

[2] 转引自 G. Soulié de Morant:《孔子生平》,Ram 出版社,戈尔日,阿尼诺阿萨,见"开篇",第 1 页。

封面插画为孔子壮年期的肖像，根据作者 G. Soulié de Morant 在"前言"所述，画像作于 1749 年。这幅画像由 A. Ouvré 根据 1749 年的一幅孔子头戴儒冠绘像木刻而成。

全书凡 28 章，按年代叙述孔子生平，每章正文以一花饰艺术体字母开头。

封底印有：价格，60 列伊。书的最后 4 页为 Ram 出版社的出版信息；社址：戈尔日县阿尼诺阿萨乡，比贝什蒂邮局；出版信息和目录索要即赠。

值得关注的是，Ram 出版社在已刊印的 17 种图书中还提到《老子：道德经》（*Lao Tse: Tao Te King*）并附有如下引文提示："天之道，利而不害"……"知不知，尚矣；不知知，病矣"……"上士闻道，勤能行之；中士闻道，若存若亡；下士闻道，大而笑之。"……书价：30 列伊。

2.《孔子生平》——全书结构与叙事核心

（1）孔子时代的中国、姓氏、降生、世家。

（2）最初的职位、娶妻、生子、人品喜好、问礼老子、最初的弟子、动荡的列国。

（3）孔子在齐国。

（4）困顿、简朴。

（5）转动的车轮。

（6）仕途上升。

（7）道胜于内。

（8）道胜于外。

（9）显赫招嫉。

（10）过时的方法、孔子离开鲁国。

（11）流离、初到卫国、孔子于危难。

（12）在卫国、因乱而离。

（13）在宋国、死亡威胁。

（14）往返陈蔡两国。

（15）在鲁国。

（16）颜渊卒、又到陈国。

（17）再到卫国、回归故里。

（18）智者的晚年。

（19）遗嘱与卒。

（20）殡葬、祭奠。

（21）身后事。

3. 《孔子生平》在罗马尼亚语的接受

作者乔治·苏利耶·德莫朗（1878年生于巴黎，1955年去世）才识超凡，他拥有司马迁撰著的明朝印本《史记》32册。他用中文通读了12世纪理学家朱熹的全部著作，编写首部孔子全传并在西方出版，在中国也未有同类著作。

从"开篇"即可强烈地感到作者由衷喜好在书中探究的主题，熟悉中国的特点和中国人的天性，对他们的深入了解就等同于对亚洲的理解。中国是乔治·苏利耶·德莫朗生活了近二十年的国度，他跟随中国学者学习文言文、音乐和诗歌、针灸和中医典籍，是从中国人那里取得资质在西方应用并传播针灸的唯一外国人，他本人也深受其益，1905年北京发生霍乱期间，他和许多中国人染病，都是通过针灸进行治疗。

格奥尔基·迪哈尤教授的译本文笔优美，语言典雅，句子流畅，产生了阅读的愉悦，缺憾是从法文转译了长串的人名和地名，读起来吃力且难以记忆。

4. 该书在罗马尼亚文化中的影响

《孔子生平》一书的出版与《斯拉维支与孔子》的年代相隔70多年，但它在两次世界大战之间的罗马尼亚精英、博雅之士并渴望了解边远地域地理文化的知识阶层中引起浓厚兴趣。

中国以苦难深重的近代历史引起了世界各国人民的关注，他们同情中国的种种不幸遭遇。按照1949年中国解放以前罗马尼亚社会政治和文化报刊的介绍，人们所感知的中国是一个英烈辈出的国度。

（二）（未标出版年代）约1941—1942年，《孔子箴言录》[*Preceptele lui Confucius (Krong Țe)*]，乔治·苏利耶·德莫朗从中文翻译，乔治·杜尔库教授根据乔治·苏利耶·德莫朗先生的授权用罗马尼亚文出版，Ram出版社，戈尔日，阿尼诺阿萨。

1. 版本信息

A5开本，高级不透明厚纸印刷，112页。

封面印有内容要点：方法；人的完善；义务与方式；读书人与智慧；性格；情感；社会关系的完善；统治者与被统治者之间关系的完善；与看不见的世界之间关系的完善。

封底印有：价格，50 列伊；上方为中国图书《老子：道德经》（*Lao Tse: Tao Te King*）的分析，下方是根据印度 Jwala Prasad Singhal 教授的观点做的"宗教概观"，提到了世界上所有宗教。

关于《道德经》，分析文字指出："世纪轮回。世间荣耀如尘埃灰烬随风飘散。神的荣耀旷世永恒。欧洲人的形而上学思想与老子登峰造极的荣耀和光芒孰高孰低？希望在创作和理解上超过埃米内斯库的罗马尼亚思想家，要深入研读这些属于永恒智慧的著作。"

该书有乔治·苏利耶·德莫朗撰写的"前言"，着重阐述了法国自 18 世纪就出现的对中国的兴趣，提到耶稣会士和以对中国社会怀有浓厚热情而著称的伏尔泰（1694—1778）。

乔治·苏利耶·德莫朗通晓蒙语和日语，是学识广博的东方学家，著有许多有关中国音乐和绘画的书籍，1929 年翻译《孔子箴言录》，那时他对汉语的掌握已是炉火纯青。他从 8 岁起，就在侨居巴黎的有名的中国家庭教师 Ding Dongling 指导下学习汉语，Ding 在泰奥菲尔·戈蒂埃（Théophile Gautier，1811—1872）的知识分子圈里人缘很好，与译者的父亲、德莫朗医生一家也是好朋友——《孔子箴言录》一书真正的作者，还是这些奠定中国典籍直接外译的文化传统的老翻译家。

笔者阅读了乔治·苏利耶·德莫朗的传记，仔细研究了这位中国和孔子思想的热爱者的生平，在他看来，孔子的思想如同训诫，其中的真理是普遍而永恒的。究其辉煌一生，可以看到这位汉学家不仅通晓古汉语，而且人品高尚，这正是那个年代要跨越古汉语的艰深晦涩，成功开启世人尚不了解的中国历史、文学、艺术和科学奥秘的钥匙。

2.《孔子箴言录》——全书结构与叙事核心

第一，方法。（1）最高的学问（曾子辑）；人的完美。（2）义务与方式。自我完善的义务；如何自我完善。（3）读书人与智慧。学习；意识；音乐；先见之明，洞察力。

第二，人的完善。（4）性格。毅力，意志，美德；英勇；坚韧，顽强；忠，信；宽恕与善意；大怒与耐心，安详与担忧；傲慢；慷慨、浪费与吝啬。

第三，人的完善。（5）感情。感情的混合与起因；孝道；父母之恩；放纵；友情；爱憎；乐趣；家庭。

第四，社会关系的完善。（6）礼；互利；公正；社会中的人；富有与贫穷；同级关系；对上关系；对下关系。

第五，被统治者与统治者之间关系的完善。（7）统治的需要；统治的目的；当政者的完善；被统治者的完善。（8）与看不见的世界之间关系的完善；命运；死与亡故者；看不见的生命。①

3. 该书在罗马尼亚文化中的影响

在此值得一说的是译者的语言天赋，他在罗马尼亚语词汇中选择了那些包括了整个伦理道德和神话民俗方面的词汇，赋予自然的句子以文采，易懂好记，进而使孔子及其弟子的每一段思考，无论在连续的语境中还是摘录出来，都能单独成文且内容完整。

这些具有高尚、纯洁的道德内涵的精辟思想就如同古老的格言和谚语，使罗马尼亚人一直从中受益。他们喜爱孔子的箴言，在文学作品中将它们作为"题记"，放入智慧人物的话语，肯定或否定一些做法和观念、感情和愿望，还不忘在它们的前面注明"录自孔子的智慧"。

（三）1948年，扬·布雷亚祖（Ion Breazu）：《斯拉维支与孔子》，载《文学研究》（*Studii literare*），克卢日。

这是关于孔子哲学的价值，关于空间辽阔的中国及其几千年历史研究方面最为严谨的论文。

（1）以赞誉的语言评价了孔子在欧洲的接受情况，对孔子思想进入我们欧洲大陆思想的途径进行了考察。

（2）对那些被认为属于孔子的著作做了描述。

---

① 对《孔子箴言录》中使用的所有伦理道德和哲学范畴，均在"脚注"中有所解释。作者的评注系统而严谨，从内部来阐释汉字的语义，像脚本一样"表现思想"，例如第46页的脚注："1）Cinste，汉语词'忠'，由'中'和目标'心'组成，即便心的中间是最深的。2）Sinceritate，'信'由'单立人'加'言'字构成，君子之言，而非小人之言。该词还有'信任'之意。"

(3)在对孔子的学生进行分类研究方面做了尝试，称赞他们使大师的著作得到了完善，这样做是出于对大师的敬重，而并未忽略、改动原来的意思，或替换他们老师所讲的某句话语。

（4）考述了作家斯拉维支与孔子思想的接触轨迹。

（5）借助叔本华的著作《论自然中的意志》（*Uber dem Willem in der Natur*）中"汉学"一章的开头，来强调这位德国哲学家关于"世界上产生的最大智者是一位名叫孔子的中国人"的论断。

（6）扬·布雷亚祖认为：根据文献史料，我们的伟大的作家埃米内斯库和斯拉维支，早在维也纳留学期间就踏上了探求远东之路——埃米内斯库通过《吠陀》和《五卷书》转向印度世界，而斯拉维支则选择了《中国历史》和孔子，这两位罗马尼亚作家对远东世界开展了研究并达到很高的知识程度，在这方面叔本华的观点起了决定性作用。

（四）1962年，伊丽亚娜·霍加－韦利什库（Ileana Hogea-Velişcu）：《中国古代文学》（*Literatura chineză veche*），教材，布加勒斯特大学外语学院，教程，打字稿，有关章节："秦始皇统一中国之前的哲学散文与历史散文"（*Proza filosofică şi proza istorică din epoca premergătoare unificării Chinei de către Qin Shihuang*）。

1. 教程的结构——以孔子及儒家思想为核心

（1）"诸子散文"的出现

（2）作为儒家经典的"艺术散文"的出现：《诗经》《书经》《礼记》《鲁国春秋》《百国春秋》

（3）中国封建时代第一位教育家孔子的生平与著作。

2. 关于孔子及其思想的文字讲义和口头讲座的意义与影响

这是与布加勒斯特大学课程相关的最早的公开讲座，除中文专业的学生外，旁听的学生和老师还来自罗马尼亚语言文学院、历史学院、哲学院，尤其是印地语、日语等其他东方语言专业。

（五）1971年，伊丽亚娜·霍加－韦利什库：《斯拉维支思想里的中国论点》（*Argumentul chinez în gândirea lui Slavici*），论文，载《布加勒斯特大学学报》（世界文学与比较文学版），第21卷第2期，159—167页。

本文介绍了儒家思想成分在欧洲文化的传入，并通过德语的媒介进入罗马尼亚文化的情况。详细描述了"君子"说和个人如何通过学习达到尽善尽美，中国封建王朝时期的精英管理即源自儒家学说并通过古代的教育体系延续至近代。

（六）1975 年，伊丽亚娜·霍加－韦利什库，《中国古代文学》（*Literatura chineză veche*），第一部分，布加勒斯特大学印刷厂。

1. 版本信息

（1）A4 开本，打字油印本，168 页。

（2）在表示技术性说明的"牌记"内写有："本教程供罗曼语言、古典语言和东方语言系汉语专业一年级学生使用。本教程业经教研室集体审定，同意按现书稿付印。"

（3）书前有作者撰写的"前言"，其中说明除汉语专业的学生外，该教程还可供选修世界文学和比较文学的学生及广大读者使用。

（4）伊丽亚娜·霍加－韦利什库还编有《中国古代文学作品选》（中文），由布加勒斯特大学 1973 年印制。作为与之配套的《中国古代文学》教程（第一部分），是布加勒斯特大学罗曼语言、古典语言和东方语言系中国语言文学教研室首部出版的教材，作者在其后来的汉学教师的生涯中，又对该书作了大量增补。

2. 全书结构——以"孔子和儒家学说"一章为例

（1）对孔子生平做了详尽描述。

（2）列举、详解并第一次将孔子的全部哲学范畴准确地翻译成罗马尼亚文，包括"学""天""礼""仁""正名"等，同时还努力将孔子思想所使用的全部中文专门用语对译成罗马尼亚文。在那之后，这些用语的罗马尼亚文译法经历了长期而不间断的使用，没有人再修改某个用语的译法，数以十计、百计的大学生从一开始就接触了我们根据中文文献来源提出的关于孔子和儒家学说的正确概念。

3. 孔子和儒家思想在大学生中的影响

从 1962—2006 年的 44 年里，笔者对有关孔子及其学说的讲稿不断充实、完善和细化，经常重温笔者在中国大学掌握的基本概念，从中国的知名教授那里，准确地理解了中国人的孔子观：

（1）对于中国人来说，孔子过去是、将来也是"一盏明灯和一个神话"。

（2）中国人关于他们先师的看法是"传统主义和一成不变"的，而对孔子生平和著作的一切联系和解读只能由中国人自己来做，他们穿越了千百年的时空，经历了众多的时代和朝代，对孔子有自己的视角，随着时间对孔子的著作有自己的价值取舍。外国人在不具备这样的认识情况下进行"解读"，必然会失之浅陋告于失败，被中国人看作是对孔子精神的误读和曲解。山东省在修建京沪铁路时选择绕道路线避开曲阜，以免"惊扰在孔子庙中安息 2500 年的至圣先师"，当地政府官员的这一举动是意义深远和令人称道的。

（七）1976 年，伊丽亚娜·霍加－韦利什库，《中国文学在罗马尼亚的接受》（*Receptarea literaturii chineze în România*），博士论文，论文摘要，TUB，布加勒斯特，布加勒斯特大学罗马尼亚语言文学院（1975 年 6 月 18 日）公开答辩，包括从比较文学视角对孔子思想在罗马尼亚文化领域的传播研究。

1. 版本信息

（1）全文 376 页，存于布加勒斯特大学档案馆。这是在罗马尼亚答辩的第一篇汉学研究论文，由此产生了世界文学与比较文学专业汉学研究方向第一位博士。

（2）论文分为两部分：一是对罗中文化关系方面从古至今的开创性研究成果进行述评；二是"论文的批评体系"，包括社会文化、历史、观念等方面的评注，关于中国的专题性、一般性"参考文献"，以及罗马尼亚报刊发表的有关中国和中国文化等问题的文章"目录"。

2. 例章结构："国内外关于中国文学在东南欧和罗马尼亚的影响问题研究的现状，以我国图书馆和罗马尼亚报刊提供的资料为依据，时间自起始（1829/1830 年至今），重点考察本国情况，尤其是斯拉维支与孔子"。

（1）涉及"四书"——儒家经典《大学》《中庸》《论语》《孟子》——在此基础上笔者完成了第一篇比较文学的应用研究："孔子伦理道德原则对伊昂·斯拉维支的中篇小说《吉利的磨房》的影响"。

（2）论文首先阐释了孔子道德学说的基本范围和特点：忠君；孝道；夫妻恩爱。将它们与罗马尼亚作家的本土基督教民俗思想的冲突和交融情况做了细致的对比分析。

（3）论文以独特的修辞和结论表明，在孔子的宽厚思想和基督教的人性精神之间不存在任何不相容之处，人的天性及其基本特征都是人类共同的，不论其产生在什么地理文化区域并带有怎样的色彩和特点。

（八）1976年，伊丽亚娜·霍加–韦利什库，《斯拉维支思想里的中国理据——论斯拉维支与孔子的选择契合》（*Argumentul chinez în gândirea lui Slavici. Slavici și Confucius afinități elective*），这是作者在中国北京大学取得毕业证书（1962年）后，为在本国罗马尼亚语言文学院取得第二学位而撰写的学士论文。

（1）对伊昂·斯拉维支的教育思想与中国从古代到近代以孔子为代表的教育思想进行了认真的平行研究。

（2）分析了孔子道德思想对罗马尼亚最伟大的作家之一斯拉维支的文章产生的影响。斯拉维支的思想是多元的，也受到来自本土神话民俗和基督教信仰的基本观念方面的其他现代性影响。

（3）《论语》翻译习作，这些古代关于"君子"美德的精辟箴言，品位高雅，是自孔子以来各种哲学、神学、心理学和艺术思想取之不竭的灵感源泉。

（九）1983年，伊丽亚娜·霍加–韦利什库，《中国古代和近代文学词典》（*Dicționar al literaturii chineze clasice și moderne*），科学与百科全书出版社，布加勒斯特。

1. 版本信息

（1）A5开本，普通纸印刷，278页。

（2）学术审读：欧夫罗西娜·道洛班楚、扬·道洛班楚、斯特凡·斯坦库。

（3）硬皮本，封面和封底印有中文。

2. 作为一部工具书的全书结构

（1）本书是系列工具书中的首部，该系列还包括其他百科全书、专著、文学史、重要的文学理论与批评研究。

（2）作家简介。

（3）文学史的基本点。

（4）主要文学术语介绍。

（5）中国文化的符号、主题和象征。

（6）中国社会政治形态一览表。

（7）汉语发音指南。

3. 根据本书性质对"孔子"词条做的概括性编辑

"孔子"简历着重强调了这位在中国文化中占突出地位的先哲及其命途多变的人生，他的身份有教师、教科书和专著的作者、古代作品的评注家，特别是思想家、哲学体系和学派的创立者。

他所倡导的思想是通过学习来自我完善——作为人类进步的基础，孔子提出的高尚风雅"君子"理念，前提是熟知历史，尊重先民传统，有责任心，恪守孝道，为人忠信。孔子以毕生精力研究整理古代经典，从中形成了他的学生记载其言论的必读之书。以箴言、对话、道德原则、警句等文体构成的《论语》，是对人的不同类型及其行为的细致入微的分析。

4. 该书尤其是所介绍的孔子及儒家学说在罗马尼亚文化中的影响

如同科学与百科全书出版社出版的所有图书一样，《中国古代和近代文学词典》印数大，是该领域唯一的工具书，通过对孔子思想体系相关的全部术语的条目编辑，以及介绍儒家经典的单独条目，本书产生了巨大反响，是许多知识分子的案头必备工具。作为布加勒斯特大学中国语言文学专业学生的教学工具书，至今也仍是唯一的。

（十）1985年，伊丽亚娜·霍加－韦利什库，举办"孔子和儒家学说讲座"（Prelegeri despre Confucius și Confucianism），就布加勒斯特文化科技大学哲学专业研究课题"中国古代信仰体系中的哲学成分"（第一、二期）的成果，公开讲座，定期在布加勒斯特市历史和艺术博物馆大厅举行。

（1）对"四书"的原文进行系列述评。

（2）对孔子曾辑录的《诗经》做了原创性翻译，孔子为利用《诗经》还著有《乐记》。

（3）翻译了《论语》和《孟子》的大量内容。

（4）对孔子思想体系中的所有哲学范畴进行了解释。

（5）介绍了截至秦始皇统一中国的前帝国时期百家争鸣情况。

（6）对儒家与墨家学说做了比较。

对《论语》做了原创性翻译，在公开课上宣读，通过广播电台和电视台在中国国庆之际的访谈节目播放，或在一些公开报告和专书中被引用。另外，《论语》的译文还发表在布加勒斯特"金星"大学出版的《学术论文集》语言文学卷，截至1999年，之后也有刊载。

（十一）1987年，伊丽亚娜·霍加-韦利什库、杨建昌（音译），"思想家和教育家孔子：中国古代哲学奠基者"（Un mare gânditor şi pedagog —— Confucius, întemeietorul filosofiei antichităţii chineze），为比斯特里察-讷瑟乌德县教育局主办的研讨会，中小学校长参加，波勒格乌河滩和迪古察关口，德拉库拉城堡。

研讨会由伊丽亚娜·霍加-韦利什库主持并在讨论中担任翻译。在讨论中，孔子的名字被与西方世界的伟大哲学家相提并论，引起了与会人员的浓厚兴趣，他们提出了许多问题，布加勒斯特大学根据罗中文化协定邀请的汉语专家杨建昌老师做了解答。

汉语教研室的杨建昌老师用抑扬顿挫的中文朗诵了《论语》中的"学而"篇，其间笔者朗诵了自己完成的标准的罗马尼亚译文。

伟大的哲学家孔子的名字在罗马尼亚为人熟悉和敬重，为了更好地传播孔子思想，笔者选译的《论语》章节还被收入一些后来出版的书中，如：《浓情挚意万万千，罗中关系三百年》（Evantaiul celor 10.000 de gânduri. România şi China: Trei veacuri de istorie），第二辑，AGER—经济学家出版社，2005年；《罗马尼亚先贤、摩尔多瓦-瓦拉几亚贵族、赴康熙大帝朝廷的使臣尼古拉·米列斯库·斯帕塔鲁》（Un stră-român, boierul moldo-valah Nicolae Milescu Spătarul, ambasador la Curtea Marelui August Kang Xi），布加勒斯特大学出版社，2007年；《中国文化集粹》（Nestemate ale culturii chineze. Un prinos de iubire pentru sufletul chinez），与骆东泉合著，"安德列·沙古纳"基金会出版社，2009年；《古代中国与中国文学》（China mandarinală şi literatura chineză），"明日罗马尼亚"基金会出版社，布加勒斯特，2009年。

（十二）1994年，伊丽亚娜·霍加-韦利什库，《论孔子与斯拉维支在哲学和实践上的相交》(Tangenţele filosofice şi practice între Confucius şi Slavici)，《金星大学丛刊》，语文学分卷，第4辑，"金星21世纪"出版社，布加勒斯特，第 70—77 页。

扬·布雷亚祖作为最敏锐的研究者，首先发现了斯拉维支思想与孔子思想之间的对应，他说："当我们想了解最重要的罗马尼亚作家之一斯拉维支的思想来源时，即使他没有谈到对中国哲学家怀有崇敬之情，我们也应当去寻找这些对应内容并给予它们应有的重视。"[1] 本文从他的观点切入，对孔子与叔本华、佛、达尔文、卢梭、佩斯塔洛奇、赫尔巴特、斯宾塞、柏拉图、亚里士多德、昆体良、洛克等其他滋养斯拉维支思想的学者、哲学家和人物的影响程度做了比较。

笔者仔细研究过许多斯拉维支的传记作者，发现他们都持同一种观点："在斯拉维支知道的所有哲学家中，孔子对他的影响最大。"[2]

本文所依据的都是最重要的一手文献，其中对孔子赞誉极高：佩尔佩西丘斯，《伊昂·斯拉维支生平》（Schiţa biografică a lui I. Slavici），载《文学运动》（Mişcarea literară），第 2 卷（1925），第 42—43 期；扬·巴卢，《斯拉维支的教育思想》（Gândirea pedagogică a lui Slavici），载《文学谈话》（Convorbiri literare），第 69 卷，1935 年；斯卡尔拉特·斯特鲁采亚努，《伊昂·斯拉维支其人其作》（I. Slavici, comentariu asupra omului şi operei），"罗马尼亚文字"出版社，克拉约瓦，1930 年；D. 瓦塔马纽克，《伊昂·斯拉维支与他经历的人间》（Ion Slavici şi lumea prin care a trecut），罗马尼亚社会主义共和国科学院出版社，1968 年；蓬皮柳·马尔恰，《伊昂·斯拉维支评传》（I. Slavici - Monografie），文学出版社，布加勒斯特，1968 年；埃莱奥诺拉·斯拉维支，《一场心灵官司的辩护》（Apărarea unui proces sufletesc），载《边陲》（Hotarul），第 12 期，阿拉德，1935 年；等等。

当然，孔子思想对罗马尼亚知识阶层的影响是巨大的，正如斯拉维支的评注者们看到的那样，孔子的总体人性思想自然而坚固地与我国本土神话民俗内容尤其是与基督教的事例是互相贯穿的。

（十三）1994 年，伊丽亚娜·霍加－韦利什库，《中国与中国文学散论》

---

[1] 扬·布雷亚祖：见前引书，第 67 页。
[2] Th. Gal：《伊昂·斯拉维支论教育》，教学与教育出版社，布加勒斯特，1967 年。

（*Eseu despre China și literatura chineză*），Grand 出版社，布加勒斯特。

1. 版本信息

（1）A5 开本，普通纸印刷，664 页。

（2）封底为作者文："《中国文化散论》是一部总观中国文学的专书，它将各种思想、作家与作品有机地汇成宏大篇章，并不断改变着时间视角。对历史元素的思考是动态的，所介绍的各种事件有力地穿越时空，固定在由每个特定时代的文学现象决定的方阵中。"

（3）作为一部概念性著作，本书有前言，以史为序，系统阐述中国古代文学的发展过程，作者围绕中国文学史家的观点及文化背景，根据他们的重要评断，从个人的角度对作家和作品进行了解读。

（4）全书厚重，附有世界年表，内容扩展到世界历史与文化、世界文学、中国文化与文学、文化关系。

2. 全书结构以孔子思想的构成为重点

（1）第三章　中国古代重要著作：《诗经》——中国抒情诗歌的开端；《书经》——中国叙事文学的起始。

（2）第四章　周朝的思想论争；疆域形态的变化；道德观念与政治思想；中国的史学及著作。

3. 本书的意义

对截至 1994 年——即法国汉学家让·皮埃尔·纪尧姆·波蒂埃的"四书"法文本，由弗拉德·科若卡鲁转译成罗马尼亚文（*Patru cărți clasice ale Chinei*），在雅西"时代"社的出版时间——罗马尼亚文化中所有关于孔子的著述进行了编目分类。

深入阐述了孔子对一些罗马尼亚文人尤其是伊昂·斯拉维支的文章的影响。

4. 本书的影响

印数很小，影响了这部坚实的著作向广大读者传播。

（十四）1994 年，《孔子箴言录》（*Preceptele lui Confucius*），乔治·苏利耶·德莫朗从中文翻译，乔治·杜尔库教授根据乔治·苏利耶·德莫朗先生的授权用罗马尼亚文出版，Ram 出版社，戈尔日县，阿尼诺阿萨乡；Zamolxis 出版社重印，克卢日—纳波卡。

1. 版本信息

（1）A5 开本，高级白纸印刷，111 页。

（2）封面印有孔子年轻时身着儒袍的肖像。

（3）封底中央是太极图。

（4）该书有乔治·苏利耶·德莫朗的前言，但书的校对者埃米尔·克珀尔纳什误将其归于乔治·杜尔库教授，并在扉页上标注为"乔治·杜尔库教授翻译并作序"。

（5）"经典图书"印社印制。

2. 《孔子箴言录》，全书围绕伦理道德核心来设计和展开

克卢日-纳波卡的 Zamolxis 出版社 1994 年重印本，与戈尔日县阿尼诺阿萨乡 Ram 出版社的原版书完全一样，其开本和内容结构的情况如前所述。

3. 《孔子箴言录》在罗马尼亚的接受

见上文"约 1941—1942 年（未标时间）版"的相关述评。

4. 该书在罗马尼亚文化中的影响

本书 1994 年出版，与"1989 年革命"仅隔 5 年，当时正值思想解放、言论自由、文化繁荣的年代。《孔子箴言录》在渴求开放和认知、积极接受不同文化地域的人类思想遗产和精神价值的罗马尼亚读者当中，产生了广泛的影响。这部由乔治·苏利耶·德莫朗翻译的著作备受欢迎，成为一部真正的文学传世之作，是后来出版的罗马尼亚文相关著作的基础和灵感源泉。

（十五）1994 年，让·皮埃尔·纪尧姆·波蒂埃，《孔子学说或中国的"四书"》（*Doctrina lui Confucius sau Cele Patru cărți clasice ale Chinei*），弗拉德·科若卡鲁从法文转译，"时代"出版社，雅西。

1. 版本信息

（1）A5 开本，黄色特种纸印刷，477 页。

（2）封面有"时代"出版社的徽记，其上方是汉字"四书"。

（3）封底下方印有"恒久哲学丛书"和标价 6000 列伊。

（4）弗拉德·科若卡鲁的罗马尼亚文译本依据的是让·皮埃尔·纪尧姆·波蒂埃从中文翻译的法文本 Doctrine du Confucius，巴黎，加尔尼埃兄弟书

店（Librairie Garnier Frères，1852年）。

（5）卷首为"罗马尼亚文本出版说明"，其中强调雅西的"时代"出版社刊印"迄今为止第一部罗马尼亚文完整版的中国古代传统思想体系创始人孔子的著作"，另有对汉语专名拼读的说明。

（6）"孔子生平年表"是最为耐读的评注部分，它帮助罗马尼亚读者熟悉这位中国思想家的基本生平和著述情况。在译著中附列此类年表，领风气之先的即让·皮埃尔·纪尧姆·波蒂埃本人。早在1837年，他就完成了前近代时期的第一部译著《大学》。在以后的150多年里，有多种根据纪尧姆·波蒂埃译本的编纂本，这种做法也发展到对孔子著作的翻译，它们都能显示近代最初的译者是法国人纪尧姆·波蒂埃，传统上称其为"古汉语著作译家"。波蒂埃的模仿者们，极力要把自己的名字与中国联系在一起，自然也包括其最光辉的代表人物孔子，他们忘记了胆怯，缺少起码的中国情怀和对中国人自己都难以吃透的古汉语的基本了解，但却不乏粗鄙和骄狂。

（7）雅西"时代"出版社出版的译本卷首，还有译者弗拉德·科若卡鲁撰写的"中国文明导论"，内容丰富，文笔精美。他翻译的孔子著作是最令人赏心悦目的罗马尼亚文全译本，语言典雅，字里行间充满对中国和中国人民的景仰之情。

（8）在版权页上方，居中印有《孔子学说或中国的"四书"》这部杰作的出版人对中华人民共和国驻罗马尼亚大使馆给予支持的鸣谢。

2.《孔子学说或中国的"四书"》，根据收录著作的核心特点编次。

（1）《大学》（*Da-xio sau Marele studiu*）——皇家书院之书，有朱熹的"大学章句序"和"子程子曰"。

"四书"之首，孔子及其弟子曾子所著。

曾子"传"文。

释明明德。释新民。释止于至善。释本末。释格物致知。释诚意。释正心修身。释修身齐家。释齐家治国。释治国平天下。

（2）《中庸》（*Chong-yong sau Invariabilitatea pe calea de mijloc*），"四书"之二。"子程子曰"。出于孔子孙徒子思之手，三十三章。

（3）《论语》（*Lun-Yu sau Dialoguri filosofice*），"四书"之三。上论为

第一至第十篇，下论为第十一至第二十篇。

（4）《孟子》（*Meng-Zi*），"四书"之四。上孟为卷一至卷六，下孟为卷一至卷八。

3. 《孔子学说或中国的"四书"》在罗马尼亚文中的接受

乔治·苏利耶·德莫朗撰著的《孔子生平》和他翻译的《孔子箴言录》——分别由格奥尔基·迪哈尤教授和乔治·杜尔库教授为戈尔日县阿尼诺阿萨乡的 Ram 出版社译成罗马尼亚文——后者 1994 年由克卢日 – 纳波卡的 Zamolxis 出版社重印，显示着孔子在 20 世纪中期的罗马尼亚的流传。而知识渊博的法国汉学家让·皮埃尔·纪尧姆·波蒂埃的要著《孔子学说或中国的"四书"》，经由弗拉德·科若卡鲁译成罗马尼亚文出版，则意味着罗马尼亚文学界对中国及其古老文化兴趣的兴起。

弗拉德·科若卡鲁的译著有过出版发布、推介和研讨活动，好评如潮，其中也受到罗马尼亚许多知识分子的主观迎合。他们关注《易经》的神秘、中国的土地方位占卜文化"风水"和中国的 12 生肖说法，这是深入了解孔子哲学思想的真正的文学动因。

4. 该书在罗马尼亚文化中的影响

J.P.G. 波蒂埃的名字在欧洲很有影响，他致力于东方典籍的翻译，中国的哲学、道德和政治是其译著活动的中心，他研读中国古代稿本，分别在 1837 年和 1838 年出版儒家学说和道家学说。他的译著在我们欧洲大陆受到一致好评，成为了解中国的源泉。在美洲大陆，埃兹拉·庞德曾称赞东方学家波蒂埃的博学。通过上帝的青睐，他后来也被罗马尼亚人发现。这要归功于罗马尼亚人弗拉德·科若卡鲁，他是一位哲学怪才、知识渊博的语文学家，对中华世界有深入的了解，尤其对中国人民充满感情，他要向不同知识层次的罗马尼亚读者——从哲学著作的评注大家到渴求知识的青年学生——奉献一部精品，而使用精心推敲的语言来表现经典哲人孔子的思想主体，是这部有关中国之书成功的关键。《孔子学说或中国的"四书"》从开篇到末页都引人入胜，孔子思想大获全胜。读着庄重、高尚和精美的语句，我们丰富了对中国的知识。我们从译者弗拉德·科若卡鲁撰写、以"中华文明"作为简约标题的前言中摘录片段，以为例证："如果我们想把中国从古至今的书籍里表达的所有类似道理汇集到一起，那会有许多卷册。需要说明的是，中国政治和道德伦理作家要明显多于其他任何地方，但在所有这些文人中，我们没有发现一个是宣扬暴政和压迫的，没有一个敢说这不是冒天下之大不韪，敢否认所有人都有权享受上帝的恩赐，即源于人类社会生活的各种好处，而要求独享或用于少数人。中国政治和道德伦理作家认为，领导人的最大权力不过是一种代表上天或绝对至高理性的权力，只能为全民利益全民福祉所用，而绝非为一己私享。为抗衡绝对权力，人们提出了一些不可逾越的限制；如果权力越过这些限制，践踏这些道德法则，利用被赋予的使命，就会像12世纪中国一位著名哲学家朱熹在帝国所有学校必读'四书'之首的'大学章句序'中所提到的那样，人民对这样的政权没有任何敬畏，它会立刻消亡，让位于另一个公正的政权，即能为所有人利益服务的政权。"

（十六）1995年，孔子，《论语》（*Analecte*），弗洛伦蒂娜·维尚从古汉语翻译，"人文"出版社，布加勒斯特。

1. 版本信息

（1）A5开本，上等羊皮纸印刷，318页。

（2）书带护封，底部印有"Humanitas"出版社标志和名称。

（3）该书列入"学说"丛书，书前有孔子的生平简介。

（4）扉页印有译者文字："弗洛伦蒂娜·维尚从古汉语翻译，撰写导言、年表、评注。"

（5）代前言的文字为"《论语》——礼教化与人类高尚行为之典范"，主要停留在孔子生平和《论语》稿本的流变，并未阐明孔子如何"礼教"文化，结论是："政治、社会和道德的混乱（显然指孔子所处的时代，我们猜测）创造了有利于学术争鸣的环境，与其完好结合的是一个新的、以学为业并得到强化的社会阶层，他们以寻找一种能够带来秩序与和平的治国方略为专任。"文中突出了《论语》中行之有效的哲学范畴，并列出了多种译法。冗长的导言欲求明晰，但在"哲学家孔子"的问题上却作了如此表述："要知道孔子是否是哲学家，意味着要从中国思想这种相对'系统''反映'的'表述'本身出发，意味着要把《论语》文本当作哲学著作来读，即将它放在一种由于暴力产生的压力当中，[原文如此！]是由于我们思考中国思想是通过自己的思想（按照其产品对它的塑造方式并以专门的术语），是为缓和冲击，[原文如此！]通过积极适应中国思想的特点,来抵消这种侵入的力量,中国思想的自省性从一开始就以应用的而不是思辨的方式向我们呈现。换言之,我们应当让文本以我们易懂的哲学语言讲话,让这种易懂特点尽可能采取攻势,[原文如此!]这种办法似乎要求我们对'哲学'一词本身重新定义,并要求某种审慎,一种在运用其概念方面宽泛适应和灵活的态度。"[原文如此!]

像弗洛伦蒂娜·维尚的这样一篇论述,长达46页,对读者来说不免产生阅读疲劳。第18页中间和第19页上方的引录,反复用"哲学家"(filozof)一词来指称孔子亦无必要,因为我们都知道这位博雅温厚的中国哲学家孔子(Confucius Sinarum Philosophus)。

(6)在"译本说明"中,又老套地偏转到欧洲著名译本的小史,而让我们忽略标准,这里出现新的遗漏,诸如先行者让·皮埃尔·纪尧姆·波蒂埃(1801—1873)和乔治·苏利耶·德莫朗(1878—1955)。他们对于罗马尼亚人来说,当属翻译孔子著作的罗马尼亚语本之父。另外,文中提及《论语》的多种外文本书名,其中可以看到 Analecte 的标题,译者受其启发并移用到自己的罗马尼亚文译本,但这不是地道的罗马尼亚语词,即使有这个词,它也可以理解为 anale 的派生词,语义被指小化,因而也贬义化,对孔丘这样巍然如山的名字是不合适的。

"说明"之所以重要,因为它揭示译者弗洛伦蒂娜·维尚的"用意":"目前,孔子著作的任何译者都有义务了解《论语》的翻译传统,这不仅仅是一位博学的译者的职业义务,[只字未提在罗马尼亚文化中长期流传、光华夺目的 G.波蒂埃和'四书',以及 G.S.德莫朗的《孔子》和《孔子语录》!]是'亲和'期不可或缺的训练(最大限度地熟悉文本和评注),而且也是对这个汉学的智性项目应有的道德义务:'更新'译本,在具体阅读中以独特方法重构文本,解读观点,确定阅读取向,通过自我选择将其与时代精神接合。"[原文如此!第47页中]这里的意思是:"重构"孔子!

(7)该书有一必不可少的中文名称"读音解释"。

(8)"大事年表"涉及"中国朝代及孔子和儒家学术的基本情况"。

(9)书的末尾是"注疏表",在279页脚注有说明:"本表收注文本中最重要的术语(涉及儒家思想体系的要义和'君子'的定义,以及一系列评价

和成就的动词 [原文如此！]，其中大部分成为观念）。"

（10）"参考书目"在第 331 页。

2．孔子《论语》，弗洛伦蒂娜·维尚译，第一至第二十篇的结构目次。

（1）学而(Despre învăţătură)，(2) 为政(Despre guvernare)，(3) 八佾(Despre rituri şi muzică)，(4) 里仁(Despre virtutea omeniei)，(5) 公冶长(Despre Omul ales)，(6) 雍也(Despre Rituri şi guvernare)，(7) 述而(Despre arta de a fi maestru)，(8) 泰伯(Despre cei vechi)，(9) 子罕(Despre păstrarea regulilor)，(10) 乡党(Despre postura corectă)，(11) 先进(Despre discipoli)，(12) 颜渊(Despre virtuţi şi punerea lor în practică)，(13) 子路 (Despre calea acţiunii)，(14) 宪问 (Despre calea omului)，(15) 卫灵公(Despre noima bunei acţiuni)，(16) 季氏 (Despre modelarea de sine şi despre calea guvernării prin rit)，(17) 阳货 (Despre calea guvernării cu virtute, prin rituri şi muzică)，(18) 微子 (Despre peregrinările maestrului în căutarea unui Principe model),(19) 子张 (Despre învăţătură şi meritele Maestrului),(20) 尧曰(Despre spusele celor vechi）。

3. 《论语》弗洛伦蒂娜·维尚译本在罗马尼亚语中的接受

如此组成的《论语》变成了一堆观点、看法、部分欧洲译者评注变体的混杂，罗马尼亚文本译者认为他们是最好的译者，将这些内容压入译文后的评注。对各种译法反复提及、比较、核对和挑选，以适合每一个需要进行所谓语文学深入分析的词语，导致句子繁冗，挤压了那些抽出分析的语词，而翻来覆去地征引，最终使评论窒碍，从中无法再有任何读解。这种欧洲三位一体赞美诗式的《论语》译本，打算通过它来努力从中国世界的内部去了解孔子，译者感到需要告诉我们其翻译为什么是这样而非别样，以解脱对读者质疑自己翻译粗略的惶恐，这是用无助于任何人的东西充塞，我不以为会有人浪费时间"夸夸其谈"，亦如弗洛伦蒂娜·维尚那样采取莫名其妙的处理。她翻译的《论语》极为艰涩，充满了不规范的外来语词（如 inteligibilitate）、方言词和纯本土词（如 noimă）、旧词（如 cârmuire），我以为用这些词来翻译《论语》这样 2500 年前的古老文字是非常恰当的。

《论语》罗马尼亚文译本的风格缺乏朴素之美，不具柔性，译者苦心运用哲学性论述，自己却深陷其中，如导言中有关"是或不是哲学家孔子"的话，从中无法看到一个清晰的观点。

我初读弗洛伦蒂娜·维尚译本,是在它出版后14年,这是因为我一直读原著。我才知道《论语》是第一次直接从古汉语翻译。在"译本说明"中,白纸黑字地写着:"本译本是直接根据古汉语原文翻译的首部罗马尼亚文本,使用了中国评注家杨伯峻(1958)和钱穆(1963)的注释的版本……"

这真让我感到莫大的欣悦!1958年我本人也沉浸在杨伯峻的《论语译注》中。翻开该书,随便读到一段有现代汉语注释的古文:"7·2……学而不厌,诲人不倦……"孔子在2500多年前的原文中如是说,杨伯峻将其译成现代汉语是:"努力学习而不厌弃,教导别人而不疲倦……"译文中出现了"努力"一词。

再看弗洛伦蒂娜·维尚的《论语》译本,在第140页上方:"7·2: ...Neostenit să cercetez ce am învăţat, să nu îmi pierd răbdarea cu cei pe care i-am îndrumat..."而注解2简直令人惊愕:"对'学而不厌'(la învăţat să nu am odihnă)这一精辟话语我们在翻译时作了重新表述。我们不仅强调勤奋的意思,而且还兼顾顽强的意思,[原文如此!]以更好地反映大师那富有生命力的探索精神。"

是的!用原文和自己的想法"重新表述"一位大师,只能是一种亵渎!该人不明白活的汉语的规范,杨伯峻在表述中使用了"厌弃",厌恶嫌弃,属"讨厌"一词的语义范围,是惹人厌烦等意思。好一位不顾语义的语文学者!"孔子过去、现在和将来都是光辉和神话"——他的人民已经讲得如此清楚,为什么还需要"重新表述"!诸如此类的重新表述,在译者弗洛伦蒂娜·维尚为罗马尼亚人提供的《论语》中比比皆是,原因在于自身缺乏在中国的专业研修,也缺少罗马尼亚高等教育中"古汉语"专业课程的学习,这些都影响到严谨的治学,也影响到作为文化行为的翻译。这里绝不同于翻译一篇中国古代小说中哪位穷困无名小吏的短曲或古代民歌中表现的哀叹。我们是在明确地讨论孔子——"中国精神苍穹的支柱""中国人心灵的塑造者""中国的光辉与神话"。

弗洛伦蒂娜·维尚长期不为人们了解,应当格外称赞她作为"自学者"和"学说史作者",为迈向艰深的领域而付出的热情和努力。说到具体情况,只有屈指可数的几位罗马尼亚人可以在一本书的封面上问心无愧地写上"译自古汉语"。笔者有几部这样注明的译著:屈原的《楚辞》(1974),曹雪芹的《红楼梦》(1975),

曹雪芹、高颚的《红楼梦》（1986），《古汉语词法、句法、词汇》（1989），以及数以百计的诗词和哲学、文学、道德内容的文字，零散收入各种教科书，发表于报刊。可贵莫过本真。我们这些头顶"汉学家"之星的人，尤其要尊重真实和真理，老子谆谆教导我们要心怀虔敬："知者不言，言者不知。"

4. 该书在罗马尼亚文化中的影响

本书作为教材在汉语教研室流传，由弗洛伦蒂娜·维尚教授"执着地"向我们的学生讲授，但却有意忽略了向年轻人推荐罗马尼亚文化中已有的其他关于孔子的书籍和文字。

（十七）1997年，《老子与孔子》（*Lao Zi şi Confucius*），米拉和康斯坦丁·鲁贝亚努译介，"玉麒麟"出版社，"五蝠"丛书，布加勒斯特。

1. 版本信息

（1）A4开本，高级纸张印刷，第二部分"孔子《论语》"共193页，自210至381页，有老年孔子像。

（2）封面以中国织锦衬映，内容为（明代）画家Yan Rang的《早春图》局部，边衬为文徵明（1470—1559）的《竹》，封面右侧为署名：米拉和康斯坦丁·鲁贝亚努为您译介《老子与孔子》。

（3）封底为（明代）画家Yu Ying的绘画《秋雨图》，左下方印有"道家和儒家经典"。

（4）扉页分两部分：左为"老子《道德经》"，右为"孔子《论语》"，两者下方是"五蝠"丛书的图案，译者在该页的反面解释了图案的含义："'五蝠'图案对于古今中国社会是一个明快的象征符号，广为流传。该图案的'蝠'（哺乳动物）与祝福的'福'字谐音，书写不同。在平时或特定场合，可口头或书面表达'五个吉祥祝福'或'五种幸福'：寿比南山、恭喜发财、健康安宁、品德高尚、善始善终。其传播范围要远超出儒家道德提倡的生活中的'五常'，即仁、义、礼、智、信。'五蝠'图案常见于不同的器物上，有吉祥之意。可以说，伟大的中华民族无论是过去还是现在，都在生活中与这五种象征清明美好的崇高符号相伴，并追求着他们更为远大的理想。"

（5）扉页印有一对戏珠蟠龙，作为神话－民俗主题的图饰，将书名"老子与孔子"环绕其中。在图文下方署有："米拉和康斯坦丁·鲁贝亚努从古汉语翻译、导读、评注。"再往下是"玉麒麟"出版社的标识，一只玉质或金银丝饰的神话中的独角兽。

（6）米拉和康斯坦丁·鲁贝亚努写有译者"坦言"，谈到他们为译介这两位迥异而又有其共性的中国思想泰斗，付出长达15年的不懈努力，他们将老子与孔子学说概括为"智慧之书"。译者谦逊平和地写道："我们的翻译是否成功，将由读者评判。"

我赶紧翻阅杨伯峻的《论语译注》（1958），对这部书我曾多年研读，当我读到"7·2学而不厌，诲人不倦"，再翻到米拉和康斯坦丁·鲁贝亚努根据古汉语翻译的孔子《论语》文本：Să studiezi şi încă să fii nemulţumit, să nu oboseşti învăţându-i pe alţii... 内心不禁感到十分欣慰。康斯坦丁·鲁贝亚努未曾在中国留学，在布加勒斯特大学也没有学过古汉语，然而他凭着自学，在汉语的故乡中国多年工作并与中国人的接触，尤其是大量的翻译实践，最终掌握整个中国的精神世界，对其深入了解并由衷热爱。

（7）"导读"按主题顺序编撰：孔子生平；编修典籍；关于《论语》；儒家思想；仁；义和礼；其他道德观念；中庸；人性；关于天；君子；为政。笔者非常赞同以这样的顺序来引导罗马尼亚读者，使他们能够真正理解孔子思想的精髓。

译文的语言具有一种朴素美，精选的语词有如拼画的马赛克瓷砖，不可替代，《论语》中充满哲理的观点在米拉和康斯坦丁·鲁贝亚努的评注下熠熠生辉，充满柔性："君子"，是人的理想高度和值得仿效的典范。

通过突出这种类型的人，孔子或许是在人类历史上第一次展示了通过文化来提升的贤明学者、杰出人才的价值。实际上，孔子本身就是"君子"（第205页中）。

2. 米拉和康斯坦丁·鲁贝亚努译孔子《论语》，第一至第二十篇的结构目次。

（1）学而篇第一（Despre Învăţătură）

（2）为政篇第二（Practica guvernării）

（3）八佾篇第三（Opt rânduri）

（4）里仁篇第四（Locuinţa omenească）

（5）公冶长篇第五（Gongye Zhang）

（6）雍也篇第六（Ran Yong）

（7）述而篇第七（Desluşire）

（8）泰伯篇第八（Prinţul Tai Po）

（9）子罕篇第九（Rar vorbea învăţătorul）

（10）乡党篇第十（Acasă）

（11）先进篇第十一（Mai întâi dregătorii）

（12）颜渊篇第十二（Yan Hui）

（13）子路篇第十三（Zi Lu）

（14）宪问篇第十四（Xian a întrebat）

（15）卫灵公篇第十五（Ducele Ling）

（16）季氏篇第十六（Clanul Ji）

（17）阳货篇第十七（Yang Huo）

（18）微子篇第十八（Wei Zi）

（19）子张篇第十九（Zi Zhang）

（20）尧曰篇第二十（Yao a spus）

3．米拉和康斯坦丁·鲁贝亚努译孔子《论语》在罗马尼亚语中的接受

这部译著创意和编排新颖、译笔优美，完整地反映了2500多年前中文原著的面貌。康斯坦丁·鲁贝亚努对汉语及其两个发展时期的特点非常熟悉，很好地掌握了鲜活的汉语。他是罗马尼亚作家协会会员，是一位细腻的知识分子，曾以优美的文笔翻译过数千页的作品，用罗马尼亚文学语言遣词造句十分精到。他尊崇中国传统，认为孔子是中国传统最杰出的代表，以认真负责的态度向罗马尼亚读者准确地传递孔子思想，它恰恰来自中国神话－民俗、伦理和道德思想的精髓，即中国人自己最熟悉的文化价值。

4．该书在罗马尼亚文化中的影响

米拉和康斯坦丁·鲁贝亚努翻译的孔子《论语》流行于外交界和学术界，为精英作家群所熟悉，通过广播电台和电视台做过介绍，在广大读者中获得巨大成功，本人曾适时向学生热诚地推荐。

（十八）1999年，安娜·埃瓦·布杜拉，《象征的国度——从孔子到毛泽东》（*Ţara simbolurilor — De la Confucius la Mao Zedong*），Paideia（教育）出

版社，布加勒斯特。

版本信息

（1）A5 开本，Metropol 印刷厂印制，普通纸，298 页。

（2）封面为现代画家潘天寿（1898—1971）的国画《荷花》。

（3）全书分为"人物传记"和"览胜撷英"两部分，收录的文章内容各异，述评结合，如同镶嵌的美丽宝石，相互之间无粘连，或许只是第一部分的"年代顺序"，是从历史的角度来揭示书名中的"象征"，并没有在论述中突出强调。

（4）书后"文献精选"部分显得有些杂乱无序，根据著述大家和我们通行的做法，一部书的文献征引和评注，是重要的研究方式和批评工具，反映着学术的坚实程度和全书的结构，需要严谨和遵循学术规范。

（5）"孔子"作为开篇为全书增添了厚重之感，孔子不过是一位穿越中国历史、深入中国人意识的行者，作者没有在文中展开哲学探讨，没有为20世纪末的罗马尼亚人去详细解读这位以自己的著作和弟子战胜了欧洲思想的反叛精神的思想家的那些寓意丰富、思想严密的具体箴言。

（6）孔子的"肖像"是一次自生到死的平静旅行，如同世界上每一位有生有死、在生命中两个关键点之间挣扎的凡人，安娜·埃瓦·布杜拉拥有她从古文读本中撷取的丰富信息，她懂得穿行其中并怀着发现者的兴奋流连，但向我们介绍时却有些平淡。

（7）安娜·埃瓦·布杜拉能讲非常流利的汉语，在古文方面修养深厚，因此她没有畏避翻译之难。我作为一位特殊的读者，深感这些古文阅读不同寻常，并且会影响到人前进的脚步。

我极为喜欢这部书中的两处：一是题记，二是跋文——我称它们为"至理名言"，是献给这部书的各个时代的读者，也是献给对我们所有人来说永恒的孔子。

题记："象犀珠玉怪珍之物，有悦于人之耳目，而不适于用。金石草木丝麻五谷六材，有适于用。而用之则弊，取之则竭。悦于人之耳目而适于用，用之而不弊，取之而不竭，贤不肖之所得，各因其才，仁智之所见，各随其分，才分不同，而求无不获者，惟书乎！"（苏轼：《李氏山房藏书记》）

跋文："汉学家们认为中国是象征的国度。安娜·埃瓦·布杜拉的著作将这些象征向罗马尼亚读者逐一解码,是对中国的历史与文明的回溯,所接触的是我们星球另一边的国度,是一个有十多亿人口,向往(寿、富、康宁、攸好德、考终命)'五福',懂得给予和接受艺术的民族。"

四、有关 20 世纪罗马尼亚接受孔子的若干结论

(一)孔子在罗马尼亚民族认识领域的进入过程

1. 罗马尼亚民族是最早听说孔子名字的欧洲民族之一,信息直接来自中国。尼古拉·米列斯库·斯帕塔鲁的中国之行(1676),最终成就了《中国纪行》,其中给我们带来的有关中国文化和文明的信息弥足珍贵。尽管时间已经过去 333 年,但米列斯库通过观察得到的印象依然真实而新鲜:"中国人对学习和知识崇尚备至,所见之处,无人不会读书写字。无知无识之庶人,连起码的差事也无法谋到。人的学问愈大,愈受尊重。于中国人,任何升迁皆以学问为前提。"[1]

米列斯库还注意到,良好的教育带来良好的社会状况——法律、管理机构、严谨的学术、各种手工技艺——最终的结果是:"千方百计学习(如何更好地治国治民)"。[2] 为政和忠信是同孔子的名字连在一起的,米列斯库将孔子视为中国人的上帝:"余前已述,中国的宗教分三种:一是儒教,先于其他宗教,通领帝国,备受尊崇,信徒众多,皆遵循其上帝即中国哲学与儒教开山鼻祖孔子的学说和教诲……按照传统,中国的儒生为其先导和上帝孔子建立神庙,各地的孔庙都装修堂皇,另附设学堂。那里还建有殿堂和两庑,供奉大多数贤儒并附以各种题铭。在无孔子塑像处,则以金字大书其牌位,左右摆放若干中国人如神敬奉的孔子门生之小塑像。逢望月或新月,满城官吏会集孔庙,按习俗点燃蜡烛和香火,鞠躬跪拜,祭祀这位至圣先师。人们为孔子立有高大塑像,也制作轻小偶人,一些儒生甚至随身携带。"

---

[1] 伊丽亚娜·霍加-韦利什库(杨玲):《罗马尼亚先贤、摩尔多瓦-瓦拉几亚贵族、赴康熙大帝朝廷的使臣尼古拉·米列斯库·斯帕塔鲁》,布加勒斯特:布加勒斯特大学出版社,2007 年,第 334 页。

[2] 同前书,第 335 页。

2. 早在19世纪初，社会与文化类报刊（1829年）、文学与政治类报刊（1829/1830年）和文学报刊（1829—1842），就开始反映中国的情况，刊发各种格言、警句、古训和思想，提及佛、老子和孔子。

3. 到19世纪下半叶后，罗马尼亚公国统一（1859年）为一个参照节点，通过罗马尼亚知识分子游历西方，大量中国文化知识进入罗马尼亚，发生在罗马尼亚的晚期浪漫主义对从西方来源的信息中摄取重要的哲学、伦理道德和美学思想起到了推动作用，孔子的名字在文学界流传甚广。

4. 19世纪末的罗马尼亚重要作家，主要是埃米内斯库和斯拉维支，通过德语和法语的媒介，将遥远中国的情况带入罗马尼亚民族的兴趣视域，孔子的名字流传愈广，他的伦理道德思想开始对罗马尼亚创作者的思想产生影响，文学社团"青春社"及其刊物《文学谈话》（1867—1885、1885—1938、1944）都具体折射出孔子对罗马尼亚创作者著述和观念的影响。

（二）罗马尼亚文化中的中国论据，或孔子生平与著作在罗马尼亚的传播

1. 《孔子生平》和《孔子箴言录》两部著作在两次世界大战之间出版，可谓当时已完全融入世界思想体系的罗马尼亚美学思想运动蓬勃发展的明证，也是与西方文化和学术不断交流的结果，一种智力竞争的信号。

2. 孔子的思想成为罗马尼亚学者著作中经常援引的文学借题和伦理道德主题，像欧洲思想家的语录一样经常被借用。

（三）孔子——中国文化在罗马尼亚的代表

1. 孔子和与他一同进入罗马尼亚文化的精神泰斗佛和老子相比，是作为道德典范被接受和记忆的。

2. 在罗马尼亚学者的视野中，"君子"的形象在20世纪得到固化。

伟大的孔子在当今和未来罗马尼亚文化空间的传布和影响正未有穷尽。

部分参考书目

1. Th. Avr. 阿古莱蒂：《论东方学于罗马尼亚人之意义》（*Asupra însemnătății studiilor orientale cu privire specială la români*），布加勒斯特，1847 年。

2. 扬·布雷亚祖:《斯拉维支与孔子》(*Slavici și Confucius*)，载《文学研究》，"图拉真的达契亚"出版社，锡比乌，1948 年。

3. 安娜·埃瓦·布杜拉：《象征的国度——从孔子到毛泽东》（*Țara simbolurilor — De la Confucius la Mao Zedong*），Paideia（教育）出版社，布加勒斯特，1999 年。

4.《孔子箴言录》（*Preceptele lui Confucius*），乔治·杜尔库根据乔治·苏利耶·德莫朗译本从法文转译，Ram 出版社，戈尔日，阿尼诺阿萨，未标出版年代，约 1941—1942 年。

5.《孔子生平》（*Vieața lui Confucius*），格奥尔基·迪哈尤根据乔治·苏利耶·德莫朗的法文本转译，Ram 出版社，戈尔日，阿尼诺阿萨，未标出版年代，约 1941—1942 年。

6.《孔子箴言录》（*Preceptele lui Confucius*），乔治·杜尔库从法文转译，Zamolxis（扎莫尔克西斯）出版社，克卢日 - 纳波卡，1994 年。

7.《孔子学说或中国的"四书"》（*Doctrina lui Confucius sau Cele Patru cărți clasice ale Chinei*），弗拉德·科若卡鲁根据 G. 波蒂埃的译本从法文转译，"时代"出版社，雅西，1994 年。

8. 孔子：《论语》（*Analecte*），弗洛伦蒂娜·维尚从中文翻译，"人文"出版社，布加勒斯特，1995 年。

9. 奥维迪乌·德林巴：《世界文学史》（*Istoria literaturii universale*），教学与教育出版社，布加勒斯特，1968 年。

10. Th. 加尔：《伊昂·斯拉维支论教育》（*I. Slavici despre educație și învățământ*），教学与教育出版社，布加勒斯特，1967 年。

11. 保罗·哈扎尔德：《欧洲意识的危机——兼论中国文明》（*Criza conștiinței europene — cu referiri la civilizația chineză*），宇宙出版社，布加勒斯特，

1973 年。

12. 伊丽亚娜·霍加 – 韦利什库：《中国古代文学》（Literatura chineză veche），布加勒斯特大学外语学院，1962 年。

13. 伊丽亚娜·霍加 – 韦利什库：《斯拉维支思想里的中国论点》（Argumentul chinez în gândirea lui Slavici），载《布加勒斯特大学学报》（世界文学与比较文学版），第 XX 卷，第 2 期，1971 年。

14. 伊丽亚娜·霍加 – 韦利什库：《中国古代文学》（Literatură chineză veche），布加勒斯特大学出版社，1975 年。

15. 伊丽亚娜·霍加 – 韦利什库：《中国文学在罗马尼亚的接受》（Receptarea literaturii chineze în România），博士论文，布加勒斯特大学出版社，1975 年。

16. 伊丽亚娜·霍加 – 韦利什库：《斯拉维支思想里的中国理据——论斯拉维支与孔子的选择契合》（Argumentul chinez în gândirea lui Slavici. Slavici și Confucius afinități elective），学位论文，布加勒斯特大学罗马尼亚语言文学院，1976 年。

17. 伊丽亚娜·霍加 – 韦利什库：《中国古代和近代文学词典》（Dicționar al literaturii chineze clasice și moderne），科学与百科全书出版社，布加勒斯特，1983 年。

18. 伊丽亚娜·霍加 – 韦利什库："孔子和儒家学说讲座"（Prelegeri despre Confucius și Confucianism）（第一、二期），布加勒斯特文化科技大学哲学专业。

19. 伊丽亚娜·霍加 – 韦利什库、杨建昌：《思想家和教育家孔子：中国古代哲学奠基者》（Un mare gânditor și pedagog - Confucius, întemeietorul filosofiei antichității chineze），研讨会论文，比斯特里察 – 讷瑟乌德县教育局，波勒格乌河滩。

20. 伊丽亚娜·霍加 – 韦利什库：《论孔子与斯拉维支在哲学和实践上的相交》（Tangențele filosofice și practice între Confucius și Slavici），《金星大学丛刊》（语文学版）第 4 期，"金星 21 世纪"出版社，布加勒斯特，1994 年。

21. 伊丽亚娜·霍加 – 韦利什库：《中国与中国文学散论》（Eseu despre China și literatura chineză），Grand 出版社，布加勒斯特，1994 年。

22. 伊丽亚娜·霍加-韦利什库：《罗马尼亚先贤、摩尔多瓦-瓦拉几亚贵族、赴康熙大帝朝廷的使臣尼古拉·米列斯库·斯帕塔鲁》（*Un stră-român, boierul moldo-valah Nicolae Milescu Spătarul, ambasador la Curtea Marelui August Kang Xi*），布加勒斯特大学出版社，2007年。

23. 伊丽亚娜·霍加-韦利什库、骆东泉：《中国文化集粹》（*Nestemate ale culturii chineze*），"安德烈·沙古纳"基金会出版社，康斯坦察，Capitel出版社，布加勒斯特，2009年。

24. 胡佩韦：《司马迁及其〈史记〉》，上海古籍出版社，1962年。

25. 《老子与孔子》（*Lao Zi și Confucius*），米拉和康斯坦丁·鲁贝亚努译介，"玉麒麟"出版社，"五蝠"丛书，布加勒斯特，1997年。

26. 埃莱奥诺拉·斯拉维支：《一场心灵官司的辩护》（*Apărarea unui proces sufletesc*），载《边陲》（*Hotarul*）第12期，阿拉德，1953年。

27. 伊昂·斯拉维支：《理性教育》（*Educația rațională*），"密涅瓦文库"，布加勒斯特，1908年。

28. 伊昂·斯拉维支：《理性教育》（*Educația rațională*），"密涅瓦文库"，布加勒斯特，1909年。

29. 张岱年主编：《孔子大辞典》，上海辞书出版社，1993年。

30. "格言"（*Maximă*），载《地平线》（*Orizontul*），第一卷，1921年7月28日，第26期，第20页。

31. "插图"（*Ilustrație*），载《地平线》，第三卷，1923年4月19日，第16期，第144页。

32. "格言"（*Maximă*），载《地平线》，第三卷，1923年2月8日，第6期，第20页。

33. "孔子墓"（*Mormântul lui Confucius*），载《地平线》，第三卷，1923年4月5日，第14期，第122页。

34. 《孔子诞辰2479年》（*A 2.479 aniversare a nașterii lui Confucius*），载《世界镜像》（*Oglinda Lumii*），第七卷，1928年12月1日，第49期，第7页。

35. 弗洛雷亚·杜米特列斯库、伊丽亚娜·霍加-韦利什库（杨玲）、埃尔维拉·伊瓦什库、约兰达·齐吉柳主编：《浓情挚意万万千，罗中关系三百年》

(*Evantaiul celor 10.000 de gânduri. România şi China: Trei veacuri de istorie*),"扬·克里斯托尤"出版社,布加勒斯特,1999年。

(原文首次刊发于北京外国语大学欧洲语言文化学院编《欧洲语言文化研究》第7辑,北京:时事出版社,2013年3月第1版)

后 记

2016年暑期，《20世纪中国古代文化经典在中东欧国家的传播编年》书稿最终编定，可以提交出版。掩卷而思，一项历时八年的工作有所结果，内心不由得为之欣慰和感慨。

十年前，郝平校长主政北京外国语大学，以对中国文化和学术的自觉担当，提出在把世界介绍给中国的同时，也要把中国介绍给世界。那段时间，学校领导集全校智慧，力"开大船"，组织制定北外"十一五"规划，推动"211工程"三期建设，教职员工为之振奋，教学科研百舸争流，校园面貌焕然一新。时任北外中国海外汉学中心（今中国国际文化研究院）主任的张西平教授，动员多院系、多语种力量，在2007年秋策划了"20世纪中国古代文化经典在域外的传播与影响研究"，投标教育部哲学社会科学研究重大课题攻关项目。记得当年的10月19日上午，课题组的主要成员在位于北外西院的老办公楼的三层会议室先进行了预答辩，郝平校长认真听取了西平教授的汇报陈述后，就答辩工作又作了具体指导。10月25日上午，他亲率课题组部分成员在位于北京海淀区的永兴花园酒店参加教育部组织的答辩会，得到了以李学勤先生为首的评审专家的充分肯定，不久即正式获批立项，实现了北外申报教育部哲学社会科学研究重大课题攻关项目零的突破。随着2008年春天举行的开题会和之后的多次会议，课题的研究全面展开，各项工作不断深入。郝平校长对非通用语种学科建设十分重视，西平教授对东欧、亚非语言文化慧眼识珠。在他们和其他一些学者的厚爱下，这一重大项目单独为中东欧国家设立编年子项，力求发掘中东欧学术金矿，深化中西文明互识，惠及双边文化交流，实乃远见卓识之举。八年过去，许多场面仍历历在目，让人难以忘怀，倍加感念。

起步不易，成就更难。虽然我国对东欧汉学或中国文化传播的关注和介绍自20世纪80年代就开始零星见诸书刊，但由于各种原因，对这一地区的相关情况并未形成系统数据和整体研究。由此，本书被赋予了一定的学术探索和创新意义。中方研编人员都是从事不同中东欧语言文化教学的专任教师，有在对象国长期学习工作的经历，自参与课题以后，对相关国家的情况多方调研，认真梳理，成稿后又多次补充修订，逐步形成了目前读者所看到的编年史述。为更好地反映本书的主题，本书收录了当今中东欧国家学者撰写的专题论文，以期窥一斑而知全豹，从不同点面反映20世纪中国文化经典在东欧国家的传播和影响情况。对所有中外专家学者的惠稿和支持，谨在此表示诚挚的感谢！

本书交稿一拖再延，总主编张西平教授和大象出版社的领导、编辑等对此十分宽容，始终耐心等待，特向他们表示歉意和由衷感谢。还要特别感谢本书的责任编辑杨倩等同志为本书出版付出的辛勤劳动。

本书在国别编年文稿基础上，由丁超复拟全书框架，统一体例，通编定稿，虽尽心用力，但限于能力和水平，其中定会有这样或那样的问题与疏漏。国别编年的内容取舍、编写体例尚不尽一致，信息的全面性和准确度也难免瑕疵。另外，根据目前我国对中东欧地区的划分，该地区包括16个国家，而本书仅收录其中八九个国家情况，显然不足以概全。对这些及其他可能出现的问题，诚望广大读者批评指教，后来者进一步补充厘正。

中东欧国家对中国文化的接受是一个内涵丰富、独具特色的历史过程，到目前为止我们对其认识仍远不到位，任重道远，宝山待探。我们希望能以本书为起点，在内容上不断增订完善，在研究上继续深入，对方兴未艾、前景美好的中国 – 中东欧国家人文交流起到镜鉴、启迪和推陈出新作用。

丁　超
丙申年立秋记于北外